21 世纪全国高等院校汽车类创新型应用人才培养规划教材

汽车振动分析与测试

周长城　周金宝
任传波　王仁广　编著

北京大学出版社
PEKING UNIVERSITY PRESS

内容简介

本书通过汽车简化振动模型和实际行驶振动模型，介绍了汽车振动分析的基本概念，分别对单自由度振动、二自由度振动、多自由度振动、固有特性的近似计算方法、连续系统振动、非线性振动、随机振动、车辆悬架阻尼比匹配和减振器阻尼特性以及 MATLAB 软件在汽车振动问题分析中的应用进行讲解，最后对汽车振动特性试验的基本方法、技术方案和仪器设备进行讲解，对汽车特性室内模型试验进行介绍，并对某轻型越野车的整车行驶平顺性进行实际测试和试验结果分析。本书以学生为本，注重能力培养，内容叙述力求深入浅出、层次分明，既有理论分析，又有试验测试。各章节都有理论分析和实例讲解，最后编排有小结和习题。

本书是编者在多年的教学实践和科研成果总结基础上编写而成的，其中，第 1 章～第 5 章可作为高等院校机械工程、车辆工程、交通运输、工程机械及相关专业的本科生教材；第 6 章～第 12 章可作为研究生教材，还可作为车辆工程技术人员的参考用书。

图书在版编目(CIP)数据

汽车振动分析与测试/周长城等编著. —北京：北京大学出版社，2011.3
(21 世纪全国高等院校汽车类创新型应用人才培养规划教材)
ISBN 978-7-301-18524-7

Ⅰ. ①汽… Ⅱ. ①周… Ⅲ. ①汽车—振动—分析—高等学校—教材②汽车—振动—测试—高等学校—教材 Ⅳ. ①U467.4

中国版本图书馆 CIP 数据核字(2011)第 015233 号

书　　名：汽车振动分析与测试
著作责任者：周长城　周金宝　任传波　王仁广　编著
策 划 编 辑：童君鑫
责 任 编 辑：宋亚玲
标 准 书 号：ISBN 978-7-301-18524-7/TH・0233
出　版　者：北京大学出版社
地　　址：北京市海淀区成府路 205 号　100871
网　　址：http://www.pup.cn　http://www.pup6.com
电　　话：邮购部 62752015　发行部 62750672　编辑部 62750667　出版部 62754962
电 子 邮 箱：pup_6@163.com
印　刷　者：三河市博文印刷有限公司
发　行　者：北京大学出版社
经　销　者：新华书店
787 毫米×1092 毫米　16 开本　21 印张　490 千字
2011 年 3 月第 1 版　2015 年 1 月第 2 次印刷
定　　价：40.00 元

前　言

随着汽车工业的发展，大众对汽车的乘坐舒适性和操纵稳定性提出了更高的要求。我国加入 WTO 以后，已把研发具有自主知识产权的汽车产品，提到了议事日程。要提高我国汽车的自主研发能力，就必须从基本原理出发，对汽车的动态特性进行分析和研究。因此，汽车振动分析理论受到越来越多的重视，已成为车辆工程中必不可少的基础理论之一。

本书为高等院校汽车工程专业的本科生及研究生，提供了一本比较系统的有关汽车振动理论的教科书，对于从事汽车或其他车辆工程的技术人员也具有较好的参考价值。本书力求深入浅出、循序渐进，以振动的基本概念、各种车辆简化振动模型为主线，分别对单自由度、二自由度、多自由度车辆简化模型振动进行了分析，对连续体系统和非线性振动系统的振动进行了探究，并以实际车辆振动情况为框架，分别对汽车随机振动、行驶振动情况进行了研究，对车辆悬架阻尼比匹配进行了探讨，对减振器阻尼特性进行了分析，对 MATLAB 软件在汽车振动问题中的应用进行了介绍，并附有相关程序，最后对汽车振动特性试验的基本方法、技术方案和仪器设备进行了讲解，对汽车特性室内模型试验进行了介绍，并对某轻型越野车的整车行驶平顺性进行了实际测试和试验结果分析。通过这种教学结构，使学生更加了解振动理论在汽车设计实践中的应用，激发学生的学习兴趣。本书内容突出了汽车工程专业特点，充分考虑教学计划的变更和相关专业不同学时的要求，尽量采用图表代替文字论述性内容。各章开始部分根据章节内容的特点，给出学习目标、教学要点和学习方法，中间列举例题，最后附有小结和习题，以让学生更好地掌握各章节内容。

本书由山东理工大学交通与车辆工程学院周长城教授、任传波教授，总装备部汽车试验场周金宝高级工程师和中国汽车技术研究中心王仁广博士合作编写。其中，第 1～6 章、第 8 章、第 10 章和第 11 章由周长城编写，第 12 章由周金宝编写，第 7 章由任传波编写，第 9 章由王仁广编写。本书由周长城整理、修改和统稿。

本书在编写过程中，得到了山东理工大学研究生赵雷雷、毛少坊、郭剑、李红艳、文森淼、高春蕾等同学的大力支持，他们对书中的文字内容进行了校对，对书中的插图进行了绘制，在此表示感谢。

限于编者水平，书中难免存在不妥之处，恳请读者批评指正。

编著者

2010 年 12 月

目　录

第1章 振动基本概念

本章学习目标

★ 了解振动系统的组成、振动系统的分类；

★ 掌握振动方程的建立及响应的求解，熟练掌握简谐振动表示方法，以及一般周期振动的谐波分析方法；

★ 熟悉车辆振动系统模型的简化。

本章教学要点

知识要点	能力要求	相关知识
振动系统的组成	了解振动系统组成的四要素，即弹簧、阻尼、质量和激励，了解等效参数的计算	弹簧刚度、阻尼系数、质量、刚体转动惯量；等效刚度、等效质量、等效阻尼
振动系统的分类	了解振动系统的分类	振动的分类方法；自由振动、强迫振动、自激振动和参数振动；线性振动和非线性振动；单自由度振动、多自由度振动和弹性体振动；周期振动、非周期振动和随机振动
振动方程的建立及响应的求解	掌握系统振动微分方程的建立及响应的求解，熟练掌握简谐振动的各种表示方法，以及一般周期振动的谐波分析方法	牛顿定律、达朗贝尔原理；简谐振动的函数表示方法、矢量表示方法和复数表示方法；傅里叶级数、谐波分析
车辆振动系统模型的简化	熟悉车辆振动模型的简化及条件	车辆振动系统、七自由度模型、四自由度模型、二自由度模型和单自由度模型

本章学习方法

本章所涉及的内容主要是振动的基本概念、基本知识，因此，主要采用课堂授课学习和课下自学的方法。应了解振动的基本概念和基本知识，掌握振动系统微分方程的建立及响应的求解，熟练掌握简谐振动的各种表示方法，以及一般周期振动的谐波分析方法，熟悉车辆振动模型的简化及条件。通过建立起系统的基本概念和知识，为后续章节的深入学习奠定扎实的基础。

如果把汽车作为一个系统来研究，汽车本身就是一个具有质量、弹簧和阻尼的振动系统。由于汽车各部分的固有频率不同，汽车在行驶中常因路面不平、车速和运动方向的变化，车轮、发动机和传动系统的不平衡以及齿轮的冲击等各种外部和内部的激振作用，而极易产生整车和局部的强烈振动。汽车的这种振动使汽车的动力性得不到充分的发挥，经济性变坏。同时，还将影响汽车的通过性、操纵稳定性和平顺性，使驾、乘人员产生不舒服和疲乏的感觉，甚至损坏汽车的零部件和运载的货物，缩短汽车的使用寿命。汽车振动和一般机械振动问题一样，可以用机械振动的方法来研究。

汽车是由多个系统组成的复杂的振动系统，有发动机和传动系统的振动、制动系统的振动、转向系统的振动、车身和车架系统的振动以及悬架系统的振动，其中每个系统都存在振动问题。例如，当汽车行驶时，路面的不平度会激起汽车的振动，车轮与路面之间的动载荷，不仅影响轮胎的附着效果，而且影响汽车的操纵稳定性；由弹簧和减振器组成的悬架系统需要缓和由不平路面传给车身的冲击载荷，衰减由冲击载荷引起的承载系统的振动。消除悬架系统的振动问题，主要是研究汽车平顺性。所谓汽车平顺性，就是保持汽车在行驶过程中驾、乘人员所处的振动环境具有一定舒适度的性能，对载货汽车还应包括保持货物完好的性能。此外，还要考虑汽车振动引起的车轮与路面间动载对车轮接地性的影响。

1.1 振动系统组成要素及等效参数

1.1.1 振动系统组成要素

系统之所以会产生振动，从外部条件来看是因为系统受到了外界激励，从内部条件来看是由于系统具有质量和弹性。从能量转化过程来看，外界对系统的激励就是对系统做功，其中一部分转化为质量块的动能；另一部分转化为弹性件的变形势能。反复振动过程就是激励功、动能和势能之间的不断转换。如果系统没有阻尼，只要给系统以初始激励，振动就一直延续下去；若系统具有阻尼，而系统又没有继续从外界获得能量，则振动在经历一段时间之后终将停止。由此可见，激励、质量、弹性和阻尼是振动系统的四大要素。

因此，从实际机械简化出的理想的力学模型，若要确切反映其物理过程，就要确定这四个要素。实际机器或结构元件的质量是有分布的，弹性也是如此。这种分布参数系统(或称为连续系统)往往不能按照解析法求解，所以，通常是将分布参数的系统简化成离散系统，也就是简化成具有若干集中质量并由相应的弹簧和阻尼器联结在一起的系统。下面将弹簧、阻尼器、质量的特性予以说明。

1. 弹簧

弹簧是表示力与位移关系的元件，如图 1.1(a)所示。在力学模型中，它被抽象为无质量并具有线弹性的元件。这就是说，若它的一端受作用力 F_s，则它的另一端产生大小与 F_s 相等、方向与之相反的力，力的大小与弹簧两端点的相对位移成正比，即

$$F_s=k(x_2-x_1) \tag{1-1}$$

式中，k 为弹簧刚度；x_1，x_2分别为弹簧左、右两端部的位移。

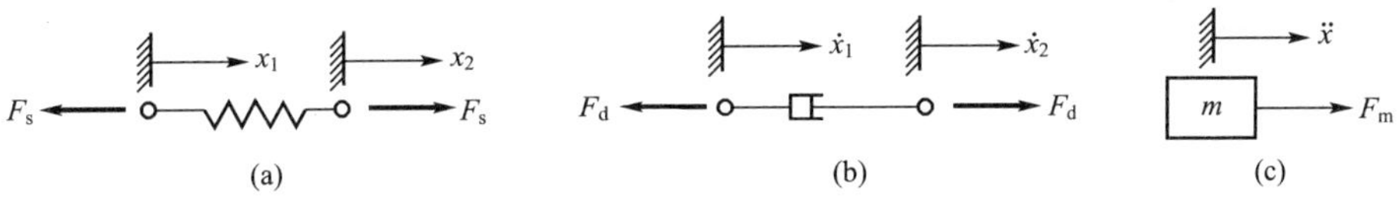

图 1.1 振动系统元件

式(1-1)中所表示的是直线位移的弹簧。在扭转振动系统中，质量作扭转运动，这种情况下采用扭转弹簧 k_t，扭转弹簧产生的广义力是扭矩，位移是角度，力和位移的关系式与式(1-1)类似。

2. *阻尼器*

阻尼器是表示力与速度关系的元件，如图 1.1(b)所示。力学模型中，它被抽象为无质量而且具有线性阻尼系数的元件。若它的一端受 F_d 力的作用，则它的另一端产生大小相等、方向相反的力。这个力称为阻尼力，其大小与阻尼器两端的相对速度成正比，即

$$F_d = c(\dot{x}_2 - \dot{x}_1) \tag{1-2}$$

式中，c 为阻尼系数；$\dot{x}_1$，$\dot{x}_2$分别为阻尼器两端的速度。

根据式(1-2)，阻尼力 F_d 与相对速度的一次方成正比，因为粘性阻尼具有这种关系，因此，系数 c 又称为粘性阻尼系数。

3. *质量*

质量是表示力和加速度关系的元件，如图 1.1(c)所示。在力学模型中，它被抽象为绝对不变形的刚体。若对质量施加一个作用力 F_m，质量就会产生一个与 F_m 方向相同的加速度 $\ddot{x}$，对于直线的平移运动，力与加速度的关系为

$$F_m = m\ddot{x} \tag{1-3}$$

式中，m 为刚体的质量。对于扭转振动系统，力为扭矩，加速度为角加速度，而质量为刚体绕旋转中心线的转动惯量。

将实际振动系统简化成一定的力学模型后，就要进一步确定力学模型中的四大要素，也就是确定系统的质量、刚度、阻尼参数以及系统所受的激励，这样，一个振动系统就可以完全确定下来。

4. *激励*

振动系统会受到各种各样的外界激励。当系统仅在开始时受到外界干扰(位移或速度)，系统靠本身故有特性进行的振动称为自由振动，也就是这时系统所受的外界激励为零。若系统无阻尼，则系统将保持等幅振动；若系统有阻尼，则振动将在一定时间内逐渐衰减，直至停止。

如果系统受到外界持续激振，系统就会不断地从外界获得能量，补充阻尼所消耗的能量，使系统保持等幅振动。这种由外界激励所引起的振动称为强迫振动，所引起的系统的振动状态，称为系统对激励的响应。对应不同的外界激励，系统就有不同的响应。最简单最常见的外界激励就是简谐激振力，或由支座简谐运动引起的激励。以此为基础研究单自由度系统在一般周期激励下的强迫振动的响应，以及在其他非周期的任意激励下的强迫振动的响应。

1.1.2 振动系统的等效参数

1. 等效刚度

1）刚度 k 的定义

弹性元件的刚度在振动问题分析中，具有特定的含义，通常用 k 或 k_t 符号表示。使系统某点沿着指定方向产生单位位移(线位移或角位移)时，在该点同一方向所需要施加的力(或力矩)，就称为系统在该点沿指定方向的刚度，即系统沿指定方向单位位移所需要施加的力，就是系统沿指定方向的刚度。根据刚度的定义，设参考点施加广义力 F 时，所产生的位移为 x，则系统在该点在指定方向的刚度可表示为

$$k=\frac{F}{x}$$

例如，图 1.2 中，弹性元件为等截面直圆杆，质量忽略不计，圆杆的截面积为 A，弹性模量为 E，总长度为 l。在 D 点受到的拉力为 F_Q，在 B 点受到的水平方向的力 F_P，在 C 点受到弯矩为 M_t。

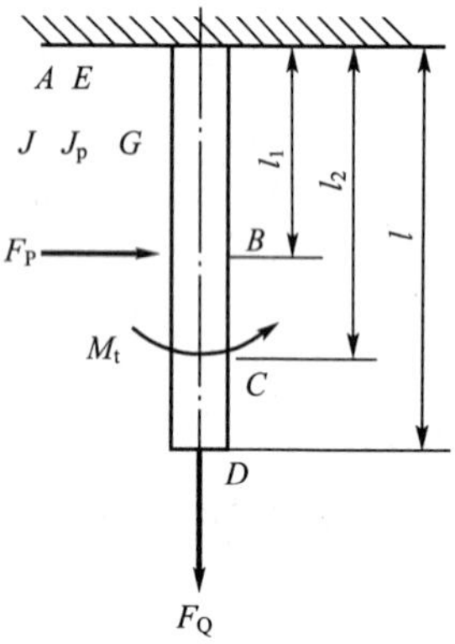

图 1.2 等截面直圆杆的刚度

杆上不同位置点处的刚度均不同。

(1) 在 D 点的拉压刚度。在拉力 F_Q 作用下，在 D 点位置的伸长量为

$$x_D=\frac{F_Q l}{EA}$$

因此，杆的拉压刚度为

$$k_D=\frac{F_Q}{x_D}=\frac{EA}{l}$$

式中，A 为杆的截面积；E 为杆的拉压弹性模量；l 为杆的计算长度，即杆作用力处的总长度。

(2) 在 B 点的弯曲刚度。在 B 点，沿水平方向的弯曲挠度为

$$f_B=\frac{F_P l_1^3}{3EJ}$$

因此，在 B 点处的弯曲刚度为

$$k_B=\frac{F_P}{f_B}=\frac{3EJ}{l_1^3}$$

式中，J 为圆杆截面对中性轴的惯性矩。

(3) 在 C 点的扭转刚度。在 C 点截面处绕纵轴的扭转角为

$$\theta_C=\frac{M_t l_2}{GJ_p}$$

因此，杆在 C 截面处的扭转刚度为

$$k_C=\frac{M_t}{\theta_C}=\frac{GJ_p}{l_2}$$

式中，G 为剪切弹性模量；J_p 为截面极惯矩。

2）组合弹簧系统的等效刚度

在实际振动系统中，常常不是单独地使用一个弹性元件，因此，在简化振动系统模型时，需要将组合弹簧系统折算成一个等效弹簧，其刚度和组合弹簧的刚度相等，称为等效

弹簧刚度 k_e。

(1) 并联弹簧的等效刚度。图 1.3(a)所示的两根弹簧并联，可等效为图 1.3(c)所示的等效弹簧。

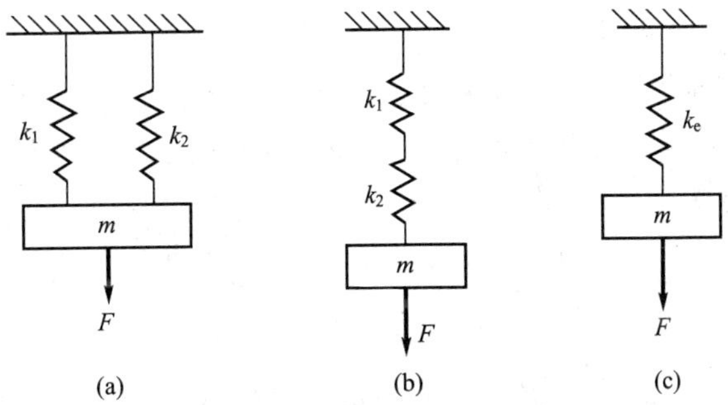

图 1.3 组合弹簧等效刚度

两根弹簧并联时，由于两根弹簧的伸长量是相等的，且等于总伸长量 x，即

$$x_1=x_2=x$$

所以弹性力为

$$F=k_1x_1+k_2x_2=(k_1+k_2)x$$

式中，k_1、k_2 分别为并联弹簧的刚度。

因此，并联弹簧的等效刚度 k_e为

$$k_e=\frac{F}{x}=k_1+k_2$$

可知并联弹簧的等效刚度，等于各弹簧刚度之和。

(2) 串联弹簧的等效刚度。图 1.3(b)所示的两根弹簧串联，可等效为图 1.3(c)所示的等效弹簧。

在力 F 作用下，两根弹簧的伸长量分别为

$$x_1=\frac{F}{k_1},\quad x_2=\frac{F}{k_2}$$

式中，k_1、k_2 分别为串联弹簧的刚度。

因此，两根弹簧串联之和的总的伸长量 x 为

$$x=x_1+x_2=\frac{F}{k_1}+\frac{F}{k_2}=\frac{F(k_1+k_2)}{k_1k_2}$$

所以，两根弹簧串联之后的等效刚度 k_e为

$$k_e=\frac{F}{x}=\frac{F}{x_1+x_2}=\frac{k_1k_2}{k_1+k_2}$$

或

$$\frac{1}{k_e}=\frac{1}{k_1}+\frac{1}{k_2}$$

可知串联弹簧的等效刚度，等于各弹簧刚度倒数之和。

3) 用能量法确定等效刚度

当实际系统比较复杂时，按照定义来求系统的等效刚度比较困难，而按照实际系统要转化的弹簧的弹性势能与等效系统弹性势能相等的原则，来计算系统的等效刚度就比较容

易，即

$$U_a=U_e=\frac{1}{2}k_e x^2$$

例1.1

对图1.4所示的弹簧-质量振动系统，假设滑轮与绳索之间无相对运动，滑轮半径为 r，对其中心的转动惯量为 J，绳索悬挂一个作上下振动的质量为 m 的质量块。若选取滑轮的角位移作为系统的运动坐标，试求系统的等效刚度 k_e。

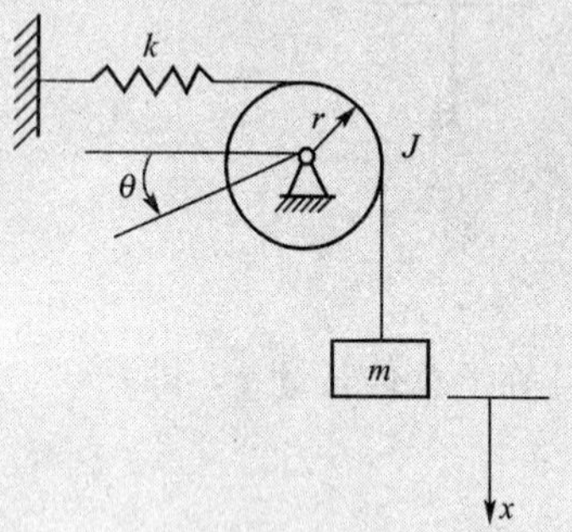

图1.4 弹簧-质量振动系统

解： 当滑轮的转角为 θ 时，实际系统的弹性势能为

$$U_a=\frac{1}{2}kx^2=\frac{1}{2}k(r\theta)^2=\frac{1}{2}kr^2\theta^2$$

等效系统的弹簧势能为

$$U_e=\frac{1}{2}k_e\theta^2$$

因为 $U_a=U_e=\frac{1}{2}k_e\theta^2=\frac{1}{2}k(r\theta)^2$

所以，等效刚度 k_e 为

$$k_e=kr^2$$

例1.2

图1.5所示为水平杠杆振系，在左边有一个固定铰支座，质量和弹簧的分布如图所示，将振系简化为 C 点的单自由度振系，试求振动的等效刚度。

解： 当 C 点位移为 x 时，实际系统的弹性势能为

$$U_a=\frac{1}{2}2k\left(\frac{x}{3}\right)^2+\frac{1}{2}k\left(\frac{2x}{3}\right)^2=\frac{1}{2}\left(\frac{2k}{3}\right)x^2$$

等效系统的弹簧势能为

$$U_e=\frac{1}{2}k_e x^2$$

因为 $U_a=U_e=\frac{1}{2}k_e x^2=\frac{1}{2}\left(\frac{2k}{3}\right)x^2$

所以，等效刚度 k_e 为

$$k_e=\frac{2k}{3}$$

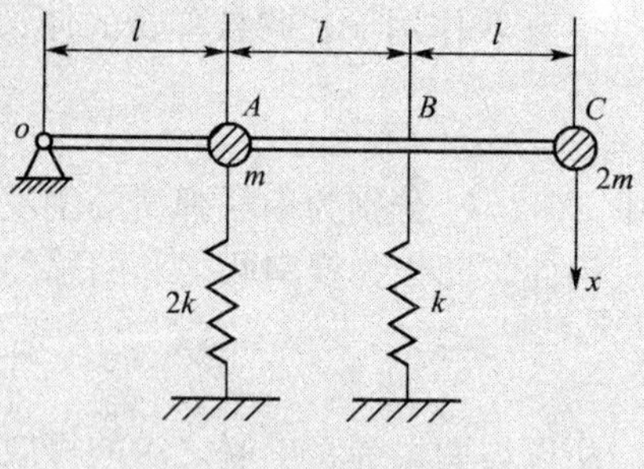

图1.5 水平杠杆振系

例1.3

图1.6所示为两轴平行、速比为 i 的齿轮传动系统，齿轮的转动惯量忽略不计。轴Ⅰ的刚度为 k_1，转角为 θ_1；轴Ⅱ的刚度为 k_2，转角为 θ_2；定义速比 $i=\frac{\dot{\theta}_1}{\dot{\theta}_2}$。试求轴Ⅰ向轴Ⅱ转化的单根的振动系统的等效刚度。

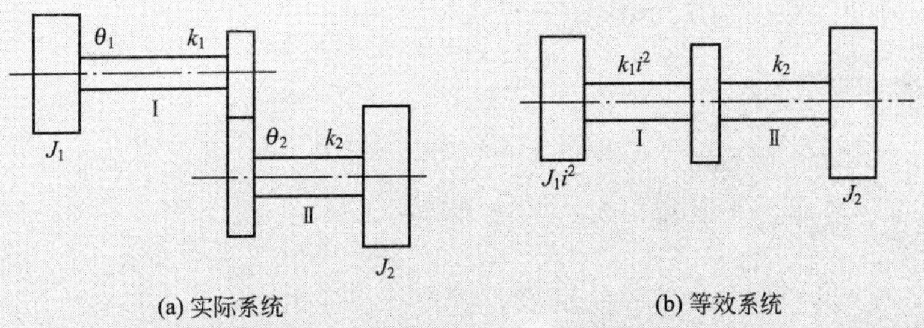

图 1.6 齿轮传动机构的等效刚度

解： 在求等效刚度时，先夹住盘 1 和盘 2 不动，设轴Ⅱ的转角为 θ_2，则轴Ⅰ通过齿轮Ⅰ将扭转 θ_1，而且 $\theta_1=i\theta_2$。因此，实际系统的弹性势能为

$$U_a=\frac{1}{2}k_1\theta_1^2=\frac{1}{2}k_1(i\theta_2)^2=\frac{1}{2}k_1i^2\theta_2^2$$

等效系统的弹簧势能为

$$U_e=\frac{1}{2}k_e\theta^2$$

因为 $U_a=U_e$，所以，齿轮传动机构的等效刚度 k_e 为

$$k_e=i^2k_1$$

2. 等效质量

与等效刚度一样，在实际系统比较复杂时，可以利用能量法来确定系统的等效质量。即根据实际系统要转化的质量的动能与等效质量动能相等的原则，来求系统的等效质量，即

$$T_a=T_e$$

例 1.4

在图 1.7 中，除了质量块的质量 m 外，还要考虑弹簧 k 的质量的影响。假设弹簧单位长度的质量为 ρ，弹簧长度为 L，求一个与之等效的单自由度振动系统的等效质量 m_e。

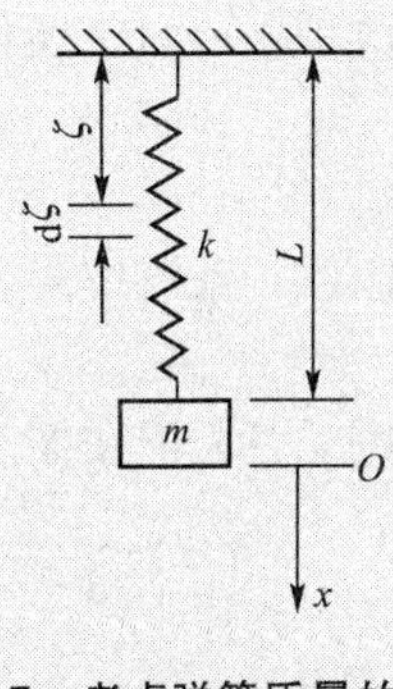

图 1.7 考虑弹簧质量的振系

解： 在距弹簧固定端 ζ 处，取一微元 $d\zeta$，则微元的质量为 $\rho d\zeta$，位移为 $\left(\frac{\zeta}{L}\right)x$，速度为 $\left(\frac{\zeta}{L}\right)\dot{x}$，动能为 $\frac{1}{2}\left(\frac{\zeta}{L}\dot{x}\right)^2\rho d\zeta$，则弹簧的振动动能为

$$T_s=\int_0^L\frac{1}{2}\left(\frac{\zeta}{L}\dot{x}\right)^2\rho d\zeta=\frac{1}{2}\left(\frac{\rho L}{3}\right)\dot{x}^2$$

质量块的动能为

$$T_m=\frac{1}{2}m\dot{x}^2$$

因此，系统的总动能为

$$T_a = T_m + T_s = \frac{1}{2}m\dot{x}^2 + \frac{1}{2}\left(\frac{\rho L}{3}\right)\dot{x}^2$$

等效系统的动能为

$$T_e = \frac{1}{2}m_e\dot{x}^2$$

由于 $T_a = T_e$，所以，系统的等效质量 m_e 为

$$m_e = m + \frac{\rho L}{3}$$

可知，当弹簧质量不可忽略时，并不是将弹簧的质量直接与质量块的质量进行简单的叠加，而是将弹簧质量的 1/3 加在质量块上。

3. 等效阻尼

1）阻尼的概念

振动系统中的阻尼力有各种来源，例如，两个物体之间的干摩擦力，有润滑的两表面之间的摩擦力，空气和液体等介质的阻力，电磁阻力以及材料的内部阻力等，在振动系统中统称为阻尼。

工程中常利用各种阻尼来控制振动。例如，汽车的钢板弹簧就是利用板簧片之间的干摩擦来产生阻尼效果的，而汽车减振器大都是利用流体介质阻尼来抑制悬架的振动。在各种阻尼中，只有粘性阻尼是线性的，即阻尼力与速度成正比，$F = c\dot{x}$，其中 c 代表粘性阻尼系数。粘性阻尼比较简单，易于进行数学处理。应用粘性阻尼分析振动问题时，可使求解大为简化，因此，对系统进行振动分析，大都假设系统的阻尼为粘性阻尼，而对于其他比较复杂的阻尼，则被转化为等效粘性阻尼来处理。

2）等效阻尼系数

粘性阻尼与速度成正比，故对于具有粘性阻尼的振动系统，其响应都可以比较方便地求得。当振动系统的阻尼为其他类型时，由于是非线性的，因此，处理起来就比较麻烦。为了方便起见，在工程中经常将其他类型的阻尼等效为粘性阻尼，即振动一周中实际消耗的能量等于粘性阻尼所消耗的能量。虽然这是一种近似的方法，但是，在工程应用中具有实际效果。

由于振动的位移和速度分别为

$$x = X\sin(\omega t - \varphi)$$
$$\dot{x} = \omega X\cos(\omega t - \varphi)$$

因此，系统作简谐振动时的粘性阻尼力为

$$F_c = c\dot{x} = c\omega X\cos(\omega t - \varphi)$$

则粘性阻尼在振动的一个周期内所做的功为

$$W_c = \int_0^T F_c\dot{x}\,dt = \int_0^{\frac{2\pi}{\omega}} c\omega^2 X^2\cos^2(\omega t - \varphi)\,dt$$
$$= \pi c\omega X^2$$

当系统的阻尼为非线性阻尼时，可以用等效阻尼 c_e 代替。同样令系统作简谐强迫振动，等效阻尼在一个周期内所做的功，应该等于非粘性阻尼在一个周期内所做的功 W_d，即

$$\pi c_e \omega X^2 = W_d$$

于是，振动系统的等效阻尼为

$$c_e = \frac{W_d}{\pi\omega X^2} \tag{1-4}$$

例1.5

试求图1.8所示的干摩擦阻尼系统的等效粘性阻尼系数，其中摩擦面的干摩擦系数为μ。

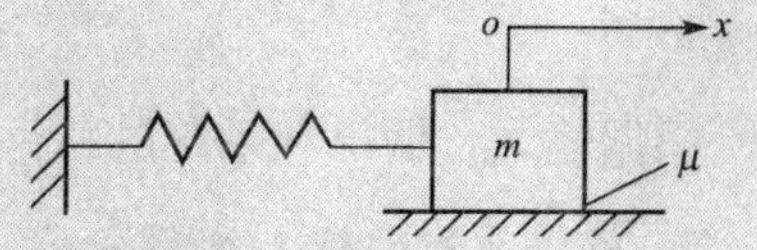

图1.8 干摩擦阻尼系统

解： 摩擦面的干摩擦系数为μ，则干摩擦力为

$$F = \mu mg$$

干摩擦力在整个强迫振动过程中大小不变，但方向与运动方向相反，在一个振动周期内所做的功为

$$W_d = 4FX = 4\mu mgX$$

将上式代入式(1-4)，可得干摩擦系统的等效黏性阻尼为

$$c_e = \frac{4\mu mg}{\pi\omega X}$$

例1.6

试求高速流体阻尼的等效黏性阻尼系数。

解： 当物体以较大速度在黏性较小的流体中运动时，阻力与速度的平方成正比，称为流体阻尼。它是一种非线性阻尼，可表示为

$$F_a = \gamma \dot{x}^2$$

式中，γ为比例常数，由介质的物理特性所决定。

因此，流体阻尼在一个周期内所做的功为

$$W_d = 4\int_0^{\frac{T}{4}} F_a \dot{x}\,\mathrm{d}t = 4\int_0^{\frac{T}{4}} \gamma \dot{x}^3\,\mathrm{d}t$$

$$= 4\int_{\frac{\varphi}{\omega}}^{\frac{\pi}{2\omega}+\frac{\varphi}{\omega}} \gamma\omega^3 X^3 \cos^3(\omega t - \varphi)\,\mathrm{d}t = \frac{8}{3}\gamma X^3\omega^2$$

将上式代入式(1-4)，可得高速流体阻尼的等效黏性阻尼系数为

$$c_e = \frac{8}{3}\frac{\gamma X^3\omega^2}{\pi\omega X^2} = \frac{8}{3}\frac{\gamma X\omega}{\pi}$$

例1.7

试求结构阻尼的等效黏性阻尼系数。

解： 结构阻尼所耗散的能量与振幅的平方成正比，而与振动频率无关。因此，结构阻尼系统在一个周期内所耗散的能量为

$$W_d = aX^2$$

式中，a 为常数。

将上式代入式(1-4)，可得结构阻尼系统的等效阻尼为

$$c_e = \frac{aX^2}{\pi\omega X^2} = \frac{a}{\pi\omega}$$

1.2 振动的分类

根据输入、输出和系统的特性等的不同，机械振动有以下各种不同的分类。

1. 根据系统的输入类型分类

根据系统输入类型，振动可分为自由振动、强迫振动、自激振动和参数振动，如图 1.9 所示。

(1) 自由振动：系统受初始干扰后，在没有外界激励作用时所产生的振动；

(2) 强迫振动：系统在外界激振作用下产生的振动；

(3) 自激振动：系统在输入和输出之间具有反馈特性，并有能源补充时产生的振动；

(4) 参数振动：通过周期或随机地改变系统的特性参数而实现的振动。

2. 根据描述系统的振动微分方程分类

根据描述系统的振动微分方程，振动可分为线性振动和非线性振动，如图 1.10 所示。

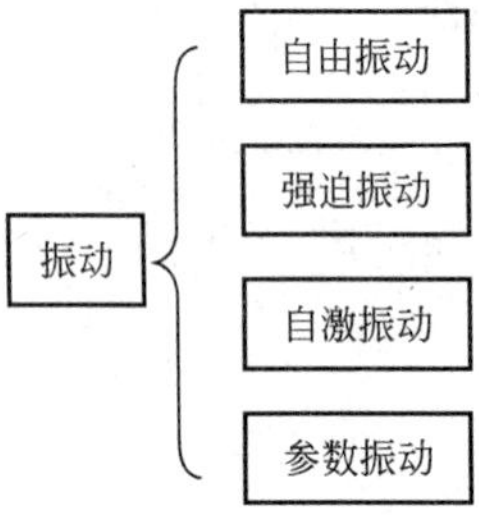

图 1.9　按系统输入类型分类

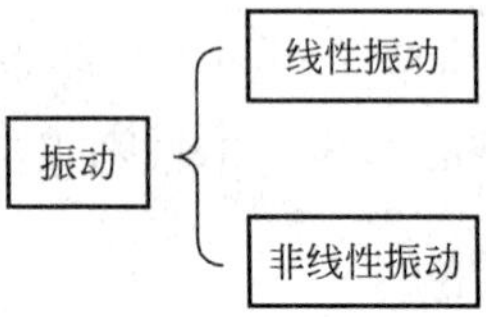

图 1.10　按振动微分方程分类

(1) 线性振动：用常系数线性微分方程式描述的系统所产生的振动；

(2) 非线性振动：用非线性微分方程式描述的系统所产生的振动。

3. 根据系统的自由度分类

根据系统的自由度，振动系统可分为单自由度系统的振动、多自由度系统的振动和无限自由度系统的振动，如图 1.11 所示。

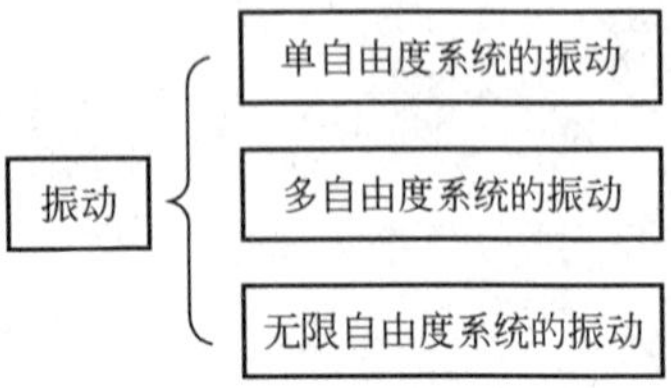

图 1.11　按振动系统的自由度分类

(1) 单自由度系统的振动：用一个独立坐标就能确定位置的系统的振动；

(2) 多自由度系统的振动：用多个独立坐标才能确定位置的系统的振动，包括二自由度系统；

(3) 无限自由度系统的振动：要用无限多个独立坐标才能确定位置的系统的振动，这种振动又称为弹

性体的振动。

4. 根据系统输出的振动规律分类

根据系统输出的振动规律，振动可分为周期振动、非周期振动和随机振动，如图1.12所示。

(1) 周期振动：振动量是时间的周期函数，$x(t)=x(t+nT)$，$n=1$，2，…。系统在相等的时间间隔内作往复运动，周期 T 就是往复一次所需的时间间隔。周期振动中最简单、最重要的是简谐振动。简谐振动振动量是时间的正弦或余弦函数，如 $x(t)=A\sin\omega t$。

(2) 非周期振动：振动量不是时间的周期函数，又可以分为稳态振动和瞬态振动。稳态振动是持续进行的非周期等幅振动；瞬态振动是在一定时间内振动并逐渐消失的非周期振动。

(3) 随机振动：振动量不是时间的确定函数，只能通过概率统计的方法来研究。即振动量不能用函数 $x(t)$ 来表示，只能通过与时间 t 的关系图形来表示，如图1.13所示。振动过程中振幅、相位、频率都是随机变化的。

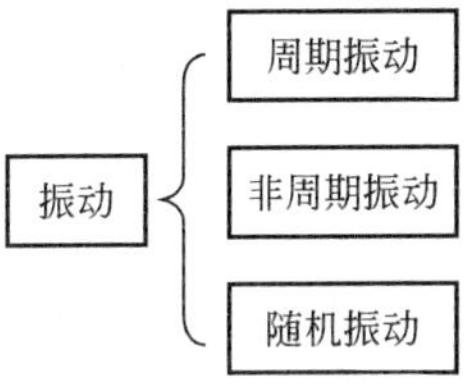

图1.12 按系统输出的振动规律分类

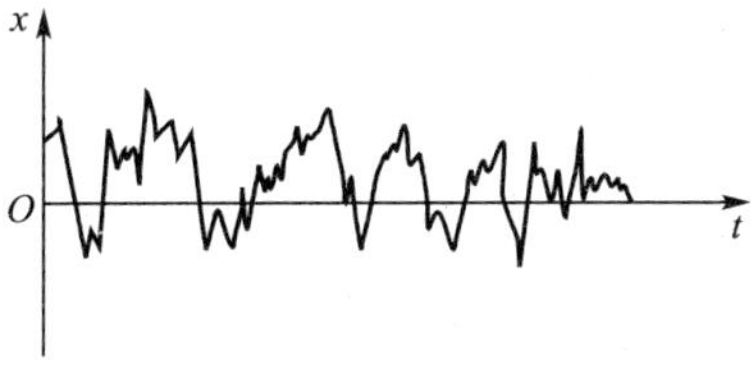

图1.13 随机振动

1.3 振动方程建立及响应的求解

振动方程建立：对所确定的振动系统中的每个物体作为隔离体进行受力分析，由牛顿第二定律或达朗贝尔原理建立运动微分方程。在某些情况下，受力分析较困难，可以采用能量法，例如利用拉格朗日方程来建立运动微分方程。

振动响应求解：通过求解运动微分方程得到系统的响应，掌握振动规律，也就是得到振动系统的物理量如位移、速度、加速度等随时间 t 的变化规律，还可以通过运动方程得到系统的特征方程或频率方程，从而求出系统的固有频率、振动模态等，这样就可以设法抑制由振动带来的危害，从而更好地利用振动有利的一面。

1.3.1 简谐振动

简谐振动是指机械系统的某个物理量(位移、速度或加速度)按时间的正弦(或余弦)函数规律变化的振动。它是最简单最重要的周期振动，也是研究其他形式振动的基础。一个简谐变量可以用函数表达式、矢量或复数等形式来表示，不同的表示方法适用于不同的场合，如频域分析时用复数表达法就很方便。

1. 简谐振动的函数表示法

简谐振动是正弦(或余弦)的时间函数，如用正弦时间函数表示，其数学表达式为

$$x=A\sin\left(\frac{2\pi}{T}t+\varphi\right)=A\sin(2\pi ft+\varphi)=A\sin(\omega t+\varphi) \tag{1-5}$$

式中，A 为振幅；T 为振动周期；f 为振动频率，$f=\frac{1}{T}$，单位为 Hz；ω 为圆频率，$\omega=2\pi f$，单位为 rad/s；φ 为初相角，表示质量块的初始位置，单位为 rad。

对简谐振动分别求一阶导数和二阶导数，可分别得到简谐振动的速度和加速度，即

$$v=\dot{x}=A\omega\cos(\omega t+\varphi)=A\omega\sin\left(\omega t+\varphi+\frac{\pi}{2}\right) \tag{1-6}$$

$$a=\ddot{x}=-A\omega^2\sin(\omega t+\varphi)=A\omega^2\sin(\omega t+\varphi+\pi) \tag{1-7}$$

可知简谐振动的速度、加速度依然是简谐函数，只是相位角不同，其中，速度比位移相位超前了 90°，而加速度比位移相位超前了 180°，如图 1.14 和图 1.15 所示。

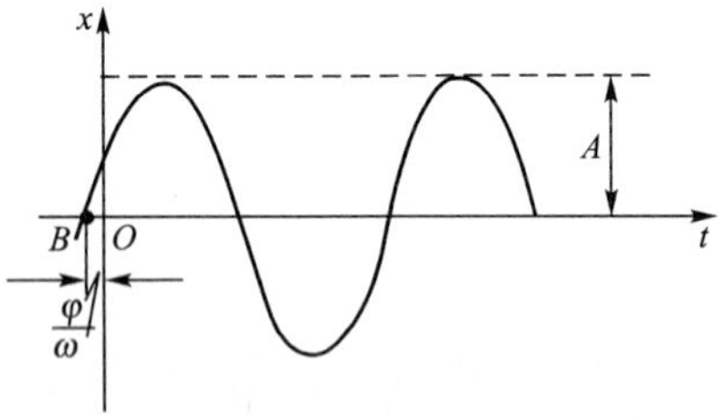

图 1.14　简谐函数

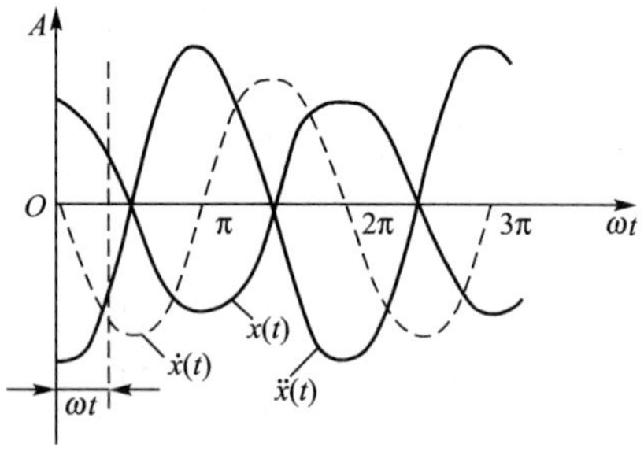

图 1.15　位移、速度和加速度曲线

由上述可知：在简谐振动中，加速度的大小和位移成正比，方向和位移方向相反，始终指向静平衡位置，这是简谐振动的一个重要特性。

2. 简谐振动的矢量表示法

简谐振动也可以用旋转矢量来表示，对于正弦函数振动，可以看成是一个作等速圆周运动的点在铅垂轴上的投影，如图 1.16 所示。

旋转矢量 $\overrightarrow{OP}$ 的模等于振幅 A，逆时针旋转的等角速度就是圆频率 ω，ωt 为 $\overrightarrow{OP}$ 在 t 时间内的转角。显然，上述简谐振动是周期运动，其周期 $T=2\pi$。旋转矢量 $\overrightarrow{OP}$ 在铅垂轴上的投影为

$$x=A\sin(\omega t+\varphi) \tag{1-8}$$

简谐振动的速度和加速度也是简谐函数，也可以用旋转矢量来表示，所以，前面所说的位移、速度和加速度间的关系也可以用矢量来表示，如图 1.17 所示。

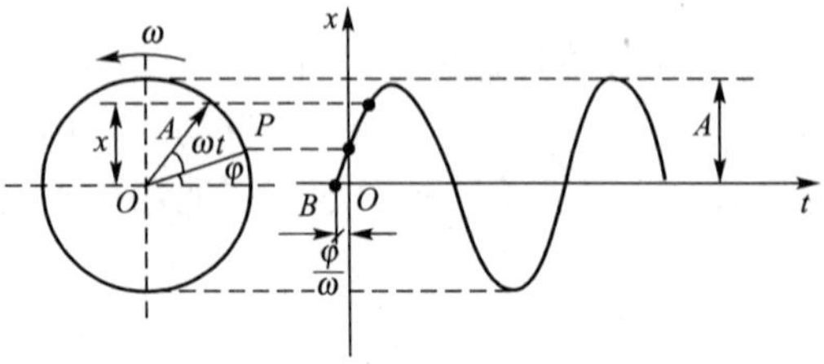

图 1.16　旋转矢量

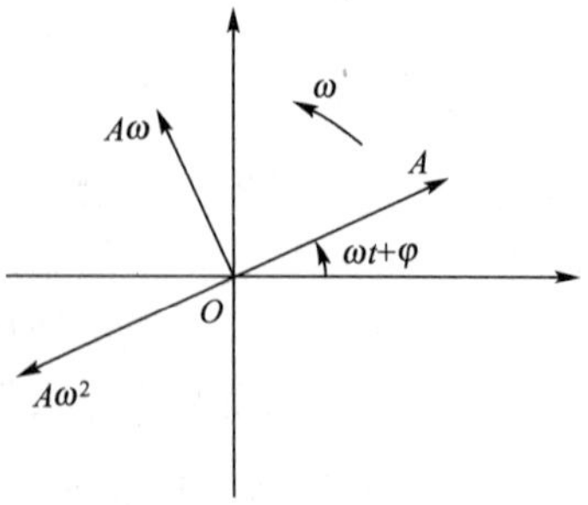

图 1.17　位移、速度和加速度矢量关系

两同频率的简谐振动，可合成为一个同频率的简谐振动，如图 1.18 所示。

例如 $x_1=a\cos\omega t$，$x_2=b\sin\omega t$，则

$$\begin{aligned} x &= x_1+x_2 \\ &= a\cos\omega t+b\sin\omega t \\ &= a\sin(\omega t+\pi/2)+b\sin(\omega t+0) \end{aligned}$$

即

$$x=A\sin(\omega t+\varphi) \tag{1-9}$$

式中，A 为合成振动的振幅，$A=\sqrt{a^2+b^2}$；φ 为合成振动的相位角，$\varphi=\arctan(a/b)$。

3. 简谐振动的复数表示法

简谐振动也可用复数表示，把坐标平面 xOy 视为复平面，x 轴当成实轴，y 轴当成虚轴，则在复平面上的复数为

$$z=A\cos(\omega t+\varphi)+\mathrm{i}A\sin(\omega t+\varphi)=A\mathrm{e}^{\mathrm{i}(\omega t+\varphi)} \tag{1-10}$$

复数 z 代表模为 A，以等角速度 ω 逆时针旋转的复数旋转矢量，如图 1.19 所示。

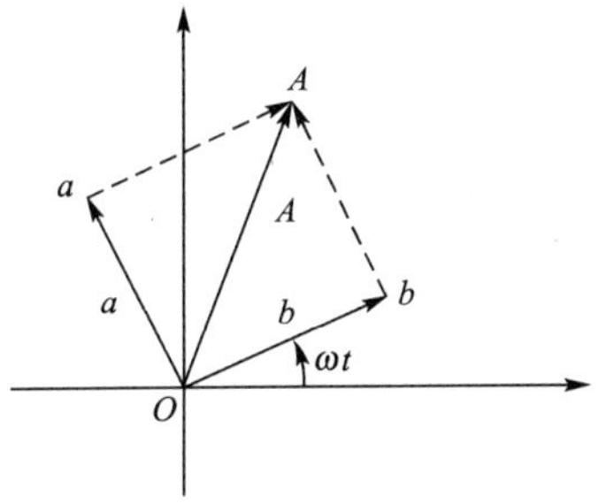

图 1.18 振动矢量的合成

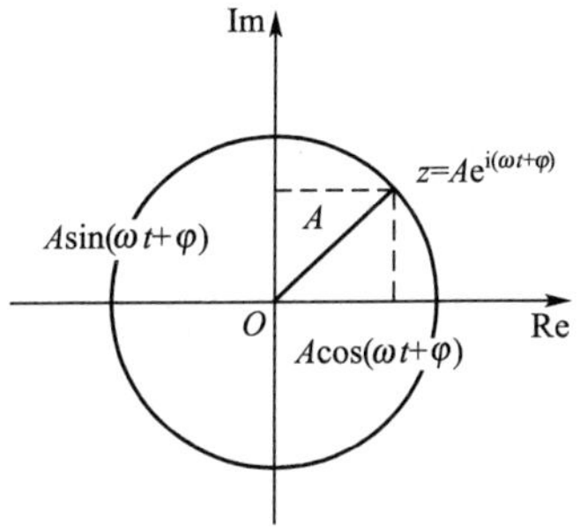

图 1.19 复数旋转矢量

复数旋转矢量在任一轴上的投影都是简谐振动，即复数的实部与虚部都表示简谐振动，一般都取虚部来表示简谐振动规律，即

$$x=A\sin(\omega t+\varphi)=\mathrm{Im}[A\mathrm{e}^{\mathrm{i}(\omega t+\varphi)}]=A\mathrm{e}^{\mathrm{i}\omega t} \tag{1-11}$$

振动速度和加速度用复数指数形式可分别表示为

$$\dot{x}=\frac{\mathrm{d}}{\mathrm{d}t}(A\mathrm{e}^{\mathrm{i}\omega t})=A\mathrm{i}\omega\mathrm{e}^{\mathrm{i}\omega t}=A\omega\mathrm{e}^{\mathrm{i}(\omega t+\pi/2)} \tag{1-12}$$

$$\ddot{x}=\frac{\mathrm{d}}{\mathrm{d}t}(A\mathrm{i}\omega\mathrm{e}^{\mathrm{i}\omega t})=-\omega^2A\mathrm{e}^{\mathrm{i}\omega t}=A\omega^2\mathrm{e}^{\mathrm{i}(\omega t+\pi)} \tag{1-13}$$

可知，简谐振动的位移、速度和加速度，都可以用复数指数形式来表达。

1.3.2 谐波分析

简谐振动是一种最简单的振动，实际问题中，更多的是非简谐的周期振动。但一般周期振动可以理解成简谐振动的合成。按照级数理论，任一周期函数只要满足以下条件，即可展开成傅里叶级数：

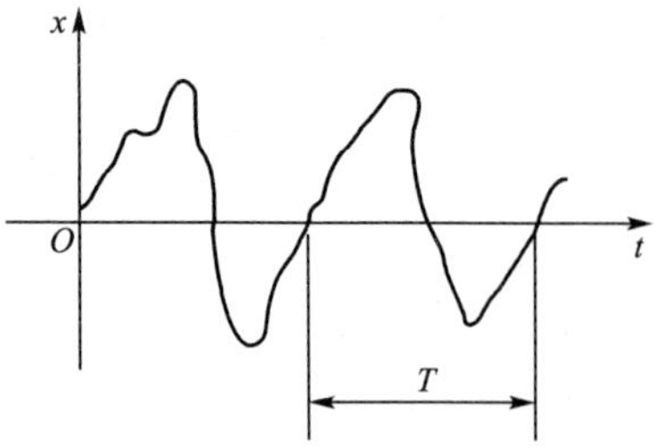

图 1.20　一般周期振动

(1) 函数在同一周期内连续或只有有限个间断点，间断点上函数的左、右极限都存在；

(2) 在一个周期内，具有有限个极大、极小值。

把一个周期函数展开成傅里叶级数，即展开成为一系列简谐函数之和，称为谐波分析。把这种谐波分析法用于振动理论，就可以把一个任意周期振动分解为一系列简谐振动的叠加。如图 1.20 所示，一个周期振动函数为 $x(t)$，其周期为 T。

可展开为一系列简谐函数之和，即

$$x=\frac{a_0}{2}+\sum_{n=1}^{\infty}(a_n\cos n\omega_1 t+b_n\sin n\omega_1 t)$$

$$=\frac{a_0}{2}+a_1\cos\omega_1 t+a_2\cos 2\omega_1 t+\cdots+b_1\sin\omega_1 t+b_2\sin 2\omega_1 t+\cdots \tag{1-14}$$

式中，$\omega_1=\frac{2\pi}{T}$为基频，$2\omega_1$为二阶频率，以此类推；

$$a_0=\frac{2}{T}\int_0^T x(t)\mathrm{d}t$$

$$a_n=\frac{2}{T}\int_0^T x(t)\cos n\omega_1 t\mathrm{d}t$$

$$b_n=\frac{2}{T}\int_0^T x(t)\sin n\omega_1 t\mathrm{d}t$$

因此，任意周期振动函数可表示为

$$x(t)=\frac{a_0}{2}+\sum_{n=1}^{\infty}A_n\sin(n\omega_1 t+\varphi_n)$$

式中，A_n为频率为$n\omega_1$的谐波函数的幅值，$A_n=\sqrt{a_n^2+b_n^2}$；φ_n为频率为$n\omega_1$的谐波函数的相位角，$\varphi_n=\arctan(a_n/b_n)$。

经过谐波分析，将非简谐的周期振动信号分解成一系列简谐函数之和。将上式中的A_n和φ_n与ω之间的变化关系用图形表示，其中A_n与ω之间的变化关系如图 1.21(a)所示，称为振幅频谱图或频谱图；而φ_n与ω之间的变化关系如图 1.21(b)所示，称为相位频谱图。由于n取正整数，两张频谱图中的图形都是离散的垂直线，称为谱线。将上述方法用于振动分析，即称为频谱分析。

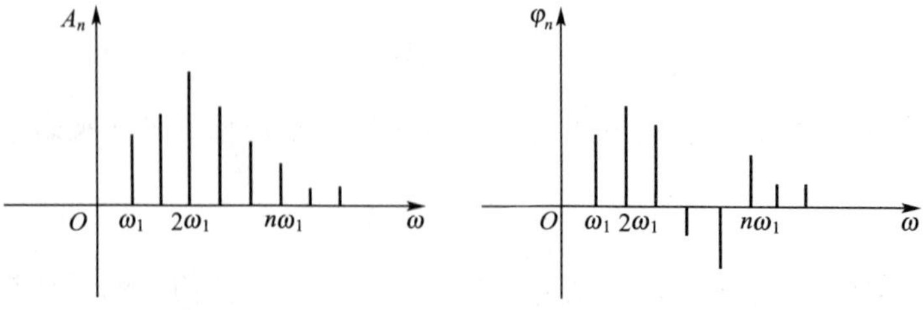

(a) 振幅频谱图　　(b) 相位频谱图

图 1.21　振幅和相位频谱图

例如某矩形方波振动信号 $F(t)=\begin{cases} F_0 & \left(0<t\leqslant\dfrac{T}{2}\right) \\ -F_0 & \left(\dfrac{T}{2}<t<T\right) \end{cases}$，如图 1.22 所示，频谱分析可得

$$a_0=\frac{2}{T}\int_0^T F(t)\mathrm{d}t=\frac{2}{T}\left(\int_0^{\frac{T}{2}}F_0\mathrm{d}t-\int_{\frac{T}{2}}^{T}F_0\mathrm{d}t\right)=0$$

$$a_n=\frac{2}{T}\int_0^T F(t)\cos n\omega_1\mathrm{d}t=\frac{2}{T}\left(\int_0^{\frac{T}{2}}F_0\cos n\omega_1\mathrm{d}t-\int_{\frac{T}{2}}^{T}F_0\cos n\omega_1\mathrm{d}t\right)=0$$

$$b_n=\frac{2}{T}\int_0^T F(t)\sin n\omega_1\mathrm{d}t=\frac{2}{T}\left(\int_0^{\frac{T}{2}}F_0\sin n\omega_1\mathrm{d}t-\int_{\frac{T}{2}}^{T}F_0\sin\omega_1\mathrm{d}t\right)$$

$$=\frac{2F_0}{n\pi}(1-\cos n\pi)=\frac{4F_0}{n\pi}\quad(n=1,\ 3,\ 5,\ \cdots)$$

$$F(t)=\frac{4F_0}{\pi}\sum_{n=1,\ 3,\ 5\cdots}^{\infty}\frac{\sin n\omega_1 t}{n}=\frac{4F_0}{\pi}\left(\frac{\sin\omega_1 t}{1}+\frac{\sin 3\omega_1 t}{3}+\frac{\sin 5\omega_1 t}{5}+\cdots\right)$$

该矩形方波的振动信号的频谱分析结果，如图 1.23 所示。

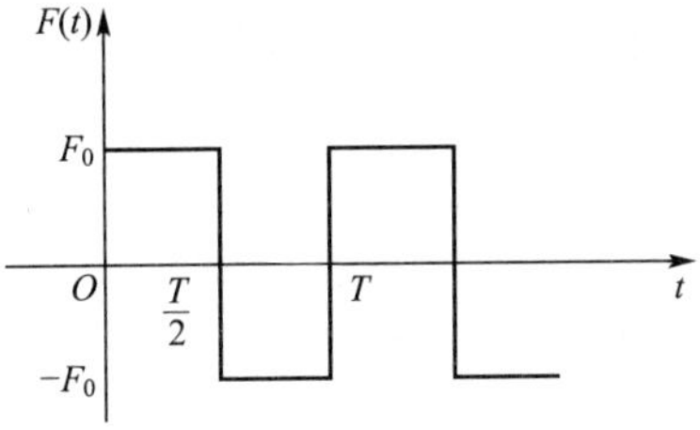

图 1.22　矩形方波

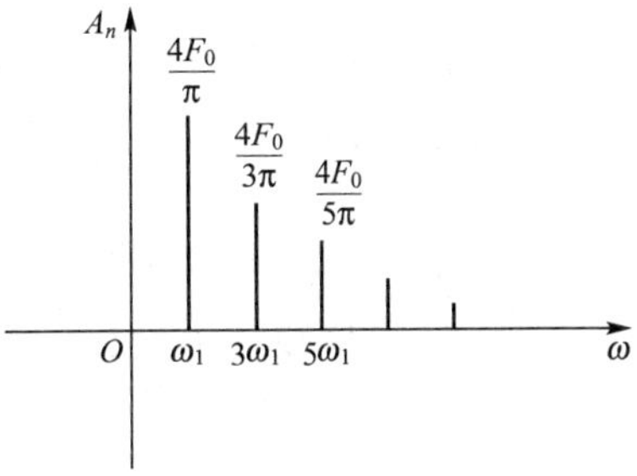

图 1.23　矩形方波的频谱图

1.4　车辆振动简化模型

当一个实际振动系统较复杂时，建立的模型越复杂，越接近实际情况，也越能进行逼真的模拟，但往往使分析困难；建立的模型越简单，分析越容易，但得到的结果可能不精确。因此，在建立振动系统力学模型时，总是在求得简化表达和逼真模拟二者之间的折中。但一个完整系统的力学模型不仅与实际机械的结构有关，还与所研究的内容有关。以汽车这样一个复杂的振动系统为例，必须要根据所分析的问题进行简化。

图 1.24 为一个把汽车车身质量看作为刚体的立体模型。汽车的车身质量，即簧上质量为 m_2，它由车身、车架及其上的零部件总成组成，通过减振器和悬架弹簧与车轴、车轮相连接。车轮和车轴构成的质量，即簧下质量为 m_1。车轮再经过具有一定弹性和阻尼的轮胎支承在不平路面上。这个模型中，车身质量讨论平顺性时主要考虑垂直、俯仰、侧倾 3 个自由度，4 个车轮质量有 4 个垂直自由度，共 7 个自由度。

当汽车对称于其纵轴线时，汽车车身只有垂直振动和俯仰振动对平顺性影响最大。这时，将汽车简化成图 1.25 所示的 4 个自由度的平面模型。因轮胎阻尼较小，在此予以忽略。在这个模型中，车身质量 $m_{2c}=m_{2f}+m_{2r}$ 主要考虑垂直和俯仰两个自由度，前、后车轴质量 m_{1f}、m_{1r} 有两个垂直自由度。

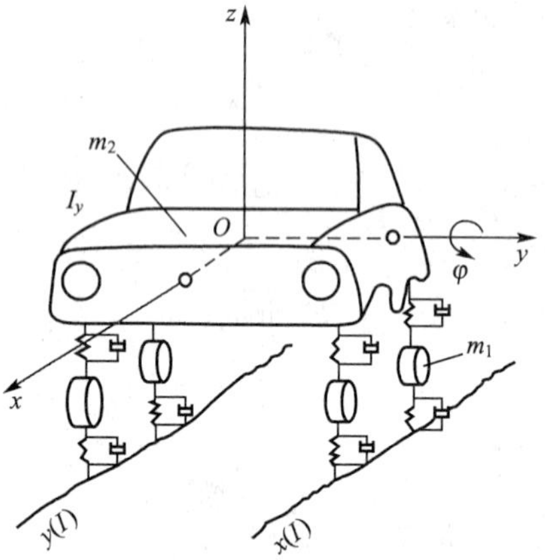

图 1.24　汽车振动系统 7 自由度模型

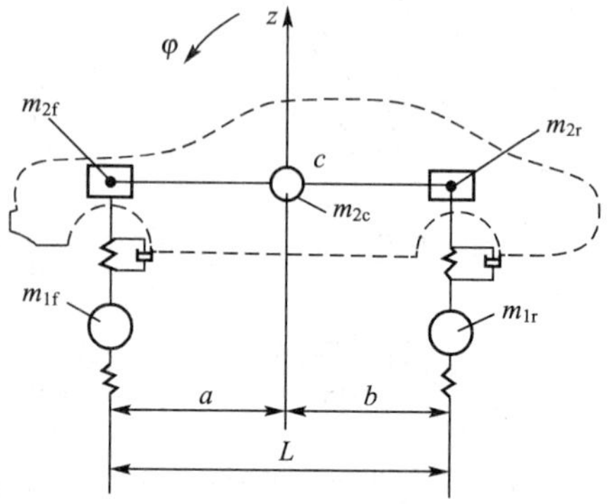

图 1.25　汽车振动系统 4 自由度模型

当汽车前、后轴悬架质量分配达到一定值时，前、后悬架系统的垂直振动几乎是独立的。于是可以将汽车振动系统进一步简化为图 1.26 所示的车身和车轮二自由度振动系统模型。其中，m_2 为簧上质量，m_1 为簧下质量，分析平顺性时，只考虑两个质量的垂直自由度。

由于车轮固有频率一般在 10～16Hz，因此，在远离车轮的车身部分，其固有频率在较低激振频率范围(如 5Hz 以下)，轮胎动变形很小，忽略其弹性和轮胎质量，就得到图 1.27 所示用来分析车身垂直振动的最简单的单自由度振动模型。

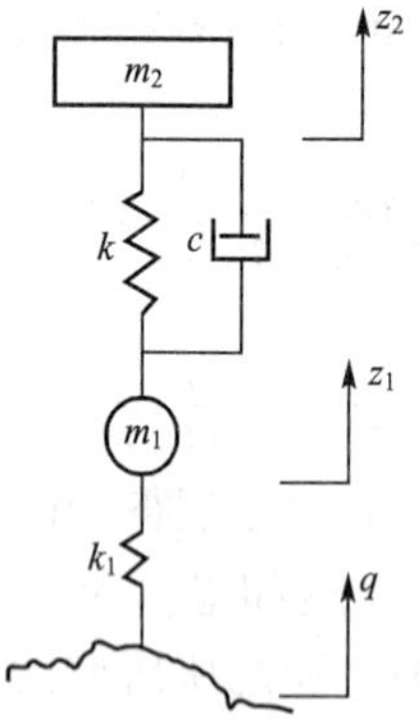

图 1.26　汽车振动系统二自由度模型

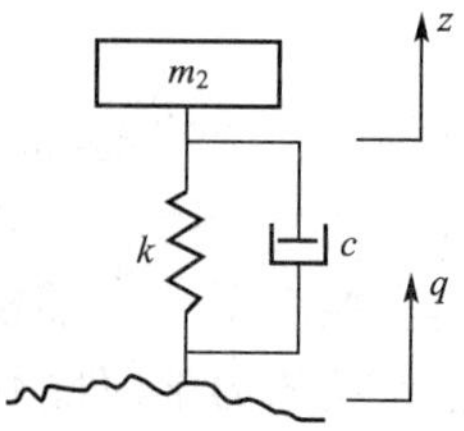

图 1.27　汽车振动系统单自由度模型

尽管简化模型与实际情况有差别，但是由于实际问题非常复杂，难以进行分析研究，而通过简化模型能够为分析实际问题提供一种简便可行的方法，且简化模型的分析结果与实际情况相差不是很大，因此，简化振动模型对于分析解决实际问题还是具有重要参考价值的。

小　结

本章介绍了振动的基本概念，包括振动系统的组成、振动的分类、振动的模型建立及其响应的求解、振动响应的各种表示方法和车辆振动模型的简化，以及等效刚度、等效质量和等效阻尼的计算。其中，振动系统是由质量、弹簧、阻尼和激励四部分组成的，振动系统可以根据输入、输出和系统特性的不同进行分类；振动系统数学模型或微分方程一般可由牛顿第二定律或达朗贝尔原理建立；通过求解振动微分方程可得到系统的响应；系统响应可以利用三角函数表示，也可以利用矢量或复数来表示；对于非简谐的周期振动，可以利用谐波分析的方法进行处理；对于复杂振动系统，可以通过合理简化，建立简化后的振动模型及其振动微分方程。

【关键术语】

振动系统　弹簧刚度　阻尼系数　质量　转动惯量　激励　等效刚度　等效质量　等效阻尼　振动分类　自由振动　强迫振动　自激振动　参数振动　线性振动　非线性振动　单自由度振动　多自由度振动　弹性体振动　周期振动　非周期振动　随机振动　牛顿定律　达朗贝尔原理　简谐振动　函数表示法　矢量表示法　复数表示法　傅里叶级数　谐波分析　车辆振动系统　简化模型

习　题

1. 振动力学模型中的四大要素是什么？
2. 根据系统输入类型不同，振动分为哪几种振动？
3. 根据系统输出类型不同，振动规律分为几类？
4. 简谐振动响应可用哪几种方式来表示？
5. 对非简谐周期振动进行分析，一般采用什么分析方法？
6. 完整的汽车振动模型包括哪 7 个自由度？如何将 7 自由度模型简化为 4 自由度和 2 自由度模型？

第2章
单自由度振动

本章学习目标

★ 掌握单自由度系统的自由振动；
★ 熟练掌握单自由度系统在简谐激励下的强迫振动；
★ 熟悉单自由度系统在一般周期激励下的强迫振动；
★ 掌握单自由度系统在任意激励下的强迫振动；
★ 了解振动隔离及振动隔离效果评价。

本章教学要点

知识要点	能力要求	相关知识
单自由度振动系统的自由振动	掌握单自由度系统的自由振动微分方程建立及响应的求解，掌握在不同阻尼情况下的振动响应及表达式，熟悉弱阻尼情况下的单自由度振动系统的自由振动特性和规律	单自由度振动系统，自由振动，圆频率，阻尼比、临界阻尼、过阻尼和弱阻尼；振幅衰减系数，振幅对数衰减率
单自由度振动系统在简谐激励下的强迫振动	熟练掌握单自由度振动系统在简谐激励下的强迫振动及稳态响应的表达式，熟悉单位谐波函数求解强迫振动响应的方法，熟悉在支座简谐运动激励下强迫振动及其响应	简谐激励，强迫振动，瞬态振动响应，稳态振动响应，放大因子，频率比；单位谐波函数法，幅频特性，相频特性；支座简谐运动，位移传递率
单自由度振动系统在一般周期激励下的强迫振动	熟悉单自由度振动系统在一般周期激励下的强迫振动及响应求解，熟悉一般周期激励的傅里叶级数展开，及响应的叠加	一般周期激励，傅里叶级数，线性系统，叠加原理
单自由度振动系统在任意激励下的强迫振动	掌握单自由度振动系统在任意激励下的强迫振动及其响应的各种求解方法	任意激励，单位脉冲响应，杜哈梅积分，脉冲响应函数，频率响应函数，拉氏变换，传递函数
振动隔离	了解振动隔离及振动隔离设计的基本原理和效果评价	振动隔离，主动隔振，被动隔振，力传递率，隔振系数，隔振效率

本章学习方法

单自由度下的自由振动和强迫振动是研究振动的理论基础。因此，本章在课堂振动理论学习的情况下，应该加强课下学习和复习，参阅相关参考资料，并结合分析工程中振动隔离的应用实例，熟练掌握单自由度振动系统的自由振动及其响应的理论推导，及在不同阻尼情况下的振动规律和振动特性；掌握单自由度振动系统在简谐激励、一般周期激励及任意激励下的强迫振动及其响应的各种求解方法。为实际工程应用分析和振动隔离设计奠定扎实的基础。

2.1 单自由度振系的自由振动

当路面激励 $q(t)=0$ 时，车辆系统振动即可看作是有阻尼单自由度振动，其模型如图 2.1所示。

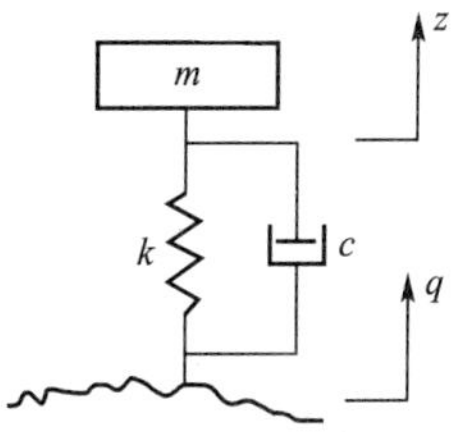

图 2.1 汽车振动系统单自由度模型

其振动微分方程为

$$m\ddot{x}+c\dot{x}+kx=0$$

即

$$\ddot{x}+\frac{c}{m}\dot{x}+\frac{k}{m}x=0$$

令

$$p^2=\frac{k}{m};\quad 2n=\frac{c}{m},\quad n=\frac{c}{2m};\quad \xi=\frac{n}{p}=\frac{c}{2\sqrt{km}}$$

式中，p 为振动系统的圆频率，$p=\sqrt{\frac{k}{m}}$，单位为 rad/s；ξ 为振动系统的阻尼比，是表示阻尼匹配大小的无量纲量。

因此，上述振动微分方程可写为

$$\ddot{x}+2\xi p\dot{x}+p^2x=0 \tag{2-1}$$

设微分方程解的形式为 $x=e^{st}$，代入式(2-1)，可得振动微分方程的特征方程为

$$s^2+2\xi ps+p^2=0$$

特征方程的特征根为 $s_{1,2}=-\xi p\pm\sqrt{\xi^2-1}p$。因此，振动微分方程的通解为

$$x=C_1e^{(-\xi p+\sqrt{\xi^2-1}p)t}+C_2e^{(-\xi p-\sqrt{\xi^2-1}p)t}$$

即

$$x=e^{-\xi pt}[C_1e^{\sqrt{\xi^2-1}pt}+C_2e^{-\sqrt{\xi^2-1}pt}] \tag{2-2}$$

式中，C_1 与 C_2 为由初始条件所决定的常数。

在不同阻尼比 ξ 情况下，$\sqrt{\xi^2-1}$ 可能为虚数、实数或零，则振动微分方程对应 3 种不同的解如下。

1. 当 $\xi>1$ 时称为过阻尼

此时特征方程的两根 $s_{1,2}=-\xi p\pm\sqrt{\xi^2-1}p$ 为不相同的负实数，微分方程的解式(2-2)中的两个指数均为负数，此时振动微分方程解式(2-2)所表示的运动是按指数规律衰减的非周期性蠕动。

根据不同的初始条件，其运动具有图 2.2 所示的相应曲线。

2. 当 $\xi=1$ 时称为临界阻尼

此时特征方程具有相等的两个实根 $s_1=s_2=-n=-p$，则振动微分方程的通解式(2-2)可表示为

$$x=(C_1+C_2t)e^{-pt} \tag{2-3}$$

显然，这个方程所表示的运动是非周期性的。根据不同的初始条件确定常数 C_1 和 C_2

后，可画出图 2.3 所示的相应曲线。这些曲线都是按指数规律衰减的。

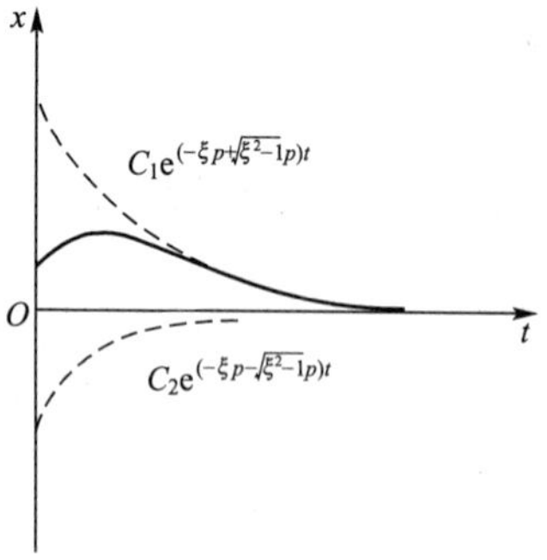

图 2.2　过阻尼振动情况

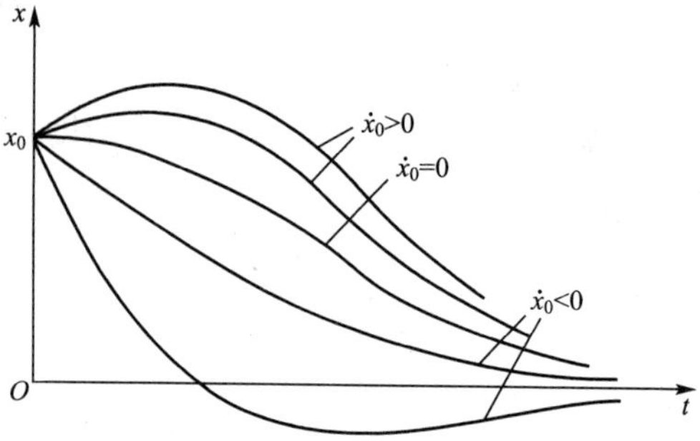

图 2.3　临界阻尼振动情况

由于临界阻尼是区分系统振动与否的界限，因此，可用它作为衡量阻尼大小的基准。若用 c_c表示临界阻尼系数，则由 $n=p$ 的关系，可得

$$c_c=2mn=2mp=2m\sqrt{\frac{k}{m}}=2\sqrt{km}$$

因此，振动系统的阻尼比可表示为

$$\xi=\frac{n}{p}=\frac{c}{2\sqrt{km}}=\frac{c}{c_c}$$

即振动系统的阻尼比，等于实际阻尼系数与临界阻尼系数的比值。

3. 当 $\xi<1$ 时称为弱阻尼

此时特征方程的两个根 $s_{1,2}=-\xi p\pm i\sqrt{1-\xi^2}p$ 为共轭复根，令 $p'=\sqrt{1-\xi^2}p$，其实际意义为有阻尼衰减振动的固有圆频率，$p'<p$。因此，振动微分方程的解可表示为

$$\begin{aligned} x &= C_1e^{(-\xi p+i\sqrt{1-\xi^2}p)t}+C_2e^{(-\xi p-i\sqrt{1-\xi^2}p)t} \\ &= e^{-\xi pt}[C_1e^{ip't}+C_2e^{-ip't}] \end{aligned} \tag{2-4}$$

利用欧拉公式将上式展开为

$$x=e^{-\xi pt}(a\cos p't+b\sin p't)$$

式中，a 和 b 为由初始条件决定的待定系数。

设 $t=0$ 时，$x=x_0$，$\dot{x}=\dot{x}_0$，代入上式可得

$$a=x_0,\quad b=(\dot{x}_0+\xi px_0)/p'$$

因此，振动系统对初始条件的响应为

$$x=e^{-\xi pt}\left[x_0\cos p't+\frac{(\dot{x}_0+\xi px_0)}{p'}\sin p't\right] \tag{2-5}$$

经三角函数恒等变换，上式也可写为

$$x=Ae^{-\xi pt}\sin(p't+\varphi) \tag{2-6}$$

式中，A 为系统振幅的最大值，是由初始条件所决定的，$A=\sqrt{\frac{\dot{x}_0^2+2\xi p\dot{x}_0x_0+p^2x_0^2}{p'^2}}$；$\varphi$ 为系统的初始相位角，$\varphi=\arctan\frac{x_0p'}{\dot{x}_0+\xi px_0}$；$p'$为有阻尼衰减振动的固有频率。

由上式可知，有阻尼的自由振动系统已不再是等幅的简谐振动，而是振幅被限制在两曲线$\pm Ae^{-\xi pt}$之内，并随时间作指数衰减的振动。当$t\rightarrow\infty$时，$x\rightarrow0$，即振动最终将完全消失，如图2.4所示。

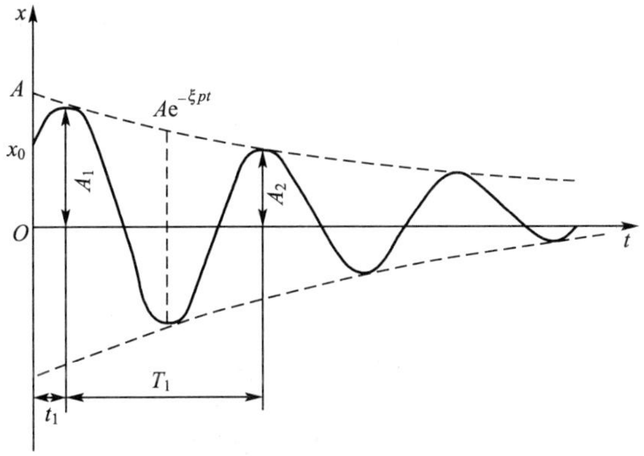

图2.4　弱阻尼自由衰减振动

阻尼对自由振动有两个方面的影响。

1）阻尼使系统的周期略有增大

如果无阻尼自由振动周期为$T=\dfrac{2\pi}{p}$，则弱阻尼振动周期T'可表示为

$$T'=\frac{2\pi}{p\sqrt{1-\xi^2}}=\frac{T}{\sqrt{1-\xi^2}} \qquad (2-7)$$

因为$\xi<1$，因此，T'比T略有增大，但是小阻尼对周期的影响很小，通常可忽略不计。

2）阻尼使系统的振幅按几何级数衰减

设相邻两振幅分别为A_i和A_{i+1}（见图2.4），它们的比值可表示为

$$\eta=\frac{A_i}{A_{i+1}}=\frac{Ae^{-\xi pt_i}}{Ae^{-\xi p(t_i+T')}}=e^{\xi pT'}=e^{nT'} \qquad (2-8)$$

式中，η称为减幅系数；n为衰减系数，n越大表示阻尼越大，振幅衰减也就越大。

由式(2-8)可知，任意相邻两振幅之比为常数，即

$$\frac{A_1}{A_2}=\frac{A_2}{A_3}=\frac{A_3}{A_4}=\cdots=\frac{A_i}{A_{i+1}}=\eta=e^{\delta}$$

所以有

$$\frac{A_1}{A_{i+1}}=\left(\frac{A_1}{A_2}\right)\left(\frac{A_2}{A_3}\right)\cdots\left(\frac{A_i}{A_{i+1}}\right)=e^{i\delta}=\eta^i$$

令$\delta=\ln\eta$为对数衰减率，由上式可得系统的对数衰减率δ为

$$\delta=\ln\eta=\frac{1}{i}\ln\frac{A_1}{A_{i+1}}=\xi pT' \qquad (2-9)$$

将式(2-7)代入式(2-9)，可得

$$\delta=\frac{2\pi\xi}{\sqrt{1-\xi^2}}$$

由此可得振动系统的阻尼比ξ为

$$\xi=\sqrt{\frac{1}{\left(\dfrac{2\pi}{\delta}\right)^2+1}} \qquad (2-10)$$

若$\xi\ll1$，则$\delta\approx2\pi\xi$，因此，系统阻尼比ξ可表示为

$$\xi\approx\frac{\delta}{2\pi}$$

根据上述原理，可以通过试验的方法测定系统振动时的振幅，并估算出系统的等效阻尼。例如，在汽车试验中，让汽车经过一个凸起颠簸一下，测出汽车悬架系统的振动曲线，然后，根据式(2-9)求出对数衰减率δ，再根据式(2-10)求出阻尼比ξ，则悬架系统

的等效阻尼系数 $c=2m\xi p$。

综合上面有阻尼自由振动运动微分方程解的 3 种情况，系统是否作自由振动的条件如下：

(1) 当 $\xi<1$ 时，系统作小阻尼的衰减振动；

(2) 当 $\xi>1$ 时，系统作大阻尼的非周期运动，而非振动；

(3) 当 $\xi=1$ 时，系统引起运动性质突变的临界情况。

例 2.1

质量 $m=2450\text{kg}$ 的汽车用 4 个悬挂弹簧支承在 4 个车轮上，4 个弹簧由汽车重量引起的静压缩量均为 $\lambda_{st}=15\text{cm}$。为了能迅速地减少汽车上下振动，在 4 个支承处均安装了减振器。由实验测得两次振动后振幅减小到 10%，即 $A_1/A_3=10$。试求：

(1) 振动的减幅系数 η 和对数衰减率 δ；

(2) 衰减系数 n 和衰减振动的周期 T'；

(3) 若要汽车不振动，减振器的临界阻尼系数 c_c。

解： 若只考虑汽车上下振动，则可把 4 个弹簧视为一个当量弹簧，其等效刚度为

$$k_e=\frac{mg}{\lambda_{st}}=\frac{(2450\times9.8)\text{N}}{0.15\text{m}}=160000\text{N/m}$$

把汽车简化为单自由度弹簧-质量系统，其固有圆频率为

$$p=\sqrt{\frac{k_e}{m}}=\sqrt{\frac{160000}{2450}}\text{rad/s}=8.08\text{rad/s}$$

(1) 求 η 和 δ。由

$$\frac{A_1}{A_3}=\left(\frac{A_1}{A_2}\right)\left(\frac{A_2}{A_3}\right)=\eta^{3-1}=\eta^2=10$$

可求出减幅系数为 $\eta=\sqrt{10}=3.162$；对数衰减率为 $\delta=\ln\eta=1.151$。

(2) 求 n 和 T'。由于

$$\xi=\sqrt{\frac{1}{\left(\frac{2\pi}{\delta}\right)^2+1}}=\sqrt{\frac{1}{\left(\frac{2\pi}{1.151}\right)^2+1}}=0.1802$$，因此，振动系统的 n 和 T' 分别为

$$n=\xi p=0.1802\times8.08\text{rad/s}=1.4459\text{rad/s}$$

$$T'=\frac{2\pi}{p\sqrt{1-\xi^2}}=\frac{2\pi\text{rad}}{(8.08\text{rad/s})\sqrt{1-0.1802^2}}=0.7906\text{s}$$

(3) 求 c_c。

$$c_c=2mp=2\times2450\times8.08\text{N}\cdot\text{s/m}=39600\text{N}\cdot\text{s/m}$$

2.2 单自由度振系的强迫振动

由于阻尼会使自由振动逐渐衰减，最后达到完全停止，因此，工程上一些能持续下去的振动必定有外加能源。例如，有外来干扰力作用于系统，弥补阻尼所消耗的能量，使系

统的振动不会衰减。这种在干扰力作用下的振动称为强迫振动。

对于一般的单自由度弹簧、质量振动系统，在外界激振力作用下的微分方程为

$$m\ddot{x}+c\dot{x}+kx=f(t)$$

其中，激励 $f(t)\neq 0$ 时，系统就作强迫振动。激励 $f(t)$ 不同时，系统所作的强迫振动也不同。

2.2.1 简谐激励下的强迫振动

前面已提到简谐激励是最简单且最常见的外界激励，在工程中有着广泛的实际意义，也是分析其他类型激励产生的振动基础。例如，可把周期性激励按傅里叶级数展开为不同频率的简谐激励，然后，应用线性系统的叠加原理求系统的总响应。

若激励 $f(t)=F_0\sin\omega t$，就为正弦简谐激振力。图 2.5 所示即为单自由度振系受到简谐激振力的作用。

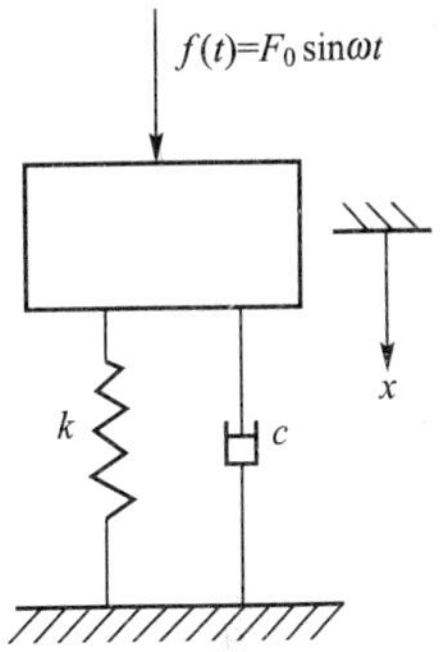

图 2.5 单自由度有阻尼的简谐激振

因此，可得到单自由度振系在简谐激振力作用下的振动微分方程为

$$m\ddot{x}+c\dot{x}+kx=F_0\sin\omega t \tag{2-11}$$

式中，F_0 为激振力的幅值；ω 为激振力的圆频率。

式(2-11)可写为

$$\ddot{x}+2\xi p\dot{x}+p^2x=q\sin\omega t \tag{2-12}$$

式中，$2\xi p=\dfrac{c}{m}$，$p^2=\dfrac{k}{m}$；$q=\dfrac{F_0}{m}$。

振动微分方程式(2-12)的解包括两部分，齐次方程的通解 x_1 和方程的特解 x_2，即

$$x=x_1+x_2$$

由 2.1 节可知，在弱阻尼($\xi<1$)的情况下，有阻尼自由振动齐次方程的解 x_1 为

$$x_1=Ae^{-\xi pt}\sin(p't+\varphi) \tag{2-13}$$

式(2-13)表示的是一种衰减振动，只在振动开始的一段时间内才有意义，故为瞬态振动。在一般情况下，该瞬态振动的实际工程意义不大，因此，可不予考虑。

振动微分方程式(2-12)的特解 x_2，代表系统在简谐激振下所产生的强迫振动，它是一种持续的等幅振动，故为稳态振动。设特解 x_2 形式即强迫振动的稳态响应为

$$x_2=X\sin(\omega t-\psi) \tag{2-14}$$

式中，X 为振动响应的幅值；ω 为激振力的圆频率，也是振动响应的圆频率；ψ 为响应与激励的相位差。

由式(2-14)可得强迫振动稳态响应的速度和加速度分别为

$$\dot{x}_2=\omega X\cos(\omega t-\psi) \tag{2-15}$$

$$\ddot{x}_2=-\omega^2X\sin(\omega t-\psi) \tag{2-16}$$

将式(2-14)、(2-15)、(2-16)代入微分方程(2-11)，可得

$$-\omega^2X\sin(\omega t-\psi)+2\xi p\omega X\cos(\omega t-\psi)+p^2X\sin(\omega t-\psi)=q\sin\omega t \tag{2-17}$$

利用三角函数关系得

$$q\sin\omega t=q\sin[(\omega t-\psi)+\psi]=q\cos\psi\sin(\omega t-\psi)+q\sin\psi\cos(\omega t-\psi) \tag{2-18}$$

由式(2-18)和式(2-17)，可得

$$(p^2X-\omega^2X)\sin(\omega t-\psi)+2\xi p\omega X\cos(\omega t-\psi)=q\cos\psi\sin(\omega t-\psi)+q\sin\psi\cos(\omega t-\psi)$$

由于对任何瞬时 t 上式都成立，故 $\sin(\omega t-\psi)$ 和 $\cos(\omega t-\psi)$ 前的系数必须分别相等，即

$$(p^2-\omega^2)X=q\cos\psi$$
$$2\xi p\omega X=q\sin\psi$$

因此，可得振动响应的幅值 X 和响应与激励的相位差 ψ 分别为

$$X=\frac{q}{p^2\sqrt{\left[1-\left(\frac{\omega}{p}\right)^2\right]^2+\left(2\xi\frac{\omega}{p}\right)^2}}=\frac{X_0}{\sqrt{(1-\lambda^2)^2+(2\xi\lambda)^2}} \tag{2-19}$$

$$\psi=\arctan\frac{2\xi\left(\frac{\omega}{p}\right)}{1-\left(\frac{\omega}{p}\right)^2}=\arctan\frac{2\xi\lambda}{1-\lambda^2} \tag{2-20}$$

式中，λ 为振动系统的频率比，$\lambda=\frac{\omega}{p}$；X_0 为系统的最大静位移，$X_0=\frac{q}{p^2}=\frac{F_0/m}{k/m}=\frac{F_0}{k}$。

因此，强迫振动的稳态响应为

$$x_2=\frac{X_0}{\sqrt{(1-\lambda^2)^2+(2\xi\lambda)^2}}\sin(\omega t-\psi) \tag{2-21}$$

由上述强迫振动解可知：在简谐激振力作用下，强迫振动的响应为也简谐振动，其频率与激振频率 ω 相同，但相位角滞后 ψ，这是由于阻尼存在的关系。振幅 X 与相位差 ψ 都只与系统固有特性及激振力的性质有关，而与初始条件无关。

设 X 与 X_0 之比为 β，称为放大因子。由式(2－19)可得，强迫振动的放大因子 β 为

$$\beta=\frac{X}{X_0}=\frac{1}{\sqrt{(1-\lambda^2)^2+(2\xi\lambda)^2}}$$

放大因子 β 代表稳态振幅 X 与激振力幅值 F_0 作用于弹簧上的静位移 X_0 之比，β 值不仅随频率比 λ 而变，而且还随阻尼比 ξ 而变。

在不同的阻尼比 ξ 值情况下，放大因子 β 与频率比 λ 的关系以及相角 ψ 与 λ 的关系，分别如图 2.6 和图 2.7 所示。其中，图 2.6 称为幅频响应曲线，而图 2.7 称为相频响应曲线。

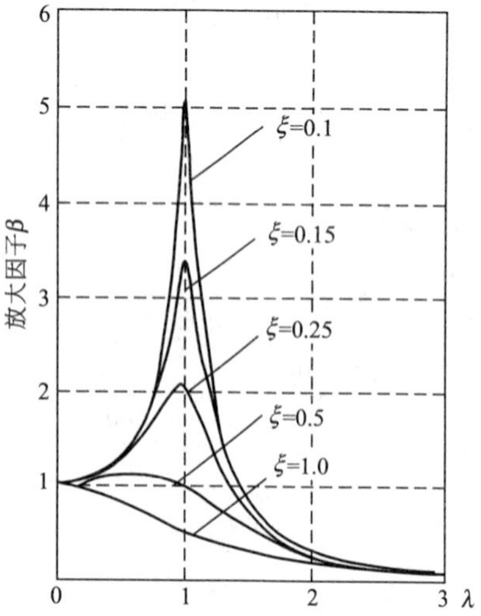

图 2.6　幅频响应曲线

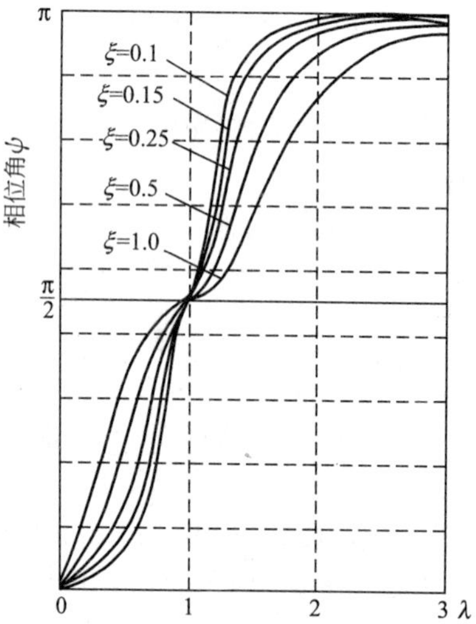

图 2.7　相频响应曲线

由图可见：

(1) 当频率比 $\lambda \ll 1$，即激振频率 ω 远小于系统的固有频率 p 时，无论阻尼大小如何，β 均接近于 1，即振幅近似等于激振力幅值 F_0 作用下的静变形 X_0。故在低频区内，振幅 X 主要由弹簧刚度控制。此时，相位差 $\psi \approx 0$，即位移与激振力接近于同相位。

(2) 当频率比 $\lambda \gg 1$，即激振频率 ω 远大于系统的固有频率 p 时，β 趋于 0。因为激振力方向改变太快，振动物体由于惯性来不及跟随，几乎停止不动。故在高频区内，振幅 X 主要决定于系统的惯性。这一特性正是隔振和惯性传感器的理论依据。相位差 $\psi \approx \pi$，即在高频范围内位移与激振力接近于反相位。

(3) 当频率比 $\lambda \approx 1$，即 ω 接近于 p 时，振幅 X 急剧增加，β 趋于 β_{max}，这种现象称为共振。严格地讲，β_{max} 发生在 $\lambda = \sqrt{1-2\xi^2}$ 处，但通常由于阻尼比 $\xi^2 \ll 1$，故一般视作激励频率等于系统故有频率即 $\omega = p$ 时，系统发生共振。共振时，由式(2-19)可知，振幅 X 达到最大值 $X_{max} = \dfrac{X_0}{2\xi}$，并由式(2-20)可知相位差 $\psi = \dfrac{\pi}{2}$。

可见在共振时，振幅最大值 X_{max} 与阻尼比 ξ 的值有关，ξ 越小，则 X_{max} 越大；在 $\xi \to 0$ 时，X_{max} 可达到无穷大。但共振时的 ψ 值与阻尼比 ξ 的值无关，不论 ξ 为何值，共振时的 $\psi = \dfrac{\pi}{2}$，这是共振时的一个重要特征。分析幅频响应与相频响应所引出的共振现象，是传统的共振试验法测定系统固有频率的理论基础。

1. 单位谐波函数求解强迫振动

所谓单位谐波函数法，是设作用在系统上的激励为复数形式的单位幅值简谐激振力，即 $f_c(t) = e^{i\omega t} = \cos\omega t + i\sin\omega t$，系统复数形式的响应为 $x_c(t)$，则系统的运动微分方程可表示为

$$m\ddot{x}_c + c\dot{x}_c + kx_c = e^{i\omega t} \tag{2-22}$$

由于复数激振力和复数响应既是 t 的函数，又是激励频率 ω 的函数，故可令复数响应与复数激振力之比 $H(\omega)$ 为系统的频率响应函数，即

$$H(\omega) = \frac{x_c(t)}{f_c(t)} \tag{2-23}$$

频率响应函数 $H(\omega)$ 是由系统特性所确定的，表示系统在单位幅值的简谐激振力 $f_c(t) = e^{i\omega t}$ 作用下所产生的振幅。对于简谐激励，若知道系统的频率响应函数，便可由式(2-23)求得系统的振动响应为

$$x_c(t) = H(\omega) f_c(t) \tag{2-24}$$

式(2-24)所反映的关系，可用图 2.8 的框图来表示。

根据式(2-24)，可得单位简谐激振力作用下响应的位移、速度和加速度分别为

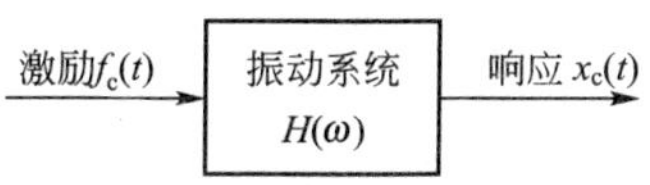

图 2.8 振动系统框图

$$x_c = H(\omega) e^{i\omega t}$$
$$\dot{x}_c = i\omega H(\omega) e^{i\omega t}$$
$$\ddot{x}_c = -\omega^2 H(\omega) e^{i\omega t}$$

将上述三式代入式(2-22)，并两边消去 $e^{i\omega t}$，可得系统的频率响应函数为

$$H(\omega) = \frac{1}{k - m\omega^2 + ic\omega} = \frac{\frac{1}{k}}{1-\lambda^2 + i2\xi\lambda} = |H(\omega)| e^{-i\psi} \tag{2-25}$$

式中，λ 为频率比；ξ 为阻尼比；频率响应函数的模 $|H(\omega)|=\frac{\frac{1}{k}}{\sqrt{(1-\lambda^2)^2+(2\xi\lambda)^2}}$，称为幅频特性；频率响应函数的相位差 $\psi=\arctan\frac{2\xi\lambda}{1-\lambda^2}$，称为相频特性。

将复数形式的简谐激振力 $F_0e^{i\omega t}$ 代入式(2-24)，则在简谐激振力 $F_0e^{i\omega t}$ 作用下的复数形式的振动响应 x 可表示为

$$x=|H(\omega)|e^{-i\psi}F_0e^{i\omega t}=F_0|H(\omega)|e^{i(\omega t-\psi)}=\frac{\frac{F_0}{k}}{\sqrt{(1-\lambda^2)^2+(2\xi\lambda)^2}}e^{i(\omega t-\psi)}$$

即

$$x=\frac{X_0}{\sqrt{(1-\lambda^2)^2+(2\xi\lambda)^2}}e^{i(\omega t-\psi)} \tag{2-26}$$

式中，X_0 为激振力幅值 F_0 作用下的静变形，$X_0=\frac{F_0}{k}$。

(1) 若实际激振力为正弦函数形式 $F_0\sin\omega t$，则实际响应取复数形式响应的虚部，即

$$x=F_0|H(\omega)|\sin(\omega t-\psi)=\frac{X_0}{\sqrt{(1-\lambda^2)^2+(2\xi\lambda)^2}}\sin(\omega t-\psi)$$

(2) 若实际激振力为余弦函数形式 $F_0\cos\omega t$，则实际响应取复数形式响应的实部，即

$$x=F_0|H(\omega)|\cos(\omega t-\psi)=\frac{X_0}{\sqrt{(1-\lambda^2)^2+(2\xi\lambda)^2}}\cos(\omega t-\psi)$$

例 2.2

在旋转机械中，由于偏心质量引起的强迫振动是普遍的现象，如汽车发动机。将由偏心质量引起强迫振动的系统简化成图 2.9 所示的模型。其中，总质量为 m_0，偏心质量为 m，偏心距为 e。当发动机曲轴以一定的转速 n (r/min) 旋转时，偏心质量 m 就以角速度 $\omega=2\pi n/60$(rad/s) 作等速圆周运动。求偏心质量引起的强迫振动。

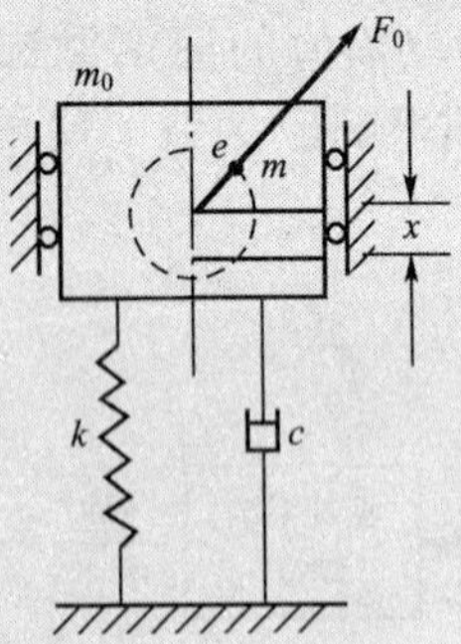

图 2.9 偏心质量引起的强迫振动

解： 偏心质量产生的离心惯性力 $F_0=me\omega^2$，它在垂直方向的分量，相当于垂直激振力，即

$$f(t)=F_0\sin\omega t=me\omega^2\sin\omega t$$

系统的振动微分方程为

$$m_0\ddot{x}+c\dot{x}+kx=f(t)=me\omega^2\sin\omega t$$

由单位谐函数法，令 $f_c=e^{i\omega t}$，振动系统在单位谐振力作用下的振动微分方程为

$$m_0\ddot{x}_c+c\dot{x}_c+kx_c=e^{i\omega t}$$

又有 $x_c=H(\omega)e^{i\omega t}$，代入上述微分方程，得振动系统的频率响应函数为

$$H(\omega)=\frac{1}{k-m_0\omega^2+ic\omega}$$

因此，频率响应函数的模 $|H(\omega)|$ 为

$$|H(\omega)|=\frac{\frac{1}{k}}{\sqrt{(1-\lambda^2)^2+(2\xi\lambda)^2}}$$

频率响应函数相位差 ψ 为

$$\psi=\arctan\frac{2\xi\lambda}{1-\lambda^2}$$

所以，振动系统在离心惯性力作用下的响应为

$$x(t)=|H(\omega)|\mathrm{e}^{-\mathrm{i}\psi}F_0\mathrm{e}^{\mathrm{i}\omega t}=F_0|H(\omega)|\mathrm{e}^{\mathrm{i}(\omega t-\psi)}$$

由于实际激振力为正弦形式，即 $f(t)=F_0\sin\omega t=me\omega^2\sin\omega t$，所以系统实际振动响应取复数形式响应的虚部，即

$$\begin{aligned}x(t)&=F_0|H(\omega)|\sin(\omega t-\psi)\\&=\frac{me}{m_0}\frac{\lambda^2}{\sqrt{(1-\lambda^2)^2+(2\xi\lambda)^2}}\sin(\omega t-\psi)\end{aligned}$$

由上式可见振幅与偏心质量 m 和偏心距 e 成正比，要减少振动，就要使质量分布尽可能均匀，使之与旋转轴对称而没有偏心距。

2. 支座简谐运动引起的强迫振动

简谐强迫振动不一定都由激振力引起，许多情况下，振系支座的周期运动同样可使振系发生强迫振动，如汽车驶过不平路面产生的振动等。下面就以汽车单自由度振系为例，分析支座简谐运动引起的强迫振动问题，如图 2.10 所示。

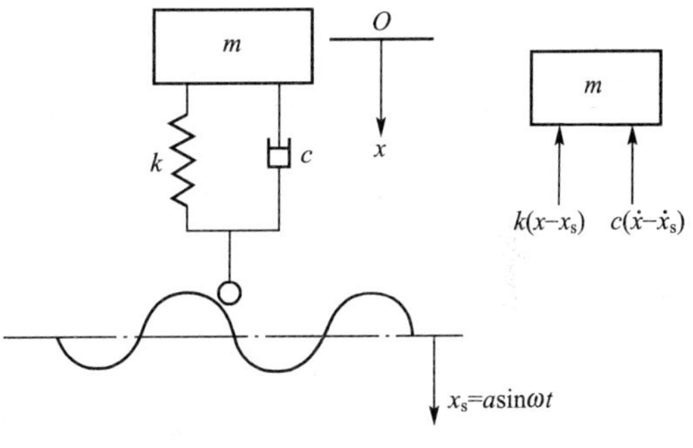

图 2.10 支座作简谐运动引起的强迫振动

这里支座作简谐运动即相当于汽车在具有一定幅值的正弦波路面上行驶，即路面激励为

$$x_s=a\sin\omega t$$

对车身质量 m 进行受力分析。x 为质量块的位移坐标，由于弹簧两端都在运动，任一瞬时弹簧的变形为$(x-x_s)$，弹性恢复力为 $k(x-x_s)$。阻尼器两端也都在运动，因此，阻尼应与相对速度$(\dot{x}-\dot{x}_s)$成正比，阻尼力为 $c(\dot{x}-\dot{x}_s)$。按牛顿第二定律可列出振动微分方程为

$$m\ddot{x}+c\dot{x}+kx=c\dot{x}_s+kx_s \tag{2-27}$$

与前面所列的单自由度振系振动微分方程 $m\ddot{x}+c\dot{x}+kx=f(t)$相比，支座简谐运动相当于系统上作用了两个激振力，一个是经过弹簧传递过来的弹簧力 kx_s，另一个是经过阻尼器传递过来的阻尼力 $c\dot{x}_s$。二者相位不同，前者与 x_s同相，后者相位超前 90°，与 $\dot{x}_s$同相。总的激振力相当于两个力的叠加，即

$$f(t)=c\dot{x}_s+kx_s$$

将上述微分方程改写为

$$\ddot{x}+2\xi p\dot{x}+p^2x=2\xi p\dot{x}_s+p^2x_s \tag{2-28}$$

用单位谐函数法来求解这个微分方程，设作用在系统上的路面不平激励(支座简谐运动)为单位幅值即 $x_s=e^{i\omega t}$，则响应为 $x=H(\omega)e^{i\omega t}$。将两式求导后代入上述微分方程，消去 $e^{i\omega t}$，得复数频率响应函数为

$$H(\omega)=\frac{p^2+i2\xi p\omega}{p^2-\omega^2+i2\xi p\omega}$$

复数频率响应函数的模为

$$|H(\omega)|=\sqrt{\frac{p^4+(2\xi p\omega)^2}{(p^2-\omega^2)^2+(2\xi p\omega)^2}}=\sqrt{\frac{1+(2\xi\lambda)^2}{(1-\lambda^2)^2+(2\xi\lambda)^2}}$$

复数频率响应函数的相位差为

$$\psi=\arctan\frac{2\xi p\omega^3}{p^2(p^2-\omega^2)^2+(2\xi p\omega)^2}=\arctan\frac{2\xi\lambda^3}{(1-\lambda^2)^2+(2\xi\lambda)^2}$$

因此，系统在路面激励作用下的响应为

$$x(t)=|H(\omega)|x_s(t)=|H(\omega)|ae^{i(\omega t-\psi)}$$

即

$$x(t)=a\sqrt{\frac{1+(2\xi\lambda)^2}{(1-\lambda^2)^2+(2\xi\lambda)^2}}e^{i(\omega t-\psi)}$$

又路面激励 $x_s=a\sin\omega t$，为正弦形式，所以汽车振动系统的实际响应取复数形式响应的虚部，即

$$x(t)=a\sqrt{\frac{1+(2\xi\lambda)^2}{(1-\lambda^2)^2+(2\xi\lambda)^2}}\sin(\omega t-\psi) \tag{2-29}$$

其中幅值 $X=a\sqrt{\frac{1+(2\xi\lambda)^2}{(1-\lambda^2)^2+(2\xi\lambda)^2}}$，因此得

$$\frac{X}{a}=\sqrt{\frac{1+(2\xi\lambda)^2}{(1-\lambda^2)^2+(2\xi\lambda)^2}}$$

X/a 为位移传递率，与前面讨论的放大因子有不同的意义。以 λ 为横坐标、X/a 为纵坐标，可以得到在不同阻尼系数 ξ 下，汽车车身振系的位移传递率曲线，如图 2.11 所示。它与简谐激振力 $F_0\sin\omega t$ 作用下的幅频响应曲线相似，只是在 $\lambda=\sqrt{2}$ 处，不论 ξ 为何值，X/a 均等于 1。

由图 2.11 可见：

(1) 当 $\lambda\ll1$ 时，激振频率 ω 很低，$X/a\approx1$，相位差 $\psi\approx0$。此时，汽车车身相对于路面几乎不动。

(2) 当 $\lambda=1$ 时，即 $\omega=p$，$\tan\psi=\frac{1}{2\xi}$，ψ 角不再是 90°。若 ξ 很小，系统将发生共振。阻尼比越小，共振峰值越大，加大阻尼比 ξ 可使共振峰值明显下降。

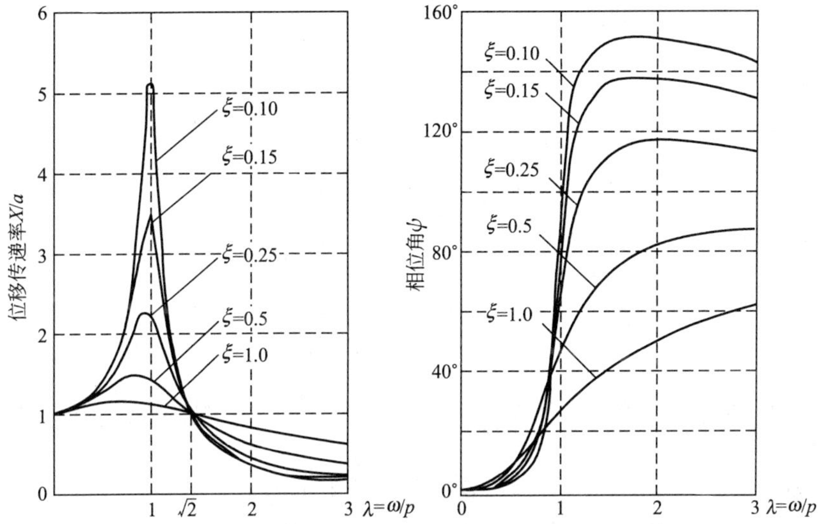

图 2.11 位移传递率曲线

(3) 当$\lambda=\sqrt{2}$时，无论ξ为何值，所有曲线都交汇于$X/a=1$处，即$X\equiv a$。

(4) 当$\lambda>\sqrt{2}$时，$X/a<1$，对输入起衰减作用，阻尼比ξ越小，λ越大，路面不平激励对车身的影响越小，对减振越有利。

支座运动除了上述以位移$x_s=a\sin\omega t$来表达外，还可以速度或加速度来表达。若支座运动以速度$\dot{x}_s=b\sin\omega t$来表达，用上面同样的推导方法可得系统响应的位移幅值为

$$X=\frac{b}{\omega}\sqrt{\frac{1+(2\xi\lambda)^2}{(1-\lambda^2)^2+(2\xi\lambda)^2}}$$

若支座运动以加速度$\ddot{x}_s=c\sin\omega t$来表达，则系统响应的位移幅值为

$$X=\frac{c}{\omega^2}\sqrt{\frac{1+(2\xi\lambda)^2}{(1-\lambda^2)^2+(2\xi\lambda)^2}}$$

2.2.2 一般性周期激励下的强迫振动

实际问题中简谐干扰力作用下的强迫振动是比较少见的，大多数是一种非简谐的周期性干扰力。比如汽车试验场中进行耐久性试验的搓板路、扭曲路等，就是非简谐的周期路面不平激励。任意一个周期函数总可以根据傅里叶级数分解成一系列具有基频倍数的简谐分量，即进行谐波分析。对这些不同频率的简谐激励，求出各自的响应，再根据线性系统的叠加原理，将各响应叠加起来便可求得一般周期干扰力作用下的总响应。

如果下列条件成立，则一个周期为T的函数$f(t)=f(t+T)$，可在一定条件下展开为傅里叶级数

$$f(t)=\frac{a_0}{2}+\sum_{j=1}^{\infty}a_j\cos(j\omega t)+b_j\sin(j\omega t)$$

式中，j是正整数。

当$j=1$时，周期函数的频率$\omega=2\pi/T$称为基频；

当$j>1$时，周期函数的第j阶简谐频率为$j\omega=2j\pi/T$，其中a_0，a_j和b_j称为傅氏系

数，它们可由下式分别加以确定

$$a_0 = \frac{2}{T}\int_0^T f(t)\mathrm{d}t$$

$$a_j = \frac{2}{T}\int_0^T f(t)\cos(j\omega t)\mathrm{d}t$$

$$b_j = \frac{2}{T}\int_0^T f(t)\sin(j\omega t)\mathrm{d}t$$

因此，一个有阻尼的弹簧质量系统，在周期激振力 $f(t)$的作用下的微分方程式可表示为

$$m\ddot{x} + c\dot{x} + kx = \frac{a_0}{2} + \sum_{j=1}^{\infty} a_j\cos(j\omega t) + b_j\sin(j\omega t)$$

式中，$a_0/2$ 表示系统静平衡位置常量，只要坐标原点取在静平衡位置，此常数项就可不出现在方程中。

对激振力的每一分量的响应，都可以用 2.1 节中求简谐激振力响应的方法求得。对于线性系统，稳态振动响应可以按照叠加原理，将所求得的各简谐分量的稳态响应进行叠加，便可得到整个周期力函数 $f(t)$的稳态响应全解，即

$$x = \frac{a_0}{2k} + \sum_{j=1}^{\infty} \frac{a_j\cos(j\omega t - \psi_j) + b_j\sin(j\omega t - \psi_j)}{k\sqrt{(1-j^2\lambda^2)^2 + (2\xi j\lambda)^2}} \tag{2-30}$$

式中，$\psi_j = \arctan\frac{2\xi j\lambda}{1-j^2\lambda^2}$，$j=1, 2, 3, \cdots$。

例2.3

一个弹簧-质量单自由度振系，受到如图 2.12 所示的力幅为一个单位力的矩形波周期函数激励 $f(t)$的作用，求系统的稳态强迫振动响应。

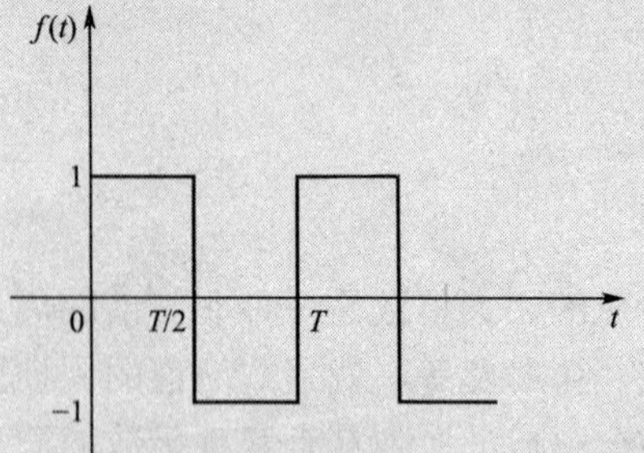

图 2.12　矩形波周期激励

解： $a_0 = \frac{2}{T}\int_0^T f(t)\mathrm{d}t = \frac{2}{T}\left[\int_0^{T/2} 1\mathrm{d}t - \frac{2}{T}\int_{T/2}^{T} 1\mathrm{d}t\right] = 0$

$$a_j = \frac{2}{T}\int_0^T f(t)\cos(j\omega t)\mathrm{d}t = 0$$

$$b_j = \frac{2}{T}\int_0^T f(t)\sin(j\omega t)\mathrm{d}t$$

$$= \frac{2}{T}\left[\int_0^{T/2}\sin(j\omega t)\mathrm{d}t - \int_{T/2}^{T}\sin(j\omega t)\mathrm{d}t\right]$$

$$= \begin{cases} \frac{4}{j\pi} & (j=1, 3, 5, \cdots) \\ 0, & (j=2, 4, 6, \cdots) \end{cases}$$

故得

$$f(t) = \frac{4}{\pi}\sum_{j=1}^{\infty}\frac{1}{j}\sin\omega t \quad (j = 1, 3, 5, \cdots)。$$

因此，系统的振动微分方程可表示为

$$m\ddot{x} + c\dot{x} + kx = \frac{4}{\pi}\left(\sin\omega t + \frac{1}{3}\sin 3\omega t + \frac{1}{5}\sin 5\omega t + \cdots\right)$$

根据式(2-30)，可得系统的稳态响应为

$$x=\frac{4}{\pi k}\sum_{j=1}^{\infty}\frac{\sin(j\omega t-\psi_j)}{j\sqrt{(1-j^2\lambda^2)^2+(2\xi j\lambda)^2}}$$
$$=\frac{4}{\pi k}\left[\frac{\sin(\omega t-\psi_1)}{\sqrt{(1-\lambda^2)^2+(2\xi\lambda)^2}}+\frac{\sin(3\omega t-\psi_3)}{3\sqrt{(1-9\lambda^2)^2+(6\xi\lambda)^2}}+\cdots\right]$$
$$\psi_j=\arctan\frac{2\xi j\lambda}{1-j^2\lambda^2},\ j=1,3,5,\cdots;\quad \lambda=\frac{\omega}{p};\quad \omega=\frac{2\pi}{T}$$

2.2.3 任意激励下的强迫振动

在工程实际中，对振动系统的激励作用往往既不是简谐的，也不是周期性的，而是任意时间函数，包括作用时间很短的冲击作用。在冲击激振作用下，系统通常没有稳态振动而只有瞬态振动，当冲击激振停止后，系统就将按照其固有频率进行自由振动，即所谓的剩余振动。系统在任意激振下的瞬态振动包括剩余振动在内统称为任意激励的响应。对于汽车系统来说，经常受到任意激励的作用。例如，汽车离合器结合过程引起的传动系的扭振，汽车换挡过程中的齿轮冲击，汽车遇到凸起或凹坑路面所引起的颠簸，发动机气门和凸轮机构的振动，都是任意激励引起的振动。在已知任意激励时，求系统响应的方法有好几种，下面分别介绍 3 种方法。

1. 杜哈梅积分法

此方法又称为卷积积分法或叠加积分法，其基本思想是：把任意激励分解为一系列微冲量的连续作用，分别求系统对每个微冲量的响应，然后根据线性系统的叠加原理把它们叠加起来，即得系统对任意激励的响应。杜哈梅积分法很容易利用计算机来计算，适用于解决复杂问题及数值问题。

首先介绍系统受单位脉冲作用下的响应 $h(t)$。单位脉冲可以用 δ 函数表示，工程上 δ 函数定义为

$$\begin{cases}\delta(t)=0 & (t\neq 0)\\ \int_{0_-}^{0_+}\delta(t)\mathrm{d}t=1\end{cases}$$

用 0_- 表示 t 轴上从左边趋于零的点，而用 0_+ 表示从右边趋于零的点。假如单位脉冲在 $t=\tau$ 瞬时作用在系统上，这相当于把坐标原点向右移动 τ。

单自由度系统在单位脉冲作用下的振动微分方程为

$$m\ddot{x}+c\dot{x}+kx=\delta(t) \tag{2-31}$$

系统的初始条件为 $\dot{x}(0_-)=x(0_-)=0$，对式(2-31)两边从 0_- 到 0_+ 进行积分得

$$\int_{0_-}^{0_+}(m\ddot{x}+c\dot{x}+kx)\mathrm{d}t=\int_{0_-}^{0_+}\delta(t)\mathrm{d}t \tag{2-32}$$

考虑到在趋于零的时间间隔内，系统的位移 x 来不及变化，即 $x(0_+)=0$，故上式左边各项的积分为

$$\int_{0_-}^{0_+}m\ddot{x}\mathrm{d}t=\int_{0_-}^{0_+}m\mathrm{d}\dot{x}=m\dot{x}\Big|_{0_-}^{0_+}=m\dot{x}(0_+)$$
$$\int_{0_-}^{0_+}c\dot{x}\mathrm{d}t=\int_{0_-}^{0_+}c\mathrm{d}x=cx\Big|_{0_-}^{0_+}=0$$

$$\int_{0_-}^{0_+} kx\,\mathrm{d}t = 0$$

把上面各项积分代入式(2-32)，可得 $\dot{x}(0_+)=1/m$，这就是说，在 $t=0$ 时作用单位冲量的效果相当于产生一个初速度 $\dot{x}(0_+)=1/m$。根据前面得到的有阻尼弹簧-质量系统对初始条件的响应为

$$x=\mathrm{e}^{-\xi pt}\left(x_0\cos p't+\frac{\dot{x}_0+\xi p x_0}{p'}\sin p't\right)$$

因此，对于小阻尼，初始条件 $x_0=0$，$\dot{x}_0=1/m$ 情况下，单位脉冲所引起的响应为

$$h(t)=x(t)=\frac{\dot{x}_0}{p'}\mathrm{e}^{-\xi pt}\sin p't=\frac{1}{mp'}\mathrm{e}^{-\xi pt}\sin p't$$

式中，$p=\sqrt{\dfrac{k}{m}}$；$\xi=\dfrac{c}{2\sqrt{km}}$；$p'=p\sqrt{1-\xi^2}$。

在时间 $t=0$ 时单位脉冲所产生的响应 $h(t)$ 称为脉冲响应函数，它是由系统本身性质所确定的时间函数，与外界的激励无关。

如果单位脉冲输入是在时间 $t=\tau$ 时作用在系统上，则系统响应可表示为

$$h(t-\tau)=x(t-\tau)=\frac{1}{mp'}\mathrm{e}^{-\xi p(t-\tau)}\sin p'(t-\tau)$$

若知道了系统的脉冲响应函数 $h(t)$，就可以用脉冲响应函数 $h(t)$ 来求得任意激振力作用下系统的响应 $x(t)$。这时可把系统响应 $x(t)$ 看作一系列微冲量 $f(\tau)\mathrm{d}\tau$ 作用结果的叠加，如图 2.13 所示。

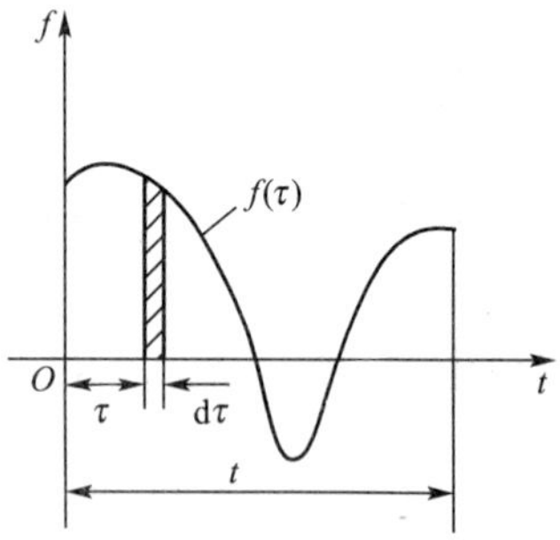

图 2.13 任意激励

如图 2.13 所示，任一微冲量 $f(\tau)\mathrm{d}\tau$ 相当于在时间 $t=\tau$ 时作用的一个脉冲 $f(\tau)\mathrm{d}\tau$，其响应为

$$\mathrm{d}x=h(t-\tau)f(\tau)\mathrm{d}\tau$$

而系统对于任意激振力的总响应就等于一系列微冲量 $f(\tau)\mathrm{d}\tau$ 在 τ 从 $0\sim t$ 分别连续作用下系统响应的叠加，即

$$x(t)=\int_0^t h(t-\tau)f(\tau)\mathrm{d}\tau$$

或

$$x(t)=\frac{1}{mp'}\int_0^t f(\tau)\mathrm{e}^{-\xi p(t-\tau)}\sin p'(t-\tau)\mathrm{d}\tau \tag{2-33}$$

式(2-33)这种形式的积分称为杜哈梅积分，又称为卷积积分法或叠加积分法。

对于无阻尼系统，$\xi=0$，故有

$$x(t)=\frac{1}{mp}\int_0^t f(\tau)\sin p(t-\tau)\mathrm{d}\tau \tag{2-34}$$

如果在时间 $\tau=0$ 任意激振开始作用时，质量已有初位移 x_0 和初速度 $\dot{x}_0$，则式(2-33)与式(2-34)所表示的有阻尼和无阻尼的响应，将分别表示如下。

有阻尼

$$x(t)=\mathrm{e}^{-\xi pt}\left(x_0\cos p't+\frac{\dot{x}_0+\xi p x_0}{p'}\sin p't\right)+\frac{1}{mp'}\int_0^t f(\tau)\mathrm{e}^{-\xi p(t-\tau)}\sin p'(t-\tau)\mathrm{d}\tau$$

无阻尼

$$x(t)=x_0\cos pt+\frac{\dot{x}_0}{p}\sin pt+\frac{1}{mp}\int_0^t f(\tau)\sin p(t-\tau)\mathrm{d}\tau$$

以上两式表示了系统瞬态响应的全解。

当系统在支座运动的激励下振动，而支座运动是可微分的任意时间函数 $x_s(\tau)$，这时的振动微分方程为

$$m\ddot{x}+c\dot{x}+kx=kx_s+c\dot{x}_s$$

这时支座运动相当于系统上作用了两个激振力 kx_s 和 $c\dot{x}_s$，应用线性系统的叠加原理，根据杜哈梅积分，得到系统的在支座运动激励下的响应为

$$x(t)=\frac{1}{mp'}\int_0^t(kx_s+c\dot{x}_s)e^{-\xi p(t-\tau)}\sin p'(t-\tau)d\tau$$

当支座运动是由加速度的任意函数 $\ddot{x}_s(\tau)$ 描述时，先求系统的相对位移比较方便。以 $y=x-x_s$ 表示质量 m 的相对位移，代入上述系统的振动微分方程，则微分方程变为

$$m\ddot{y}+c\dot{y}+ky=-m\ddot{x}_s$$

应用杜哈梅积分，可得振动系统的相对位移 $y(t)$ 为

$$y(t)=\frac{1}{mp'}\int_0^t-m\ddot{x}_s(\tau)e^{-\xi p(t-\tau)}\sin p'(t-\tau)d\tau$$

根据初始条件，将 $\ddot{x}_s$ 积分求出 x_s，便可得出系统对加速度激励函数 $\ddot{x}_s(\tau)$ 的响应 x 为

$$x=y+x_s$$

例2.4

求单自由度振系在图 2.14 所示阶跃函数激励下的响应。

图 2.14 阶跃激励

解：(1) 无阻尼时，将 $f(\tau)=F_0$ 代入式(2-34)，有

$$x(t)=\frac{F_0}{mp}\int_0^t\sin p(t-\tau)d\tau$$

故得系统的响应为

$$x(t)=\frac{F_0}{k}(1-\cos pt)$$

上式表明其响应为等幅自由振动。

(2) 当系统存在阻尼时，将 $f(\tau)=F_0$ 代入式(2-33)，有

$$x(t)=\frac{1}{mp'}\int_0^tF_0e^{-\xi p(t-\tau)}\sin p'(t-\tau)d\tau$$

故得阻尼系统对阶跃函数 $f(\tau)=F_0$ 的响应为

$$x(t)=\frac{F_0}{k}\left[1-e^{-\xi pt}\left(\cos p't+\frac{\xi p}{p'}\sin p't\right)\right]$$

它是以 F_0/k 为平衡位置的衰减振动。

例2.5

利用杜哈梅积分法，计算无阻尼单自由度系统在矩形脉冲激振力作用下的响应。

解：激振力函数如图 2.15 所示，其表达式为

$$f(t)=\begin{cases}F_0 & (0\leqslant t\leqslant T)\\ 0 & (t>T)\end{cases}$$

根据不同的区间进行积分，可分别得系统的响应如下。

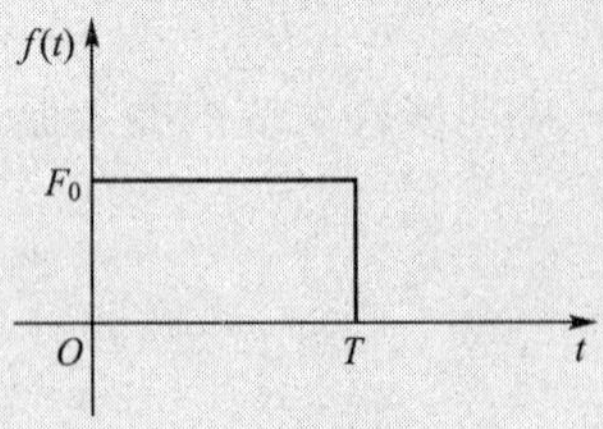

图 2.15 激振力函数

(1) 当 $0\leqslant t<T$ 时，系统的响应为

$$\begin{aligned}x(t)&=\frac{1}{mp}\int_0^t F_0\sin p(t-\tau)\mathrm{d}\tau\\&=\frac{F_0}{mp}\int_0^t\sin p(t-\tau)\mathrm{d}\tau\\&=\frac{F_0}{k}(1-\cos pt)\end{aligned}$$

(2) 当 $t\geqslant T$ 时，系统的响应为

$$\begin{aligned}x(t)&=\frac{1}{mp}\int_0^T F_0\sin p(t-\tau)\mathrm{d}\tau\\&=\frac{F_0}{mp}[\cos p(t-T)-\cos pt]\end{aligned}$$

2. 傅氏积分法

若把非周期激振视为具有无限长周期的周期激振，可以把任意激振表示成傅氏级数形式，从而用一般的方法求解。

激振函数 $f(t)$的傅氏积分形式，可表示为

$$f(t)=\frac{1}{2\pi}\int_{-\infty}^{\infty}F(\omega)\mathrm{e}^{\mathrm{i}\omega t}\mathrm{d}\omega \tag{2-35}$$

式中

$$F(\omega)=\int_{-\infty}^{\infty}f(t)\mathrm{e}^{-\mathrm{i}\omega t}\mathrm{d}\omega \tag{2-36}$$

式(2－36)右端的积分运算称为 $f(t)$作傅氏变换，式(2－35)相应地称为傅氏逆变换。由式(2－35)和式(2－36)所联系的两个量 $f(t)$和 $F(\omega)$称为一个傅氏变换对。

通常响应函数 $x(t)$也是非周期的，它也可以用傅氏积分式(2－35)表示为

$$x(t)=\frac{1}{2\pi}\int_{-\infty}^{\infty}X(\omega)\mathrm{e}^{\mathrm{i}\omega t}\mathrm{d}\omega \tag{2-37}$$

式中，$X(\omega)=\int_{-\infty}^{\infty}x(t)\mathrm{e}^{-\mathrm{i}\omega t}\mathrm{d}t$，$X(\omega)$是响应 $x(t)$的傅氏变换。

由式(2－35)可知，非周期激振函数 $f(t)$可以看成是由无数个复振幅为$\frac{F(\omega)}{2\pi}\Delta\omega$ 的谐波分量所组成，于是，根据式(2－37)求出对应于每个谐波分量$\frac{F(\omega)}{2\pi}\Delta\omega$ 的响应后，然后再根据线性系统的叠加原理，就可求得振动系统的响应为

$$x(t)=\lim_{\Delta\omega\to 0}\sum_{-\infty}^{\infty}H(\omega)\frac{F(\omega)}{2\pi}\Delta\omega\mathrm{e}^{\mathrm{i}\omega t}$$

即

$$x(t)=\frac{1}{2\pi}\int_{-\infty}^{\infty}H(\omega)F(\omega)e^{i\omega t}d\omega \tag{2-38}$$

比较式(2-37)和式(2-38)，得

$$X(\omega)=H(\omega)F(\omega) \tag{2-39}$$

$$H(\omega)=\frac{X(\omega)}{F(\omega)}$$

上式表示输出和输入的傅氏变换之比等于频率响应函数 $H(\omega)$，简称频响函数。这与在简谐激振力作用下的输出与输入关系式相同，说明频率响应函数能表示系统的动态特性。

在简谐激振力作用下，线性单自由度系统的频率响应函数为

$$H(\omega)=\frac{1}{k-m\omega^2+ic\omega}$$

频率响应函数的模 $|H(\omega)|$ 为

$$|H(\omega)|=\frac{1}{k\sqrt{(1-\lambda^2)^2+(2\xi\lambda)^2}}$$

频率响应函数的相位差 ψ 为

$$\psi=\arctan\frac{2\xi\lambda}{1-\lambda^2}$$

频率响应函数的模 $|H(\omega)|$ 和相位差 ψ，分别决定系统的幅频特性和相频特性，共同反映系统的传递特性。

单位脉冲输入 $f(t)=\delta(t)$ 的响应 $x(t)$，就是脉冲响应函数 $h(t)$。根据傅氏变换，可得

$$F(\omega)=\int_{-\infty}^{\infty}\delta(\tau)e^{-i\omega t}d\tau=1$$

代入式(2-39)，求得输出傅氏变换 $X(\omega)=H(\omega)F(\omega)$，代入式(2-37)，可得单位脉冲的输出响应，即脉冲响应函数为

$$h(t)=\frac{1}{2\pi}\int_{-\infty}^{\infty}X(\omega)e^{i\omega t}d\omega$$

$$=\frac{1}{2\pi}\int_{-\infty}^{\infty}H(\omega)e^{i\omega t}d\omega$$

由此可知

$$H(\omega)=\int_{-\infty}^{\infty}h(t)e^{-i\omega t}dt$$

上述两式表示频率响应函数和脉冲响应函数构成一个傅氏变换对。

综上所述，系统的动态特性在频率域内可用频率响应函数 $H(\omega)$ 来描述，而在时间域内，可用脉冲响应函数 $h(t)$ 来描述。

例2.6

用傅氏积分法，计算无阻尼单自由度振系在阶跃激励作用下的响应。

解： 图见例 2.4，激振函数的傅氏变换为

$$F(\omega)=\int_{-\infty}^{\infty}f(\tau)e^{-i\omega t}d\tau=F_0\int_{0}^{\infty}e^{-i\omega t}d\tau$$

$$=\frac{F_0}{i\omega}$$

因为无阻尼，即 $c=0$，因此，系统的频率响应函数变为

$$|H(\omega)|=\frac{1}{k\sqrt{[1-(\omega/p)^2]^2}}$$

根据式(2-39)，可求得系统响应的傅氏变换

$$X(\omega)=H(\omega)F(\omega)=\frac{F_0}{\mathrm{i}\omega}\frac{1}{k\sqrt{[1-(\omega/p)^2]^2}}$$

对上式进行傅氏逆变换，可得到系统在阶跃激励作用下的响应，即

$$\begin{aligned}x(t)&=\frac{1}{2\pi}\int_{-\infty}^{\infty}X(\omega)\mathrm{e}^{\mathrm{i}\omega t}\mathrm{d}\omega\\&=\frac{F_0}{k\mathrm{i}}\frac{1}{2\pi}\int_{-\infty}^{\infty}\frac{1}{\omega\sqrt{[1-(\omega/p)^2]^2}}\mathrm{e}^{\mathrm{i}\omega t}\mathrm{d}\omega\\&=\frac{F_0}{k}\frac{1}{2\pi\mathrm{i}}\int_{-\infty}^{\infty}\left[\frac{1}{\omega}-\frac{1}{2(\omega-p)}-\frac{1}{2(\omega+p)}\right]\mathrm{e}^{\mathrm{i}\omega t}\mathrm{d}\omega\\&=\frac{F_0}{k}\frac{1}{2\pi\mathrm{i}}\left(2\pi\mathrm{i}-\frac{1}{2}2\pi\mathrm{i}\mathrm{e}^{\mathrm{i}pt}-\frac{1}{2}2\pi\mathrm{i}\mathrm{e}^{-\mathrm{i}pt}\right)\\&=\frac{F_0}{k}(1-\cos pt)\end{aligned}$$

3. 拉氏变换法

傅氏变换对函数有一定的条件限制，因此，工程中许多函数不能进行傅氏变换，这使傅氏变换法的应用有一定的局限性。为了克服这个缺点，在傅氏变换的基础上，引入求解线性振动系统比较有效的拉氏变换法。

函数 $x(t)$的拉氏变换记为 $\mathrm{L}[x(t)]$，是由下列无穷积分定义的变量 s 的函数：

$$\mathrm{L}[x(t)]=X(s)=\int_0^{\infty}x(t)\mathrm{e}^{-st}\mathrm{d}t \tag{2-40}$$

式中，s 是一个复数参量。

根据拉氏变换的定义，可求得函数 $x(t)$一阶导数 $x'(t)$的拉氏变换为

$$\begin{aligned}\mathrm{L}\left[\frac{\mathrm{d}x(t)}{\mathrm{d}t}\right]&=\int_0^{\infty}\frac{\mathrm{d}x(t)}{\mathrm{d}t}\mathrm{e}^{-st}\mathrm{d}t\\&=\mathrm{e}^{-st}x\Big|_0^{\infty}+s\int_0^{\infty}x(t)\mathrm{e}^{-st}\mathrm{d}t\\&=s\mathrm{L}[x(t)]-x(0)\end{aligned}$$

式中，$x(0)$是 $x(t)$在时间 $t=0$ 时的值，若 $x(t)$表示质量的振动位移，则 $x(0)$表示振动系统的初始位移。

同样，可求得函数 $x(t)$二阶导数 $x''(t)$的拉氏变换为

$$\begin{aligned}\mathrm{L}\left[\frac{\mathrm{d}^2x(t)}{\mathrm{d}t^2}\right]&=\int_0^{\infty}\frac{\mathrm{d}^2x(t)}{\mathrm{d}t^2}\mathrm{e}^{-st}\mathrm{d}t\\&=s^2\mathrm{L}[x(t)]-sx(0)-\dot{x}(0)\end{aligned}$$

式中，$\dot{x}(0)$是在时间 $t=0$ 时 $\dot{x}$ 的值，表示振动系统的初始速度。

任意激振 $f(t)$作用下的微分方程为

$$m\ddot{x}+c\dot{x}+kx=f(t)$$

对上述微分方程两边取拉氏变换，并整理可得

$$(ms^2+cs+k)\mathrm{L}[x(t)]=\mathrm{L}[f(t)]+m\dot{x}(0)+(ms+c)x(0)$$

式中，$\mathrm{L}[f(t)]=\int_0^{\infty}f(t)\mathrm{e}^{-st}\mathrm{d}t$ 是激振函数 $f(t)$的拉氏变换。

若不计随时间衰减的齐次解，令 $x(0)=\dot{x}(0)=0$，则可得到激振与响应拉氏变换的比例关系

$$\frac{\mathrm{L}[f(t)]}{\mathrm{L}[x(t)]}=\frac{F(s)}{X(s)}=Z(s)=ms^2+cs+k$$

式中，$F(s)$、$X(s)$分别表示 $f(t)$和 $x(t)$的拉氏变换；$Z(s)$称为系统的广义阻抗，它的倒数称为系统的导纳或传递函数，用$G(s)$表示，即

$$G(s)=\frac{\mathrm{L}[x(t)]}{\mathrm{L}[f(t)]}=\frac{X(s)}{F(s)}=\frac{1}{ms^2+cs+k}$$

因此，系统响应的拉氏变换为

$$X(s)=G(s)F(s)$$

由此可知，传递函数$G(s)$可视为一个代数算子。根据拉氏变换的定义和公式，便可得出振动系统的实际响应为

$$x(t)=\mathrm{L}^{-1}[X(s)] \tag{2-41}$$

在实际计算中，一些常见函数的拉氏变换和拉氏逆变换，可从已知的拉氏变换表中查找得到。传递函数$G(s)$完全由系统特性所决定，且传递函数$G(s)$能表示系统的动态特性。

例2.7

应用拉氏变换求解例2.4的单自由度无阻尼振动系统对阶跃激励的响应。

解： 阶跃激励见例2.4。将阶跃激振力 $f(t)=F_0$ 代入拉氏变换表达式 $F(s)$，可得

$$F(s)=\mathrm{L}[f(t)]=\int_0^{\infty}F_0\mathrm{e}^{-st}\mathrm{d}t$$
$$=\frac{F_0}{s}$$

由于无阻尼，即 $c=0$，则单自由度无阻尼振动系统的传递函数为

$$G(s)=\frac{1}{ms^2+k}$$

根据 $X(s)=G(s)F(s)$，可得出振动系统对阶跃激励响应的拉氏变换为

$$X(s)=G(s)F(s)=\frac{F_0}{s}\frac{1}{ms^2+k}$$
$$=\frac{F_0}{s}\left(\frac{1}{s}-\frac{s}{s^2+p^2}\right)$$

将 $X(s)$进行拉氏逆变换，可求得振动系统对阶跃激励的响应为

$$x(t)=\mathrm{L}^{-1}[X(s)]$$
$$=\frac{F_0}{k}(1-\cos pt)$$

通过对振动系统对任意激励响应的3种方法的分析，可知对同一问题可以用以上3种不同的方法求解。从此例还可看出，利用杜哈梅积分法计算系统的响应较为方便。

2.3 振动隔离

机械设备的剧烈振动，不但能引起设备本身结构部件的损坏和寿命的缩短，而且还会影响周围的精密仪器设备，降低其灵敏度和精确性，甚至会使其不能正常工作；振动所产生的噪声还会严重影响人体健康、降低工作效率，因此，有效地隔离振动是相当重要的问题。一般根据振源的不同，把隔振分为两种，分别是主动隔振和被动隔振。

2.3.1 主动隔振

振源是机器本身，使它与地基隔离，减少对周围环境的影响，称为主动隔振。例如，为了减少机械设备运转时所产生的不平衡力 $F_0\sin\omega t$ 传动给支座，常在机器和支座之间，安装上弹簧和阻尼器，这就是常用的主动隔振措施，如图 2.16 所示。

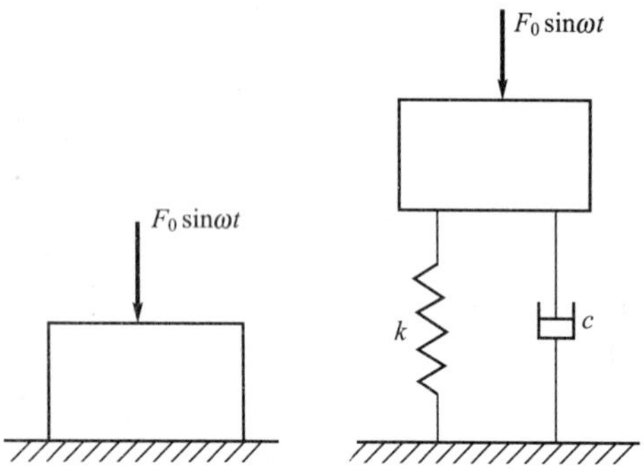

(a) 隔振前 (b) 隔振后

图 2.16 主动隔振

设机器的铅垂不平衡力 $f(t)=F_0\sin\omega t$。当振源未隔离前，如图 2.16(a)所示，传递到地基上的力就是 $F_0\sin\omega t$；当振源隔离后，如图 2.16(b)所示，传递到地基上的力，其中一部分是通过弹簧传递给地基，大小是 kx，而另外一部分是通过阻尼器传递给地基，大小是 $c\dot{x}$。

从前面所讲的在简谐激振力作用下的强迫振动可知，系统的响应为

$$x=X\sin(\omega t-\varphi)$$

响应的速度为

$$\dot{x}=\omega X\sin(\omega t-\varphi+90°)$$

因此，通过弹簧传递到地基的力为

$$F_s=kx=kX\sin(\omega t-\varphi)$$

而通过阻尼器传递到地基的力为

$$F_d=c\dot{x}=c\omega X\sin(\omega t-\varphi+90°)$$

由于弹簧传递到地基的力 F_s 与通过阻尼器传递到地基的力 F_d 之间相差 90°，所以，采取隔振措施之后，振源传递到地基的力为两力 F_s 和 F_d 的矢量和，即

$$\begin{aligned} f_T(t)&=F_s+F_d=kX\sin(\omega t-\varphi)+c\omega X\sin(\omega t-\varphi+90°)\\ &=F_T\sin(\omega t-\varphi+\gamma) \end{aligned}$$

式中，F_T 为传递到地基的力的幅值，$F_T=\sqrt{(kX)^2+(c\omega X)^2}=kX\sqrt{1+(2\xi\lambda)^2}$；$X$ 为振动响应的位移幅值，$X=\dfrac{F_0/k}{\sqrt{(1-\lambda^2)^2+(2\xi\lambda)^2}}$；$\gamma$ 为 F_T 与响应 x 的相位角，$\gamma=\arctan\dfrac{c\omega}{k}$。

将实际传递的力的幅值 F_T 与不平衡力的幅值 F_0 的比值，称为力传递率，用 η_a 表示，即

$$\eta_a = \frac{F_T}{F_0} = \frac{\sqrt{1+(2\xi\lambda)^2}}{\sqrt{(1-\lambda^2)^2+(2\xi\lambda)^2}} \tag{2-42}$$

2.3.2 被动隔振

若振源来自支座，为了减少支座位移对机器设备、仪器仪表等产生的振动，所采用的隔振措施，称为被动隔振。

隔振后机械设备的振幅与支座运动的振幅的比值，就是前面所提到的位移传递率 X/a，这里定义为隔振系数，用 η_p 表示，即

$$\eta_p = \frac{X}{a} = \frac{\sqrt{1+(2\xi\lambda)^2}}{\sqrt{(1-\lambda^2)^2+(2\xi\lambda)^2}} \tag{2-43}$$

式(2-43)和式(2-42)相同，可见主动隔振的力传递率 η_a 和被动隔振的位移传递率 η_p 是完全相同的。传递率或隔振系数的大小，表示隔振效果的好坏。对于隔振而言，只有当 $\lambda>\sqrt{2}$，传递率 $\eta<1$ 时，才有隔振效果，而且阻尼比 ξ 越小，传递率 η 就越小，则隔振效果就越好。但是阻尼比 ξ 也不能太小，否则在通过共振区时，振幅会很大。

为了直接说明隔振效果，有时会用隔振率 ε 来表示，即

$$\varepsilon = (1-\eta)\times 100\%$$

例2.8

如图 2.17 所示的往复机械，有一由电机旋转引起的周期激振力，机械与支架的总质量 $m=250\text{kg}$，弹簧刚度 k 为 55kN/m，阻尼比 $\xi=0.2$。试求

(1) 什么速度范围，传递到基础上的力大于激振力?

(2) 什么速度范围，传递到基础上的力小于激励力的 20%?

解：(1) 当 $\lambda<\sqrt{2}$，传递率 $\eta_a>1$ 时，传递到基础上的力大于激振力，即

$$\lambda = \frac{\omega}{p} < \sqrt{2}$$

或 $\frac{2\pi n}{p}<\sqrt{2}$。

由于 $p=\sqrt{\frac{k}{m}}=\sqrt{\frac{55000}{250}}\text{rad/s}=14.83\text{rad/s}$，将固有频率 p 代入上式，可得对应的速度范围为

$$n<\frac{\sqrt{2}}{2\pi}p=\frac{\sqrt{2}}{2\pi}p=\frac{\sqrt{2}}{2\pi\text{rad}}14.83\text{rad/s}=3.34\text{r/s}=200\text{r/min}$$

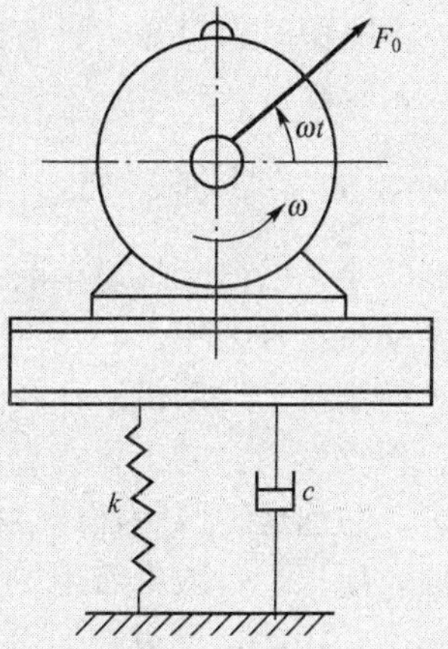

图 2.17 往复机械

(2) 传递到基础上的力小于 20%，也就是隔振系数小于 20%，即

$$\eta_a = \frac{\sqrt{1+(2\xi\lambda)^2}}{\sqrt{(1-\lambda^2)^2+(2\xi\lambda)^2}} < 20\%$$

将 $\lambda=\frac{2\pi n}{p}=\frac{2\pi n}{14.38}$ 代入上式，可得

$$\eta_a=\frac{\sqrt{1+\left(\frac{4\pi\xi n}{14.38}\right)^2}}{\sqrt{\left[1-\left(\frac{2\pi n}{14.38}\right)^2\right]^2+\left(\frac{4\pi\xi n}{14.38}\right)^2}}<20\%$$

解上式，可得对应的速度范围为

$$n>6.866\text{r/s}=412\text{r/min}$$

设计发动机悬置的目的，也是为了控制发动机激振力向底盘的传递，使悬置起到隔振的作用。安装在支座上的发动机，如图 2.18 所示。

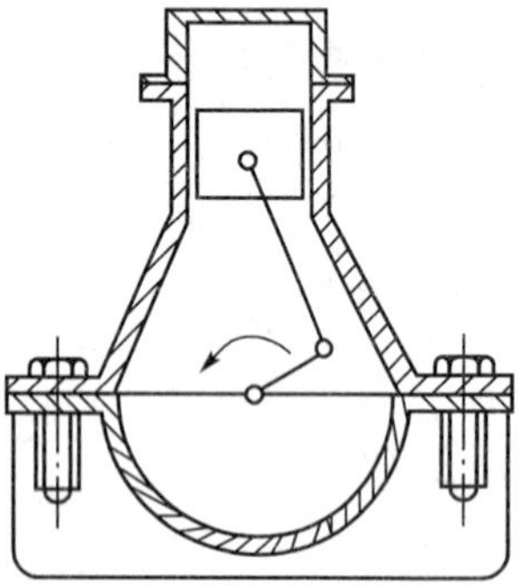

图 2.18　发动机悬置

发动机悬置系统的好坏，主要看隔振系数或传递率的大小，其数量指标是隔振系数或传递率。当传递率 $\eta<1$ 时，悬置才能起到隔振的作用。下面利用单自由度发动机模型，来说明这个结论和应满足的条件。在初步进行隔振设计计算时，可以近似地简化为图 2.16(b)所示的单自由度系统。

在干扰力 $f(t)=F_0\sin\omega t$ 的作用下，发动机传递到支座上的交变力由两部分组成，一部分是通过弹簧传递到支座上的力 kx，另外一部分是通过阻尼器传递到支座上的力 $c\dot{x}$。当发动机未设置隔振装置时，传递到支座上的力就是激振力。根据主动隔振可知，隔振系数为

$$\eta_a=\frac{F_T}{F_0}=\frac{\sqrt{1+(2\xi\lambda)^2}}{\sqrt{(1-\lambda^2)^2+(2\xi\lambda)^2}}$$

由隔振原理可知，只有当隔振系数 $\eta_a<1$ 时，才有隔振效果，且 η_a越小，隔振效果越好。也就是只有 $\lambda>\sqrt{2}$时，才有隔振效果，因此，需要计算发动机系统的固有频率，使固有频率 $p<\frac{\omega}{2\pi}$，即需要设计发动机悬置的刚度和阻尼。若设计阻尼，设计的阻尼比 ξ 应尽可能的小，以得到尽量小的力传递率。但是，同时还要校核发动机的振幅，看其是否会影响发动机正常工作。

由于汽车发动机工作转速范围很宽，要求在全部转速范围都不发生共振几乎是不可能的。根据发动机的工作特点，其工作速度范围由低到高，大致可分为几个区段，即启动过程区、怠速运转区、加速过渡区和常用工作区。由于怠速运转区和常用工作区是主要工作区段，所以，一般都希望尽可能把发动机的固有频率安装在启动过程区，使其有较低的固有频率，因此，可以根据这些原则，对发动机悬置系统进行初步设计。

小　结

本章对单自由度振动系统的自由振动响应及其在不同阻尼情况下的自由振动特性进行了分析；对单自由度振动系统在简谐激励和一般周期激励下的强迫振动响应和特

性进行了探讨；对单自由度在任意激励下的振动响应的3种基本求解方法进行了研究；最后对振动隔离进行了介绍。单自由度振动系统的自由振动和强迫振动的分析方法，是二自由度和多自由度振动系统的分析基础，通过本章学习可掌握单自由度自由振动响应及在不同阻尼情况下的振动特性；掌握单自由度振动系统在简谐激励和一般周期激励下的振动响应和振动特性；熟悉单自由度振动系统在任意激励下振动响应的3种基本求解方法，即杜哈梅积分法、傅氏积分法和拉氏变换法。

【关键术语】

单自由度振动系统　自由振动　圆频率　阻尼比　临界阻尼　过阻尼　弱阻尼　振幅衰减系数　振幅对数衰减率　强迫振动　简谐激励　一般周期激励　任意激励　瞬态振动响应　稳态振动响应　放大因子　频率比　单位谐波函数法　幅频特性　相频特性　位移传递率　傅里叶级数　线性系统　叠加原理 单位脉冲响应　杜哈梅积分　脉冲响应函数　频率响应函数　拉氏变换　传递函数　振动隔离　主动隔振　被动隔振　力传递率　隔振系数　隔振效率

习　题

1. 图2.19所示振动系统的弹性元件的质量忽略不计。求系统的等效刚度(k_1和k_2为悬臂弹簧的刚度)。

2. 图2.20所示振动系统中，弹性元件以及滑轮的质量忽略不计。假定滑轮转动时无摩擦作用，求系统的固有频率。

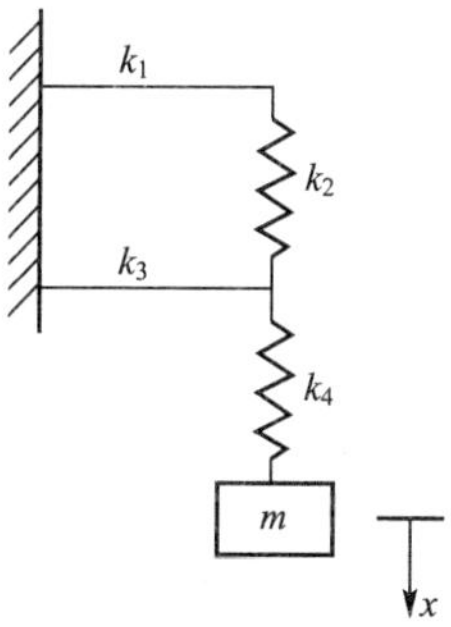

图2.19　悬臂弹性系统

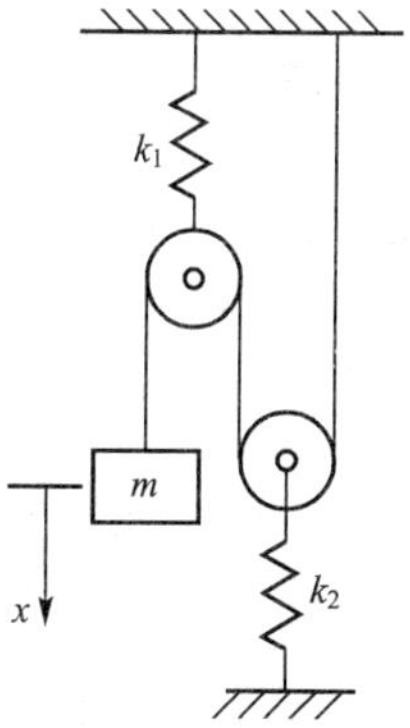

图2.20　滑轮振动系统

3. 在图2.21所示系统中，已知m_1，m_2，k_1，k_2，a_1，a_2，a_3，a_4；水平杠杆的质量忽略不计。以m_2的线位移为运动坐标，求系统的等效刚度k_e，等效质量m_e以及振动的固有频率p。

4. 在图2.22所示振动系统中，假定阻尼为临界阻尼$\left(\xi=1，p'\to 0，\lim\limits_{p'\to 0}\cos p't=1，\lim\limits_{p'\to 0}\dfrac{\sin p't}{p'}=t\right)$。已知$k=175\text{N/m}$，质量$m=1.75\text{kg}$，初始位移$x_0=1\text{cm}$，初始速度$\dot{x}_0=12\text{cm/s}$。当$t=0$时放松质量块。试求：

(1) 第一次到达平衡位置的时间是多少?

(2) 最大幅值为多少? 所需时间又为多少?

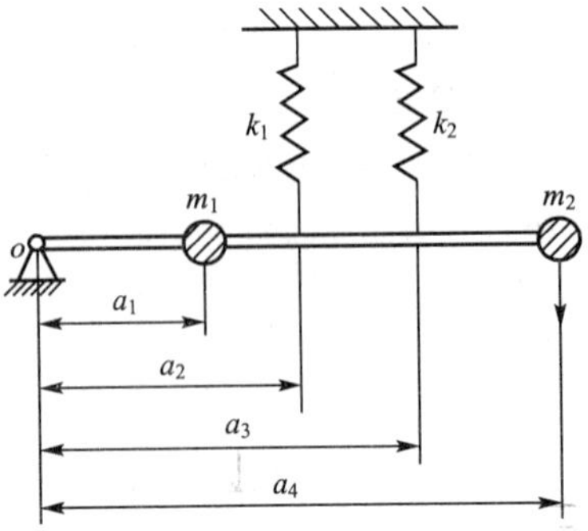

图 2.21 弹簧与杠杆振动系统

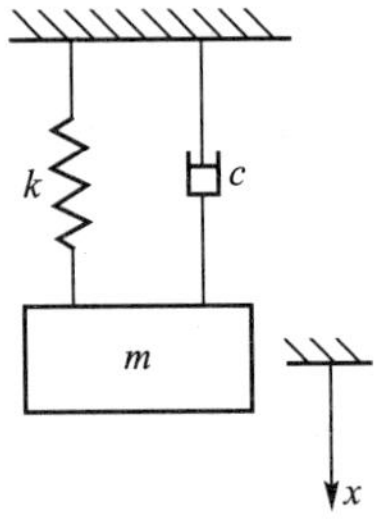

图 2.22 临界阻尼自由振动系统

5. 图 2.23 所示为小阻尼自由振动系统，因此，$p'\approx p$，质量块的质量 m 为 9kg，其在自然静止状态的弹簧伸长为 12mm。在系统的自由振动 20 周内观察到振幅由 10mm 衰减到 2.5mm。

试求:

(1) 系统的阻尼系数;

(2) 衰减系数;

(3) 阻尼比;

(4) 临界阻尼。

6. 图 2.24 所示的振动系统的物理参数均为已知。上面的支座进行简谐振动 $x_s=a_0\sin\omega t$。求:

(1) 质量块稳态振幅 X 与 a_0 的比值;

(2) 质量块的稳态响应。

7. 图 2.25 所示为弹簧-质量振动系统，假设杆长为 l，质量为 m，且为均质杆。试写出振动微分方程并求出临界阻尼系数和阻尼固有频率。

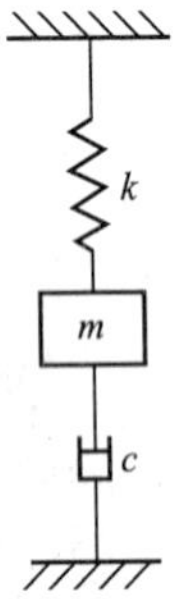

图 2.23 小阻尼自由振动系统

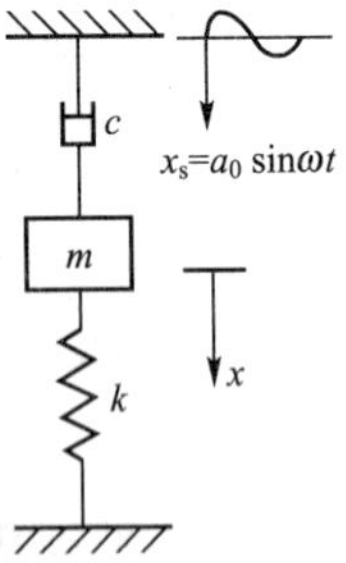

图 2.24 支座简谐激励振动系统

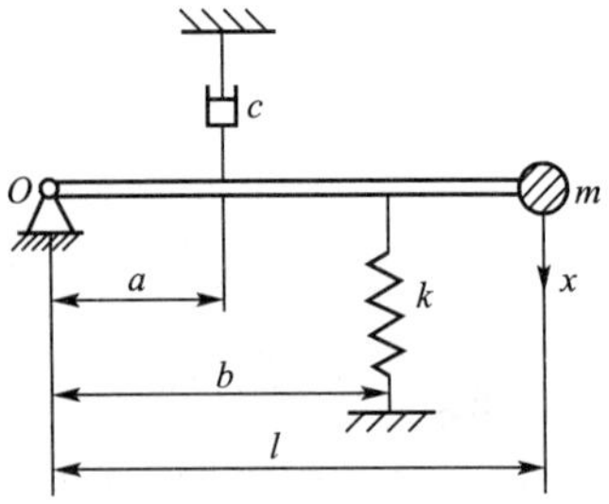

图 2.25 弹簧-质量振动系统

8. 无阻尼弹簧-质量系统受到图 2.26 所示的梯形脉冲激励作用。质量的初始位移为 0，但具有初始速度 v_0。试求振动系统在时间 $t=0.03$s 时的响应。

9. 图 2.27 所示的三角激励振动系统的各物理参数均为已知量。试写出:

（1）系统的振动微分方程；

（2）激励函数的前四项；

（3）振动系统稳态响应的前三项。

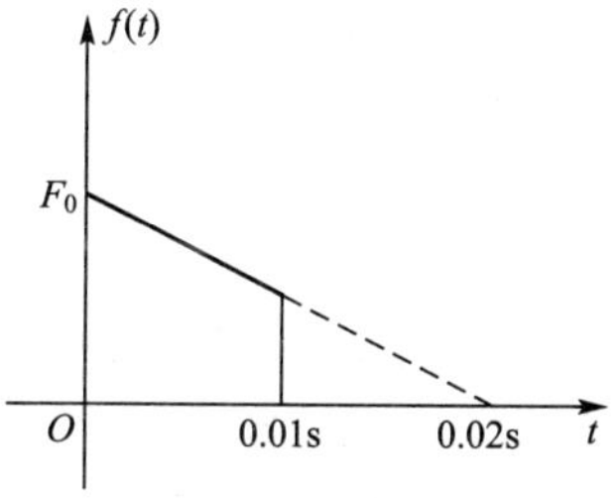

图 2.26　梯形脉冲激励

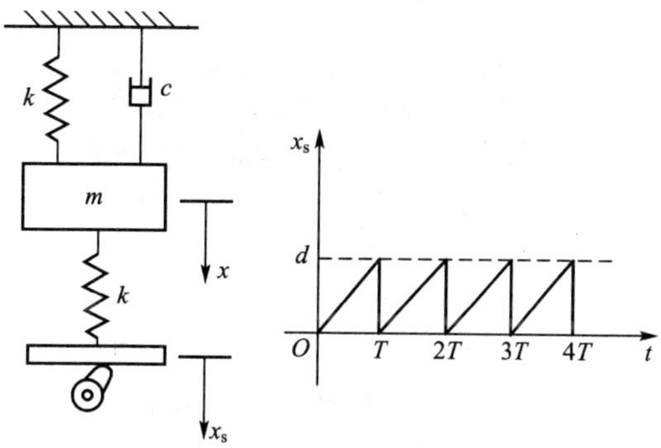

图 2.27　三角激励振动系统

第3章 二自由度振动

本章学习目标

★ 熟练掌握二自由度系统在无阻尼和有阻尼情况下的自由振动及振动特性；

★ 掌握二自由度系统在简谐激励下的强迫振动及特性，掌握利用频率响应函数和叠加法求解二自由度系统振动响应的方法；

★ 掌握车轮和车身及双轴汽车二自由度振动系统，在路面激励下的振动响应及振动特性。

本章教学要点

知识要点	能力要求	相关知识
二自由度振动系统的自由振动	熟练掌握二自由度系统振动微分方程的建立，及二自由度振动系统在无阻尼和有阻尼情况下的自由振动响应的求解，熟悉二自由度振动系统的振动特性	二自由度振动系统，质量矩阵、阻尼矩阵、刚度矩阵，弹性耦合、惯性力耦合，特征方程、主频率、基频、二阶频率，位移比值、主振型、主振动
二自由度振动系统的强迫振动	掌握二自由度振动系统在简谐激励下的强迫振动及其响应和振动特性，掌握利用频率响应函数和叠加法求解二自由度系统振动响应的方法	共振频率，振幅比，频率响应函数，叠加原理，输入矩阵，输出矩阵，频率响应函数矩阵
二自由度车辆模型在路面激励下的强迫振动	掌握车轮和车身二自由度振动系统在路面激励下的振动响应及振动特性，熟悉双轴汽车垂直和俯仰二自由度振动系统在路面激励下的振动响应及特性	车轮和车身二自由度简化振动模型，双轴汽车垂直和俯仰二自由度简化振动模型，幅频特性，振动响应

本章学习方法

二自由度振动系统是单自由度系统的扩展，也是研究多自由度系统振动的基础。因此，本章应该在学好单自由度系统振动的前提下，注重课堂学习与课下学习和复习相结合，参阅相关参考资料，熟练掌握二自由度振动系统的自由振动微分方程的建立，以及在无阻尼和有阻尼情况下的自由振动响应的求解；在此基础上，掌握二自由度振动系统在简谐激励的强迫振动响应及特性，以及利用频率响应函数和叠加法求解二自由度振动系统振动响应的方法；熟悉车辆双质量系统和双轴汽车振动系统在路面激励下的强迫振动响应及振动特性。

3.1 二自由度自由振动

二自由度系统属于简单的多自由度系统，而多自由度系统不同于单自由度系统的振动问题，不再是单自由度系统的简谐振动了，而是多种频率的简谐波组成的复合运动。这些频率是系统的固有频率，一般系统有几个自由度，就有几个系统固有频率。当系统按照其中某一固有频率作自由振动时，称为主振动，主振动是一种谐振动。几个自由度系统在任意初始条件下的响应，应是几个主振动的叠加，只有在特殊情况下，系统才按某一固有频率做主振动。系统做主振动时，任何瞬时各个运动坐标之间具有一定的相对比值，即称为系统的主振型。

二自由度系统的振动问题具有代表性，可通过二自由度系统振动问题的处理熟悉多自由度系统振动问题；另外，二自由度系统的振动理论在实际中应用广泛。因此，这里首先对二自由度系统的振动规律进行探讨。研究二自由度振系的振动问题时，要解决如下一些问题：

(1) 实际结构简化成二自由度系统模型；

(2) 系统振动微分方程的建立；

(3) 求解振动微分方程的方法；

(4) 振动响应特性的分析。

3.1.1 二自由度振动微分方程

机械、汽车等的实际结构简化成二自由度系统模型后，要研究其振动问题，关键在于建立系统的运动微分方程。在选定广义坐标后，可以利用牛顿第二定律或达朗贝尔原理，即用矢量力学的方法来求系统运动方程。图 3.1 所示的二自由度系统，可利用牛顿第二定律建立运动微分方程。

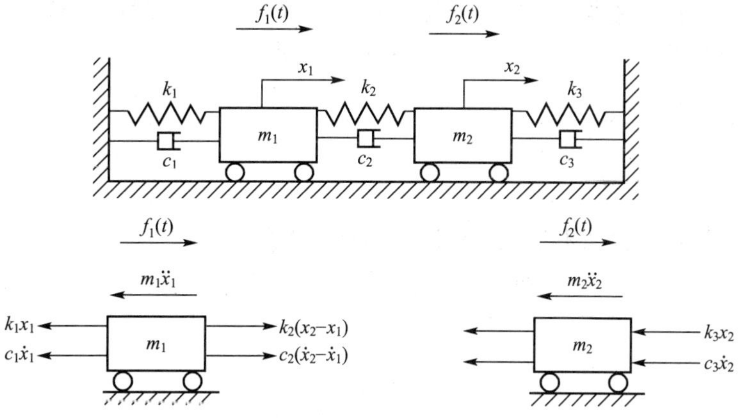

图 3.1 二自由度系统

系统中质量 m_1 和 m_2 只限于在水平光滑平面上作往复直线运动。m_1 和 m_2 在任一瞬时位置只要用 x_1 和 x_2 两个独立坐标就可以确定，因此，系统具有两个自由度。根据牛顿第二定律有

$$
\begin{aligned}
m_1\ddot{x}_1 &= \sum F_1 \\
&= f_1(t)-c_1\dot{x}_1-k_1x_1+c_2(\dot{x}_2-\dot{x}_1)+k_2(x_2-x_1) \\
&= f_1(t)-(c_1+c_2)\dot{x}_1+c_2\dot{x}_2-(k_1+k_2)x_1+k_2x_2 \\
m_2\ddot{x}_2 &= \sum F_2 \\
&= f_2(t)-c_2(\dot{x}_2-\dot{x}_1)-k_2(x_2-x_1)-c_3\dot{x}_2-k_3x_2 \\
&= f_2(t)+c_2\dot{x}_1-(c_2+c_3)\dot{x}_2+k_2x_1-(k_2+k_3)x_2
\end{aligned}
$$

归并整理得

$$
\begin{cases}
m_1\ddot{x}_1+(c_1+c_2)\dot{x}_1-c_2\dot{x}_2+(k_1+k_2)x_1-k_2x_2=f_1(t) \\
m_2\ddot{x}_2-c_2\dot{x}_1+(c_2+c_3)\dot{x}_2-k_2x_1+(k_2+k_3)x_2=f_2(t)
\end{cases} \tag{3-1}
$$

由式(3-1)可以看出，第一个方程中不仅有 x_1 及其导数，也有 x_2 及其导数，第二个方程也是如此。这种现象即为“耦合”现象。当位移项 x_1 与 x_2 耦合时，称为“弹性力耦合”或静力耦合；当加速度项 $\ddot{x}_1$ 与 $\ddot{x}_2$ 耦合时，称为“惯性力耦合”或动力耦合。

将上述微分方程组表示成矩阵形式，则有

$$
\begin{bmatrix} m_1 & 0 \\ 0 & m_2 \end{bmatrix}\begin{Bmatrix} \ddot{x}_1 \\ \ddot{x}_2 \end{Bmatrix}+\begin{bmatrix} c_1+c_2 & -c_2 \\ -c_2 & c_2+c_3 \end{bmatrix}\begin{Bmatrix} \dot{x}_1 \\ \dot{x}_2 \end{Bmatrix}+\begin{bmatrix} k_1+k_2 & -k_2 \\ -k_2 & k_2+k_3 \end{bmatrix}\begin{Bmatrix} x_1 \\ x_2 \end{Bmatrix}=\begin{Bmatrix} f_1(t) \\ f_2(t) \end{Bmatrix} \tag{3-2}
$$

式中，$\begin{bmatrix} m_1 & 0 \\ 0 & m_2 \end{bmatrix}$ 为质量矩阵，用 $\boldsymbol{M}$ 表示；$\begin{bmatrix} c_1+c_2 & -c_2 \\ -c_2 & c_2+c_3 \end{bmatrix}$ 为阻尼矩阵，用 $\boldsymbol{C}$ 表示；$\begin{bmatrix} k_1+k_2 & -k_2 \\ -k_2 & k_2+k_3 \end{bmatrix}$ 为刚度矩阵，用 $\boldsymbol{K}$ 表示；$\begin{Bmatrix} \ddot{x}_1 \\ \ddot{x}_2 \end{Bmatrix}$ 为加速度向量，用 $\ddot{X}$ 表示；$\begin{Bmatrix} \dot{x}_1 \\ \dot{x}_2 \end{Bmatrix}$ 为速度向量，用 $\dot{X}$ 表示；$\begin{Bmatrix} x_1 \\ x_2 \end{Bmatrix}$ 为位移向量，用 X 表示；$\begin{Bmatrix} f_1(t) \\ f_2(t) \end{Bmatrix}$ 为激振力向量，用 $F(t)$ 表示。

根据以上符号，式(3-2)可写为以下更为一般的简化形式，即

$$
\boldsymbol{M}\ddot{X}+\boldsymbol{C}\dot{X}+\boldsymbol{K}X=F(t) \tag{3-3}
$$

多自由度振动系统的微分方程就具有这样的形式，如上述各矩阵能直接写出，则建立方程就方便多了。在上述各矩阵中，质量矩阵为对角形，所以惯性力不耦合；刚度矩阵为对称形，两个方程都有 x_1 与 x_2 项，所以，弹性力是耦合的。

3.1.2 二自由度无阻尼自由振动

1. 自由振动微分方程

根据式(3-1)，可得无阻尼二自由度自由振动微分方程为

$$
\begin{cases}
m_1\ddot{x}_1+(k_1+k_2)x_1-k_2x_2=0 \\
m_2\ddot{x}_2-k_2x_1+(k_2+k_3)x_2=0
\end{cases} \tag{3-4}
$$

即

$$
\begin{cases}
\ddot{x}_1+\dfrac{(k_1+k_2)}{m_1}x_1-\dfrac{k_2}{m_1}x_2=0 \\
\ddot{x}_2-\dfrac{k_2}{m_2}x_1+\dfrac{(k_2+k_3)}{m_2}x_2=0
\end{cases}
$$

令 $a=\dfrac{(k_1+k_2)}{m_1}$，$b=\dfrac{k_2}{m_1}$，$c=\dfrac{k_2}{m_2}$，$d=\dfrac{(k_2+k_3)}{m_2}$，则上式可简化为

$$\begin{cases}\ddot{x}_1+ax_1-bx_2=0\\ \ddot{x}_2-cx_1+dx_2=0\end{cases} \tag{3-5}$$

2. 固有频率

从单自由度系统振动理论得知，系统的无阻尼自由振动是简谐振动。故设在振动时，两个质量按同样的频率和相位角作简谐振动，则方程组式(3－1)的特解设为

$$\begin{cases}x_1=A_1\sin(pt+\varphi)\\ x_2=A_2\sin(pt+\varphi)\end{cases} \tag{3-6}$$

式中，振幅 A_1、振幅 A_2、频率 p 和初相位角 φ 都有待确定。

把式(3－6)分别求一阶、二阶导数并代入式(3－5)，消去公因子 $\sin(pt+\varphi)$，经整理后，可得到关于振幅 A_1 与 A_2 的线性齐次代数方程组为

$$\begin{cases}(a-p^2)A_1-bA_2=0\\ -cA_1+(d-p^2)A_2=0\end{cases} \tag{3-7}$$

显然，$A_1=A_2=0$ 是上述方程组的解，但这只代表系统的平衡情况。对于 A_1 与 A_2 具有非零解的情况，方程组式(3－7)的系数行列式必须等于零，即

$$\begin{vmatrix}a-p^2 & -b\\ -c & d-p^2\end{vmatrix}=0$$

将上式展开得

$$p^4-(a+d)p^2+(ad-bc)=0 \tag{3-8}$$

式(3－8)是关于 p^2 的一元二次方程，称为频率方程或特征方程，它的两个特征根为

$$p_{1,2}^2=\frac{a+d}{2}\mp\sqrt{\left(\frac{a-d}{2}\right)^2+bc} \tag{3-9}$$

由于刚度 k_1，k_2，k_3 和质量 m_1，m_2 都是正的，所以，式中 a，b，c 和 d 系数也都是正数，根号项恒为正，p_1，p_2 为实数；而且由于 $ad>bc$，式(3－9)中的根号项小于前面的项，所以 p_1^2 和 p_2^2 为方程的两个正实根。p_1 和 p_2 只与振动系统本身的物理性质有关，称为系统的固有频率，也可称为主频率。较低的 p_1，称为第一阶固有频率，简称基频；较高的 p_2 称为第二阶固有频率。

理论证明，n 个自由度系统的频率方程是 p^2 的 n 次代数方程，在无阻尼的情况下，频率方程有 n 个正实根，故固有频率的个数与系统的自由度数相等。

3. 主振型

将以上解得的固有频率 p_1 和 p_2 分别代入方程组式(3－7)，可以得到对应于固有频率 p_1 和 p_2 的两振幅 A_1 与 A_2 之间的两个确定的比值。这两个比值称为振幅比，用 β_1 和 β_2 表示，即

$$\begin{cases}\beta_1=\dfrac{A_{21}}{A_{11}}=\dfrac{a-p_1^2}{b}=\dfrac{c}{d-p_1^2}\\ \beta_2=\dfrac{A_{22}}{A_{12}}=\dfrac{a-p_2^2}{b}=\dfrac{c}{d-p_2^2}\end{cases} \tag{3-10}$$

式中，A_{11} 与 A_{21} 为对应于基频 p_1 情况下，质量 m_1 和 m_2 的振幅；A_{12} 与 A_{22} 为对应于第二阶固有频率 p_2 情况下，质量 m_1 和 m_2 的振幅。

振幅的大小可由振动系统的初始条件来确定，但当系统按任一固有频率振动时，振幅比却和固有频率一样，只决定于振动系统本身的物理性质。

由式(3-6)可以看出，在任一瞬时两质量 m_2 和 m_1 的位移比值，同样也是确定的，并等于振幅比，即

$$\frac{x_2}{x_1}=\frac{A_2\sin(pt+\varphi)}{A_1\sin(pt+\varphi)}=\frac{A_2}{A_1}=\beta$$

这样，在振动过程中系统其他各点的位移都可由 x_1 和 x_2 所决定，并且系统各点位移的相对比值都可由振幅比 β 确定。

可见，振幅比确定了系统的振动形态，因此，称其为主振型。主振型和固有频率一样，只决定于系统本身的物理性质，而与初始条件无关。主振型与固有频率密切相关，系统有几个固有频率，就有几个主振型。多自由度系统具有多个固有频率和相应的主振型。与基频 p_1 对应的振幅比 β_1，称为第一阶主振型；与第二阶固有频率 p_2 对应的振幅比 β_2，称为第二阶主振型。

将固有频率 p_1 和 p_2 代入式(3-10)，可得

$$\begin{cases}\beta_1=\dfrac{1}{b}\left[\dfrac{a-d}{2}+\sqrt{\left(\dfrac{a-d}{2}\right)^2+bc}\right]>0\\[2ex]\beta_2=\dfrac{1}{b}\left[\dfrac{a-d}{2}-\sqrt{\left(\dfrac{a-d}{2}\right)^2+bc}\right]<0\end{cases}$$

由上式可知：

(1) $\beta_1>0$，表示两质量的振幅 A_1 与 A_2 的符号相同，即 m_1 和 m_2 总是按同一方向运动，它们同时经过平衡位置，又同时达到最大偏离位置。

(2) $\beta_2<0$，表示两质量的振幅 A_1 与 A_2 的符号相反，即 m_1 和 m_2 总是按相反的方向运动，当 m_1 到达最右位置时，m_2 达到最左位置。该振动系统模型如图 3.2(a)所示。

如果以横坐标表示系统在静平衡位置时各点的坐标，纵坐标表示各点的振幅比，则可作出相应的振型图，如图 3.2(b)所示。

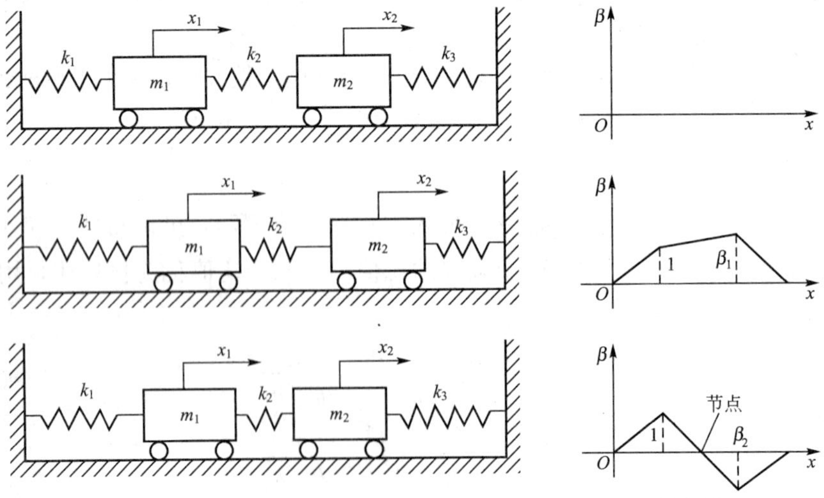

(a) 振动系统模型　　(b) 振型图

图 3.2　二自由度振系及振型图

由图 3.2(b)可知，在第二主振型中，在联系质量 m_1 和 m_2 之间的弹簧 k_2 上有这样一点，它在整个振动过程的任一瞬间始终保持不动，这样的点称为“节点”。在二自由度系统的第二阶主振型中存在着一个节点，而在第一阶主振型中却不存在节点。

振动理论证明，多自由度系统主振型的阶数越高，节点数越多，第 i 阶主振型一般有 $(i-1)$ 个节点。

由于振动系统在节点处不动，因而振幅受节点的限制就不易增大。节点数越多，其相应的振幅越难增大。相反，低阶的主振型由于节点数少，因此，低阶振动容易激励起。所以，在多自由度系统中低频主振动比高频主振动更加危险。

4. 主振动

当系统以某一阶固有频率按其相应的主振型进行振动时，即称为系统的主振动。振动系统按第一阶固有频率 p_1 作自由振动，称为第一阶主振动，可表示为

$$\begin{cases} x_{11}=A_{11}\sin(p_1 t+\varphi_1) \\ x_{21}=A_{21}\sin(p_1 t+\varphi_1)=\beta_1 x_{11} \end{cases} \tag{3-11}$$

振动系统按第二阶固有频率 p_2 作自由振动，称为第二阶主振动，可表示为

$$\begin{cases} x_{12}=A_{12}\sin(p_2 t+\varphi_2) \\ x_{22}=A_{22}\sin(p_2 t+\varphi_2)=\beta_2 x_{12} \end{cases} \tag{3-12}$$

可知，主振动是一种有确定频率和振型的简谐振动。

两阶主振动是微分方程组的两组特解，系统并非在任何情况下都可能做主振动。一般情况下，二自由度振动系统的自由振动，是两种不同频率的主振动的叠加，因此，系统的通解可表示为

$$\begin{cases} x_1=x_{11}+x_{12} \\ x_2=x_{21}+x_{22} \end{cases}$$

将式(3-11)和式(3-12)代入上式，可得系统通解为

$$\begin{cases} x_1=A_{11}\sin(p_1 t+\varphi_1)+A_{12}\sin(p_2 t+\varphi_2) \\ x_2=\beta_1 A_{11}\sin(p_1 t+\varphi_1)+\beta_2 A_{12}\sin(p_2 t+\varphi_2) \end{cases} \tag{3-13}$$

可见系统不一定作简谐振动，只有在特殊情况下，系统才有可能按某一固有频率进行主振动。当系统受到干扰时所表现的自由振动究竟是何种振动，还要取决于初始条件。

对于 1 个二自由度系统，有 4 个初始条件，即两质量 m_1 和 m_2 在时间 $t=0$ 时的位移和速度

$$x_1=x_{10},\quad x_2=x_{20},\quad \dot{x}_1=\dot{x}_{10},\quad \dot{x}_2=\dot{x}_{20}$$

将上述 4 个初始条件代入式(3-13)，可得到 4 个系数，分别为

$$\begin{cases} A_{11}=\dfrac{1}{\beta_1-\beta_2}\sqrt{(\beta_2 x_{10}-x_{20})^2+\left(\dfrac{\beta_2\dot{x}_{10}-\dot{x}_{20}}{p_1}\right)^2} \\ A_{12}=\dfrac{1}{\beta_2-\beta_1}\sqrt{(\beta_1 x_{10}-x_{20})^2+\left(\dfrac{\beta_1\dot{x}_{10}-\dot{x}_{20}}{p_2}\right)^2} \\ \varphi_1=\arctan\dfrac{p_1(\beta_2 x_{10}-x_{20})}{\beta_2\dot{x}_{10}-\dot{x}_{20}} \\ \varphi_2=\arctan\dfrac{p_2(\beta_1 x_{10}-x_{20})}{\beta_1\dot{x}_{10}-\dot{x}_{20}} \end{cases} \tag{3-14}$$

将式(3-14)代入式(3-13)，可得到振动系统在初始条件下的响应。

在特殊初始条件下，若 $A_{12}=0$，则系统作第一阶主振动；若 $A_{11}=0$，则系统作第二阶主振动。由式(3-14)可知，如果初始位移和初始速度的比值都等于振幅比 β_1(或 β_2)，就可以得到 $A_{12}=0$(或 $A_{11}=0$)的条件。当然，还有其他能使 $A_{12}=0$(或 $A_{11}=0$)的初始条件。

将式(3-13)改写成简洁形式，即

$$\begin{Bmatrix} x_1 \\ x_2 \end{Bmatrix}=A_{11}\begin{Bmatrix} 1 \\ \beta_1 \end{Bmatrix}\sin(p_1 t+\varphi_1)+A_{12}\begin{Bmatrix} 1 \\ \beta_2 \end{Bmatrix}\sin(p_2 t+\varphi_2) \tag{3-15}$$

式中，$\begin{Bmatrix} 1 \\ \beta_1 \end{Bmatrix}=\mu_1$，$\begin{Bmatrix} 1 \\ \beta_2 \end{Bmatrix}=\mu_2$，称为振型向量。

例3.1

试求图3.2所示的二自由度无阻尼自由振动系统的固有频率和主振型。其中，已知 $m_1=m$，$m_2=2m$，$k_1=k_2=k$，$k_3=2k$。又若已知系统的初始条件为 $x_{10}=1.2$，$x_{20}=\dot{x}_{10}=\dot{x}_{20}=0$，试求系统的响应。

解：该二自由度无阻尼自由振动系统的振动微分方程为

$$m_1\ddot{x}_1+(k_1+k_2)x_1-k_2x_2=0$$

$$m_2\ddot{x}_2-k_2x_1+(k_3+k_2)x_2=0$$

令 $a=\dfrac{k_1+k_2}{m_1}$，$b=\dfrac{k_2}{m_1}$，$c=\dfrac{k_2}{m_2}$，$d=\dfrac{k_3+k_2}{m_2}$，并将 $k_1=k_2=k$，$k_3=2k$ 代入可得

$$a=\frac{2k}{m},\quad b=\frac{k}{m},\quad c=\frac{k}{2m},\quad d=\frac{3k}{2m}$$

由式(3-9)，可得振动系统的特征根为

$$\begin{aligned}p_{1,2}^2&=\frac{a+d}{2}\mp\sqrt{\left(\frac{a-d}{2}\right)^2+bc}\\&=\left[\frac{1}{2}\left(2+\frac{3}{2}\right)\mp\sqrt{\frac{1}{4}\left(2-\frac{3}{2}\right)+\frac{1}{2}}\right]\frac{k}{m}\end{aligned}$$

即 $p_1^2=\dfrac{k}{m}$，$p_2^2=\dfrac{5k}{2m}$。

所以，系统的固有频率为 $p_1=\sqrt{\dfrac{k}{m}}$；$p_2=\sqrt{\dfrac{5k}{2m}}=1.581\sqrt{\dfrac{k}{m}}$；主振型为 $\beta_1=\dfrac{a-p_1^2}{b}=1$；$\beta_2=\dfrac{a-p_2^2}{b}=-\dfrac{1}{2}$。

根据给定的初始条件，代入式(3-14)可得

$$A_{11}=\frac{1}{1+\frac{1}{2}}\sqrt{\left(-\frac{1}{2}\times1.2\right)^2}=0.4;\quad A_{12}=\frac{1}{-\frac{1}{2}-1}\sqrt{(1.2\times1)^2}=-0.8$$

$$\varphi_1=\frac{\pi}{2};\quad \varphi_2=\frac{\pi}{2}$$

故系统在初始条件下的振动响应为

$$\begin{cases}x_1=0.4\cos\sqrt{\dfrac{k}{m}}t-0.8\cos1.581\sqrt{\dfrac{k}{m}}t\\ x_2=0.4\cos\sqrt{\dfrac{k}{m}}t+0.4\cos1.581\sqrt{\dfrac{k}{m}}t\end{cases}$$

在研究汽车在垂直平面内的振动时，如果忽略簧下质量和减振器的影响，则可简化为簧上质量的垂直振动和纵向角振动问题。即用车身质心 C 的垂直坐标 x 与围绕质心轴旋转的角位移 θ 两个独立坐标，可以完全确定汽车在平面内的振动位置，x 的正方向向下，θ 的正方向为顺时针，如图 3.3 所示。

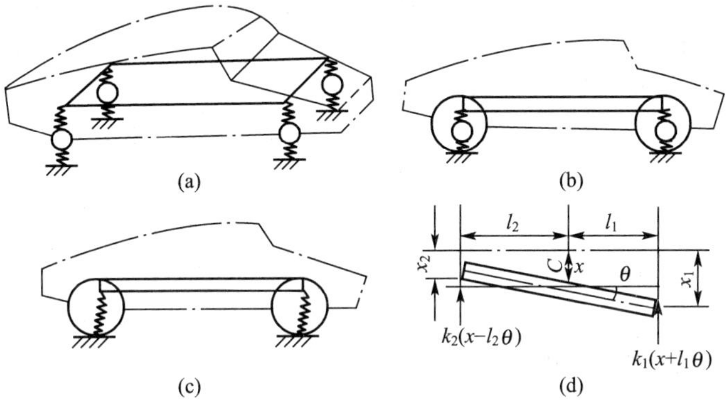

图 3.3 汽车简化二自由度系统

选质心的静平衡位置为坐标原点，就可以使汽车重力 mg 和弹簧的静压力都不出现在运动方程中。设两端弹簧的刚度为 k_1 和 k_2，质心到两端弹簧的距离为 l_1 和 l_2，围绕质心轴的转动惯量为 J_c。在任一瞬时 t，汽车有角位移 θ 和质心的垂直位移 x，则前、后弹簧分别压缩了$(x-l_2\theta)$和$(x+l_1\theta)$。根据牛顿定律，可写出关于 x 和 θ 的二自由度振动微分方程为

$$\begin{cases}m\ddot{x}=-k_1(x+l_1\theta)-k_2(x-l_2\theta)\\ J_c\ddot{\theta}=-k_1l_1(x+l_1\theta)+k_2l_2(x-l_2\theta)\end{cases}$$

即

$$\begin{cases}m\ddot{x}+(k_1+k_2)x-(k_2l_2-k_1l_1)\theta=0\\ J_c\ddot{\theta}+(k_1l_1^2+k_2l_2^2)\theta-(k_2l_2-k_1l_1)x=0\end{cases}\tag{3-16}$$

将式(3-16)改写为矩阵形式为

$$\begin{bmatrix}m&0\\0&J_c\end{bmatrix}\begin{Bmatrix}\ddot{x}\\ \ddot{\theta}\end{Bmatrix}+\begin{bmatrix}k_1+k_2&-(k_2l_2-k_1l_1)\\-(k_2l_2-k_1l_1)&k_1l_1^2+k_2l_2^2\end{bmatrix}\begin{Bmatrix}x\\ \theta\end{Bmatrix}=\begin{Bmatrix}0\\0\end{Bmatrix}\tag{3-17}$$

由式(3-17)可知，惯性力不耦合，而弹性力耦合。

如果选取另一组坐标，垂直振动坐标 x 不在质心处，而是恰好满足 $k_2l_2=k_1l_1$。该点

离质心位置为 e。同样建立振动微分方程为

$$\begin{cases} m\ddot{x}-me\ddot{\theta}=-k_2(x-l_2\theta)-k_1(x+l_1\theta) \\ (J_c+me^2)\ddot{\theta}-me\ddot{x}=-k_1l_1(x+l_1\theta)+k_2l_2(x-l_2\theta) \end{cases}$$

写成矩阵形式，则上式表示为

$$\begin{pmatrix} m & -me \\ -me & J_c+me^2 \end{pmatrix}\begin{pmatrix} \ddot{x} \\ \ddot{\theta} \end{pmatrix}+\begin{pmatrix} k_1+k_2 & 0 \\ 0 & k_1l_1^2+k_2l_2^2 \end{pmatrix}\begin{pmatrix} x \\ \theta \end{pmatrix}=\begin{pmatrix} 0 \\ 0 \end{pmatrix} \tag{3-18}$$

式(3－18)中，系统振动方程是惯性力耦合，而弹性力不耦合。

若垂直振动坐标 x 在质心处，即 $e=0$，而且恰好满足 $k_2l_2=k_1l_1$，则此时方程式可表示为

$$\begin{pmatrix} m & 0 \\ 0 & J_c \end{pmatrix}\begin{pmatrix} \ddot{x} \\ \ddot{\theta} \end{pmatrix}+\begin{pmatrix} k_1+k_2 & 0 \\ 0 & k_1l_1^2+k_2l_2^2 \end{pmatrix}\begin{pmatrix} x \\ \theta \end{pmatrix}=\begin{pmatrix} 0 \\ 0 \end{pmatrix} \tag{3-19}$$

由式(3－19)可知，此时系统振动方程无耦合项，相当于两个单自由度系统各自独立地作不同固有频率的主振动。

可见方程的形式与坐标的选取有关，而适当选取一组坐标或进行某种形式的坐标变换，可以使两振动微分方程变成惯性力和弹性力都不耦合。这时，联立的微分方程组变成两个独立的微分方程，每个微分方程都可以像解单自由度问题那样来求解。这种将联立的微分方程独立化的过程称为“坐标解耦”，它是通过“坐标变换”来实现的。解耦是求解多自由度振系响应的基础和必不可少的步骤。

能使方程解耦的一组坐标称为“主坐标”。式(3－19)中，惯性力和弹性力都不耦合，所以，垂直振动坐标 x 和角位移坐标 θ 为主坐标。此时，计算就比较方便，但实际问题中，往往不容易直接找到主坐标。研究汽车在垂直平面内的振动时，也可以选前、后悬架离开平衡位置的垂直位移为广义坐标来确定系统的位移，它们与 x 和 θ 的关系，如图 3.3(d) 所示，即

$$x_1=x+l_1\theta,\quad x_2=x-l_2\theta$$

将上述两式代入式(3－16)，可得

$$\begin{cases} ml_2\ddot{x}_1+ml_1\ddot{x}_2+k_1(l_1+l_2)x_1+k_2(l_2+l_1)x_2=0 \\ J_c\ddot{x}_1-J_c\ddot{x}_2+k_1l_1(l_1+l_2)x_1-k_2l_2(l_2+l_1)x_2=0 \end{cases}$$

可知在这种情况下，除惯性力耦合外，弹性力也耦合。现通过适当变换消去 x_1 和 x_2 重新组合成

$$\begin{cases} m\dfrac{l_2^2+\rho_c^2}{l^2}\ddot{x}_1+m\dfrac{l_1l_2-\rho_c^2}{l^2}\ddot{x}_2+k_1x_1=0 \\ m\dfrac{l_2^2+\rho_c^2}{l^2}\ddot{x}_2+m\dfrac{l_1l_2-\rho_c^2}{l^2}\ddot{x}_1+k_2x_2=0 \end{cases}$$

或

$$\begin{cases} \ddot{x}_1+\eta_1\ddot{x}_2+\omega_1^2x_1=0 \\ \ddot{x}_2+\eta_2\ddot{x}_1+\omega_2^2x_2=0 \end{cases} \tag{3-20}$$

式中，ρ_c 为汽车绕质心轴的回转半径，$\rho_c=\sqrt{\dfrac{J_c}{m}}$；$\eta_1=\dfrac{l_2l_1-\rho_c^2}{l_2^2+\rho_c^2}$，$\eta_2=\dfrac{l_2l_1-\rho_c^2}{l_1^2+\rho_c^2}$ 为联系系数，

表示两坐标之间的联系；$\omega_1=\sqrt{\dfrac{k_1 l^2}{m(l_2^2+\rho_c^2)}}$，$\omega_2=\sqrt{\dfrac{k_2 l^2}{m(l_1^2+\rho_c^2)}}$为偏频，表示前、后悬架独立振动时的振动频率，即 $x_1=0$ 时的振动频率是 ω_2，$x_2=0$ 时的振动频率是 ω_1。

在汽车设计中，希望车辆行驶时，一个悬架的振动不传到另一个悬架上，为此，应使车身质量分布和前、后轮的位置之间满足以下条件

$$\varepsilon=\frac{\rho_c^2}{l_1 l_2}=1 \tag{3-21}$$

式中，ε 为质量分配系数。

当质量分配系数 $\varepsilon=1$ 时，连续系数等于零，即 $\eta_1=0$，$\eta_2=0$，则方程式(3-20)可简化为

$$\begin{cases}\ddot{x}_1+\omega_1^2 x_1=0\\ \ddot{x}_2+\omega_2^2 x_2=0\end{cases} \tag{3-22}$$

上式表明，当质量分配系数 $\varepsilon=1$ 时，x_1 和 x_2 是两个主坐标。则两个主振动的固有频率等于前、后悬架的偏频，即

$$p_1=\omega_1=\sqrt{\frac{k_1 l^2}{m(l_2^2+\rho_c^2)}}=\sqrt{\frac{k_1 l^2}{m(l_2^2+l_1 l_2)}}=\sqrt{\frac{k_1 l}{m l_2}}=\sqrt{\frac{k_1}{m_1}}$$

$$p_2=\omega_2=\sqrt{\frac{k_2 l^2}{m(l_1^2+\rho_c^2)}}=\sqrt{\frac{k_2 l^2}{m(l_1^2+l_1 l_2)}}=\sqrt{\frac{k_2 l}{m l_1}}=\sqrt{\frac{k_2}{m_2}}$$

式中，$m_1=\dfrac{l_2 m}{l}$，$m_2=\dfrac{l_1 m}{l}$。

此时对应于这两个频率的主振动，如图 3.4 所示，它表示当前悬架按 ω_1 作上、下振动时，后悬架不动；而后悬架以 ω_2 作上、下振动时，前悬架不动。

对于一般质量分配系数 $\varepsilon\neq1$ 的情况，可以利用前面介绍的方法，求出广义坐标 x_1 和 x_2 的两个固有频率及其通解，然后进行叠加，即

$$\begin{cases}x_1=A_{11}\sin(p_1 t+\varphi_1)+A_{12}\sin(p_2 t+\varphi_2)\\ x_2=A_{21}\sin(p_1 t+\varphi_1)+A_{22}\sin(p_2 t+\varphi_2)\\ \quad=\beta_1 A_{11}\sin(p_1 t+\varphi_1)+\beta_2 A_{12}\sin(p_2 t+\varphi_2)\end{cases} \tag{3-23}$$

在上述汽车自由振动分析中，忽略了簧下质量的影响。而事实上，汽车是由簧上质量和簧下质量所组成的振动系统。所谓的簧上质量是指那些重力由悬架弹簧所承受的部件的质量，主要是车身质量；而簧下质量是指那些重力不通过悬架弹簧支撑的部件的质量，主要是车轮质量。当质量分配系数 $\varepsilon=1$ 时，汽车前、后悬架的振动彼此没有联系，互不影响，因此，此时汽车振动系统可简化成车身 m_2 与车轮 m_1 的二自由度振动模型，如图 3.5 所示。

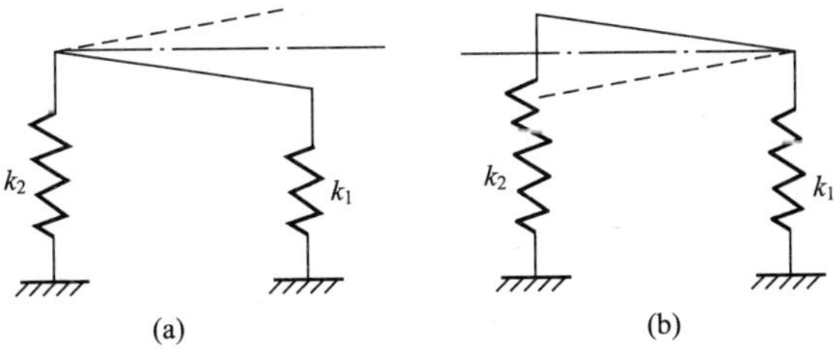

图 3.4 固有频率等于偏频时的两个主振动

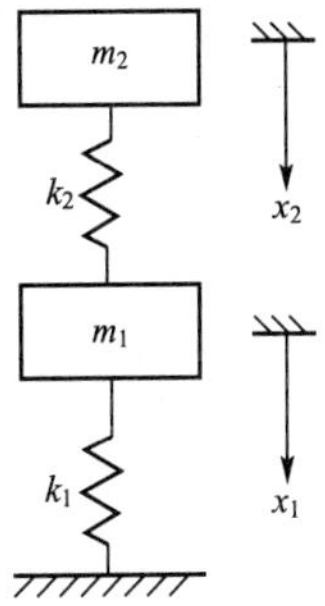

图 3.5 车身与车轮二自由度振动模型

例3.2

图 3.5 所示的汽车车身 m_2 与车轮 m_1 二自由度简化振动系统。已知车身质量 m_2 的单自由度无阻尼自由振动的固有频率，即二自由度系统车身部分偏频 $\omega_2=\sqrt{\frac{k_2}{m_2}}=3\text{rad/s}$，车身质量与车轮质量比 $m_2/m_1=10$，轮胎刚度与支承弹簧刚度比 $k_1/k_2=9$。试求系统的固有频率。

解：汽车二自由度自由振动系统的振动微分方程式为

$$\begin{cases}m_1\ddot{x}_1+(k_1+k_2)x_1-k_2x_2=0\\ m_2\ddot{x}_2-k_2x_1+k_2x_2=0\end{cases}$$

则 $a=\frac{k_1+k_2}{m_1}=\frac{9k_2+k_2}{m_2/10}=\frac{100k_2}{m_2}=100\omega_2^2$；$b=\frac{k_2}{m_1}=\frac{k_2}{m_2/10}=\frac{10k_2}{m_2}=10\omega_2^2$；$c=\frac{k_2}{m_2}=\omega_2^2$；$d=\frac{k_2}{m_2}=\omega_2^2$。

将以上各值代入固有频率的求解公式 $p_{1,2}^2=\frac{a+d}{2}\mp\sqrt{\left(\frac{a-d}{2}\right)^2+bc}$，求得二自由度振动系统的固有频率为

$$p_{1,2}^2=\frac{100\omega_2^2+\omega_2^2}{2}\mp\sqrt{\left(\frac{100\omega_2^2-\omega_2^2}{2}\right)^2+10\omega_2^2\omega_2^2}$$

即

$$p_1=0.95\omega_2=2.85\pi\text{rad/s}$$
$$p_2=10.01\omega_2=30.03\pi\text{rad/s}$$

车身部分的偏频 $\omega_2=\sqrt{\frac{k_2}{m_2}}=3\text{rad/s}$，而车轮部分的偏频 $\omega_1=\sqrt{\frac{k_1+k_2}{m_1}}=10\sqrt{\frac{k_2}{m_2}}=30\text{rad/s}$。

由此可见，低的主频率 p_1 与车身部分的偏频 ω_2 接近，而高的主频率 p_2 则与车轮部分的偏频 ω_1 接近，且有 $p_1<\omega_2<\omega_1<p_2$。

将主频率 p_1 和 p_2 代入主振型的公式，可得主振型为

$$\begin{cases}\beta_1=\frac{a-p_1^2}{b}=\frac{100\omega_2^2-0.95^2\omega_2^2}{10\omega_2^2}=9.91\\ \beta_2=\frac{a-p_2^2}{b}=\frac{100\omega_2^2-10.01^2\omega_2^2}{10\omega_2^2}=-0.01\end{cases}$$

车身与车轮所构成的二自由度振系的主振型，如图 3.6 所示。

可见，当系统按第一阶主振型振动时，车身质量 m_2 的振幅约为车轮质量 m_1 振幅的 10 倍，所以，主要是车身质量 m_2 在振动，称为车身型振动，它与汽车简化为单自由度系统的振动相近；当系统按第二阶主振型振动时，车轮质量 m_1 的振幅约为车身质量 m_2 振幅的 100 倍，所以，可把车身视为不动，而主要是车轮在振动，故称为车轮型振动。因此，此时可把二自由度系统分别简化为图 3.7(a)和图 3.7(b)所示的两个单自由度系统。

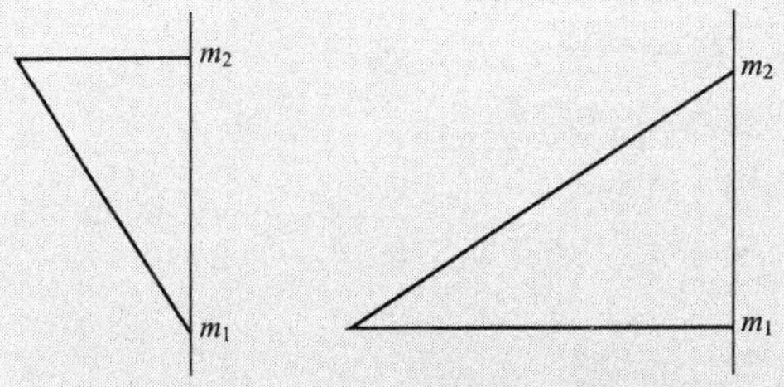

(a) 一阶主振型　　(b) 二阶主振型

图 3.6　车身车轮二自由度振系主振型

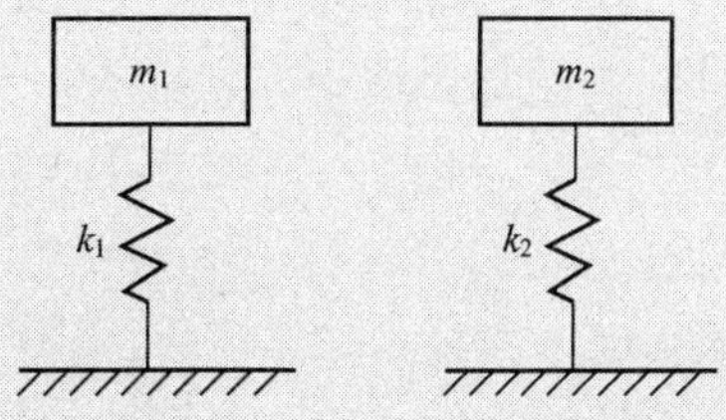

(a)　　(b)

图 3.7　两个简化的单自由度系统

3.1.3　二自由度有阻尼自由振动

图 3.8 所示为二自由度有阻尼振动系统。

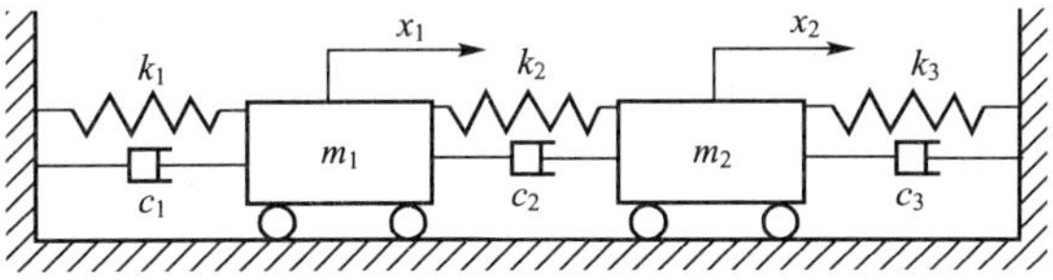

图 3.8　二自由度有阻尼振系

对于该二自由度有阻尼振动系统，其自由振动运动微分方程的矩阵形式为

$$\begin{bmatrix} m_1 & 0 \\ 0 & m_2 \end{bmatrix}\begin{Bmatrix} \ddot{x}_1 \\ \ddot{x}_2 \end{Bmatrix}+\begin{bmatrix} c_1+c_2 & -c_2 \\ -c_2 & c_2+c_3 \end{bmatrix}\begin{Bmatrix} \dot{x}_1 \\ \dot{x}_2 \end{Bmatrix}+\begin{bmatrix} k_1+k_2 & -k_2 \\ -k_2 & k_2+k_3 \end{bmatrix}\begin{Bmatrix} x_1 \\ x_2 \end{Bmatrix}=\begin{Bmatrix} 0 \\ 0 \end{Bmatrix} \tag{3-24}$$

式中

$$\boldsymbol{M}=\begin{bmatrix} m_{11} & m_{12} \\ m_{21} & m_{22} \end{bmatrix}=\begin{bmatrix} m_1 & 0 \\ 0 & m_2 \end{bmatrix}$$

$$\boldsymbol{C}=\begin{bmatrix} c_{11} & c_{12} \\ c_{21} & c_{22} \end{bmatrix}=\begin{bmatrix} c_1+c_2 & -c_2 \\ -c_2 & c_2+c_3 \end{bmatrix}$$

$$\boldsymbol{K}=\begin{bmatrix} k_{11} & k_{12} \\ k_{21} & k_{22} \end{bmatrix}=\begin{bmatrix} k_1+k_2 & -k_2 \\ -k_2 & k_2+k_3 \end{bmatrix}$$

设式(3-24)解的形式为$\begin{cases} x_1=A_1\mathrm{e}^{\lambda t} \\ x_2=A_2\mathrm{e}^{\lambda t} \end{cases}$，则代入式(3-24)可得

$$\begin{cases} (m_{11}\lambda^2+c_{11}\lambda+k_{11})A_1+(m_{12}\lambda^2+c_{12}\lambda+k_{12})A_2=0 \\ (m_{21}\lambda^2+c_{21}\lambda+k_{21})A_1+(m_{22}\lambda^2+c_{22}\lambda+k_{22})A_2=0 \end{cases} \tag{3-25}$$

式(3-25)具有非零解的条件是，方程组的系数行列式等于零，即

$$\begin{vmatrix} (m_{11}\lambda^2+c_{11}\lambda+k_{11}) & (m_{12}\lambda^2+c_{12}\lambda+k_{12}) \\ (m_{21}\lambda^2+c_{21}\lambda+k_{21}) & (m_{22}\lambda^2+c_{22}\lambda+k_{22}) \end{vmatrix}=0$$

展开上式，得到系统的特征方程的形式为

$$A\lambda^4+B\lambda^3+C\lambda^2+D\lambda+E=0 \tag{3-26}$$

由式(3-26)可解得 4 个特征根 λ_1，λ_2，λ_3 和 λ_4。由于系统阻尼力总是要消耗能量的，因此，运动将衰减，也就是说特征根必定是负实数，系统属于过渡阻尼的情况。若特征根

是复数，根一定是成对出现的共轭复数，因此，设特征方程式(3-26)的复数特征根为

$$\lambda_1=-\eta_1+\mathrm{i}p_1;\quad \lambda_2=-\eta_1-\mathrm{i}p_1;\quad \lambda_3=-\eta_2+\mathrm{i}p_2;\quad \lambda_4=-\eta_2-\mathrm{i}p_2$$

因此，由叠加原理，方程组式(3-24)的通解可表示为

$$\begin{cases}x_1=A_{11}\mathrm{e}^{\lambda_1 t}+A_{12}\mathrm{e}^{\lambda_2 t}+A_{13}\mathrm{e}^{\lambda_3 t}+A_{14}\mathrm{e}^{\lambda_4 t}\\ x_2=A_{21}\mathrm{e}^{\lambda_1 t}+A_{22}\mathrm{e}^{\lambda_2 t}+A_{23}\mathrm{e}^{\lambda_3 t}+A_{24}\mathrm{e}^{\lambda_4 t}\end{cases}\tag{3-27}$$

式中，

$$\frac{A_{21}}{A_{11}}=-\frac{m_{11}\lambda_1^2+c_{11}\lambda_1+k_{11}}{m_{12}\lambda_1^2+c_{12}\lambda_1+k_{12}}=-\frac{m_{21}\lambda_1^2+c_{21}\lambda_1+k_{21}}{m_{22}\lambda_1^2+c_{22}\lambda_1+k_{22}}=\beta_1\tag{3-28}$$

$$\frac{A_{22}}{A_{12}}=-\frac{m_{11}\lambda_2^2+c_{11}\lambda_2+k_{11}}{m_{12}\lambda_2^2+c_{12}\lambda_2+k_{12}}=-\frac{m_{21}\lambda_2^2+c_{21}\lambda_2+k_{21}}{m_{22}\lambda_2^2+c_{22}\lambda_2+k_{22}}=\beta_2\tag{3-29}$$

$$\frac{A_{23}}{A_{13}}=-\frac{m_{11}\lambda_3^2+c_{11}\lambda_3+k_{11}}{m_{12}\lambda_3^2+c_{12}\lambda_3+k_{12}}=-\frac{m_{21}\lambda_3^2+c_{21}\lambda_3+k_{21}}{m_{22}\lambda_3^2+c_{22}\lambda_3+k_{22}}=\beta_3\tag{3-30}$$

$$\frac{A_{24}}{A_{14}}=-\frac{m_{11}\lambda_4^2+c_{11}\lambda_4+k_{11}}{m_{12}\lambda_4^2+c_{12}\lambda_4+k_{12}}=-\frac{m_{21}\lambda_4^2+c_{21}\lambda_4+k_{21}}{m_{22}\lambda_4^2+c_{22}\lambda_4+k_{22}}=\beta_4\tag{3-31}$$

将复数根代入式(3-28)～(3-31)，则有

$$A_{11}=\frac{1}{2}B_1\mathrm{e}^{-\mathrm{i}\varphi_1};\quad A_{12}=\frac{1}{2}B_1\mathrm{e}^{\mathrm{i}\varphi_1};\quad A_{13}=\frac{1}{2}B_2\mathrm{e}^{-\mathrm{i}\varphi_2};\quad A_{14}=\frac{1}{2}B_2\mathrm{e}^{\mathrm{i}\varphi_2}\tag{3-32}$$

$$\beta_1=\mu_1\mathrm{e}^{-\mathrm{i}\theta_1};\quad \beta_2=\mu_1\mathrm{e}^{\mathrm{i}\theta_1};\quad \beta_3=\mu_2\mathrm{e}^{-\mathrm{i}\theta_2};\quad \beta_4=\mu_2\mathrm{e}^{\mathrm{i}\theta_2}\tag{3-33}$$

将式(3-32)和式(3-33)代入式(3-27)，可得振动微分方程通解的最终形式为

$$\begin{cases}x_1=B_1\mathrm{e}^{-\eta_1 t}\cos(p_1t-\varphi_1)+B_2\mathrm{e}^{-\eta_2 t}\cos(p_2t-\varphi_2)\\ x_2=\mu_1B_1\mathrm{e}^{-\eta_1 t}\cos(p_1t-\varphi_1-\theta_1)+\mu_2B_2\mathrm{e}^{-\eta_2 t}\cos(p_2t-\varphi_2-\theta_2)\end{cases}\tag{3-34}$$

式中，μ_1，θ_1，μ_2，θ_2由式(3-33)和振型［式(3-28)～式(3-31)］所决定，而B_1，φ_1，B_2，φ_2由初始条件所决定。

从式(3-34)可知，弱阻尼二自由度系统的一般振动，是由两个频率为p_1和p_2的衰减自由振动叠加而成的，这是与无阻尼自由振动的相似之处；不同之处是，在同一频率的衰减自由振动中，各坐标(即各质量的运动)之间的相位不同。

3.2 二自由度强迫振动

3.2.1 谐波激振力下的强迫振动

二自由度系统和单自由度系统一样，在受到持续的激振力作用下就会产生强迫振动，而且在一定条件下也会产生共振。图3.9所示二自由度无阻尼谐波激振系统，系统的阻尼为零，即$c_1=c_2=c_3=0$，受到谐波激振力$f_1(t)=F_1\sin\omega t$和$f_2(t)=F_2\sin\omega t$的作用。

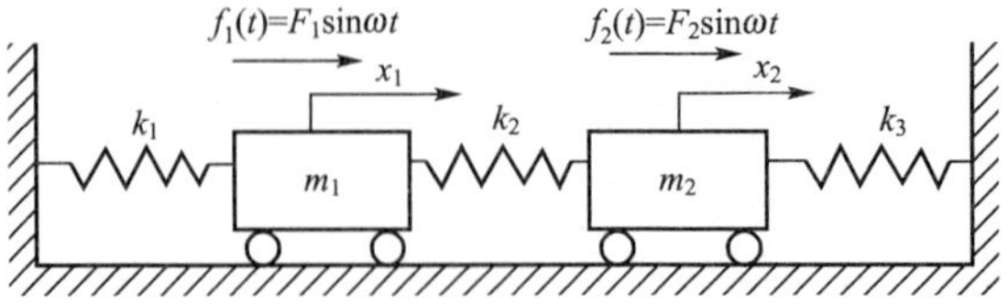

图3.9 二自由度无阻尼谐波激振系统

根据牛顿运动定律，可直接写出系统强迫振动的微分方程为

$$\begin{cases} m_1\ddot{x}_1+(k_1+k_2)x_1-k_2x_2=F_1\sin\omega t \\ m_2\ddot{x}_2-k_2x_1+(k_2+k_3)x_2=F_2\sin\omega t \end{cases}$$

令 $a=\dfrac{k_1+k_2}{m_1}$，$b=\dfrac{k_2}{m_1}$，$c=\dfrac{k_2}{m_2}$，$d=\dfrac{k_2+k_3}{m_2}$，$q_1=\dfrac{F_1}{m_1}$，$q_2=\dfrac{F_2}{m_2}$，

则上式可简化为

$$\begin{cases} \ddot{x}_1+ax_1-bx_2=q_1\sin\omega t \\ \ddot{x}_2-cx_1+dx_2=q_2\sin\omega t \end{cases} \tag{3-35}$$

这是一个二阶线性常系数非齐次微分方程组，其通解由两部分组成。一是对应于齐次方程组的解，即3.1节讨论过的自由振动，当系统存在阻尼时，这一自由振动经过一段时间后就逐渐衰减掉。二是对于上述非齐次方程组的一个特解，它是由激振力引起的强迫振动，即系统的稳态振动。

这里只研究稳态振动，故设简谐振动微分方程组式(3-35)的特解为

$$\begin{cases} x_1=B_1\sin\omega t \\ x_2=B_2\sin\omega t \end{cases} \tag{3-36}$$

式中，B_1，B_2 分别为质量 m_1，m_2 的振幅，是待定常数。

对式(3-36)分别求一阶及二阶导数，并代入式(3-35)，可得

$$\begin{cases} (a-\omega^2)B_1-bB_2=q_1 \\ -cB_1+(d-\omega^2)B_2=q_2 \end{cases} \tag{3-37}$$

这是一个二元非齐次联立代数方程组，它的解为

$$\begin{cases} B_1=\dfrac{(d-\omega^2)q_1+bq_2}{\Delta\omega^2} \\ B_2=\dfrac{cq_1+(a-\omega^2)q_2}{\Delta\omega^2} \end{cases} \tag{3-38}$$

式中，$\Delta\omega^2=(a-\omega^2)(d-\omega^2)-bc=\omega^4-(a+d)\omega^2+ad-bc$。

系统固有频率方程为

$$p^4-(a+d)p^2+(ad-bc)=0 \tag{3-39}$$

根据根与系数的关系式，可得

$$\begin{cases} p_1^2+p_2^2=a+d \\ p_1^2p_2^2=ad-bc \end{cases} \tag{3-40}$$

故得

$$\Delta\omega^2=\omega^4-(p_1^2+p_2^2)\omega^2+p_1^2p_2^2=(\omega^2-p_1^2)(\omega^2-p_2^2) \tag{3-41}$$

由式(3-41)和式(3-38)可知，当激振力频率 ω 等于系统第一阶固有频率 p_1 或第二阶固有频率 p_2 时，系统振幅无限增大，即出现共振现象。二自由度系统的强迫振动有两个共振频率。

把式(3-38)代入式(3-36)，可得到系统的响应为

$$\begin{cases} x_1=B_1\sin\omega t=\dfrac{(d-\omega^2)q_1+bq_2}{(a-\omega^2)(d-\omega^2)-bc}\sin\omega t \\ x_2=B_2\sin\omega t=\dfrac{cq_1+(a-\omega^2)q_2}{(a-\omega^2)(d-\omega^2)-bc}\sin\omega t \end{cases} \tag{3-42}$$

式(3-42)表明，在简谐激振力作用下，系统作与激振力同频率的简谐振动。其振幅不仅决定于激振力的幅值 F_1 和 F_2、激振力的频率以及系统本身的物理性质，而且还与系统本身的固有频率有很大关系。

由式(3-42)中的两式相除，可得强迫振动时两质量的振幅比为

$$\frac{B_2}{B_1}=\frac{cq_1+(a-\omega^2)q_2}{(d-\omega^2)q_1+bq_2} \tag{3-43}$$

这说明，在一定幅值和频率的激振力作用下，系统振幅比同样也是确定值，也就是说，系统有一定的振型。

当激振频率 ω 等于第一阶固有频率 p_1 时，振幅比为

$$\left(\frac{B_2}{B_1}\right)_{p_1}=\frac{cq_1+(a-p_1^2)q_2}{(d-p_1^2)q_1+bq_2} \tag{3-44}$$

当激振频率 ω 等于第二阶固有频率 p_2 时，振幅比为

$$\left(\frac{B_2}{B_1}\right)_{p_2}=\frac{cq_1+(a-p_2^2)q_2}{(d-p_2^2)q_1+bq_2} \tag{3-45}$$

这表明，系统在任何一个共振频率下，振型就是相应的主振型。这是多自由度系统强迫振动的一个极为重要的特性。在实际中，经常用共振法测定汽车系统的固有频率，并根据测出的振型，判断固有频率的阶次。

3.2.2 叠加法求系统响应

由于所研究的振动系统是线性振动系统，因此，在讨论二自由度系统的强迫振动时，可以利用叠加法，即把二自由度系统视为双输入、双输出系统，用频率响应函数法求解系统的振动响应，就可得系统强迫振动的解。

图 3.9 所示的系统中，设在质量 m_1 上单独作用单位谐波激振力，利用频率响应函数，可分别列出质量 m_1 和质量 m_2 的响应如下：

质量 m_1 的响应为

$$\begin{cases} f_1(t)=e^{i\omega t} \\ x_1(t)=H_{11}(\omega)e^{i\omega t} \\ \ddot{x}_1(t)=-\omega^2 H_{11}(\omega)e^{i\omega t} \end{cases} \tag{3-46}$$

质量 m_2 的响应为

$$\begin{cases} f_2(t)=0 \\ x_2(t)=H_{21}(\omega)e^{i\omega t} \\ \ddot{x}_2(t)=-\omega^2 H_{21}(\omega)e^{i\omega t} \end{cases} \tag{3-47}$$

将式(3-46)和式(3-47)代入式(3-35)，可得

$$\begin{cases} (a-\omega^2)H_{11}(\omega)-bH_{21}(\omega)=1 \\ -cH_{11}(\omega)+(d-\omega^2)H_{21}(\omega)=0 \end{cases} \tag{3-48}$$

由式(3-48)，可求得在质量 m_1 上施加单位谐波激振力情况下，质量 m_1 和质量 m_2 的两个频率响应函数，即

$$\begin{cases} H_{11}(\omega)=\dfrac{d-\omega^2}{(a-\omega^2)(d-\omega^2)-bc} \\ H_{21}(\omega)=\dfrac{c}{(a-\omega^2)(d-\omega^2)-bc} \end{cases} \tag{3-49}$$

因此，当在质量 m_1 上单独作用谐波激振力 $f_1(t)=q_1\sin\omega t$ 时，根据频率响应函数，可求得两质量的响应分别为

$$\begin{cases} x_{11}=H_{11}(\omega)f_1(t)=\dfrac{d-\omega^2}{(a-\omega^2)(d-\omega^2)-bc}q_1\sin\omega t \\ x_{21}=H_{21}(\omega)f_1(t)=\dfrac{c}{(a-\omega^2)(d-\omega^2)-bc}q_1\sin\omega t \end{cases} \tag{3-50}$$

同理，设在质量 m_2 上单独作用单位谐波激振力，利用频率响应函数，可分别列出质量 m_1 和质量 m_2 的响应如下：

质量 m_1 的响应为

$$\begin{cases} f_1(t)=0 \\ x_1(t)=H_{12}e^{i\omega t} \\ \ddot{x}_1(t)=-\omega^2 H_{12}e^{i\omega t} \end{cases} \tag{3-51}$$

质量 m_2 的响应为

$$\begin{cases} f_2(t)=e^{i\omega t} \\ x_2(t)=H_{22}e^{i\omega t} \\ \ddot{x}_2(t)=-\omega^2 H_{22}e^{i\omega t} \end{cases} \tag{3-52}$$

将式(3-51)和式(3-52)代入式(3-35)，可求得在质量 m_2 上单独施加单位谐波激振力情况下，质量 m_1 和质量 m_2 的两个频率响应函数，即

$$\begin{cases} H_{12}(\omega)=\dfrac{b}{(a-\omega^2)(d-\omega^2)-bc} \\ H_{22}(\omega)=\dfrac{a-\omega^2}{(a-\omega^2)(d-\omega^2)-bc} \end{cases} \tag{3-53}$$

由此可求出，当谐波激振力 $f_2(t)=q_2\sin\omega t$ 单独作用在质量 m_2 上的时，质量 m_1 和质量 m_2 的振动响应分别为

$$\begin{cases} x_{12}=H_{12}(\omega)f_2(t)=\dfrac{b}{(a-\omega^2)(d-\omega^2)-bc}q_2\sin\omega t \\ x_{22}=H_{22}(\omega)f_2(t)=\dfrac{a-\omega^2}{(a-\omega^2)(d-\omega^2)-bc}q_2\sin\omega t \end{cases} \tag{3-54}$$

利用线性系统的叠加原理，由式(3-54)和式(3-50)，可求得谐波激振力 $f_1(t)=q_1\sin\omega t$ 和 $f_2(t)=q_2\sin\omega t$ 同时分别作用于质量 m_1 和质量 m_2 情况下，二自由度振动系统的总响应为

$$\begin{cases} x_1(t)=x_{11}(t)+x_{12}(t)=H_{11}(\omega)f_1(t)+H_{12}(\omega)f_2(t) \\ x_2(t)=x_{21}(t)+x_{22}(t)=H_{21}(\omega)f_1(t)+H_{22}(\omega)f_2(t) \end{cases}$$

即

$$\begin{cases} x_1(t)=\dfrac{(d-\omega^2)q_1+bq_2}{(a-\omega^2)(d-\omega^2)-bc}\sin\omega t \\ x_2(t)=\dfrac{cq_1+(a-\omega^2)q_2}{(a-\omega^2)(d-\omega^2)-bc}\sin\omega t \end{cases} \tag{3-55}$$

由式(3-55)可知，利用叠加法求系统响应所得到的结果与式(3-42)的结果一致。

上述结果可以用下面的矩阵形式简洁表示为

$$\boldsymbol{X}(t)=\begin{bmatrix}x_1(t)\\x_2(t)\end{bmatrix}=\begin{bmatrix}H_{11}(\omega) & H_{12}(\omega)\\H_{21}(\omega) & H_{22}(\omega)\end{bmatrix}\begin{bmatrix}f_1(t)\\f_2(t)\end{bmatrix}=\boldsymbol{H}(\omega)\boldsymbol{F}(t) \tag{3-56}$$

式中，$\boldsymbol{X}(t)=\begin{bmatrix}x_1(t)\\x_2(t)\end{bmatrix}$为系统的输出矩阵；$\boldsymbol{F}(t)=\begin{bmatrix}f_1(t)\\f_2(t)\end{bmatrix}$为系统的输入矩阵；$\boldsymbol{H}(\omega)=\begin{bmatrix}H_{11}(\omega) & H_{12}(\omega)\\H_{21}(\omega) & H_{22}(\omega)\end{bmatrix}$为系统的频率响应函数矩阵。

若系统的激励是任意周期函数，则可利用傅氏变换法来求解，即

$$\boldsymbol{X}(\omega)=\boldsymbol{H}(\omega)\boldsymbol{F}(\omega) \tag{3-57}$$

式中，$\boldsymbol{X}(\omega)$为系统输出的傅氏变换矩阵；$\boldsymbol{F}(\omega)$为系统输入的傅氏变换矩阵；$\boldsymbol{H}(\omega)$为系统的频率响应函数矩阵。

3.3 路面激励下的强迫振动

3.3.1 车身与车轮双质量系统

在前一节已经提到，当悬架质量分配系数 $\varepsilon=1$ 时，汽车前、后悬架振动彼此没有联系，可将整车系统的 1/4 简化成一个汽车振动模型，即车身与车轮二自由度系统。汽车在道路上行驶所受的激励主要来自路面不平，即单自由度系统中提到的支座位移振动。下面就来讨论汽车二自由度系统在路面不平激励下的强迫振动，如图 3.10 所示。

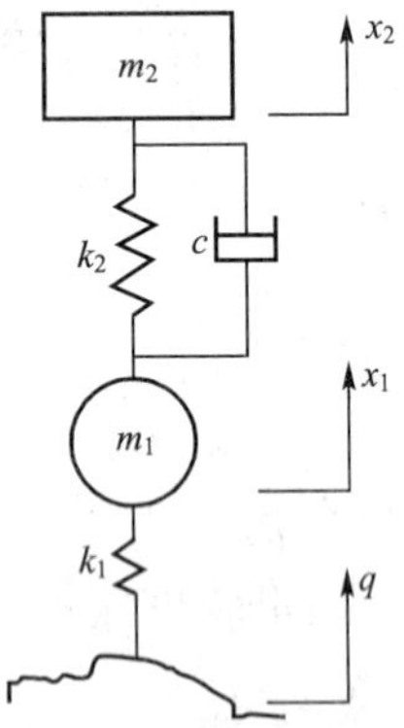

图 3.10 车身与车轮二自由度系统

车轮与车身的垂直位移坐标分别为 x_1，x_2，坐标原点选在各自的平衡位置，其运动微分方程为

$$\begin{cases}m_2\ddot{x}_2+c(\dot{x}_2-\dot{x}_1)+k_2(x_2-x_1)=0\\m_1\ddot{x}_1+c(\dot{x}_1-\dot{x}_2)+k_2(x_1-x_2)+k_1(x_1-q)=0\end{cases} \tag{3-58}$$

式中，m_2为车辆的簧上质量；m_1为车辆的簧下质量；k_2为车辆悬架刚度；k_1为车辆的轮胎刚度；c 为减振器阻尼系数；q 为路面不平激励。

车辆二自由度振动是二自由度振系对于任意激励 $q(t)$的响应问题，可以利用前面提到的单自由度振系对任意激励响应的傅氏积分法求解。由 $\boldsymbol{X}(\omega)=\boldsymbol{H}(\omega)Q(\omega)$可知，在稳态条件下系统的响应 x 的特解，是由激励和系统的频率响应函数所确定的。

首先，根据叠加法确定系统的频率响应函数。

设作用在质量 m_1 上的路面不平激励 $q(t)$为单位谐波激振力，即

$$q(t)=e^{i\omega t} \tag{3-59}$$

则簧下质量 m_1 和簧上质量 m_2 的两个输出响应，分别如下：

簧下质量 m_1 的响应为

$$\begin{cases}x_1(t)=H(\omega)_{x_1\sim q}\mathrm{e}^{\mathrm{i}\omega t}\\ \dot{x}_1(t)=\mathrm{i}\omega H(\omega)_{x_1\sim q}\mathrm{e}^{\mathrm{i}\omega t}\\ \ddot{x}_1(t)=-\omega^2 H(\omega)_{x_1\sim q}\mathrm{e}^{\mathrm{i}\omega t}\end{cases} \tag{3-60}$$

簧上质量 m_2 的响应为

$$\begin{cases}x_2(t)=H(\omega)_{x_2\sim q}\mathrm{e}^{\mathrm{i}\omega t}\\ \dot{x}_2(t)=\mathrm{i}\omega H(\omega)_{x_2\sim q}\mathrm{e}^{\mathrm{i}\omega t}\\ \ddot{x}_2(t)=-\omega^2 H(\omega)_{x_2\sim q}\mathrm{e}^{\mathrm{i}\omega t}\end{cases} \tag{3-61}$$

将式(3－59)、式(3－60)和式(3－61)代入式(3－58)，可得

$$(-\omega^2 m_2+\mathrm{i}\omega c+k_2)H(\omega)_{x_2\sim q}=(\mathrm{i}\omega c+k_2)H(\omega)_{x_1\sim q} \tag{3-62}$$

$$(-\omega^2 m_1+\mathrm{i}\omega c+k_1+k_2)H(\omega)_{x_1\sim q}=(\mathrm{i}\omega c+k_2)H(\omega)_{x_2\sim q} \tag{3-63}$$

令 $A_1=\mathrm{i}\omega c+k_2$；$A_2=-\omega^2 m_2+\mathrm{i}\omega c+k_2$；$A_3=-\omega^2 m_1+\mathrm{i}\omega c+k_1+k_2$；由式(3－62)和式(3－63)，可求得簧下质量 m_1 对于路面不平单位谐波激振力 $q(t)$的频率响应函数为

$$H(\omega)_{x_1\sim q}=\frac{A_2 k_1}{A_3A_2-A_1^2} \tag{3-64}$$

将式(3－64)的分子、分母分别进行复数运算，然后求模，可求得簧下质量 m_1 位移的幅频特性，即

$$|H(\omega)|_{x_1\sim q}=\gamma\left[\frac{(1-\lambda^2)^2+4\xi^2\lambda^2}{\Delta}\right]^{\frac{1}{2}} \tag{3-65}$$

式中，$\Delta=\left[(1-\lambda^2)\left(1+\gamma-\frac{\lambda^2}{\mu}\right)-1\right]^2+4\xi^2\lambda^2\left[\gamma-\left(\frac{1}{\mu}+1\right)\lambda^2\right]^2$；$\lambda$ 为频率比，$\lambda=\frac{\omega}{p}$；p 为车辆悬架固有频率，$p=\sqrt{\frac{k_2}{m_2}}$；ξ 为阻尼比，$\xi=\frac{c}{2\sqrt{k_2m_2}}$；$\gamma$ 为刚度比，$\gamma=\frac{k_1}{k_2}$；μ 为质量比，$\mu=\frac{m_2}{m_1}$。

同理，由式(3－62)和式(3－63)，可求得簧上质量 m_2 对于路面不平单位谐波激振力 $q(t)$的频率响应函数为

$$H(\omega)_{x_2\sim q}=\frac{A_1 k_1}{A_3A_2-A_1^2} \tag{3-66}$$

簧上质量 m_2 位移的幅频特性为

$$|H(\omega)|_{x_2\sim q}=\gamma\left(\frac{1+4\xi^2\lambda^2}{\Delta}\right)^{\frac{1}{2}} \tag{3-67}$$

图 3.11(a)和图 3.11(b)所示分别为对应式(3－65)和式(3－67)的幅频特性曲线。

从图 3.11 中所示曲线可以看出，对于车身与车轮二自由度的振动系统，当激振频率接近系统两阶固有频率 p_1 和 p_2 时，都会发生共振，车身位移的 $x_2\sim q$ 幅频特性和车轮位移 $x_1\sim q$ 的幅频特性，都有低频 p_1 和高频 p_2 两个共振频率点。

根据所得到的频率响应函数，可求得响应的傅氏变换，即

$$\boldsymbol{X}(\omega)=\boldsymbol{H}(\omega)Q(\omega) \tag{3-68}$$

式中，$Q(\omega)$为路面不平激励 $q(t)$的傅氏变换，$Q(\omega)=\int_{-\infty}^{\infty}q(t)\mathrm{e}^{-\omega t}\mathrm{d}t$。

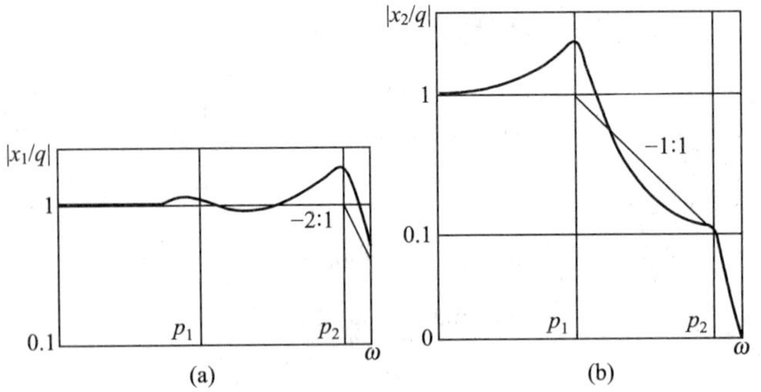

图 3.11　幅频特性曲线

对式(3-68)进行傅氏逆变换，可求得车身与车轮二自由度系统的振动响应，即

$$
\begin{aligned}
X(t) &= \frac{1}{2\pi}\int_{-\infty}^{\infty}\boldsymbol{X}(\omega)\mathrm{e}^{\mathrm{i}\omega t}\,\mathrm{d}t \\
&= \frac{1}{2\pi}\int_{-\infty}^{\infty}\boldsymbol{H}(\omega)Q(\omega)\mathrm{e}^{\mathrm{i}\omega t}\,\mathrm{d}t \\
&= \frac{1}{2\pi}\int_{-\infty}^{\infty}|\boldsymbol{H}(\omega)|\,\mathrm{e}^{-\mathrm{i}\varphi}Q(\omega)\mathrm{e}^{\mathrm{i}\omega t}\,\mathrm{d}t
\end{aligned}
\tag{3-69}
$$

这样，就可以最终求得车身与车轮响应的时域解，分别为

$$
\begin{cases}
x_1(t) = \dfrac{1}{2\pi}\displaystyle\int_{-\infty}^{\infty}|\boldsymbol{H}(\omega)|_{x_1\sim q}\,\mathrm{e}^{-\mathrm{i}\varphi_1}Q(\omega)\mathrm{e}^{\mathrm{i}\omega t}\,\mathrm{d}t \\
x_2(t) = \dfrac{1}{2\pi}\displaystyle\int_{-\infty}^{\infty}|\boldsymbol{H}(\omega)|_{x_2\sim q}\,\mathrm{e}^{-\mathrm{i}\varphi_2}Q(\omega)\mathrm{e}^{\mathrm{i}\omega t}\,\mathrm{d}t
\end{cases}
\tag{3-70}
$$

3.3.2　双轴汽车振动

前面讨论的单质量和双质量振动系统都是双轴汽车的局部系统，只分析了单输入情况下，车身的垂直振动。实际上汽车还存在整体的上、下振动和俯仰振动。现在进一步讨论垂直和俯仰两个自由度的汽车整体振动系统，在前、后车轮的两个路面不平输入情况下的强迫振动。

在分析车身整体振动时，忽略车轮部分质量和轮胎刚度的影响，把汽车整体振动简化为图 3.12 所示的双轴汽车二自由度振动模型。

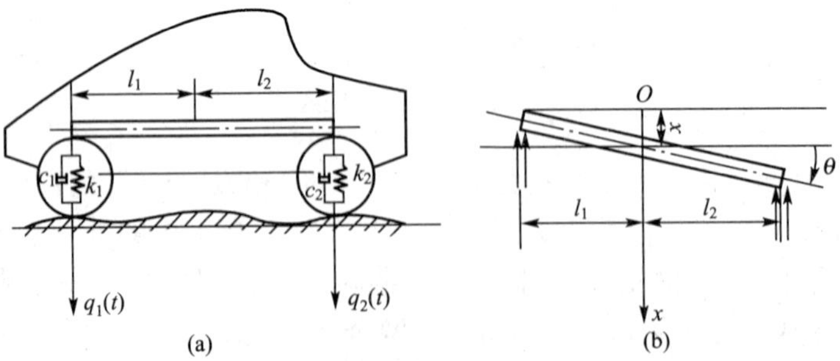

图 3.12　双轴汽车二自由度振动模型

已知前、后悬架的刚度 k_1 和 k_2，前、后悬架的阻尼 c_1 和 c_2，车身质量 m，系统绕质心轴的转动惯量 $J_c = m\rho_c^2$，质心到前、后悬架的距离 l_1 和 l_2。设因路面不平在前、后轮所

产生的位移输入分别为 $q_1(t)$ 和 $q_2(t)$；系统的坐标为质心偏离静平衡位置的垂直距离 x 和绕质心的转角 θ，其中，x 和 θ 的正向如图 3.12(b)所示。

根据图 3.12(b)，可写出双轴汽车的车身平面振动微分方程为

$$\begin{cases} m\ddot{x}=-k_1(x+l_1\theta-q_1)-k_2(x-l_2\theta-q_2)-c_1(\dot{x}+l_1\dot{\theta}-\dot{q}_1) \\ \qquad -c_2(\dot{x}-l_2\dot{\theta}-\dot{q}_2) \\ m\rho_c^2\ddot{\theta}=-k_1(x+l_1\theta-q_1)l_1+k_2(x-l_2\theta-q_2)l_2-c_1(\dot{x}+l_1\dot{\theta}-\dot{q}_1)l_1 \\ \qquad +c_2(\dot{x}-l_2\dot{\theta}-\dot{q}_2)l_2 \end{cases} \tag{3-71}$$

即

$$\begin{cases} m\ddot{x}+(c_1+c_2)\dot{x}+(k_1+k_2)x-(c_2l_2-c_1l_1)\dot{\theta}-(k_2l_2-k_1l_1)\theta \\ \qquad =c_1\dot{q}_1+k_1q_1+c_2\dot{q}_2+k_2q_2 \\ m\rho_c^2\ddot{\theta}+(c_2l_2^2+c_1l_1^2)\dot{\theta}+(k_2l_2^2+k_1l_1^2)\theta-(c_2l_2-c_1l_1)\dot{x}-(k_2l_2-k_1l_1)x \\ \qquad =c_1l_1\dot{q}_1+k_1l_1q_1-c_2l_2\dot{q}_2-k_2l_2q_2 \end{cases} \tag{3-72}$$

设 $x_2=l_1\theta$，$x_1=x$，代入式(3-72)，并引入下列参数

$$\omega_1=\sqrt{\frac{k_1+k_2}{m}},\quad \xi_1=\frac{c_1+c_2}{2\sqrt{m(k_1+k_2)}};$$

$$\omega_2=\sqrt{\frac{k_1+p^2k_2^2}{m}},\quad \xi_2=\frac{c_1+p^2c_2}{2\sqrt{m(k_1+p^2k_2)}};$$

$$\omega_a=\sqrt{\frac{k_1}{m}},\quad \xi_a=\frac{c_1}{2\sqrt{mk_1}};$$

$$\omega_b=\sqrt{\frac{k_2}{m}},\quad \xi_b=\frac{c_2}{2\sqrt{mk_2}};$$

$$\omega_0=\sqrt{\frac{k_1-pk_2}{m}},\quad \xi_0=\frac{c_1-pc_2}{2\sqrt{m(k_1-pk_2)}};$$

$$p=\frac{l_2}{l_1},\quad g=\frac{\rho_c}{l_1}$$

于是式(3-72)可简化为

$$\begin{cases} \ddot{x}_1+2\xi_1\omega_1\dot{x}_1+\omega_1^2x_1+\omega_0^2x_2+2\xi_0\omega_0\dot{x}_2=\omega_a^2q_1+2\xi_a\omega_a\dot{q}_1+\omega_b^2q_2+2\xi_b\omega_b\dot{q}_2 \\ g^2\ddot{x}_2+2\xi_2\omega_2\dot{x}_2+\omega_2^2x_2+\omega_0^2x_1+2\xi_0\omega_0\dot{x}_1=\omega_a^2q_1+2\xi_a\omega_a\dot{q}_1-p(\omega_b^2q_2+2\xi_b\omega_b\dot{q}_2) \end{cases} \tag{3-73}$$

根据单位频率响应函数法，在单位谐波激励 $q_1(t)$ 单独作用情况下，输出 x_1 和 x_2 所对应的频率响应函数分别为 $H_{11}(\omega)$ 和 $H_{21}(\omega)$。因此，可列出响应 x_1 和 x_2 分别如下：

响应 x_1 为

$$\begin{cases} q_1(t)=e^{i\omega t} \\ x_1(t)=H_{11}(\omega)e^{i\omega t} \\ \ddot{x}_1(t)=-\omega^2H_{11}(\omega)e^{i\omega t} \end{cases} \tag{3-74}$$

响应 x_2 为

$$\begin{cases} q_2(t)=0 \\ x_2(t)=H_{21}(\omega)e^{i\omega t} \\ \ddot{x}_2(t)=-\omega^2 H_{21}(\omega)e^{i\omega t} \end{cases} \tag{3-75}$$

将式(3-74)和式(3-75)代入式(3-73)，可得

$$\begin{cases} (\omega_1^2-\omega^2+2i\xi_1\omega\omega_1)H_{11}(\omega)+(\omega_0^2+2i\xi_0\omega\omega_0)H_{21}(\omega)=\omega_a^2+2i\xi_a\omega\omega_a \\ (\omega_0^2+2i\xi_0\omega\omega_0)H_{11}(\omega)+(\omega_2^2-g^2\omega^2+2i\xi_2\omega\omega_2)H_{21}(\omega)=\omega_a^2+2i\xi_a\omega\omega_a \end{cases} \tag{3-76}$$

由上述方程组，可求得在单位谐波激励 $q_1(t)$ 单独作用情况下，x_1 和 x_2 所对应的频率响应函数 $H_{11}(\omega)$ 和 $H_{21}(\omega)$ 分别为

$$H_{11}=\frac{\begin{vmatrix} \omega_a^2+2i\xi_a\omega\omega_a & \omega_0^2+2i\xi_0\omega\omega_0 \\ \omega_a^2+2i\xi_a\omega\omega_a & \omega_2^2-g^2\omega^2+2i\xi_2\omega\omega_2 \end{vmatrix}}{\begin{vmatrix} \omega_1^2-\omega^2+2i\xi_1\omega\omega_1 & \omega_0^2+2i\xi_0\omega\omega_0 \\ \omega_0^2+2i\xi_0\omega\omega_0 & \omega_2^2-g^2\omega^2+2i\xi_2\omega\omega_2 \end{vmatrix}} \tag{3-77}$$

$$H_{21}=\frac{\begin{vmatrix} \omega_1^2-\omega^2+2i\xi_1\omega\omega_1 & \omega_a^2+2i\xi_a\omega\omega_a \\ \omega_0^2+2i\xi_0\omega\omega_0 & \omega_a^2+2i\xi_a\omega\omega_a \end{vmatrix}}{\begin{vmatrix} \omega_1^2-\omega^2+2i\xi_1\omega\omega_1 & \omega_0^2+2i\xi_0\omega\omega_0 \\ \omega_0^2+2i\xi_0\omega\omega_0 & \omega_2^2-g^2\omega^2+2i\xi_2\omega\omega_2 \end{vmatrix}} \tag{3-78}$$

同理，可求得在单位谐波激励 $q_2(t)$ 单独作用情况下，x_1 和 x_2 所对应的频率响应函数 $H_{12}(\omega)$，$H_{22}(\omega)$。根据单位频率响应函数法，在单位谐波激励 $q_2(t)$ 单独作用情况下，输出 x_1 和 x_2 所对应的频率响应函数分别为 $H_{12}(\omega)$ 和 $H_{22}(\omega)$，则响应 x_1 和 x_2 分别可表示如下：

响应 x_1 为

$$\begin{cases} q_1(t)=0 \\ x_1(t)=H_{12}(\omega)e^{i\omega t} \\ \ddot{x}_1(t)=-\omega^2 H_{12}(\omega)e^{i\omega t} \end{cases} \tag{3-79}$$

响应 x_2 为

$$\begin{cases} q_2(t)=e^{i\omega t} \\ x_2(t)=H_{22}(\omega)e^{i\omega t} \\ \ddot{x}_2(t)=-\omega^2 H_{22}(\omega)e^{i\omega t} \end{cases} \tag{3-80}$$

将式(3-79)和式(3-80)代入式(3-73)，可求得在单位谐波激励 $q_2(t)$ 单独作用情况下，x_1 和 x_2 所对应的频率响应函数 $H_{12}(\omega)$ 和 $H_{22}(\omega)$ 分别为

$$H_{12}=\frac{\begin{vmatrix} \omega_b^2+2i\xi_b\omega\omega_b & \omega_0^2+2i\xi_0\omega\omega_0 \\ -(\omega_b^2+2i\xi_b\omega\omega_b)p & \omega_2^2-g^2\omega^2+2i\xi_2\omega\omega_2 \end{vmatrix}}{\begin{vmatrix} \omega_1^2-\omega^2+2i\xi_1\omega\omega_1 & \omega_0^2+2i\xi_0\omega\omega_0 \\ \omega_0^2+2i\xi_0\omega\omega_0 & \omega_2^2-g^2\omega^2+2i\xi_2\omega\omega_2 \end{vmatrix}} \tag{3-81}$$

$$H_{22}=\frac{\begin{vmatrix} \omega_1^2-\omega^2+2i\xi_1\omega\omega_1 & \omega_b^2+2i\xi_b\omega\omega_b \\ \omega_0^2+2i\xi_0\omega\omega_0 & -p(\omega_b^2+2i\xi_b\omega\omega_b) \end{vmatrix}}{\begin{vmatrix} \omega_1^2-\omega^2+2i\xi_1\omega\omega_1 & \omega_0^2+2i\xi_0\omega\omega_0 \\ \omega_0^2+2i\xi_0\omega\omega_0 & \omega_2^2-g^2\omega^2+2i\xi_2\omega\omega_2 \end{vmatrix}} \tag{3-82}$$

根据式(3-81)、式(3-82)、式(3-77)和式(3-78)，可写出完全确定的振动系统频率响应函数矩阵，即

$$\boldsymbol{H}(\omega)=\begin{bmatrix} H_{11}(\omega) & H_{12}(\omega) \\ H_{21}(\omega) & H_{22}(\omega) \end{bmatrix} \tag{3-83}$$

将式(3-83)代入式(3-69)，并令 $\boldsymbol{Q}(\omega)=\begin{bmatrix} \int_{-\infty}^{\infty} q_1(t)\mathrm{e}^{\mathrm{i}\omega t}\mathrm{d}\omega \\ \int_{-\infty}^{\infty} q_2(t)\mathrm{e}^{\mathrm{i}\omega t}\mathrm{d}\omega \end{bmatrix}=\begin{bmatrix} Q_1(\omega) \\ Q_2(\omega) \end{bmatrix}$，可得系统时域响应的矩阵表达式，即

$$\boldsymbol{X}(t)=\begin{bmatrix} x_1(t) \\ x_2(t) \end{bmatrix}=\frac{1}{2\pi}\int_{-\infty}^{\infty}\begin{bmatrix} H_{11}(\omega) & H_{12}(\omega) \\ H_{21}(\omega) & H_{22}(\omega) \end{bmatrix}\begin{bmatrix} Q_1(\omega) \\ Q_2(\omega) \end{bmatrix}\mathrm{e}^{\mathrm{i}\omega t}\mathrm{d}\omega \tag{3-84}$$

小　　结

本章介绍了二自由度无阻尼和有阻尼自由振动系统微分方程的建立，以及固有频率、主振型和主振动，结合实例对汽车二自由度无阻尼振动系统的振动问题进行了分析；对二自由度振动系统在谐波激励下的强迫振动进行了分析，介绍了如何利用叠加法求解频率响应函数，结合汽车振动系统对双质量振动系统简化模型和双轴汽车振动简化模型，在路面不平激励下的强迫振动进行了分析。二自由度振动系统的分析方法是分析多自由度振动系统的基础，也是分析汽车振动系统的基础，通过本章学习可掌握二自由度振动系统的分析方法，并为多自由度振动系统分析打下基础。

【关键术语】

二自由度振动系统　质量矩阵　阻尼矩阵　刚度矩阵　弹性耦合　惯性力耦合　特征方程　主频率　主振型　主振动　叠加原理　输入矩阵　输出矩阵　频率响应函数矩阵　二自由度简化振动模型　车轮和车身　双轴汽车　幅频特性　振动响应

习　题

1. 在图 3.13 所示的二质量三弹簧的振动系统中，假设 $m_1=m$，$m_2=2m$，$k_1=k_2=k$，$k_3=2k$。求振动系统的固有频率和主振型。

2. 一挂车振动系统如图 3.14 所示。汽车重 176400N，拉着一个重 15092N 的拖车。若挂钩的弹簧刚度 $k=171500\text{N/m}$，求系统的固有频率和主振型。

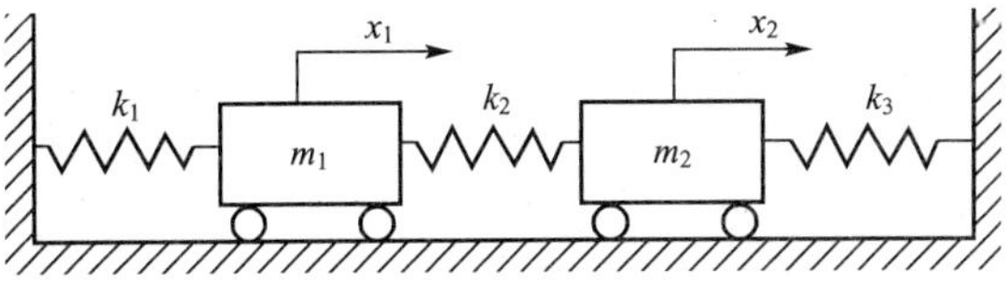

图 3.13　二质量三弹簧振动系统

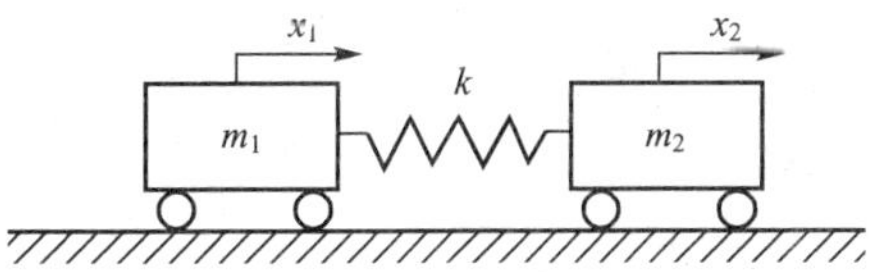

图 3.14　挂车振动系统

3. 在图 3.15 所示的杠杆质量系统中，若不计杠杆质量，长度为 $2l$，在其中点和左端附以质量 $m_1=m_2=m$，两端的弹簧刚度为 $k_1=k_2=k$。求此系统的固有频率和主振型。

4. 在图 3.16 所示两端固定的轴，长度为 $3l$，不计质量，轴上安装两个圆盘。已知圆盘对轴的转动惯量为 $J_1=J$，$J_2=J/2$，三段转轴的刚度皆为 k。

(1) 求固有频率和主振型；

(2) 假设圆盘 J_1 上作用激振力矩 $M_0\sin pt$，求系统的响应。

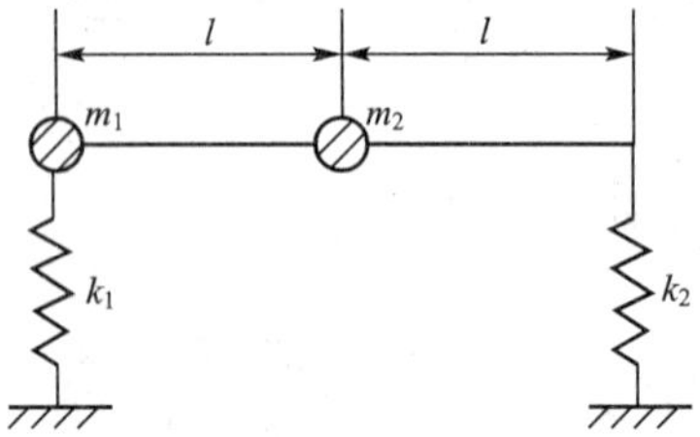

图 3.15　杠杆质量振动系统

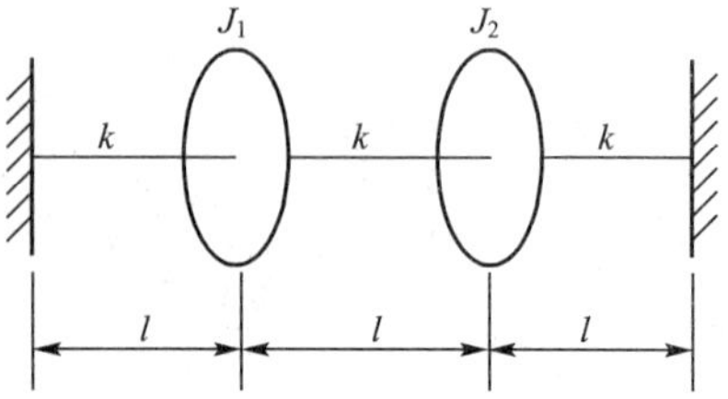

图 3.16　双圆盘与轴的扭振系统

5. 在习题 1 中，假设初始条件为 $x_{10}=1.2\text{cm}$，$x_{20}=0$，$\dot{x}_{10}=\dot{x}_{20}=0$，求振动系统的响应。

6. 在习题 1 中，已知 $m_1=m$，$m_2=2m$，$k_1=k_2=k$，$k_3=2k$。在质量 m_1 上施加激振力 $F_1\sin\omega t$，试求振动系统的响应和共振振幅比。

第4章 多自由度振动

本章学习目标

★ 熟练掌握多自由度系统的振动微分方程建立方法，多自由度系统的振动特性；

★ 掌握多自由度无阻尼振动系统的广义坐标、坐标变换及模态分析；

★ 掌握多自由度无阻尼系统在自由振动和强迫振动情况下的响应计算；

★ 熟悉多自由度有阻尼系统的实模态分析，在自由衰减振动、简谐激励和任意激励下的比例阻尼系统的振动响应和振动特性；

★ 熟悉多自由度有阻尼系统的复模态分析方法，即状态空间法。

本章教学要点

知识要点	能力要求	相关知识
多自由度系统振动微分方程及固有特性	熟练掌握多自由度系统振动微分方程的几种常见建立方法，掌握多自由度系统的固有特性分析计算	直接法，拉格朗日法和影响系数法(刚度矩阵影响系数法、质量矩阵影响系数法和柔度矩阵影响系数法)，多自由度系统的固有频率、主振型
多自由度无阻尼振动系统的模态分析	掌握多自由度无阻尼振动系统的模态分析，及响应的计算	广义坐标、坐标变换和模态分析，主振型(主模态)矩阵、正则模态矩阵，多自由度无阻尼振动系统的自由振动和强迫振动响应的计算
多自由度有阻尼振动系统的实模态分析	熟悉多自由度有阻尼系统的实模态分析，自由衰减振动，及在简谐激励和任意激励下的比例阻尼系统的振动响应计算	比例阻尼，多自由度有阻尼系统的自由振动响应，在简谐激励和任意激励下的多自由度比例阻尼系统的振动响应
多自由度有阻尼振动系统的复模态分析	熟悉多自由度有阻尼系统的复模态分析方法	状态空间法，复特征值、复特征向量、复模态矩阵，复模态向量的正交性

本章学习方法

多自由度振动系统是二自由度系统的扩展，二自由度系统是多自由度系统的特例，实际振动问题大都属于多自由度振动系统。因此，本章应该在学好二自由度系统振动的前提下，注重课堂学习与课下复习，参阅相关参考资料，注意加强矩阵数学运算的基本知识和方法，熟练掌握多自由度振动系统的自由振动微分方程的各种建立方法，以及多自由度系统固有特性的分析和计算；在此基础上，熟悉多自由度有阻尼振动系统的实模态分析和复模态分析的方法，及它们的应用场合和条件。

所谓多自由度系统，是指必须通过两个以上的独立广义坐标才能够描述系统运动特性的系统，或者说是自由度数目多于一个，但又不属于连续弹性体(自由度数目为无穷多个)的系统。实际机械或结构的振动问题，许多都可以简化为具有多个自由度的动力学模型进行研究。因此，处理多自由度系统振动问题的理论和方法，在动力学分析中占有重要的地位，而且具有很高的工程应用价值。汽车振动问题中，许多都可简化为多自由度系统进行研究。

多自由度系统的振动微分方程，一般是一组相互耦合的常微分方程组。在系统发生微小振幅振动的情况下，微分方程都是线性常系数的。由于自由度数量的增加，微分方程的数量也随之增加。为了表达简洁起见，在处理多自由度振动系统问题时，常使用矩阵的表达方式。对于多自由度系统，可以采取直接求取解析解或数值解的方法进行研究。

如果系统的自由度数量很多，特别是系统为有阻尼系统并且受到复杂激振的作用时，按照一般求解微分方程的方法进行求解非常困难，当然，可借助计算机进行数值求解。在实际的工程应用中，广泛采用模态分析方法。

模态分析的要点在于利用模态矩阵进行坐标变换，将描述系统的原有坐标用一组新的特定坐标来代替。这组新的坐标就称为模态坐标或正则模态坐标。采用了模态坐标或正则模态坐标后，就使系统的振动微分方程组转变成一组相互独立的二阶常微分方程组，其中的每一个方程都可以独立求解，就像前面讲述的单自由度系统一样。显然，通过坐标变换，可以将多自由度系统的振动分析简化为多个单自由度系统的振动分析问题，既有利于振动分析的求解，也有助于加深对系统运动状况的理解。

对于无阻尼、比例阻尼的多自由度系统，需要对系统进行实模态分析；对于一般的粘性阻尼和迟滞阻尼的多自由度系统，则需要对系统进行复模态分析。因此，本章以模态分析为主线，介绍处理多自由度系统振动问题的基本理论和重要方法。具体而言，包括以下基本内容：

(1) 多自由度系统振动微分方程的建立方法及其矩阵形式；

(2) 固有频率和主振型；

(3) 无阻尼多自由度系统的模态分析；

(4) 有阻尼多自由度系统的模态分析；

(5) 多自由度系统的响应分析。

4.1 多自由度系统振动微分方程

如果将实际的工程结构在一定的假设条件和简化处理后确定了动力学模型，并确定其中的惯性、刚度和阻尼参数之后，就可以应用多种方法建立系统的振动微分方程。例如，直接法、影响系数法、拉格朗日法以及有限元等方法。

下面对建立多自由度系统振动微分方程的几种常用方法进行讲解。

4.1.1 直接法

所谓直接法，就是直接应用动力学的基本定律或定理，例如利用牛顿第二定律或达朗贝尔原理，来建立系统振动微分方程的方法。以前建立单自由度和二自由度振动系统的微分方程，就是采用的这种方法。该方法的特点是，分析比较直观、简便，适用于比较简单的系统。

利用直接法建立振动微分方程的基本步骤如下：

(1) 对各质量取隔离体，进行受力分析；

(2) 根据牛顿第二定律，建立振动微分方程。

例4.1

利用直接法，对图4.1所示的三自由度振动系统建立微分方程。

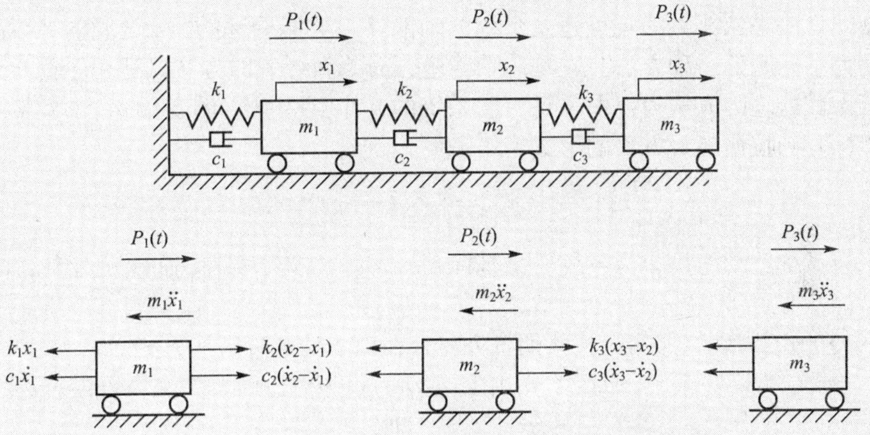

图 4.1 三自由度振动系统

解：1) 受力分析

选取 m_1，m_2 和 m_3 离开静平衡位置的坐标 x_1，x_2和 x_3 为 3 个独立坐标。受力分析如图 4.1 所示。

2) 建立振动微分方程

质量 m_1：$m_1\ddot{x}_1+(c_1+c_2)\dot{x}_1-c_2\dot{x}_2+(k_1+k_2)x_1-k_2x_2=P_1(t)$；

质量 m_2：$m_2\ddot{x}_2+(c_2+c_3)\dot{x}_2-c_2\dot{x}_1-c_3\dot{x}_3+(k_2+k_3)x_2-k_2x_1-k_3x_3=P_2(t)$；

质量 m_3：$m_3\ddot{x}_3+c_3\dot{x}_3-c_3\dot{x}_2+k_3x_3-k_3x_2=P_3(t)$。

以上三式，可用矩阵形式表示为

$$\begin{bmatrix} m_1 & 0 & 0 \\ 0 & m_2 & 0 \\ 0 & 0 & m_3 \end{bmatrix}\begin{Bmatrix} \ddot{x}_1 \\ \ddot{x}_2 \\ \ddot{x}_3 \end{Bmatrix}+\begin{bmatrix} c_1+c_2 & -c_2 & 0 \\ -c_2 & c_2+c_3 & -c_3 \\ 0 & -c_3 & -c_3 \end{bmatrix}\begin{Bmatrix} \dot{x}_1 \\ \dot{x}_2 \\ \dot{x}_3 \end{Bmatrix}+\begin{bmatrix} k_1+k_2 & -k_2 & 0 \\ -k_2 & k_2+k_3 & -k_3 \\ 0 & -k_3 & -k_3 \end{bmatrix}\begin{Bmatrix} x_1 \\ x_2 \\ x_3 \end{Bmatrix}=\begin{Bmatrix} P_1(t) \\ P_2(t) \\ P_3(t) \end{Bmatrix}$$

矩阵的简写形式为

$$\boldsymbol{M}\ddot{\boldsymbol{X}}+\boldsymbol{C}\dot{\boldsymbol{X}}+\boldsymbol{K}\boldsymbol{X}=\{\boldsymbol{P}(t)\}$$

式中，X，$\dot{X}$ 和 $\ddot{X}$ 分别为系统的位移、速度和加速度列阵；$\{\boldsymbol{P}(t)\}$ 为激振力列阵，即

$$X=\begin{Bmatrix}x_1\\x_2\\x_3\end{Bmatrix},\quad \dot{X}=\begin{Bmatrix}\dot{x}_1\\\dot{x}_2\\\dot{x}_3\end{Bmatrix},\quad \ddot{X}=\begin{Bmatrix}\ddot{x}_1\\\ddot{x}_2\\\ddot{x}_3\end{Bmatrix},\quad \{\boldsymbol{P}(t)\}=\begin{Bmatrix}P_1(t)\\P_2(t)\\P_3(t)\end{Bmatrix};$$

M，K 和 C 分别为系统的惯性(质量)矩阵、刚度矩阵和黏性阻尼矩阵，即

$$\boldsymbol{M}=\begin{bmatrix}m_1&0&0\\0&m_2&0\\0&0&m_3\end{bmatrix},\quad \boldsymbol{K}=\begin{bmatrix}k_1+k_2&-k_2&0\\-k_2&k_2+k_3&-k_3\\0&-k_3&-k_3\end{bmatrix},\quad \boldsymbol{C}=\begin{bmatrix}c_1+c_2&-c_2&0\\-c_2&c_2+c_3&-c_3\\0&-c_3&-c_3\end{bmatrix}$$

4.1.2 拉格朗日法

拉格朗日法是从能量的观点建立系统的动能 T、势能 U 和功 W 之间的标量关系，研究静、动力学问题的一种方法。它是一种普遍、简单和统一的方法，适用于简单或复杂系统的分析。其处理的方法为：取 n 自由度系统的 n 个互为独立的变量 q_1，q_2，q_3，…，q_n 为广义坐标，则拉格朗日方程的形式为

$$\frac{\mathrm{d}}{\mathrm{d}t}\left(\frac{\partial T}{\partial \dot{q}_i}\right)-\frac{\partial T}{\partial \dot{q}_i}-Q_i=0\quad (i=1,\ 2,\ 3,\ \cdots,\ n)\tag{4-1}$$

式中，T 为系统总动能；q_i 为系统广义坐标；$\dot{q}_i$ 为 q_i 广义坐标对时间 t 的导数；Q_i 为对应于广义坐标 q_i 的广义力。

根据 Q_i 的不同表达形式，拉格朗日方程存在以下的几种表达方式：

(1) 当系统为保守系统，即系统作用的主动力仅为势力时，广义力可以表达为

$$Q_i=-\frac{\partial U}{\partial q_i}\tag{4-2}$$

式中，U 为系统的势能。

则保守系统的拉格朗日方程可表示为

$$\frac{\mathrm{d}}{\mathrm{d}t}\left(\frac{\partial T}{\partial \dot{q}_i}\right)-\frac{\partial T}{\partial \dot{q}_i}+\frac{\partial U}{\partial q_i}=0\quad (i=1,\ 2,\ 3,\ \cdots,\ n)\tag{4-3}$$

(2) 当系统除了势力作用以外，还存在其他非势力的作用，则将这部分非势力的虚功记为

$$\delta W=\sum_{i=1}^{n}Q_i\delta q_i\tag{4-4}$$

式中，Q_i 为非势力广义力。

因此，此时拉格朗日方程推广到非保守系统，可表示为

$$\frac{\mathrm{d}}{\mathrm{d}t}\left(\frac{\partial T}{\partial \dot{q}_i}\right)-\frac{\partial T}{\partial \dot{q}_i}+\frac{\partial U}{\partial q_i}=Q_i\quad (i=1,\ 2,\ 3,\ \cdots,\ n)\tag{4-5}$$

式(4-5)即为无阻尼振动系统的振动微分方程，是拉格朗日方程表达的一般形式。

(3) 如果将因为能量耗散函数 D 引起的阻尼力也从其他的非势力的广义力中分离出来，并使 Q_i 仅代表外部作用的广义激振力(力或力矩等)，则可将非保守系统的拉格朗日方程改写为

$$\frac{\mathrm{d}}{\mathrm{d}t}\left(\frac{\partial T}{\partial \dot{q}_i}\right)-\frac{\partial T}{\partial \dot{q}_i}+\frac{\partial U}{\partial q_i}+\frac{\partial D}{\partial \dot{q}_i}=Q_i\quad (i=1,\ 2,\ 3,\ \cdots,\ n)\tag{4-6}$$

式(4-6)即为有阻尼振动系统的自由振动微分方程，是利用能量(动能 T，势能 U 和能量耗散函数 D)以及其他外部广义力表达的完全的拉格朗日方程。

例4.2

利用拉格朗日方法对例 4.1 中的振动系统建立微分方程。

解： 该系统为有阻尼振动系统，因此，其拉格朗日方程形式为

$$\frac{\mathrm{d}}{\mathrm{d}t}\left(\frac{\partial T}{\partial \dot{q}_i}\right)-\frac{\partial T}{\partial \dot{q}_i}+\frac{\partial U}{\partial q_i}+\frac{\partial D}{\partial \dot{q}_i}=Q_i \quad (i=1,2,3,\cdots,n)$$

设系统的广义坐标分别为 x_1，x_2和 x_3。

系统的动能为 $T=\frac{1}{2}(m_1\dot{x}_1^2+m_2\dot{x}_2^2+m_3\dot{x}_3^2)$，则

$$\frac{\partial T}{\partial x_i}=0;\quad \frac{\partial T}{\partial \dot{x}_1}=m_1\dot{x}_1^2;\quad \frac{\mathrm{d}}{\mathrm{d}t}\left(\frac{\partial T}{\partial \dot{x}_1}\right)=m_1\ddot{x}_1^2;$$

$$\frac{\partial T}{\partial \dot{x}_2}=m_2\dot{x}_2^2;\quad \frac{\mathrm{d}}{\mathrm{d}t}\left(\frac{\partial T}{\partial \dot{x}_2}\right)=m_2\ddot{x}_2^2;$$

$$\frac{\partial T}{\partial \dot{x}_3}=m_3\dot{x}_3^2;\quad \frac{\mathrm{d}}{\mathrm{d}t}\left(\frac{\partial T}{\partial \dot{x}_3}\right)=m_3\ddot{x}_3^2;$$

系统的势能为 $U=\frac{1}{2}[k_1x_1^2+k_2(x_2-x_1)^2+k_3(x_3-x_2)^2]$，则

$$\frac{\partial U}{\partial x_1}=k_1x_1-k_2(x_2-x_1)$$

$$\frac{\partial U}{\partial x_2}=k_2(x_2-x_1)-k_3(x_3-x_2)$$

$$\frac{\partial U}{\partial x_3}=k_3(x_3-x_2)$$

系统的能量耗散函数为 $D=\frac{1}{2}[c_1\dot{x}_1^2+c_2(\dot{x}_2-\dot{x}_1)^2+c_3(\dot{x}_3-\dot{x}_2)^2]$，则

$$\frac{\partial D}{\partial \dot{x}_1}=c_1\dot{x}_1+c_2(\dot{x}_2-\dot{x}_1)$$

$$\frac{\partial D}{\partial \dot{x}_2}=c_2(\dot{x}_2-\dot{x}_1)-c_3(\dot{x}_3-\dot{x}_2)$$

$$\frac{\partial D}{\partial \dot{x}_3}=c_3(\dot{x}_3-\dot{x}_2)$$

当系统的虚位移分别为 δx_1，δx_2和 δx_3时，外界激振力 $P_1(t)$，$P_2(t)$和 $P_3(t)$的虚功之和为

$$\delta W=P_1\delta x_1+P_2\delta x_2+P_3\delta x_3$$

又因为 $\delta W=\sum_{i=1}^{n}Q_i\delta q_i=\sum_{i=1}^{n}Q_i\delta x_i$，所以非势能力广义力 $Q_i=P_i(t)$，$i=1, 2, 3$。

将上述各式代入拉格朗日方程，则三自由度系统的振动微分方程组可表示为

$$\begin{cases} m_1\ddot{x}_1+(c_1+c_2)\dot{x}_1-c_2\dot{x}_2+(k_1+k_2)x_1-k_2x_2=P_1(t) \\ m_2\ddot{x}_2+(c_2+c_3)\dot{x}_2-c_2\dot{x}_1-c_3\dot{x}_3+(k_2+k_3)x_2-k_2x_1-k_3x_3=P_2(t) \\ m_3\ddot{x}_3+c_3\dot{x}_3-c_3\dot{x}_2+k_3x_3-k_3x_2=P_3(t) \end{cases}$$

将上述方程组改写为矩阵形式，即

$$\begin{bmatrix} m_1 & 0 & 0 \\ 0 & m_2 & 0 \\ 0 & 0 & m_3 \end{bmatrix}\begin{Bmatrix} \ddot{x}_1 \\ \ddot{x}_2 \\ \ddot{x}_3 \end{Bmatrix}+\begin{bmatrix} c_1+c_2 & -c_2 & 0 \\ -c_2 & c_2+c_3 & -c_3 \\ 0 & -c_3 & -c_3 \end{bmatrix}\begin{Bmatrix} \dot{x}_1 \\ \dot{x}_2 \\ \dot{x}_3 \end{Bmatrix}+\begin{bmatrix} k_1+k_2 & -k_2 & 0 \\ -k_2 & k_2+k_3 & -k_3 \\ 0 & -k_3 & -k_3 \end{bmatrix}\begin{Bmatrix} x_1 \\ x_2 \\ x_3 \end{Bmatrix}=\begin{Bmatrix} P_1(t) \\ P_2(t) \\ P_3(t) \end{Bmatrix}$$

上式可简写为

$$\boldsymbol{M}\ddot{X}+\boldsymbol{C}\dot{X}+\boldsymbol{K}X=\{\boldsymbol{P}(t)\}$$

可知与直接法得到的结果完全相同。

下面对例 4.2 再作较为深入的分析讨论。

1）系统势能 U 的 2 倍

根据振动系统势能 U 的表达式，势能 U 的 2 倍可表示为

$$2U=X^{\mathrm{T}}\boldsymbol{K}X=(x_1 \quad x_2 \quad x_3)\begin{bmatrix} k_1+k_2 & -k_2 & 0 \\ -k_2 & k_2+k_3 & -k_3 \\ 0 & -k_3 & -k_3 \end{bmatrix}\begin{Bmatrix} x_1 \\ x_2 \\ x_3 \end{Bmatrix} \tag{4-7}$$

即

$$2U=(k_1+k_2)x_1x_1+(k_2+k_3)x_2x_2+k_3x_3x_3-k_2x_1x_2-k_2x_2x_1-k_3x_2x_3-k_3x_3x_2 \tag{4-8}$$

由式(4－8)可知，x_ix_j 项的系数就是刚度矩阵中的元素 k_{ij}，例如，x_1x_1 的系数 $k_{11}=k_1+k_2$；x_2x_3 的系数 $k_{23}=-k_3$。

2）系统动能 T 的 2 倍

根据振动系统动能 T 的表达式，动能 T 的 2 倍可表示为

$$2T=\dot{X}^{\mathrm{T}}\boldsymbol{M}\dot{X}=m_1\dot{x}_1^2+m_2\dot{x}_2^2+m_3\dot{x}_3^2 \tag{4-9}$$

即

$$2T=m_1\dot{x}_1\dot{x}_1+m_2\dot{x}_2\dot{x}_2+m_3\dot{x}_3\dot{x}_3 \tag{4-10}$$

由式(4－10)可知，$\dot{x}_i\dot{x}_j$ 的系数就是质量矩阵中的元素 m_{ij}，即

$$m_{ij}=\begin{cases} m_i & (i=j) \\ 0 & (i\neq j) \end{cases} \quad (i，j=1，2，3)$$

例如，$\dot{x}_1\dot{x}_1$ 的系数 $m_{11}=m_1$，$\dot{x}_2\dot{x}_2$ 的系数 $m_{22}=m_2$，$\dot{x}_3\dot{x}_3$ 的系数 $m_{33}=m_3$，$\dot{x}_1\dot{x}_3$ 的系数 $m_{13}=0$。

3）能量耗散函数 D 的 2 倍

根据振动系统的能量耗散函数 D 的表达式，能量耗散函数 D 的 2 倍可表示为

$$2D=c_1\dot{x}_1^2+c_2(\dot{x}_2-\dot{x}_1)^2+c_3(\dot{x}_3-\dot{x}_2)^2 \tag{4-11}$$

即

$$2D=(c_1+c_2)\dot{x}_1\dot{x}_1+(c_2+c_3)\dot{x}_2\dot{x}_2+c_3\dot{x}_3\dot{x}_3-c_2\dot{x}_1\dot{x}_2-c_2\dot{x}_2\dot{x}_1-c_3\dot{x}_2\dot{x}_3-c_3\dot{x}_3\dot{x}_2 \tag{4-12}$$

由式(4－12)可知，$\dot{x}_i\dot{x}_j$ 的系数就是阻尼矩阵中的元素 c_{ij}。例如，$\dot{x}_1\dot{x}_1$ 的系数 $c_{11}=(c_1+c_2)$；$\dot{x}_2\dot{x}_2$ 的系数 $c_{22}=(c_2+c_3)$；$\dot{x}_3\dot{x}_3$ 的系数 $c_{33}=c_3$；$\dot{x}_1\dot{x}_2$ 的系数 c_{12} 和 $\dot{x}_2\dot{x}_1$ 的系数

c_{21}都等于$-c_2$，即 $c_{12}=c_{21}=-c_2$。

因此，只要列出势能 U、动能 T 和能量耗散函数 D 的表达式，将 $2U$，$2T$ 和 $2D$ 的表达式展开，就可以分别得到振动系统的刚度矩阵、质量矩阵和阻尼矩阵的各个元素，从而确定出刚度矩阵、质量矩阵和阻尼矩阵。

例4.3

试利用拉格朗日法，列出图 4.2 所示系统的振动微分方程。

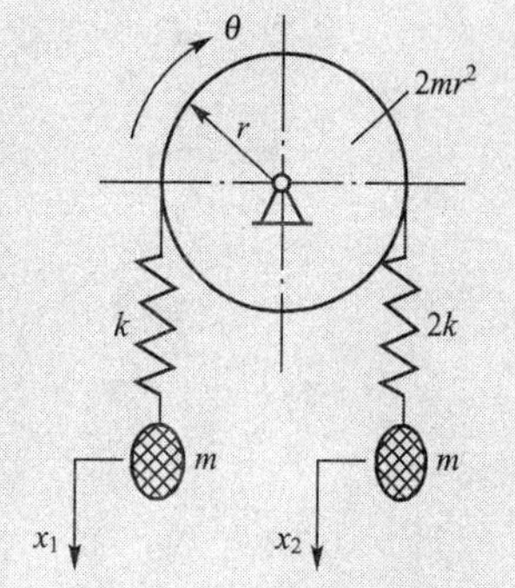

图 4.2 三自由度振动系统

解：(1) 系统的动能 $T=\frac{1}{2}m\dot{x}_1^2+\frac{1}{2}m\dot{x}_2^2+\frac{1}{2}(2mr^2)\dot{\theta}^2$，则

$$2T=m\dot{x}_1^2+m\dot{x}_2^2+(2mr^2)\dot{\theta}^2$$

所以，由上式得系统的质量矩阵为

$$\boldsymbol{M}=\begin{bmatrix} m & 0 & 0 \\ 0 & m & 0 \\ 0 & 0 & 2mr^2 \end{bmatrix}$$

(2) 系统的势能 $U=\frac{1}{2}k(x_1+r\theta)^2+\frac{1}{2}\times 2k(x_2-r\theta)^2$，则

$$2U=k(x_1+r\theta)^2+2k(x_2-r\theta)^2=kx_1^2+2kx_2^3+3kr^2\theta^2+2krx_1\theta-2\times 2krx_2\theta$$

所以，由上式得系统的刚度矩阵为

$$\boldsymbol{K}=\begin{bmatrix} k & 0 & kr \\ 0 & 2k & -2kr \\ kr & -2kr & 3kr^2 \end{bmatrix}$$

(3) 系统的振动微分方程。根据所求得的系统质量矩阵 $\boldsymbol{M}$ 和刚度矩阵 $\boldsymbol{K}$，便可直接写出系统的振动微分方程，即

$$\boldsymbol{M}\ddot{\boldsymbol{X}}+\boldsymbol{K}\boldsymbol{X}=0$$

4.1.3 影响系数法

如果在选定运动坐标以后，能够设法求得与坐标相对应的质量矩阵和刚度矩阵，就可以按照微分方程的一般形式写出振动微分方程。为此，引入利用影响系数法求系数矩阵的方法。

1. 刚度矩阵的影响系数法

对于 n 自由度的振动系统，刚度矩阵 $\boldsymbol{K}$ 为 $n\times n$ 矩阵，具有 $n\times n$ 个元素 k_{ij}，这些元素称为刚度影响系数。刚度影响系数 k_{ij} 的定义为使系统的第 j 个坐标产生单位位移，而其他坐标位移为零时，在第 i 个坐标上所需施加的作用力的大小；即当 $x_j=1$，$x_r=0(r=1,2,3,\cdots,n;\ r\neq j)$时，在第 i 个坐标上所需要施加的作用力的大小。

又根据麦克斯韦互易定理，在线性系统中，$k_{ij}=k_{ji}$，即刚度矩阵为对称矩阵。

注意：

(1) 总是假定 k_{ij} 的方向与坐标方向相同，通过力平衡方程解得值的符号即为 k_{ij} 的符号；

(2) 力和位移都是广义的，包括角位移和力矩。

例4.4

用影响系数法求图 4.3 所示系统的刚度矩阵 **K**。

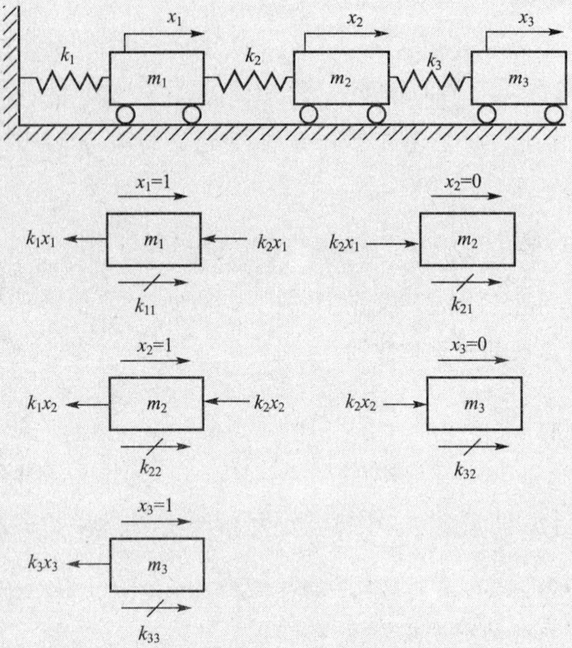

图 4.3　影响系数法求刚度矩阵

解： (1) 令 $x_1=1$，$x_2=x_3=0$，则

$$k_{11}=k_1x_1+k_2x_1=k_1+k_2;\quad k_{21}=k_{12}=-k_2x_1=-k_2;\quad k_{31}=k_{13}=0$$

(2) 令 $x_2=1$，$x_1=x_3=0$，则

$$k_{22}=k_2x_2+k_3x_2=k_2+k_3;\quad k_{23}=k_{32}=-k_3x_2=-k_3$$

(3) 令 $x_3=1$，$x_1=x_2=0$，则

$$k_{33}=k_3x_3=k_3$$

所以，系统的刚度矩阵为 $\boldsymbol{K}=\begin{bmatrix} k_1+k_2 & -k_2 & 0 \\ -k_2 & k_2+k_3 & -k_3 \\ 0 & -k_3 & k_3 \end{bmatrix}$。

2. 质量矩阵的影响系数法

对于 n 自由度的振动系统，质量矩阵 $\boldsymbol{M}$ 为 $n\times n$ 矩阵，具有 $n\times n$ 个元素 m_{ij}，这些元素称为惯性影响系数。惯性影响系数 m_{ij} 的定义为使系统的第 j 坐标产生单位加速度，而其他的坐标加速度为零时，在第 i 个坐标上所需施加的作用力的大小；即当 $\ddot{x}_j=1$，$\ddot{x}_r=0(r=1, 2, 3, \cdots, n;\ r\neq j)$时，在第 i 个坐标上所需施加作用力的大小。

注意：

(1) 某坐标上施加加速度时，质量的位移为零，因此，与弹性力无关；

(2) m_{ij} 为与惯性力平衡的力。

例4.5

求图4.4所示二自由度系统的质量矩阵。

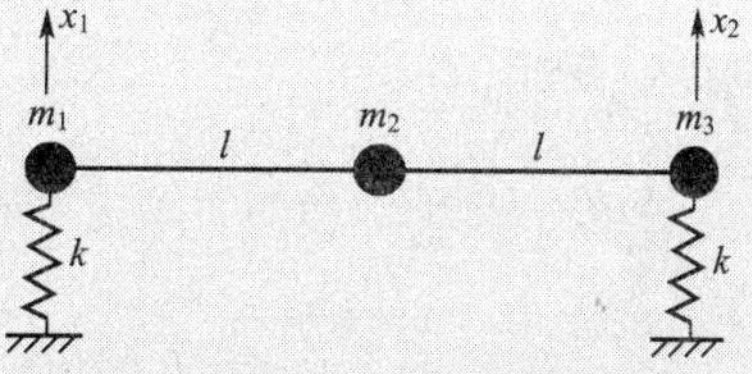

图 4.4 影响系数法求质量矩阵

解：(1) 令 $\ddot{x}_1=1$，$\ddot{x}_2=0$，则

$$m_{11}=m_1\ddot{x}_1+\frac{m_2}{2}\ddot{x}_1\times\frac{1}{2}=m_1+\frac{m_2}{4} \quad (力矩平衡)$$

$$m_{21}=m_{12}=\frac{m_2}{4} \quad (力平衡)$$

(2) 令 $\ddot{x}_2=1$，$\ddot{x}_1=0$，则

$$m_{22}=m_3+\frac{m_2}{4} \quad (对称性)$$

所以，系统的质量矩阵为 $\boldsymbol{M}=\begin{bmatrix} m_1+\frac{m_2}{4} & \frac{m_2}{4} \\ \frac{m_2}{4} & m_3+\frac{m_2}{4} \end{bmatrix}$。

3. 柔度矩阵的影响系数法

对于多自由度系统，$\boldsymbol{M}\ddot{X}+\boldsymbol{K}X=0$，称为作用力方程；$F\boldsymbol{M}\ddot{X}+X=0$，称为位移方程，其中，$F=K^{-1}$ 称为柔度矩阵。在某些问题中求刚度矩阵比较困难，但柔度矩阵比较容易求得。这时，可以先求得柔度矩阵，利用柔度法建立系统的微分方程。柔度矩阵 F 中的系数 δ_{ij} 称为柔度响应系数，其定义为：

在第 j 个坐标上施加单位力作用时，在第 i 个坐标上所引起的位移。根据互易定理，$\delta_{ij}=\delta_{ji}$。

例4.6

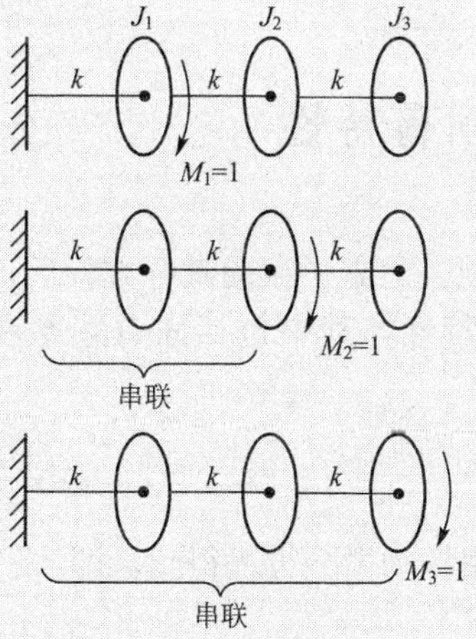

图 4.5 圆盘扭振系统

求图4.5所示圆盘扭振系统的柔度矩阵。

解：(1) 令 $M_1=1$，$M_2=M_3=0$，则

$$\delta_{11}=\frac{M_1}{k}=\frac{1}{k};\quad \delta_{21}=\delta_{12}=\frac{1}{k};\quad \delta_{31}=\delta_{13}=\frac{1}{k}$$

(2) 令 $M_2=1$，$M_1=M_3=0$，则

$$\delta_{22}=\frac{M_2}{k/2}=\frac{2}{k};\quad \delta_{32}=\delta_{23}=\frac{2}{k}$$

(3) 令 $M_3=1$，$M_1=M_2=0$，则

$$\delta_{33}=\frac{M_3}{k/3}=\frac{3}{k}$$

所以，柔度矩阵 $\boldsymbol{F}=\frac{1}{k}\begin{bmatrix}1&1&1\\1&2&2\\1&2&3\end{bmatrix}$。

注意：对于弹性系统，刚度矩阵总是存在的，而柔度矩阵不一定存在。当系统自由度中包括刚体振型时，就无法确定柔度系数。从数学上讲，系统的刚度矩阵为奇异时，不存在逆矩阵，系统为半正定的。

例4.7

求图4.6所示的四自由度振动系统的刚度矩阵，并考察其柔度矩阵的存在性。

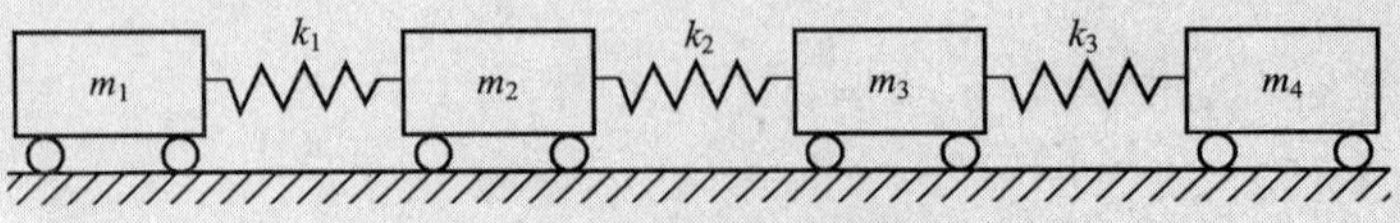

图4.6　四自由度振动系统

解：根据刚度矩阵的求法，写出四自由度振动系统的刚度矩阵为

$$\boldsymbol{K}=\begin{bmatrix} k_1 & -k_1 & 0 & 0 \\ -k_1 & k_1+k_2 & -k_2 & 0 \\ 0 & -k_2 & k_2+k_3 & -k_3 \\ 0 & 0 & -k_3 & k_3 \end{bmatrix}$$

要证明柔度矩阵是否存在，只需验算刚度矩阵的行列式$|\boldsymbol{K}|$是否等于0：

$$|\boldsymbol{K}|=\begin{vmatrix} k_1 & -k_1 & 0 & 0 \\ -k_1 & k_1+k_2 & -k_2 & 0 \\ 0 & -k_2 & k_2+k_3 & -k_3 \\ 0 & 0 & -k_3 & k_3 \end{vmatrix}=\begin{vmatrix} k_1 & 0 & 0 & 0 \\ -k_1 & k_2 & -k_2 & 0 \\ 0 & -k_2 & k_2+k_3 & -k_3 \\ 0 & 0 & -k_3 & k_3 \end{vmatrix}$$

$$=\begin{vmatrix} k_1 & 0 & 0 & 0 \\ -k_1 & k_2 & 0 & 0 \\ 0 & -k_2 & k_3 & -k_3 \\ 0 & 0 & -k_3 & k_3 \end{vmatrix}=\begin{vmatrix} k_1 & 0 & 0 & 0 \\ -k_1 & k_2 & 0 & 0 \\ 0 & -k_2 & k_3 & 0 \\ 0 & 0 & -k_3 & 0 \end{vmatrix}=0$$

因此，刚度矩阵$\boldsymbol{K}$的逆矩阵不存在，所以柔度矩阵不存在。

4.2　多自由度振动系统的固有特性

前面已经讨论了多自由度系统振动微分方程的建立问题。建立了振动微分方程后，应进一步从微分方程出发，研究多自由度振动系统的固有特性，其中包括固有频率和主振型。

4.2.1　固有频率

多自由度系统的固有频率，可以根据系统的无阻尼自由振动微分方程得到，即

$$\boldsymbol{M}\ddot{X}+\boldsymbol{K}X=0 \tag{4-13}$$

设微分方程(4－13)的解为

$$X=\boldsymbol{A}e^{i\omega_n t} \tag{4-14}$$

式中，$\boldsymbol{A}$ 为系统自由振动时的振幅向量(列阵)，$\boldsymbol{A}=(A_1 \quad A_2 \quad \cdots \quad A_n)^T$。

将式(4-14)及其二阶导数代入式(4-13)，可得到主振型方程为

$$(\boldsymbol{K}-\omega_n^2\boldsymbol{M})\boldsymbol{A}=0 \tag{4-15}$$

令

$$\boldsymbol{H}=\boldsymbol{K}-\omega_n^2\boldsymbol{M} \tag{4-16}$$

称为特征矩阵。

主振型方程式(4-15)存在非零解的条件是 $\boldsymbol{A}$ 的系数矩阵 $\boldsymbol{H}$ 的行列式必须等于0，即

$$|\boldsymbol{H}|=|\boldsymbol{K}-\omega_n^2\boldsymbol{M}|=0$$

也就是

$$\begin{vmatrix} k_{11}-\omega_n^2 m_{11} & k_{12}-\omega_n^2 m_{12} & \cdots & k_{1n}-\omega_n^2 m_{1n} \\ k_{21}-\omega_n^2 m_{21} & k_{22}-\omega_n^2 m_{22} & \cdots & k_{2n}-\omega_n^2 m_{2n} \\ \vdots & \vdots & \ddots & \vdots \\ k_{n1}-\omega_n^2 m_{21} & k_{n2}-\omega_n^2 m_{n2} & \cdots & k_{nn}-\omega_n^2 m_{nn} \end{vmatrix}=0 \tag{4-17}$$

式(4-17)称为特征方程。将行列式展开，得到关于 ω_n^2 的 n 阶多项式。由于质量矩阵 $\boldsymbol{M}$ 为正定矩阵，刚度矩阵 $\boldsymbol{K}$ 为正定或半正定矩阵，因此，一般可从特征方程得到 ω_n^2 的 n 个大于零的正实根 ω_{n1}^2，ω_{n2}^2，…，ω_{nn}^2，称为系统的特征值。将特征值开平方后得到 n 个 $\omega_{nr}(r=1, 2, \cdots, n)$，称为系统的 n 个固有频率。

在大多数情况下，n 个固有频率互不相等，特殊情况下存在零根或重根。如果 n 个特征值互不相等，可以将它们按照从小到大的次序排列为 $0<\omega_{n1}^2<\omega_{n2}^2<\cdots<\omega_{nn}^2$，并分别称为第1阶固有频率(基频)、第2阶固有频率、……、第 n 阶固有频率。系统的固有频率只与系统的固有物理特性(惯性和弹性)有关，而与其他条件无关。

4.2.2 主振型

将任何一个特征值 ω_{nr}^2 代回主振型方程，都可以得到一个响应的非零向量 $A^{(r)}$，即特征向量。对于一个振动系统，一个特征向量描绘了系统振动位移的一种形态，称为主振型(主模态)。主振型也只与系统的固有物理特性(惯性和弹性)有关，而与其他条件无关。

对于 n 个自由度的系统，存在 n 个固有频率和 n 个相应的主振型，第 r 阶固有频率对应第 r 阶主振型 $A^{(r)}$，它们总是成对出现，并描述系统的一个独立特性。需要注意的是，将特征值代回主振型方程，只能得到 n 个未知向量 $A_i^{(r)}$ 之间的比值。如果 $A^{(r)}$ 是方程的解，则 $A^{(r)}$ 乘以任何非零常数后也都是方程的解。因此，可以说主振型的形态是确定的，但是其振幅是不定的；或者说，主振型只是确定系统按照某一阶固有频率自由振动时的各个坐标位移的比值，而振幅的大小量值则可以是任意的。实际上，某阶主振型各个坐标幅值的大小取决于系统的初始条件。

因此，在计算主振型时，无须求出具体初始条件下系统按某阶主振型振动时各个坐标幅值的具体绝对数值，而只需一般地描述系统某阶主振型的形式，任意规定其中某一坐标的幅值。例如，常令 $A_1^{(r)}=1$ 或 $A_n^{(r)}=1$ 以确定其他的未知向量。求得的 n 个幅值 $A_i^{(r)}(i=1, 2, \cdots, n)$ 组成向量列阵，即为某阶主振型。但是，在实际计算主振型时，不是利用上述主振型的概念进行，而是采用伴随矩阵的方法进行求解。

已知系统的特征矩阵 $\boldsymbol{H}=\boldsymbol{K}-\omega_n^2\boldsymbol{M}$，则主振型方程为

$$\boldsymbol{HA}=0 \tag{4-18}$$

特征矩阵 $\boldsymbol{H}$ 的逆阵 $\boldsymbol{H}^{-1}$ 为

$$\boldsymbol{H}^{-1}=\frac{1}{|\boldsymbol{H}|}\mathrm{adj}\boldsymbol{H} \tag{4-19}$$

式中，adj$\boldsymbol{H}$ 为特征矩阵 $\boldsymbol{H}$ 的伴随矩阵。

前面已经讨论过，如果特征矩阵的行列式 $|\boldsymbol{H}|=0$，则特征矩阵 $\boldsymbol{H}$ 的逆矩阵 $\boldsymbol{H}^{-1}$ 不存在。但是利用上述的定义，在式(4-19)的两边同时乘以 $|\boldsymbol{H}|\boldsymbol{H}$，得到

$$\boldsymbol{H}\mathrm{adj}\boldsymbol{H}=|\boldsymbol{H}|\boldsymbol{HH}^{-1}=|\boldsymbol{H}|=0 \tag{4-20}$$

比较式(4-20)和式(4-18)，可以得到结论：特征向量 $\boldsymbol{A}$ 与伴随矩阵 adj$\boldsymbol{H}$ 的任意非零列成正比。因此，可以取一列，并对其按照某一元素进行归一化处理(实际上是乘以一个常数)，得到特征向量 $\boldsymbol{A}$。

例4.8

求图 4.7(a)所示振动系统的动力矩阵、固有频率和主振型。

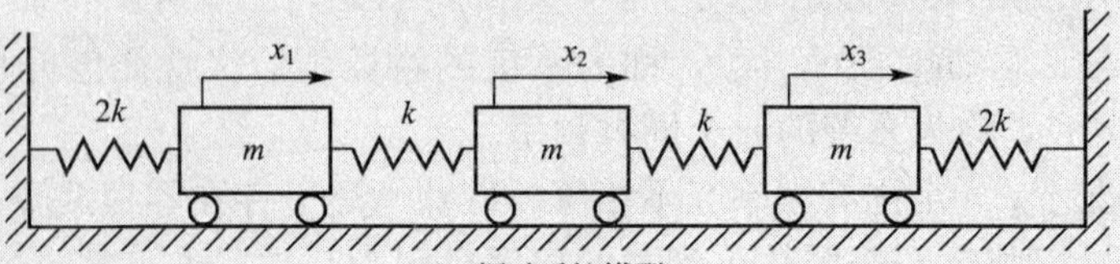

(a) 振动系统模型

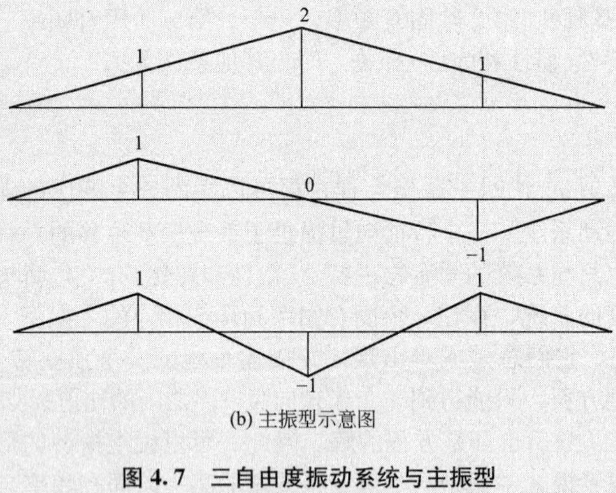

(b) 主振型示意图

图 4.7　三自由度振动系统与主振型

解：刚度矩阵为 $\boldsymbol{K}=\begin{pmatrix}3k & -k & 0\\ -k & 2k & -k\\ 0 & -k & 3k\end{pmatrix}=k\begin{pmatrix}3 & -1 & 0\\ -1 & 2 & -1\\ 0 & -1 & 3\end{pmatrix}$；

质量矩阵为 $\boldsymbol{M}=\begin{pmatrix}m & 0 & 0\\ 0 & m & 0\\ 0 & 0 & m\end{pmatrix}=m\begin{pmatrix}1 & 0 & 0\\ 0 & 1 & 0\\ 0 & 0 & 1\end{pmatrix}$；

动力矩阵为 $\boldsymbol{D}=\boldsymbol{M}^{-1}\boldsymbol{K}=\dfrac{k}{m}\begin{pmatrix}3 & -1 & 0\\ -1 & 2 & -1\\ 0 & -1 & 3\end{pmatrix}$，且 $\mathrm{tr}\boldsymbol{D}=\dfrac{8k}{m}$，$|\boldsymbol{D}|=12\left(\dfrac{k}{m}\right)^3$；

特征矩阵为 $\boldsymbol{H}=\boldsymbol{K}-\omega_n^2\boldsymbol{M}=\begin{pmatrix}3k-\omega_n^2 m & -k & 0\\ -k & 2k-\omega_n^2 m & -k\\ 0 & -k & 3k-\omega_n^2 m\end{pmatrix}$；

将 $|\boldsymbol{H}|=|\boldsymbol{K}-\omega_n^2\boldsymbol{M}|=0$ 整理得 $(k-\omega_n^2 m)(3k-\omega_n^2 m)(4k-\omega_n^2 m)=0$；

求得特征值为 $\omega_{n1}^2=\dfrac{k}{m}$，$\omega_{n2}^2=\dfrac{3k}{m}$，$\omega_{n3}^2=\dfrac{4k}{m}$；

因此，固有频率为 $\omega_{n1}=\sqrt{\dfrac{k}{m}}$，$\omega_{n2}=\sqrt{\dfrac{3k}{m}}$，$\omega_{n3}=2\sqrt{\dfrac{k}{m}}$。

检验

$$\omega_{n1}^2+\omega_{n2}^2+\omega_{n3}^2=(1+3+4)\frac{k}{m}=\frac{8k}{m}=\mathrm{tr}\boldsymbol{D}$$

$$\omega_{n1}^2\cdot\omega_{n2}^2\cdot\omega_{n3}^2=(1\times3\times4)\left(\frac{k}{m}\right)^3=12\left(\frac{k}{m}\right)^3=|\boldsymbol{D}|$$

将 $\omega_{n1}^2=\dfrac{k}{m}$ 代入主振型方程 $\boldsymbol{HA}=0$，即

$$\begin{bmatrix}3k-\omega_n^2 m & -k & 0\\ -k & 2k-\omega_n^2 m & -k\\ 0 & -k & 3k-\omega_n^2 m\end{bmatrix}\begin{bmatrix}A_1^{(1)}\\ A_2^{(1)}\\ A_3^{(1)}\end{bmatrix}=\begin{bmatrix}0\\0\\0\end{bmatrix}$$

展开得到 $\begin{cases}2kA_1^{(1)}-kA_2^{(1)}=0\\ -kA_1^{(1)}+kA_2^{(1)}-kA_3^{(1)}=0\\ -kA_2^{(1)}+2kA_3^{(1)}=0\end{cases}$

令 $A_1^{(1)}=1$，得到第一阶主振型：$A_1^{(1)}=1$，$A_2^{(1)}=2$，$A_3^{(1)}=1$，即 $A^{(1)}=\begin{pmatrix}1\\2\\1\end{pmatrix}$。

同理，分别将 $\omega_{n2}^2=\dfrac{3k}{m}$ 和 $\omega_{n3}^2=\dfrac{4k}{m}$ 代入主振型方程 $\boldsymbol{HA}=0$，分别得到振动系统的第二阶和第三阶主振型如下。

第二阶主振型：$A_1^{(2)}=1$，$A_2^{(2)}=0$，$A_3^{(2)}=-1$，即 $A^{(2)}=\begin{pmatrix}1\\0\\-1\end{pmatrix}$；

第三阶主振型：$A_1^{(3)}=1$，$A_2^{(3)}=-1$，$A_3^{(3)}=1$，即 $A^{(3)}=\begin{pmatrix}1\\-1\\1\end{pmatrix}$。

主振型的示意图如图4.7(b)所示。

另外，采用伴随矩阵方法同样也可以得到上述结果。

特征矩阵 $\boldsymbol{H}=\boldsymbol{K}-\omega_n^2\boldsymbol{M}$ 的伴随矩阵 adj$\boldsymbol{H}$ 为

$$\text{adj}\boldsymbol{H}=\begin{vmatrix}(2k-\omega_n^2m)(3k-\omega_n^2m)-k^2 & k(3k-\omega_n^2m) & k^2\\ k(3k-\omega_n^2m) & (3k-\omega_n^2m)^2 & k(3k-\omega_n^2m)\\ k^2 & k(3k-\omega_n^2m) & (2k-\omega_n^2m)(3k-\omega_n^2m)-k^2\end{vmatrix}$$

将固有频率 $\omega_{n1}=\sqrt{\dfrac{k}{m}}$，$\omega_{n2}=\sqrt{\dfrac{3k}{m}}$和 $\omega_{n3}=2\sqrt{\dfrac{k}{m}}$分别代入上式，并令第一个元素等于1，即可得到振动系统的在相应固有频率下的主振型，分别为

$$A^{(1)}=\begin{pmatrix}1\\2\\1\end{pmatrix},\quad A^{(2)}=\begin{pmatrix}1\\0\\-1\end{pmatrix},\quad A^{(3)}=\begin{pmatrix}1\\-1\\1\end{pmatrix}$$

可知，采用伴随矩阵方法求振动系统的主振型，同样可以得到相同的结果。

4.3 多自由度无阻尼振动系统的模态分析

多自由度系统的振动微分方程是一个相互耦合的二阶常微分方程组，按照一般的方法进行求解比较困难，一方面因为微分方程的数量很多，另一方面各个方程之间存在坐标耦合。因此，在实际工程应用中，常采用模态分析方法进行方程组的求解。对于无阻尼多自由度振动系统，需要对系统进行实模态分析，即首先对原方程进行坐标变换，解除方程之间的耦合，使原方程组的求解转化为 n 个独立单自由度系统的求解问题，然后，将各阶主振型按照一定的比例进行叠加，求得原方程的解。

4.3.1 广义坐标和坐标变换

1. 坐标耦合

用来描述振动系统的广义坐标是任意选取的，但是，所选择的广义坐标不同，所得到的振动微分方程就不同，方程的耦合情况也不相同。下面以汽车平面振动模型为例进行分析。

图 4.8(a)所示为汽车平面振动模型。车体刚体质量为 m，点 C 为车体质心位置，车体绕质心位置 C 的转动惯量为 I。车体通过前、后悬架弹簧 k_1 和 k_2 支承，支承点分别为 A 和 D。另外，B 为车体的转动中心，即 $k_1l_4=k_2l_5$。

(1) 若选取质心 C 的位移 x 和绕质心的转角 θ 作为位移坐标［图 4.8(b)］，系统振动微分方程为

$$\begin{bmatrix}m & 0\\0 & I\end{bmatrix}\begin{Bmatrix}\ddot{x}\\\ddot{\theta}\end{Bmatrix}+\begin{bmatrix}k_1+k_2 & k_2l_2-k_1l_1\\k_2l_2-k_1l_1 & k_1l_1^2+k_2l_2^2\end{bmatrix}\begin{Bmatrix}x\\\theta\end{Bmatrix}=0 \tag{4-21}$$

可知质量矩阵为对角阵，而刚度矩阵为非对角阵，运动方程通过弹性恢复力项耦联起来，称为“弹性耦合”。

(2) 若选取转动中心 B 的位移 x 和绕转动中心的转角 θ 作为位移坐标［图 4.8(c)］，

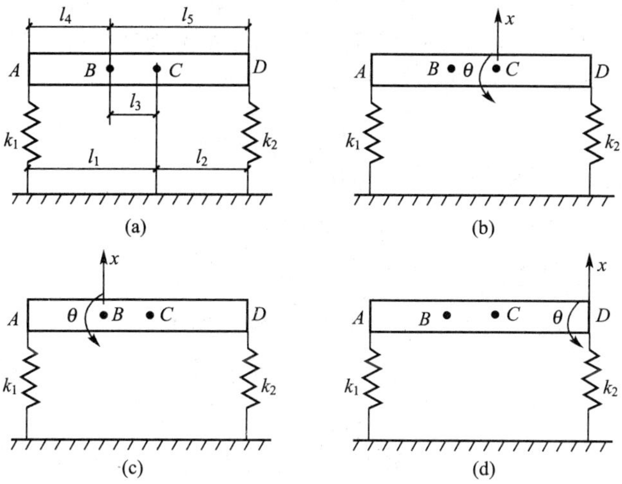

图 4.8 汽车平面振动模型

则系统的振动微分方程为

$$\begin{pmatrix} m & ml_3 \\ ml_3 & I+ml_3^2 \end{pmatrix}\begin{pmatrix} \ddot{x} \\ \ddot{\theta} \end{pmatrix}+\begin{pmatrix} k_1+k_2 & 0 \\ 0 & k_1 l_4^2+k_2 l_5^2 \end{pmatrix}\begin{pmatrix} x \\ \theta \end{pmatrix}=0 \tag{4-22}$$

可知刚度矩阵为对角阵，而质量矩阵为非对角阵，振动微分方程通过惯性力项耦联起来，称为“惯性耦合”。

(3) 若选取端点 D 的位移 x 和绕端点的转角 θ 作为位移坐标［图 4.8(d)］，则可得到系统的振动微分方程为

$$\begin{pmatrix} m & -ml_2 \\ -ml_2 & I+ml_2^2 \end{pmatrix}\begin{pmatrix} \ddot{x} \\ \ddot{\theta} \end{pmatrix}+\begin{pmatrix} k_1+k_2 & -k_1(l_1+l_2) \\ -k_1(l_1+l_2) & k_1(l_1+l_2)^2 \end{pmatrix}\begin{pmatrix} x \\ \theta \end{pmatrix}=0 \tag{4-23}$$

可知其质量矩阵和刚度矩阵都为非对角阵，运动方程同时存在弹性耦合和惯性耦合。

由此可见，虽然可以任意选取广义坐标来描述振动系统，但选择的广义坐标不同，所得到的振动微分方程就不同，方程的耦合情况也不相同。运动方程的耦合并非振动系统的固有特性，而是与选择不同的广义坐标有关。

2. 坐标变换

判断振动方程的耦合情况是根据方程的系数矩阵是否为对角阵来进行的，如果能够寻找得到一组广义坐标，使得振动微分方程之间不再存在耦合，这将大大简化振动微分方程的求解。下面阐述获得能够使振动微分方程解耦的一组特殊的广义坐标的方法——坐标变换。

如果存在一组同维线性无关的向量 A_1，A_2，…，A_n，则可以将它们作为坐标的一组基向量，组成一个基向量空间，$\mathbf{A}_{\mathrm{p}}=(A_1, A_2, \cdots, A_n)$。这样，在该向量空间中的任何向量 X 都可以利用该基向量的线性组合进行表达，即

$$X=\sum_{i=1}^{n} q_i A_i=\mathbf{A}_{\mathrm{p}} Q \tag{4-24}$$

式中，q_i 表示向量 X 在基向量 A_i 上的分量大小，即坐标值。

因此，基向量空间 $\mathbf{A}_{\mathrm{p}}$ 可以看作使一个变量或坐标 $x_i(i=1, 2, \cdots, n)$变换成另一个变

量 $q_j(j=1, 2, \cdots, n)$的变换因子，所以，称基向量空间 $\boldsymbol{A}_p$ 为变换矩阵。对于线性振动系统，X 和 Q 表示广义坐标，则该线性变换式(4-24)就称为“坐标变换”。

如果已知无阻尼多自由度系统的振动微分方程为

$$\boldsymbol{M}\ddot{X}+\boldsymbol{K}\dot{X}=\{P(t)\} \tag{4-25}$$

将坐标变换式 $X=A_pQ$ 代入上式，得到

$$\boldsymbol{M}\boldsymbol{A}_p\ddot{Q}+\boldsymbol{K}\boldsymbol{A}_p\dot{Q}=\{P(t)\} \tag{4-26}$$

式(4-26)的两边左乘变换矩阵 $\boldsymbol{A}_p$ 的转置矩阵 $\boldsymbol{A}_p^T$，可得

$$\boldsymbol{A}_p^T\boldsymbol{M}\boldsymbol{A}_p\ddot{Q}+\boldsymbol{A}_p^T\boldsymbol{K}\boldsymbol{A}_p\dot{Q}=\boldsymbol{A}_p^T\{P(t)\} \tag{4-27}$$

令 $\boldsymbol{A}_p^T\boldsymbol{M}\boldsymbol{A}_p=\boldsymbol{M}_p$，$\boldsymbol{A}_p^T\boldsymbol{K}\boldsymbol{A}_p=\boldsymbol{K}_p$，$\boldsymbol{A}_p^T\{P(t)\}=P_p$，则利用广义坐标 Q 表达的振动微分方程可表示为

$$\boldsymbol{M}_p\ddot{Q}+\boldsymbol{K}_p\dot{Q}=P_p \tag{4-28}$$

式中，P_p为在广义坐标 Q 下的广义激振力矩阵；$\boldsymbol{M}_p$ 和 $\boldsymbol{K}_p$ 分别为在广义坐标 Q 下的质量矩阵和刚度矩阵。

显然，在广义坐标 Q 下的质量矩阵 $\boldsymbol{M}_p$ 和刚度矩阵 $\boldsymbol{K}_p$，与在原坐标 X 下的质量矩阵 $\boldsymbol{M}$ 和刚度矩阵 $\boldsymbol{K}$ 不同，因此，振动微分方程的耦合情况也不相同。

可见，通过坐标变换可以将原来广义坐标 X 下的运动方程，变换到另外的广义坐标 Q 来表达。变换之后，并没有改变系统的性质，但改变了系统的耦合情况。

综上所述，多自由度系统振动微分方程的解耦问题，归结为如何选择广义坐标的问题，即如何确定坐标变换矩阵的问题。如果能够寻找得到一个使得振动微分方程的所有系数矩阵(质量矩阵 $\boldsymbol{M}$、刚度矩阵 $\boldsymbol{K}$ 和阻尼矩阵 $\boldsymbol{C}$ 等)同时对角化的特殊变换矩阵，那么，经过线性坐标变换后，就可以得到 n 个互相独立、互不耦合的方程，其中的每个方程都可以按照处理单自由度振动的方法进行处理，以方便对振动微分方程的求解。

4.3.2 模态分析

1. 特征值、特征向量和振型矩阵

一般而言，以广义坐标 X 表达的无阻尼多自由度系统的自由振动微分方程为

$$\boldsymbol{M}\ddot{X}+\boldsymbol{K}X=0 \tag{4-29}$$

根据多自由度系统无阻尼自由振动微分方程，可以得到 n 个特征值和相应的 n 个主振型向量，即

$$\omega_{n1}^2,\ \omega_{n2}^2,\ \cdots,\ \omega_{nn}^2;$$
$$A^{(1)},\ A^{(2)},\ \cdots,\ A^{(n)}$$

将各个主振型向量按照固有频率的排列次序，按列排在一个方阵中，则组成主振型矩阵(主模态矩阵)，即

$$\boldsymbol{\Phi}=(A^{(1)},\ A^{(2)},\ \cdots,\ A^{(n)})=\begin{bmatrix} A_1^{(1)} & A_1^{(2)} & \cdots & A_1^{(n)} \\ A_2^{(1)} & A_2^{(2)} & \cdots & A_2^{(n)} \\ \vdots & \vdots & & \vdots \\ A_n^{(1)} & A_n^{(2)} & \cdots & A_n^{(n)} \end{bmatrix} \tag{4-30}$$

2. 主振型向量的正交性、模态质量和模态刚度

多自由度系统的各阶主振型之间存在一定的关系，表现为主模态的正交性，下面加以证明。任意选择两个不同阶的主振型 $A^{(i)}$ 和 $A^{(j)}$ 及其特征值 ω_{ni}^2 和 ω_{nj}^2，则由主振型方程有

$$\boldsymbol{K}A^{(i)}=\omega_{ni}^2\boldsymbol{M}A^{(i)} \tag{4-31}$$

$$\boldsymbol{K}A^{(j)}=\omega_{nj}^2\boldsymbol{M}A^{(j)} \tag{4-32}$$

以 $A^{(j)\mathrm{T}}$ 和 $A^{(i)\mathrm{T}}$ 分别左乘式(4-31)和式(4-32)的两边，可得

$$A^{(j)\mathrm{T}}\boldsymbol{K}A^{(i)}=\omega_{ni}^2A^{(j)\mathrm{T}}\boldsymbol{M}A^{(i)} \tag{4-33}$$

$$A^{(i)\mathrm{T}}\boldsymbol{K}A^{(j)}=\omega_{nj}^2A^{(i)\mathrm{T}}\boldsymbol{M}A^{(j)} \tag{4-34}$$

将式(4-34)两边转置，得

$$A^{(j)\mathrm{T}}\boldsymbol{K}^{\mathrm{T}}A^{(i)}=\omega_{nj}^2A^{(j)\mathrm{T}}\boldsymbol{M}^{\mathrm{T}}A^{(i)} \tag{4-35}$$

由于质量矩阵 $\boldsymbol{M}$ 和刚度矩阵 $\boldsymbol{K}$ 都为对称矩阵，因此，式(4-35)可变换为

$$A^{(j)\mathrm{T}}\boldsymbol{K}A^{(i)}=\omega_{nj}^2A^{(j)\mathrm{T}}\boldsymbol{M}A^{(i)} \tag{4-36}$$

用式(4-33)减式(4-36)，可得

$$(\omega_{ni}^2-\omega_{nj}^2)A^{(j)\mathrm{T}}\boldsymbol{M}A^{(i)}=0 \tag{4-37}$$

因为 $i\neq j$，所以 $\omega_{ni}^2\neq\omega_{nj}^2$，则由式(4-37)得

$$A^{(j)\mathrm{T}}\boldsymbol{M}A^{(i)}=0 \quad (i\neq j)(i,\ j=1,\ 2,\ \cdots,\ n) \tag{4-38}$$

将式(4-38)代入式(4-36)，即得

$$A^{(j)\mathrm{T}}\boldsymbol{K}A^{(i)}=0 \quad (i\neq j)(i,\ j=1,\ 2,\ \cdots,\ n) \tag{4-39}$$

由式(4-38)和式(4-39)可知，主模态对于质量矩阵 $\boldsymbol{M}$ 和刚度矩阵 $\boldsymbol{K}$ 都是正交，因此，如果以主模态组成的模态矩阵作为坐标变换矩阵，可以使质量矩阵和刚度矩阵同时对角化，即

$$\begin{cases}A^{(j)\mathrm{T}}\boldsymbol{M}A^{(i)}=0\\A^{(j)\mathrm{T}}\boldsymbol{K}A^{(i)}=0\end{cases} \quad (i\neq j)(i,\ j=1,\ 2,\ \cdots,\ n) \tag{4-40}$$

$$\begin{cases}A^{(j)\mathrm{T}}\boldsymbol{M}A^{(i)}=m_{\mathrm{p}i}\\A^{(j)\mathrm{T}}\boldsymbol{K}A^{(i)}=k_{\mathrm{p}i}\end{cases} \quad (i=j)(i,\ j=1,\ 2,\ \cdots,\ n) \tag{4-41}$$

因此，主振型方程的特征值为

$$\omega_{ni}^2=\frac{k_{\mathrm{p}i}}{m_{\mathrm{p}i}}=\frac{A^{(i)\mathrm{T}}\boldsymbol{K}A^{(j)}}{A^{(j)\mathrm{T}}\boldsymbol{M}A^{(i)}} \quad (i=j)(i,\ j=1,\ 2,\ \cdots,\ n) \tag{4-42}$$

式中，$m_{\mathrm{p}i}$ 称为第 i 阶模态质量，$k_{\mathrm{p}i}$ 称为第 i 阶模态刚度。

3. 主坐标和正则坐标

以主振型矩阵 $\boldsymbol{\Phi}$ 为坐标变换矩阵，对以广义坐标 X 表示的无阻尼多自由度振动方程 $\boldsymbol{M}\ddot{X}+\boldsymbol{K}X=\{P(t)\}$ 进行坐标变换，即令 $X=\boldsymbol{\Phi}Q$，则振动方程 $\boldsymbol{M}\ddot{X}+\boldsymbol{K}X=\{P(t)\}$ 可变换为

$$\boldsymbol{M\Phi}\ddot{Q}+\boldsymbol{K\Phi}Q=\{P(t)\} \tag{4-43}$$

用 $\boldsymbol{\Phi}^{\mathrm{T}}$ 左乘式(4-43)两边，可得

$$\boldsymbol{\Phi}^{\mathrm{T}}\boldsymbol{M\Phi}\ddot{Q}+\boldsymbol{\Phi}^{\mathrm{T}}\boldsymbol{K\Phi}Q=\boldsymbol{\Phi}^{\mathrm{T}}\{P(t)\} \tag{4-44}$$

令 $\boldsymbol{M}_{\Phi}=\boldsymbol{\Phi}^{\mathrm{T}}\boldsymbol{M\Phi}$，$\boldsymbol{K}_{\Phi}=\boldsymbol{\Phi}^{\mathrm{T}}\boldsymbol{K\Phi}$；$P_{\Phi}=\boldsymbol{\Phi}^{\mathrm{T}}\{P(t)\}$，则可得

$$\boldsymbol{M}_{\Phi}\ddot{Q}+\boldsymbol{K}_{\Phi}Q=P_{\Phi} \tag{4-45}$$

新的广义坐标 Q 称为模态坐标(主坐标)，而对应于该广义坐标 Q 的广义质量矩阵 $\boldsymbol{M}_\Phi$ 和广义刚度矩阵 $\boldsymbol{K}_\Phi$，分别称为模态质量矩阵和模态刚度矩阵；P_Φ 称为在模态坐标 Q 上的广义激振力列阵。模态质量矩阵 $\boldsymbol{M}_\Phi$ 和模态刚度矩阵 $\boldsymbol{K}_\Phi$ 都是对角矩阵。

1) 模态质量对角矩阵 $\boldsymbol{M}_\Phi$

根据模态质量矩阵的定义和主振型向量对质量矩阵的正交性，得

$$\boldsymbol{M}_\Phi=\boldsymbol{\Phi}^{\mathrm{T}}\boldsymbol{M}\boldsymbol{\Phi}=(A^{(1)} \quad A^{(2)} \quad \cdots \quad A^{(n)})^{\mathrm{T}}\boldsymbol{M}(A^{(1)} \quad A^{(2)} \quad \cdots \quad A^{(n)})$$

$$=\begin{pmatrix} A^{(1)\mathrm{T}}MA^{(1)} & A^{(1)\mathrm{T}}MA^{(2)} & \cdots & A^{(1)\mathrm{T}}MA^{(n)} \\ A^{(2)\mathrm{T}}MA^{(1)} & A^{(2)\mathrm{T}}MA^{(2)} & \cdots & A^{(2)\mathrm{T}}MA^{(n)} \\ \vdots & \vdots & \ddots & \vdots \\ A^{(n)\mathrm{T}}MA^{(1)} & A^{(n)\mathrm{T}}MA^{(2)} & \cdots & A^{(n)\mathrm{T}}MA^{(n)} \end{pmatrix}=\begin{pmatrix} m_{\mathrm{p}1} & 0 & 0 & 0 \\ 0 & m_{\mathrm{p}2} & 0 & 0 \\ 0 & 0 & \ddots & 0 \\ 0 & 0 & 0 & m_{\mathrm{p}n} \end{pmatrix} \tag{4-46}$$

由式(4-46)可知，模态质量矩阵 $\boldsymbol{M}_\Phi$ 为对角矩阵，其主对角元素分别为各阶模态质量。

2) 模态刚度对角矩阵 $\boldsymbol{K}_\Phi$

同理，根据模态刚度矩阵的定义和主振型向量对刚度矩阵的正交性，得

$$\boldsymbol{K}_\Phi=\boldsymbol{\Phi}^{\mathrm{T}}\boldsymbol{K}\boldsymbol{\Phi}=(A^{(1)} \quad A^{(2)} \quad \cdots \quad A^{(n)})^{\mathrm{T}}\boldsymbol{K}(A^{(1)} \quad A^{(2)} \quad \cdots \quad A^{(n)})$$

$$=\begin{pmatrix} A^{(1)\mathrm{T}}KA^{(1)} & A^{(1)\mathrm{T}}KA^{(2)} & \cdots & A^{(1)\mathrm{T}}KA^{(n)} \\ A^{(2)\mathrm{T}}KA^{(1)} & A^{(2)\mathrm{T}}KA^{(2)} & \cdots & A^{(2)\mathrm{T}}KA^{(n)} \\ \vdots & \vdots & \ddots & \vdots \\ A^{(n)\mathrm{T}}KA^{(1)} & A^{(n)\mathrm{T}}KA^{(2)} & \cdots & A^{(n)\mathrm{T}}KA^{(n)} \end{pmatrix}=\begin{pmatrix} k_{\mathrm{p}1} & 0 & 0 & 0 \\ 0 & k_{\mathrm{p}2} & 0 & 0 \\ 0 & 0 & \ddots & 0 \\ 0 & 0 & 0 & k_{\mathrm{p}n} \end{pmatrix} \tag{4-47}$$

模态刚度矩阵 $\boldsymbol{K}_\Phi$ 为对角矩阵，其主对角元素分别为各阶模态刚度。

由于模态质量矩阵 $\boldsymbol{M}_\Phi$ 和模态刚度矩阵 $\boldsymbol{K}_\Phi$ 都是对角阵，因此，方程 $\boldsymbol{M}_\Phi\ddot{Q}+\boldsymbol{K}_\Phi Q=P_\Phi$ 的具体形式为

$$\begin{cases} m_{\mathrm{p}1}\ddot{q}_1+k_{\mathrm{p}1}q_1=P_{\Phi1}(t) \\ m_{\mathrm{p}2}\ddot{q}_2+k_{\mathrm{p}2}q_2=P_{\Phi2}(t) \\ \qquad\vdots \\ m_{\mathrm{p}n}\ddot{q}_n+k_{\mathrm{p}n}q_n=P_{\Phi n}(t) \end{cases} \tag{4-48}$$

由式(4-48)可知，在广义坐标 Q 的振动微分方程式(4-48)是完全解耦的。因此，可以对其中的每一个独立的方程，按照单自由度振动系统的方法求得系统在模态坐标下的响应 Q，再将模态坐标下的响应 Q 代回到坐标变换式 $X=\boldsymbol{\Phi}Q$，则可以求得系统在原有广义物理坐标 X 下的响应，即

$$X=\boldsymbol{\Phi}Q=\sum_{i=1}^{n}q_iA^{(i)}=q_1A^{(1)}+q_2A^{(2)}+\cdots+q_nA^{(n)} \tag{4-49}$$

该坐标变换式的物理意义为：原广义物理坐标向量 X 是系统各阶主振型 $A^{(1)}$，$A^{(2)}$，…，$A^{(n)}$ 的线性组合，即系统的任何运动都是各阶主振型按照一定比例的叠加，其中的 n 个比例因子构成新的坐标系 Q，q_i 代表了第 i 阶主模态对振动的贡献。

由于主振型的不唯一性，因此，主坐标也存在多种选择。为了应用的方便，实际上常采用能够使得模态质量矩阵 $\boldsymbol{M}_\Phi$ 正则化为单位矩阵的坐标变换矩阵进行坐标变换。由于模态质量矩阵 $\boldsymbol{M}_\Phi$ 的对角元素各不相同，因此，为了正则化，必须对每一阶的主模态乘以相应的因子，使得各阶模态质量变为 1。

上述正则化的条件可以用数学形式表达为

$$\begin{cases} A_N^{(i)}=\alpha_i A^{(i)} \\ A_N^{(i)T}\boldsymbol{M}A_N^{(i)}=1 \end{cases} \quad (i=1,\ 2,\ \cdots,\ n) \tag{4-50}$$

式中，$A_N^{(i)}$和α_i分别称为第i阶正则模态和正则化因子。

由式(4-50)可知：

$$A_N^{(i)T}\boldsymbol{M}A_N^{(i)}=\alpha_i A^{(i)T}\boldsymbol{M}\alpha_i A^{(i)}=\alpha_i^2 A^{(i)T}\boldsymbol{M}A^{(i)}=\alpha_i^2 m_{pi}=1 \quad (i=1,\ 2,\ \cdots,\ n) \tag{4-51}$$

所以，由式(4-51)可得第i阶正则化因子α_i为

$$\alpha_i=\frac{1}{\sqrt{m_{pi}}}=\frac{1}{\sqrt{A^{(i)T}\boldsymbol{M}A^{(i)}}} \quad (i=1,\ 2,\ \cdots,\ n) \tag{4-52}$$

由求得的n个正则化因子$\alpha_i(i=1,\ 2,\ \cdots,\ n)$可以组成一个正则化因子方阵$\boldsymbol{R}$，即

$$\boldsymbol{R}=\begin{bmatrix} \alpha_1 & & & \\ & \alpha_2 & & \\ & & \ddots & \\ & & & \alpha_n \end{bmatrix} \tag{4-53}$$

所以，正则模态矩阵$\boldsymbol{\Phi}_N$为

$$\boldsymbol{\Phi}_N=(A_N^{(1)} \quad A_N^{(2)} \quad \cdots \quad A_N^{(n)})=(\alpha_1 A^{(1)} \quad \alpha_2 A^{(2)} \quad \cdots \quad \alpha_n A^{(n)})=\boldsymbol{\Phi R} \tag{4-54}$$

以正则模态矩阵$\boldsymbol{\Phi}_N$作为坐标变换矩阵进行坐标变换，所得到的模态方程为正则模态方程，其主坐标为正则坐标Q_N，其坐标变换关系如下式所示

$$\begin{cases} X=\boldsymbol{\Phi}_N Q_N \\ Q_N=\boldsymbol{\Phi}_N^{-1}X \end{cases} \tag{4-55}$$

对应于正则坐标的广义质量矩阵$\boldsymbol{M}_N$为单位矩阵$\boldsymbol{I}$，即

$$\boldsymbol{M}_N=\boldsymbol{\Phi}_N^T\boldsymbol{M}Q_N=\boldsymbol{I} \tag{4-56}$$

所以

$$Q_N^{-1}=\boldsymbol{\Phi}_N^T\boldsymbol{M} \tag{4-57}$$

因此，坐标变换关系式(4-55)变为

$$\begin{cases} X=\boldsymbol{\Phi}_N Q_N \\ Q_N=\boldsymbol{\Phi}_N^{-1}X=\boldsymbol{\Phi}_N^T\boldsymbol{M}X \end{cases} \tag{4-58}$$

再来分析一下在正则坐标下的所对应的广义刚度矩阵$\boldsymbol{K}_N$，因为

$$A_N^{(i)T}KA_N^{(i)}=\alpha_i A^{(i)T}K\alpha_i A^{(i)}=\alpha_i^2 A^{(i)T}KA^{(i)}=\alpha_i^2 k_{pi}=\frac{k_{pi}}{m_{pi}}=\omega_{ni}^2 \quad (i=1,\ 2,\ \cdots,\ n) \tag{4-59}$$

所以

$$\boldsymbol{K}_N=\boldsymbol{\Phi}_N^T\boldsymbol{K\Phi}_N=\begin{bmatrix} \omega_{n1}^2 & & & \\ & \omega_{n2}^2 & & \\ & & \ddots & \\ & & & \omega_{nn}^2 \end{bmatrix} \tag{4-60}$$

即正则坐标下的广义刚度矩阵为由特征值组成的对角阵。

因此，正则变换后的模态坐标下的方程，可化为正则模态方程如下

$$\begin{cases} \ddot{q}_{N1}+\omega_{n1}^2 q_{N1}=P_{N1}(t) \\ \ddot{q}_{N2}+\omega_{n1}^2 q_{N2}=P_{N2}(t) \\ \quad\vdots \\ \ddot{q}_{Nn}+\omega_{n1}^2 q_{Nn}=P_{Nn}(t) \end{cases} \tag{4-61}$$

即

$$\ddot{Q}_N+[\omega_n^2]Q_N=P_N \tag{4-62}$$

上述方程不仅是解耦的，而且广义质量矩阵为单位矩阵，求解更方便。

例4.9

求例 4.8 中振动系统主振型矩阵 $\boldsymbol{\Phi}$，模态质量矩阵 $\boldsymbol{M}_\Phi$，模态刚度矩阵 $\boldsymbol{K}_\Phi$ 和正则振型矩阵 $\boldsymbol{\Phi}_N$，并验证正则质量矩阵 $\boldsymbol{M}_N$ 和正则刚度矩阵 $\boldsymbol{K}_N$。

解：在例 4.8 中已经求出刚度矩阵 $\boldsymbol{K}=\begin{bmatrix}3k & -k & 0\\ -k & 2k & -k\\ 0 & -k & 3k\end{bmatrix}$，质量矩阵为 $\boldsymbol{M}=\begin{bmatrix}m & 0 & 0\\ 0 & m & 0\\ 0 & 0 & m\end{bmatrix}$；求解得到特征值为 $\omega_1^2=\dfrac{k}{m}$，$\omega_2^2=\dfrac{3k}{m}$，$\omega_3^2=\dfrac{4k}{m}$；主振型向量为 $A^{(1)}=\begin{bmatrix}1\\2\\1\end{bmatrix}$，$A^{(2)}=\begin{bmatrix}1\\0\\-1\end{bmatrix}$，$A^{(3)}=\begin{bmatrix}1\\-1\\1\end{bmatrix}$。

因此，主振型矩阵为

$$\boldsymbol{\Phi}=(A^{(1)}\quad A^{(2)}\quad A^{(3)})=\begin{bmatrix}1 & 1 & 1\\ 2 & 0 & -1\\ 1 & -1 & 1\end{bmatrix}$$

模态质量矩阵为

$$\boldsymbol{M}_\Phi=\boldsymbol{\Phi}^{\mathrm{T}}\boldsymbol{M}\boldsymbol{\Phi}=\begin{bmatrix}1 & 1 & 1\\ 2 & 0 & -1\\ 1 & -1 & 1\end{bmatrix}^{\mathrm{T}}\begin{bmatrix}m & 0 & 0\\ 0 & m & 0\\ 0 & 0 & m\end{bmatrix}\begin{bmatrix}1 & 1 & 1\\ 2 & 0 & -1\\ 1 & -1 & 1\end{bmatrix}=m\begin{bmatrix}6 & & \\ & 2 & \\ & & 3\end{bmatrix}$$

模态刚度矩阵为

$$\boldsymbol{K}_\Phi=\boldsymbol{\Phi}^{\mathrm{T}}\boldsymbol{K}\boldsymbol{\Phi}=\begin{bmatrix}1 & 1 & 1\\ 2 & 0 & -1\\ 1 & -1 & 1\end{bmatrix}^{\mathrm{T}}\begin{bmatrix}3k & -k & 0\\ -k & 2k & -k\\ 0 & -k & 3k\end{bmatrix}\begin{bmatrix}1 & 1 & 1\\ 2 & 0 & -1\\ 1 & -1 & 1\end{bmatrix}=k\begin{bmatrix}6 & & \\ & 6 & \\ & & 12\end{bmatrix}$$

归一化因子为

$$\alpha_i=\frac{1}{\sqrt{m_{\mathrm{p}i}}}=\frac{1}{\sqrt{A^{(i)\mathrm{T}}MA^{(i)}}}$$

归一化因子方阵为

$$\boldsymbol{R}=\frac{1}{\sqrt{m}}\begin{bmatrix}\frac{1}{\sqrt{6}} & & \\ & \frac{1}{\sqrt{2}} & \\ & & \frac{1}{\sqrt{3}}\end{bmatrix}$$

所以，正则振型矩阵为

$$\boldsymbol{\Phi}_{\mathrm{N}}=\boldsymbol{\Phi R}=\frac{1}{\sqrt{m}}\begin{bmatrix}1&1&1\\2&0&-1\\1&-1&1\end{bmatrix}\begin{bmatrix}\frac{1}{\sqrt{6}}&&\\&\frac{1}{\sqrt{2}}&\\&&\frac{1}{\sqrt{3}}\end{bmatrix}=\frac{1}{\sqrt{m}}\begin{bmatrix}\frac{1}{\sqrt{6}}&\frac{1}{\sqrt{2}}&\frac{1}{\sqrt{3}}\\\frac{2}{\sqrt{6}}&0&\frac{-1}{\sqrt{3}}\\\frac{1}{\sqrt{6}}&\frac{-1}{\sqrt{2}}&\frac{1}{\sqrt{3}}\end{bmatrix}$$

因此正则模态质量矩阵为单位矩阵，即

$$\boldsymbol{M}_{\mathrm{N}}=\boldsymbol{\Phi}_{\mathrm{N}}^{\mathrm{T}}\boldsymbol{M}\boldsymbol{\Phi}_{\mathrm{N}}=\frac{1}{\sqrt{m}}\begin{bmatrix}\frac{1}{\sqrt{6}}&\frac{1}{\sqrt{2}}&\frac{1}{\sqrt{3}}\\\frac{2}{\sqrt{6}}&0&\frac{-1}{\sqrt{3}}\\\frac{1}{\sqrt{6}}&\frac{-1}{\sqrt{2}}&\frac{1}{\sqrt{3}}\end{bmatrix}^{\mathrm{T}}\begin{bmatrix}m&0&0\\0&m&0\\0&0&m\end{bmatrix}\frac{1}{\sqrt{m}}\begin{bmatrix}\frac{1}{\sqrt{6}}&\frac{1}{\sqrt{2}}&\frac{1}{\sqrt{3}}\\\frac{2}{\sqrt{6}}&0&\frac{-1}{\sqrt{3}}\\\frac{1}{\sqrt{6}}&\frac{-1}{\sqrt{2}}&\frac{1}{\sqrt{3}}\end{bmatrix}=\begin{bmatrix}1&&\\&1&\\&&1\end{bmatrix}$$

正则模态刚度矩阵为由特征值组成的对角阵，即

$$\boldsymbol{K}_{\mathrm{N}}=\boldsymbol{\Phi}_{\mathrm{N}}^{\mathrm{T}}\boldsymbol{K}\boldsymbol{\Phi}_{\mathrm{N}}=\frac{1}{\sqrt{m}}\begin{bmatrix}\frac{1}{\sqrt{6}}&\frac{1}{\sqrt{2}}&\frac{1}{\sqrt{3}}\\\frac{2}{\sqrt{6}}&0&\frac{-1}{\sqrt{3}}\\\frac{1}{\sqrt{6}}&\frac{-1}{\sqrt{2}}&\frac{1}{\sqrt{3}}\end{bmatrix}^{\mathrm{T}}\begin{bmatrix}3k&-k&0\\-k&2k&-k\\0&-k&3k\end{bmatrix}\frac{1}{\sqrt{m}}\begin{bmatrix}\frac{1}{\sqrt{6}}&\frac{1}{\sqrt{2}}&\frac{1}{\sqrt{3}}\\\frac{2}{\sqrt{6}}&0&\frac{-1}{\sqrt{3}}\\\frac{1}{\sqrt{6}}&\frac{-1}{\sqrt{2}}&\frac{1}{\sqrt{3}}\end{bmatrix}=\frac{k}{m}\begin{bmatrix}1&&\\&3&\\&&4\end{bmatrix}$$

4.4 多自由度无阻尼振动系统的响应计算

4.4.1 自由振动响应

无阻尼多自由度系统的自由振动振动微分方程为

$$\boldsymbol{M}\ddot{X}+\boldsymbol{K}X=0 \tag{4-63}$$

如果利用主振型矩阵 $\boldsymbol{\Phi}$ 作为坐标变换矩阵进行坐标变换，得到在模态坐标 Q 下的微分方程为

$$\boldsymbol{M}_{\Phi}\ddot{Q}+\boldsymbol{K}_{\Phi}Q=0 \tag{4-64}$$

即

$$\begin{cases}m_{\mathrm{p1}}\ddot{q}_1+k_{\mathrm{p1}}q_1=0\\m_{\mathrm{p2}}\ddot{q}_2+k_{\mathrm{p2}}q_2=0\\\quad\vdots\\m_{\mathrm{p}n}\ddot{q}_n+k_{\mathrm{p}n}q_n=0\end{cases} \tag{4-65}$$

方程式(4-65)是完全解耦，因此，可以按照单自由度系统的自由振动求解，得到在模态坐标 Q 下各个模态坐标的通解为

$$q_i=q_{0i}\cos\omega_{ni}t+\frac{\dot{q}_{0i}}{\omega_{ni}}\sin\omega_{ni}t=B_i\sin(\omega_{ni}t+\varphi_i)\quad(i=1,\ 2,\ \cdots,\ n) \tag{4-66}$$

式中，B_i 为模态坐标下的 i 阶纯模态自由振动幅值，$B_i=\sqrt{q_{0i}^2+\left(\frac{\dot{q}_{0i}}{\omega_{ni}}\right)^2}$（$i=1$，2，…，$n$）；$\varphi_i$ 为在模态坐标下 i 阶纯模态自由振动相位，$\varphi_i=\arctan\frac{q_{0i}\omega_{ni}}{\dot{q}_{0i}}$（$i=1$，2，…，$n$）；$\{q_0\}$ 和 $\{\dot{q}_0\}$ 称为系统在模态坐标 Q 下的初始条件；B_i 和 φ_i 都取决于在模态坐标下的初始条件。

在模态坐标 Q 下的初始条件 $\{q_0\}$ 和 $\{\dot{q}_0\}$，即 $t=0$ 时的初始位移和初始速度列阵，它们与原物理坐标 X 下的初始条件 $\{x_0\}$ 和 $\{\dot{x}_0\}$ 的关系为

$$\{q_0\}=\begin{Bmatrix} q_{01} \\ q_{02} \\ \vdots \\ q_{0n} \end{Bmatrix}=\boldsymbol{\Phi}^{-1}\{x_0\}=\boldsymbol{\Phi}^{-1}\begin{Bmatrix} x_{01} \\ x_{02} \\ \vdots \\ x_{0n} \end{Bmatrix} \tag{4-67}$$

$$\{\dot{q}_0\}=\begin{Bmatrix} \dot{q}_{01} \\ \dot{q}_{02} \\ \vdots \\ \dot{q}_{0n} \end{Bmatrix}=\boldsymbol{\Phi}^{-1}\{\dot{x}_0\}=\boldsymbol{\Phi}^{-1}\begin{Bmatrix} \dot{x}_{01} \\ \dot{x}_{02} \\ \vdots \\ \dot{x}_{0n} \end{Bmatrix} \tag{4-68}$$

根据式(4-49)，将求得的在模态坐标 Q 下的响应，利用主振型变换矩阵 $\boldsymbol{\Phi}$ 变换到原物理坐标 X 下，得到系统在给定初始条件 $\{x_0\}$ 和 $\{\dot{x}_0\}$ 下的响应为

$$X=\boldsymbol{\Phi}Q=\sum_{i=1}^{n}q_iA^{(i)}=\sum_{i=1}^{n}B_i\sin(\omega_{ni}t+\varphi_i)A^{(i)}=\sum_{i=1}^{n}x^{(i)} \tag{4-69}$$

则振动系统在某一特殊初始条件下，第 i 阶纯模态自由振动的位移向量(主振型)为

$$x^{(i)}=B_i\sin(\omega_{ni}t+\varphi_i)A^{(i)}\quad(i=1，2，\cdots，n) \tag{4-70}$$

其中第 j 坐标处的自由振动为

$$x_j^{(i)}=B_i\sin(\omega_{ni}t+\varphi_i)A_j^{(i)}\quad(j=1，2，\cdots，n) \tag{4-71}$$

由此得到以下结论：

(1) 当系统作第 i 阶纯模态自由振动时，系统中的各个坐标以相同的频率 ω_{ni} 和初相位 φ_i 作简谐振动。各坐标的振幅大小不同，但任意瞬时的幅值保持固定的比例，即系统具有第 i 阶固定的主振型。

(2) 系统的自由振动 X 为各阶纯模态运动的线性组合。

例4.10

求例 4.9 在初始条件 $\{x_0\}=(1\quad 0\quad 0)^{\mathrm{T}}$ 和 $\{\dot{x}_0\}=(0\quad 0\quad 1)^{\mathrm{T}}$ 时的系统响应。

解： 在例题 4.9 中已经求得振动系统的特征值为 $\omega_1^2=\frac{k}{m}$，$\omega_2^2=\frac{3k}{m}$，$\omega_3^2=\frac{4k}{m}$；

主振型矩阵为 $\boldsymbol{\Phi}=(A^{(1)}\quad A^{(2)}\quad A^{(3)})=\begin{bmatrix} 1 & 1 & 1 \\ 2 & 0 & -1 \\ 1 & -1 & 1 \end{bmatrix}$；

正则振型矩阵为 $\boldsymbol{\Phi}_{\mathrm{N}}=\frac{1}{\sqrt{m}}\begin{bmatrix}\frac{1}{\sqrt{6}} & \frac{1}{\sqrt{2}} & \frac{1}{\sqrt{3}}\\ \frac{2}{\sqrt{6}} & 0 & \frac{-1}{\sqrt{3}}\\ \frac{1}{\sqrt{6}} & \frac{-1}{\sqrt{2}} & \frac{1}{\sqrt{3}}\end{bmatrix}$；

如果以主振型矩阵 $\boldsymbol{\Phi}$ 进行坐标变换，则在模态坐标 Q 下的初始条件为

$$\{q_0\}=\boldsymbol{\Phi}^{-1}\{x_0\}=\begin{bmatrix}1 & 1 & 1\\ 2 & 0 & -1\\ 1 & -1 & 1\end{bmatrix}^{-1}\begin{Bmatrix}1\\0\\0\end{Bmatrix}=\begin{Bmatrix}1/6\\1/2\\1/3\end{Bmatrix}$$

$$\{\dot{q}_0\}=\boldsymbol{\Phi}^{-1}\{\dot{x}_0\}=\begin{bmatrix}1 & 1 & 1\\ 2 & 0 & -1\\ 1 & -1 & 1\end{bmatrix}^{-1}\begin{Bmatrix}0\\0\\1\end{Bmatrix}=\begin{Bmatrix}1/6\\-1/2\\1/3\end{Bmatrix}$$

因此，在模态坐标 Q 下的振动系统对初始条件的响应，可表示为

$$q_1=q_{01}\cos\omega_{n1}t+\frac{\dot{q}_{01}}{\omega_{n1}}\sin\omega_{n1}t=\frac{1}{6}\left[\cos\omega_{n1}t+\frac{1}{\omega_{n1}}\sin\omega_{n1}t\right]$$

$$q_2=q_{02}\cos\omega_{n2}t+\frac{\dot{q}_{02}}{\omega_{n2}}\sin\omega_{n2}t=\frac{1}{2}\left[\cos\omega_{n2}t-\frac{1}{\omega_{n2}}\sin\omega_{n2}t\right]$$

$$q_3=q_{03}\cos\omega_{n3}t+\frac{\dot{q}_{03}}{\omega_{n3}}\sin\omega_{n3}t=\frac{1}{3}\left[\cos\omega_{n3}t+\frac{1}{\omega_{n3}}\sin\omega_{n3}t\right]$$

所以，在物理坐标 X 下的响应为

$$X=\boldsymbol{\Phi}Q=\begin{bmatrix}1 & 1 & 1\\ 2 & 0 & -1\\ 1 & -1 & 1\end{bmatrix}\begin{Bmatrix}\frac{1}{6}(\cos\omega_{n1}t+\frac{1}{\omega_{n1}}\sin\omega_{n1}t)\\ \frac{1}{2}(\cos\omega_{n2}t+\frac{1}{\omega_{n2}}\sin\omega_{n2}t)\\ \frac{1}{3}(\cos\omega_{n3}t+\frac{1}{\omega_{n3}}\sin\omega_{n3}t)\end{Bmatrix}$$

$$=\begin{Bmatrix}\frac{1}{6}(\cos\omega_{n1}t+\frac{1}{\omega_{n1}}\sin\omega_{n1}t)+\frac{1}{2}(\cos\omega_{n2}t+\frac{1}{\omega_{n2}}\sin\omega_{n2}t)+\frac{1}{3}(\cos\omega_{n3}t+\frac{1}{\omega_{n3}}\sin\omega_{n3}t)\\ \frac{1}{3}(\cos\omega_{n1}t+\frac{1}{\omega_{n1}}\sin\omega_{n1}t)+\frac{0}{2}(\cos\omega_{n2}t+\frac{1}{\omega_{n2}}\sin\omega_{n2}t)-\frac{1}{3}(\cos\omega_{n3}t+\frac{1}{\omega_{n3}}\sin\omega_{n3}t)\\ \frac{1}{6}(\cos\omega_{n1}t+\frac{1}{\omega_{n1}}\sin\omega_{n1}t)-\frac{1}{2}(\cos\omega_{n2}t+\frac{1}{\omega_{n2}}\sin\omega_{n2}t)+\frac{1}{3}(\cos\omega_{n3}t+\frac{1}{\omega_{n3}}\sin\omega_{n3}t)\end{Bmatrix}$$

如果以正则振型矩阵 $\boldsymbol{\Phi}_{\mathrm{N}}$ 进行坐标变换，则初始条件变换为

$$\{q_{\mathrm{N0}}\}=\begin{Bmatrix}q_{\mathrm{N01}}\\q_{\mathrm{N02}}\\q_{\mathrm{N03}}\end{Bmatrix}=\boldsymbol{\Phi}_{\mathrm{N}}^{-1}\{x_0\}=\left[\frac{1}{\sqrt{m}}\begin{bmatrix}\frac{1}{\sqrt{6}} & \frac{1}{\sqrt{2}} & \frac{1}{\sqrt{3}}\\ \frac{2}{\sqrt{6}} & 0 & \frac{-1}{\sqrt{3}}\\ \frac{1}{\sqrt{6}} & \frac{-1}{\sqrt{2}} & \frac{1}{\sqrt{3}}\end{bmatrix}\right]^{-1}\begin{Bmatrix}1\\0\\0\end{Bmatrix}=\sqrt{m}\begin{Bmatrix}1/\sqrt{6}\\2/\sqrt{6}\\1/\sqrt{6}\end{Bmatrix}$$

$$\{\dot{q}_{N0}\}=\begin{Bmatrix}\dot{q}_{N01}\\\dot{q}_{N02}\\\dot{q}_{N03}\end{Bmatrix}=\boldsymbol{\Phi}_N^{-1}\{\dot{x}_0\}=\left(\frac{1}{\sqrt{m}}\begin{bmatrix}\frac{1}{\sqrt{6}}&\frac{1}{\sqrt{2}}&\frac{1}{\sqrt{3}}\\\frac{2}{\sqrt{6}}&0&\frac{-1}{\sqrt{3}}\\\frac{1}{\sqrt{6}}&\frac{-1}{\sqrt{2}}&\frac{1}{\sqrt{3}}\end{bmatrix}\right)^{-1}\begin{Bmatrix}0\\0\\1\end{Bmatrix}=\sqrt{m}\begin{Bmatrix}1/\sqrt{3}\\-1/\sqrt{3}\\1/\sqrt{3}\end{Bmatrix}$$

因此，在正则坐标 Q_N 下的响应为

$$q_{N1}=q_{N01}\cos\omega_{n1}t+\frac{\dot{q}_{N01}}{\omega_{n1}}\sin\omega_{n1}t=\frac{\sqrt{m}}{\sqrt{6}}\left[\cos\omega_{n1}t+\frac{\sqrt{2}}{\omega_{n1}}\sin\omega_{n1}t\right]$$

$$q_{N2}=q_{N02}\cos\omega_{n2}t+\frac{\dot{q}_{N02}}{\omega_{n2}}\sin\omega_{n2}t=\frac{\sqrt{m}}{\sqrt{6}}\left[2\cos\omega_{n2}t-\frac{\sqrt{2}}{\omega_{n2}}\sin\omega_{n2}t\right]$$

$$q_{N3}=q_{N03}\cos\omega_{n3}t+\frac{\dot{q}_{N03}}{\omega_{n3}}\sin\omega_{n3}t=\frac{\sqrt{m}}{\sqrt{6}}\left[\cos\omega_{n3}t+\frac{\sqrt{2}}{\omega_{n3}}\sin\omega_{n3}t\right]$$

所以，在物理坐标 X 下的响应为

$$X=\boldsymbol{\Phi}_N Q=\frac{1}{\sqrt{m}}\begin{bmatrix}\frac{1}{\sqrt{6}}&\frac{1}{\sqrt{2}}&\frac{1}{\sqrt{3}}\\\frac{2}{\sqrt{6}}&0&\frac{-1}{\sqrt{3}}\\\frac{1}{\sqrt{6}}&-\frac{1}{\sqrt{2}}&\frac{1}{\sqrt{3}}\end{bmatrix}\begin{Bmatrix}\frac{\sqrt{m}}{\sqrt{6}}(\cos\omega_{n1}t+\frac{1}{\omega_{n1}}\sin\omega_{n1}t)\\\frac{\sqrt{m}}{\sqrt{2}}(\cos\omega_{n2}t+\frac{1}{\omega_{n2}}\sin\omega_{n2}t)\\\frac{\sqrt{m}}{\sqrt{3}}(\cos\omega_{n3}t+\frac{1}{\omega_{n3}}\sin\omega_{n3}t)\end{Bmatrix}$$

$$=\begin{Bmatrix}\frac{1}{6}(\cos\omega_{n1}t+\frac{1}{\omega_{n1}}\sin\omega_{n1}t)+\frac{1}{2}(\cos\omega_{n2}t+\frac{1}{\omega_{n2}}\sin\omega_{n2}t)+\frac{1}{3}(\cos\omega_{n3}t+\frac{1}{\omega_{n3}}\sin\omega_{n3}t)\\\frac{1}{3}(\cos\omega_{n1}t+\frac{1}{\omega_{n1}}\sin\omega_{n1}t)+\frac{0}{\sqrt{2}}(\cos\omega_{n2}t+\frac{1}{\omega_{n2}}\sin\omega_{n2}t)-\frac{1}{3}(\cos\omega_{n3}t+\frac{1}{\omega_{n3}}\sin\omega_{n3}t)\\\frac{1}{6}(\cos\omega_{n1}t+\frac{1}{\omega_{n1}}\sin\omega_{n1}t)-\frac{1}{2}(\cos\omega_{n2}t+\frac{1}{\omega_{n2}}\sin\omega_{n2}t)+\frac{1}{3}(\cos\omega_{n3}t+\frac{1}{\omega_{n3}}\sin\omega_{n3}t)\end{Bmatrix}$$

可知，所得结果与前面的计算结果相同。

4.4.2 强迫振动响应

多自由度系统的强迫振动响应分析包括：①系统在简谐激振下的响应；②系统在任意激振下的响应。下面分别进行讲述。

1. 简谐激振下的响应

当无阻尼多自由度系统受到简谐激振力 $\{f(t)\}=\{F\}e^{j\omega t}$ 作用时，系统的振动微分方程为

$$\boldsymbol{M}\ddot{X}+\boldsymbol{K}X=\{f(t)\} \tag{4-72}$$

如果利用主振型矩阵 $\boldsymbol{\Phi}$ 作为坐标变换矩阵，对坐标进行变换，则在模态坐标 Q 下的微分方程为

$$\boldsymbol{M}_\Phi\ddot{Q}+\boldsymbol{K}_\Phi Q=\boldsymbol{\Phi}^T\{f(t)\}=\boldsymbol{\Phi}^T\{F\}e^{j\omega t}=F_\Phi \tag{4-73}$$

式(4-73)方程是完全解耦，因此，可以按照单自由度系统的自由振动求解。如果忽

略自由振动，可以得到各个模态坐标的通解为

$$q_i=\frac{F_{\Phi i}}{k_{pi}-m_{pi}\omega^2}=\frac{F_{\Phi i}}{k_{pi}\left(1-\frac{\omega^2}{\omega_n^2}\right)}=\frac{A^{(i)T}\{F\}}{k_{pi}\left(1-\frac{\omega^2}{\omega_n^2}\right)}e^{j\omega t}\quad(i=1,2,\cdots,n)\tag{4-74}$$

式(4-74)即为在模态坐标 Q 下，各个坐标对广义激振力 $F_{\Phi i}$ 的模态响应。

根据式(4-69)，将求得的在模态坐标 Q 下的响应，变换到物理坐标 X 下，得到系统响应为

$$X=\boldsymbol{\Phi}Q=\sum_{i=1}^{n}q_iA^{(i)}=\sum_{i=1}^{n}\frac{A^{(i)T}\{F\}A^{(i)}}{k_{pi}\left(1-\frac{\omega^2}{\omega_{ni}^2}\right)}e^{j\omega t}\tag{4-75}$$

其中，响应幅值的模态表达式为

$$\{X\}=\sum_{i=1}^{n}\frac{A^{(i)T}\{F\}A^{(i)}}{k_{pi}\left(1-\frac{\omega^2}{\omega_{ni}^2}\right)}=\frac{A^{(1)T}\{F\}A^{(1)}}{k_{p1}\left(1-\frac{\omega^2}{\omega_{n1}^2}\right)}+\frac{A^{(2)T}\{F\}A^{(2)}}{k_{p2}\left(1-\frac{\omega^2}{\omega_{n2}^2}\right)}+\cdots+\frac{A^{(n)T}\{F\}A^{(n)}}{k_{pn}\left(1-\frac{\omega^2}{\omega_{nn}^2}\right)}\tag{4-76}$$

由式(4-76)可知：系统的响应为各阶主模态按照一定比例的线性叠加，各阶模态对运动贡献的大小取决于各阶模态的因子(模态坐标 q_i)的大小，即取决于各阶模态前面系数的大小。

而对于非简谐的周期激励，可以先将激振力展开为傅里叶级数分别按照简谐激振的情况进行计算，最后将结果叠加起来。

2. 任意激振下无阻尼多自由度系统振动响应

当无阻尼多自由度系统受到任意激振力 $\{f(t)\}$ 作用时，系统的振动微分方程为

$$\boldsymbol{M}\ddot{X}+\boldsymbol{K}X=\{f(t)\}\tag{4-77}$$

同样，应用主振型矩阵 $\boldsymbol{\Phi}$ 作为坐标变换矩阵，得到在模态坐标 Q 下的微分方程为

$$\boldsymbol{M}_{\Phi}\ddot{Q}+\boldsymbol{K}_{\Phi}Q=\boldsymbol{\Phi}^{T}\{f(t)\}=F_{\Phi}\tag{4-78}$$

由给定的振动系统在物理坐标下的初始条件 $\{x_0\}$ 和 $\{\dot{x}_0\}$，根据式(4-69)得到模态坐标下的初始条件 $\{q_0\}$ 和 $\{\dot{q}_0\}$，再根据杜哈梅积分，可得到系统在模态坐标下 Q 的响应为

$$q_i=\left(q_{0i}\cos\omega_{ni}t+\frac{\dot{q}_{0i}}{\omega_{ni}}\sin\omega_{ni}t\right)+\frac{1}{m_{pi}\omega_{ni}}\int_0^t A^{(i)T}\{f(t)\}\sin\omega_{ni}(t-\tau)\mathrm{d}\tau\quad(i=1,2,\cdots,n)\tag{4-79}$$

前面一部分为初始条件下的自由振动，后面一部分为在任意激振 $F_{\Phi i}=A^{(i)T}\{f(t)\}$ 作用下的系统的响应。

如果假设初始条件为零，则式(4-79)可简化为

$$q_i=F_{\Phi i}(t)*h_i(t)=\int_0^t A^{(i)T}\{f(t)\}h_i(t-\tau)\mathrm{d}\tau\quad(i=1,2,\cdots,n)\tag{4-80}$$

即

$$q_i=\frac{1}{m_{pi}\omega_{ni}}\int_0^t A^{(i)T}\{f(t)\}\sin\omega_{ni}(t-\tau)\mathrm{d}\tau\tag{4-81}$$

式中，$h_i(t-\tau)=\begin{cases}\dfrac{1}{m_{pi}\omega_{ni}}\sin\omega_{ni}(t-\tau) & (t>\tau)\\ 0 & (t\leqslant\tau)\end{cases}$ $(i=1,2,\cdots,n)$为在模态坐标 Q 下，第 i

个单自由度系统对单位脉冲$\delta(t-\tau)$的响应，称为模态坐标单位脉冲响应函数。

将式(4-81)代入坐标变换式(4-69)，得到零初始条件下系统在物理坐标下的响应为

$$X=\boldsymbol{\Phi}Q=\sum_{i=1}^{n}q_iA^{(i)}=\sum_{i=1}^{n}\frac{A^{(i)\mathrm{T}}A^{(i)}}{m_{\mathrm{p}i}\omega_{ni}}\int_0^t\{f(t)\}\sin\omega_{ni}(t-\tau)\mathrm{d}\tau \tag{4-82}$$

其中，第1个坐标点的位移响应为

$$x_1=\sum_{i=1}^{n}q_iA_{1(i)}=\sum_{i=1}^{n}\frac{A^{(i)\mathrm{T}}A_1^{(i)}}{m_{\mathrm{p}i}\omega_{ni}}\int_0^t\{f(t)\}\sin\omega_{ni}(t-\tau)\mathrm{d}\tau \tag{4-83}$$

通过上述的分析可知，进行系统模态分析的一般过程为：

(1) 求出系统的各阶固有频率和相应的主模态，组成模态矩阵$\boldsymbol{\Phi}$，或者对质量矩阵对角化，组成正则模态矩阵$\boldsymbol{\Phi}_{\mathrm{N}}$；

(2) 对以广义物理坐标表达的系统振动微分方程作坐标变换：$X=\boldsymbol{\Phi}Q$ 或 $X=\boldsymbol{\Phi}_{\mathrm{N}}Q_{\mathrm{N}}$，使原方程解耦，得到以模态坐标$Q$或正则模态坐标$Q_{\mathrm{N}}$表达的系统模态方程；

(3) 求解模态方程，得到系统以模态坐标表达的响应Q或以正则模态坐标表达的响应Q_{N}，以及各个模态参数；

(4) 将求得的系统在模态坐标Q下的响应或在正则模态坐标Q_{N}下的响应，代回到坐标变换式，求出系统在原有物理坐标下的响应X。

例4.11

图4.9所示为三自由度振动系统，第一个质量上作用一阶跃激励力P，初始条件为零。求振动系统对强迫振动的响应。

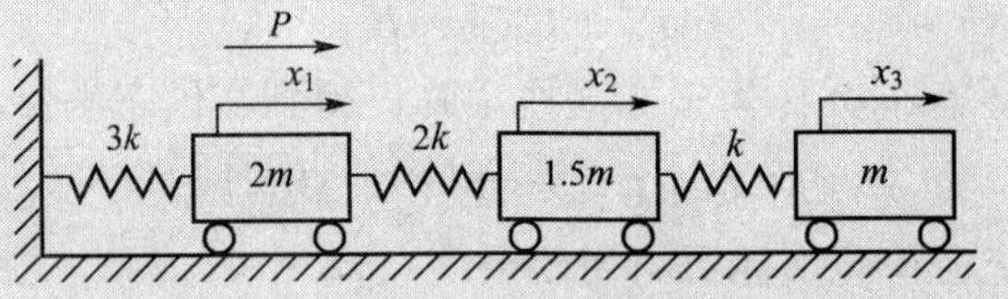

图4.9　三自由度振动系统

解： 求得该振动系统的特征值为

$$p_1^2=0.3515\frac{k}{m};\quad p_2^2=1.6066\frac{k}{m};\quad p_3^2=0.3515\frac{k}{m}$$

正则振型矩阵为

$$\boldsymbol{\Phi}_{\mathrm{N}}=\frac{1}{\sqrt{m}}\begin{bmatrix}0.2242 & -0.4317 & 0.5132\\ 0.4816 & -0.3856 & -0.5348\\ 0.7426 & 0.6358 & 0.2104\end{bmatrix}$$

根据题意，激励力列阵$F=\begin{Bmatrix}P\\0\\0\end{Bmatrix}$，则正则激励力列阵为

$$F_{\mathrm{N}}=\boldsymbol{\Phi}_{\mathrm{N}}^{\mathrm{T}}F=\frac{1}{\sqrt{m}}\begin{bmatrix}0.2242 & -0.4317 & 0.5132\\ 0.4816 & -0.3856 & -0.5348\\ 0.7426 & 0.6358 & 0.2104\end{bmatrix}\begin{Bmatrix}P\\0\\0\end{Bmatrix}=\frac{P}{\sqrt{m}}\begin{Bmatrix}0.2242\\-0.4317\\0.5132\end{Bmatrix}$$

根据对阶跃函数的杜哈梅积分，得 $x_{Ni}=F_{Ni}(1-\cos p_i t)/p_i^2$，因此，正则位移响应为

$$X_N=\frac{P\sqrt{m}}{k}\begin{Bmatrix}0.637(1-\cos p_1 t)\\-0.269(1-\cos p_2 t)\\0.513(1-\cos p_3 t)\end{Bmatrix}$$

物理坐标下的位移响应为

$$X=\boldsymbol{\Phi}_N X_N=\frac{1}{\sqrt{m}}\begin{bmatrix}0.2242 & -0.4317 & 0.5132\\0.4816 & -0.3856 & -0.5348\\0.7426 & 0.6358 & 0.2104\end{bmatrix}\frac{P\sqrt{m}}{k}\begin{Bmatrix}0.637(1-\cos p_1 t)\\-0.269(1-\cos p_2 t)\\0.513(1-\cos p_3 t)\end{Bmatrix}$$

$$=\frac{P}{k}\begin{Bmatrix}0.333-0.143\cos p_1 t-0.116\cos p_2 t-0.0744\cos p_3 t\\0.333-0.307\cos p_1 t-0.104\cos p_2 t+0.0776\cos p_3 t\\0.333-0.437\cos p_1 t-0.171\cos p_2 t-0.0305\cos p_3 t\end{Bmatrix}$$

4.5 多自由度有阻尼振动系统的实模态分析

有阻尼多自由度系统的振动比较常见的是粘性阻尼多自由度系统，其受迫振动的振动微分方程的一般形式为

$$\boldsymbol{M}\ddot{X}+\boldsymbol{C}\dot{X}+\boldsymbol{K}X=\{f(t)\} \tag{4-84}$$

由于存在阻尼矩阵，因此，方程的求解更加复杂。如果按照前面讲述的实模态分析方法进行求解，存在阻尼矩阵如何与质量矩阵和刚度矩阵同时通过坐标变换对角化的问题。如果三者可以同时对角化，那么，就可以对阻尼多自由度系统进行解耦和求解。下面讨论利用实模态分析方法求解阻尼多自由度系统的问题。

4.5.1 实模态分析的条件

对于有阻尼系统，对其微分方程以模态矩阵 $\boldsymbol{\Phi}$ 进行坐标变换。可以得到

$$\boldsymbol{M}_\Phi\ddot{Q}+\boldsymbol{C}_\Phi\dot{Q}+\boldsymbol{K}_\Phi Q=\{f(t)\} \tag{4-85}$$

式中，$\boldsymbol{M}_\Phi$和 $\boldsymbol{K}_\Phi$分别为系统的模态质量矩阵和模态刚度矩阵，皆为对角阵；$\boldsymbol{C}_\Phi$为模态阻尼矩阵，经坐标变换之后，它一般不是对角阵。

因此，坐标变换后方程组并没有实现解耦，仍然不方便求解。可见，阻尼多自由度系统按照实模态分析方法求解的条件是：阻尼矩阵在以模态矩阵坐标变换后对角化，即

$$\boldsymbol{C}_\Phi=\boldsymbol{\Phi}^T\boldsymbol{C}\boldsymbol{\Phi}=\begin{bmatrix}c_{p1} & & & \\ & c_{p2} & & \\ & & \ddots & \\ & & & c_{pn}\end{bmatrix} \tag{4-86}$$

但是，式(4-86)的成立必须满足一定的条件，下面对此进行讨论。

假设阻尼矩阵 $\boldsymbol{C}$ 是质量矩阵 $\boldsymbol{M}$ 和刚度矩阵 $\boldsymbol{K}$ 的线性组合，即

$$C=\alpha M+\beta K \tag{4-87}$$

式中，α 和 β 为系数。

将式(4－87)代入式(4－86)，得到

$$\begin{aligned} C_\Phi &= \boldsymbol{\Phi}^T C \boldsymbol{\Phi} = \boldsymbol{\Phi}^T(\alpha M+\beta K)\boldsymbol{\Phi} \\ &= \alpha M_\Phi + \beta K_\Phi \end{aligned}$$

即

$$C_\Phi = \begin{pmatrix} \alpha c_{p1}+\beta k_{p1} & & & \\ & \alpha c_{p2}+\beta k_{p2} & & \\ & & \ddots & \\ & & & \alpha c_{pn}+\beta k_{pn} \end{pmatrix} \tag{4-88}$$

即模态阻尼矩阵是对角阵。

因此，将满足式(4－87)的阻尼称为“比例阻尼”。比例阻尼的充分必要条件为

$$CM^{-1}K=KM^{-1}C \tag{4-89}$$

该条件对于大多数阻尼系统是难以满足的。在实际工程应用中，对于小阻尼系统，由于 C_Φ 的非主对角元素相对主对角线元素要小得多，因此，可以简单将非主对角元素忽略，而将 C_Φ 简单处理为对角阵。这种简化处理方法尤其适用于理论分析无法确定的阻尼矩阵，需要通过试验直接测定模态阻尼的场合。

通过模态矩阵的坐标变换同时实现质量矩阵、刚度矩阵和阻尼矩阵的对角化，方程组解耦，得到相互独立、互不耦合的方程组为

$$\begin{cases} m_{p1}\ddot{q}_1 + c_{p1}\dot{q}_1 + k_{p1}q_1 = f_{1\Phi}(t) \\ m_{p2}\ddot{q}_2 + c_{p2}\dot{q}_2 + k_{p2}q_2 = f_{2\Phi}(t) \\ \vdots \\ m_{pn}\ddot{q}_n + c_{pn}\dot{q}_n + k_{pn}q_n = f_{n\Phi}(t) \end{cases} \tag{4-90}$$

式中，c_{pi} 称为 i 阶模态阻尼系数。

因此，阻尼比可表示为

$$\xi_i = \frac{c_{pi}}{2m_{pi}\omega_{ni}} = \frac{c_{pi}}{2\sqrt{m_{pi}k_{pi}}} = \frac{1}{2\omega_{ni}} \cdot \frac{A^{(i)T}CA^{(i)}}{A^{(i)T}MA^{(i)}} \quad (i=1,2,\cdots,n) \tag{4-91}$$

则式(4－90)可以写作

$$\begin{cases} m_{p1}\ddot{q}_1 + 2m_{p1}\xi_1\omega_{n1}\dot{q}_1 + k_{p1}q_1 = f_{1\Phi}(t) \\ m_{p2}\ddot{q}_2 + 2m_{p2}\xi_2\omega_{n2}\dot{q}_2 + k_{p2}q_2 = f_{2\Phi}(t) \\ \vdots \\ m_{pn}\ddot{q}_n + 2m_{pn}\xi_n\omega_{nn}\dot{q}_n + k_{pn}q_n = f_{n\Phi}(t) \end{cases} \tag{4-92}$$

以模态坐标 Q 表示的模态方程是一组相互不耦合的单自由度方程组，可以应用有阻尼单自由度系统的方法分别进行求解。

4.5.2 有阻尼系统的自由衰减振动响应

比例阻尼系统的在模态坐标 Q 下的自由振动微分方程为

$$\begin{cases} m_{p1}\ddot{q}_1+2m_{p1}\xi_1\omega_{n1}\dot{q}_1+k_{p1}q_1=0 \\ m_{p2}\ddot{q}_2+2m_{p2}\xi_2\omega_{n2}\dot{q}_2+k_{p2}q_2=0 \\ \vdots \\ m_{pn}\ddot{q}_n+2m_{pn}\xi_n\omega_{nn}\dot{q}_n+k_{pn}q_n=0 \end{cases} \tag{4-93}$$

对于上述各个解耦的方程，按照有阻尼系统得到自由振动的解为

$$q_i=\mathrm{e}^{-\xi_i\omega_{ni}t}\left(q_{0i}\cos\omega'_{ni}t+\frac{\dot{q}_{0i}+\xi_i\omega_{ni}q_{0i}}{\omega_{ni}}\sin\omega'_{ni}t\right)$$

即

$$q_i=B_i\mathrm{e}^{-\xi_i\omega_{ni}t}\sin(\omega'_{ni}t+\varphi_i) \tag{4-94}$$

式中，$B_i=\sqrt{q_{0i}^2+\left(\frac{\dot{q}_{0i}+\xi_i\omega_{ni}q_{0i}}{\omega_{ni}}\right)^2}$ $(i=1,\ 2,\ \cdots,\ n)$；$\varphi_i=\arctan\left(\frac{q_{0i}\omega_{ni}}{\dot{q}_{0i}+\xi_i\omega_{ni}q_{0i}}\right)$ $(i=1,\ 2,\ \cdots,\ n)$；$\omega'_{ni}=\omega_{ni}\sqrt{1-\xi_i^2}$ $(i=1,\ 2,\ \cdots,\ n)$；$\{q_0\}$ 和 $\{\dot{q}_0\}$ 为系统在模态坐标 Q 下的初始条件。

将求得的在模态坐标 Q 下的响应再变换到物理坐标 X 下，得到系统在给定初始条件 $\{x_0\}$ 和 $\{\dot{x}_0\}$ 下的响应为

$$X=\boldsymbol{\Phi}Q=\sum_{i=1}^{n}q_iA^{(i)}=\sum_{i=1}^{n}B_i\mathrm{e}^{-\xi_i\omega_{ni}t}\sin(\omega'_{ni}t+\varphi_i)A^{(i)}=\sum_{i=1}^{n}x^{(i)} \tag{4-95}$$

系统在某一特殊初始条件下，第 i 阶纯模态自由振动的位移向量(主振型)为

$$x^{(i)}=B_i\mathrm{e}^{-\xi_i\omega_{ni}t}\sin(\omega'_{ni}t+\varphi_i)A^{(i)}\quad(i=1,\ 2,\ \cdots,\ n) \tag{4-96}$$

其中，第 j 坐标的自由振动为

$$x_j^{(i)}=B_i\mathrm{e}^{-\xi_i\omega_{ni}t}\sin(\omega'_{ni}t+\varphi_i)A_j^{(i)}\quad(j=1,\ 2,\ \cdots,\ n) \tag{4-97}$$

由此得到结论：

(1) 当系统作某 i 阶纯模态自由振动时，系统中的各个坐标以相同的频率 $\omega'_{ni}=\omega_{ni}\sqrt{1-\xi_i^2}$、相同的初相位 φ_i 和相同的衰减率作衰减；各坐标的振幅大小不同，但任意瞬时的幅值保持固定的比例，即系统具有第 i 阶固定的主振型；

(2) 系统的自由振动 X 为各阶纯模态运动的线性组合，系统的自由振动取决于初始条件。

4.5.3 比例阻尼多自由度系统在简谐激振下的振动响应

当比例粘性阻尼多自由度系统受到简谐激振力 $\{f(t)\}=\{F\}\mathrm{e}^{\mathrm{j}\omega t}$ 作用时，系统振动微分方程为

$$\boldsymbol{M}\ddot{X}+\boldsymbol{C}\dot{X}+\boldsymbol{K}X=\{f(t)\} \tag{4-98}$$

若利用主振型矩阵 $\boldsymbol{\Phi}$ 作为坐标变换矩阵进行坐标变换，得到在模态坐标 Q 下的微分方程为

$$\boldsymbol{M}_\Phi\ddot{Q}+\boldsymbol{C}_\Phi\dot{Q}+\boldsymbol{K}_\Phi Q=\boldsymbol{\Phi}^{\mathrm{T}}\{F\}\mathrm{e}^{\mathrm{j}\omega t} \tag{4-99}$$

在比例阻尼情况下，方程式(4-99)完全解耦，因此，可以按照单自由度系统振动求解。如果忽略自由衰减振动，可以得到各个模态坐标的通解为

$$q_i=\frac{A^{(i)\mathrm{T}}\{F\}\mathrm{e}^{-\xi_i\omega_{ni}t}}{m_{pi}(\omega_{ni}^2-\omega^2+\mathrm{j}2\xi_i\omega_{ni}\omega)}\quad(i=1,\ 2,\ \cdots,\ n) \tag{4-100}$$

它为模态坐标 Q 下各个坐标对广义激振力 F_{iN} 的模态响应。

将求得的模态坐标 Q 下的响应再变换到物理坐标 X 下，得到系统响应为

$$
\begin{aligned}
X = \boldsymbol{\Phi} Q = \sum_{i=1}^{n} q_i A^{(i)} &= \sum_{i=1}^{n} \frac{A^{(i)\mathrm{T}}\{F\}A^{(i)} \mathrm{e}^{-\xi_i\omega_{ni}t}}{m_{\mathrm{p}i}(\omega_{ni}^2 - \omega^2 + \mathrm{j}2\xi_i\omega_{ni}\omega)} \\
&= \sum_{i=1}^{n} \frac{A^{(i)\mathrm{T}}\{F\}A^{(i)}}{k_{\mathrm{p}i}\left[1-\left(\dfrac{\omega}{\omega_{ni}}\right)^2 + \mathrm{j}2\xi_i\left(\dfrac{\omega}{\omega_{ni}}\right)\right]} \mathrm{e}^{-\xi_i\omega_{ni}t}
\end{aligned} \tag{4-101}
$$

其中，响应幅值的模态表达式为

$$
\{X\} = \sum_{i=1}^{n} \frac{A^{(i)\mathrm{T}}\{F\}A^{(i)}}{m_{\mathrm{p}i}(\omega_{ni}^2 - \omega^2 + \mathrm{j}2\xi_i\omega_{ni}\omega)} = \sum_{i=1}^{n} \frac{A^{(i)\mathrm{T}}\{F\}A^{(i)}}{k_{\mathrm{p}i}\left[1-\left(\dfrac{\omega}{\omega_{ni}}\right)^2 + \mathrm{j}2\xi_i\left(\dfrac{\omega}{\omega_{ni}}\right)\right]} \tag{4-102}
$$

由上述可知：系统的响应为各阶主模态按照一定比例的线性叠加，各阶模态对运动贡献的大小取决于各阶模态的因子（模态坐标 q_i）的大小，即取决于各阶模态前面系数的大小。

对于非简谐的周期激励，可以先将激振力展开为傅里叶级数分别按照简谐激振的情况进行计算，最后将结果叠加起来。

4.5.4 任意激振下比例阻尼多自由度系统振动响应

当比例阻尼多自由度系统受到任意激振力 $\{f(t)\}$ 作用时，系统的振动微分方程为

$$
\boldsymbol{M}\ddot{X} + \boldsymbol{C}\dot{X} + \boldsymbol{K}X = \{f(t)\} \tag{4-103}
$$

同样，利用主振型矩阵 $\boldsymbol{\Phi}$ 作为坐标变换矩阵，得到在模态坐标 Q 下的微分方程为

$$
\boldsymbol{M}_{\Phi}\ddot{Q} + \boldsymbol{C}_{\Phi}\dot{Q} + \boldsymbol{K}_{\Phi}Q = \boldsymbol{\Phi}^{\mathrm{T}}\{f(t)\} \tag{4-104}
$$

由给定的系统在物理坐标下的初始条件 $\{x_0\}$ 和 $\{\dot{x}_0\}$，根据式(4-67)和式(4-68)得到模态坐标下的初始条件 $\{q_0\}$ 和 $\{\dot{q}_0\}$，再根据杜哈梅积分，可以得到系统在模态坐标下的响应为

$$
q_i = \mathrm{e}^{-\xi_i\omega_{ni}t}\left(q_{0i}\cos\omega'_{ni}t + \frac{\dot{q}_{0i} + \xi_i\omega_{ni}q_{0i}}{\omega_{ni}}\sin\omega'_{ni}t\right) + \frac{1}{m_{\mathrm{p}i}\omega_{ni}}\int_0^t A^{(i)\mathrm{T}}\{f(\tau)\}\mathrm{e}^{-\xi_i\omega_{ni}(t-\tau)}\sin\omega_{ni}(t-\tau)\mathrm{d}\tau \tag{4-105}
$$

式(4-105)中，前面一部分为初始条件下的自由振动，后面一部分为在任意广义激振力 $F_{\Phi i}(t) = A^{(i)\mathrm{T}}\{f(t)\}$ 作用下的系统的响应。

如果假设初始条件为零，则式(4-105)可简化为

$$
\begin{aligned}
q_i &= F_{\Phi i}(t) * h_i(t) \\
&= \int_0^t F_{\Phi i}(t) h_i(t-\tau)\mathrm{d}\tau \\
&= \frac{A^{(i)\mathrm{T}}}{m_{\mathrm{p}i}\omega_{ni}}\int_0^t \{f(\tau)\}\mathrm{e}^{-\xi_i\omega_{ni}(t-\tau)}\sin\omega'_{ni}(t-\tau)\mathrm{d}\tau
\end{aligned} \tag{4-106}
$$

式中，$h_i(t-\tau) = \begin{cases} \dfrac{1}{m_{\mathrm{p}i}\omega_{ni}}\mathrm{e}^{-\xi_i\omega_{ni}(t-\tau)}\sin\omega'_{ni}(t-\tau) & (t>\tau) \\ 0 & (t\leqslant\tau) \end{cases}$ $(i=1, 2, \cdots, n)$，表示在模态坐标下，第 i 个单自由度系统对单位脉冲 $\delta(t-\tau)$ 的响应，称为单位脉冲响应函数。

将所求得的在模态坐标下的响应，通过坐标变换，求得系统初始条件下在物理坐标下

的响应为

$$X=\boldsymbol{\Phi}Q=\sum_{i=1}^{n}q_iA^{(i)}$$
$$=\sum_{i=1}^{n}\frac{A^{(i)\mathrm{T}}A^{(i)}}{m_{\mathrm{p}i}\omega_{ni}}\int_0^t\{f(\tau)\}\mathrm{e}^{-\xi_i\omega_{ni}(t-\tau)}\sin\omega'_{ni}(t-\tau)\mathrm{d}\tau \qquad (4-107)$$

其中，第1个坐标点的位移响应为

$$x_1=\sum_{i=1}^{n}q_iA_1^{(i)}$$
$$=\sum_{i=1}^{n}\frac{A^{(i)\mathrm{T}}A_{1(i)}}{m_{\mathrm{p}i}\omega_{ni}}\int_0^t\{f(\tau)\}\mathrm{e}^{-\xi_i\omega_{ni}(t-\tau)}\sin\omega'_{ni}(t-\tau)\mathrm{d}\tau \qquad (4-108)$$

4.6 多自由度有阻尼振动系统的复模态分析

前面讲述了比例阻尼多自由度系统的实模态分析方法。但是，阻尼系统进行实模态分析要么对阻尼矩阵有非常苛刻的要求，要么需要做出简化处理，这又会造成一定的误差。对于一般的阻尼，如粘性阻尼或结构阻尼的多自由度系统，可以利用复模态的分析方法进行分析求解。

一般有阻尼多自由度系统的振动微分方程的一般形式为

$$\boldsymbol{M}\ddot{X}+\boldsymbol{C}\dot{X}+\boldsymbol{K}X=\{f(t)\} \qquad (4-109)$$

对于上述的一般阻尼多自由度振动系统，利用主模态矩阵进行坐标变换难以使阻尼矩阵对角化，即方程无法实现完全的解耦，必须采用复模态分析的方法。其中，复模态分析方法有两种途径：

(1) 将 n 个自由度二阶系统转化为 $2n$ 个一阶系统来处理，称为状态空间方法；

(2) 利用拉氏变换，首先建立系统的传递函数的展开式，再求系统的响应，称为拉氏变换方法。

4.6.1 状态空间方法

在状态空间内，将阻尼系统微分方程一般形式写作

$$\begin{pmatrix}C & M\\ M & 0\end{pmatrix}\begin{pmatrix}\dot{X}\\ \ddot{X}\end{pmatrix}+\begin{pmatrix}K & 0\\ 0 & -M\end{pmatrix}\begin{pmatrix}X\\ \dot{X}\end{pmatrix}=\begin{pmatrix}f(t)\\ 0\end{pmatrix} \qquad (4-110)$$

即

$$\begin{cases}\boldsymbol{M}\ddot{X}+\boldsymbol{C}\dot{X}+\boldsymbol{K}X=\{f(t)\}\\ \boldsymbol{M}\ddot{X}-\boldsymbol{M}\ddot{X}=0\end{cases} \qquad (4-111)$$

简单记为

$$\boldsymbol{A}\dot{Y}+\boldsymbol{B}Y=\{f(t)\} \qquad (4-112)$$

式中，$Y=\begin{pmatrix}X\\ \dot{X}\end{pmatrix}$ 为状态向量；$\boldsymbol{A}=\begin{pmatrix}C & M\\ M & 0\end{pmatrix}$；$\boldsymbol{B}=\begin{pmatrix}K & 0\\ 0 & -M\end{pmatrix}$；$\{f\}=\begin{pmatrix}f(t)\\ 0\end{pmatrix}$。其中，$\boldsymbol{A}$ 和 $\boldsymbol{B}$ 由系统的物理参数确定，皆为 $2n$ 阶对称方阵。

4.6.2 复特征值、复特征向量和复模态矩阵

令 $\{f(t)\}=0$，得到系统的自由振动状态空间方程为

$$\boldsymbol{A}\dot{Y}+\boldsymbol{B}Y=0 \tag{4-113}$$

根据谐函数方法，假设系统状态空间方程的解为

$$Y=\begin{Bmatrix} X \\ \dot{X} \end{Bmatrix}=\begin{Bmatrix} \psi e^{\gamma t} \\ \psi\gamma e^{\gamma t} \end{Bmatrix}=\begin{Bmatrix} \psi \\ \gamma\psi \end{Bmatrix} e^{\gamma t}=\varphi e^{\gamma t} \tag{4-114}$$

$$\dot{Y}=\begin{Bmatrix} \dot{X} \\ \ddot{X} \end{Bmatrix}=\begin{Bmatrix} \psi\gamma e^{\gamma t} \\ \psi\gamma^2 e^{\gamma t} \end{Bmatrix}=\begin{Bmatrix} \gamma\psi \\ \gamma^2\psi \end{Bmatrix} e^{\gamma t}=\gamma\varphi e^{\gamma t} \tag{4-115}$$

$$\varphi=\begin{Bmatrix} \psi \\ \gamma\psi \end{Bmatrix} \tag{4-116}$$

将式(4-114)和式(4-115)代入式(4-113)，得

$$(\gamma\boldsymbol{A}+\boldsymbol{B})\varphi=0 \tag{4-117}$$

式(4-117)的两边左乘 $\boldsymbol{A}^{-1}$，得

$$(\gamma\boldsymbol{I}+\boldsymbol{A}^{-1}\boldsymbol{B})\varphi=0 \tag{4-118}$$

令 $\boldsymbol{H}=-\boldsymbol{A}^{-1}\boldsymbol{B}$，代入式(4-118)得

$$(\gamma\boldsymbol{I}-\boldsymbol{H})\varphi=0 \tag{4-119}$$

式(4-119)存在非零解的充分必要条件是，系数矩阵的行列式为零，因此，特征方程为

$$|\gamma\boldsymbol{I}-\boldsymbol{H}|=0 \tag{4-120}$$

由特征方程可以求解得到 n 对($2n$ 个)具有负实部的共轭复根，称为复特征值，即

$$\begin{cases} \gamma_i=-\omega_{ni}\xi_i+j\omega_{ni}\sqrt{1-\xi_i^2} \\ \bar{\gamma}_i=-\omega_{ni}\xi_i-j\omega_{ni}\sqrt{1-\xi_i^2} \end{cases} \quad (i=1,\ 2,\ \cdots,\ n) \tag{4-121}$$

将 γ 的每一对共轭特征值代入式(4-119)，可以得到相应的共轭特征向量，与 γ_i 和 $\bar{\gamma}_i$ 对应的特征向量分别为 φ_i 和 $\bar{\varphi}_i$，皆为 $2n$ 维复向量，因此，称为复特征向量。

根据式(4-116)，得

$$\begin{cases} \varphi_i=\begin{Bmatrix} \psi_i \\ \gamma_i\psi_i \end{Bmatrix} \\ \bar{\varphi}_i=\begin{Bmatrix} \bar{\psi}_i \\ \gamma_i\bar{\psi}_i \end{Bmatrix} \end{cases} \quad (i=1,\ 2,\ \cdots,\ n) \tag{4-122}$$

将 n 对复特征值 γ_i 和 $\bar{\gamma}_i(i=1,\ 2,\ \cdots,\ n)$ 组成对角矩阵，称为复特征值矩阵，即

$$\boldsymbol{\Omega}=\begin{bmatrix} \boldsymbol{\Lambda} & \\ & \bar{\boldsymbol{\Lambda}} \end{bmatrix}=\begin{bmatrix} \gamma_1 & & & & & \\ & \ddots & & & 0 & \\ & & \gamma_n & & & \\ & & & \bar{\gamma}_1 & & \\ & 0 & & & \ddots & \\ & & & & & \bar{\gamma}_n \end{bmatrix} \tag{4-123}$$

式中，$\boldsymbol{\Lambda}=\begin{pmatrix}\gamma_1 & & 0\\ & \ddots & \\ 0 & & \gamma_n\end{pmatrix}$，为由 n 个 γ_i 元素组成的对角阵；$\bar{\boldsymbol{\Lambda}}=\begin{pmatrix}\bar{\gamma}_1 & & 0\\ & \ddots & \\ 0 & & \bar{\gamma}_n\end{pmatrix}$，为由 n 个 $\bar{\gamma}_i$ 元素组成的对角阵。

同理，将系统的 $2n$ 个复特征向量按照阶次以列排列在同一个矩阵中，组成 $2n$ 阶方阵 $\boldsymbol{\Phi}$，称为复模态矩阵，其矩阵形式为

$$\begin{aligned}\boldsymbol{\Phi}&=(\varphi\quad\bar{\varphi})=(\varphi_1\quad\varphi_2\quad\cdots\quad\varphi_n\quad\bar{\varphi}_1\quad\bar{\varphi}_2\quad\cdots\quad\bar{\varphi}_3)\\&=\left(\begin{pmatrix}\psi_1\\\gamma_1\psi_1\end{pmatrix}\quad\begin{pmatrix}\psi_2\\\gamma_2\psi_2\end{pmatrix}\quad\cdots\quad\begin{pmatrix}\psi_n\\\gamma_n\psi_n\end{pmatrix}\quad\begin{pmatrix}\bar{\psi}_1\\\gamma_1\bar{\psi}_1\end{pmatrix}\quad\begin{pmatrix}\bar{\psi}_2\\\gamma_2\bar{\psi}_2\end{pmatrix}\quad\cdots\quad\begin{pmatrix}\bar{\psi}_n\\\gamma_n\bar{\psi}_n\end{pmatrix}\right)\\&=\begin{pmatrix}\psi_1 & \psi_2 & \cdots & \psi_n & \bar{\psi}_1 & \bar{\psi}_2 & \cdots & \bar{\psi}_n\\\gamma_1\psi_1 & \gamma_2\psi_2 & & \gamma_n\psi_n & \gamma_1\bar{\psi}_1 & \gamma_2\bar{\psi}_2 & & \gamma_n\bar{\psi}_n\end{pmatrix}\end{aligned}$$

即

$$\boldsymbol{\Phi}=\begin{pmatrix}\psi & \bar{\psi}\\\psi\boldsymbol{\Lambda} & \bar{\psi}\bar{\boldsymbol{\Lambda}}\end{pmatrix}\tag{4-124}$$

式中，φ 为由特征向量 $\varphi_i(i=1,2,\cdots,n)$组成的 $2n\times n$ 矩阵；$\bar{\varphi}$ 为由特征向量$\bar{\varphi}_i(i=1,2,\cdots,n)$组成的 $2n\times n$ 矩阵；ψ 为由复模态 $\psi_i(i=1,2,\cdots,n)$组成的 $n\times n$ 复模态矩阵；$\bar{\psi}$ 为由复模态 $\bar{\psi}_i(i=1,2,\cdots,n)$组成的 $n\times n$ 共轭复模态矩阵。

4.6.3 复特征向量对矩阵 A 和 B 的正交性

任意选取两个不同的特征值 γ_s 和 γ_r，及其相应的特征向量 φ_s 和 φ_r，根据式(4-117)得

$$\begin{aligned}\gamma_s\boldsymbol{A}\varphi_s&=-\boldsymbol{B}\varphi_s\\\gamma_r\boldsymbol{A}\varphi_r&=-\boldsymbol{B}\varphi_r\end{aligned}\tag{4-125}$$

以 φ_r^{T} 和 φ_s^{T} 左乘以上两式，可得

$$\begin{aligned}\varphi_r^{\mathrm{T}}\gamma_s\boldsymbol{A}\varphi_s&=-\varphi_r^{\mathrm{T}}\boldsymbol{B}\varphi_s\\\varphi_s^{\mathrm{T}}\gamma_r\boldsymbol{A}\varphi_r&=-\varphi_s^{\mathrm{T}}\boldsymbol{B}\varphi_r\end{aligned}\tag{4-126}$$

对式(4-126)中的两式两端分别取转置，得

$$\begin{aligned}\varphi_s^{\mathrm{T}}\gamma_s\boldsymbol{A}\varphi_r&=-\varphi_s^{\mathrm{T}}\boldsymbol{B}\varphi_r\\\varphi_r^{\mathrm{T}}\gamma_r\boldsymbol{A}\varphi_s&=-\varphi_r^{\mathrm{T}}\boldsymbol{B}\varphi_s\end{aligned}\tag{4-127}$$

式(4-127)中的两式，分别减去式(4-126)中的两式，得

$$\begin{aligned}\varphi_s^{\mathrm{T}}\gamma_s\boldsymbol{A}\varphi_r-\varphi_s^{\mathrm{T}}\gamma_r\boldsymbol{A}\varphi_r&=(\gamma_s-\gamma_r)\varphi_s^{\mathrm{T}}\boldsymbol{A}\varphi_r=0\\\varphi_r^{\mathrm{T}}\gamma_r\boldsymbol{A}\varphi_s-\varphi_r^{\mathrm{T}}\gamma_s\boldsymbol{A}\varphi_s&=(\gamma_r-\gamma_s)\varphi_r^{\mathrm{T}}\boldsymbol{A}\varphi_s=0\end{aligned}\tag{4-128}$$

由于 $\gamma_s-\gamma_r\neq0$，所以

$$\varphi_s^{\mathrm{T}}\boldsymbol{A}\varphi_r=0\tag{4-129}$$

将式(4-129)代入式(4-127)，可得

$$\varphi_s^{\mathrm{T}}\boldsymbol{B}\varphi_r=0\tag{4-130}$$

由式(4-129)和式(4-130)，可得复特征向量 φ_s 和 φ_r 的正交性关系的表达式，即

$$\varphi_s^{\mathrm{T}}\boldsymbol{A}\varphi_r=\begin{cases}0 & (r\neq s)\\a_r & (r=s)\end{cases}\tag{4-131}$$

$$\varphi_s^{\mathrm{T}}\boldsymbol{B}\varphi_r=\begin{cases}0 & (r\neq s)\\ b_r & (r=s)\end{cases} \tag{4-132}$$

同理，可得复特征向量$\bar{\varphi}_s$和$\bar{\varphi}_r$的正交性关系的表达式，即

$$\bar{\varphi}_s^{\mathrm{T}}\boldsymbol{A}\,\bar{\varphi}_r=\begin{cases}0 & (r\neq s)\\ \bar{a}_r & (r=s)\end{cases} \tag{4-133}$$

$$\bar{\varphi}_s^{\mathrm{T}}\boldsymbol{B}\,\bar{\varphi}_r=\begin{cases}0 & (r\neq s)\\ \bar{b}_r & (r=s)\end{cases} \tag{4-134}$$

因此

$$\begin{aligned}\boldsymbol{\Phi}^{\mathrm{T}}\boldsymbol{A}\boldsymbol{\Phi}&=(\varphi_1\ \cdots\ \varphi_n\ \bar{\varphi}_1\ \cdots\ \bar{\varphi}_n)^{\mathrm{T}}\boldsymbol{A}(\varphi_1\ \cdots\ \varphi_n\ \bar{\varphi}_1\ \cdots\ \bar{\varphi}_n)\\ &=\begin{pmatrix}\varphi_1^{\mathrm{T}}A\varphi_1 & \cdots & \varphi_1^{\mathrm{T}}A\varphi_n & \varphi_1^{\mathrm{T}}A\,\bar{\varphi}_1 & \cdots & \varphi_1^{\mathrm{T}}A\,\bar{\varphi}_n\\ \vdots & \ddots & \vdots & \vdots & \ddots & \vdots\\ \varphi_n^{\mathrm{T}}A\varphi_1 & \cdots & \varphi_n^{\mathrm{T}}A\varphi_n & \varphi_n^{\mathrm{T}}A\,\bar{\varphi}_1 & \cdots & \varphi_n^{\mathrm{T}}A\,\bar{\varphi}_n\\ \bar{\varphi}_1^{\mathrm{T}}A\varphi_1 & \cdots & \bar{\varphi}_1^{\mathrm{T}}A\varphi_n & \bar{\varphi}_1^{\mathrm{T}}A\,\bar{\varphi}_1 & \cdots & \bar{\varphi}_1^{\mathrm{T}}A\,\bar{\varphi}_n\\ \vdots & \ddots & \vdots & \vdots & \ddots & \vdots\\ \bar{\varphi}_n^{\mathrm{T}}A\varphi_1 & \cdots & \bar{\varphi}_n^{\mathrm{T}}A\varphi_n & \bar{\varphi}_n^{\mathrm{T}}A\,\bar{\varphi}_1 & \cdots & \bar{\varphi}_n^{\mathrm{T}}A\,\bar{\varphi}_n\end{pmatrix}\end{aligned}$$

即

$$\boldsymbol{\Phi}^{\mathrm{T}}\boldsymbol{A}\boldsymbol{\Phi}=\begin{pmatrix}a_1 & & & & & \\ & \ddots & & & 0 & \\ & & a_n & & & \\ & & & \bar{a}_1 & & \\ & 0 & & & \ddots & \\ & & & & & \bar{a}_n\end{pmatrix}=\begin{pmatrix}a_i & \\ & \bar{a}_i\end{pmatrix}=[a] \tag{4-135}$$

$$\begin{aligned}\boldsymbol{\Phi}^{\mathrm{T}}\boldsymbol{B}\boldsymbol{\Phi}&=(\varphi_1\ \cdots\ \varphi_n\ \bar{\varphi}_1\ \cdots\ \bar{\varphi}_n)^{\mathrm{T}}\boldsymbol{B}(\varphi_1\ \cdots\ \varphi_n\ \bar{\varphi}_1\ \cdots\ \bar{\varphi}_n)\\ &=\begin{pmatrix}\varphi_1^{\mathrm{T}}B\varphi_1 & \cdots & \varphi_1^{\mathrm{T}}B\varphi_n & \varphi_1^{\mathrm{T}}B\,\bar{\varphi}_1 & \cdots & \varphi_1^{\mathrm{T}}B\,\bar{\varphi}_n\\ \vdots & & \vdots & \vdots & & \vdots\\ \varphi_n^{\mathrm{T}}B\varphi_1 & \cdots & \varphi_n^{\mathrm{T}}B\varphi_n & \varphi_n^{\mathrm{T}}B\,\bar{\varphi}_1 & \cdots & \varphi_n^{\mathrm{T}}B\,\bar{\varphi}_n\\ \bar{\varphi}_1^{\mathrm{T}}B\varphi_1 & \cdots & \bar{\varphi}_1^{\mathrm{T}}B\varphi_n & \bar{\varphi}_1^{\mathrm{T}}B\,\bar{\varphi}_1 & \cdots & \bar{\varphi}_1^{\mathrm{T}}B\,\bar{\varphi}_n\\ \vdots & & \vdots & \vdots & & \vdots\\ \bar{\varphi}_n^{\mathrm{T}}B\varphi_1 & \cdots & \bar{\varphi}_n^{\mathrm{T}}B\varphi_n & \bar{\varphi}_n^{\mathrm{T}}B\,\bar{\varphi}_1 & \cdots & \bar{\varphi}_n^{\mathrm{T}}B\,\bar{\varphi}_n\end{pmatrix}\end{aligned}$$

即

$$\boldsymbol{\Phi}^{\mathrm{T}}\boldsymbol{B}\boldsymbol{\Phi}=\begin{pmatrix}b_1 & & & & & \\ & \ddots & & & 0 & \\ & & b_n & & & \\ & & & \bar{b}_1 & & \\ & 0 & & & \ddots & \\ & & & & & \bar{b}_n\end{pmatrix}=\begin{pmatrix}b_i & \\ & \bar{b}_i\end{pmatrix}=[b] \tag{4-136}$$

根据式(4-126)，得 $\varphi_i^{\mathrm{T}}\gamma_i\boldsymbol{A}\varphi_i=-\varphi_i^{\mathrm{T}}\boldsymbol{B}\varphi_i(i=1,2,\cdots,n)$，所以

$$\gamma_i a_i=-b_i$$

同理

$$\bar{\gamma}_i\bar{a}_i=-\bar{b}_i$$

所以

$$\boldsymbol{\Lambda}[a_i]=-[b_i];\quad \bar{\boldsymbol{\Lambda}}[\bar{a}_i]=-[\bar{b}_i];\quad \boldsymbol{\Omega}[a]=-[b] \tag{4-137}$$

4.6.4 坐标变换

由于复特征向量 φ_i 和 $\bar{\varphi}_i(i=1,2,\cdots,n)$对系数矩阵 $\boldsymbol{A}$ 和 $\boldsymbol{B}$ 都具有正交性，所以，以全部复特征向量组成 $2n$ 阶复模态矩阵 $\boldsymbol{\Phi}$ 作为变换矩阵，对方程进行坐标变换，能够使得方程解除耦合。由复特征向量的正交性可知，系统的各阶复特征向量之间是线性无关的。因此，可以利用各阶复特征向量 $\boldsymbol{\Phi}_i=(\varphi_i\quad\bar{\varphi}_i)(i=1,2,\cdots,n)$为基底，形成向量空间 $\boldsymbol{\Phi}=(\varphi_1\quad\cdots\quad\varphi_n\quad\bar{\varphi}_1\quad\cdots\quad\bar{\varphi}_n)$，称为复特征向量空间。该空间的任意状态向量 Y 均可以利用基向量 φ_i 和 $\bar{\varphi}_i(i=1,2,\cdots,n)$的线性组合进行表达，即

$$Y_{2n\times1}=\boldsymbol{\Phi}_{2n\times2n}Q_{2n\times1} \tag{4-138}$$

式中，Q 称为复模态坐标向量，为 $2n$ 维，它的元素 $q_i(i=1,2,\cdots,n)$表示 Y 在相应复特征向量 φ_i 和 $\bar{\varphi}_i(i=1,2,\cdots,n)$上的广义坐标，或者理解为 i 阶复特征基向量 φ_i 和 $\bar{\varphi}_i(i=1,2,\cdots,n)$对于状态向量 Y 的贡献。

因此，状态向量 Y 可表示为

$$\begin{aligned}\begin{pmatrix}X\\ \dot{X}\end{pmatrix}&=Y=\boldsymbol{\Phi}Q=(\varphi\quad\bar{\varphi})\begin{pmatrix}q\\ \bar{q}\end{pmatrix}=\sum_{i=1}^{n}(\varphi_i\quad\bar{\varphi}_i)\begin{pmatrix}q_i\\ \bar{q}_i\end{pmatrix}\\ &=\sum_{i=1}^{n}(\varphi_iq_i+\bar{\varphi}_i\bar{q}_i)=\sum_{i=1}^{n}\left[\begin{pmatrix}\psi_i\\ \gamma_i\psi_i\end{pmatrix}q_i+\begin{pmatrix}\bar{\psi}_i\\ \gamma_i\bar{\psi}_i\end{pmatrix}\bar{q}_i\right]\end{aligned} \tag{4-139}$$

以式(4-139)对式(4-112)进行坐标变换，并在方程的两边左乘 $\boldsymbol{\Phi}^{\mathrm{T}}$，得

$$\boldsymbol{\Phi}^{\mathrm{T}}\boldsymbol{A}\boldsymbol{\Phi}\dot{Q}+\boldsymbol{\Phi}^{\mathrm{T}}\boldsymbol{B}\boldsymbol{\Phi}Q=\boldsymbol{\Phi}^{\mathrm{T}}\{f(t)\}=\boldsymbol{\Phi}^{\mathrm{T}}\begin{pmatrix}\{f(t)\}\\ 0\end{pmatrix} \tag{4-140}$$

再根据式(4-135)和式(4-136)，式(4-140)得

$$[a]\dot{Q}+[b]Q=\boldsymbol{\Phi}^{\mathrm{T}}\{f(t)\}=\begin{pmatrix}\varphi^{\mathrm{T}}\ \{f(t)\}\\ \bar{\varphi}^{\mathrm{T}}\ \{f(t)\}\end{pmatrix} \tag{4-141}$$

分解写为

$$\begin{cases}a_i\dot{q}_i+b_iq_i=\psi_i^{\mathrm{T}}\{f(t)\}\\ \bar{a}_i\dot{\bar{q}}_i+\bar{b}_i\bar{q}_i=\bar{\psi}_i^{\mathrm{T}}\{f(t)\}\end{cases}\quad(i=1,2,\cdots,n) \tag{4-142}$$

式(4-142)为 $2n$ 个互不耦合的一阶线性微分方程组，可以对其中的任何微分方程求得系统在激振力 $\{f(t)\}$ 作用下的复模态空间的响应，代入坐标变换式(4-140)，并取上半部分，就可以得到在物理坐标下的响应。

小　　结

本章介绍了多自由度系统振动微分方程的建立方法，包括直接法、拉格朗日法和影响系数法；介绍了多自由度系统的固有频率、主振型；介绍了多自由度系统的广义坐标、坐标变换和模态分析，包括多自由度系统的实模态分析和复模态分析；介绍了多自由度系统的自由振动响应和强迫振动响应的计算方法。通过本章学习，可以掌握多自由度系统的振动微分方程的建立方法，掌握多自由度系统的坐标变换和模型分析，以及多自由度系统自由振动和强迫振动响应的计算方法，为复杂振动系统的分析奠定坚实的基础。

【关键术语】

多自由度振动系统　直接法　拉格朗日法　影响系数法　刚度矩阵影响系数　质量矩阵影响系数　柔度矩阵影响系数　固有频率　主振型　广义坐标　坐标变换　模态分析　主模态矩阵　正则模态矩阵　实模态分析　比例阻尼　复模态分析　状态空间　复特征值　复特征向量　复模态矩阵

习　题

1. 试分别用直接法、拉格朗日法和影响系数法确定图 4.10 中的振动系统的刚度矩阵 $\boldsymbol{K}$，并按照矩阵表达形式写出系统的振动微分方程。

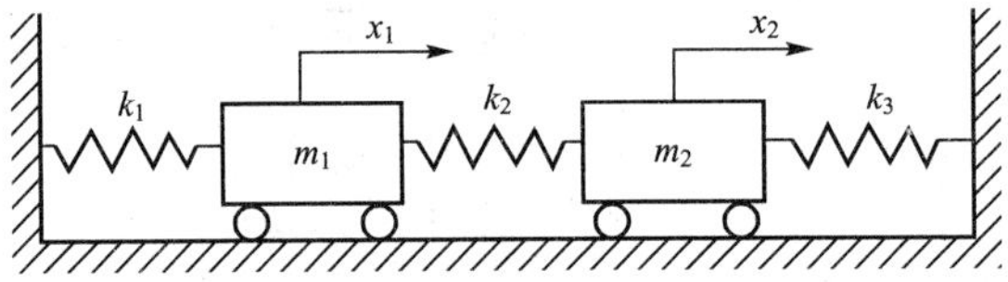

图 4.10　二质量三弹簧振动系统

2. 在图 4.11 所示的圆盘轴扭振系统中，左端为固定端。假设 $J_1=J_2=J_3=J$，$k_1=k_2=k_3=k$。试用柔度法确定系统的特征值和特征向量。

3. 图 4.12 所示圆槽内有三个滑块，其绕中心 O 的转动惯量为 $J_1=J_2=J_3=J$，弹簧刚度 $k_1=k_2=k_3=k$。试求系统的质量矩阵和刚度矩阵。

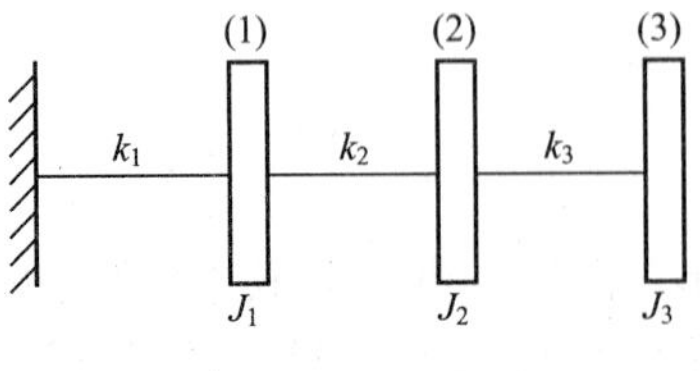

图 4.11　圆盘轴扭振系统

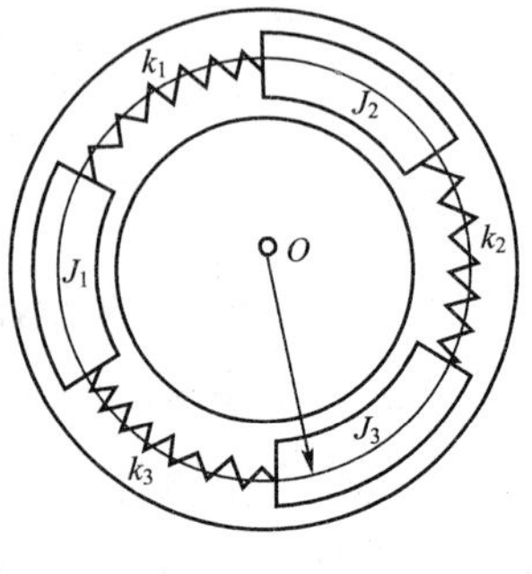

图 4.12　三滑块三弹簧振动系统

4. 试求图 4.13 所示多质量及弹簧振动系统的质量矩阵和刚度矩阵。

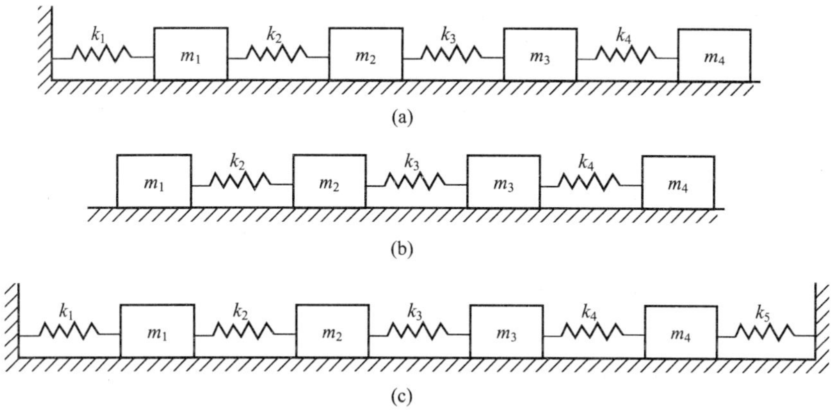

图 4.13 多质量及弹簧振动系统

5. 如图 4.14 所示，有一质量为 m 的等截面刚性杆，长度为 l，其右端存在集中质量 m。刚性杆两端的支承弹簧刚度均为 k。取质量中心的平动和转动为两个运动坐标，试确定该系统的刚度矩阵和质量矩阵，并求系统的特征值和特征向量；画出振型示意图，并求出主振型矩阵、模态质量矩阵、模态刚度矩阵和正则振型矩阵，并验证正则质量矩阵和正则刚度矩阵。

6. 图 4.15 所示为汽车的平面振动模型，只考虑垂向和俯仰两个自由度。假设车身质量为 m，转动惯量为 $m\rho^2$，k_f 和 k_r 分别为前、后悬架的等效刚度，l_f 和 l_r 分别为质心距离前、后轴的水平距离。

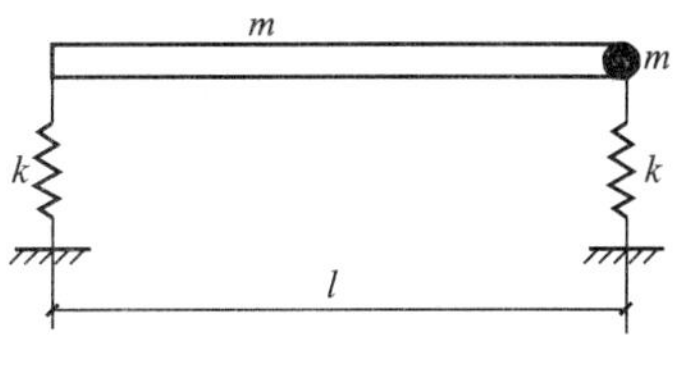

图 4.14 刚性杆弹簧支撑振动系统

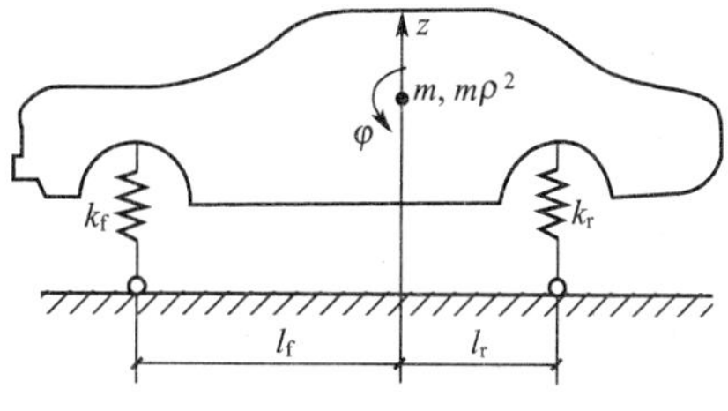

图 4.15 汽车平面振动模型

试求：

(1) 系统的固有频率和主振型；

(2) 若 $k_f l_f = k_r l_r$，讨论系统的固有频率和主振型；

(3) 若 $\rho^2 = l_f l_r = C$，讨论系统的固有频率和主振型。

7. 在图 4.15 中，若 $m = 440\text{kg}$，$\rho^2 = 1.2\text{m}^2$，$k_f = 24000\text{N/m}$，$k_r = 36000\text{N/m}$，$l_f = 1.2\text{m}$，$l_r = 1.5\text{m}$。试求：

(1) 系统的固有频率和主振型；

(2) 如果要在车身上安装一个座椅，试讨论安装的最佳位置。

8. 在图 4.10 中，假设 $m_1 = m_2 = m$，$k_1 = k_2 = k_3 = k$，并假定在 m_2 上作用静力 P，方向沿坐标的正方向。现在 P 突然放松。根据该初始条件求系统的自由振动响应。

9. 在图 4.11 中的系统，假设在第二个和第三个圆盘之间的中央处施加简谐作用力矩

$T\sin\omega t$，试求系统的强迫振动响应(提示：可以认为外载荷平均分配到两个圆盘上)。

10. 在图 4.10 中，假设 $m_1=m_2=m$，$k_1=k_2=k_3=k$，假定每个质量上同时作用阶跃函数的外载荷 $Q_1=Q_2=Q$，求系统的强迫振动响应。

11. 试利用振型向量的正交性证明：

(1) $\phi_s^T[\boldsymbol{KM}^{-1}]^h\boldsymbol{K}\phi_r=0(h=1,2,\cdots,n)$；

(2) $\phi_s^T[\boldsymbol{KM}^{-1}]^h\boldsymbol{M}\phi_r=0(h=1,2,\cdots,n)$。

12. 求图 4.16 所示的振动系统的粘性阻尼矩阵，并说明其不是比例阻尼。

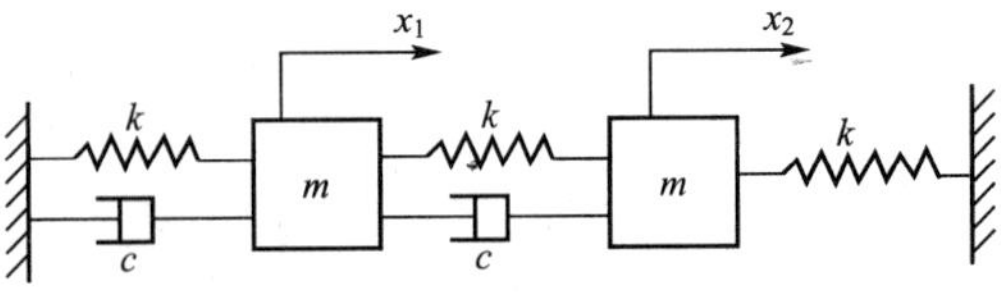

图 4.16　二质量三弹簧阻尼振动系统

13. 对图 4.16 所示的振动系统，试求：

(1) 第一个质量上作用简谐激振力 $f\sin\omega t$ 时的系统响应；

(2) 两个质量上同时作用阶跃函数的外载荷 $F_1=F_2=F$ 时，系统的强迫振动响应。

第5章 固有特性近似计算方法

本章学习目标

★ 熟练掌握矩阵迭代法，掌握基频和振型、二阶频率和振型以及高级频率和振型的矩阵迭代法；

★ 了解子空间迭代法的基本思想和迭代求解过程；

★ 熟悉瑞利能量法和邓克莱法求解系统固有特性，了解它们各自的特点；

★ 掌握传递矩阵法计算振动系统固有特性，了解传递矩阵法的特点，了解分支传动系统的传递矩阵方法；

★ 了解特征方程有零根和重根的系统振型的计算方法。

本章教学要点

知识要点	能力要求	相关知识
矩阵迭代法	熟练掌握基频和振型、二阶频率和振型以及高级频率和振型的矩阵迭代法	归一化因子，振型向量，清型矩阵
子空间迭代法	了解子空间迭代法计算系统固有特性的基本思想和迭代求解过程	截断型矩阵、初始矩阵、试用矩阵、广义质量矩阵、广义刚度矩阵
瑞利能量法和邓克莱法	熟悉瑞利能量法和邓克莱法求解系统固有特性，了解它们各自的特点	第一瑞利商，第二瑞利商，基频，动力矩阵
传递矩阵法	掌握传递矩阵法计算振动系统固有特性，了解传递矩阵法的特点，了解分支传动系统的传递矩阵方法	单元传递矩阵，质量单元，弹性单元，传递矩阵，系统传递矩阵，系统边界条件，系统固有频率，系统振型
具有零特征根和重特征根的系统振型解法	了解特征方程有零根和重根的系统振型的计算方法	特征方程，零根，重根，振型

本章学习方法

本章学习振动系统固有特性的各种计算方法。因此，应该在掌握多自由度系统振动的前提下，把握振动系统固有特性各种近似计算方法的特点、过程、应用场合和条件，同时，还必须结合实例利用计算机对实际振动问题进行计算练习。这不仅可以加深对课堂理论的了解，并且还可以进一步巩固掌握各种计算方法，为实际振动系统特性的工程计算打下坚实基础。

前面的章节已经介绍了振动系统固有特性的精确计算方法，但在工程上，有时需要利用比较近似的方法快速估算系统的固有特性。本章对此进行阐述，主要介绍比较常用的矩阵迭代法、子空间迭代法、瑞利能量法和邓克莱法以及传递矩阵方法。

5.1 矩阵迭代法

矩阵迭代法是一种最常用和有效的方法，其特点如下：

(1) 可以求振动系统的各阶固有频率和振型向量；

(2) 对预估振型向量无精度要求；

(3) 能够控制计算精度；

(4) 容错性好，中间的计算错误只影响计算收敛的速度，而不影响最终的计算结果；

(5) 方法简单，便于用计算机实现；

(6) 有时收敛较慢，计算效率较低。

5.1.1 基频和振型的求法

无阻尼多自由度系统的振动微分方程 $\boldsymbol{M}\ddot{X}+\boldsymbol{K}X=0$ 的振型方程为

$$(\boldsymbol{K}-\omega^2\boldsymbol{M})X=0 \tag{5-1}$$

变形为

$$\frac{1}{\omega^2}X=\boldsymbol{K}^{-1}\boldsymbol{M}X=\boldsymbol{D}X \tag{5-2}$$

或者

$$\frac{1}{\omega_i^2}X_i=\lambda_i X^{(i)}=\boldsymbol{D}X^{(i)}\quad (i=1,\ 2,\ \cdots,\ n) \tag{5-3}$$

如果将随意假定的振型向量代入上式，等式并不成立，但是通过不断的迭代却可以逐步逼近所要求的固有频率和振型向量。迭代过程如下：

首先，假设初次尝试的归一化(假设按照第一个元素归一化)向量为 X_0，计算 $\boldsymbol{D}X_0$，并将计算值 $\boldsymbol{D}X_0$ 也按照第一个元素归一化，得到归一化因子 α_1 和第一次迭代的向量 X_1，即

$$\boldsymbol{D}X_0 \overset{\text{归一化}}{\Rightarrow} \alpha_1 X_1=\alpha_1\begin{pmatrix}1\\ \vdots\end{pmatrix}$$

将得到的 X_1 与 X_0 相比较，如果 $X_1\neq X_0$，则继续将 X_1 代入上式的右端进行计算，并作归一化处理，得到归一化因子 α_2 和向量 X_2，即

$$\boldsymbol{D}X_1 \overset{\text{归一化}}{\Rightarrow} \alpha_2 X_2=\alpha_2\begin{pmatrix}1\\ \vdots\end{pmatrix}$$

如果 $X_2\neq X_1$，则继续重复上述的过程，直至根据 $\boldsymbol{D}X_{k-1} \overset{\text{归一化}}{\Rightarrow} \alpha_k X_k(k=1,\ 2,\ \cdots)$方式所得到的向量在一定精度内满足 $X_{k-1}=X_k$，则 α_k 为指定精度的第一阶 λ，X_k 为第一阶振型向量 $X^{(1)}$。

下面对此进行证明。由于振动系统的 n 个振型向量 $X^{(i)}(i=1,\ 2,\ \cdots,\ n)$是线性无关的，因此，任意假设的尝试向量可以表示为各阶振型向量的线性组合，即

$$
\begin{aligned}
\boldsymbol{D}X_0 &= \sum_{i=1}^{n} c_i \boldsymbol{D}X^{(i)} \\
&= c_1\boldsymbol{D}X^{(1)} + c_2\boldsymbol{D}X^{(2)} + \cdots + c_n\boldsymbol{D}X^{(n)} \\
&= c_1\frac{1}{\omega_1^2}X^{(1)} + c_2\frac{1}{\omega_2^2}X^{(2)} + \cdots + c_n\frac{1}{\omega_n^2}X^{(n)} \\
&= \frac{1}{\omega_1^2}\left[c_1X^{(1)} + c_2\frac{\omega_1^2}{\omega_2^2}X^{(2)} + \cdots + c_n\frac{\omega_1^2}{\omega_n^2}X^{(n)}\right]
\end{aligned}
$$

即

$$\boldsymbol{D}X_0 = \frac{1}{\omega_1^2}X_1 \tag{5-4}$$

由于固有频率的排序，式(5-4)中的系数 $c_2\frac{\omega_1^2}{\omega_2^2}$，…，$c_n\frac{\omega_1^2}{\omega_n^2}$分别小于 X_0 相应的系数 c_2，…，c_n，因此，X_1 比 X_0 更接近 $X^{(1)}$。

第二次迭代：

$$
\begin{aligned}
\boldsymbol{D}X_1 &= \sum_{i=1}^{n} c_i \boldsymbol{D}X^{(i)} \\
&= \boldsymbol{D}(c_1X^{(1)} + c_2X^{(2)} + \cdots + c_nX^{(n)}) \\
&= \frac{1}{\omega_1^2}\left[c_1X^{(1)} + c_2\left(\frac{\omega_1^2}{\omega_2^2}\right)^2X^{(2)} + \cdots + c_n\left(\frac{\omega_1^2}{\omega_n^2}\right)^2X^{(n)}\right]
\end{aligned}
$$

即

$$\boldsymbol{D}X_1 = \frac{1}{\omega_1^2}X_2 \tag{5-5}$$

重复上述过程，第 k 次迭代后，得

$$\boldsymbol{D}X_{k-1} = \boldsymbol{D}\left[c_1X^{(1)} + c_2\left(\frac{\omega_1^2}{\omega_2^2}\right)^kX^{(2)} + \cdots + c_n\left(\frac{\omega_1^2}{\omega_n^2}\right)^kX^{(n)}\right]$$

即

$$\boldsymbol{D}X_{k-1} = \frac{1}{\omega_1^2}c_1XX^{(1)} \quad \left(\text{因为}\lim_{k\to\infty}c_i\left(\frac{\omega_1^2}{\omega_n^2}\right)^k = 0\right) \tag{5-6}$$

可见，随着迭代次数的增加，第一项的主导地位越来越明显。当迭代次数足够大时，$\boldsymbol{D}X_{k-1}$ 与 $X^{(1)}$ 只相差系数$\frac{1}{\omega_1^2}c_1$，$\boldsymbol{D}X_{k-1}$ 即为所求的第一阶振型向量，将其归一化后为 X_k，X_k 即为所求的第一阶主振型向量，即

$$\boldsymbol{D}X_k = \boldsymbol{D}X^{(1)} = \frac{1}{\omega_1^2}X^{(1)}$$

$$\boldsymbol{D}X_{k-1} = \boldsymbol{D}X^{(1)} = \frac{1}{\omega_1^2}X^{(1)}$$

$$X_k = X_{k-1}$$

所以归一化因子 α 即为$\frac{1}{\omega_1^2}$，如果二者非常接近，则收敛速度很快。

例5.1

已知 $\boldsymbol{FM}=\frac{J}{k}\begin{pmatrix}1 & 1 & 1\\1 & 2 & 2\\1 & 2 & 3\end{pmatrix}$，求第一阶固有频率和振型向量(精确值为 $\lambda_1=5.049\frac{J}{k}$，$\boldsymbol{A}_1=[1\quad 1.082\quad 2.247]^{\mathrm{T}}$)。

解：任取初始振型向量 $\boldsymbol{X}_0=[1\quad 1\quad 1]^{\mathrm{T}}$，然后依顺序迭代计算。各次计算结果见表 5-1。

表 5-1　振型向量迭代过程及结果

$\boldsymbol{D}\left(\frac{k}{J}\right)$	迭代向量						
	$\boldsymbol{X}_0$	$\boldsymbol{X}_1$	$\boldsymbol{X}_2$	$\boldsymbol{X}_3$	$\boldsymbol{X}_4$	$\boldsymbol{X}_5$	$\boldsymbol{X}_6$
$\begin{pmatrix}1 & 1 & 1\\1 & 2 & 2\\1 & 2 & 3\end{pmatrix}$	1 1 1	1.000 1.667 2.000	1.000 1.786 2.214	1.000 1.800 2.243	1.000 1.802 2.246	1.000 1.802 2.247	1.000 1.802 2.247
$\lambda\left(\frac{J}{k}\right)$	—	3.000	4.667	5.000	5.043	5.048	5.049
α_i	—	α_1	α_2	α_3	α_4	α_5	α_6

由此得到：$\lambda_1=5.059\frac{J}{k}$，$\omega_1^2=0.1981\frac{k}{J}$，$\boldsymbol{A}_1=[1\quad 1.082\quad 2.247]^{\mathrm{T}}$。

5.1.2　二阶固有频率和振型的求法

上面利用迭代方法求基频和第一阶振型向量，主要是基于通过迭代逐渐使第一主振型起主导作用的原理。同样的，为了求得第二阶的频率和振型，必须设法使第二阶在迭代过程中逐渐起主导作用，为此必须引入适当的约束抑制第一阶主振型。如果指定第一主坐标的位移等于零，则可以达到上述目的。下面阐述约束矩阵的确定方法。

假设初始振型向量 X_0 乘以约束第一阶振型的动力矩阵 $\boldsymbol{D}$ 后，迭代结果后收敛于第二阶固有频率和主振型。

同样，将初始尝试向量表示为各阶振型向量的线性组合，即 $X_0=\sum_{i=1}^{n}c_iX^{(i)}$，$c_i$ 为常数，则

$$\begin{aligned}\hat{X}_1=\boldsymbol{D}X_0&=\sum_{i=1}^{n}c_i\boldsymbol{D}X^{(i)}\\&=c_1\boldsymbol{D}X^{(1)}+c_2\boldsymbol{D}X^{(2)}+\cdots+c_n\boldsymbol{D}X^{(n)}\end{aligned}$$

即

$$\hat{X}_1=\frac{c_1}{\omega_1^2}X^{(1)}+\frac{c_2}{\omega_2^2}X^{(2)}+\cdots+\frac{c_n}{\omega_n^2}X^{(n)} \tag{5-7}$$

从 $\boldsymbol{D}X_0$ 中清除第一阶振型成分 $\frac{c_1}{\omega_1^2}X^{(1)}$ 后，可得

$$\hat{X}_1-\frac{c_1}{\omega_1^2}X^{(1)}=\boldsymbol{D}X_0-\frac{c_1}{\omega_1^2}X^{(1)} \tag{5-8}$$

对 $X_0=\sum_{i=1}^{n}c_iX^{(i)}$ 左乘以 $X^{(1)\mathrm{T}}\boldsymbol{M}$，得

$$X^{(1)\mathrm{T}}\boldsymbol{M}X_0=X^{(1)\mathrm{T}}\boldsymbol{M}\sum_{i=1}^{n}c_iX^{(i)}=c_1m_{\mathrm{p}1} \tag{5-9}$$

所以

$$c_1=\frac{X^{(1)\mathrm{T}}\boldsymbol{M}X_0}{m_{\mathrm{p}1}} \tag{5-10}$$

将式(5-10)代入式(5-8)，得到

$$\hat{X}_1-\frac{c_1}{\omega_1^2}X^{(1)}=\boldsymbol{D}X_0-X^{(1)}\frac{X^{(1)\mathrm{T}}\boldsymbol{M}X_0}{m_{\mathrm{p}1}\omega_1^2}=\left(\boldsymbol{D}-X^{(1)}\frac{X^{(1)\mathrm{T}}\boldsymbol{M}}{m_{\mathrm{p}1}\omega_1^2}\right)X_0=\widetilde{\boldsymbol{D}}X_0 \tag{5-11}$$

式中，$\widetilde{\boldsymbol{D}}=\left(\boldsymbol{D}-X^{(1)}\frac{X^{(1)\mathrm{T}}\boldsymbol{M}}{m_{\mathrm{p}1}\omega_1^2}\right)$，称为清除一阶振型后的清型矩阵。

利用清型矩阵 $\widetilde{\boldsymbol{D}}$ 按照以下的步骤进行迭代计算：

$$\widetilde{\boldsymbol{D}}X_0\overset{\text{归一化}}{\Rightarrow}\alpha_1X_1$$

$$\widetilde{\boldsymbol{D}}X_1\overset{\text{归一化}}{\Rightarrow}\alpha_2X_2$$

$$\vdots$$

$$\widetilde{\boldsymbol{D}}X_{k-1}\overset{\text{归一化}}{\Rightarrow}\alpha_kX_k$$

直至在指定的精度要求范围内满足 $X_{k-1}=X_k$，则 α_k 为指定精度的第二阶 λ，X_k 为指定精度的第二阶振型向量 $X^{(2)}$。

例5.2

求例 5.1 的第二阶主振型(已知：$\boldsymbol{M}=J\begin{pmatrix}1&&\\&1&\\&&1\end{pmatrix}$，$\omega_1^2=0.1981\ \frac{k}{J}$；$\boldsymbol{A}_1=[1\quad 1.802\quad 2.247]^{\mathrm{T}}$)。

解：首先求清型矩阵。

$$\widetilde{\boldsymbol{D}}=\boldsymbol{D}-X^{(1)}\frac{X^{(1)\mathrm{T}}\boldsymbol{M}}{m_{\mathrm{p}1}\omega_1^2}$$

由于 $m_{\mathrm{p}1}=\boldsymbol{A}_1^{\mathrm{T}}\boldsymbol{M}\boldsymbol{A}_1=9.2692J$，因此

$$\begin{aligned}\widetilde{\boldsymbol{D}}&=\boldsymbol{D}-X^{(1)}\frac{X^{(1)\mathrm{T}}\boldsymbol{M}}{m_{\mathrm{p}1}\omega_1^2}\\&=\begin{pmatrix}1&1&1\\1&2&2\\1&2&3\end{pmatrix}-\begin{pmatrix}0.5430&0.9785&1.2201\\0.9785&1.7633&2.1987\\1.2201&2.1987&2.7417\end{pmatrix}\\&=\begin{pmatrix}0.4570&0.0215&-0.2201\\0.0215&0.2367&-0.1987\\-0.2201&-0.1987&0.2583\end{pmatrix}\end{aligned}$$

以清型矩阵 $\widetilde{\boldsymbol{D}}$ 进行迭代，求第二阶主振型，假设初始振型向量为$(1\quad 1\quad 1)^{\mathrm{T}}$。然后进行迭代运算，其结果见表 5-2。

表 5-2　二阶主振型向量迭代过程及结果

$\boldsymbol{D}\left(\frac{k}{J}\right)$			迭代向量							
			$\boldsymbol{X}_0$	$\boldsymbol{X}_1$	$\boldsymbol{X}_2$	$\boldsymbol{X}_3$	$\boldsymbol{X}_4$	$\boldsymbol{X}_5$	$\boldsymbol{X}_6$	$\boldsymbol{X}_7$
0.4570	0.0215	−0.2201	1	1.000	1.000	1.000	1.000	1.000	1.000	1.0000
0.0215	0.2367	−0.1987	1	1.667	1.786	1.800	1.802	1.802	1.802	0.4420
−0.2201	−0.1987	0.2583	1	2.000	2.214	2.243	2.246	2.247	2.247	−0.7995
$\lambda\left(\frac{J}{k}\right)$			—	3.000	4.667	5.000	5.043	5.048	5.049	0. 6419
α_i			—	α_1	α_2	α_3	α_4	α_5	α_6	α_7

$\boldsymbol{D}\left(\frac{k}{J}\right)$			迭代向量						
			$\boldsymbol{X}_8$	$\boldsymbol{X}_9$	$\boldsymbol{X}_{10}$	$\boldsymbol{X}_{11}$	$\boldsymbol{X}_{12}$	$\boldsymbol{X}_{13}$	$\boldsymbol{X}_{14}$
0.4570	0.0215	−0.2201	1.0000	1.0000	1.0000	1.0000	1.0000	1.0000	1.0000
0.0215	0.2367	−0.1987	0.4436	0.4443	0.4447	0.4448	0.4449	0.4450	0.4450
−0.2201	−0.1987	0.2583	−0.8008	−0.8014	−0.8017	−0.8018	−0.8019	−0.8019	−0.8019
$\lambda\left(\frac{J}{k}\right)$			0.6425	0.6428	0.6430	0.6430	0.6431	0.6431	0.6431
α_i			α_8	α_9	α_{10}	α_{11}	α_{12}	α_{13}	α_{14}

迭代 14 次，便可得到 $\lambda_2=0.6431J/k$，$\boldsymbol{A}_2=[1\quad 0.4450\quad -0.8019]^{\mathrm{T}}$。

5.1.3　高阶固有频率和振型的求法

根据前面所讲，以此类推，在顺序求出前 k 阶的固有频率和主振型之后，可以利用以下清型矩阵 $\widetilde{\boldsymbol{D}}$ 进行迭代求解：

$$\begin{aligned}\widetilde{\boldsymbol{D}}_{(k)}&=\boldsymbol{D}-\sum_{j=1}^{k}\frac{1}{m_{\mathrm{p}j}\omega_j^2}X^{(j)}X^{(j)\mathrm{T}}\boldsymbol{M}\\&=\boldsymbol{D}-\frac{1}{m_{\mathrm{p}1}\omega_1^2}X^{(1)}X^{(1)\mathrm{T}}\boldsymbol{M}-\frac{1}{m_{\mathrm{p}2}\omega_2^2}X^{(2)}X^{(2)\mathrm{T}}\boldsymbol{M}-\cdots-\frac{1}{m_{\mathrm{p}k}\omega_k^2}X^{(k)}X^{(k)\mathrm{T}}\boldsymbol{M}\end{aligned}\tag{5-12}$$

可见，这样非常便于编程计算。

例5.3

求例 5.1 的第三阶固有频率和主振型。

解：

$$\widetilde{\boldsymbol{D}}_{(3)}=\boldsymbol{D}-\sum_{j=1}^{3}\frac{1}{m_{\mathrm{p}j}\omega_j^2}X^{(j)}X^{(j)\mathrm{T}}\boldsymbol{M}$$

$$=\begin{bmatrix}0.1077 & -0.1339 & 0.0600\\ -0.1339 & 0.1676 & -0.0741\\ 0.0600 & -0.0741 & 0.0337\end{bmatrix}$$

假设初始振型向量为 $[1 \quad -1 \quad 1]^{\mathrm{T}}$，则迭代计算结果见表 5-3。

表 5-3 第三阶主振型迭代过程及结果

$\boldsymbol{D}\left(\frac{k}{J}\right)$	迭代向量				
	$\boldsymbol{X}_0$	$\boldsymbol{X}_1$	$\boldsymbol{X}_2$	$\boldsymbol{X}_3$	$\boldsymbol{X}_4$
$\begin{bmatrix} 0.1077 & -0.1339 & 0.0600 \\ -0.1339 & 0.1676 & -0.0741 \\ 0.0600 & -0.0741 & 0.0337 \end{bmatrix}$	1 −1 1	1.0000 −1.2452 0.5561	1.0000 −1.2469 0.5553	1.0000 −1.2468 0.5553	1.0000 −1.2467 0.5552
$\lambda\left(\frac{J}{k}\right)$	—	0.3016	0.3078	0.3080	0.3080
α_i	—	α_1	α_2	α_3	α_4

迭代 4 次，便可以得到 $\lambda_3=0.3080J/k$，$\boldsymbol{A}_3=[1 \quad -1.2467 \quad 0.5552]^{\mathrm{T}}$。

5.2 子空间迭代法

子空间迭代法适合于求解系统的前几阶特征值和特征向量。这种方法假设前面 r 个初始向量同时进行迭代，以求得前 $s(s<r)$ 个特征值和特征向量。子空间迭代法基本上可以任意假设初始向量，而且，其迭代收敛性优于矩阵迭代法。因此，它成为求解大型矩阵特征值问题的有效方法之一，一般利用计算机进行计算。本节简单介绍子空间迭代方法的基本思想，以及求解的基本过程。

假设 n 自由度系统的质量矩阵和刚度矩阵分别为 $\boldsymbol{M}$ 和 $\boldsymbol{K}$。再假设系统的各个特征向量为 $A_i(i=1,\ 2,\ \cdots,\ n)$，相应的特征值为 $\lambda_i=1/p^2$，则

$$\boldsymbol{K}A_i=p_i^2\boldsymbol{M}A_i \quad 或 \quad \lambda_i A_i=\boldsymbol{K}^{-1}\boldsymbol{M}A_i \tag{5-13}$$

如果把 A_i 扩展成为截断形态的振型矩阵，即 $n\times r$ 阶的矩阵 $\boldsymbol{B}$，上述关系仍然成立，即

$$\boldsymbol{KB}[\lambda]-\boldsymbol{MB} \quad 或 \quad \boldsymbol{K}^{-1}\boldsymbol{MB}=\boldsymbol{B}[\lambda] \tag{5-14}$$

式中，$[\lambda]$ 为由特征值组成的 r 阶对角矩阵。

如果选取 r 个 n 维向量 $\phi_{0j}(j=1,\ 2,\ \cdots,\ n)$，构成 $n\times r$ 阶的矩阵 $\boldsymbol{\psi}_0$，作为初始矩阵 $\boldsymbol{\psi}_0=[\phi_{01} \quad \phi_{02} \quad \cdots \quad \phi_{0r}]$，并且将它看作系统前 r 阶主振型矩阵的零次近似，即

$$\boldsymbol{B}_0=\boldsymbol{\psi}_0 \tag{5-15}$$

将 $\boldsymbol{\psi}_0$ 左乘 $\boldsymbol{K}^{-1}\boldsymbol{M}$，并令 $\boldsymbol{\psi}_{\mathrm{I}}=\boldsymbol{K}^{-1}\boldsymbol{MB}_0$，称为初始迭代后的试用矩阵。

但是，下面一步不将 $\boldsymbol{\psi}_{\mathrm{I}}$ 重复迭代，而是需要作一定的处理。由于系统的各阶主振型向量的正交性，任意向量可以通过振型向量的线性组合来表示，这对于截断型振型矩阵同样适用。同理，可以将系统前 r 阶主振型矩阵的一次近似表示为

$$\boldsymbol{B}_{\mathrm{I}}=\boldsymbol{\psi}_{\mathrm{I}}\boldsymbol{Y}_{\mathrm{I}} \tag{5-16}$$

式中，$\boldsymbol{Y}_{\mathrm{I}}$ 为 r 阶系数矩阵。由式(5-6)可知，如果 $\boldsymbol{B}_{\mathrm{I}}$ 为真实的截断主振型矩阵，而试用

矩阵非常接近它时，系数矩阵 $\boldsymbol{Y}_{\mathrm{I}}$ 必定趋于 r 阶的单位矩阵。为此，需要对 $\boldsymbol{\psi}_{\mathrm{I}}$ 进行正交化处理，将原坐标的质量矩阵和刚度矩阵构成相应的广义质量矩阵和广义刚度矩阵，即

$$\begin{cases}\boldsymbol{M}_{\mathrm{I}}=\boldsymbol{\psi}_{\mathrm{I}}^{\mathrm{T}}\boldsymbol{M}\psi_{\mathrm{I}}\\ \boldsymbol{K}_{\mathrm{I}}=\boldsymbol{\psi}_{\mathrm{I}}^{\mathrm{T}}\boldsymbol{K}\psi_{\mathrm{I}}\end{cases}\tag{5-17}$$

同时，以 $\boldsymbol{Y}$ 为广义坐标，并通过式(5-14)求解 $\boldsymbol{Y}_{\mathrm{I}}$ 和 $[\lambda_{\mathrm{I}}]$，令 $\boldsymbol{Y}_{\mathrm{I}}$ 主对角元素为1，则有

$$\boldsymbol{K}_{\mathrm{I}}\boldsymbol{Y}_{\mathrm{I}}[\lambda]=\boldsymbol{M}_{\mathrm{I}}\boldsymbol{Y}_{\mathrm{I}}\tag{5-18}$$

求得 $\boldsymbol{Y}_{\mathrm{I}}$ 后，可以确定 $\boldsymbol{B}_{\mathrm{I}}$ 为

$$\boldsymbol{B}_{\mathrm{I}}=\boldsymbol{\psi}_{\mathrm{I}}\boldsymbol{Y}_{\mathrm{I}}\tag{5-19}$$

然后，再对 $\boldsymbol{B}_{\mathrm{I}}$ 左乘算子 $\boldsymbol{K}^{-1}\boldsymbol{M}$，得到

$$\boldsymbol{\psi}_{\mathrm{II}}=\boldsymbol{K}^{-1}\boldsymbol{M}\boldsymbol{B}_{\mathrm{I}}\tag{5-20}$$

再次对原坐标进行正交处理，则有

$$\begin{cases}\boldsymbol{M}_{\mathrm{II}}=\boldsymbol{\psi}_{\mathrm{II}}^{\mathrm{T}}\boldsymbol{M}\boldsymbol{\psi}_{\mathrm{II}}\\ \boldsymbol{K}_{\mathrm{II}}=\boldsymbol{\psi}_{\mathrm{II}}^{\mathrm{T}}\boldsymbol{K}\boldsymbol{\psi}_{\mathrm{II}}\end{cases}\tag{5-21}$$

相似的求解 $\boldsymbol{Y}_{\mathrm{II}}$ 和 $[\lambda_{\mathrm{II}}]$，得到主振型矩阵的二次近似 $\boldsymbol{B}_{\mathrm{II}}$ 为

$$\boldsymbol{B}_{\mathrm{II}}=\boldsymbol{\psi}_{\mathrm{II}}\boldsymbol{Y}_{\mathrm{II}}\tag{5-22}$$

不断重复上述过程，直至 N 次迭代后，得到 N 次迭代近似矩阵 $\boldsymbol{B}_N$ 与特征阵 $[\lambda_N]$，则 $\boldsymbol{B}\to\boldsymbol{A}$，而 $[\lambda_N]\to[\lambda]$。

例5.4

利用子空间迭代法求图5.1所示振动系统的第一阶固有频率和主振型。

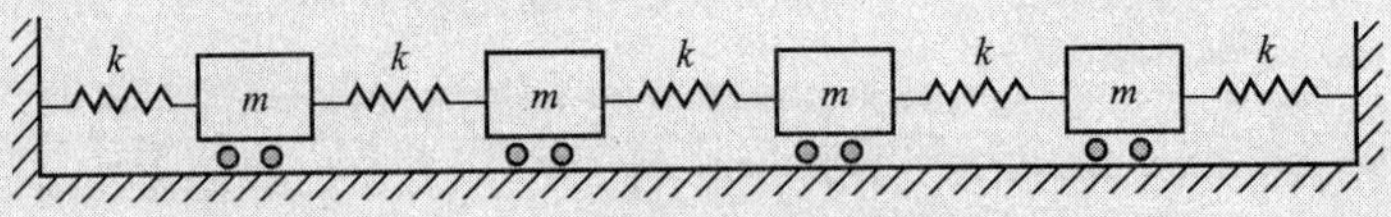

图5.1 多自由度振动系统

解：系统的质量矩阵为

$$\boldsymbol{M}=m\boldsymbol{I}_{4\times4}$$

系统的刚度矩阵为

$$\boldsymbol{K}=k\begin{pmatrix}2&-1&0&0\\-1&2&-1&0\\0&-1&2&-1\\0&0&-1&2\end{pmatrix}$$

任意取初始模态矩阵

$$\boldsymbol{B}_0=\begin{pmatrix}1&1\\2&4\\3&9\\4&16\end{pmatrix}$$

第一次迭代如下：

$$\boldsymbol{\psi}_{\mathrm{I}}=\boldsymbol{K}^{-1}\boldsymbol{M}\boldsymbol{B}_0=\begin{pmatrix}10 & 30\\ 19 & 59\\ 26 & 84\\ 30 & 100\end{pmatrix}\xrightarrow{\text{归一化}}\begin{pmatrix}1 & 1\\ 1.9 & 1.9667\\ 2.6 & 2.8\\ 3.0 & 3.3333\end{pmatrix}$$

$$\begin{cases}\boldsymbol{M}_{\mathrm{I}}=\boldsymbol{\psi}_{\mathrm{I}}^{\mathrm{T}}\boldsymbol{M}\boldsymbol{\psi}_{\mathrm{I}}=\begin{pmatrix}20.3700 & 22.0167\\ 22.0167 & 23.8189\end{pmatrix}\\ \boldsymbol{K}_{\mathrm{I}}=\boldsymbol{\psi}_{\mathrm{I}}^{\mathrm{T}}\boldsymbol{K}\boldsymbol{\psi}_{\mathrm{I}}=\begin{pmatrix}2.4600 & 2.6667\\ 2.6667 & 2.9133\end{pmatrix}\end{cases}$$

得到

$$\begin{cases}p_1^2=0.1206\,\dfrac{k}{m}\\ p_2^2=1.0099\,\dfrac{k}{m}\end{cases}$$

相应的振型为

$$\boldsymbol{Y}_{\mathrm{I}}=\begin{pmatrix}1 & -1.0804\\ -0.2749 & 1\end{pmatrix}$$

第二次迭代如下：

$$\boldsymbol{B}_{\mathrm{I}}=\boldsymbol{\psi}_{\mathrm{I}}\boldsymbol{Y}_{\mathrm{I}}=\begin{pmatrix}0.7251 & -0.0804\\ 1.3593 & -0.0861\\ 1.8302 & -0.0091\\ 2.0836 & 0\end{pmatrix}$$

$$\boldsymbol{\psi}_{\mathrm{II}}=\boldsymbol{K}^{-1}\boldsymbol{M}\boldsymbol{B}_{\mathrm{I}}=\xrightarrow{\text{归一化}}\begin{pmatrix}1 & 1\\ 1.8791 & 1.0366\\ 2.5316 & 0.0414\\ 3.8790 & -1.0623\end{pmatrix}$$

$$\begin{cases}\boldsymbol{M}_{\mathrm{II}}=\boldsymbol{\psi}_{\mathrm{II}}^{\mathrm{T}}\boldsymbol{M}\boldsymbol{\psi}_{\mathrm{II}}=\begin{pmatrix}19.2287 & -0.0057\\ -0.0057 & 3.2046\end{pmatrix}\\ \boldsymbol{K}_{\mathrm{II}}=\boldsymbol{\psi}_{\mathrm{II}}^{\mathrm{T}}\boldsymbol{K}\boldsymbol{\psi}_{\mathrm{II}}=\begin{pmatrix}2.3193 & -0.0006\\ -0.0006 & 2.3193\end{pmatrix}\end{cases}$$

得到

$$\begin{cases}p_1^2=0.1206\,\dfrac{k}{m}\\ p_2^2=1.0016\,\dfrac{k}{m}\end{cases}$$

相应的振型为

$$Y_{\text{II}}=\begin{bmatrix}1 & -0.0003\\ 0.0000 & 1\end{bmatrix}$$

$$B_{\text{II}}=\psi_{\text{II}}Y_{\text{II}}=\begin{bmatrix}1.0000 & 1.0003\\ 1.8791 & 1.0371\\ 2.5316 & 0.0422\\ 2.8790 & -1.0614\end{bmatrix}$$

由此得到第一阶固有频率为 $p_1^2=0.1206\dfrac{k}{m}$，主振型为 $[1.0000\quad 1.8791\quad 2.5316\quad 2.8790]^{\mathrm{T}}$，与精确值$\left(p_1^2=0.1206\dfrac{k}{m}\right)$，主振型 $[1.0000\quad 1.8795\quad 2.5322\quad 2.8796]^{\mathrm{T}}$ 非常接近。

可见，Y_{II} 已经非常接近单位矩阵，因此，迭代可以结束。从该例题也可以看出，子空间迭代方法的收敛速度非常快，精度也很高。

5.3 瑞利能量法和邓克莱法

5.3.1 瑞利能量法

瑞利能量法是估算多自由度系统基频的一种方法。该方法的特点是：①需要假定一个比较合理的振型；②估算的结果总是大于实际值。由于要估算振型，因此，该方法的精度取决于所估计振型的精度。下面阐述瑞利能量法的基本原理。

多自由度系统的动能和势能的计算公式为

$$\begin{cases}T=\dfrac{1}{2}\{\dot{x}\}^{\mathrm{T}}[m]\{\dot{x}\}\\[2ex] U=\dfrac{1}{2}\{x\}^{\mathrm{T}}[k]\{x\}\end{cases}\tag{5-23}$$

对于谐波振动，$\{x\}=\{X\}\sin\omega_n t$，所以

$$\begin{cases}T_{\max}=\dfrac{1}{2}\omega_n^2\{X\}^{\mathrm{T}}[m]\{X\}\\[2ex] U_{\max}=\dfrac{1}{2}\{X\}^{\mathrm{T}}[k]\{X\}\end{cases}\tag{5-24}$$

在保守系统中，$T_{\max}=U_{\max}$，所以

$$\omega_n^2=\frac{\{X\}^{\mathrm{T}}[k]\{X\}}{\{X\}^{\mathrm{T}}[m]\{X\}}\tag{5-25}$$

显然，如果已知某阶振型，就可以利用式(5-25)得到该阶的固有频率。但是在实际应用中，由于估计高阶振型非常困难，因此，常常只估计第一阶主振型，利用式(5-25)求系统基频。这种计算方法称为第一瑞利商。

如果系统的柔度矩阵存在，则式(5-25)可以变形为

$$\omega_n^2=\frac{\{X\}^{\mathrm{T}}[k]\{X\}}{\{X\}^{\mathrm{T}}[m]\{X\}}=\frac{\{X\}^{\mathrm{T}}[\delta]^{-1}\{X\}}{\{X\}^{\mathrm{T}}[m]\{X\}}$$

$$=\frac{\{X\}^{\mathrm{T}}[m][\delta][\delta]^{-1}\{X\}}{\{X\}^{\mathrm{T}}[m][\delta][m]\{X\}}=\frac{\{X\}^{\mathrm{T}}[m]\{X\}}{\{X\}^{\mathrm{T}}[m][\delta][m]\{X\}} \tag{5-26}$$

同样，可以根据式(5-26)求系统的基频，称为第二瑞利商。

下面进一步讨论瑞利能量法计算基频的精度。所估计的振型向量总是可以写作各阶振型向量的线性组合，即

$$A=\sum_{i=1}^{n}c_i\{X_N^{(i)}\} \tag{5-27}$$

根据振型向量的正交性，有

$$\begin{cases}\{X_N^{(i)}\}^{\mathrm{T}}[m]\{X_N^{(j)}\}=0 & (i\neq j)\\ \{X_N^{(i)}\}^{\mathrm{T}}[m]\{X_N^{(j)}\}=1 & (i=j)\end{cases} \tag{5-28}$$

$$\begin{cases}\{X_N^{(i)}\}^{\mathrm{T}}[k]\{X_N^{(j)}\}=0 & (i\neq j)\\ \{X_N^{(i)}\}^{\mathrm{T}}[m]\{X_N^{(j)}\}=\omega_i^2 & (i=j)\end{cases} \tag{5-29}$$

所以

$$A^{\mathrm{T}}[m]A=\Big(\sum_{i=1}^{n}c_i\{X_N^{(i)}\}\Big)^{\mathrm{T}}[m]\Big(\sum_{i=1}^{n}c_i\{X_N^{(i)}\}\Big)=\sum_{i=1}^{n}c_i^2 \tag{5-30}$$

$$A^{\mathrm{T}}[k]A=\Big(\sum_{i=1}^{n}c_i\{X_N^{(i)}\}\Big)^{\mathrm{T}}[k]\Big(\sum_{i=1}^{n}c_i\{X_N^{(i)}\}\Big)=\sum_{i=1}^{n}c_i^2\omega_i^2 \tag{5-31}$$

$$A^{\mathrm{T}}[m][\delta][m]A=\Big(\sum_{i=1}^{n}c_i\{X_N^{(i)}\}\Big)^{\mathrm{T}}[m][\delta][m]\Big(\sum_{i=1}^{n}c_i\{X_N^{(i)}\}\Big)=\sum_{i=1}^{n}c_i^2\lambda_i \tag{5-32}$$

根据式(5-26)和式(5-25)，可以得到

$$\omega_n^2=\frac{A^{\mathrm{T}}[k]A}{A^{\mathrm{T}}[m]A}=\frac{\sum_{i=1}^{n}c_i^2\omega_i^2}{\sum_{i=1}^{n}c_i^2} \tag{5-33}$$

$$\omega_n^2=\frac{A^{\mathrm{T}}[m]A}{A^{\mathrm{T}}[m][\delta][m]A}=\frac{\sum_{i=1}^{n}c_i^2}{\sum_{i=1}^{n}c_i^2\lambda_i} \tag{5-34}$$

如果 A 非常接近第一阶主振型，则 $c_i/c_1\ll 1(i=2,3,\cdots,n)$，则

$$\omega_n^2=\frac{\sum_{i=1}^{n}c_i^2\omega_i^2}{\sum_{i=1}^{n}c_i^2}=\omega_1^2\frac{1+\sum_{i=2}^{n}\frac{c_i^2}{c_1^2}\cdot\frac{p_i^2}{p_1^2}}{1+\sum_{i=2}^{n}\frac{c_i^2}{c_1^2}}\approx\omega_1^2 \tag{5-35}$$

$$\omega_n^2=\frac{\sum_{i=1}^{n}c_i^2}{\sum_{i=1}^{n}c_i^2\lambda_i}=\omega_1^2\frac{1+\sum_{i=2}^{n}\frac{c_i^2}{c_1^2}}{1+\sum_{i=2}^{n}\frac{c_i^2}{c_1^2}\cdot\frac{\lambda_i}{\lambda_1}}\approx\omega_1^2 \tag{5-36}$$

容易知道，根据式(5-25)和式(5-26)计算得到的基频估计值都大于精确值。而且，可以证明，第二瑞利商的计算结果要小于第一瑞利商的计算结果，即第二瑞利商的计算结

果精度稍高一些。这一点可以根据式(5－35)和式(5－36)从数学上进行证明，也可以根据前面讲述的矩阵迭代法予以说明。

在式(5－26)的分母中，$[\delta][m]\{X\}$ 相当于对估计的振动利用动力矩阵进行了一次迭代，更接近于第一阶主振型。这也给了我们启示，如果将任意假设的第一阶主振型先利用动力矩阵进行一次迭代，然后再代入第一瑞利商或第二瑞利商的计算公式，可以得到较为精确的结果，当然，应用第二瑞利商相当于已经迭代了两次，计算结果更加准确。

例5.5

利用瑞利能量法求图 4.9 所示系统的基频$\left(已知精确基频为\ p_1=0.351464\,\frac{k}{m}\right)$。

解：质量矩阵为 $\boldsymbol{M}=m\begin{bmatrix}2 & & \\ & 1.5 & \\ & & 1\end{bmatrix}$；

刚度矩阵为 $\boldsymbol{K}=k\begin{bmatrix}5 & -2 & 0\\ -2 & 3 & -1\\ 0 & -1 & 1\end{bmatrix}$；

柔度矩阵为 $\boldsymbol{F}=\dfrac{1}{6k}\begin{bmatrix}2 & 2 & 2\\ 2 & 5 & 5\\ 2 & 5 & 11\end{bmatrix}$。

(1) 假设 $A_1=\begin{Bmatrix}1\\ 1.5\\ 2\end{Bmatrix}$，则有

第一瑞利商 $p_1^2=\dfrac{A_1^{\mathrm{T}}\boldsymbol{K}A_1}{A_1^{\mathrm{T}}\boldsymbol{M}A_1}=0.4\,\dfrac{k}{m}$；

第二瑞利商 $p_1^2=\dfrac{A_1^{\mathrm{T}}\boldsymbol{M}A_1}{A_1^{\mathrm{T}}\boldsymbol{MFM}A_1}=0.3599\,\dfrac{k}{m}$。

可见，第二瑞利商具有较高的精度。

(2) 假设 $A_1=\begin{Bmatrix}1\\ 1\\ 1\end{Bmatrix}$，则有

第一瑞利商 $p_1^2=\dfrac{A_1^{\mathrm{T}}\boldsymbol{K}A_1}{A_1^{\mathrm{T}}\boldsymbol{M}A_1}=0.6667\,\dfrac{k}{m}$；

第二瑞利商 $p_1^2=\dfrac{A_1^{\mathrm{T}}\boldsymbol{M}A_1}{A_1^{\mathrm{T}}\boldsymbol{MFM}A_1}=0.4138\,\dfrac{k}{m}$。

此时的基频计算精度低于第一次计算精度，是因为所假设的振型与实际振型相差很大的缘故，因为对于例题所述的振动系统不可能存在刚体振型的。

(3) 若取 $A_1=\boldsymbol{FM}\begin{Bmatrix}1\\ 1\\ 1\end{Bmatrix}\xrightarrow{\text{归一化}}\begin{Bmatrix}1\\ 1.8333\\ 2.5\end{Bmatrix}$，则有

第一瑞利商 $p_1^2=\dfrac{A_1^T\boldsymbol{K}A_1}{A_1^T\boldsymbol{M}A_1}=0.3636\dfrac{k}{m}$；

第二瑞利商 $p_1^2=\dfrac{A_1^T\boldsymbol{M}A_1}{A_1^T\boldsymbol{MFM}A_1}=0.3540\dfrac{k}{m}$。

可知，精度已经很高。

5.3.2 邓克莱法

邓克莱法又称迹法，用于初步估算系统的基频。其计算的基本原理如下：

利用柔度法可以得到多自由度系统的特征方程，即

$$|\boldsymbol{D}-\lambda\boldsymbol{I}|=|\boldsymbol{FM}-\lambda\boldsymbol{I}|=\begin{vmatrix} d_{11}-\lambda & d_{12} & d_{13} & \cdots & d_{1n} \\ d_{21} & d_{22}-\lambda & d_{23} & \cdots & d_{2n} \\ d_{31} & d_{32} & d_{33}-\lambda & \cdots & d_{3n} \\ \vdots & \vdots & \vdots & & \vdots \\ d_{n1} & d_{n2} & d_{n3} & \cdots & d_{nn}-\lambda \end{vmatrix} \tag{5-37}$$

将其展开为

$$\lambda^n-\sum_{i=1}^{n}d_{ii}\lambda^{n-1}+\cdots=0 \tag{5-38}$$

根据多项式的根与系数的关系，可知

$$\sum\lambda_i=\sum d_{ii}=\mathrm{tr}\boldsymbol{D} \tag{5-39}$$

因为已知$\lambda_1>\lambda_2>\lambda_2>\cdots>\lambda_n$，故当系统的基频远远低于系统的高阶固有频率时，可以近似认为

$$\lambda_1=\frac{1}{p_1^2}\approx\mathrm{tr}\boldsymbol{D} \tag{5-40}$$

显然，按照邓克莱法进行计算得到的基频量值偏小。

例5.6

用迹法求图5.2所示系统的基频$\left(\text{精确值 }\lambda_1=5.0489\dfrac{J}{k}\right)$。

解：柔度矩阵 $\boldsymbol{F}=\dfrac{1}{k}\begin{pmatrix}1&1&1\\1&2&2\\1&2&3\end{pmatrix}$；

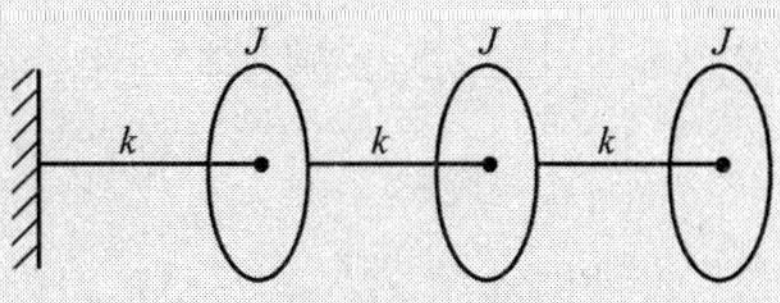

图5.2 三自由度圆盘扭振系统

质量矩阵 $\boldsymbol{M}=J\begin{pmatrix}1&0&0\\0&1&0\\0&0&1\end{pmatrix}$；

动力矩阵 $\boldsymbol{D}=\boldsymbol{FM}=\dfrac{J}{k}\begin{pmatrix}1&1&1\\1&2&2\\1&2&3\end{pmatrix}$；

因此，$\mathrm{tr}\boldsymbol{D}=6\dfrac{J}{k}$，所以 $\lambda_1=\dfrac{1}{p_1^2}=\mathrm{tr}\boldsymbol{D}=6\dfrac{J}{k}$。

5.4 传递矩阵法

实际工程结构常常简化为由质量元件和弹性元件组成的链式结构，例如转轴、连续梁等，如图 5.2 和图 5.3 所示。对于“链式”振动系统，利用传递矩阵法求解固有特性比较方便有效。

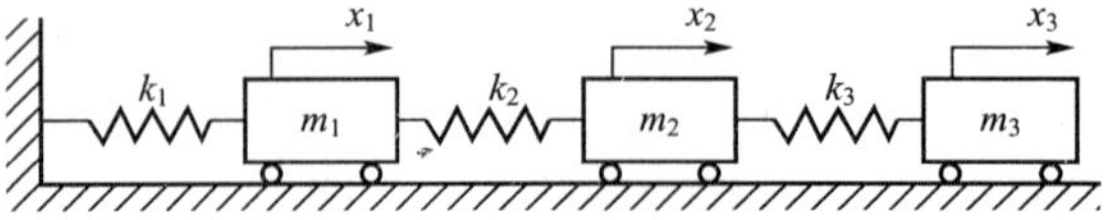

图 5.3 链式结构

传递矩阵法的特点是：

(1) 将整个振动系统分解为多个简单的单元，各单元在界面上利用位移协调和力平衡条件相互联系；

(2) 各单元两端的力和位移的关系利用单元传递矩阵联系起来；

(3) 利用边界条件确定系统的各阶固有频率和主振型。

5.4.1 单元传递矩阵

现将由质量元件和弹性元件组成的振动系统分解为多个单元，首先确定各个单元的传递矩阵，即质量元件传递矩阵和弹性元件传递矩阵，当然，这里的质量和弹性都是广义的。

1. 质点质量元件的传递矩阵

假设质点质量 m_i 为系统中的第 i 个单元(子系统)，如图 5.4 所示。

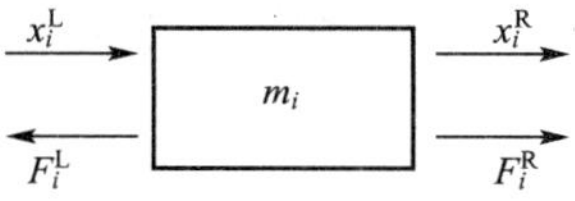

图 5.4 质点质量单元

在质点质量 m_i 的右端界面上的位移和作用力组成的状态向量为 $\{Z\}_i^R=\begin{Bmatrix} x \\ F \end{Bmatrix}_i^R$，左端的位移和力组成的状态向量为 $\{Z\}_i^L=\begin{Bmatrix} x \\ F \end{Bmatrix}_i^L$。据牛顿力学定律，对于质点质量 m_i 有

$$m_i \ddot{x}_i = F_i^R - F_i^L \tag{5-41}$$

在谐振状态，$\ddot{x}_i=-\omega_n^2 x_i$，因此，质量右端界面上的作用力为

$$F_i^R = F_i^L - \omega_n^2 m x_i \tag{5-42}$$

另外，质点两端的位移相同，即 $x_i^R=x_i^L=x_i$，则质量右端界面上的状态向量为

$$\begin{Bmatrix} x \\ F \end{Bmatrix}_i^R = \begin{bmatrix} 1 & 0 \\ -\omega_n^2 m_i & 1 \end{bmatrix} \begin{Bmatrix} x \\ F \end{Bmatrix}_i^L \tag{5-43}$$

令 $\boldsymbol{C}_{mi}=\begin{bmatrix} 1 & 0 \\ -\omega_n^2 m_i & 1 \end{bmatrix}$，$\boldsymbol{C}_{mi}$ 称为质点质量 m_i 的传递矩阵。

2. 圆盘质量元件的传递矩阵

假设圆盘质量 J_i 为系统中的第 i 个单元(子系统)，如图 5.5 所示。

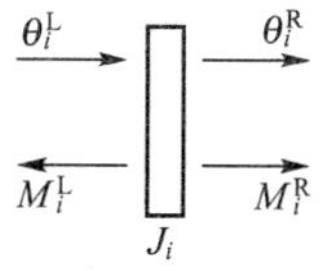

图 5.5 圆盘质量单元

在质量 J_i 的右端界面上的角位移和作用转矩组成的状态向量为 $\{Z\}_i^{\mathrm{R}}=\begin{Bmatrix}\theta\\ M\end{Bmatrix}_i^{\mathrm{R}}$；左端角位移和转矩组成的状态向量为 $\{Z\}_i^{\mathrm{L}}=\begin{Bmatrix}\theta\\ M\end{Bmatrix}_i^{\mathrm{L}}$。根据牛顿力学定律，对于圆盘质量 J_i 有

$$J_i\ddot{\theta}_i=M_i^{\mathrm{R}}-M_i^{\mathrm{L}} \tag{5-44}$$

在谐振状态，$\ddot{\theta}_i=-\omega_n^2\theta_i$，因此，作用于质量的右端界面上的转矩为

$$M_i^{\mathrm{R}}=M_i^{\mathrm{L}}-\omega_n^2J_i\theta_i \tag{5-45}$$

另外，圆盘质量两端的角位移相同，即 $\theta_i^{\mathrm{R}}=\theta_i^{\mathrm{L}}=\theta_i$，则质量右端面上的状态向量为

$$\begin{Bmatrix}\theta\\ M\end{Bmatrix}_i^{\mathrm{R}}=\begin{bmatrix}1 & 0\\ -\omega_n^2J_i & 1\end{bmatrix}\begin{Bmatrix}\theta\\ M\end{Bmatrix}_i^{\mathrm{L}} \tag{5-46}$$

令 $\boldsymbol{C}_{Ji}=\begin{bmatrix}1 & 0\\ -\omega_n^2J_i & 1\end{bmatrix}$，$\boldsymbol{C}_{Ji}$ 称为圆盘质量 J_i 的传递矩阵。

3. 线弹簧元件的传动矩阵

假设线弹簧 k_i 为系统中的第 i 个弹簧单元(子系统)，如图 5.6 所示。

在弹簧 k_i 的右端界面上的位移和力组成的状态向量为 $\{Z\}_i^{\mathrm{R}}=\begin{Bmatrix}x\\ F\end{Bmatrix}_i^{\mathrm{R}}$；左端的位移和力组成的状态向量为 $\{Z\}_i^{\mathrm{L}}=\begin{Bmatrix}x\\ F\end{Bmatrix}_i^{\mathrm{L}}$。根据弹簧变形特性，有

$$\begin{cases}x_i^{\mathrm{R}}-x_i^{\mathrm{L}}=\dfrac{F_i^{\mathrm{R}}}{k_i}\\ F_i^{\mathrm{R}}=F_i^{\mathrm{L}}\end{cases} \tag{5-47}$$

所以，弹簧右端面上的状态向量为

$$\begin{Bmatrix}x\\ F\end{Bmatrix}_i^{\mathrm{R}}=\begin{bmatrix}1 & 1/k_i\\ 0 & 1\end{bmatrix}\begin{Bmatrix}x\\ F\end{Bmatrix}_i^{\mathrm{L}} \tag{5-48}$$

令 $\boldsymbol{C}_{ki}=\begin{bmatrix}1 & 1/k_i\\ 0 & 1\end{bmatrix}$，$C_{ki}$ 称为线弹簧 k 的传递矩阵。

4. 扭杆弹簧元件的传递矩阵

假设扭杆弹簧 k_i 为系统中的第 i 个单元(子系统)，如图 5.7 所示。

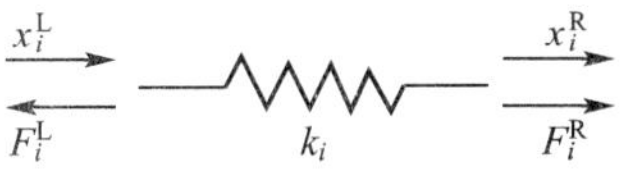

图 5.6 弹簧单元

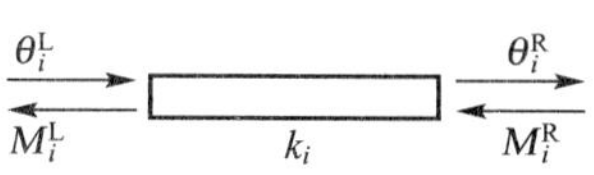

图 5.7 扭杆弹簧单元

在扭杆弹簧 k_i 的右端界面上的角位移和转矩组成的状态向量为 $\{Z\}_i^{\mathrm{R}}=\begin{Bmatrix}\theta\\M\end{Bmatrix}_i^{\mathrm{R}}$，左端的角位移和转矩组成的状态向量为 $\{Z\}_i^{\mathrm{L}}=\begin{Bmatrix}\theta\\M\end{Bmatrix}_i^{\mathrm{L}}$。根据弹簧变形特性，有

$$\begin{cases}\theta_i^{\mathrm{R}}-\theta_i^{\mathrm{L}}=\dfrac{M_i^{\mathrm{R}}}{k_i}\\ M_i^{\mathrm{R}}=M_i^{\mathrm{L}}\end{cases}\tag{5-49}$$

所以，扭杆弹簧右端面上的状态向量为

$$\begin{Bmatrix}\theta\\M\end{Bmatrix}_i^{\mathrm{R}}=\begin{bmatrix}1 & 1/k_i\\0 & 1\end{bmatrix}\begin{Bmatrix}\theta\\M\end{Bmatrix}_i^{\mathrm{L}}\tag{5-50}$$

令 $\boldsymbol{C}_{ki}=\begin{bmatrix}1 & 1/k_i\\0 & 1\end{bmatrix}$，$C_{ki}$ 称为扭杆弹簧 k 的传递矩阵。

将上述的分析结果汇总，见表 5.4。

表 5.4　单元传递矩阵

单元元件 \ 关系式		作用力(转矩)关系式	位移(角位移)关系式	传递矩阵	广义传递矩阵
质量元件	质点	$F_i^{\mathrm{R}}=F_i^{\mathrm{L}}-\omega_n^2 m x_i$	$x_i^{\mathrm{R}}=x_i^{\mathrm{L}}=x_i$	$\boldsymbol{C}_{mi}=\begin{bmatrix}1 & 0\\-\omega_n^2 m_i & 1\end{bmatrix}$	$\boldsymbol{C}_m=\begin{bmatrix}1 & 0\\-\omega_n^2 m & 1\end{bmatrix}$
	圆盘	$M_i^{\mathrm{R}}=M_i^{\mathrm{L}}-\omega_n^2 J_i\theta_i$	$\theta_i^{\mathrm{R}}=\theta_i^{\mathrm{L}}=\theta_i$	$\boldsymbol{C}_{Ji}=\begin{bmatrix}1 & 0\\-\omega_n^2 J_i & 1\end{bmatrix}$	
弹性元件	线性	$F_i^{\mathrm{R}}=F_i^{\mathrm{L}}$	$x_i^{\mathrm{R}}-x_i^{\mathrm{L}}=\dfrac{F_i^{\mathrm{R}}}{k_i}$	$\boldsymbol{C}_{ki}=\begin{bmatrix}1 & 1/k_i\\0 & 1\end{bmatrix}$	$\boldsymbol{C}_k=\begin{bmatrix}1 & 1/k\\0 & 1\end{bmatrix}$
	扭杆	$M_i^{\mathrm{R}}=M_i^{\mathrm{L}}$	$\theta_i^{\mathrm{R}}-\theta_i^{\mathrm{L}}=\dfrac{M_i^{\mathrm{R}}}{k_i}$	$\boldsymbol{C}_{ki}=\begin{bmatrix}1 & 1/k_i\\0 & 1\end{bmatrix}$	

由此可得基本质量元件和弹性元件的传递矩阵，同时建立子系统(基本元件)两端的状态向量之间的关系为

$$\begin{Bmatrix}x\\F\end{Bmatrix}_i^{\mathrm{R}}=\boldsymbol{C}_i\begin{Bmatrix}x\\F\end{Bmatrix}_i^{\mathrm{L}}\tag{5-51}$$

式中，$\boldsymbol{C}_i$ 为第 i 个子系统的传递矩阵。

5.4.2　系统传递矩阵

前面已经得到了质量元件和弹簧元件的传递矩阵，现在可以继续讨论系统的传递矩阵。假设系统的第 i 个和第 $i+1$ 个子系统(子系统排序总是从左至右的)的传递矩阵分别为

C_i 和 C_{i+1}，则在第 i 个和第 $i+1$ 个子系统(基本单元)连接的界面上位移和作用力都相同(实际上第 i 个子系统的右端就是第 $i+1$ 个子系统的左端)，即

$$\begin{pmatrix} x \\ F \end{pmatrix}_{i+1}^{\mathrm{L}} = \begin{pmatrix} 1 & 0 \\ 0 & 1 \end{pmatrix} \begin{pmatrix} x \\ F \end{pmatrix}_i^{\mathrm{R}} = \begin{pmatrix} x \\ F \end{pmatrix}_i^{\mathrm{R}}$$

所以

$$\begin{pmatrix} x \\ F \end{pmatrix}_{i+1}^{\mathrm{R}} = \boldsymbol{C}_{i+1} \begin{pmatrix} x \\ F \end{pmatrix}_{i+1}^{\mathrm{L}} = \boldsymbol{C}_{i+1} \begin{pmatrix} x \\ F \end{pmatrix}_i^{\mathrm{R}} = \boldsymbol{C}_{i+1}\boldsymbol{C}_i \begin{pmatrix} x \\ F \end{pmatrix}_i^{\mathrm{L}} \tag{5-52}$$

由此建立了第 i 个子系统左端，到第 $i+1$ 个子系统右端的传递关系。

依此类推，可得到整个系统最右端与最左端之间的传递关系为

$$\begin{pmatrix} x \\ F \end{pmatrix}_N^{\mathrm{R}} = \boldsymbol{C}_{\mathrm{s}} \begin{pmatrix} x \\ F \end{pmatrix}_0^{\mathrm{L}} = \boldsymbol{C}_N\boldsymbol{C}_{N-1}\cdots\boldsymbol{C}_2\boldsymbol{C}_1 \begin{pmatrix} x \\ F \end{pmatrix}_0^{\mathrm{L}} \tag{5-53}$$

式中，$\boldsymbol{C}_{\mathrm{s}}$ 为系统的传递矩阵，为系统从右到左各子系统传递矩阵的连乘；N 为系统中的子系统数目；$\begin{pmatrix} x \\ F \end{pmatrix}$ 为端点广义状态向量。

这里以非常简单的弹簧串联的例子对系统传递矩阵进行说明。

弹簧 k_1 和弹簧 k_2 的传递矩阵分别为 $\begin{pmatrix} 1 & 1/k_1 \\ 0 & 1 \end{pmatrix}$ 和 $\begin{pmatrix} 1 & 1/k_2 \\ 0 & 1 \end{pmatrix}$，串联后的传递矩阵为

$$\boldsymbol{C}_{\mathrm{s}} = \begin{pmatrix} 1 & 1/k_1 \\ 0 & 1 \end{pmatrix} \begin{pmatrix} 1 & 1/k_2 \\ 0 & 1 \end{pmatrix} = \begin{pmatrix} 1 & 1/k_1 + 1/k_2 \\ 0 & 1 \end{pmatrix} = \begin{pmatrix} 1 & 1/k_{\mathrm{s}} \\ 0 & 1 \end{pmatrix}$$

式中，k_{s} 为弹簧 k_1 和弹簧 k_2 串联之后的弹簧刚度。

由上述内容可知，弹簧 k_1 和弹簧 k_2 串联的系统与具有串联等效刚度的弹簧传递矩阵相同，这也证明了弹簧串联等效刚度计算的公式。

另外需要提及的是，系统的传递矩阵的行列式总是等于1，因为基本单元的传递矩阵的行列式都等于1。这一点可以用来检验计算的正确性。

5.4.3 传递矩阵法求固有频率和振型

1. 系统边界条件

前面已经建立了系统的首端和末端的状态向量关系，如果能够确定端部的边界条件，就可以建立方程计算固有频率和主振型。系统的边界条件是指链式系统两端的位移或作用力情况。如果为自由端，则 $x\neq0$，$F=0$；如果为固定端，则 $x=0$，$F\neq0$。

2. 固有频率和振型

根据系统总的传递关系，结合边界条件，总是可以得到关于频率的多项式方程，从而求得固有频率，进一步得到振型。下面结合例题进行说明。

例5.7

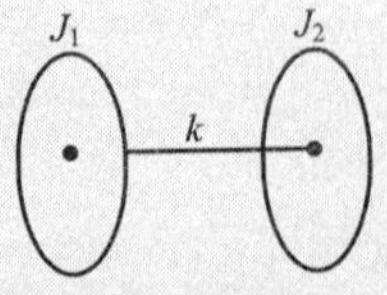

图 5.8　两自由度圆盘扭振系统

求图 5.8 所示二质量振动系统的固有频率和主振型(要求利用传递矩阵法)。

解： 振动系统中包括两个质量元件和一个弹性元件。系统的传递矩阵为

$$\begin{pmatrix}\theta_2\\M_2\end{pmatrix}=\boldsymbol{C}_{J2}\boldsymbol{C}_k\boldsymbol{C}_{J1}\begin{pmatrix}\theta_1\\M_1\end{pmatrix}$$

$$=\left(\begin{pmatrix}1&0\\-p^2J_2&1\end{pmatrix}\begin{pmatrix}1&1/k\\0&1\end{pmatrix}\begin{pmatrix}1&0\\-p^2J_1&1\end{pmatrix}\right)\begin{pmatrix}\theta_1\\M_1\end{pmatrix}$$

$$=\begin{pmatrix}1-\dfrac{p^2J_1}{k}&1/k\\-p^2J_1-p^2J_2+\dfrac{p^4J_1J_2}{k}&1-\dfrac{p^2J_2}{k}\end{pmatrix}\begin{pmatrix}\theta_1\\M_1\end{pmatrix}$$

边界条件：两端自由，即 $M_1=M_2=0$，则

$$\begin{pmatrix}\theta_2\\0\end{pmatrix}=\begin{pmatrix}1-\dfrac{p^2J_1}{k}&1/k\\-p^2J_1-p^2J_2+\dfrac{p^4J_1J_2}{k}&1-\dfrac{p^2J_2}{k}\end{pmatrix}\begin{pmatrix}\theta_1\\0\end{pmatrix}$$

即

$$\begin{cases}\theta_2=\left(1-\dfrac{p^2J_1}{k}\right)\theta_1\\0=\left(-p^2J_1-p^2J_2+\dfrac{p^4J_1J_2}{k}\right)\theta_1\end{cases}$$

求解得到　$p_1^2=0$，$p_2^2=\dfrac{k(J_1+J_2)}{J_1J_2}$。

进而得到振动系统的振型为

$$A_1=[1\quad 1]^{\mathrm{T}},\quad A_2=[1\quad -J_1/J_2]^{\mathrm{T}}$$

例5.8

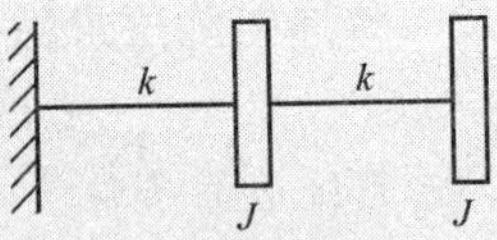

图 5.9　传递矩阵法求固有频率

利用传递矩阵法，求图 5.9 所示系统的固有频率和振型。

解： 振动系统中包括两个质量元件和两个弹性元件。则系统的传递矩阵为

$$\begin{pmatrix}\theta_2\\M_2\end{pmatrix}=\boldsymbol{C}_J\boldsymbol{C}_k\boldsymbol{C}_J\boldsymbol{C}_k\begin{pmatrix}\theta_0\\M_0\end{pmatrix}$$

$$=\left(\begin{pmatrix}1&0\\-p^2J&1\end{pmatrix}\begin{pmatrix}1&1/k\\0&1\end{pmatrix}\begin{pmatrix}1&0\\-p^2J&1\end{pmatrix}\begin{pmatrix}1&1/k\\0&1\end{pmatrix}\right)\begin{pmatrix}\theta_0\\M_0\end{pmatrix}$$

$$=\begin{bmatrix}1-\frac{p^2J}{k} & \frac{2}{k}-\frac{p^2J}{k^2}\\ -2p^2J+\frac{p^4J^2}{k} & 1-\frac{3p^2J}{k}+\frac{p^4J^2}{k^2}\end{bmatrix}\begin{Bmatrix}\theta_0\\ M_0\end{Bmatrix}$$

$$\begin{Bmatrix}\theta_1\\ M_1\end{Bmatrix}=C_JC_k\begin{Bmatrix}\theta_0\\ M_0\end{Bmatrix}$$

$$=\left(\begin{bmatrix}1 & 0\\ -p^2J & 1\end{bmatrix}\begin{bmatrix}1 & 1/k\\ 0 & 1\end{bmatrix}\right)\begin{Bmatrix}\theta_0\\ M_0\end{Bmatrix}$$

$$=\begin{bmatrix}1 & 1/k\\ -p^2J & 1-\frac{p^2J}{k}\end{bmatrix}\begin{Bmatrix}\theta_0\\ M_0\end{Bmatrix}$$

边界条件：右端自由，即 $M_2=0$；左端固定，即 $\theta_0=0$。则

$$\begin{Bmatrix}\theta_2\\ 0\end{Bmatrix}=\begin{bmatrix}1-\frac{p^2J}{k} & \frac{2}{k}-\frac{p^2J}{k^2}\\ -2p^2J+\frac{p^4J^2}{k} & 1-\frac{3p^2J}{k}+\frac{p^4J^2}{k^2}\end{bmatrix}\begin{Bmatrix}0\\ M_0\end{Bmatrix}$$

$$\begin{Bmatrix}\theta_1\\ M_1\end{Bmatrix}=\begin{bmatrix}1 & 1/k\\ -p^2J & 1-\frac{p^2J}{k}\end{bmatrix}\begin{Bmatrix}0\\ M_0\end{Bmatrix}$$

即

$$\begin{cases}\theta_2=\left(\frac{2}{k}-\frac{p^2J}{k^2}\right)M_0\\ 0=\left(1-\frac{3p^2J}{k}+\frac{p^4J^2}{k^2}\right)M_0\\ \theta_1=\frac{1}{k}M_0\end{cases}$$

求解得到 $p_1^2=\frac{3-\sqrt{5}}{2}\cdot\frac{k}{J}$，$p_2^2=\frac{3+\sqrt{5}}{2}\cdot\frac{k}{J}$。

进而得到振动系统的振型为

$$A_1=[1\quad(1+\sqrt{5})/2]^T,\quad A_2=[1\quad(1-\sqrt{5})/2]^T$$

5.4.4 分支传动系统的传递矩阵法

在动力传递系统中，常常简化得到图5.10所示的分支链式系统，而形成分支往往是通过齿轮装置，例如，汽车传动中的差速器传动装置。

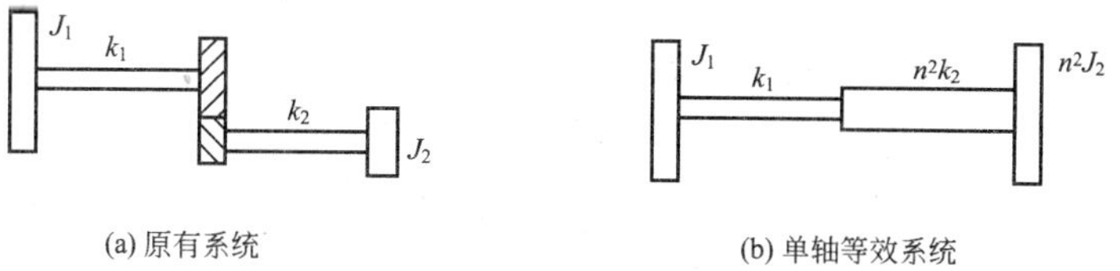

图5.10 齿轮传动系统

现首先讨论最简单的齿轮传动轴系，如图 5.10(a)所示，看它如何简化为等效单轴系统。忽略齿轮和轴的质量，假设轴 1 和轴 2 的速度比为 1∶n，则轴 2 的角速度与轴 1 的角速度的关系为 $\dot{\theta}_2=-n\dot{\theta}_1$。则系统的总动能为

$$T=\sum_{i=1}^{2}\frac{1}{2}J_i\dot{\theta}_i^2=\frac{1}{2}J_1\dot{\theta}_1^2+\frac{1}{2}J_2\dot{\theta}_2^2=\frac{1}{2}J_1\dot{\theta}_1^2+\frac{1}{2}J_2n^2\dot{\theta}_1^2 \tag{5-54}$$

即将双轴系统向轴 1 简化为单轴等效系统时，圆盘 2 的等效转动惯量为 J_2n^2。

下面确定轴 2 的等效刚度。固定圆盘 1 和 2 质量，并假设齿轮 1 转动角度 θ_1，则齿轮 2 的转角为 $\theta_2=-n\theta_1$，则系统的总势能为

$$U=\sum_{i=1}^{2}\frac{1}{2}k_i\theta_i^2=\frac{1}{2}k_1\theta_1^2+\frac{1}{2}k_2\theta_2^2=\frac{1}{2}k_1\theta_1^2+\frac{1}{2}k_2n^2\theta_2^2 \tag{5-55}$$

即在单轴等效简化系统中，轴 2 的等效刚度为 k_2n^2。

由此得到图 5.10(b)所示的单轴等效系统，并得到等效单轴系统的建立原则：设被动轴相对基准轴的转速比为 n，则被动轴等效后的等效转动惯量和等效刚度分别为原转动惯量和刚度的 n^2 倍。

处理分支链式系统时，总是可以选择系统中的一部分作为主链系统，另外一部分作为支链系统，支链系统对主链系统的影响通过齿轮接触环节确定。

接下来讨论更加复杂的情况。如图 5.11 所示，假设 B 轴的转速为 A 轴的 n 倍，齿轮的转动惯量忽略不计。各圆盘转动惯量和各轴刚度，如图 5.11 所示。

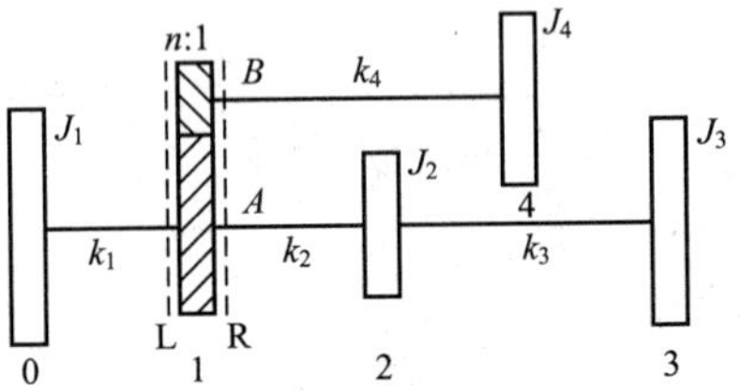

图 5.11　带分支的齿轮传动系统

为了确定齿轮之间的传递关系，现取两个齿轮的分离体进行分析，如图 5.11 中阴影部分所示。A 轴1 点齿轮两边的转矩平衡关系为

$$M_{A1}^{R}=M_{A1}^{L}+nM_{B1}^{R} \tag{5-56}$$

A 轴 1 点齿轮转角与 B 轴 1 点齿轮转角关系为

$$\theta_{A1}^{R}=\theta_{A1}^{L}=-\frac{1}{n}M_{B1}^{R} \tag{5-57}$$

根据传递矩阵法，对于 B 轴，则有

$$\begin{aligned}\begin{pmatrix}\theta_B\\M_B\end{pmatrix}_4^R&=C_{J4}C_{k4}\begin{pmatrix}\theta_B\\M_B\end{pmatrix}_1^R\\&=\left[\begin{pmatrix}1&0\\-\omega_n^2J_4&1\end{pmatrix}\begin{pmatrix}1&1/k_4\\0&1\end{pmatrix}\right]\begin{pmatrix}\theta_B\\M_B\end{pmatrix}_1^R\end{aligned} \tag{5-58}$$

所以

$$\begin{pmatrix}\theta_B\\M_B\end{pmatrix}_1^R=\begin{pmatrix}1-\omega_n^2J_4/k_4&-1/k_4\\\omega_n^2J_4&1\end{pmatrix}\begin{pmatrix}\theta_B\\M_B\end{pmatrix}_4^R \tag{5-59}$$

点 4 为自由端，边界条件为 $M_{B4}^{R}=0$，所以

$$\begin{cases}\theta_{B1}^{R}=(1-\omega_n^2J_4/k)\theta_{B4}^{R}\\M_{B1}^{R}=\omega_n^2J_4\theta_{B4}^{R}\end{cases} \tag{5-60}$$

故有

$$M_{B1}^{R}=\frac{\omega_n^2 J_4}{1-\omega_n^2 J_4/k}\theta_{B1}^{R}=\frac{n\omega_n^2 J_4}{1-\omega_n^2 J_4/k}\theta_{A1}^{L} \tag{5-61}$$

将式(5-61)代入式(5-56)，得

$$M_{A1}^{R}=M_{A1}^{L}+nM_{B1}^{R}=M_{A1}^{L}-\frac{n^2\omega_n^2 J_4}{1-\omega_n^2 J_4/k}\theta_{A1}^{L} \tag{5-62}$$

根据式(5-57)和式(5-62)，得到A轴1点齿轮两端状态向量传递关系为

$$\begin{Bmatrix}\theta_A\\ M_A\end{Bmatrix}_1^{R}=\begin{bmatrix}1 & 0\\ -\dfrac{\omega_n^2 J_4}{1-\omega_n^2 J_4/k_4} & 1\end{bmatrix}\begin{Bmatrix}\theta_A\\ M_A\end{Bmatrix}_1^{L} \tag{5-63}$$

其中包含了分支系统的影响。

5.5 具有零特征根和重特征根的系统振型解法

系统的固有频率有时会出现零根或重根的情况，其主振型的求解需要采取特殊的方法。

1. 特征方程具有零根时

半正定系统一定会出现零根的情形，零根对应于刚体运动形态，称为刚体振型。对于刚体振型可以根据前面讲述的主振型的伴随矩阵方法进行求解，所得结果与各个主坐标的位移相同。

2. 特征方程具有重根时

如果特征方程存在两个重根，即$\lambda_1=\lambda_2$，则对应的两阶主振型向量$\{X^{(1)}\}$和$\{X^{(2)}\}$就不是唯一的，因为它们的任意线性组合都是满足振动方程的。

假设$\omega_1^2=\omega_2^2=\omega$，则有

$$\begin{cases}[k]\{X^{(1)}\}=\omega^2[m]\{X^{(1)}\}\\ [k]\{X^{(2)}\}=\omega^2[m]\{X^{(2)}\}\end{cases} \tag{5-64}$$

显然$\{X^{(1)}\}$和$\{X^{(2)}\}$的线性组合$\{X\}=\sum_{i=1}^{2}c_i\{X^{(i)}\}=c_1\{X^{(1)}\}+c_2\{X^{(2)}\}$，等价于$\{X^{(1)}\}+c\{X^{(2)}\}$，也能够满足振动方程，即

$$[k](X^{(1)}+cX^{(2)})=\omega^2[m](X^{(1)}+cX^{(2)}) \tag{5-65}$$

根据振型向量的正交性，$\{X^{(1)}\}+c\{X^{(2)}\}$和$\{X^{(2)}\}$应该对于质量矩阵正交，即

$$(X^{(1)}+cX^{(2)})^{T}[m]\{X^{(2)}\}=0 \tag{5-66}$$

所以

$$c=\frac{X^{(1)T}[m]\{X^{(2)}\}}{m_{p2}} \tag{5-67}$$

则$\{X^{(1)}\}+c\{X^{(2)}\}$和$\{X^{(2)}\}$为所求的主振型。

例5.9

求图 5.12 所示的振动系统的固有频率和主振型。

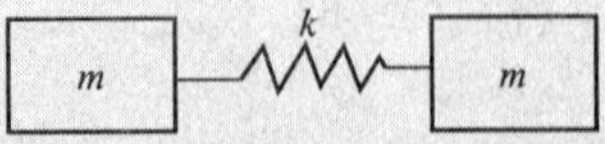

图 5.12　两自由度振动系统

解：取两个集中质量离开平衡位置的位移为广义坐标，容易建立系统的振动微分方程为

$$\begin{bmatrix} m & 0 \\ 0 & m \end{bmatrix}\begin{Bmatrix} \ddot{x}_1 \\ \ddot{x}_2 \end{Bmatrix}+\begin{bmatrix} k & 0 \\ 0 & k \end{bmatrix}\begin{Bmatrix} x_1 \\ x_2 \end{Bmatrix}=0$$

根据特征方程可得到振动系统的固有频率为

$$\omega_1^2=\omega_2^2=k/m$$

取其主振型为

$$\{X^{(1)}\}=\begin{Bmatrix} 1 \\ 0 \end{Bmatrix},\quad \{X^{(2)}\}=\begin{Bmatrix} 0 \\ 1 \end{Bmatrix}$$

满足正交条件。也可以取为另外的满足正交条件的模态如下：

$$\{X^{(1)}\}=\begin{Bmatrix} 1 \\ 1 \end{Bmatrix},\quad \{X^{(2)}\}=\begin{Bmatrix} 1 \\ -1 \end{Bmatrix}$$

小　　结

本章介绍了振动系统固有特性的近似计算方法，包括矩阵迭代法、子空间迭代法、瑞利能量法、邓克莱法和传递矩阵法等。对于矩阵迭代法，详细介绍了振动系统基频和振型的求法、二阶和高阶固有频率和振型的求法；对于传递矩阵法，介绍了单元传递矩阵、系统传递矩阵，介绍了如何利用传递矩阵求振动系统的固有频率和振型，求分支传动系统的振动特性。最后还介绍了求解刚体振型和具有重特征根的振动系统振型的特殊方法。通过本章的学习，可为分析解决实际振动系统特性的计算机分析计算提供有效的近似方法。

【关键术语】

振动系统固有特性　近似计算方法　矩阵迭代法　子空间迭代法　瑞利能量法　邓克莱法　传送矩阵法　归一化因子　振型向量　清型矩阵　截断型矩阵　初始矩阵　试用矩阵　第一瑞利商　第二瑞利商　动力矩阵　单元传递矩阵　质量单元　弹性单元　系统传递矩阵　系统边界条件　系统固有频率　特征方程　零根　重根　振型

习　题

1. 求图 5.13 所示振动系统的第一阶固有频率，分别采用第一瑞利商、第二瑞利商和邓克莱法，比较计算精度。

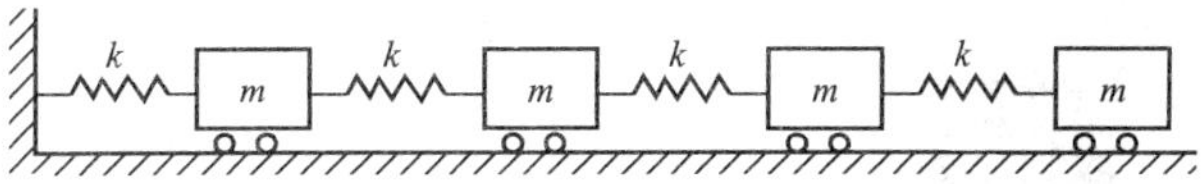

图 5.13　四质量四弹性振动系统

2. 试用矩阵迭代法求图 5.14 所示振动系统的各阶固有频率和主振型。

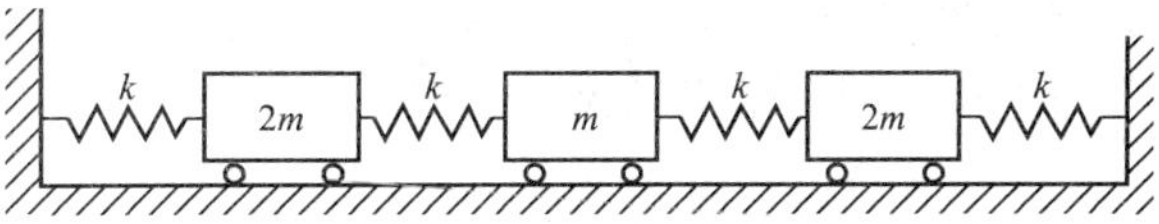

图 5.14　三质量四弹性振动系统

3. 试用子空间迭代法求图 5.14 所示振动系统的各阶固有频率和主振型。

4. 对于图 5.15 所示的扭转振动系统，试：

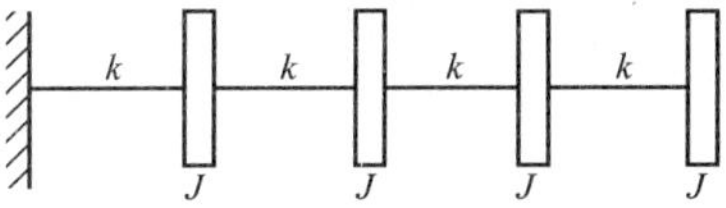

图 5.15　四圆盘四轴扭振系统

(1) 利用瑞利商方法估算基频；

(2) 利用邓克莱法估算基频；

(3) 利用矩阵迭代法求各阶固有频率和主振型；

(4) 利用子空间迭代法求各阶固有频率和主振型。

5. 试用传递矩阵法求图 5.16 所示系统的固有频率和主振型。

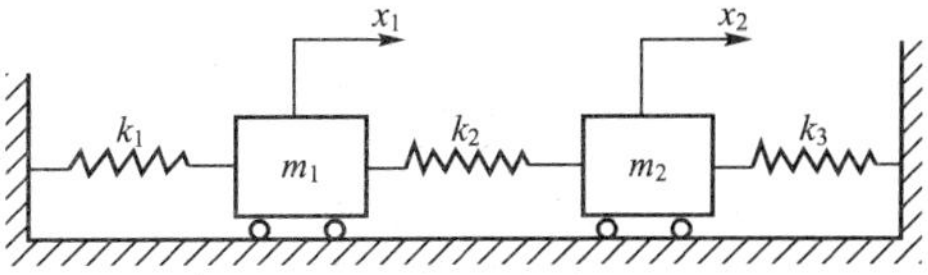

图 5.16　二质量三弹簧振动系统

6. 图 5.17 所示为汽车传动系统扭转振动模型。各轮的转动惯量为 $J_1=1.47\text{kg}\cdot\text{m}^2$，$J_2=0.98\text{kg}\cdot\text{m}^2$，$J_3=1.764\text{kg}\cdot\text{m}^2$，$J_4=0.588\text{kg}\cdot\text{m}^2$。各轴的扭转刚度为 $k_1=19.6\times10^4\text{N}\cdot\text{m/rad}$，$k_2=15.68\times10^4\text{N}\cdot\text{m/rad}$，$k_3=9.8\times10^4\text{N}\cdot\text{m/rad}$，$k_4=39.2\times10^4\text{N}\cdot\text{m/rad}$。驱动轴对车轮轴的传动比为 4∶1。求系统的固有频率，并求出各阶固有频率下的系统的振动形态。

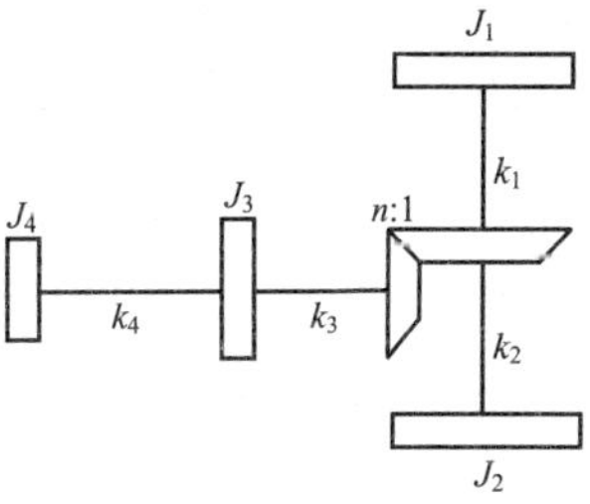

图 5.17　汽车传动系统扭转振动模型

第6章 连续系统振动分析

本章学习目标

★ 掌握弦的横向振动微分方程的建立及求解；

★ 熟练掌握连续体振动微分方程的时间和空间变量分离方法；

★ 掌握杆的纵向振动及轴的扭转振动的微分方程及求解过程；

★ 熟悉梁的横向振动微分方程及其求解；

★ 熟悉薄板弯曲振动微分方程的建立及其求解过程，矩形薄板自由振动的Levy解，圆形薄板的自由振动，薄板固有频率的变分式，用Rayleigh-Ritz法分析薄板的自由振动，薄板的强迫振动；

★ 了解连续系统振动模态的正交性，了解连续系统的强迫振动的模态分析方法。

本章教学要点

知识要点	能力要求	相关知识
弦的横向振动	掌握弦的横向振动微分方程的建立及求解，利用边界条件和初始条件确定方程解的常数	连续体，振动微分方程，频率方程，振动模态
时间和空间的变量分离方法	熟练掌握求解连续体振动微分方程的时间和空间变量分离方法	时间和空间，变量分离
杆的纵向振动及轴的扭转振动	掌握杆的纵向振动及轴的扭转振动的微分方程及求解过程	杆的纵向振动，轴的扭转振动，典型边界条件
梁的横向振动	熟悉梁的横向振动微分方程及其求解	梁的横向振动，常见边界条件
薄板的弯曲振动	熟悉薄板弯曲振动微分方程建立及其求解过程，矩形薄板自由振动的Levy解，圆形薄板的自由振动，薄板固有频率的变分式，用Rayleigh-Ritz法分析薄板的自由振动，薄板的强迫振动	薄板弯曲振动微分方程，矩形薄板，圆形薄板，薄板自由振动，薄板强迫振动，Levy解，Rayleigh-Ritz法，薄板固有频率变分式
连续系统振动响应的模态分析法	了解连续系统振动模态的正交性，了解连续系统的强迫振动的模态分析方法	振动模态的正交性，模态分析方法

本章学习方法

连续系统振动，与多自由度离散系统不同，具有较强的理论深度。因此，学习本章应该在注重理论推导和分析的前提下，注重与实际问题模型相结合，加深理解课堂理论学习的内容，掌握连续系统振动的特点、方程的建立及求解方法，同时要与实际连续体振动工程计算相结合，利用所学的理论来分析实际工程中所遇见的连续系统的振动问题。

所谓连续系统，其质量、弹性及阻尼都是连续分布的，所以，与离散振动系统相比，其自由度不是有限的，而是无限的，因而又称为无限自由度振动系统或弹性体振动系统。如梁的振动就是一个连续振动系统，其质量不能与弹性分开。

连续系统的分析要比离散系统复杂，这是因为描述连续系统要用到空间和时间两种坐标，其振动方程是偏微分方程，求解起来更为麻烦，并且在求解时其弹性和支承方式也必须加以考虑。因而在连续系统的振动分析中，必须增加考虑弹性问题和边界值问题，而这两个问题本身就是复杂的研究课题。

本章将对连续系统振动作一初步的介绍，其中涉及的连续系统模型是线性的，其材料是均质的、各向同性的。所讨论的问题类似于前面离散系统的讨论，而对一维连续系统的振动的讨论则较深入一些。

6.1 弦的横向振动问题

现以弦的横向振动为例，说明连续系统振动方程的建立和方程的求解方法。如有单位长度质量为 m 的一根柔性张紧弦，其内部张力为 T，如图 6.1(a)所示。

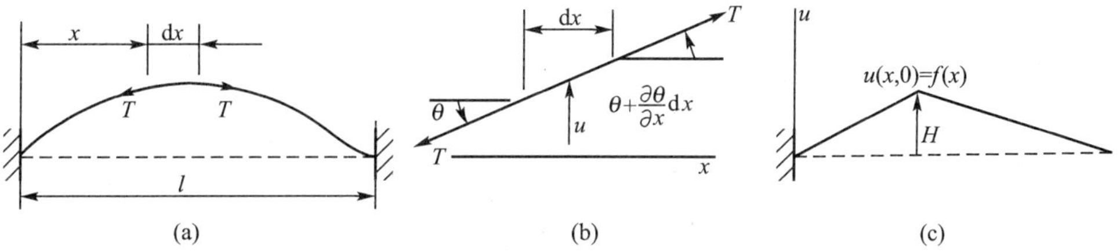

图 6.1 柔性张紧弦的横向振动

设弦的横向变形 u 既是空间变量 x 的函数，又是时间 t 的函数，即

$$u=u(x,\ t) \tag{6-1}$$

在弦上取微元 dx 的隔离体，如图 6.1(b)所示。若横向变形是微变形，由变形所引起的张力 T 的变化可忽略，并假设变形 u 与 θ 很小。根据牛顿第二定律，则弦的横向振动微分方程为

$$m\mathrm{d}x\frac{\partial^2 u}{\partial t^2}=T\left(\theta+\frac{\partial\theta}{\partial x}\mathrm{d}x\right)-T(\theta) \tag{6-2}$$

将$\dfrac{\partial u}{\partial x}=\tan\theta\approx\theta$ 代入式(6-2)，则横向振动微分方程可简化为

$$\frac{\partial^2 u}{\partial t^2}=c^2\frac{\partial^2 u}{\partial x^2} \tag{6-3}$$

式中，$c^2=T/m$，m 为弦的单位长度质量。

式(6-3)称为一维波动方程，其解包含 4 个任意常数，可由弦的边界条件和初始条件加以确定，其中 2 个边界条件为

$$u(0,\ t)=0;\quad u(l,\ t)=0 \tag{6-4}$$

2 个初始条件为

$$u(x,\ 0)=f(x);\quad \frac{\partial u(x,\ 0)}{\partial t}=g(x) \tag{6-5}$$

例如，弦在某处被顶起如图 6.1(c)所示，并以零初速释放，则初始位移为 $f(x)$，而初始速度为 $g(x)=0$。

现在将上面所讨论的问题归纳一下，可得出以下结论：

(1) 系统的振动方程是由牛顿运动第二定律导出的；

(2) 所导出的振动方程是一个偏微分方程；

(3) 弦振动问题有 4 个任意常数需要确定，其中 2 个由边界条件定，而另外 2 个由初始条件定；

(4) 边界条件将决定系统振动的形式(模式)；

(5) 初始条件则决定系统实际的运动，即每个模式的参与程度。

由于连续系统无阻尼，与离散系统一样，可假设振动模式是简谐的，因此式(6-3)的通解形式为

$$u(x, t)=\phi(x)\sin(\omega t+\phi) \tag{6-6}$$

式中，ω 为固有圆频率；ϕ 为一常数；$\phi(x)$为特征函数，描述弦以固有圆频率 ω 振动时的振型。

将式(6-6)代入式(6-3)，并消去正弦项，可得弦的自由振动特征函数微分方程为

$$\frac{\mathrm{d}^2\phi(x)}{\mathrm{d}x^2}+\frac{\omega^2}{c^2}\phi(x)=0 \tag{6-7}$$

式(6-7)的解为

$$\phi(x)=A\sin\frac{\omega x}{c}+B\cos\frac{\omega x}{c} \tag{6-8}$$

因此，弦的横向自由振动解的形式，即式(6-6)可化为

$$u(x, t)=\left(A\sin\frac{\omega x}{c}+B\cos\frac{\omega x}{c}\right)\sin(\omega t+\phi) \tag{6-9}$$

由边界条件 $u(0, t)=0$，得

$$B=0$$

由边界条件 $u(l, t)=0$，得

$$\sin\frac{\omega l}{c}=0 \quad 或 \quad \frac{\omega l}{c}=i\pi \quad (i=1, 2, \cdots) \tag{6-10}$$

式(6-10)称为频率方程或特征方程。例如，第 i 阶模态的频率为 $\omega_i=i\pi c/l\,\mathrm{rad/s}$。根据式(6-10)，连续系统有无穷阶固有频率，所以，又称其为无穷自由度系统。由于系统是线性的，其通解为所有主模态的叠加，即

$$u(x, t)=\sum_{i=1}^{\infty}A_i\sin\frac{i\pi x}{l}\sin(\omega_i t+\phi_i) \tag{6-11}$$

因为 $\phi(x)=\sin\frac{i\pi x}{l}$是由边界条件决定的，所以振动模态决定于边界条件。

式(6-11)中的常数 A_i 和 φ_i 可通过初始条件估算。

式(6-11)可表示成更方便的形式，即

$$u(x, t)=\sum_{i=1}^{\infty}\sin\frac{i\pi x}{l}(C_i\sin\omega_i t+D_i\cos\omega_i t) \tag{6-12}$$

应用初始条件，可得到

$$\begin{cases} u(x,0)=\displaystyle\sum_{i=1}^{\infty}D_i\sin\frac{\omega_i x}{c}=f(x) \\ \dfrac{\partial u(x,0)}{\partial t}=\displaystyle\sum_{i=1}^{\infty}C_i\omega_i\sin\frac{\omega_i x}{c}=g(x) \end{cases} \tag{6-13}$$

又将 $f(x)$ 和 $g(x)$ 展开为傅里叶级数，即

$$\begin{cases} f(x) = \sum_{i=1}^{\infty} f_i \sin \frac{\omega_i x}{c} \\ g(x) = \sum_{i=1}^{\infty} g_i \sin \frac{\omega_i x}{c} \end{cases} \tag{6-14}$$

将式(6-14)代入式(6-13)，可得

$$\begin{cases} u(x,\ 0) = \sum_{i=1}^{\infty} D_i \sin \frac{\omega_i x}{c} = \sum_{i=1}^{\infty} f_i \sin \frac{\omega_i x}{c} \\ \frac{\partial u(x,\ 0)}{\partial t} = \sum_{i=1}^{\infty} C_i \omega_i \sin \frac{\omega_i x}{c} = \sum_{i=1}^{\infty} g_i \sin \frac{\omega_i x}{c} \end{cases} \tag{6-15}$$

由式(6-15)可得

$$D_i = f_i,\quad C_i = \frac{g_i}{\omega_i}$$

因此，弦的横向振动响应可表示为

$$u(x,\ t) = \sum_{i=1}^{\infty} \sin \frac{i\pi x}{l} \left(\frac{g_i}{\omega_i} \sin\omega_i t + f_i \cos\omega_i t \right) \tag{6-16}$$

由此可知，初始条件决定了振动系统各主模态对系统振动的贡献量。

6.2 时间与空间变量分离方法

求解式(6-3)所示的偏微分方程可有许多方法，本节讨论一种称为变量分离的方法，这种方法的应用范围很广。设偏微分方程式(6-3)满足如下形式的函数：

$$u(x,\ t) = \phi(x) q(t) \tag{6-17}$$

式中，$\phi(x)$是空间变量 x 的函数；$q(t)$是时间变量 t 的函数，因而，式(6-17)中的偏导 $\frac{\partial^2 u}{\partial x^2}$ 和 $\frac{\partial^2 u}{\partial t^2}$ 可以分别用微分 $\frac{\partial^2 \phi(x)}{\partial x^2}$ 和 $\frac{\partial^2 q}{\partial t^2}$ 来代替。

将式(6-17)代入式(6-3)，得到

$$c^2 \frac{1}{\phi} \frac{\partial^2 \phi}{\partial x^2} = \frac{1}{q} \frac{\partial^2 q}{\partial t^2} \tag{6-18}$$

由于上述方程的左侧与 t 无关，方程的右侧与 x 无关，而等式对所有的 x 与 t 都成立，所以，可以得出结论，式(6-18)的两侧都等于一个常数。假设该常数为 ω^2，则式(6-18)可获得两个常微分方程，即

$$\begin{cases} \frac{\partial^2 \phi}{\partial x^2} + \frac{\omega^2}{c^2} \phi = 0 \\ \frac{\partial^2 q}{\partial t^2} + \omega^2 q = 0 \end{cases} \tag{6-19}$$

式(6-19)中的两个微分方程的解分别为

$$\begin{cases} \phi(x) = A\sin \frac{\omega x}{c} + B\cos \frac{\omega x}{c} \\ q(t) = C\sin\omega t + D\cos\omega t \end{cases} \tag{6-20}$$

这样，式(6-17)的形式解可表示为

$$u(x,\ t)=\left(A\sin\frac{\omega x}{c}+B\cos\frac{\omega x}{c}\right)(C\sin\omega t+D\cos\omega t) \tag{6-21}$$

式中，系数 A，B，C 和 D 是由边界条件与初始条件确定的常数。

注意到 $\phi(x)$ 和 $q(t)$ 只与 ω 有关，对一给定的 ω，则 $\phi(x)$ 确定了系统的模态振型，而 $q(t)$ 确定了具体的振动。由此可以得知，变量分离法与前述的主模态法可以给出相同的结果。

6.3 杆的纵向振动及轴的扭转振动

杆的纵向振动与轴的扭转振动，由于其动态特性很相近，因而其振动方程相类似，求解也相近。本节以杆的纵向振动为主，来叙述这两种振动的求解，轴的扭振则通过类比即可容易理解。

考虑图 6.2(a)所示的长杆，令 $u(x,\ t)$ 为杆上微元 dx 的轴向位移，如图 6.2(b)所示。

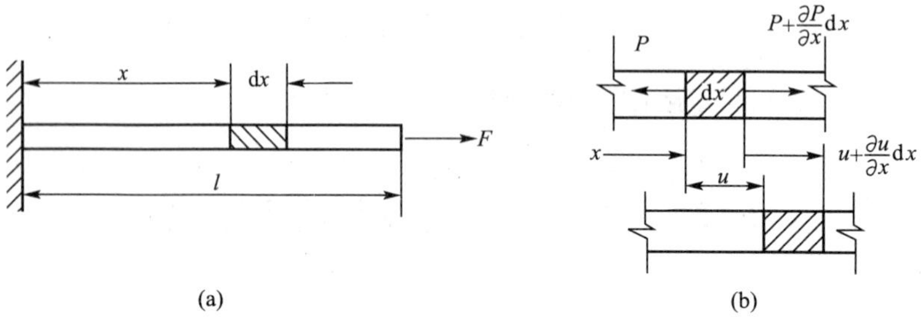

图 6.2 杆的纵向振动

由胡克定律可知，杆的应力与应变之间的关系可表示为

$$\frac{P}{A}=E\frac{\partial u}{\partial x} \tag{6-22}$$

式中，P 为微元 dx 处的力；A 为杆的横截面积；E 为杆材料弹性模量。

根据牛顿第二定律得

$$dm\frac{\partial^2 u}{\partial t^2}=\left(P+\frac{\partial P}{\partial x}dx\right)-P \tag{6-23}$$

式中，$dm=\rho A dx$ 为微元 dx 的质量；ρ 为杆的单位体积的质量，即杆的密度。

将式(6－22)代入式(6－23)，可得到杆纵向振动的微分方程为

$$\rho A\frac{\partial^2 u}{\partial t^2}=\frac{\partial}{\partial x}\left(AE\frac{\partial u}{\partial x}\right) \tag{6-24}$$

若 AE 为常量，则式(6－24)可变为

$$\frac{\partial^2 u}{\partial t^2}=c^2\frac{\partial^2 u}{\partial x^2} \tag{6-25}$$

式中，$c^2=E/\rho$。

可知，式(6－25)与式(6－3)相同。

同理，也可以导出轴扭转振动的微分方程为

$$\rho I_p\frac{\partial^2\theta}{\partial t^2}=\frac{\partial}{\partial x}\left(I_p G\frac{\partial\theta}{\partial x}\right) \tag{6-26}$$

式中，I_pG 为轴的扭转刚度；I_p 为轴的截面二次极惯性矩；G 为材料的剪切模量。

若 I_pG 为常数，则式(6-26)可变为

$$\frac{\partial^2\theta}{\partial t^2}=C^2\frac{\partial^2\theta}{\partial x^2} \tag{6-27}$$

式中，$C^2=G/\rho$。

可知，轴的扭转振动微分方程也与弦的振动微分方程式(6-3)的形式类同。

杆纵向振动和轴扭转振动的典型边界条件，分别见表6-1和表6-2。

表6-1 杆纵向振动的边界条件

端部条件	左边界条件	右边界条件
固　结	$u(0, t)=0$	$u(l, t)=0$
自　由	$\frac{\partial u}{\partial x}=0$	$\frac{\partial u}{\partial x}=0$
弹性载荷	$ku=EA\frac{\partial u}{\partial x}$	$ku=-EA\frac{\partial u}{\partial x}$
惯性载荷	$m\frac{\partial^2 u}{\partial t^2}=EA\frac{\partial u}{\partial x}$	$m\frac{\partial^2 u}{\partial t^2}=-EA\frac{\partial u}{\partial x}$

表6-2 轴扭转振动的边界条件

端部条件	左边界条件	右边界条件
固　结	$\theta(0, t)=0$	$\theta(l, t)=0$
自　由	$\frac{\partial\theta}{\partial x}=0$	$\frac{\partial\theta}{\partial x}=0$
弹性载荷	$k_t\theta=I_pG\frac{\partial\theta}{\partial x}$	$k_t\theta=-I_pG\frac{\partial\theta}{\partial x}$
惯性载荷	$J_0\frac{\partial^2\theta}{\partial t^2}=I_pG\frac{\partial\theta}{\partial x}$	$J_0\frac{\partial^2\theta}{\partial t^2}=-I_pG\frac{\partial\theta}{\partial x}$

注：式中 k_t 为扭转弹簧的刚度，J_0 为一个圆盘的转动惯量。

例6.1

油井钻杆可视为一端固定、另一端带有惯性矩 J_0 的长轴。试求该系统的频率方程。

解： 方程的通解为

$$u(x, t)=\left(A\sin\frac{\omega x}{c}+B\cos\frac{\omega x}{c}\right)(C\sin\omega t+D\cos\omega t)$$

两个边界条件分别为

$$\theta(0, t)=0;\quad J_0\frac{\partial^2\theta}{\partial t^2}(l, t)=-I_pG\frac{\partial\theta}{\partial x}(l, t)$$

由边界条件 $\theta(0, t)=0$，可得

$$B=0$$

将边界条件 $J_0\frac{\partial^2\theta}{\partial t^2}(l, t)=-I_pG\frac{\partial\theta}{\partial x}(l, t)$ 代入通解，并消去 $A(C\sin\omega t+D\cos\omega t)$，可得油井钻杆振动系统的频率方程为

$$-J_0\omega^2\sin\frac{\omega l}{c}=-I_p G\frac{\omega}{c}\cos\frac{\omega l}{c}$$

由于 $c^2=G/\rho$，$J_{ax}=I_p l$，通过代数运算，则上述频率方程可简化为

$$\frac{\omega l}{\rho c}\tan\frac{\omega l}{c}=J_{ax}/J_0$$

式中，J_{ax} 为轴的转动惯量。

6.4 梁的横向振动

梁在 xy 平面内的横向振动如图 6.3(a)所示，现在讨论横向变形 $u(x, t)$ 仅由弯矩引起的情况。

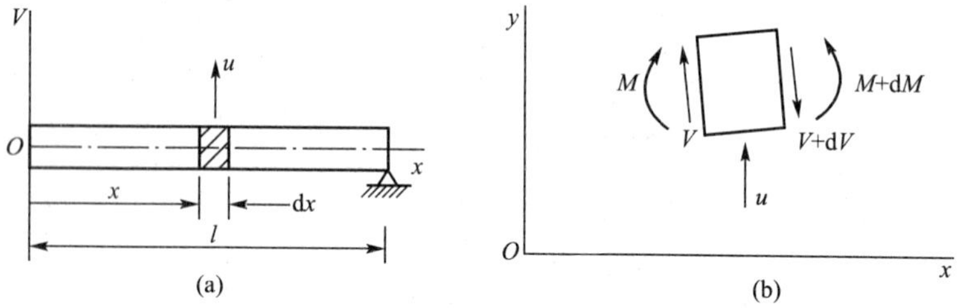

图 6.3 梁的横向振动

考虑图 6.3(b)所示的梁上一微元 dx 的隔离体图，由牛顿第二定律，梁横向的振动微分方程为

$$m\frac{\partial^2 u}{\partial t^2}\mathrm{d}x=-\left(V+\frac{\partial V}{\partial x}\mathrm{d}x\right)+V \quad 或 \quad m\frac{\partial^2 u}{\partial t^2}=-\frac{\partial V}{\partial x} \tag{6-28}$$

式中，m 为梁的单位长度质量；V 为剪力。

将微元 dx 右侧面处所有弯矩相加，得出

$$\frac{\partial M}{\partial x}\mathrm{d}x-V\mathrm{d}x=0 \quad 或 \quad \frac{\partial M}{\partial x}=V \tag{6-29}$$

由材料力学知识可知，梁的曲率与弯矩之间的关系为

$$EI\frac{\partial^2 u}{\partial x^2}=M \tag{6-30}$$

式中，EI 为梁的弯曲刚度；E 为弹性模量；I 为梁的截面惯性矩。

将式(6-30)代入式(6-28)相结合，则梁的横向振动的振动方程可化为

$$m\frac{\partial^2 u}{\partial t^2}=-\frac{\partial^2}{\partial x^2}\left(EI\frac{\partial^2 u}{\partial x^2}\right) \tag{6-31}$$

若 EI 为常数，又定义 $a^2=\dfrac{EI}{m}$，则上述梁的横向振动微分方程简化为

$$\frac{\partial^2 u}{\partial t^2}+a^2\frac{\partial^4 u}{\partial x^4}=0 \tag{6-32}$$

梁横向振动的常见边界条件，见表 6-3。

表 6-3 梁横向振动边界条件

端部条件	变形	转角	弯矩	剪力
物 理 量	u	$\theta=\dfrac{\partial u}{\partial x}$	$M=EI\dfrac{\partial^2 u}{\partial x^2}$	$V=EI\dfrac{\partial^3 u}{\partial x^3}$
固　结	$u=0$	$\theta=0$	—	—
自　由	—	—	$M=0$	$V=0$
铰　接	$u=0$	—	$M=0$	—
弹性载荷	—	—	$M=-k_t\dfrac{\partial u}{\partial x}$	$V=ku$
惯性载荷	—	—	$M=0$	$V=m\dfrac{\partial^2 u}{\partial t^2}$

例6.2

试导出图 6.3(a)所示的一端固结、另一端简支均匀梁的横向振动的频率方程。

解：由变量分离法，梁横向振动微分方程解的形式为

$$u(x,\ t)=\phi(x)q(t)$$

将上式代入振动方程式(6-32)，可得

$$-a^2\frac{1}{\phi}\cdot\frac{\partial^4\phi}{\partial x^4}=\frac{1}{q}\frac{\partial^2 q}{\partial t^2}$$

令上式两边都等于$-\omega^2$，可得

$$\frac{\partial^4\phi}{\partial x^4}-\beta^4\phi=0 \quad 或 \quad \frac{\partial^2 q}{\partial t^2}+\omega^2 q=0$$

式中，$\beta^4=\omega^2/a^2=m\omega^2/EI$。

由线性微分方程理论，上述微分方程的通解为

$$\phi(x)=C_1\sin\beta x+C_2\cos\beta x+C_3\operatorname{sh}\beta x+C_4\operatorname{ch}\beta x$$

$$q(t)=C_5\sin\omega t+C_6\cos\omega t$$

梁固定端的边界条件为：(1) $u(0,\ t)=0$；(2) $\dfrac{\partial u}{\partial x}(0,\ t)=0$；

梁简支端的边界条件为：(3) $u(l,\ t)=0$；(4) $\dfrac{\partial u}{\partial x}(l,\ t)=0$；

由边界条件(1)和(2)，可得

$$C_2+C_4=0;\quad C_1+C_3=0$$

因此

$$\phi(x)=C_1(\sin\beta x-\operatorname{sh}\beta x)+C_2(\cos\beta x-\operatorname{ch}\beta x)$$

由边界条件(3)和(4)，可得

$$(\sin\beta l-\operatorname{sh}\beta l)C_1+(\cos\beta l-\operatorname{ch}\beta l)C_2=0$$

$$-(\sin\beta l+\operatorname{sh}\beta l)C_1-(\cos\beta l+\operatorname{ch}\beta l)C_2=0$$

上两式是关于 C_1 和 C_2 的代数方程组，要有非零解，则该方程组的系数行列式必须为零，即

$$\begin{vmatrix} (\sin\beta l-\operatorname{sh}\beta l) & (\cos\beta l-\operatorname{ch}\beta l) \\ -(\sin\beta l+\operatorname{sh}\beta l) & -(\cos\beta l+\operatorname{ch}\beta l) \end{vmatrix}=0$$

上式即为该梁的横向振动频率方程。

以上讨论梁的横向振动微分方程，在推导过程中没有考虑梁的剪切变形及转动惯量的影响。若把剪切变形和转动惯量都考虑在内，则梁的横向振动微分方程可表示为

$$EI\frac{\partial^4 u}{\partial x^4}+m\frac{\partial^2 u}{\partial t^2}-\left(J+\frac{EIm}{KAG}\right)\frac{\partial^4 u}{\partial x^2\partial t^2}+\frac{Jm}{KAG}\frac{\partial^4 u}{\partial t^4}=0 \tag{6-33}$$

式中，A 为梁的横截面积；G 为切变弹性模量；K 为横截面的形状系数；J 为梁单元长度的转动惯量。

6.5 薄板的弯曲振动

6.5.1 薄板振动微分方程

这里只限于讨论薄板的横向振动，此时动载荷的作用方向是垂直于板的中面。另外，由于研究的范围是微振幅的振动，故横向振动引起的面内位移可以忽略不计。这样，和薄板的静力学弯曲问题类似，薄板的振动可以用动挠度 $f(x, y, t)$来描述。

在薄板弯曲理论中已经知道，薄板承受垂直板面的静态分布载荷 $q_0(x, y)$，薄板弹性弯曲变形曲面微分方程为

$$D\nabla^4 f(x, y)=q_0(x, y) \tag{6-34}$$

式中，D 为板的柱状弯曲刚度；$\nabla^4=\nabla^2\cdot\nabla^2$，$\nabla^2$ 为 Lapalace 微分算子；$f(x, y)$为在(x, y)处的挠度。

上述方程表示，薄板微面积上所受的载荷 $q_0\mathrm{d}x\mathrm{d}y$ 和周边界上的弹性剪切力 $D\nabla^4 f(x, y)\mathrm{d}x\mathrm{d}y$ 平衡。薄板承受动载荷 $q(x, y, t)$，薄板由于振动还会产生分布惯性力。设薄板单位体积质量为 ρ，厚度为 h，那么薄板振动所产生的惯性力的大小为 $\rho h\dfrac{\partial^2 f(x, y, t)}{\partial t^2}$，它的方向和加速度方向相反。根据瞬时平衡条件，现在应该用 $q(x, y, t)-\rho h\dfrac{\partial^2 f(x, y, t)}{\partial t^2}$来置换方程式(6-34)中的 $q_0(x, y)$，如图 6.4 所示。

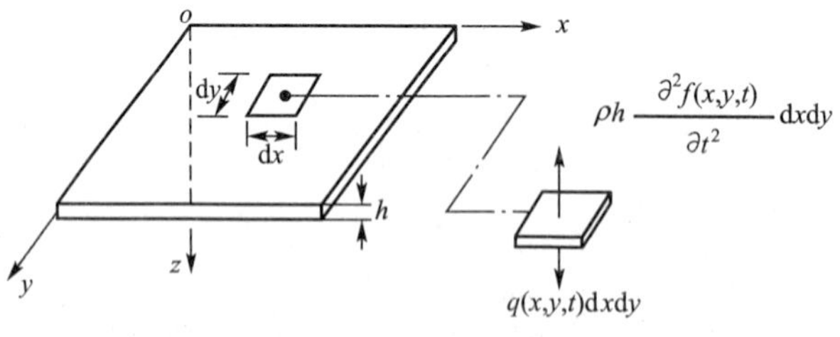

图 6.4 薄板微面积受力情况

因此，薄板振动的微分方程可表示为

$$D\nabla^4 f(x, y, t)+\rho h\frac{\partial^2 f(x, y, t)}{\partial t^2}=q(x, y, t) \tag{6-35}$$

上述方程没有考虑薄板截面的转动惯量、横向剪切和横向挤压效应，而且只适用于等厚度薄板。如果要计及这些因素，方程式(6-35)需要作相应的修改。

对于矩形薄板，可用笛卡儿坐标表示微分算子∇^4，因此，方程式(6-35)可表示为

$$D\left(\frac{\partial^4 f(x,\ y,\ t)}{\partial x^4}+2\frac{\partial^4 f(x,\ y,\ t)}{\partial x^2\partial y^2}+\frac{\partial^4 f(x,\ y,\ t)}{\partial y^4}\right)+\rho h\frac{\partial^2 f(x,\ y,\ t)}{\partial t^2}=q(x,\ y,\ t) \tag{6-36}$$

对于圆形薄板，可用极坐标表示微分算子∇^4，因此，方程(6-35)可表示为

$$D\left(\frac{\partial^2}{\partial r^2}+\frac{1}{r}\frac{\partial}{\partial r}+\frac{1}{r^2}\frac{\partial^2}{\partial\theta^2}\right)^2 f(r,\ \theta,\ t)+\rho h\frac{\partial^2 f(r,\ \theta,\ t)}{\partial t^2}=q(r,\ \theta,\ t) \tag{6-37}$$

上述微分方程要有定解，还必须给出薄板的边界条件和初始条件。对于铰支、固定和自由三种常见支承，每边在任一时刻要满足的边界条件如下。

1) 铰支边

矩形薄板，如图6.5(a)所示。

$$f(x,\ y,\ t)=\frac{\partial^2 f(x,\ y,\ t)}{\partial x^2}=0 \quad (x=0,\quad a) \tag{6-38a}$$

圆形薄板，如图6.5(b)所示。

$$f(r,\ \theta,\ t)=\frac{\partial^2 f(r,\ \theta,\ t)}{\partial r^2}+\mu\frac{1}{r}\frac{\partial f(r,\ \theta,\ t)}{\partial r}=0 \quad (r=a) \tag{6-38b}$$

式中，μ为材料的泊松比。

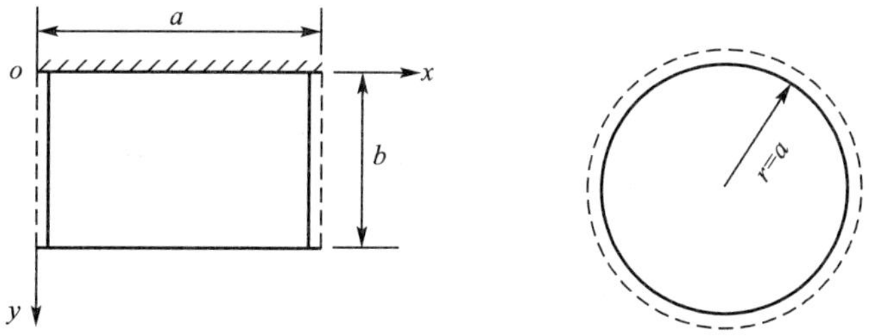

(a) (b)

图6.5 薄板边界条件

如果是圆环形薄板，还应该列出内圆周的边界条件。

2) 固定边

矩形薄板

$$f(x,\ y,\ t)=\frac{\partial f(x,\ y,\ t)}{\partial y}=0 \quad (y=0) \tag{6-39a}$$

圆形薄板

$$f(r,\ \theta,\ t)=\frac{\partial f(r,\ \theta,\ t)}{\partial r}=0 \quad (r=a) \tag{6-39b}$$

3) 自由边

矩形薄板

$$\begin{cases}\dfrac{\partial^2 f(x,\ y,\ t)}{\partial y^2}+\mu\dfrac{\partial^2 f(x,\ y,\ t)}{\partial x^2}=0 \quad (y=b)\\[2ex] \dfrac{\partial^3 f(x,\ y,\ t)}{\partial y^3}+(2-\mu)\dfrac{\partial^3 f(x,\ y,\ t)}{\partial x^2\partial y}=0 \quad (y=b)\end{cases} \tag{6-40a}$$

圆形薄板

$$\begin{cases}\dfrac{\partial^2 f(r,\theta,t)}{\partial r^2}+\mu\left(\dfrac{1}{r}\dfrac{\partial f(r,\theta,t)}{\partial r}+\dfrac{1}{r^2}\dfrac{\partial^2 f(r,\theta,t)}{\partial\theta^2}\right)=0 \quad (r=a)\\ \dfrac{\partial}{\partial r}\nabla^2 f(r,\theta,t)+\dfrac{1-\mu}{r}\dfrac{\partial}{\partial\theta}\left(\dfrac{1}{r}\dfrac{\partial^2 f(r,\theta,t)}{\partial r\partial\theta}-\dfrac{1}{r^2}\dfrac{\partial f(r,\theta,t)}{\partial\theta}\right)=0 \quad (r=a)\end{cases} \tag{6-40b}$$

对于矩形薄板两相邻边都是自由边［如图 6.5(a)中 $y=b$ 和 $x=a$ 两边有公共点，它们都是自由边，就是这种情况］，这时还需要附加一个角点条件。如果这个角点($x=a$，$y=b$)处没有集中质量，也没有集中动载荷作用，那么该角点条件为

$$\left.\frac{\partial^2 f(x,y,t)}{\partial x\partial y}\right|_{x=a,y=b}=0$$

和静力弯曲问题一样，这个条件表示任一瞬时角点处都没有集中力作用。

对于弹性支承情况，根据支承的刚性程度也不难列出相应的边界条件。

在方程式(6-35)中，由于出现了待求函数对时间 t 的二阶导数项，故还需要给出位移和速度两个初始条件，该条件是当 $t=0$ 时，有

$$\begin{cases}f(x,y,0)=w_1(x,y)\\ \dot{f}(x,y,0)=w_2(x,y)\end{cases} \tag{6-41}$$

式中，$w_1(x,y)$，$w_2(x,y)$是两个给定的函数。

求出了薄板中面上各点位移的动力响应，薄板横截面内内力的动力响应可按下列熟知的公式确定：

矩形薄板

$$\begin{cases}M_x(x,y,t)=-D\left(\dfrac{\partial^2 f(x,y,t)}{\partial x^2}+\mu\dfrac{\partial^2 f(x,y,t)}{\partial y^2}\right)\\ M_y(x,y,t)=-D\left(\dfrac{\partial^2 f(x,y,t)}{\partial y^2}+\mu\dfrac{\partial^2 f(x,y,t)}{\partial x^2}\right)\\ M_{xy}(x,y,t)=-D(1-\mu)\dfrac{\partial^2 f(x,y,t)}{\partial x\partial y}\\ Q_x(x,y,t)=-D\dfrac{\partial}{\partial x}\left(\dfrac{\partial^2 f(x,y,t)}{\partial x^2}+\dfrac{\partial^2 f(x,y,t)}{\partial y^2}\right)\\ Q_y(x,y,t)=-D\dfrac{\partial}{\partial y}\left(\dfrac{\partial^2 f(x,y,t)}{\partial x^2}+\dfrac{\partial^2 f(x,y,t)}{\partial y^2}\right)\\ V_y=Q_y+\dfrac{\partial M_{xy}}{\partial x}\\ \quad=-D\dfrac{\partial}{\partial y}\left(\dfrac{\partial^3 f(x,y,t)}{\partial y^3}+(2-\mu)\dfrac{\partial^3 f(x,y,t)}{\partial y\partial x^2}\right)\end{cases} \tag{6-42a}$$

圆形薄板

$$\begin{cases} M_r(r,\theta,t)=-D\left[\dfrac{\partial^2 f(r,\theta,t)}{\partial r^2}+\mu\left(\dfrac{1}{r}\dfrac{\partial f(r,\theta,t)}{\partial r}+\dfrac{1}{r^2}\dfrac{\partial^2 f(r,\theta,t)}{\partial\theta^2}\right)\right] \\ M_\theta(r,\theta,t)=-D\left[\left(\dfrac{1}{r}\dfrac{\partial f(r,\theta,t)}{\partial r}+\dfrac{1}{r^2}\dfrac{\partial^2 f(r,\theta,t)}{\partial\theta^2}\right)+\mu\dfrac{\partial^2 f(r,\theta,t)}{\partial r^2}\right] \\ M_{r\theta}(r,\theta,t)=-D(1-\mu)\left[\left(\dfrac{1}{r}\dfrac{\partial^2 f(r,\theta,t)}{\partial r\partial\theta}-\dfrac{1}{r^2}\dfrac{\partial f(r,\theta,t)}{\partial\theta}\right)\right] \\ Q_r(r,\theta,t)=-D\left(\dfrac{\partial^2 f(r,\theta,t)}{\partial r^2}+\dfrac{1}{r}\dfrac{\partial f(r,\theta,t)}{\partial r}+\dfrac{1}{r^2}\dfrac{\partial^2 f(r,\theta,t)}{\partial\theta^2}\right) \\ \qquad\qquad\quad=-D\dfrac{\partial}{\partial r}\nabla^2 f(r,\theta,t) \\ Q_\theta(r,\theta,t)=-D\dfrac{1}{r}\dfrac{\partial}{\partial\theta}\left(\dfrac{\partial^2 f(r,\theta,t)}{\partial r^2}+\dfrac{1}{r}\dfrac{\partial f(r,\theta,t)}{\partial r}+\dfrac{1}{r^2}\dfrac{\partial^2 f(r,\theta,t)}{\partial\theta^2}\right) \\ \qquad\qquad\quad=-D\dfrac{1}{r}\dfrac{\partial}{\partial\theta}\nabla^2 f(r,\theta,t) \\ V_r=Q_r+\dfrac{1}{r}\dfrac{\partial M_{r\theta}}{\partial\theta} \\ \quad=-D\left[\dfrac{\partial}{\partial\theta}\nabla^2 f(r,\theta,t)+\dfrac{1-\mu}{r}\cdot\dfrac{\partial}{\partial\theta}\left(\dfrac{1}{r}\dfrac{\partial^2 f(r,\theta,t)}{\partial r\partial\theta}-\dfrac{1}{r^2}\dfrac{\partial f(r,\theta,t)}{\partial\theta}\right)\right] \end{cases} \tag{6-42b}$$

式中，V_y和V_r表示对应截面内的总剪力。

6.5.2 矩形薄板自由振动的 Levy 解

在方程式(6-36)中，令$q(x,y,t)=0$，可得矩形薄板的自由振动方程为

$$D\left(\frac{\partial^4 f_0(x,y,t)}{\partial x^4}+2\frac{\partial^4 f_0(x,y,t)}{\partial x^2\partial y^2}+\frac{\partial^4 f_0(x,y,t)}{\partial y^4}\right)+\rho h\frac{\partial^2 f_0(x,y,t)}{\partial t^2}=0 \tag{6-43}$$

现在用分离变量法求解，设微分方程式(6-43)解的形式为

$$f_0(x,y,t)=w(x,y)T(t) \tag{6-44}$$

将式(6-44)代入式(6-43)，可得

$$\frac{D}{\rho h}\left(\frac{\partial^4 w(x,y)}{\partial x^4}+2\frac{\partial^4 w(x,y)}{\partial x^2\partial y^2}+\frac{\partial^4 w(x,y)}{\partial y^4}\right)T(t)=-w(x,y)\frac{\mathrm{d}^2T(t)}{\mathrm{d}t^2} \tag{6-45}$$

式(6-45)的两边除以$w(x,y)T(t)$，可写成

$$\frac{D}{\rho h}\left(\frac{\partial^4 w(x,y)}{\partial x^4}+2\frac{\partial^4 w(x,y)}{\partial x^2\partial y^2}+\frac{\partial^4 w(x,y)}{\partial y^4}\right)\frac{1}{w(x,y)}=-\frac{\mathrm{d}^2T(t)}{\mathrm{d}t^2}\frac{1}{T(t)} \tag{6-46}$$

式(6-46)左边是x和y的函数，右边是t的函数，因此，它们要相等只能等于同一个常数。令这个常数为ω^2，可得

$$\frac{\mathrm{d}^2T(t)}{\mathrm{d}t^2}+\omega^2T(t)=0 \tag{6-47}$$

它的解形式容易写成

$$T(t)=A\sin(\omega t+\alpha) \tag{6-48}$$

式中，ω正好就是薄板自由振动的固有频率；α表示初相位角，对于自由振动，这个量可以忽略。事实上，总可以选择一个时间参考坐标，使得$\alpha=0$。A是一个任意常数。因此根

据式(6-46)可知，$w(x, y)$就是薄板的振型。

由式(6-46)的左边，可以得到另外一个方程，即

$$\frac{\partial^4 w(x, y)}{\partial x^4}+2\frac{\partial^4 w(x, y)}{\partial x^2 \partial y^2}+\frac{\partial^4 w(x, y)}{\partial y^4}-\frac{\rho h\omega^2}{D}w(x, y)=0 \tag{6-49}$$

对于一组对边是铰支的矩形板，如图6.6所示，利用薄板静力弯曲中的Levy法可以求解。

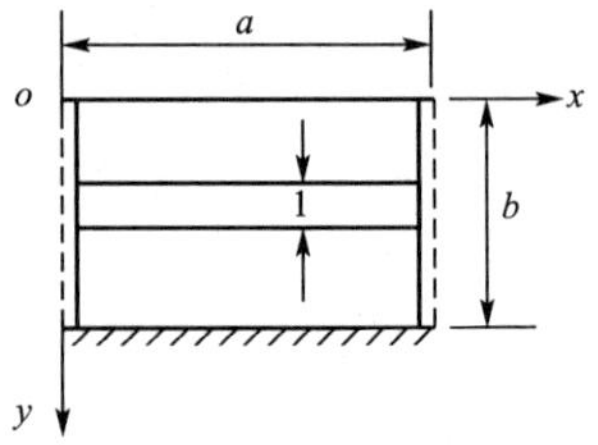

图6.6　铰支的矩形板

该方法是设振型$w(x, y)$为

$$w(x, y)=Y_m(y)\sin\frac{m\pi}{a}x \tag{6-50}$$

很显然，它满足在$x=0$和$x=a$两边上挠度和弯矩为零的条件。将式(6-50)代入式(6-49)，可得

$$\frac{\mathrm{d}^4 Y_m}{\mathrm{d}y^4}-2\left(\frac{m\pi}{a}\right)^2\frac{\mathrm{d}^2 Y_m}{\mathrm{d}y^2}+\left[\left(\frac{m\pi}{a}\right)^4-\frac{\rho h}{D}\omega^2\right]Y_m=0 \tag{6-51}$$

这个方程解的形式取决于$\frac{\rho h}{D}\omega^2$的值是否大于$\left(\frac{m\pi}{a}\right)^4$的值。已知截面为$l\times h$的矩形梁，两端铰支，跨度与$a$相等，如果它是柱面弯曲，那么这根梁的固有频率为

$$\omega_{\mathrm{b}}=\frac{m^2\pi^2}{a^2}\sqrt{\frac{D}{\rho h}}$$

这正好是$\frac{\rho h}{D}\omega^2=\left(\frac{m\pi}{a}\right)^4$的情况。对于图6.6所示的矩形板，只要$y=0$和$y=b$两边不都是自由，而且$\frac{b}{a}$的值不很大，则在中部沿$x$方向切割一根单位宽度的板条，它的刚度一般地说比上述同材料的简支梁刚度要大，因此可以断定$\omega^2>\omega_{\mathrm{b}}^2$，即

$$\frac{\rho h}{D}\omega^2>\frac{\rho h}{D}\cdot\frac{m^4\pi^4}{a^4}\frac{D}{\rho h}=\left(\frac{m\pi}{a}\right)^4$$

这样，方程式(6-51)的解可以写成

$$Y_m=A\mathrm{ch}\rho_1\frac{y}{b}+B\mathrm{sh}\rho_1\frac{y}{b}+C\cos\rho_2\frac{y}{b}+E\sin\rho_2\frac{y}{b} \tag{6-52}$$

$$\rho_1=\frac{b}{a}m\pi\sqrt{K+1},\qquad \rho_2=\frac{b}{a}m\pi\sqrt{K-1} \tag{6-53}$$

式中，$K=\frac{\omega}{\omega_{\mathrm{b}}}=\omega/\left(\frac{m^2\pi^2}{a^2}\sqrt{\frac{D}{\rho h}}\right)$。

下面分析几个具体的例子。

1. 另外一组对边固定

根据边界条件式(6-39a)，有

$$Y_m(0)=Y_m(b)=0$$
$$\frac{\mathrm{d}Y_m}{\mathrm{d}y}(0)=\frac{\mathrm{d}Y_m}{\mathrm{d}y}(b)=0 \tag{6-54}$$

将式(6-52)代入式(6-54)，可得

$$\begin{cases} A & & +C & & =0 \\ A\mathrm{ch}\rho_1 & +B\mathrm{sh}\rho_1 & +C\cos\rho_2 & +E\sin\rho_2 & =0 \\ & B\dfrac{\rho_1}{b} & & E\dfrac{\rho_2}{b} & =0 \\ A\dfrac{\rho_1}{b}\mathrm{sh}\rho_1 & B\dfrac{\rho_1}{b}\mathrm{ch}\rho_1 & -C\dfrac{\rho_2}{b}\sin\rho_2 & +E\dfrac{\rho_2}{b}\cos\rho_2 & =0 \end{cases} \tag{6-55}$$

方程组式(6－55)有非零解的条件是它的系数行列式为零，展开后得

$$2\rho_1\rho_2(\mathrm{ch}\rho_1\cos\rho_2-1)+(\rho_1^2-\rho_2^2)\mathrm{sh}\rho_1\sin\rho_2=0 \tag{6-56}$$

解这个频率方程，可求得它的根。这些根是通过参变数 K ［式(6－53)］反映出来。由此求出 K 后，一组对边铰支另一组对边固定的矩形薄板的固有频率就可以确定。通常对于一个指定的 m 值，式(6－56)有无穷多个根。这些根记为 $K_n(m)(n=1, 2, \cdots)$。将它代入式(6－53)，可得

$$\omega_{mn}=K_n(m)\omega_b=K_n(m)\frac{m^2\pi^2}{a^2}\sqrt{\frac{D}{\rho h}} \tag{6-57}$$

表 6－4～表 6－7 分别列出了方薄板以及 $\frac{b}{a}=1.25$，1.5，2.0 的矩形薄板的前 9 个 $\omega_{mn}a^2\sqrt{\frac{\rho h}{D}}$ 的值。

表 6－4　方薄板(b/a=1.0)

m \ n	1	2	3
1	28.95	69.33	129.1
2	54.74	94.59	154.8
3	102.2	140.2	199.8

表 6－5　矩形薄板(b/a=1.25)

m \ n	1	2	3
1	21.34	48.26	85.63
2	48.54	73.46	111.9
3	96.90	120.4	158.0

表 6－6　矩形薄板(b/a=1.5)

m \ n	1	2	3
1	17.37	35.34	62.05
2	45.43	62.31	88.80
3	94.21	110.1	135.8

表 6－7　矩形薄板(b/a=2.0)

m \ n	1	2	3
1	13.69	23.65	38.69
2	42.59	51.67	66.30
3	91.70	100.3	114.4

现在进一步来求方薄板的振型，记

$$\rho_{1n}=\frac{b}{a}m\pi\sqrt{K_n(m)+1};\quad \rho_{2n}=\frac{b}{a}m\pi\sqrt{K_n(m)-1}$$

在代数方程式(6－55)中，用系数 A 来表示其他三个系数。取前三个方程，移项后得

$$\begin{pmatrix} 0 & 1 & 0 \\ \mathrm{sh}\rho_{1n} & \cos\rho_{2n} & \sin\rho_{2n} \\ \rho_{1n} & 0 & \rho_{2n} \end{pmatrix} \begin{pmatrix} B \\ C \\ E \end{pmatrix} = -A \begin{pmatrix} 1 \\ \mathrm{ch}\rho_{1n} \\ 0 \end{pmatrix} \tag{6-58}$$

因此有

$$\begin{cases} \dfrac{B}{A} = -\dfrac{\rho_{2n}(\cos\rho_{2n} - \mathrm{ch}\rho_{1n})}{\rho_{1n}\sin\rho_{2n} - \rho_{2n}\mathrm{sh}\rho_{1n}} \\ \dfrac{C}{A} = -\dfrac{\rho_{1n}\sin\rho_{2n} - \rho_{2n}\mathrm{sh}\rho_{1n}}{\rho_{1n}\sin\rho_{2n} - \rho_{2n}\mathrm{sh}\rho_{1n}} = -1 \\ \dfrac{E}{A} = -\dfrac{\rho_{1n}(\mathrm{ch}\rho_{1n} - \cos\rho_{2n})}{\rho_{1n}\sin\rho_{2n} - \rho_{2n}\mathrm{sh}\rho_{1n}} = \dfrac{\rho_{1n}}{\rho_{2n}}\dfrac{B}{A} \end{cases} \tag{6-59}$$

将式(6-59)代入式(6-52)和式(6-50)，并令 $A=1$，得

$$w(x,y) = \left(\left(\mathrm{ch}\rho_{1n}\frac{y}{b} - \cos\rho_{2n}\frac{y}{b}\right) - \frac{\rho_{2n}(\cos\rho_{2n} - \mathrm{ch}\rho_{1n})}{\rho_{1n}\sin\rho_{2n} - \rho_{2n}\mathrm{sh}\rho_{1n}} \cdot \left(\mathrm{sh}\rho_{1n}\frac{y}{b} + \frac{\rho_{1n}}{\rho_{2n}}\sin\rho_{2n}\frac{y}{b}\right)\right)\sin\frac{m\pi}{a}x \tag{6-60}$$

图 6.7 画出了方薄板前 9 个振型的大致形状，它们分别和表 6-4 列出的 9 个固有频率相对应。图中虚线表示节线，振型函数在其上的值始终为零；“+”号表示挠度向下，“-”号表示挠度向上。

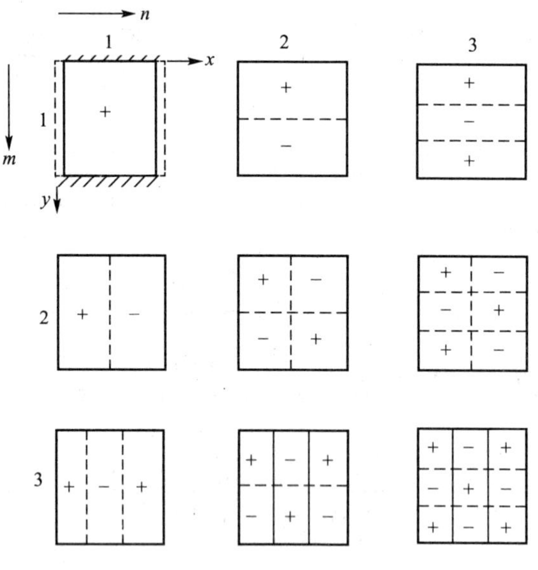

图 6.7　方薄板前 9 个振型

2. 另外一组对边也为铰支

这时边界条件为

$$\begin{cases} Y_m(0) = Y_m(b) = 0 \\ \dfrac{d^2Y_m}{dy^2}(0) = \dfrac{d^2Y_m}{dy^2}(b) = 0 \end{cases} \tag{6-61}$$

将式(6-52)代入式(6-61)，可得

$$\begin{cases} A \quad +C = 0 \\ A\text{ch}\rho_1 + B\text{sh}\rho_1 + C\cos\rho_2 + E\sin\rho_2 = 0 \\ A\rho_1^2 \quad -C\rho_2^2 = 0 \\ A\rho_1^2\text{ch}\rho_1 + B\rho_1^2\text{sh}\rho_1 - C\rho_2^2\cos\rho_2 - E\rho_2^2\sin\rho_2 = 0 \end{cases} \tag{6-62}$$

根据系数行列式为零的条件，有

$$(\rho_1^2+\rho_2^2)^2\text{sh}\rho_1\sin\rho_2=0 \tag{6-63}$$

于是

$$\sin\rho_2=0$$

由此可得

$$\rho_2=n\pi \quad (n=1,\ 2,\ \cdots)$$

将上式代入式(6-53)，可得

$$K=\left(\frac{n}{m}\right)^2+\left(\frac{a}{b}\right)^2+1 \tag{6-64}$$

故

$$\omega_{mn}=\pi^2\left[\left(\frac{n}{m}\right)^2+\left(\frac{a}{b}\right)^2\right]\sqrt{\frac{D}{\rho h}} \tag{6-65}$$

表6-8列出了方程前9个$\omega_{mn}a^2\sqrt{\frac{\rho h}{D}}$的值。

表6-8 方薄板($b/a=1.0$)

m \ n	1	2	3
1	19.72	49.30	98.60
2	49.30	78.88	128.2
3	98.60	128.2	177.5

对于各种边长比的矩形薄板，按照式(6-65)也容易求出上述值，这里不再给出结果。为了确定相应的振型，同前作法，由方程式(6-62)解得

$$A=B=C=0$$

故

$$Y_m(y)=E\sin\frac{n\pi}{b}y$$

令$E=1$，再将上式代入式(6-50)，得薄板的振型为

$$w(x,\ y)=\sin\frac{n\pi}{b}y\sin\frac{m\pi}{b}x \tag{6-66}$$

式(6-65)揭示了实验中一个振型重叠的现象。式中可以看出，对于方板，如果x方向的半波数m和y方向的半波数n互换，频率值不变，但对应的振型却完全不同。

事实上，表6-8已经反映出$\omega_{12}=\omega_{21}$，$\omega_{13}=\omega_{31}$，$\omega_{23}=\omega_{32}$。还可以举出甚至三个固有频率值都相等，但振型却各异的例子：$m=1$，$n=7$；$m=7$，$n=1$；$m=n=5$。从数学角度看，这是属于特征值问题出现重根的情况。这充分表明有些板壳结构不同于梁，它们存在同一个固有频率值而引出两种或两种以上不同的振型。这种现象导致了有时实验测出的

结果是重叠后的无一定规律的振型，或者测不出完全的振型系列。

一般地说，两个或多个振型重叠部分所占的分量与激振器放置的位置有关。因此，如果已了解这种现象产生的原因，就可以通过移动激振器的位置去达到测出实际振型的目的。

3. 另外一组对边是一边铰支一边固定

这种情况如图 6.8 所示。

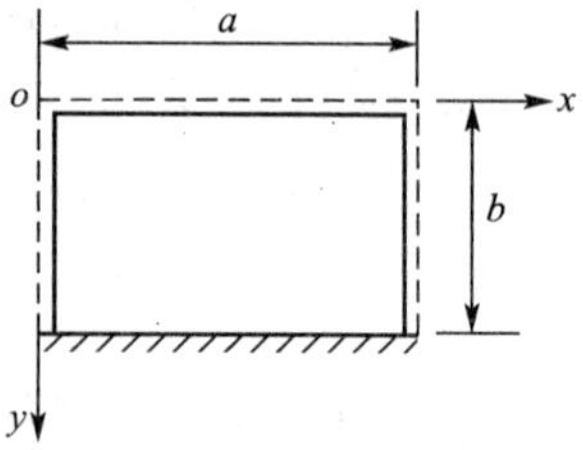

图 6.8 一边铰支一边固定

这时的边界条件为

$$\begin{cases} Y_m(0)=Y_m(b)=0 \\ \dfrac{d^2Y_m}{dy^2}(0)=\dfrac{d^2Y_m}{dy^2}(b)=0 \end{cases} \tag{6-67}$$

将式(6-52)代入式(6-67)，则有

$$\begin{cases} A=C=0 \\ B\mathrm{sh}\rho_1+E\sin\rho_2=0 \\ B\dfrac{\rho_1}{b}\mathrm{ch}\rho_1+E\dfrac{\rho_2}{b}\cos\rho_2=0 \end{cases} \tag{6-68}$$

故频率方程为

$$\rho_2\mathrm{sh}\rho_1\cos\rho_2-\rho_1\mathrm{ch}\rho_1\sin\rho_2=0 \tag{6-69}$$

同样，记方程式(6-69)的根为 $K_n(m)$ （$n=1$，2，…）。因此

$$\omega_{mn}=K_n(m)\frac{m^2\pi^2}{a^2}\sqrt{\frac{D}{\rho h}}$$

表 6-9～表 6-12 分别列出了图 6.8 所示矩形薄板各边长比情况下 $\omega_{mn}a^2\sqrt{\dfrac{\rho h}{D}}$ 的值。

表 6-9 方薄板($b/a=1.0$)

m \ n	1	2	3
1	23.65	58.65	113.2
2	51.67	86.13	140.8
3	100.3	133.8	188.1

表 6-10 矩形薄板($b/a=1.25$)

m \ n	1	2	3
1	18.36	40.75	75.74
2	47.00	68.75	103.7
3	95.95	117.0	151.5

表 6-11 矩形薄板($b/a=1.5$)

m \ n	1	2	3
1	15.58	31.07	55.39
2	44.56	59.46	83.61
3	93.68	108.1	131.9

表 6-12 矩形薄板($b/a=2.0$)

m \ n	1	2	3
1	12.92	21.53	35.21
2	42.24	50.43	63.87
3	91.49	99.44	112.6

根据式(6-68)，有

$$B=-E\frac{\sin\rho_{2n}}{\mathrm{sh}\rho_{1n}}$$

同样，令 $E=1$，得薄板的振型为

$$w(x,\ y)=\left(\sin\rho_{2n}\frac{y}{b}-\frac{\sin\rho_{2n}}{\mathrm{sh}\rho_{1n}}\mathrm{sh}\rho_{1n}\frac{y}{b}\right)\sin\frac{m\pi}{b}x \tag{6-70}$$

4. 另外一组对边自由

这种情况如图 6.9 所示。

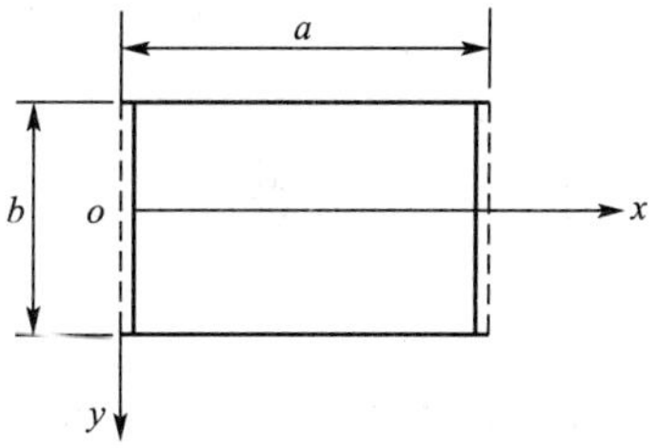

图 6.9 另外一组对边自由

为了计算方便，现在把坐标原点置于 $x=0$ 边的中点。板的振型不外乎由对称和反对称两种类型组成，因此无论是哪一种类型，都只需讨论半块板($y\geqslant 0$)。这时边界条件如下。

对称型：

$$\begin{cases}\dfrac{\mathrm{d}Y_m}{\mathrm{d}y}(0)=\dfrac{\mathrm{d}^3Y_m}{\mathrm{d}y^3}(0)=0\\ \left[\dfrac{\mathrm{d}^2Y_m}{\mathrm{d}y^2}-\mu\left(\dfrac{m\pi}{a}\right)^2Y_m\right]_{y=\frac{b}{2}}=0\\ \left[\dfrac{\mathrm{d}^3Y_m}{\mathrm{d}y^3}-(2-\mu)\left(\dfrac{m\pi}{a}\right)^2\dfrac{\mathrm{d}Y_m}{\mathrm{d}y}\right]_{y=\frac{b}{2}}=0\end{cases} \tag{6-71a}$$

反对称型：

$$\begin{cases}Y_m(0)=\dfrac{\mathrm{d}^2Y_m}{\mathrm{d}y^2}(0)=0\\ \left[\dfrac{\mathrm{d}^2Y_m}{\mathrm{d}y^2}-\mu\left(\dfrac{m\pi}{a}\right)^2Y_m\right]_{y=\frac{b}{2}}=0\\ \left[\dfrac{\mathrm{d}^3Y_m}{\mathrm{d}y^3}-(2-\mu)\left(\dfrac{m\pi}{a}\right)^2\dfrac{\mathrm{d}Y_m}{\mathrm{d}y}\right]_{y=\frac{b}{2}}=0\end{cases} \tag{6-71b}$$

对于这种情况下的矩形薄板(见图 6.9)，其相应的固有频率是本节讨论的各种矩形薄板中最低的一种。求自由振动方程式(6-51)的解，这时应分两种情况讨论。

1) 当$\dfrac{\rho h}{D}\omega^2>\dfrac{m^4\pi^4}{a^4}$

这种情况下，方程式(6-51)的解就是式(6-52)。

对于对称型振型，舍去其中的奇函数项后，可得

$$Y_m(y)=A\mathrm{ch}\rho_1\frac{y}{b}+C\cos\rho_2\frac{y}{b}$$

根据边界条件式(6-71a)，则有

$$\begin{cases}A\left[\dfrac{\rho_1^2}{b^2}-\mu\left(\dfrac{m\pi}{a}\right)^2\right]\mathrm{ch}\dfrac{\rho_1}{2}-C\left[\dfrac{\rho_2^2}{b^2}+\mu\left(\dfrac{m\pi}{a}\right)^2\cos\dfrac{\rho_2}{2}\right]=0\\ A\dfrac{\rho_1}{b}\left[\dfrac{\rho_1^2}{b^2}-(2-\mu)\left(\dfrac{m\pi}{a}\right)^2\right]\mathrm{sh}\dfrac{\rho_1}{2}+C\dfrac{\rho_2}{b}\left[\dfrac{\rho_2^2}{b^2}+(2-\mu)\left(\dfrac{m\pi}{a}\right)^2\right]\sin\dfrac{\rho_2}{2}=0\end{cases} \tag{6-72}$$

故频率方程为

$$\begin{aligned}&\rho_2\left[\frac{\rho_1^2}{b^2}-\mu\left(\frac{m\pi}{a}\right)^2\right)\left(\frac{\rho_2^2}{b^2}+(2-\mu)\left(\frac{m\pi}{a}\right)^2\right]\mathrm{ch}\frac{\rho_1}{2}\sin\frac{\rho_2}{2}+\\ &\rho_1\left[\frac{\rho_1^2}{b^2}-(2-\mu)\left(\frac{m\pi}{a}\right)^2\right)\left(\frac{\rho_2^2}{b^2}+\mu\left(\frac{m\pi}{a}\right)^2\right]\mathrm{sh}\frac{\rho_1}{2}\cos\frac{\rho_2}{2}=0\end{aligned} \tag{6-73}$$

由此，可解出固有频率 ω_{mn}。

作法同前，取 $C=1$，可求得薄板的振型为

$$w(x,\ y)=\left\{\cos\rho_{2n}\frac{y}{b}+\frac{\left[\frac{\rho_{2n}^2}{b^2}+\mu\left(\frac{m\pi}{a}\right)^2\right]\cos\frac{\rho_{2n}}{2}}{\frac{\rho_{1n}^2}{b^2}-\mu\left(\frac{m\pi}{a}\right)^2\mathrm{ch}\frac{\rho_{1n}}{2}}\mathrm{ch}\rho_{1n}\frac{y}{b}\right\}\sin\frac{m\pi}{a}x \tag{6-74}$$

对于反对称振型，在式(6-52)中舍去偶函数项后，可得

$$Y_m(y)=B\mathrm{sh}\rho_1\frac{y}{b}+E\sin\rho_2\frac{y}{b} \tag{6-75}$$

根据边界条件式(6-71b)，则有

$$\begin{cases}B\left[\frac{\rho_1^2}{b^2}-\mu\left(\frac{m\pi}{a}\right)^2\right]\mathrm{sh}\frac{\rho_1}{2}-E\left[\frac{\rho_2^2}{b^2}+\mu\left(\frac{m\pi}{a}\right)^2\sin\frac{\rho_2}{2}\right]=0\\ B\frac{\rho_1}{b}\left[\frac{\rho_1^2}{b^2}-(2-\mu)\left(\frac{m\pi}{a}\right)^2\right]\mathrm{ch}\frac{\rho_1}{2}-E\frac{\rho_2}{b}\left[\frac{\rho_2^2}{b^2}+(2-\mu)\left(\frac{m\pi}{a}\right)^2\right]\cos\frac{\rho_2}{2}=0\end{cases} \tag{6-76}$$

故频率方程为

$$\rho_2\left[\frac{\rho_1^2}{b^2}-\mu\left(\frac{m\pi}{a}\right)^2\right]\left[\frac{\rho_2^2}{b^2}+(2-\mu)\left(\frac{m\pi}{a}\right)^2\right]\mathrm{sh}\frac{\rho_1}{2}\cos\frac{\rho_2}{2}-$$
$$\rho_1\left[\frac{\rho_1^2}{b^2}-(2-\mu)\left(\frac{m\pi}{a}\right)^2\right]\left[\frac{\rho_2^2}{b^2}+\mu\left(\frac{m\pi}{a}\right)^2\right]\mathrm{ch}\frac{\rho_1}{2}\sin\frac{\rho_2}{2}=0 \tag{6-77}$$

由此可解出反对称型自由振动的固有频率 ω_{mn}。

同样，取 $E=1$，可求得振型为

$$w(x,\ y)=\left\{\sin\rho_{2n}\frac{y}{b}+\frac{\left[\frac{\rho_{2n}^2}{b^2}+\mu\left(\frac{m\pi}{a}\right)^2\right]\sin\frac{\rho_{2n}}{2}}{\frac{\rho_{1n}^2}{b^2}-\mu\left(\frac{m\pi}{a}\right)^2\mathrm{sh}\frac{\rho_{1n}}{2}}\mathrm{sh}\rho_{1n}\frac{y}{b}\right\}\sin\frac{m\pi}{a}x \tag{6-78}$$

2) 当 $\frac{\rho h}{D}\omega^2<\frac{m^4\pi^4}{a^4}$

在这种场合下，方程(6-51)的解应该是

$$Y_m(y)=A\mathrm{ch}\rho_1\frac{y}{b}+B\mathrm{sh}\rho_1\frac{y}{b}+C\mathrm{ch}\bar{\rho}_2\frac{y}{b}+E\mathrm{sh}\bar{\rho}_2\frac{y}{b} \tag{6-79}$$

式中，$\bar{\rho}_2=\frac{b}{a}m\pi\sqrt{1-K}=b\sqrt{\frac{m^2\pi^2}{a^2}-\omega\sqrt{\frac{\rho h}{D}}}$。

对于对称型的振型，$B=E=0$，采用和上述相同的步骤，可求得相应的频率方程为

$$\bar{\rho}_2\left[\frac{\rho_1^2}{b^2}-\mu\left(\frac{m\pi}{a}\right)^2\right]\left[\frac{\bar{\rho}_2^2}{b^2}-(2-\mu)\left(\frac{m\pi}{a}\right)^2\right]\mathrm{ch}\frac{\rho_1}{2}\mathrm{sh}\frac{\bar{\rho}_2}{2}-$$
$$\rho_1\left[\frac{\rho_1^2}{b^2}-(2-\mu)\left(\frac{m\pi}{a}\right)^2\right]\left[\frac{\bar{\rho}_2^2}{b^2}-\mu\left(\frac{m\pi}{a}\right)^2\right]\mathrm{sh}\frac{\rho_1}{2}\mathrm{ch}\frac{\bar{\rho}_2}{2}=0 \tag{6-80}$$

由此解出固有频率 ω_{mn} 后，薄板的相应振型为

$$w(x,\ y)=\left\{\mathrm{ch}\bar{\rho}_{2n}\frac{y}{b}-\frac{\left[\frac{\bar{\rho}_{2n}^2}{b^2}-\mu\left(\frac{m\pi}{a}\right)^2\right]\mathrm{ch}\frac{\bar{\rho}_{2n}}{2}}{\frac{\rho_{1n}^2}{b^2}-\mu\left(\frac{m\pi}{a}\right)^2\mathrm{ch}\frac{\rho_{1n}}{2}}\mathrm{ch}\rho_{1n}\frac{y}{b}\right\}\sin\frac{m\pi}{a}x \tag{6-81}$$

对于反对称型的振型，在式(6-79)中，令 $A=C=0$，可求得相应的频率方程为

$$\bar{\rho}_2\left[\frac{\rho_1^2}{b^2}-\mu\left(\frac{m\pi}{a}\right)^2\right]\left[\frac{\bar{\rho}_2^2}{b^2}-(2-\mu)\left(\frac{m\pi}{a}\right)^2\right]\operatorname{ch}\frac{\rho_1}{2}\operatorname{sh}\frac{\bar{\rho}_2}{2}-$$

$$\rho_1\left[\frac{\rho_1^2}{b^2}-(2-\mu)\left(\frac{m\pi}{a}\right)^2\right]\left[\frac{\bar{\rho}_2^2}{b^2}-\mu\left(\frac{m\pi}{a}\right)^2\right]\operatorname{sh}\frac{\rho_1}{2}\operatorname{ch}\frac{\bar{\rho}_2}{2}=0 \tag{6-82}$$

解出固有频率 ω_{mn} 后，薄板的相应振型为

$$w(x,\ y)=\left\{\operatorname{sh}\bar{\rho}_{2n}\frac{y}{b}-\frac{\left[\frac{\bar{\rho}_{2n}^2}{b^2}-\mu\left(\frac{m\pi}{a}\right)^2\right]\operatorname{sh}\frac{\bar{\rho}_{2n}}{2}}{\frac{\rho_{1n}^2}{b^2}-\mu\left(\frac{m\pi}{a}\right)^2\operatorname{sh}\frac{\rho_{1n}}{2}}\operatorname{sh}\rho_{1n}\frac{y}{b}\right\}\sin\frac{m\pi}{a}x \tag{6-83}$$

表 6-13～表 6-18 列出了一组对边铰支另一组对边自由的矩形板一部分的 $\omega_{mn}a^2\sqrt{\frac{\rho h}{D}}$ 值。这些值是按以下步骤得出的：先解方程式(6-73)、式(6-77)、式(6-80)和式(6-82)，依次求出它们的根 $K_n(m)$，由此算出 $\omega_{mn}a^2\sqrt{\frac{\rho h}{D}}=K_n(m)m^2\pi^2$ 的值，然后再根据 $\omega_{mn}^2a^4\frac{\rho h}{D}$ 小于还是大于 $m^4\pi^4$ 的条件进行取舍。已知薄板材料的泊松比 $\mu=0.333$。

表 6-13　矩形薄板($b/a=1/1.5$)

m \ n	1	2	3
1	9.479	21.20	65.39
2	38.52	54.16	103.0
3	87.28	104.2	157.9

表 6-14　方薄板($b/a=1.0$)

m \ n	1	2	3
1	9.568	15.88	36.42
2	38.79	46.38	70.18
3	87.74	95.48	121.3

表 6-15　矩形薄板($b/a=1.25$)

m \ n	1	2	3
1	9.616	13.98	27.59
2	38.91	43.84	59.83
3	87.93	92.85	110.0

表 6-16　矩形薄板($b/a=1.5$)

m \ n	1	2	3
1	9.651	12.83	22.75
2	39.00	42.44	53.92
3	88.05	91.42	103.6

表 6-17　矩形薄板($b/a=2.0$)

m \ n	1	2	3
1	9.699	11. 58	17.54
2	39.10	51. 01	47.75
3	88.21	90.02	97.07

表 6-18　矩形薄板($b/a=3.0$)

m \ n	1	2	3
1	9.749	10.61	13.48
2	39.21	40.01	43.14
3	88.37	89.07	92.34

从表 6-13～表 6-18 可以看出，当 $n=1$ 时，其中第一列的数值比 $m^2\pi^2$ 都小，而且随着边长比 $\frac{b}{a}$ 的慢慢增大，逐渐接近于 $m^2\pi^2$。这是可以预料到的结果，因为当 $\frac{b}{a}$ 减少到

很小时，薄板完全变成了一根狭长的梁，这时，横向可以自由变形，$\omega_{mn}a^2\sqrt{\frac{\rho h}{D}}$降至最低值$\sqrt{1-\mu}m^2\pi^2=9.306\text{m}^2$；当$n=2$，3，…，表中的数值比$m^2\pi^2$大，这时，薄板在$y$方向的弯曲比较显著。

6.5.3 圆形薄板的自由振动

在方程式(6-37)中，令外加激励载荷为$q(r,\ \theta,\ t)=0$，则可得圆形薄板的自由振动方程为

$$D\left[\frac{\partial^2}{\partial r^2}+\frac{1}{r}\frac{\partial}{\partial r}+\frac{1}{r^2}\frac{\partial^2}{\partial\theta^2}\right]^2 f(r,\ \theta,\ t)+\rho h\frac{\partial^2 f(r,\ \theta,\ t)}{\partial t^2}=0 \tag{6-84}$$

对于自由振动问题，设动挠度为

$$f_0(r,\ \theta,\ t)=w(r,\ \theta)\mathrm{e}^{\mathrm{i}\omega t}$$

式中，ω就是圆形薄板的固有频率；$w(r,\ \theta)$为对应的振型。

将上式代入微分方程式(6-84)，可得

$$D\left[\frac{\partial^2}{\partial r^2}+\frac{1}{r}\frac{\partial}{\partial r}+\frac{1}{r^2}\frac{\partial^2}{\partial\theta^2}\right]^2 f(r,\ \theta)-\rho h\omega^2 f(r,\ \theta)=0 \tag{6-85}$$

记$\lambda^4=\frac{\rho h\omega^2}{D}$，则方程式(6-85)可写成 (6-86)

$$\left(\frac{\partial^2}{\partial r^2}+\frac{1}{r}\frac{\partial}{\partial r}+\frac{1}{r^2}\frac{\partial^2}{\partial\theta^2}+\lambda^2\right)\left(\frac{\partial^2}{\partial r^2}+\frac{1}{r}\frac{\partial}{\partial r}+\frac{1}{r^2}\frac{\partial^2}{\partial\theta^2}-\lambda^2\right)f(r,\ \theta)=0 \tag{6-87}$$

因此，式(6-87)的解就是下列两个微分方程通解之和

$$\left(\frac{\partial^2}{\partial r^2}+\frac{1}{r}\frac{\partial}{\partial r}+\frac{1}{r^2}\frac{\partial^2}{\partial\theta^2}\pm\lambda^2\right)f(r,\ \theta)=0 \tag{6-88a, b}$$

这里可以采用分离变量法来解上述两个微分方程。设它们的解为

$$w(r,\ \theta)=R(r)F(\theta) \tag{6-89}$$

将其代入方程式(6-88a，b)，可得

$$r^2\left[\left(\frac{\mathrm{d}^2R}{\mathrm{d}r^2}+\frac{1}{r}\frac{\mathrm{d}R}{\mathrm{d}r}\right)\frac{1}{R}\pm\lambda^2\right]=-\frac{1}{F}\frac{\mathrm{d}^2F}{\mathrm{d}\theta^2} \tag{6-90a, b}$$

于是有

$$\frac{\mathrm{d}^2F}{\mathrm{d}\theta^2}+k^2F=0 \tag{6-91}$$

$$\frac{\mathrm{d}^2R}{\mathrm{d}r^2}+\frac{1}{r}\frac{\mathrm{d}R}{\mathrm{d}r}+\left(\pm\lambda^2-\frac{k^2}{r^2}\right)R=0 \tag{6-92a, b}$$

方程式(6-91)的通解为

$$F(\theta)=A\cos k(\theta-\phi) \tag{6-93}$$

式中，A和ϕ为两个积分常数。一般地说，k可以是一个分数，但由于圆薄板在θ方向是封闭的，故函数$F(\theta)$必须是以2π为周期的周期函数，这样，k就只能是一个非负整数，即$k=n=0,1,2,\cdots$。

现在引进一个新变量

$$x=\begin{cases}\lambda r\\ \mathrm{i}\lambda r\end{cases}$$

其中，λr 是对应于λ^2项，即方程式(6－92a)；$\mathrm{i}\lambda r$ 是对应于$-\lambda^2$项，即方程式(6－92b)。

则方程式(6－92a，b)可写成

$$\frac{\mathrm{d}^2 R}{\mathrm{d}x^2}+\frac{1}{x}\frac{\mathrm{d}R}{\mathrm{d}x}+\left(1-\frac{k^2}{x^2}\right)R=0 \tag{6-94}$$

这是一个 Bessel 方程。对于 $x=\lambda r$，它的解可以用 k 阶的第一类和第二类 Bessel 函数 $J_k(\lambda r)$和 $Y_k(\lambda r)$来表示；对于 $x=\mathrm{i}\lambda r$，它的解可以用 k 阶修正的第一类和第二类 Bessel 函数 $I_k(\lambda r)$和 $K_k(\lambda r)$来表示。因此，对于圆形薄板，k 换成 n 后，方程式(6－94)的通解为

$$R(r)=\overline{C}_1 J_n(\lambda r)+\overline{C}_2 I_n(\lambda r)+\overline{C}_3 Y_n(\lambda r)+\overline{C}_4 K_n(\lambda r) \tag{6-95}$$

将式(6－93)和式(6－95)代入式(6－89)，归并积分常数后可得

$$w(r,\theta)=[C_1 J_n(\lambda r)+C_2 I_n(\lambda r)+C_3 Y_n(\lambda r)+C_4 K_n(\lambda r)]\cos n(\theta-\phi) \tag{6-96}$$

如果圆形薄板中心无孔，由于 $\lambda r=0$ 是 $Y_k(\lambda r)$和 $K_k(\lambda r)$的奇点，故这时必须有 $C_3=C_4=0$，则式(6－96)变为

$$w(r,\theta)=[C_1 J_n(\lambda r)+C_2 I_n(\lambda r)]\cos n(\theta-\phi) \tag{6-97}$$

再根据圆形薄板周边给出的两个边界条件，就可得出对应的频率方程。

如果是环形薄板，则 $C_3\neq0$，$C_4\neq0$，这时需要同时考虑内、外周边给出的 4 个边界条件，建立频率方程。

下面以周边固定、半径为 a 的圆形薄板为例，具体计算其固有频率和振型。

现在，周边的两个边界条件为

$$f_0(a,\theta,t)=\left.\frac{\partial f_0(a,\theta,t)}{\partial r}\right|_{r=a}=0$$

将 $f_0(r,\theta,t)=w(r,\theta)\mathrm{e}^{\mathrm{j}\omega t}$ 和式(6－89)代入上式，有

$$R(a)=0,\quad \frac{\mathrm{d}R}{\mathrm{d}r}(a)=0 \tag{6-98}$$

再将式(6－95)令 $\overline{C}_3=\overline{C}_4=0$，并代入式(6－98)可得

$$\begin{bmatrix} J_n(\lambda a) & I_n(\lambda a) \\ \frac{\mathrm{d}J_n}{\mathrm{d}r}(\lambda a) & \frac{\mathrm{d}I_n}{\mathrm{d}r}(\lambda a)\end{bmatrix}\begin{Bmatrix}\overline{C}_1\\ \overline{C}_2\end{Bmatrix}=\{0\} \tag{6-99}$$

故周边固定的圆形薄板的频率方程是

$$J_n(\lambda a)\frac{\mathrm{d}I_n}{\mathrm{d}r}(\lambda a)-\frac{\mathrm{d}J_n}{\mathrm{d}r}(\lambda a)I_n(\lambda a)=0 \tag{6-100}$$

对于任意给定的一个非负整数 n，上述方程就有无穷个根$(\lambda a(n))_m$($m=1,2,\cdots$)。可用 λa_{mn} 来表示当振型的周波数为 n 时方程式(6－100)的第 m 个根。

表 6－19 列出了方程式(6－100)的前 16 个 λa_{mn} 的值。

表 6－19 固定圆形薄板的 λa_{mn} 值

m \ n	1	2	3	4
1	3.196	4.611	5.906	7.143
2	6.306	7.799	9.197	10.54
3	9.440	10.96	12.40	13.80
4	12.58	14.11	15.58	17.01

为了简化频率方程的计算，利用下列两个恒等式

$$\begin{cases} a\dfrac{\mathrm{d}J_n}{\mathrm{d}r}(\lambda a)=nJ_n(\lambda a)-\lambda aJ_{n+1}(\lambda a) \\ a\dfrac{\mathrm{d}I_n}{\mathrm{d}r}(\lambda a)=nI_n(\lambda a)+\lambda aI_{n+1}(\lambda a) \end{cases} \tag{6-101}$$

可以将方程式(6-100)改写为

$$J_n(\lambda a)I_{n+1}(\lambda a)+I_n(\lambda a)J_{n+1}(\lambda a)=0 \tag{6-102}$$

这样，借助 Bessel 函数表求解上述方程十分方便。

求出了 λa_{mn} 值，圆形薄板的固有频率可由下式确定，即

$$\omega_{mn}=\frac{(\lambda a)_{mn}^2}{a^2}\sqrt{\frac{D}{\rho h}} \tag{6-103}$$

下面进一步计算相应的振动。由方程式(6-97)和式(6-96)可得

$$\frac{\overline{C}_2}{\overline{C}_1}=\frac{C_2}{C_1}=-\frac{J_n(\lambda a)}{I_n(\lambda a)} \tag{6-104}$$

将其代入式(6-97)，并令 $C_1=1$，可得到圆形薄板的振型为

$$w(r,\ \theta)=\left[J_n(\lambda r)-\frac{J_{n+1}(\lambda a)}{I_n(\lambda a)}I_{n+1}(\lambda r)\right]\cos n(\theta-\varphi) \tag{6-105}$$

显然，由于 φ 并不影响振型的整体形状，故可令 $\varphi=0$。其中，节线的位置可根据 $w(r,\ \theta)=0$的条件确定。它们都是一些同心圆和过圆心的直线，如图 6.10 所示。

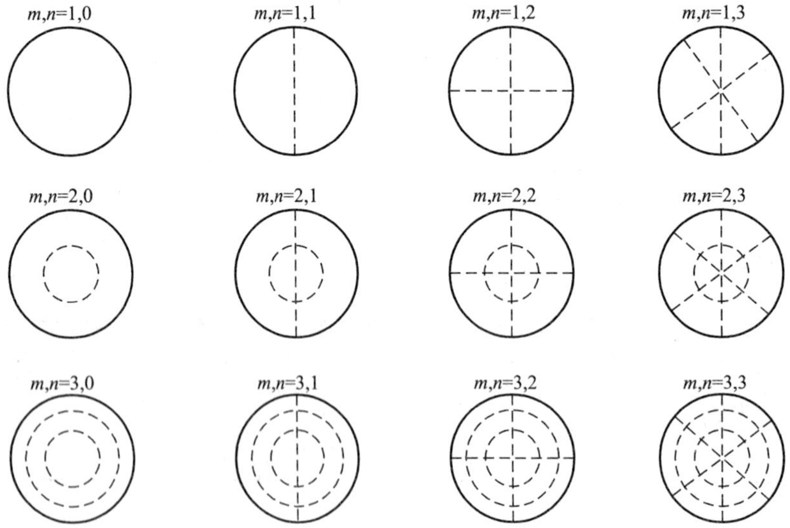

图 6.10 圆形薄板的振型

由图 6.10 可以看出，节圆的数目为 m，节径的数目就是 n。$n=0$ 表示轴对称振动，有时也称为节圆振动；$m=0$ ($n\neq0$)的情况，就称为节径振动。表 6-20 列出了反映节圆位置的 r/a 值，其中，r 为节圆的半径。

表 6-20 固定圆形薄板的节圆位置(r/a)

m \ n	0	1	2	3
1	1.00	1.00	1.00	1.00
2	1.00	1.00	1.00	1.00
	0.38	0.49	0.56	0.61
3	1.00	1.00	1.00	1.00
	0.58	0.64	0.68	0.71
	0.26	0.35	0.41	0.46

6.5.4 薄板固有频率的变分式

已知薄板自由振动的微分方程为

$$D\nabla^2 w(x,\ y)-\rho h\omega^2 w(x,\ y)=0 \tag{6-106}$$

现考虑周边有固定、铰支和自由三种典型的支承形式，如图 6.11 所示。

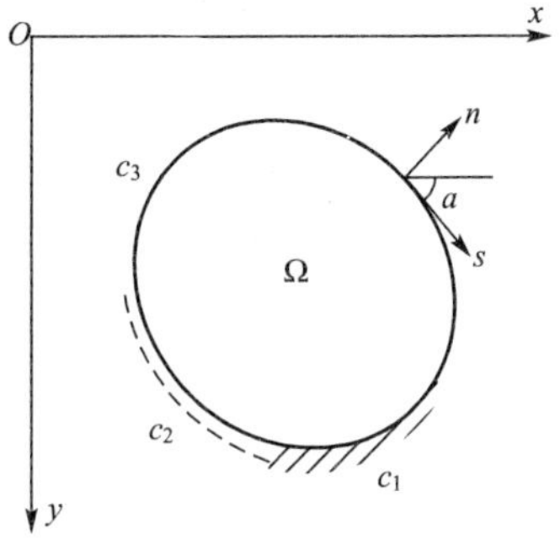

图 6.11 薄板周边约束

薄板自由振动对应的齐次边界条件可写成

在 c_1 上(固定)：

$$\omega=0,\quad \frac{\partial\omega}{\partial n}=0 \tag{6-107a}$$

在 c_2 上(铰支)：

$$\omega=0,\quad M_n=0 \tag{6-107b}$$

在 c_3 上(自由)：

$$M_n=0,\quad Q+\frac{\partial M_n}{\partial s}=0 \tag{6-107c}$$

方程式(6-106)和式(6-107a)，式(6-107b)，式(6-107c)实际上是一个偏微分方程的本征值问题。使这个齐次微分方程在奇次边界通解作用下存在非平凡解的 ω^2 值称为方程式(6-106)和式(6-107)的本征值，这时的解 $w(x,\ y)$称为相应的本征函数。

现将这个偏微分方程的本征值问题化成一个与之等价的变分问题。事实上，方程式(6-106)和式(6-107)的本征值相当于下列泛函所取的驻立值

$$\omega^2=\mathrm{st}\frac{2U}{\iint_\Omega \rho h w^2\mathrm{d}x\mathrm{d}y} \tag{6-108}$$

式中，U 表示薄板的弯曲应变能，它的表达式为

$$U=\frac{1}{2}\iint_\Omega D\left\{\left(\frac{\partial^2 w}{\partial x^2}+\frac{\partial^2 w}{\partial y^2}\right)^2-2(1-\mu)\cdot\left[\frac{\partial^2 w}{\partial x^2}\frac{\partial^2 w}{\partial y^2}-\left(\frac{\partial^2 w}{\partial x\partial y}\right)^2\right]\right\}\mathrm{d}x\mathrm{d}y \tag{6-109}$$

式(6-108)式对应的泛函，其自变函数是 $w(x,\ y)$，它是指给定薄板的一种可能位移，因此，$w(x,\ y)$必须二次可微，且要满足问题的位移边界条件［式(6-107a)，式(6-107b)，式(6-107c)］。显然，由式(6-108)可算出一系列驻立值，而板的基频就等于其中最小的驻立值。现证明变分式(6-108)和上述偏微分方程的本征值问题等价。

根据驻立值通解，应使泛函 $2U\Big/\iint_{\Omega}\rho h w^2 \mathrm{d}x\mathrm{d}y$ 的变分为零，即 $\delta(\omega^2)=0$，于是由式(6-108)可得

$$\delta\iint_{\Omega} D\left\{\left(\frac{\partial^2 w}{\partial x^2}+\frac{\partial^2 w}{\partial y^2}\right)^2-2(1-\mu)\cdot\left[\frac{\partial^2 w}{\partial x^2}\frac{\partial^2 w}{\partial y^2}-\left(\frac{\partial^2 w}{\partial x\partial y}\right)^2\right]\right\}\mathrm{d}x\mathrm{d}y-\omega^2\delta\iint_{\Omega}\rho h w^2\mathrm{d}x\mathrm{d}y=0 \tag{6-110}$$

现在对式(6-110)各项分别进行变分运算：

$$\begin{aligned}
\frac{1}{2}\delta\iint_{\Omega}\left(\frac{\partial^2 w}{\partial x^2}+\frac{\partial^2 w}{\partial y^2}\right)^2\mathrm{d}x\mathrm{d}y &= \iint_{\Omega}\nabla^2 w\left(\frac{\partial^2 w}{\partial x^2}+\frac{\partial^2 w}{\partial y^2}\right)\mathrm{d}x\mathrm{d}y \\
&= \frac{1}{2}\iint_{\Omega}\left[\frac{\partial}{\partial x}\left(\nabla^2 w\frac{\partial\delta w}{\partial x}\right)+\frac{\partial}{\partial y}\left(\nabla^2 w\frac{\partial\delta w}{\partial y}\right)\right]\mathrm{d}x\mathrm{d}y- \\
&\quad \iint_{\Omega}\left(\frac{\partial\,\nabla^2 w}{\partial x}\frac{\partial\delta w}{\partial x}+\frac{\partial\,\nabla^2 w}{\partial y}\frac{\partial\delta w}{\partial y}\right)\mathrm{d}x\mathrm{d}y \\
&= \frac{1}{2}\iint_{\Omega}\left[\frac{\partial}{\partial x}\left(\nabla^2 w\frac{\partial\delta w}{\partial x}\right)+\frac{\partial}{\partial y}\left(\nabla^2 w\frac{\partial\delta w}{\partial y}\right)\right]\mathrm{d}x\mathrm{d}y- \\
&\quad \iint_{\Omega}\left[\frac{\partial}{\partial x}\left(\frac{\partial\,\nabla^2 w}{\partial x}\delta w\right)+\frac{\partial}{\partial x}\left(\frac{\partial\,\nabla^2 w}{\partial y}\delta w\right)\right]\mathrm{d}x\mathrm{d}y+ \\
&\quad \iint_{\Omega}\nabla^4 w\delta w\mathrm{d}x\mathrm{d}y
\end{aligned} \tag{6-111a}$$

根据 Green 公式，在平面域 Ω 内任意两个连续可微函数 $f(x,\ y)$和 $g(x,\ y)$有下列积分关系：

$$\iint_{\Omega}\left(\frac{\partial f}{\partial x}+\frac{\partial g}{\partial y}\right)\mathrm{d}x\mathrm{d}y=\oint_{c}(f\mathrm{d}y-g\mathrm{d}x)$$

式中，c 为 Ω 的周界，即 $c=c_1+c_2+c_3$。

因此，式(6-111a)可写成

$$\begin{aligned}
\frac{1}{2}\delta\iint_{\Omega}\left(\frac{\partial^2 w}{\partial x^2}+\frac{\partial^2 w}{\partial y^2}\right)^2\mathrm{d}x\mathrm{d}y &= \iint_{\Omega}\nabla^4 w\delta w\mathrm{d}x\mathrm{d}y+\oint_{c}\nabla^2 w\left(\frac{\partial\delta w}{\partial x}\mathrm{d}y-\frac{\partial\delta w}{\partial y}\mathrm{d}x\right)- \\
&\quad \oint_{c}\left(\frac{\partial\,\nabla^2 w}{\partial x}\mathrm{d}y-\frac{\partial\,\nabla^2 w}{\partial y}\mathrm{d}x\right)\delta w
\end{aligned} \tag{6-111b}$$

再利用关系式(见图 6.11)

$$\left\{\begin{aligned}
&\mathrm{d}x=\mathrm{d}s\cos\alpha \\
&\mathrm{d}y=\mathrm{d}s\sin\alpha \\
&\frac{\partial}{\partial s}=\frac{\mathrm{d}x}{\mathrm{d}s}\frac{\partial}{\partial x}+\frac{\mathrm{d}x}{\mathrm{d}s}\frac{\partial}{\partial y}=\cos\alpha\frac{\partial}{\partial x}+\sin\alpha\frac{\partial}{\partial y} \\
&\frac{\partial}{\partial n}=\frac{\mathrm{d}x}{\mathrm{d}n}\frac{\partial}{\partial x}+\frac{\mathrm{d}x}{\mathrm{d}n}\frac{\partial}{\partial y}=\sin\alpha\frac{\partial}{\partial x}-\cos\alpha\frac{\partial}{\partial y} \\
&\frac{\partial}{\partial x}=\cos\alpha\frac{\partial}{\partial s}+\sin\alpha\frac{\partial}{\partial n} \\
&\frac{\partial}{\partial y}=\sin\alpha\frac{\partial}{\partial s}-\cos\alpha\frac{\partial}{\partial n}
\end{aligned}\right. \tag{6-112}$$

式(6-111b)可化为

$$\frac{1}{2}\delta\iint_{\Omega}\left(\frac{\partial^2 w}{\partial x^2}+\frac{\partial^2 w}{\partial y^2}\right)^2\mathrm{d}x\mathrm{d}y$$
$$=\iint_{\Omega}\nabla^4 w\delta w\mathrm{d}x\mathrm{d}y+\oint_c \nabla^2 w\frac{\partial\delta}{\partial n}\mathrm{d}s-\oint_c\frac{\partial\nabla^2 w}{\partial n}\delta w\mathrm{d}s \tag{6-113}$$

同理有

$$\frac{1}{2}\delta\iint_{\Omega}2(1-\mu)\left[\frac{\partial^2 w}{\partial x^2}\frac{\partial^2 w}{\partial y^2}-\left(\frac{\partial^2 w}{\partial x\partial y}\right)^2\right]\mathrm{d}x\mathrm{d}y$$
$$=(1-\mu)\iint_{\Omega}\left(\frac{\partial^2 w}{\partial x^2}\frac{\partial^2\delta w}{\partial y^2}+\frac{\partial^2 w}{\partial y^2}\frac{\partial^2\delta w}{\partial x^2}-2\frac{\partial^2 w}{\partial x\partial y}\frac{\partial^2\delta w}{\partial x\partial y}\right)\mathrm{d}x\mathrm{d}y$$
$$=(1-\mu)\iint_{\Omega}\left[\frac{\partial}{\partial y}\left(\frac{\partial^2 w}{\partial x^2}\frac{\partial\delta w}{\partial y}-\frac{\partial^2 w}{\partial x\partial y}\frac{\partial\delta w}{\partial x}\right)+\frac{\partial}{\partial x}\left(\frac{\partial^2 w}{\partial y^2}\frac{\partial\delta w}{\partial x}-\frac{\partial^2 w}{\partial x\partial y}\frac{\partial\delta w}{\partial y}\right)\right]\mathrm{d}x\mathrm{d}y$$
$$=(1-\mu)\oint_c\left[\left(\frac{\partial^2 w}{\partial x^2}\frac{\partial\delta w}{\partial y}-\frac{\partial^2 w}{\partial x\partial y}\frac{\partial\delta w}{\partial x}\right)\mathrm{d}y-\left(\frac{\partial^2 w}{\partial x^2}\frac{\partial\delta w}{\partial y}-\frac{\partial^2 w}{\partial x\partial y}\frac{\partial\delta w}{\partial x}\right)\mathrm{d}x\right]$$
$$=(1-\mu)\oint_c\left\{\left[\sin\alpha\frac{\partial}{\partial y}\left(\frac{\partial w}{\partial y}\right)+\cos\alpha\frac{\partial}{\partial x}\left(\frac{\partial w}{\partial y}\right)\right]\frac{\partial\delta w}{\partial x}-\left[\sin\alpha\frac{\partial}{\partial y}\left(\frac{\partial w}{\partial x}\right)+\cos\alpha\frac{\partial}{\partial x}\left(\frac{\partial w}{\partial x}\right)\right]\frac{\partial\delta w}{\partial y}\right\}\mathrm{d}s$$
$$=(1-\mu)\oint_c\left[\frac{\partial}{\partial s}\left(\frac{\partial w}{\partial y}\right)\frac{\partial\delta w}{\partial x}-\frac{\partial}{\partial s}\left(\frac{\partial w}{\partial x}\right)\frac{\partial\delta w}{\partial y}\right]\mathrm{d}s \tag{6-114a}$$

将式(6-112)的最后两个结果代入式(6-114a)，并注意到周界切线和x轴的夹角α是自变量s的函数，且有

$$\frac{\partial\alpha}{\partial s}=\frac{1}{\rho_0(s)},\quad \frac{\partial\alpha}{\partial n}=0$$

其中，$\rho_0(s)$表示曲线周界c上s处的曲率半径。于是式(6-114a)可化为

$$\frac{1}{2}\delta\iint_{\Omega}2(1-\mu)\left[\frac{\partial^2 w}{\partial x^2}\frac{\partial^2 w}{\partial y^2}-\left(\frac{\partial^2 w}{\partial x\partial y}\right)^2\right]\mathrm{d}x\mathrm{d}y$$
$$=(1-\mu)\oint_c\left\{\frac{\partial}{\partial s}\left[\frac{\partial w}{\partial s}\sin\alpha-\frac{\partial w}{\partial n}\cos\alpha\right]\left[\frac{\partial w}{\partial s}\cos\alpha+\frac{\partial w}{\partial n}\sin\alpha\right]-\right.$$
$$\left.\frac{\partial}{\partial s}\left[\frac{\partial w}{\partial s}\cos\alpha+\frac{\partial w}{\partial n}\sin\alpha\right]\left[\frac{\partial\delta w}{\partial s}\sin\alpha-\frac{\partial\delta w}{\partial n}\cos\alpha\right]\right\}\mathrm{d}s$$
$$=(1-\mu)\oint_c\left[\left(\frac{\partial^2 w}{\partial s^2}+\frac{1}{\rho_0}\frac{\partial w}{\partial n}\right)\frac{\partial\delta w}{\partial n}-\left(\frac{\partial^2 w}{\partial n\partial s}-\frac{1}{\rho_0}\frac{\partial w}{\partial s}\right)\frac{\partial\delta w}{\partial s}\right]\mathrm{d}s$$
$$=(1-\mu)\left[\oint_c\left(\frac{\partial^2 w}{\partial s^2}+\frac{1}{\rho_0}\frac{\partial w}{\partial n}\right)\frac{\partial\delta w}{\partial n}\mathrm{d}s+\oint_c\frac{\partial}{\partial s}\left(\frac{\partial^2 w}{\partial n\partial s}-\frac{1}{\rho_0}\frac{\partial w}{\partial s}\right)\delta w\mathrm{d}s-\right.$$
$$\left.\sum_{k=1}^{i}\Delta\left(\frac{\partial^2 w}{\partial n\partial s}-\frac{1}{\rho_0}\frac{\partial w}{\partial s}\right)_k\delta w_k\right] \tag{6-114b}$$

式(6-114b)最后一项的产生是考虑到周界c可能出现i个角点，在该处［$s=s_k(k=1,2,\cdots,i)$］周界切线的斜率不连续，从而$\left(\frac{\partial^2 w}{\partial n\partial s}-\frac{1}{\rho_0}\frac{\partial w}{\partial s}\right)$的值有突变，故有

$$\oint_c\frac{\partial}{\partial s}\left[\left(\frac{\partial^2 w}{\partial n\partial s}-\frac{1}{\rho_0}\frac{\partial w}{\partial s}\delta w\right)\right]\mathrm{d}s$$
$$=\sum_{k=1}^{i}\left[\left(\frac{\partial^2 w}{\partial n\partial s}-\frac{1}{\rho_0}\frac{\partial w}{\partial s}\right)_{k=s_k+0}-\left(\frac{\partial^2 w}{\partial n\partial s}-\frac{1}{\rho_0}\frac{\partial w}{\partial s}\right)_{k=s_k-0}\right]\delta w_k$$
$$=\sum_{k=1}^{i}\Delta\left(\frac{\partial^2 w}{\partial n\partial s}-\frac{1}{\rho_0}\frac{\partial w}{\partial s}\right)_k\delta w_k$$

可知，$\Delta(\cdots)_k$表示第k个角点处括号内函数值的增量，而δw_k则表示该点处的δw值。

另外，

$$\frac{1}{2}\delta\iint_{\Omega}\rho h w^2\mathrm{d}x\mathrm{d}y=\iint_{\Omega}\rho h w\delta w\mathrm{d}x\mathrm{d}y \tag{6-115}$$

将式(6-113)、式(6-114b)和式(6-115)代入方程式(6-69)得

$$\iint_{\Omega}(D\nabla^4 w-\rho h\omega^2 w)\delta w\mathrm{d}x\mathrm{d}y+\oint_c D\left[\frac{\partial^2 w}{\partial n^2}+\mu\left(\frac{\partial^2 w}{\partial s^2}+\frac{1}{\rho_0}\frac{\partial w}{\partial n}\right)\right]\frac{\partial\delta w}{\partial n}\mathrm{d}s-$$
$$\oint_c D\left[\frac{\partial}{\partial n}(\nabla^2\omega)+(1-\mu)\frac{\partial}{\partial s}\left(\frac{\partial^2 w}{\partial n\partial s}-\frac{1}{\rho_0}\frac{\partial w}{\partial s}\right)\right]\delta w\mathrm{d}s+$$
$$D(1-\mu)\sum_{k=1}^{i}\Delta\left(\frac{\partial^2 w}{\partial n\partial s}-\frac{1}{\rho_0}\frac{\partial w}{\partial s}\right)_k\delta w_k=0 \tag{6-116}$$

根据变分量 δw、$\frac{\partial w}{\partial n}$和 δw_k的任意性，从上式中的第一项可立即导出方程式(6-106)，从第二和第三项恰好导出边界条件式(6-107)，因为对照圆形薄板自由边的内力公式(6-42b)，可知这两项积分号内的 $D[\cdots]$ 分别是$-M_n$和$-\left(Q+\frac{M_{ns}}{\partial s}\right)$；从最后一项得

$$D(1-\mu)\Delta\left(\frac{\partial^2 w}{\partial n\partial s}-\frac{1}{\rho_0}\frac{\partial w}{\partial s}\right)_k=0,\quad 在\ s=s_k\ 处\ (k=1,\ 2,\ \cdots,\ i)$$

这就是角点要满足的条件。由此就证明了式(6-108)的每一个驻立值都是齐次方程式(6-106)和齐次边界条件式(6-107)的一个本征值。相反，方程式(6-106)和式(6-107)的每一个本征值也都是式(6-108)的驻立值。因此，泛函的驻立值问题［式(6-108)］和方程式(6-106)及式(6-107)的本征值问题完全等价。

式(6-108)具有明显的物理意义，如果将薄板的真实振型 $w(x,\ y)$代入该式，则它可化成

$$U-\omega^2\iint_{\Omega}\frac{1}{2}\rho h w^2\mathrm{d}x\mathrm{d}y=0 \tag{6-117}$$

式(6-117)的第一项表示板在自由振动时最大的弯曲应变能，第二项表示板的最大动能。虽然两者所处的时刻不同，但能量的数值相等，这正是能量守恒原理的体现。在振动过程中，在某一些瞬时，板的动能等于零而全部能量转化为应变能；在另一些瞬时，板的应变能等于零而全部能量转化为动能。

6.5.5 用 Rayleigh-Ritz 法分析薄板的自由振动

上节讲的变分式(6-108)，其重要作用在于为各种求固有频率的近似方法提供了理论依据。其中，Rayleigh-Ritz 法就是在上述变分原理基础上提出来的。它的基本思想是适当选取 n 个挠度函数 $f_i(x,\ y)$ $(i=1,\ 2,\ \cdots,\ n)$，它们都满足给定板的位移边界条件，然后将板的振型近似表达为

$$w(x,y)=\sum_{i=1}^{n}c_i f_i(x,y) \tag{6-118}$$

式中，c_i为待定系数。再将它代入变分式(6-108)，可得

$$\frac{\partial}{\partial c_i}\left[U-\frac{1}{2}\omega^2\oint_{\Omega}\rho h w^2\mathrm{d}x\mathrm{d}y\right]$$
$$=\frac{\partial}{\partial c_i}\left[U(c_1,\ c_2,\ \cdots,\ c_n)-\frac{1}{2}\omega^2\oint_{\Omega}\rho h\left(\sum_{i=1}^{n}c_i f_i(x,y)\right)^2\mathrm{d}x\mathrm{d}y\right]=0 \tag{6-119}$$

这是一个奇次线性代数方程组，由 n 个方程式组成。如果令 $\{C\}=(c_1,\ c_2,\ \cdots,\ c_n)^{\mathrm{T}}$，那么式(6-119)可写成矩阵形式，即

$$\{A\}\{C\}=\omega^2\{C\} \tag{6-120}$$

这就是将泛函的驻立值问题化成了代数特征值问题。这些特征值一旦求出，薄板的固有频率就能确定。对于每一个特征值 ω_i^2 由方程式(6-120)就可以求出相应的特征向量 $\{C\}_i$，将它代入式(6-118)就得到相应的振型。

例6.3

试用 Rayleigh-Ritz 法求周边固定圆板的最小固有频率。已知板的半径为 a，单位面积的质量为 ρ。

解： 对于基频，板的振型是轴对称形式，因此圆板的振型 $w(r,\ \theta)$ 可近似表达为

$$w(r,\ \theta)=w(r)=c_1\left(\left(1-\frac{r^2}{a^2}\right)\right)^2+c_2\left(\left(1-\frac{r^2}{a^2}\right)\right)^3 \tag{a}$$

很容易验证上式中的每一项都满足已知的位移边界条件，即

$$w(a,\ \theta)=\frac{\partial w}{\partial r}(a,\ \theta)=\frac{\partial w}{\partial r}(0,\ \theta)=0$$

在讨论等厚度圆形薄板轴对称振型的情况下，弯曲应变能表达式(6-109)变为

$$U=\frac{D}{2}\iint_{\Omega}\left\{\left(\frac{\mathrm{d}^2w}{\mathrm{d}r^2}+\frac{1}{r}\frac{\mathrm{d}w}{\mathrm{d}r}\right)^2-2(1-\mu)\cdot\left[\frac{\mathrm{d}^2w}{\mathrm{d}r^2}\left(\frac{1}{r}\frac{\mathrm{d}w}{\mathrm{d}r}\right)\right]\right\}r\,\mathrm{d}r\mathrm{d}\theta$$

$$=\pi D\int_0^a\left\{r\left(\frac{\mathrm{d}^2w}{\mathrm{d}r^2}\right)^2+\frac{1}{r}\left(\frac{\mathrm{d}w}{\mathrm{d}r}\right)^2+2\mu\frac{\mathrm{d}^2w}{\mathrm{d}r^2}\frac{\mathrm{d}w}{\mathrm{d}r}\right\}\mathrm{d}r \tag{b}$$

对于周边固定圆形薄板，不能证明式(b)中的最后一项的积分为零，故式(b)可以简化为

$$U=\pi D\int_0^a\left[r\left(\frac{\mathrm{d}^2w}{\mathrm{d}r^2}\right)^2+\frac{1}{r}\left(\frac{\mathrm{d}w}{\mathrm{d}r}\right)^2\right]\mathrm{d}r \tag{c}$$

将式(c)代入式(6-119)，有

$$\frac{\partial}{\partial c_i}\int_0^a\left[r\left(\frac{\mathrm{d}^2w}{\mathrm{d}r^2}\right)^2+\frac{1}{r}\left(\frac{\mathrm{d}w}{\mathrm{d}r}\right)^2-\frac{\rho h\omega^2}{D}w^2r\right]\mathrm{d}r=0\quad(i=1,\ 2) \tag{d}$$

先设在振型的表达式(a)中，只取一项($c_2=0$)，将它代入式(d)可得

$$\frac{96}{9a^2}-\frac{\rho h\omega^2}{D}\frac{a^2}{10}=0$$

所以

$$\omega=\frac{10.33}{a^2}\sqrt{\frac{D}{\rho h}}$$

这与前节中利用解析法所求得的基频(表6-4)

$$\omega=\frac{\lambda a}{a^2}\sqrt{\frac{D}{\rho h}}=\frac{(3.196)^2}{a^2}\sqrt{\frac{D}{\rho h}}=\frac{10.21}{a^2}\sqrt{\frac{D}{\rho h}}$$

相比较，误差只有1.15%。

现在讨论振型表达式取消两项。将式(a)代入式(d)，可得

$$\frac{\partial}{\partial c_i}\left[\frac{96}{9a^2}\left(c_1^2+\frac{3}{2}c_1c_2+\frac{9}{10}c_2^2\right)-\frac{\rho h\omega^2}{D}\frac{a^2}{10}\left(c_1^2+\frac{5}{3}c_1c_2+\frac{5}{7}c_2^2\right)\right]=0\quad(i=1,\ 2)$$

因此有

$$\begin{cases} c_1\left(\frac{192}{9}-\frac{\bar{\lambda}}{5}\right)+c_2\left(\frac{144}{9}-\frac{\bar{\lambda}}{6}\right)=0 \\ c_1\left(\frac{144}{9}-\frac{\bar{\lambda}}{6}\right)+c_2\left(\frac{96}{5}-\frac{\bar{\lambda}}{7}\right)=0 \end{cases} \tag{e}$$

式中，

$$\bar{\lambda}=a^4\omega^2\frac{\rho h}{D} \tag{f}$$

令方程(e)的系数行列式等于零，可得

$$\bar{\lambda}^2-\frac{9792}{5}\bar{\lambda}+193536=0$$

所以 $\bar{\lambda}_1=104.4$，$\bar{\lambda}_2=1854$ (g)

将式(g)代入式(f)，可求得

$$\omega_1=\frac{10.21}{a^2}\sqrt{\frac{D}{\rho h}},\quad \omega_2=\frac{43.06}{a^2}\sqrt{\frac{D}{\rho h}} \tag{h}$$

由此可以看出，ω_1的值已十分接近板的真实基频值。ω_2的值和表 6-4 中轴对称型的第二频率($n=0$，$m=2$)相比较，误差为 8%。这表明用 Rayleigh-Ritz 法求基频的近似值十分有效。

用这种方法同样可以研究节径振型和相应的固有频率，这只需将 $w(r,\theta)$的表达式(a)作适当改变，使它能反映 θ 方向的周期性变化规律。

6.5.6 薄板的强迫振动

由杆件的强迫振动问题的模态分析法可知，只要确定了系统的固有频率和振型，系统对外加激振力的位移响应就可以通过振型展开式来逼近，其中，各阶振型所占的比重是由相应的广义坐标来度量。由于广义坐标所反映的运动方程已经解耦，因此这个方程的求解相当于计算一个自由度的强迫振动问题。即使是给定的强迫力是一个复杂的时间函数，采用数值积分也不难求得它的解。本节将讨论模态分析法在薄板强迫振动问题中的应用。

根据式(6-35)，薄板无阻尼强迫振动的方程为

$$D\nabla^4 f(x,y,t)+\rho h\frac{\partial f(x,y,t)}{\partial t}=q(x,y,t) \tag{6-121}$$

设薄板的挠度响应 $f(x,y,t)$可写成下列形式

$$f(x,y,t)=\sum_{m=1}^{\infty}w_m(x,y)\Phi_m(t) \tag{6-122}$$

式中，$w_m(x,y)$为薄板的全部振型；$\Phi_m(t)$就是相应的广义坐标。

将式(6-121)代入式(6-80)，可得

$$\sum_{m=1}^{\infty}(D\nabla^4 w_m(x,y)\Phi_m(t)+\rho h w_m(x,y)\ddot{\Phi}_m(t))=q(x,y,t) \tag{6-123}$$

由于 $w_m(x,y)$是方程(6-116)的解，故有

$$D\nabla^4 w_m(x,y)=\rho h\omega^2 w_m(x,y)$$

将上式代入式(6-123)，可得

$$\sum_{m=1}^{\infty}[\ddot{\Phi}_m(t)+\omega_m^2\Phi_m(t)]\rho h w_m(x,y)=q(x,y,t) \tag{6-124}$$

为了使这个方程解耦，要利用到薄板固有振型的一个正交关系，即

$$\iint_{\Omega}\rho h w_m(x,y)w_n(x,y)\mathrm{d}x\mathrm{d}y=0 \quad (\omega_m\neq\omega_n) \tag{6-125}$$

式中，$w_m(x,y)$和$w_n(x,y)$分别为频率等于ω_m和ω_n时的振型。

利用变分式(6-108)可以证明这个关系。

如果取

$$w(x,y)=a_m w_m(x,y)+a_n w_n(x,y) \tag{6-126}$$

式中，a_m和a_n是两个待定的参数。

作为薄板自由振动方程的本征函数，将式(6-126)代入式(6-108)可得

$$\omega^2=\mathrm{ST}\frac{B_{mm}a_m^2+2B_{mn}a_m a_n+B_{nn}a_n^2}{A_{mm}a_m^2+2A_{mn}a_m a_n+A_{nn}a_n^2} \tag{6-127}$$

式中，$A_{mm}=\iint_{\Omega}\rho h w_m^2\mathrm{d}x\mathrm{d}y$，$A_{mn}=\iint_{\Omega}\rho h w_m w_n\mathrm{d}x\mathrm{d}y$，$A_{nn}=\iint_{\Omega}\rho h w_n^2\mathrm{d}x\mathrm{d}y$

$B_{mm}=\iint_{\Omega}U_{mm}(w_m^2,w_m^2)\mathrm{d}x\mathrm{d}y$，$B_{mn}=\iint_{\Omega}U_{mn}(w_m^2,w_n^2)\mathrm{d}x\mathrm{d}y$，$B_{nn}=\iint_{\Omega}U_{nn}(w_n^2,w_n^2)\mathrm{d}x\mathrm{d}y$

$$U_{mm}=\left\{\frac{\partial^2 w_m}{\partial x^2},\ \frac{\partial^2 w_m}{\partial y^2},\ 2\frac{\partial^2 w_m}{\partial x\partial y}\right\}[D_0]\begin{Bmatrix}\dfrac{\partial^2 w_m}{\partial x^2}\\ \dfrac{\partial^2 w_m}{\partial y^2}\\ 2\dfrac{\partial^2 w_m}{\partial x\partial y}\end{Bmatrix},$$

$$U_{mn}=\left\{\frac{\partial^2 w_m}{\partial x^2},\ \frac{\partial^2 w_m}{\partial y^2},\ 2\frac{\partial^2 w_m}{\partial x\partial y}\right\}[D_0]\begin{Bmatrix}\dfrac{\partial^2 w_n}{\partial x^2}\\ \dfrac{\partial^2 w_n}{\partial y^2}\\ 2\dfrac{\partial^2 w_n}{\partial x\partial y}\end{Bmatrix},$$

$$U_{nn}=\left\{\frac{\partial^2 w_n}{\partial x^2},\ \frac{\partial^2 w_n}{\partial y^2},\ 2\frac{\partial^2 w_n}{\partial x\partial y}\right\}[D_0]\begin{Bmatrix}\dfrac{\partial^2 w_n}{\partial x^2}\\ \dfrac{\partial^2 w_n}{\partial y^2}\\ 2\dfrac{\partial^2 w_n}{\partial x\partial y}\end{Bmatrix},\quad [D_0]=D\begin{bmatrix}1&\mu&0\\ \mu&1&0\\ 0&0&\dfrac{1-\mu}{2}\end{bmatrix}$$

在式(6-127)中，对a_m和a_n求ω^2的驻立值，可得

$$\begin{cases}B_{mm}a_m+B_{mn}a_n-\omega^2(A_{mm}a_m+A_{mn}a_n)=0\\ B_{mn}a_m+B_{nn}a_n-\omega^2(A_{mn}a_m+A_{nn}a_n)=0\end{cases} \tag{6-128}$$

从式(6-126)可看出$a_m=1$，$a_n=0$一定使ω^2取驻立值ω_m^2；同样，$a_m=0$，$a_n=1$也会使ω^2取驻立值ω_n^2。将此结论代入式(6-128)，则有

$$\begin{cases}B_{mm}-\omega_m^2A_{mm}=0\\ B_{mn}-\omega_m^2A_{mn}=0\end{cases},\quad\begin{cases}B_{mn}-\omega_n^2A_{mn}=0\\ B_{nn}-\omega_n^2A_{nn}=0\end{cases} \tag{6-129}$$

由此得

$$\begin{cases}\omega_m^2=\dfrac{B_{mm}}{A_{mm}}, \\ A_{mn}=0\end{cases} \quad \begin{cases}\omega_n^2=\dfrac{B_{nn}}{A_{nn}} \\ B_{mn}=0\end{cases} \tag{6-130}$$

将 A_{mn} 和 B_{mn} 的积分形式代入，就可以得到正交关系式(6-125)。

另外，还有一个正交关系是

$$\iint_\Omega U(w_m,\ w_n)\mathrm{d}x\mathrm{d}y=0 \tag{6-131}$$

如果两个振型 $w_m(x,\ y)$ 和 $w_n(x,\ y)$ 相应于同一个固有频率($\omega_m=\omega_n$)，那么上述的两个正交关系不一定满足。但是这种情况下，可以构造两个新的振型，使它们仍然满足正交关系式(6-125)和式(6-131)。因为 $w_m(x,\ y)$ 和 $w_n(x,\ y)$ 的线性组合也是固有频率 ω_m 的一种振型。因此，只要适当选择下列 4 个系数，α_1，α_2，β_1 和 β_2，能够使得

$$\begin{cases}w^{(1)}(x,\ y)=\alpha_1 w_m(x,\ y)+\beta_1 w_n(x,\ y) \\ w^{(2)}(x,\ y)=\alpha_2 w_m(x,\ y)+\beta_2 w_n(x,\ y)\end{cases} \tag{6-132}$$

这两个振型仍满足正交关系式(6-125)。将式(6-124)式代入式(6-125)，可以看出只要使 α_1，α_2，β_1 和 β_2 满足下列方程就可达到目的

$$\alpha_1\alpha_2\iint_\Omega \rho h w_m^2\mathrm{d}x\mathrm{d}y+(\alpha_1\beta_2+\alpha_2\beta_1)\iint_\Omega \rho h w_m w_n\mathrm{d}x\mathrm{d}y+\beta_1\beta_2\iint_\Omega \rho h w_n^2\mathrm{d}x\mathrm{d}y=0$$

这个方程有无穷多组解，但只要任取其中的一组解即可。

现返回研究方程式(6-123)化简的问题。将此方程的两边各乘以 $w_n(x,\ y)$，再沿 Ω 域进行积分，利用式(6-125)的正交关系就可以求得关于 $\Phi_n(t)$ 的解耦方程：

$$\ddot{\Phi}_n(t)+\omega_n^2\Phi_n(t)=\frac{1}{M_n}P_n(t) \tag{6-133}$$

式中，

$$\begin{cases}M_n=\iint_\Omega \rho h[w_n(x,y)]^2\mathrm{d}x\mathrm{d}y \\ P_n=\iint_\Omega q(x,y,t)[w_n(x,y)]\mathrm{d}x\mathrm{d}y\end{cases} \tag{6-134}$$

现在，进而讨论根据给定的初始位移 $f(x,\ y,\ 0)$ 和初始速度 $\dot{f}(x,\ y,\ 0)$ 确定广义坐标的初始值。$\Phi_n(0)$ 和 $\dot{\Phi}_n(0)$。利用式(6-122)展开式有

$$\begin{cases}f(x,\ y,\ 0)=\sum\limits_{m=1}^{\infty}w_m(x,\ y)\Phi_m(0) \\ \dot{f}(x,\ y,\ 0)=\sum\limits_{m=1}^{\infty}w_m(x,\ y)\dot{\Phi}_m(0)\end{cases} \tag{6-135}$$

利用正交关系式(6-125)，立即可得

$$\begin{cases}\Phi_n(0)=\dfrac{1}{M_n}\iint_\Omega \rho h[f(x,\ y,\ 0)]w_n(x,\ y)\mathrm{d}x\mathrm{d}y \\ \dot{\Phi}_n(0)=\dfrac{1}{M_n}\iint_\Omega \rho h[\dot{f}(x,\ y,\ 0)]w_n(x,\ y)\mathrm{d}x\mathrm{d}y\end{cases} \tag{6-136}$$

例6.4

试求周边铰支矩形薄板，在瞬时脉冲均布荷载作用下(见图6.12)的挠度响应。已知板的初始位移和初始速度均为零。

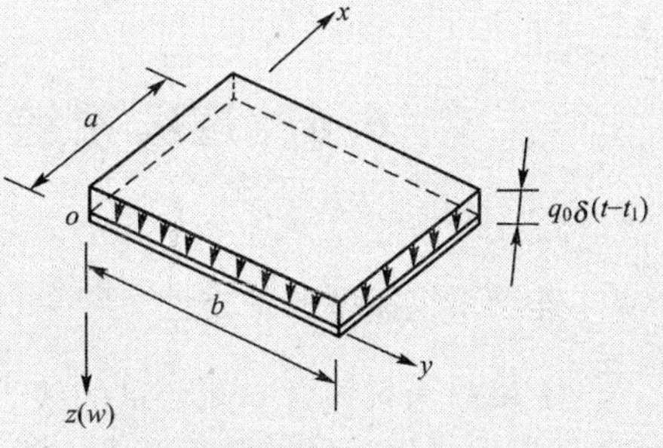

图6.12 周边铰支矩形薄板

解：由式(6-66)得该薄板的振型表达式为

$$w(x,\ y)=\sin\frac{m\pi}{a}x\sin\frac{n\pi}{b}y \quad (m,\ n=1,\ 2,\ \cdots) \tag{a}$$

又由式(6-65)可知，相应的固有频率为

$$\omega_{mn}=\pi^2\left[\left(\frac{m}{a}\right)^2+\left(\frac{n}{b}\right)^2\right]\sqrt{\frac{D}{\rho h}} \tag{b}$$

由题意得

$$q(x,\ y,\ t)=q_0\delta(t-t_1) \tag{c}$$

式中，$\delta(t-t_1)$为Dirac δ 函数，即

$$\delta(t-t_1)=\begin{cases}0, & t\neq t_1\\ \infty, & t=t_1\end{cases}$$

$$\int_{-\infty}^{\infty}\delta(t-t_1)\mathrm{d}t=1$$

利用式(6-134)，可得

$$M_{mn}=\iint_{\Omega}\rho h\left(\sin\frac{m\pi}{a}x\sin\frac{n\pi}{b}y\right)^2\mathrm{d}x\mathrm{d}y=\frac{\rho hab}{4}$$

$$\begin{aligned}P_{mn}(t)&=\iint_{\Omega}q_0\delta(t-t_1)\sin\frac{m\pi}{a}x\sin\frac{n\pi}{b}y\mathrm{d}x\mathrm{d}y\\&=\frac{abq_0}{mn\pi^2}(1-\cos m\pi)(1-\cos n\pi)\delta(t-t_1)\end{aligned} \tag{d}$$

因此，相应的广义坐标为

$$\begin{aligned}\Phi_{mn}(t)&=\frac{1}{M_{mn}\omega_{mn}}\left[\frac{abq_0}{mn\pi^2}(1-\cos m\pi)(1-\cos n\pi)\int_0^t\delta(t-t_1)\sin\omega_{mn}(t-\tau)\mathrm{d}\tau\right]\\&=\frac{4q_0}{mn\pi^2\rho h\omega_{mn}}(1-\cos m\pi)(1-\cos n\pi)\sin\omega_{mn}(t-t_1)\end{aligned} \tag{e}$$

将式(a)和式(e)代入展开式(6-122)，就可以得到薄板的挠度响应为

$$\begin{aligned}f(x,\ y,\ t)=&\frac{4q_0}{\pi^2\rho h}\sum_{m=1}^{\infty}\sum_{n=1}^{\infty}\frac{1}{mn\omega_{mn}}(1-\cos m\pi)(1-\cos n\pi)\cdot\\&\sin\frac{m\pi}{a}x\ \frac{n\pi}{b}y\sin\omega_{mn}(t-t_1)\quad (t\geqslant t_1)\end{aligned} \tag{f}$$

从式(e)可以看出，当m为偶数或n为偶数或m，n均为偶数时，由$\Phi_{mn}(t)\equiv 0$，这表明结构上对称的矩形薄板承受对称分布的动荷载作用，$f(x,\ y,\ t)$中不包含反对称型振型

的成分。由此不难推出：结构上对称的薄板承受反对称分布的动荷载作用，$f(x, y, t)$中一定不包含对称振型的成分。

6.6 连续系统振动响应的模态分析法

6.6.1 连续系统振型的正交性

设M和L为只包含空间变量的线性微分算子，则不包含剪切和转动惯量的梁横向振动偏微分方程可化为更一般的形式，即

$$M(\ddot{u})=L(u) \tag{6-137}$$

根据变量分离法，设梁的横向振动微分方程的解为$u(x, t)=\phi(x)q(t)$，代入上式并简化，可得

$$\frac{L(\phi)}{M(\phi)}=-\frac{\ddot{q}}{q}=\lambda \tag{6-138}$$

式中，λ为一常数；$L(\phi)/M(\phi)$为x的函数；$\ddot{q}/q$为t的函数。

因此，由式(6-138)可得

$$\ddot{q}+\lambda q=0 \tag{6-139}$$

$$L(\phi)=\lambda M(\phi) \tag{6-140}$$

式(6-140)就是连续系统的特征值问题公式，其中，λ为特征值，$\phi(x)$为特征函数。求解上式可求出特征值λ，以及与特征值相对应的特征函数$\phi(x)$。

$\phi(x)$满足式(6-140)和指定的边界条件，对第r阶和第s阶模态，有以下关系式

$$L(\phi_r)=\lambda_r M(\phi_r) \quad 或 \quad \phi_s L(\phi_r)=\lambda_r \phi_s M(\phi_r)$$

$$L(\phi_s)=\lambda_s M(\phi_s) \quad 或 \quad \phi_r L(\phi_s)=\lambda_s \phi_r M(\phi_s)$$

两式相减，并沿梁积分，可得

$$\int_{\Sigma}[\phi_s L(\phi_r)-\phi_r L(\phi_s)]\mathrm{d}\sigma=\int_{\Sigma}[\lambda_r\phi_s M(\phi_r)-\lambda_s\phi_r M(\phi_s)]\mathrm{d}\sigma$$

因而有

$$\int_{\Sigma}[\phi_s L(\phi_r)-\phi_r L(\phi_s)]\mathrm{d}\sigma=0 \tag{6-141}$$

$$(\lambda_r-\lambda_s)\int_{\Sigma}\phi_r M(\phi_s)\mathrm{d}\sigma=0 \tag{6-142}$$

一般而言，$\lambda_r \neq \lambda_s$，则可导出

$$\int_{\Sigma}\phi_r M(\phi_s)\mathrm{d}\sigma=0 \quad r\neq s \tag{6-143}$$

$$\int_{\Sigma}\phi_r L(\phi_s)\mathrm{d}\sigma=0 \quad r\neq s \tag{6-144}$$

这就是与离散振系相类似的特征函数(振型)的正交性。

6.6.2 连续系统无阻尼强迫振动的模态分析

用偏微分方程的一般形式来表达连续系统的无阻尼强迫振动，其方程如下：

$$M(u)+L(u)=F(x,t) \tag{6-145}$$

式中，M 和 L 为线性微分算子；$F(x,t)$为时间和空间激励力。

系统的总响应 $u(x,t)$可表示成各阶响应的叠加，即

$$u(x,t)=\sum_{i=1}^{\infty}\phi_i(x)q_i(t) \tag{6-146}$$

与前面所讲的离散多自由度振动系统的模态分析法相同，式(6-145)可通过振型函数的正交性而解耦，即

$$m_{ii}\ddot{q}_i+k_{ii}q_i=\int_0^1 F(x,t)\phi_i(x)\mathrm{d}x=Q_i(t)\quad i=1,2,\cdots \tag{6-147}$$

解出 $q_i(t)$后代入式(6-146)，便可得到连续系统的强迫振动响应表达式。

下面通过梁上作用一集中力 $F(t)$为例说明求解过程。

例6.5

在梁上 $x=\zeta$ 处作用一集中力 $F(t)$，求梁的无阻尼强迫振动响应。

解：在 $x=\zeta$ 处作用的集中力可以表示成$F(t)\delta(x-\zeta)$，因而第 i 阶广义力为

$$Q_i=\int_0^t[F(t)\delta(x-\zeta)]\phi_i(x)\mathrm{d}x=F(t)\phi_i(\zeta) \tag{6-148}$$

将式(6-148)代入微分方程式(6-147)，解得

$$q_i(t)=\frac{\phi_i(\zeta)}{m_{ii}p_i}\int_0^t F(\tau)\sin p_i(t-\tau)\mathrm{d}\tau \tag{6-149}$$

系统对初始条件的响应为

$$q_i(t)=q_i(0)\cos p_i t+\frac{\dot{q}_i(0)}{p_i}\sin p_i t \tag{6-150}$$

式中，$q_i(0)$和 $\dot{q}_i(0)$是由系统初始条件 $u(x,0)$和 $\dot{u}(x,0)$通过正交性得到。

因此，第 i 阶无阻尼强迫振动系统的总响应，可以表示为

$$q_i(t)=q_i(0)\cos p_i t+\frac{\dot{q}_i(0)}{p_i}\sin p_i t+\frac{\phi_i(\zeta)}{m_{ii}p_i}\int_0^t F(\tau)\sin p_i(t-\tau)\mathrm{d}\tau \tag{6-151}$$

最终，系统的总响应为系统各阶响应的线性叠加，即

$$u(x,t)=\sum_{i=1}^{\infty}\phi_i(x)q_i(t) \tag{6-152}$$

例6.6

图 6.13 所示的某电车的集电弓以常力 N 作用于张紧的导线上，并以匀速 v 沿导线移动。在初瞬时，集电子在 O 点，求导线的稳态响应。

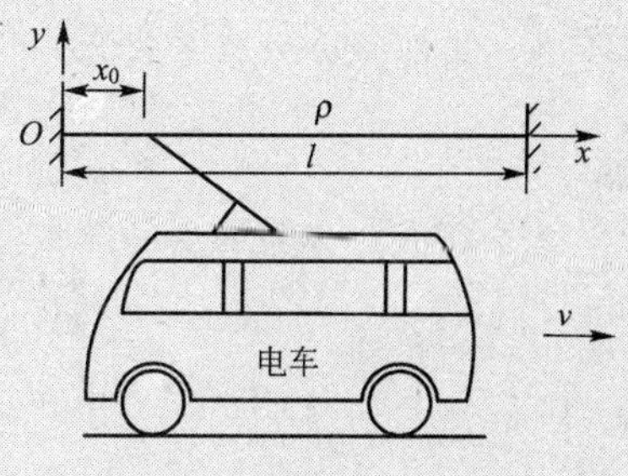

图 6.13 电车行驶供电系统力学分析简图

解：设导线的单位长度质量为 ρ，振动时导线的张力为常数。根据前述，导线的振动方程为

$$\rho\frac{\partial^2 y}{\partial t^2}-T\frac{\partial^2 y}{\partial x^2}=N\delta(x-x_0)$$

式中，$\delta(x-x_0)$为 δ 函数；$x_0=vt$。

导线的振型函数为 $\phi(x)=A\sin\frac{p}{c}x+B\cos\frac{p}{c}x$

由边界条件 $\phi(0)=0$，可得 $B=0$；由边界条件 $\phi(l)=0$，可得频率方程为

$$\sin\frac{pl}{c}=0$$

即

$$\frac{p_i l}{c}=i\pi,\quad i=1,\ 2,\ \cdots$$

所以，导线的各阶固有频率为

$$p_i=\frac{i\pi c}{l}=\frac{i\pi}{l}\sqrt{\frac{T}{\rho}},\quad i=1,\ 2,\ \cdots$$

相应的各阶振型函数为

$$\phi_i(x)=A\sin\frac{i\pi}{l}x,\quad i=1,\ 2,\ \cdots$$

由振型的正则化条件

$$\rho\int_0^l\left(A\sin\frac{i\pi}{l}x\right)^2\mathrm{d}x=1$$

可求得 $A=\sqrt{\frac{2}{pl}}$

所以，正则振型函数为

$$\phi_{Ni}(x)=\sqrt{\frac{2}{pl}}\sin\frac{i\pi}{l}x,\quad i=1,\ 2,\ \cdots$$

进行正则变换

$$y(x,t)=\sum_{i=1}^{\infty}\phi_{Ni}(x)q_{Ni}(t)$$

将上式代入偏微分方程，可得

$$\rho\sum_{i=1}^{\infty}\phi_{Ni}\ddot{q}_{Ni}-T\sum_{i=1}^{\infty}\phi_{Ni}q_{Ni}=N\cdot\delta(x-x_0)$$

上式的两边乘以 ϕ_{Ni}，并沿 l 积分，可得正则微分方程

$$\ddot{q}_{Ni}+p_i^2q_{Ni}=N\int_0^1\phi_{Ni}\delta(x-x_0)\mathrm{d}x$$

由 δ 函数的特性，可得

$$\int_0^1\phi_{Ni}\delta(x-x_0)\mathrm{d}x=\phi_{Ni}(x_0)=\sqrt{\frac{2}{pl}}\sin\frac{i\pi v}{l}t$$

所以，正则微分方程可化为

$$\ddot{q}_{Ni}+p_i^2q_{Ni}=\sqrt{\frac{2}{pl}}\sin\frac{i\pi v}{l}t$$

上式正则微分方程的解为

$$q_{Ni}=C_i\sin p_it+D_i\cos p_it+N\sqrt{\frac{2}{pl}}\frac{\sin\frac{i\pi v}{l}t}{p_i^2-\left(\frac{i\pi v}{l}\right)^2}$$

利用初始条件 $q(0)=0$，$\dot{q}(0)=0$，可分别得到正则微分方程解的系数 D_i 和 C_i，即

$$D_i=0;\quad C_i=\frac{-N\sqrt{\frac{2}{\rho l}}\cdot\frac{v}{c}}{\left(\frac{i\pi}{l}\right)^2(c^2-v^2)}$$

所以，正则响应为

$$q_{Ni}=\frac{N\sqrt{\frac{2}{\rho l}}\cdot l^2}{(i\pi)^2(c^2-v^2)}\left(\sin\frac{i\pi v}{l}t-\frac{v}{c}\sin p_i t\right)$$

上式中 $\sin p_i t$ 项为初始伴随自由振动，逐渐衰减，在稳态振动中可不考虑。因此，最终系统的总响应 $y(x, t)$ 为

$$y(x, t)=\sum_{i=1}^{\infty}\phi_{Ni}(x)q_{Ni}(t)=\frac{2Nl}{\rho\pi^2(c^2-v^2)}\sum_{i=1}^{\infty}\frac{l}{i^2}\sin\frac{i\pi}{l}x\sin\frac{i\pi v}{l}t$$

小　结

本章介绍了连续体振动特性的分析方法，其中包括，弦的横向振动、杆的纵向振动、轴的扭转振动以及梁的横向振动，薄板的振动。介绍了连续体时间和空间变量的分离方法，矩形薄板自由振动的 Levy 解，薄板固有频率的变分式和 Rayleigh－Ritz 法分析薄板的自由振动，最后介绍了连续体系统模态的正交性和连续体系统无阻尼强迫振动的模态分析方法。通过该章的学习，可为分析实际连续体系统的振动特性提供有效的分析方法。

【关键术语】

连续系统振动　杆的纵向振动　轴的扭转振动　梁的横向振动　薄板弯曲振动　矩形薄板　圆形薄板　典型边界条件　时间和空间　变量分离　Levy 解　Rayleigh－Ritz 法　薄板固有频率变分式　振动模态的正交性，模态分析方法

习　题

1. 如图 6.14 所示，一等直杆，长为 l，单位体积质量为 ρ，用刚度为 k 的弹簧悬挂，求系统纵向振动的频率方程。

2. 如图 6.15 所示，一阶梯杆，求其纵向振动时的频率方程。

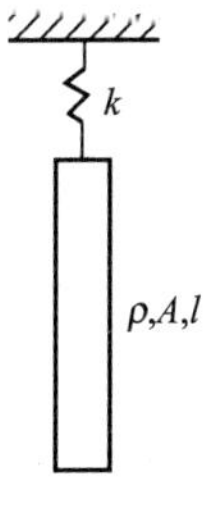

图6.14　弹簧悬置杆

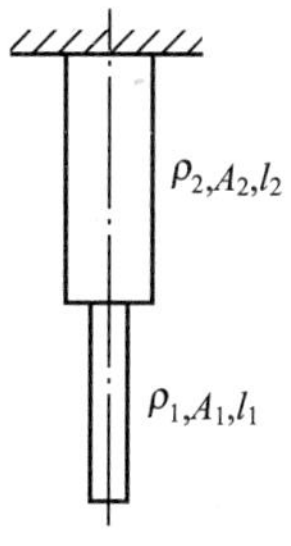

图 6.15　阶梯杆

3. 如图 6.16 所示，一等直杆左端固定，右端附一重量为 W 的重物并和弹簧相连。已知杆长为 l，单位长度的重量为 γA，弹簧的刚度为 K，杆的弹性模量为 E。求系统纵向自由振动的频率方程。

4. 如图 6.17 所示，一等直径圆轴，一端固定，另一端和扭转弹簧相连。已知轴的抗扭刚度为 GJ_{P}，单位体积重量为 γ，长度为 l，弹簧的刚度为 K。求系统扭转振动的频率方程。（提示：对比杆的纵向振动和轴的扭转振动。）

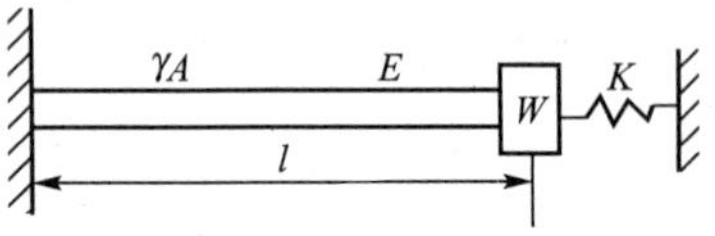

图 6.16　等直径杆与弹簧和重物

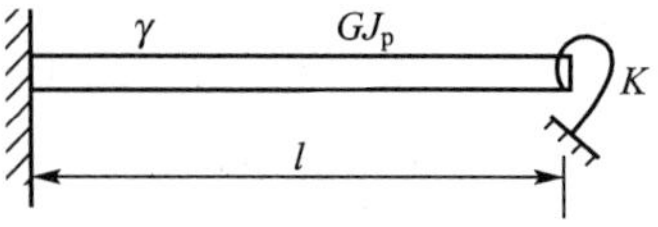

图 6.17　等直径杆与扭簧

5. 一悬臂梁左端固定，右端附有重物，如图 6.18 所示。已知重物的重量为 W，梁的长度为 l，抗弯刚度为 EJ，单位长度重量为 γ。试求系统横向振动的频率方程。

6. 在上题中，如右端改为一弹性支承，如图 6.19 所示，已知弹簧刚度为 K。试求系统横向振动的频率方程。

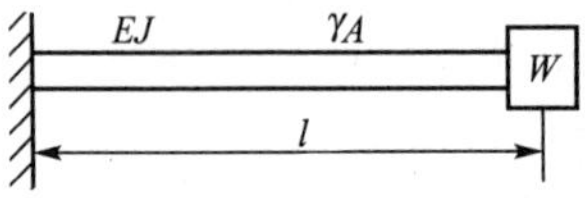

图 6.18　悬臂梁与重物

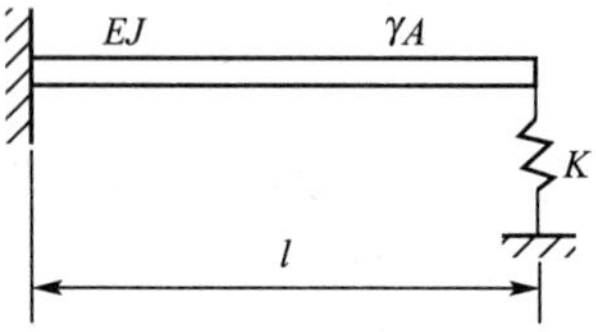

图 6.19　悬臂梁与支撑弹簧

7. 试写出图 6.20 所示一端固定一端简支的梁的振型函数，并画出第一及第二阶主振型。

8. 试求图 6.21 所示的悬臂等直径杆在固定端受到纵向支承运动 $u_s(0, t)=d\sin\omega t$ 时的稳态响应。

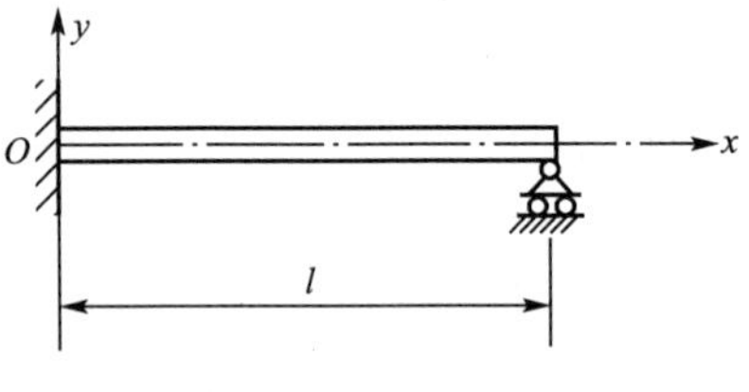

图 6.20　一段固定一端简支的梁

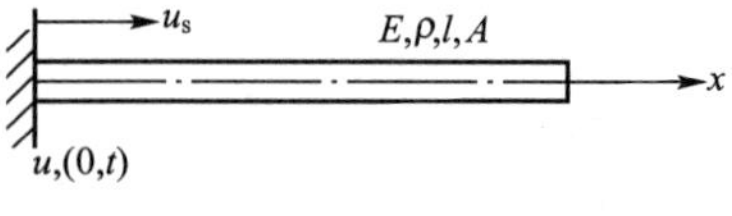

图 6.21　悬臂等直径杆

9. 图 6.22 所示为一长为 l 的等直径圆杆，以等角速度 ω 转动，某瞬时左端突然固定，求杆扭转振动的响应。

10. 均匀简支梁在 $x=c$ 处作用有一正弦力 $P\sin\omega t$，如图 6.23 所示。求在零初始条件下的动响应。

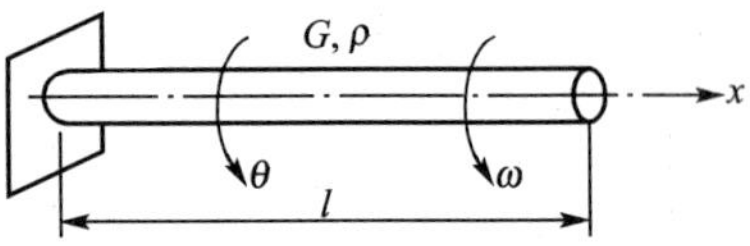

图 6.22　等直径圆杆的扭振

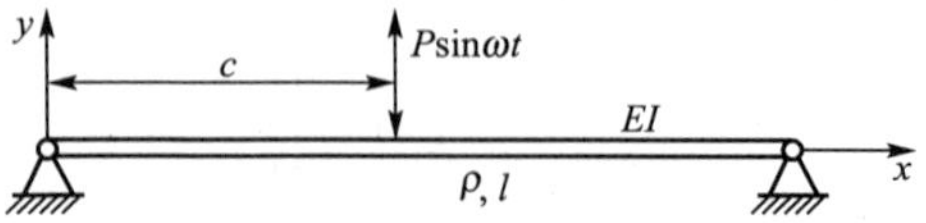

图 6.23　均匀简支梁

11. 均匀简支梁受力情况，如图 6.24 所示，在突加分布载荷 $p(x, t)=\frac{cx}{l}F(t)$，试求其动响应。

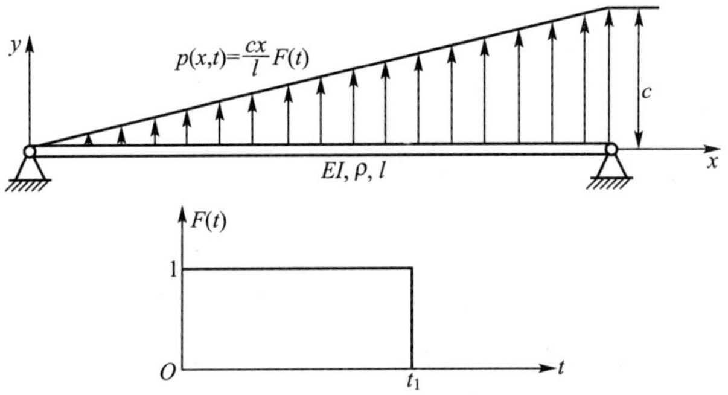

图 6.24 简支梁

12. 一边长为 a 的正方形薄板，四边简支，受到垂直于板面的均布激张力 $q=q_0\sin\omega t$ 的作用，试求其稳态响应。

第7章 非线性振动分析

本章学习目标

★ 了解非线性振动系统的基本概念和特征；

★ 熟练掌握非线性自由振动常用的几种近似解法，其中包括：摄动法、参数变易法和谐波平衡法；

★ 掌握非线性强迫振动的近似解法，了解跳跃现象和次谐波振动；

★ 熟悉非线性 Duffing 系统的自由振动精细积分法，熟悉非线性 Duffing 时滞或刚度扰动系统的强迫振动特性分析方法；

★ 了解自激振动及其特性分析方法。

本章教学要点

知识要点	能力要求	相关知识
非线性振动及基本概念	了解非线性振动系统的基本概念和特征	非线性系统，平衡点，稳定性，相平面，结点、鞍点、涡点和焦点
非线性自由振动的近似解法	熟练掌握非线性自由振动常用的几种近似解法	近似求解，摄动法、参数变易法和谐波平衡法
非线性强迫振动的近似解法	掌握非线性强迫振动的近似解法	跳跃现象，次谐波振动
非线性 Duffing 系统与特性分析	熟悉非线性 Duffing 系统的自由振动精细积分法，熟悉非线性 Duffing 时滞或刚度扰动系统的强迫振动特性分析方法	非线性 Duffing 系统，精细积分法，时滞，刚度扰动，Hopf 分岔
自激振动	了解自激振动及其特性分析方法	自激振动的特征

本章学习方法

本章介绍了非线性振动系统的基本概念、特性和近似计算方法。由于非线性振动问题，不能用线性振动理论来分析和求解，只能用非线性理论进行分析，该章学习是振动分析的难点。因此，在学习非线性振动分析这一章节时，应在课堂学习非线性振动分析的基本概念、特性和近似计算方法的基础上，多查阅相关研究的最新资料和研究成果，了解当今最新的非线性振动理论和方法，从而更好地解决实际非线性振动工程问题。

7.1 非线性振动及基本概念

绝大多数工程问题可以被简化为线性问题来处理，但有些现象不能用线性振动理论来进行分析，而只能用非线性理论来进行讨论。例如，汽车转向轮的摆振就是一个必须用非线性理论来分析的工程问题。对于非线性工程问题，必须有一定的手段来估计线性假设所造成的影响以及何时必须进行非线性分析。

线性与非线性振系进行比较时，可以发现，非线性振动系统有两个突出的特征：

(1) 叠加原理对非线性振系是不适用的。例如，如果作用在系统上的力加倍，而其振动响应未必加倍。换言之，非线性振系的振动响应同时取决于激励的频率与幅值两个因素。

(2) 线性系统有一个也只有一个平衡位置，而非线性振系根据工作状态可以有不止一个平衡位置。

本章对单自由度非线性振系进行一般性的讨论，给读者一个处理非线性振动问题的概念和方法。尽管利用计算机可方便地求解非线性初始值问题，但对非线性振系进行一般性的分析仍然是很有必要的。本章涉及的内容是非线性振动的几何分析和用解析法求解振动响应。

非线性振系的稳定性是个重要的问题，这里首先通过图 7.1 所列举的简单非线性振系，来说明非线性振系的稳定性概念。

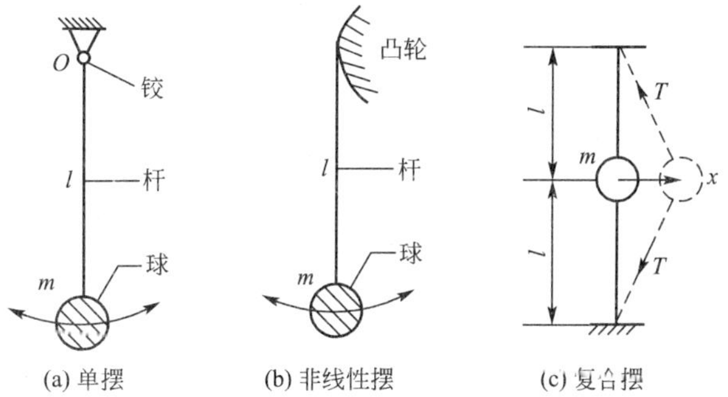

图 7.1 简单非线性振系

一个振动系统若在受到任意一初始的干扰之后，其运动不随着时间增加而增加，则称这个系统是关于其平衡位置稳定的。图 7.1(a)所示的竖悬单摆就是稳定的，对该单摆施加一初始的小位移或小初速度，所产生的运动将保持在平衡位置附近。再进一步，如果它产生的运动随着时间的增加而趋向平衡位置，则称该系统是渐进稳定的，例如，单摆如果有黏性阻尼，则是渐进稳定的。

非线性系统可有不止一个平衡位置。对单摆而言，小振动时，它有一个也只有一个平衡位置，但对大振幅单摆就变为非线性的了。当振幅进一步加大时，质量 m 处于 o 点上方且垂直于 o 点处，有第二个平衡位置。这个平衡位置显然是不稳定的，因为任何一微小干扰即可使平衡打破，振幅随着时间的增加而增大。所以，单摆有两个平衡位置，一个是稳定的，另一个是不稳定的。

7.1.1 相平面

微分方程的解可用相平面上一条曲线来表示。一簇这样的曲线就给出了微分方程可能的通解。在本节中，将讨论相平面的特征。单自由度振动系统的微分方程具有以下一般形式：

$$\ddot{x}=f(x,\ \dot{x},\ t)=0 \tag{7-1}$$

如果独立变量 t 不包含在振动微分方程中，而只以微分的形式出现，那么这样的系统就称为自治系统，其微分方程为

$$\ddot{x}+f(x,\ \dot{x})=0 \tag{7-2}$$

换句话说，系统的弹性和阻尼特性与时间无关。这样，就允许移动时间原点或改变时间标度，而不影响系统特性。这里将只讨论自治系统。

在某时刻系统的状态可用其位移 $x(t)$ 和速度 $\dot{x}(t)$ 来描述，称之为状态变量。包含两个状态变量的向量 $(x,\ \dot{x})$ 称为状态向量。这样，系统在某一时刻的状态由其状态向量来决定。将这种概念推广，系统可描述为状态向量 $\{x_1,\ x_2\}$，即

$$x_1=x,\quad x_2=\dot{x} \tag{7-3}$$

这样，式(7-2)即可表达为两个联立的一阶微分方程，即

$$\begin{cases}\dot{x}_1=x_2\\ \dot{x}_2=-f(x,\ \dot{x})\end{cases} \tag{7-4}$$

也可以作为单一时间隐含的方程，即

$$\frac{\mathrm{d}x_2}{\mathrm{d}x_1}=\frac{-f(x,\ \dot{x})}{x_2} \tag{7-5}$$

上述方程的解可在相平面中表示出来，如图 7.2 所示。

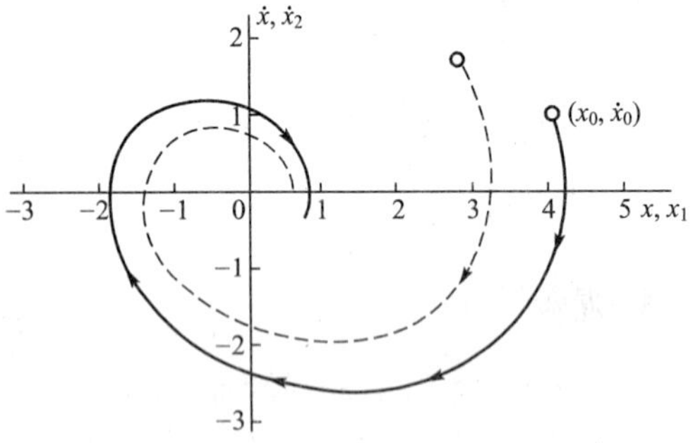

图 7.2 相平面的相轨线

在图 7.2 中，以坐标 $(x,\ \dot{x})$ 或 $(x_1,\ x_2)$ 所作的方程的解曲线，称为相轨线。由初始点 $(x_0,\ \dot{x}_0)$ 开始，图 7.2 中的轨线螺旋地向内旋直趋向原点 o。因此，该轨线表明，随着时间的增加，坐标 $(x,\ \dot{x})$ 将减小，系统是渐进稳定的。另一由虚线表示的轨线是从另一组初始值开始的振动的解。由此可知，一簇类似的轨线将给出方程的通解。

由于时间是隐含在相平面中的，振动的平均速度 $\dot{x}_{\mathrm{av}}$ 为

$$\dot{x}_{\mathrm{av}}=\Delta x/\Delta t \tag{7-6}$$

或

$$\Delta t=\Delta x/\dot{x}_{\mathrm{av}} \tag{7-7}$$

式中，Δx 和 Δt 分别为相应的振动位移和时间间隔。

这样就可以求出轨线的时间标尺，但该计算方法较麻烦。下面用一种熟悉的线性系统来给出相轨线的求法。

例7.1

考虑一个自由振动系统 $\ddot{x}+2\xi p\dot{x}+p^2x=0$，其中，$\xi=0.2$，$p=0.8$，$(x,\dot{x})=(4,1)$。试画出 x 对 t 和 $\dot{x}$ 对 t 的解，并画出系统的相轨线。

解：(1) 由前面所讲述的有阻尼系统的自由振动可知，振动微分方程的解为

$$x=e^{-\xi pt}\left(x_0\cos p't+\frac{(\dot{x}_0+\xi px_0)}{p'}\sin p't\right)$$

即

$$x=e^{-\xi pt}(A_1\cos p't+A_2\sin p't)$$

其中，$\xi p=0.2\times0.8=0.16$；$p'=\sqrt{1-\xi^2}\,p=0.78$。

由初始条件，可得

$$A_1=x_0=4;\quad A_2=\frac{(\dot{x}_0+\xi px_0)}{p'}=2.09$$

因此

$$x=4.51e^{-0.16t}\sin(0.78t+62.4°)$$
$$\dot{x}=3.61e^{-0.16t}\sin(0.78t+163.9°)$$

振动响应曲线，如图7.3所示。

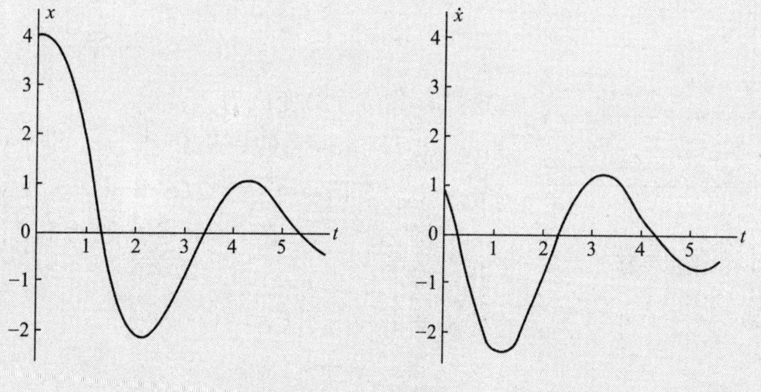

图7.3 自由振动

(2) 相应的$(x,\dot{x})$的轨线在图7.2中。

从图7.2可以得出，相轨线具有以下特性：

(1) 相轨线总是顺时针方向旋转的，若$(x,\dot{x})$的位置在 x 轴上方，则速度 $\dot{x}$ 为正，轨线指向 x 增强的方向。

(2) 轨线总是垂直地穿过 x 轴，沿着 x 轴，有$(x,\dot{x})=(x,0)$，即 $\dot{x}=0$ 或 $\Delta x/\Delta t=0$。当 $\Delta x=0$ 时，轨线垂直于 x 轴。

(3) 轨线可以任意倾角穿越 $\dot{x}$ 轴，可以为正、负或零，沿着 $\dot{x}$ 轴有$(x,\dot{x})=(0,\dot{x})$。由于 $\dot{x}$ 决定了轨线的方向，所以只定义了它的方向。

(4) 相轨线在相平面内不相交。一条轨线是微分方程的一个特解，若解是唯一的，则相平面内只有一条轨线。轨线在奇点处相聚，这将在下一节中讨论。

7.1.2 平衡的稳定性

前面已经看到非线性振动系统可能有不止一个平衡位置，其中一些可能是稳定的，而另一些则可能是不稳定的。在非线性分析中，以下两件事是必须做的：

(1) 定义平衡位置；

(2) 确定系统在这些平衡位置的稳定性。

符合条件 $\{\dot{x},\ \ddot{x}\}=\{\dot{x}_1,\ \dot{x}_2\}=\{0,\ 0\}$ 是一个平衡点，平衡点也可表达成 $dx_2/dx_1=0/0$。因此，平衡位置称为奇点，而相平面上的其他点称为规则点。

为求得平衡位置，令一单自由度振系是由两个一阶微分方程描述，即

$$\begin{cases}\dot{x}_1=X_1(x_1,\ x_2)\\ \dot{x}_2=X_2(x_1,\ x_2)\end{cases} \tag{7-8}$$

式中，X_1 和 X_2 为$(x_1,\ x_2)$的函数。

式(7-8)是式(7-4)的一般形式，令$(S_1,\ S_2)$为一平衡点，则式(7-8)可表示为

$$\begin{cases}\dot{x}_1=X_1(S_1,\ S_2)\\ \dot{x}_2=X_2(S_1,\ S_2)\end{cases} \tag{7-9}$$

式中，平衡点 S_1 和 S_2 的值可从式(7-9)得到。

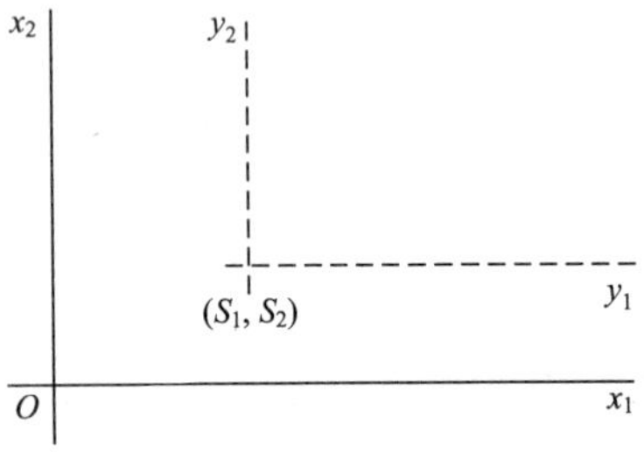

图 7.4 坐标平移

令方程的原点移到$(S_1,\ S_2)$，如图 7.4 所示，则

$$\begin{cases}x_1=y_1+S_1\\ x_2=y_2+S_2\end{cases} \tag{7-10}$$

这样，式(7-8)变成为

$$\begin{cases}\dot{x}_1=\dot{y}_1=X_1(S_1+y_1,\ S_2+y_2)\\ \dot{x}_2=\dot{y}_2=X_2(S_1+y_1,\ S_2+y_2)\end{cases} \tag{7-11}$$

将 x_1 和 x_2 在$(S_1,\ S_2)$附近进行泰勒级数展开，得

$$\begin{cases}\dot{y}_1=a_{11}y_1+a_{12}y_2+\phi_1(y_1,\ y_2)\\ \dot{y}_2=a_{21}y_1+a_{22}y_2+\phi_2(y_1,\ y_2)\end{cases} \tag{7-12}$$

式(7-12)也可以写成矩阵形式，即

$$\begin{Bmatrix}\dot{y}_1\\ \dot{y}_2\end{Bmatrix}=\begin{bmatrix}a_{11} & a_{12}\\ a_{21} & a_{22}\end{bmatrix}\begin{Bmatrix}y_1\\ y_2\end{Bmatrix}+\begin{Bmatrix}\phi_1\\ \phi_2\end{Bmatrix} \tag{7-13}$$

简单记为

$$\{\dot{y}\}=\boldsymbol{A}\{y\}+\{\phi\} \tag{7-14}$$

式中，$(y_1,\ y_2)$是参照原点$(S_1,\ S_2)$的状态变量；矩阵 A 中的元素为常数；ϕ_1，ϕ_2 为非线性项。

这样，系统关于平衡点$(S_1,\ S_2)$的线性化方程为

$$\{\dot{y}\}=A\{y\} \tag{7-15}$$

系统关于$(S_1,\ S_2)$的稳定性，可由相平面中的相轨线来检验。

应用线性理论，式(7-15)的解为

$$\{y\}=\{y_0\}e^{\lambda t} \tag{7-16}$$

式中，λ 为特征值；y_0 为一常值向量。

将式(7-16)代入式(7-15)，整理后，可得

$$[\lambda I-A]\{y_0\}=\{0\} \tag{7-17}$$

式中，I 为 2×2 单位矩阵。

式(7-17)中的 λ 值，可由特征方程求得，即

$$\Delta(\lambda)=|\lambda I-A|=0 \tag{7-18}$$

方程式(7-18)有两个特征值，可以是实数，虚数，也可以是复数。由线性微分方程理论可知，只有当 λ_1 和 λ_2 为零或者具有负实部时，系统关于(S_1，S_2)才是稳定的。

为了得到相轨线的简单表达式，将式(7-15)解耦，并假定：

(1) 进行相似变换。即

$$\{Y\}=\boldsymbol{B}\{Z\} \quad 或 \quad \begin{pmatrix} y_1 \\ y_2 \end{pmatrix}=\begin{pmatrix} b_{11} & b_{12} \\ b_{21} & b_{22} \end{pmatrix}\begin{pmatrix} z_1 \\ z_2 \end{pmatrix} \tag{7-19}$$

式中，$\boldsymbol{B}$ 为非奇异矩阵。

相的变化如图7.5所示。

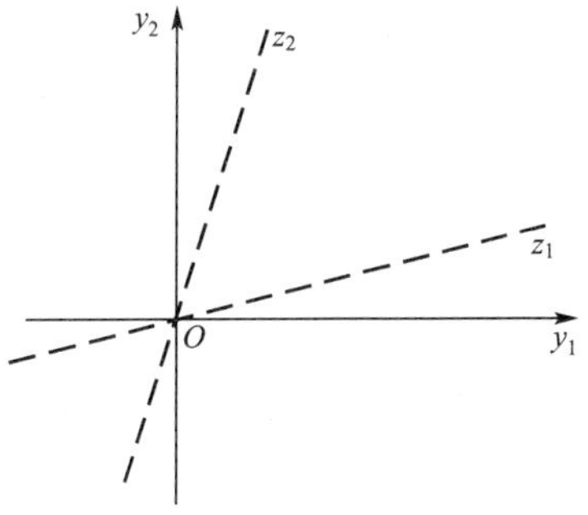

图7.5 相的变化

(2) 以 $\boldsymbol{Z}_1$，$\boldsymbol{Z}_2$ 表示的方程是非耦合的。将式(7-19)代入式(7-15)并左乘 $\boldsymbol{B}^{-1}$，解耦方程成为

$$\{\dot{Z}\}=\boldsymbol{B}^{-1}A\boldsymbol{B}\{Z\} \tag{7-20}$$

或

$$\begin{pmatrix} \dot{z}_1 \\ \dot{z}_2 \end{pmatrix}=\begin{pmatrix} \lambda_1 & 0 \\ 0 & \lambda_2 \end{pmatrix}\begin{pmatrix} z_1 \\ z_2 \end{pmatrix} \tag{7-21}$$

或

$$\dot{z}_1=\lambda_1 z_1 \quad 和 \quad \dot{z}_2=\lambda_2 z_2 \tag{7-22}$$

系统在平衡点(S_1，S_2)附近的稳定性可在(y_1，y_2)或(Z_1，Z_2)相平面上讨论。也就是该轨线可从一个平面映射到另一个平面。下面将讨论稳定性的4种情况：

情况Ⅰ 节点：λ_1 和 λ_2 为实数且符号相同。

如果 λ_1 和 λ_2 为实数且同号就产生节点。图7.6(a)、(b)给出了(Z_1，Z_2)和(y_1，y_2)平面上节点的例子。

由式(7-22)得

$$\frac{\mathrm{d}z_2}{\mathrm{d}z_1}=\frac{\lambda_2 z_2}{\lambda_1 z_1} \quad 或 \quad \frac{\mathrm{d}z_2}{z_2}=\frac{\lambda_2 \mathrm{d}z_1}{\lambda_1 z_1} \tag{7-23}$$

式(7-23)通过积分直接导出

$$z_2=Cz_1^{\lambda_2/\lambda_1} \tag{7-24}$$

式中，C 为常数。轨线的实际图形取决于 C 和 λ_2/λ_1。

例如，$\lambda_2/\lambda_1=2$，$C=1$ 及 $Z_2=Z_1^2$。若 $\lambda_2=\lambda_1$，则轨线是从原点出发的径向射线。轨线的方向可从式(7-22)中导出。若 λ_1 和 λ_2 为负，系统是稳定的，轨线向平衡点收敛；相反，若 λ_1 和 λ_2 为正，系统不稳定，轨线从平衡点向外指。

情况Ⅱ 鞍点：λ_1 和 λ_2 为实数，且符号相反。

当 λ_1 和 λ_2 为实数且符号相反时，产生鞍点。由于 λ_1 和 λ_2 中有一个为正，系统在鞍点附近总是不稳定的，如图7.6(c)所示。由于比例 λ_2/λ_1 为负，所以式(7-24)可表示为

$$Z_2=CZ_1^{-|\lambda_2/\lambda_1|} \quad 或 \quad Z_2 Z_1^{|\lambda_2/\lambda_1|}=C \tag{7-25}$$

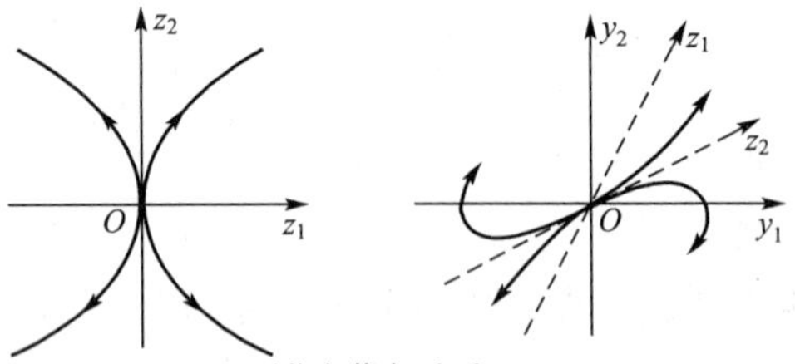

(a) 不稳定节点：$\lambda_2/\lambda_1<1$

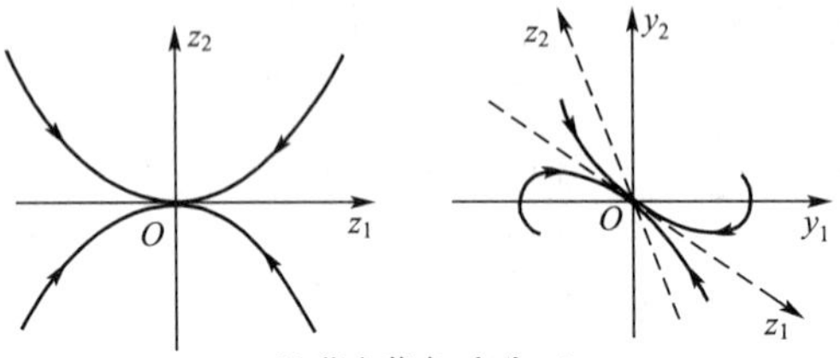

(b) 稳定节点：$\lambda_2/\lambda_1>1$

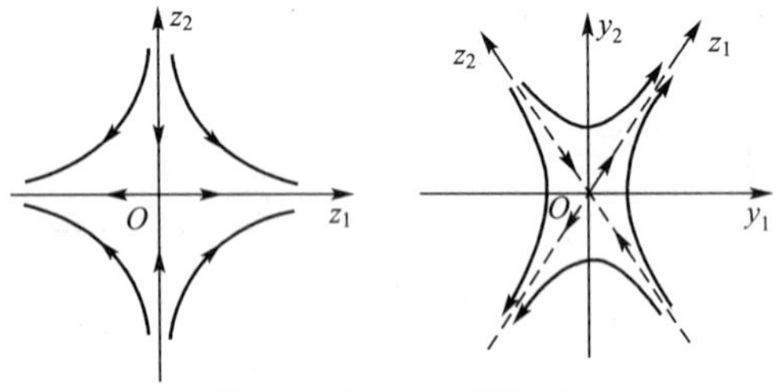

(c) 鞍点　不稳定：$\lambda_1>0$及$\lambda_2<0$

图 7.6　λ_1，λ_2 为实数时的轨迹

这表明轨线是双曲线。

情况Ⅲ　涡点：λ_1 和 λ_2 为虚数。

涡点或中心点产生于 λ_1 和 $\lambda_2=\pm j\beta$，此处，$j=\sqrt{-1}$，β 为常数。

由式(7-22)，可得

$$\dot{Z}_1=j\beta Z_1 \quad 和 \quad \dot{Z}_2=-j\beta Z_2 \tag{7-26}$$

$$Z_1=Z_{10}e^{j\beta t} \quad 和 \quad Z_2=Z_{20}e^{-j\beta t} \tag{7-27}$$

式中，$(Z_{10}，Z_{20})$为常数；$e^{\pm j\beta t}$ 表示单位幅值、圆频率为 β 的谐波运动。

因此，产生的运动为$(Z_1，Z_2)$平面上两个谐波运动的组合，这是一个椭圆，如图 7.7(a)所示。平衡点附近的运动形成一闭合曲线。由定义可知，系统是稳定的。

情况Ⅳ　焦点：λ_1 和 λ_2 为复共轭。

若 λ_1，$\lambda_2=\alpha\pm j\beta$ 为复共轭，则产生焦点。其中，α，β 为常数。则

$$\dot{Z}_1=(\alpha+j\beta)Z_1 \quad 和 \quad \dot{Z}_2=(\alpha-j\beta)Z_2 \tag{7-28}$$

$$Z_1=(Z_{10}e^{\alpha t})e^{j\beta t} \quad 和 \quad Z_2=(Z_{20}e^{\alpha t})e^{-j\beta t} \tag{7-29}$$

式中，$(Z_{10}，Z_{20})$为常数；$e^{\pm j\beta t}$代表单位幅值、圆频率为 β 的谐波运动。

如果 $\alpha>0$，$e^{\alpha t}$ 按指数规律随时间增加，在$(Z_1，Z_2)$平面中的轨线是一发散的螺旋线，如图 7.7(b)所示。因此，若 $\alpha>0$，平衡点是不稳定的；若 $\alpha<0$，轨线为一收敛的螺旋线，则系统是渐进稳定的。

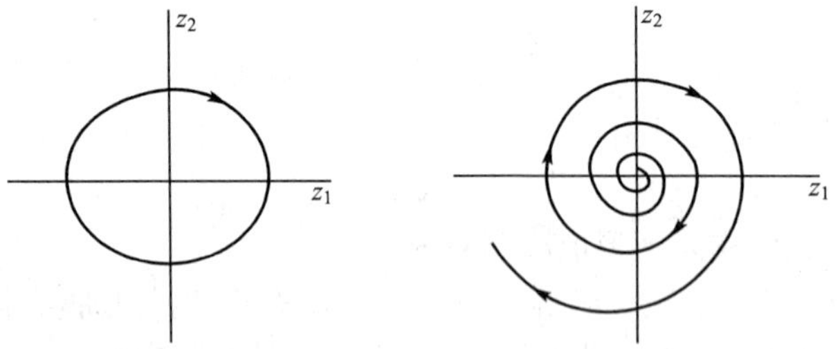

(a) 涡点：$\lambda_{1,2}$为虚数　　(b) 不稳定焦点：$\lambda_{1,2}$为复数

图 7.7　涡点与焦点

总之，平衡点$(S_1，S_2)$附近的稳定性可通过特征方程的根来进行判断。由特征方程

$$\lambda^2-(a_{11}+a_{22})\lambda+(a_{11}a_{22}-a_{12}a_{21})=0 \tag{7-30}$$

解得 $$\lambda_1，\lambda_2=\frac{1}{2}\{(a_{11}+a_{22})\pm[(a_{11}+a_{22})^2-4(a_{11}a_{22}-a_{12}a_{21})]^{\frac{1}{2}}\} \tag{7-31}$$

为方便起见，引入 u 和 v 两个参数，即

$$u=(a_{11}+a_{22}) \quad 及 \quad v=(a_{11}a_{22}-a_{12}a_{21}) \tag{7-32}$$

这样，式(7-30)和式(7-31)分别成为

$$\lambda^2-u\lambda+v=0 \tag{7-33}$$

$$\lambda_1，\lambda_2=\frac{1}{2}\{u\pm\sqrt{u^2-4v}\} \tag{7-34}$$

上述的4种情况，可归纳如下：

(1) 结点：λ_1 和 λ_2 为实数且同号。即要求 $u^2>4v$ 及 $v>0$，以 $u^2=4v$ 为极限情况。$u<0$ 时，结点稳定；$u>0$ 时，结点不稳定。

(2) 鞍点：λ_1 和 λ_2 为实数，且符号相反。即要求 $u^2>4v$ 及 $v<0$。这种情况，系统总是不稳定的。

(3) 涡点：λ_1 和 λ_2 为虚数。即要求 $u^2<4v$ 及 $v<0$。这种情况，系统总是稳定的。

(4) 焦点：λ_1 和 λ_2 为复共轭。即要求 $u^2<4v$ 及 $v\geqslant0$。当 $u<0$ 时，系统稳定；当 $u>0$ 时，系统不稳定。

例7.2

某液压机器模型方程为 $\ddot{x}-(0.1-3\dot{x}^2)\dot{x}+x+x^2=0$。求：(1)系统平衡位置；(2)确定稳定性类型。

解：(1) 令 $x=x_1$，方程可表示成

$$\dot{x}_1=x_2，\quad \dot{x}_2=(0.1-3x_2^2)x_2-x_1-x_1^2=0$$

平衡点由式(7-9)确定，使 $\dot{x}_1=\dot{x}_2=0$，即

$$x_2=0，\ x_1(1+x_1)=0$$

因此，平衡点为(0，0)和(−1，0)。

令方程的原点移动到平衡点(0，0)，由式(7-10)，得

$$x_1=0+y_1-y_1，\quad x_2=0+y_2=y_2$$

式(7-11)形式的方程为

$$\begin{pmatrix}\dot{y}_1\\ \dot{y}_2\end{pmatrix}=\begin{pmatrix}0 & 1\\ -1 & 0.1\end{pmatrix}\begin{pmatrix}y_1\\ y_2\end{pmatrix}-\begin{pmatrix}0\\ y_1^2+3y_2^2\end{pmatrix}$$

矩阵中的元素为 $a_{11}=0$，$a_{12}=1$，$a_{21}=-1$，$a_{22}=0.1$，所以 $u=0.1$，$v=1.0$。

由此可见，在(0，0)点处的平衡点是不稳定的焦点。

令方程的原点移动到平衡点(−1，0)处，由式(7-10)，可得

$$x_1=-1+y_1，\quad x_2=0+y_2=y_2$$

由式(7-11)，系统方程为

$$\dot{y}_1=y_2 \quad 及\ \dot{y}_2=(0.1-3y_2^2)y_2-(-1+y_1)-(-1+y_1)^2$$

即

$$\begin{pmatrix}\dot{y}_1\\ \dot{y}_2\end{pmatrix}=\begin{pmatrix}0 & 1\\ 1 & 0.1\end{pmatrix}\begin{pmatrix}y_1\\ y_2\end{pmatrix}-\begin{pmatrix}0\\ y_1^2+3y_2^2\end{pmatrix}$$

所以，$a_{11}=0$，$a_{12}=1$，$a_{21}=1$，$a_{22}=0.1$，可知

$$u=0.1,\quad v=-1.0$$

因此，在(−1，0)点处的平衡点是不稳定的鞍点。

7.2 非线性自由振动的近似解析法

非线性问题的解法绝大多数是近似解法，通常的做法是：

(1) 假定方程中有较小的非线性部分能从线性部分中分离出来；

(2) 略去其非线性项作为原方程的一阶近似以获得方程的母解；

(3) 由方程及母解再进一步求得非线性部分的修正项。

对非线性自由振动问题将讨论 3 种解法，即摄动法、参数变易法以及谐波平衡法。

7.2.1 摄动法

摄动法是假定非线性方程的解可表达为幂级数，包含一母解以及附加的修正项。现将以一个例子来说明这种方法。

现考虑某振动微分方程为

$$m\ddot{x}+\frac{2}{L}\left(T_0+\frac{AE}{2L^2}x^2\right)x=0 \tag{7-35}$$

或

$$\ddot{x}+\omega_0^2x+hx^3=0 \tag{7-36}$$

式中，$\omega_0=\sqrt{2T_0/(Lm)}$为线性化系统的固有频率；$h=AE/(L^3m)$为与非线性有关的常数。

试求上述方程一阶修正项及一阶修正解。假设方程的解可以表达为一幂级数，即

$$x(t)=x_0(t)+hx_1(t)+h^2x_2(t)+\cdots \tag{7-37}$$

式中，$x_0(t)$为母解；h 为小摄动参数；$x_1(t)$，$x_2(t)$，…为附加修正项。

若 h 足够小，则上述解序列收敛于真实解。

由于频率受到振幅的影响，所以对频率进行摄动，即

$$\omega^2=\omega_0^2+hb_1(A)+h^2b_2(A)+\cdots$$

或

$$\omega_0^2=\omega^2-hb_1(A)-h^2b_2(A)-\cdots \tag{7-38}$$

式中，$b_1(A)$，$b_2(A)$，…为频率的修正项。

将式(7-38)、式(7-37)代入式(7-36)，得

$$\begin{aligned}&(\ddot{x}_0+h\ddot{x}_1+h^2\ddot{x}_2+\cdots)+(\omega^2-hb_1-h^2b_2-\cdots)(x_0+hx_1+h^2x_2+\cdots)\\&+h(x_0+hx_1+h^2x_2+\cdots)^3=0\end{aligned} \tag{7-39}$$

将式(7-39)展开，并将各自的系数整理出来为

$$h^0: \ddot{x}_0+\omega^2 x_0=0 \tag{7-40}$$

$$h^1: \ddot{x}_1+\omega^2 x_1=b_1 x_0-x_0^3 \tag{7-41}$$

$$h^2: \cdots$$

$$\vdots$$

式(7-40)的解即为原方程的母解：

$$x_0=A\cos\omega t+B\sin\omega t \tag{7-42}$$

式中，A 和 B 是由初始条件确定的常数。

若令 $x_0=A_0$，$\dot{x}_0=0$，$t=0$，则

$$x_0=A_0\cos\omega t \tag{7-43}$$

由于 x_0 已求出，则一阶修正项由式(7-41)求解，即

$$\ddot{x}_1+\omega^2 x_1=b_1(A_0\cos\omega t)-(A_0\cos\omega t)^3=\left(b_1 A_0-\frac{3}{4}A_0^3\right)\cos\omega t+\frac{A_0^3}{4}\cos 3\omega t \tag{7-44}$$

求得解为

$$x_1=A_1\cos\omega t+B_1\sin\omega t+\frac{t}{2\omega}\left(b_1 A_0-\frac{3}{4}A_0^3\right)\sin\omega t+\frac{A_0^3}{32\omega^2}\cos 3\omega t \tag{7-45}$$

式中，A_1 和 B_1 为常数。

式(7-45)右边第三项由于违反了周期振动假设，在实际情况中不可能出现，称为久期项，故令其系数为零，即

$$b_1 A_0-\frac{3}{4}A_0^3=0$$

由于 $A_0\neq 0$，则

$$b_1=\frac{3}{4}A_0^2 \tag{7-46}$$

初始条件在母解中涉及了，假定初始条件为0，消去久期项，得

$$A_1=-\frac{A_0^3}{32\omega^2}$$

因此，$x_1=-\dfrac{A_0^3}{32\omega^2}(\cos\omega t-\cos 3\omega t)$。

因只求第一阶修正项，则解为

$$\begin{aligned} x(t)&=x_0(t)+hx_1(t) \\ &=A_0\cos\omega t-h\frac{A_0^3}{32\omega^2}(\cos\omega t-\cos 3\omega t) \end{aligned} \tag{7-47}$$

$$\omega^2=\omega_0^2+\frac{3}{4}hA_0^2$$

7.2.2 参数变易法

参数变易法允许时间解的幅值和相位有很小的改变，而上述的摄动法则给出稳态解。考虑如下方程

$$\ddot{x}+\omega_0^2 x+\mu\phi(x, \dot{x}, t)=0 \tag{7-48}$$

式中，$\phi(x, \dot{x}, t)$为非线性项；μ 为常数。

忽略 $\phi(x, \dot{x}, t)$，则相应的线性方程 $\ddot{x}+\omega_0^2 x=0$ 的母解为

$$x=A\cos(\omega_0 t+\theta) \tag{7-49}$$

$$\dot{x}=-\omega_0 A\sin(\omega_0 t+\theta) \tag{7-50}$$

为方便起见，记 $\varphi=\omega_0 t+\theta$，则 $\dot{\varphi}=\omega_0+\dot{\theta}$，对式(7-49)求导得

$$\dot{x}=\dot{A}\cos\varphi-(A\sin\varphi)(\omega_0+\dot{\theta}) \tag{7-51}$$

将式(7-50)代入式(7-51)，得

$$\dot{A}\cos\dot{\varphi}-\dot{\theta}A\sin\varphi=0 \tag{7-52}$$

将式(7-50)对 t 求导，得

$$\ddot{x}=-\omega_0\dot{A}\sin\varphi-(\omega_0 A\cos\varphi)(\omega_0+\dot{\theta}) \tag{7-53}$$

将式(7-49)、式(7-50)、式(7-52)，代入式(7-48)，可得

$$-\dot{A}\omega_0\sin\varphi-\dot{\theta}\omega_0 A\cos\varphi=-\mu\phi(A\cos\varphi,\ -\omega_0 A\sin\varphi,\ t) \tag{7-54}$$

联立式(7-52)和式(7-54)，可解出 $\dot{A}$ 和 $\dot{\theta}$：

$$\begin{aligned}\dot{A}&=\frac{\mu}{\omega_0}\sin\varphi\phi(A\cos\varphi,\ -\omega_0 A\sin\varphi,\ t)\\ \dot{\theta}&=\frac{\mu}{A\omega_0}\cos\varphi\phi(A\cos\varphi,\ -\omega_0 A\sin\varphi,\ t)\end{aligned} \tag{7-55}$$

于是，本方法是用求解两个联立的非线性微分方程的方法来求一个非线性方程。

式(7-54)的近似解可以通过假设 μ 很小，而 A 和 θ 在一个循环中不会迅速变化来求解，这样可采用 $\dot{A}$ 和 $\dot{\theta}$ 的平均值：

$$\begin{aligned}\dot{A}_{av}&=\frac{\mu}{2\pi\omega_0}\int_0^{2\pi}\sin\varphi\phi(A\cos\varphi,\ -\omega_0 A\sin\varphi,\ t)\mathrm{d}\varphi\\ \dot{\theta}_{av}&=\frac{\mu}{2\pi A\omega_0}\int_0^{2\pi}\cos\varphi\phi(A\cos\varphi,\ -\omega_0 A\sin\varphi,\ t)\mathrm{d}\varphi\end{aligned} \tag{7-56}$$

式中，A 为被假定为常数。

仍然以式(7-36)为例，用参数变易法求解

$$\ddot{x}+\omega_0^2\dot{x}+hx^3=0$$

$$\ddot{x}+\omega_0^2\dot{x}+h\phi(x,\ \dot{x},\ t)=0$$

由式(7-49)求得方程的母解为

$$x=A\cos(\omega_0 t+\theta)=A\cos\varphi$$

由于 $h\phi(x,\ \dot{x},\ t)=hx^3$，由式(7-56)得

$$\begin{aligned}\dot{A}_{av}&=\frac{\mu}{2\pi\omega_0}\int_0^{2\pi}A^3\sin\varphi\cos^3\phi\mathrm{d}\varphi=0\\ \dot{\theta}_{av}&=\frac{\mu}{2\pi A\omega_0}\int_0^{2\pi}A^3\cos^4\varphi\mathrm{d}\varphi=\frac{3hA^2}{8\omega_0}\end{aligned} \tag{7-57}$$

或

$$A_{av}=A=C_1$$

$$\theta_{av}=\frac{3hA^2}{8\omega_0}t+C_2$$

式中，C_1 和 C_2 为常数。

由初始条件 $t=0$，$x=A_0$ 和 $\dot{x}=0$，可分别得 $C_1=A_0$，$C_2=0$，于是

$$x=A_0\cos\left[\left(\omega_0+\frac{3hA_0^2}{8\omega_0}\right)t\right]$$

7.2.3 谐波平衡法

谐波平衡法寻找一种用傅里叶级数表示的稳态周期解。它假定只对基频分量感兴趣，将位移和它的导数代入系统方程，将解调整到满足方程所有基频项；若假定的周期解被证明，则稳态振动存在，这种方法忽略了瞬态解和振动稳定性。下面用一个例子来说明这种方法

范德波方程为

$$\ddot{x}+\varepsilon(x^2-1)\dot{x}+x=0 \tag{7-58}$$

令 $x=A\sin(\omega t+\theta)$，则 $\dot{x}=\omega A\cos(\omega t+\theta)$，$\ddot{x}=-\omega^2 A\sin(\omega t+\theta)$

为方便起见，令 $\varepsilon=1$，$\varphi=\omega t+\theta$，将 x，$\dot{x}$，$\ddot{x}$ 代入系统方程，得

$$-\omega^2 A\sin\varphi+\varepsilon(A^2\sin^2\varphi-1)(\omega A\cos\varphi)+A\sin\varphi=0 \tag{7-59}$$

展开化简得

$$A(1-\omega^2)\sin\varphi-\omega A\left(1-\frac{A^2}{4}\right)\cos\varphi-\omega A^3\cos 3\varphi=0 \tag{7-60}$$

式中，$\cos 3\varphi$ 项为三次谐波，故略去。

由正弦、余弦项的系数，可得到 $\omega=1$ 及 $A=2$，于是方程的解为

$$x=2\sin(t+\theta) \tag{7-61}$$

式中，θ 为任意值。

此方法是寻求一种稳态解，但不满足初始条件。

7.3 非线性强迫振动的近似解析法

7.3.1 跳跃现象

考虑一个用杜芬方程描述的非线性振动

$$m\ddot{x}+c\dot{x}+k(x+\alpha x^3)=F\cos\omega t \tag{7-62}$$

式中，$k(x+\alpha x^3)$为非线性弹簧力，假设弹簧是渐硬簧，则 α 为正值。

用谐波平衡法，只考虑基频分量，则响应可表示为

$$x=A\cos(\omega t-\theta) \tag{7-63}$$

若把相量 θ 与激励联系起来会更方便些，于是方程式(7-62)可表示为

$$m\ddot{x}+c\dot{x}+k(x+\alpha x^3)=F\cos(\omega t+\theta) \tag{7-64}$$

或

$$\ddot{x}+2\beta\dot{x}+\omega_0^2 x+hx^3=F_c\cos\omega t+F_s\sin\omega t \tag{7-65}$$

$$x=A\cos\omega t \tag{7-66}$$

式中，F_c 和 F_s 为单位质量受的力；hx^3 为非线性项。

先来讨论无阻尼系统的情况。

若系统无阻尼，则稳态响应与激励同相或反相，相角的变化可以用 A 的符号来表示，

因此，第二项 $F_s\sin\omega t$ 可略去，则系统方程式(7-64)可表示为

$$\ddot{x}+2\beta\dot{x}+\omega_0^2x+hx^3=F_c\cos\omega t \tag{7-67}$$

将式(7-66)代入式(7-67)，整理并简化，可得

$$-\omega^2A+\omega_0^2A+\frac{3}{4}hA^3=F_c \tag{7-68}$$

已知 ω，h 和 F_c，便可解得 A 和 ω 的关系。

图 7.8 表示 $|A|$ 与 ω 的关系。与线性系统的谐波响应相比，渐硬弹簧非线性谐波响应向高频段倾斜。当激振频率向共振点增加时，$|A|$ 和弹簧刚度也增加，这就使得系统固有频率提高，使共振频率推向较高的值。$|A|$ 对 ω 的关系曲线表明，响应是多值函数，跳跃现象就是由多值响应造成的。

对于有阻尼的系统，可用前面讨论的谐波平衡法分析。将式(7-66)代入式(7-45)，略去三次谐波项，整理出正弦与余弦的系数：

$\cos\omega t$ 系数：$$-\omega^2A+\omega_0^2A+\frac{3}{4}hA^3=F_c$$

$\sin\omega t$ 系数：$$-2\beta\omega A=F_s$$

于是有

$$\left(-\omega^2A+\omega_0^2A+\frac{3}{4}hA^3\right)^2+(-2\beta\omega A)^2=F_s^2+F_c^2 \tag{7-69}$$

由 ω_0，h，β 及 F 可解出 $|A|$ 与 ω 的关系曲线，图 7.9 即为有阻尼渐硬弹簧振系的谐波响应图。

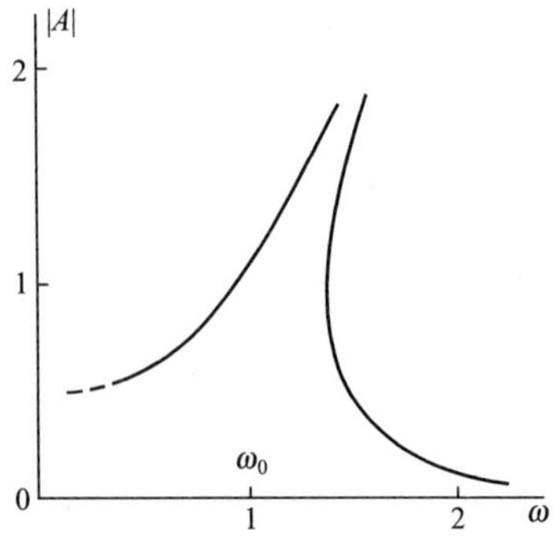

图 7.8　谐波响应，渐硬弹簧

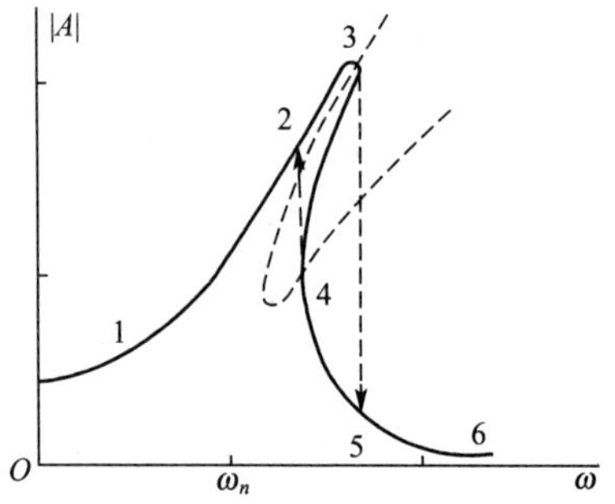

图 7.9　自激振动模型

由图 7.9 可以清楚地看到跳跃现象。当频率增加时，响应 $|A|$ 沿着 1—2—3 增加，但到了 3 点时，$|A|$ 会跳到 5，即响应突然下降至 5 点处。同样，当频率减小时，在第 4 点处产生跳跃。3 与 4 点之间的响应是极不稳定的。若系统有很大阻尼，则跳跃现象就不会发生。

总之，跳跃现象是因多值响应造成的。在恒幅变频激励下的稳态响应会产生跳跃。同样，在恒频变幅激励下，也可能产生跳跃现象。总之，只要响应 $|A|$ 对激励幅值是多值函数时，就可能产生跳跃现象。

7.3.2　次谐波振动

在非线性振动系统中，不像在线性系统中有频率保持的特性。在线性振系中，激励有

什么频率，响应也就是什么频率，只是幅值和相位有相应的变化。在非线性振动系统中，有所谓次谐波响应，即响应的频率是激励频率的 $1/n$，n 是一整数。下面讨论用摄动法求响应的 1/3 次谐波。

考虑杜芬方程

$$\ddot{x}+\omega_0^2 x+\mu h x^3=F\cos\omega_1 t \tag{7-70}$$

式中，ω_1 为激励频率；μ 为常数。

响应频率为 $\omega=\dfrac{\omega_1}{3}$

应用摄动法，令

$$x(t)=x_0(t)+\mu x_1(t)+\cdots \tag{7-71}$$

$$\omega^2=\omega_0^2+\mu b_1(A)+\cdots \tag{7-72}$$

将 $\omega=\dfrac{\omega_1}{3}$，及式(7－71)、式(7－72)代入式(7－70)，并只保留一阶修正项，可得

$$\ddot{x}_0+\mu\ddot{x}_1+\omega^2 x_0+\mu\omega^2 x_1-\mu b_1 x_0+\mu h x_0^3=F\cos 3\omega t$$

将各阶 μ 的系数归在一起，则

$$\mu^0:\quad \ddot{x}_0+\omega^2 x_0=F\cos 3\omega t \tag{7-73}$$

$$\mu^1:\quad \ddot{x}_1+\omega^2 x_1=b_1 x_0-h x_0^3 \tag{7-74}$$

由式(7－73)可得初始速度为零的母解为

$$x_0=A\cos\omega t+X\cos 3\omega t \tag{7-75}$$

式中，A 为待定系数；$A\cos\omega t$ 为次谐波解；$X\cos 3\omega t$ 为特解。

由线性理论可知，振幅 X 为

$$X=\frac{F}{\omega^2-9\omega^2}=-\frac{F}{8\omega^2} \tag{7-76}$$

由上述可以证明，由于系统是非线性的，次谐波解和特解的幅值和频率是相互联系的。

7.4 非线性 Duffing 系统与特性分析

7.4.1 非线性 Duffing 系统的自由振动精细积分法

在非线性动力学问题的研究中，解析法占重要的地位，解析法便于深入分析非线性动力学行为与其物理参数的依赖关系，但对于多自由度的情况，解析法还面临着较大的困难。近年来发展起来的精细积分法为运用高精度数值方法研究非线性动力学问题提供一种新的途径。

应用精细积分方法求解非线性动力学问题，将系统中的非线性项进行泰勒级数展开，然后结合 Romberg 积分法，得到动力学问题高精度的数值解。同其他一些方法相比较，用精细积分法求解动力学问题具有计算过程简单、计算结果精确的优点。以下以 Duffing（达芬）系统的自由振动方程为例，描述该方法的详细过程。

1. Duffing 方程及精细积分法描述

非线性 Duffing 系统的自由振动方程的一般形式为

$$\begin{cases}\ddot{x}+\omega_0^2(x+\varepsilon x^3)=0\\x(0)=A\\\dot{x}(0)=0\end{cases}\tag{7-77}$$

令 $\dot{x}=y$，则方程式(7-77)，转化为

$$\begin{cases}\dot{x}=y\\\dot{y}=-{\omega_0}^2x-\omega_0^2\varepsilon x^3\end{cases}\tag{7-78}$$

在 Hamilton 体系下，根据 Hamilton 正则方程得到方程式(7-77)的等价形式，即

$$\dot{\boldsymbol{U}}=\boldsymbol{HU}+\boldsymbol{F}(t)\tag{7-79}$$

式中，$\boldsymbol{U}=\begin{pmatrix}\dot{x}\\\dot{y}\end{pmatrix}$；$\boldsymbol{H}=\begin{pmatrix}0&1\\-\omega_0^2&0\end{pmatrix}$；$\boldsymbol{F}(t)=\begin{pmatrix}0\\f(t)\end{pmatrix}=\begin{pmatrix}0\\-\varepsilon\omega_0^2x^3\end{pmatrix}$

将时间分成步长为 Δt 的若干时间间隔，则任一时刻 $t_k=k\Delta t(k=0,1,2,\cdots)$，而 $t_{k+1}=t_k+\Delta t$。式(7-79)解的形式为

$$\boldsymbol{U}_{k+1}=\boldsymbol{TU}_k+\boldsymbol{U}_{k+1}^*\tag{7-80}$$

式中，$\boldsymbol{T}=\exp(\boldsymbol{H}\Delta t)$。

式(7-80)中右端第二部分的计算采用如下方法。

计算 $\boldsymbol{U}_{k+1}^*$ 时，在区间 $[t_k,t_{k+1}]$ 中，对 $\boldsymbol{F}(t)$ 中的非线性项 $f(t)$ 取时间参数 t 沿着系统式(7-78)的导数，然后在 $t=t_k$ 处用泰勒级数展开，得

$$f(t)=f(t_k)+C(t-t_k)+D(t-t_k)^2+E(t-t_k)^3+\cdots\tag{7-81}$$

式中，$C=\left(\frac{\mathrm{d}f(t)}{\mathrm{d}x}\frac{\mathrm{d}x}{\mathrm{d}t}\right)\Big|_{t=t_k}$；$D=\frac{1}{2!}\left[\frac{\mathrm{d}^2f(t)}{\mathrm{d}x^2}\left(\frac{\mathrm{d}x}{\mathrm{d}t}\right)^2+\frac{\mathrm{d}f(t)}{\mathrm{d}x}\frac{\mathrm{d}^2x}{\mathrm{d}t^2}\right]\Big|_{t=t_k}$

$$E=\frac{1}{3!}\left[\frac{\mathrm{d}^3f(t)}{\mathrm{d}x^3}\left(\frac{\mathrm{d}x}{\mathrm{d}t}\right)^3+3\frac{\mathrm{d}^2f(t)}{\mathrm{d}x^2}\frac{\mathrm{d}x}{\mathrm{d}t}\frac{\mathrm{d}^2x}{\mathrm{d}t^2}+\frac{\mathrm{d}f(t)}{\mathrm{d}x}\frac{\mathrm{d}^3x}{\mathrm{d}t^3}\right]\Big|_{t=t_k}$$

由 Duffing 系统的自由振动方程可知 $f(t)=-\omega_0^2\varepsilon x^3$，对时间 t 求导得 t_k 处的导数值为

$$C=-3\omega_0^2\varepsilon x^2(t_k)\dot{x}(t_k);\quad D=-\frac{\omega_0^2\varepsilon}{2}\left[6x(t_k)(\dot{x}^2(t_k))+3x^2(t_k)\ddot{x}(t_k)\right]$$

$$E=-\frac{1}{2}\omega_0^2\varepsilon\left[2\dot{x}^3(t_k)+6x(t_k)\dot{x}(t_k)\ddot{x}(t_k)+x^2(t_k)\dddot{x}(t_k)\right]$$

令 $x(t)=x$，$x(t_k)=x_k$，$y(t_k)=y_k$，则它沿着系统式(7-77)的导数为

$$C=-3\omega_0^2\varepsilon {x_k}^2y_k\tag{7-82}$$

$$D=-\frac{3}{2}\omega_0^2\varepsilon x_k(2{y_k}^2-\omega_0^2{x_k}^2-\omega_0^2\varepsilon {x_k}^4)\tag{7-83}$$

$$E=-\frac{1}{2}\omega_0^2\varepsilon\left[2{y_k}^3-7\omega_0^2{x_k}^2y_k-9\omega_0^2\varepsilon {x_k}^4y_k\right]\tag{7-84}$$

则将式(7-82)、式(7-83)、式(7-84)代入式(7-81)，并整理得

$$\begin{aligned}x^3=&x_k^3+3x_k^2y_k(t-t_k)+\frac{3}{2}x_k(2y_k^2-\omega_0^2x_k^2-\omega_0^2\varepsilon x_k^4)(t-t_k)^2\\&-\frac{1}{2}\omega_0^2\varepsilon(2{y_k}^3-7\omega_0^2{x_k}^2y_k-9\omega_0^2\varepsilon {x_k}^4y_k)(t-t_k)^3\end{aligned}\tag{7-85}$$

当 $t=t_k$，$t=t_{k+1}$，$t=t_k+\frac{\Delta t}{2}$，$t=t_k+\frac{1}{4}\Delta t$，$t=t_k+\frac{3}{4}\Delta t$ 分别得到

$$\boldsymbol{F}(t_k)=\begin{pmatrix}0\\f(t_k)\end{pmatrix};\ \boldsymbol{F}(t_{k+1})=\begin{pmatrix}0\\f(t_{k+1})\end{pmatrix};\ \boldsymbol{F}\left(t_k+\frac{\Delta t}{2}\right)=\begin{pmatrix}0\\f(t_k+\frac{\Delta t}{2})\end{pmatrix};$$

$$\boldsymbol{F}\left(t_k+\frac{1}{4}\Delta t\right)=\begin{pmatrix}0\\f\left(t_k+\frac{1}{4}\Delta t\right)\end{pmatrix};\ \boldsymbol{F}\left(t_k+\frac{3}{4}\Delta t\right)=\begin{pmatrix}0\\f\left(t_k+\frac{3}{4}\Delta t\right)\end{pmatrix}$$

取 $m=2$ 时，采用文献［3］中的 Romberg 积分法可得 $\boldsymbol{U}_{k+1}^{*}$。结合第一部分的解，经数值模拟即可得到方程的数值结果。

2. 数值结果与分析

采用上述计算方法对 Duffing 系统自由振动方程进行数值模拟。取初始值 $A=0.1$，$\omega_0=0.1$，$\varepsilon=0.04$，利用 Matlab 数值仿真模拟可得方程的数值解，如图 7.10 所示。以此数值解，对位移进行功率谱分析(见图 7.11)，图中最大值对应的横坐标的值为该幅值下的频率值。按此功率谱分析方法，系统幅值 A 改变时经数值仿真得到频率 ω 与振幅 A 的关系曲线。

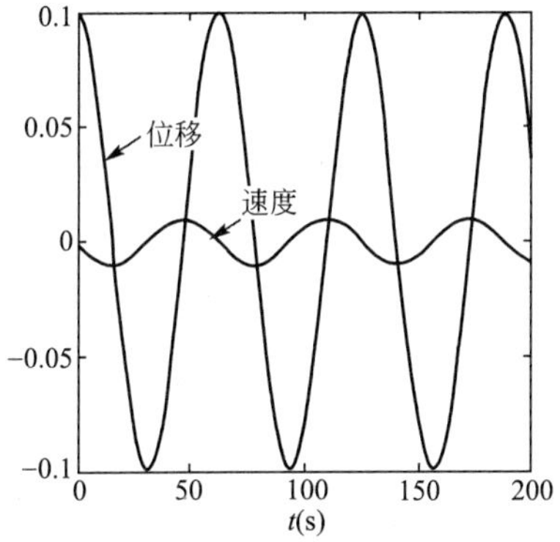

图 7.10　方程的数值解曲线
(A=0.1m，ω=0.1rad/s)

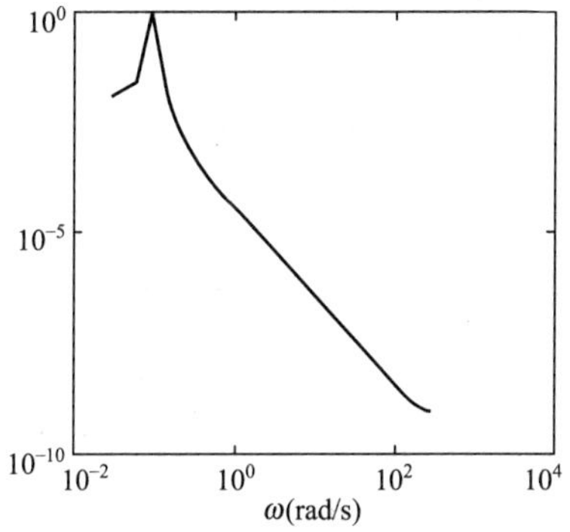

图 7.11　位移功率谱

求解过程中，非线性项中参数 ε 的变化引起频率 ω 与振幅 A 的关系曲线的改变。对于软弹簧系统，即 ε 取负值，根据计算结果，对应于不同的 ε 值，所得曲线基本趋势一致，故只给出 $\varepsilon=-1$，$\varepsilon=-0.5$，$\varepsilon=-0.05$ 时频率 ω 与振幅 A 关系曲线。同样对于硬弹簧系统，即 ε 取正值，根据计算结果，对应于不同的 ε 值，所得曲线基本趋势一致，给出了 $\varepsilon=0.05$，$\varepsilon=0.1$，$\varepsilon=1$ 时频率 ω 与振幅 A 关系曲线。

为了验证该方法的精确性及有效性，对由该方法得到的结果与林滋泰德—庞加莱法得到的频率与振幅的关系进行了比较(见图 7.12)。

为保证计算有意义，由

$$\omega^2=\omega_0^2\left(1+\frac{3\varepsilon}{4}A^2-\frac{3\varepsilon^2A^4}{128}\right)$$

可知，ε，A 在变化时必须保证 ω 为实数。

图 7.12 中曲线为利用精细积分方法得到的结果，星号线为林滋泰德—庞加莱法得到的结果。

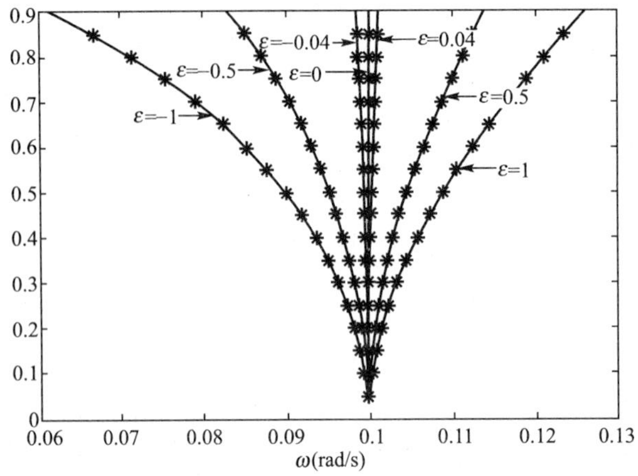

图 7.12 $\omega \sim A$ 曲线 ($\omega_0 = 0.1\text{rad/s}$)

总体来讲，无论是针对软弹簧还是硬弹簧，在不同幅值条件下，经过计算两种方法得到的 ω 值，从图中可以看出，用精细积分方法得到的计算结果与林滋泰德—庞加莱法得到的计算结果几乎完全相同，由此证明了精细积分方法的精确性及有效性。

可知：利用 Matlab 数值仿真模拟，仿真结果表明了该方法的有效性与可行性；该方法不仅能解决弱非线性系统问题，也可以求解强非线性系统；采用该方法不仅计算精度高，而且计算效率大大提高了。

7.4.2 非线性 Duffing 时滞系统的强迫振动特性分析

非线性动力系统的混沌控制发展到今天依然是非线性科学研究中的一个重要内容。随着对混沌的深入研究，人们对混沌运动的特点有了越来越多的认识，在混沌的应用中必须要解决混沌系统的控制。以下对含有时滞的 Duffing 的动力学特性进行了研究。

强迫振动的 Duffing 方程的数学表达式可以描述为

$$\ddot{x} + \alpha\dot{x} + \beta x + \gamma x^3 = A\cos\omega t \tag{7-86}$$

式中，βx 是线性回复力；$\alpha\dot{x}$ 是与速度成正比的阻尼力；γx^3 是一个与位移的立方成正比的回复力；$A\cos\omega t$ 为简谐激励。

取各个参数的值分别为 $\alpha = 0.04$，$\beta = -0.2$，$\gamma = 0.53$，$A = 0.4$，$\omega = 0.32$，可知此时方程式(7－85)处于混沌状态。在混沌控制中可以在系统中加入一个含有时滞的扰动项，通过改变所加的扰动项中的参数可以使系统由混沌状态转化为周期运动。当在受迫振动的 Duffing 方程中加入含有时滞的阻尼扰动项和刚度扰动项时，经数值仿真可得到，当时滞参数取某一值时，系统可以由混沌状态转化为周期轨道。

下面以含有时滞的受迫振动的 Duffing 方程为例，将对非线性系统的分析转化为对其对应的线性系统的动力学特性进行理论分析，得到系统在平衡点(0, 0)处发生 Hopf 分岔的条件，然后采用数值方法研究时滞对强迫振动系统的影响。

1. 理论方法

受迫振动的 Duffing 方程中加入含有时滞的阻尼扰动项后，Duffing 系统方程可表示为

$$\ddot{x} + \alpha\dot{x} + \beta x + \gamma x^3 = A\cos\omega t + \Delta\alpha\dot{x}(t-\tau) \tag{7-87}$$

式中，$\Delta\alpha$ 为阻尼扰动系数；τ 为时滞量；α，β，γ，A，ω 为常数。

当 $A\cos\omega t=0$ 时，无论系统中的参数如何选取，平衡点(0，0)始终是方程式(7-87)的解，下面主要对该平衡点(0，0)处的系统稳定性进行分析。

将方程式(7-87)在平衡点(0，0)处线性化，可以得到相应的特征方程

$$\lambda^2+\alpha\lambda-\Delta\alpha\lambda e^{-\lambda\tau}+\beta=0 \tag{7-88}$$

特征方程式(7-88)的特征根是与 α，$\Delta\alpha$，β 有关的函数，为了不失一般性，假设特征方程的特征根为 $\lambda=\sigma+i\omega$，其中 σ，ω 均是实数且 $\omega>0$，代入方程式(7-88)，利用欧拉公式可得方程式(7-88)的实部和虚部，即

$$\text{Re:}\quad \sigma^2-\omega^2+\alpha\sigma-\Delta\alpha e^{-\sigma\tau}(\sigma\cos\omega\tau+\omega\sin\omega\tau)+\beta=0$$

$$\text{Im:}\quad 2\sigma\omega+\alpha\omega+\Delta\alpha e^{-\sigma\tau}(\sigma\sin\omega\tau-\omega\cos\omega\tau)=0$$

由稳定性判断准则可知：当特征方程的所有特征值的实部为负时，系统在此平衡点处是稳定的。由此可知，$\mathrm{Re}(\lambda)=0$ 是系统在平衡点处失稳的临界条件。不失一般性，设 $\lambda=\sigma+i\omega$，当 $\mathrm{Re}(\lambda)=0$ 时，λ 的取值有两种情况，即 $\lambda=0$；$\lambda=\pm i\omega$。

(1) $\lambda=0$ 即特征值过零点，系统在平衡点(0，0)处将发生静态分岔。将 $\lambda=0$ 代入特征方程式(7-88)，可以得到 $\beta=0$。

(2) $\lambda=\pm i\omega$ 即特征值通过虚轴，如果 $\mathrm{Re}\left(\frac{d\lambda}{d\tau}\right)_{\lambda=i\omega_+}\neq 0$ 即以非零的速度穿过虚轴，则系统在平衡点(0，0)处将发生 Hopf 分岔。

对于上述方程，将 $\lambda=\pm i\omega$ 代入方程式(7-88)，得到此时特征方程的实部和虚部

$$\begin{cases}\beta-\omega^2-\Delta\alpha\omega\sin\omega\tau=0\\ \alpha\omega-\Delta\alpha\omega\cos\omega\tau=0\end{cases} \tag{7-89}$$

利用三角函数关系消除 τ，得到关于 ω 的方程，即

$$\omega^4+(\alpha^2-\Delta\alpha^2-2\beta)\omega^2+\beta^2=0 \tag{7-90}$$

方程式(7-90)的根为

$$\omega^2=\frac{-(\alpha^2-\Delta\alpha^2-2\beta)\pm\sqrt{(\alpha^2-\Delta\alpha^2-2\beta)^2-4\beta^2}}{2} \tag{7-91}$$

通过对方程式(7-90)中参数的讨论可以得到方程存在正实根的条件。在方程式(7-90)存在正实根的情况下，对任意的 $\tau\geqslant 0$，可以得到 ω 与 α，β，$\Delta\alpha$ 之间的关系($\omega>0$)。由方程式(7-89)中的第二个方程可得

$$\cos\omega\tau=\frac{\alpha}{\Delta\alpha}$$

由此可得 $|\alpha|\leqslant|\Delta\alpha|$。

由 $\lambda=i\omega_+$，利用方程式(7-88)可得临界时滞为

$$\tau_j=\frac{1}{\omega_+}\arccos\frac{\alpha}{\Delta\alpha}+\frac{2j\pi}{\omega_+}\quad j=0,1,2,\cdots$$

若使时滞量 τ 变化时系统在平衡点处出现 Hopf 分岔，还应该满足特征值以非零的速度穿过虚轴，即 $\mathrm{Re}\left(\frac{d\lambda}{d\tau}\right)_{\lambda=i\omega_+}\neq 0$。对特征方程式(7-88)关于 λ 求导，可得

$$\frac{d\tau}{d\lambda}=\frac{1}{\lambda^2}-\frac{2\lambda+\alpha}{\lambda^3+\alpha\lambda^2+\beta\lambda}-\frac{\tau}{\lambda} \tag{7-92}$$

把 $\lambda=i\omega$ 代入式(7-92)中，可得式(7-92)的实部为

$$\mathrm{Re}\left(\frac{\mathrm{d}\lambda}{\mathrm{d}\tau}\right)=\frac{-\beta^2}{\alpha^2\omega^4+(\beta\omega-\omega^3)^2} \tag{7-93}$$

当 $\tau=0$ 且 $\alpha>0$，$\Delta\alpha<0$，特征方程式(7－88)的特征值的实部均为负，随着时滞量 τ 的增加，特征值从左向右穿过虚轴，使得系统的平衡点由稳定变为不稳定，若 $\mathrm{Re}\left(\frac{\mathrm{d}\lambda}{\mathrm{d}\tau}\right)_{\lambda=\mathrm{i}\omega_+}\neq0$ 且 $\tau=\tau_j$ 时，系统在平衡点(0，0)处发生 Hopf 分岔。

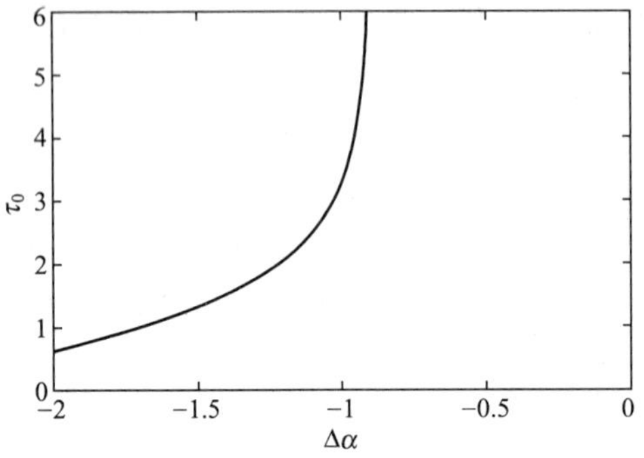

图 7.13　$\Delta\alpha$ 与 τ_0 的关系曲线

2. 算例验证

从上述的理论分析可知，含有时滞的受迫振动的 Duffing 系统稳定的条件是：

$$\alpha>0，\Delta\alpha<0 \quad 且 \quad |\alpha|<|\Delta\alpha|。$$

根据给出的各参数的值，按照上面所描述方法可得：关于 ω 的方程有正实根时，由 $\tau_j=\frac{1}{\omega_+}\arccos\frac{\alpha}{\Delta\alpha}+\frac{2j\pi}{\omega_+}j=0，1，2，\cdots$，可得最小临界时滞 τ_0 与扰动项系数 $\Delta\alpha$ 的关系曲线，如图 7.13 所示。

取 $\Delta\alpha=-1.51$，用 Matlab 对方程式(7－87)进行数值求解，得到不同时滞情况下系统的位移曲线和相图，分别如图 7.14、图 7.15 和图 7.16 所示。

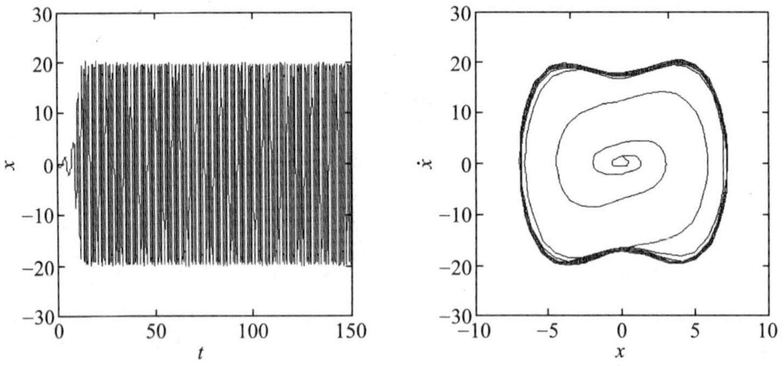

(a) 位移曲线　(b) 相图

图 7.14　$\tau_0=1.325$ 时的位移曲线和相图

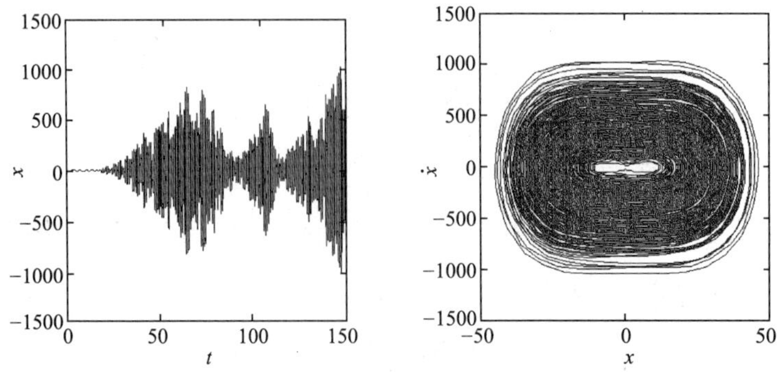

(a) 位移曲线　(b) 相图

图 7.15　$\tau_0=2.5$ 时的位移曲线和相图

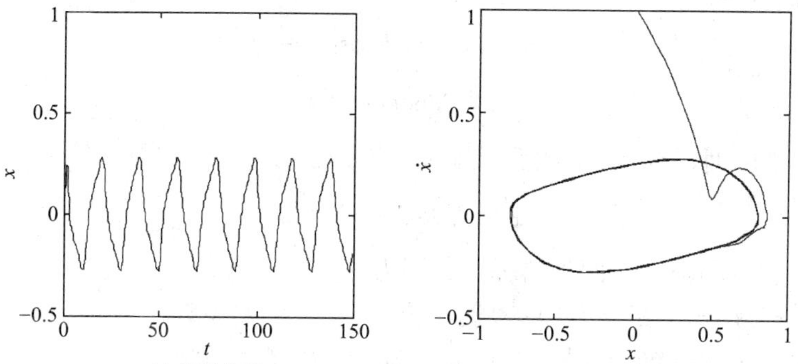

图 7.16 $\tau_0=0.5$ 时的位移曲线和相图

经过数值仿真可知，当 τ 取曲线上的点时系统处于倍周期运动状态，如图 7.14 所示；当 τ 取曲线上方的点时，由系统的运动曲线可以看出，系统处于非周期运动状态，如图 7.15 所示；当 τ 取曲线下方的点时系统处于周期运动状态，如图 7.16 所示。当系统参数位于临界曲线以下时，平衡点处系统是稳定的，当 α 一定时，随着 $\Delta\alpha$ 的增大，最小临界时滞量 τ_0 增大。

7.4.3 非线性 Duffing 刚度扰动系统的强迫振动特性分析

1. 方程描述

含有刚度扰动项的 Duffing 系统可表示为

$$\ddot{x}+\alpha\dot{x}+\beta x+\gamma x^3=A\cos\omega t+\Delta kx(t-\tau) \tag{7-94}$$

式中，Δk 为刚度扰动系数；τ 为时滞量，为考察时滞对系统动力特性的影响，将其取为控制参数；α，β，γ，A，ω 为常数。

在无外激力作用下，无论系统中的参数如何选取，平衡点(0，0)始终是方程式(7-94)的解。在此平衡点处，将系统式(7-94)做线性化处理，可以得到其相应的特征方程

$$\lambda^2+\alpha\lambda-\Delta k\mathrm{e}^{-\lambda\tau}+\beta=0 \tag{7-95}$$

为了不失一般性，设特征方程的特征值为 $\lambda=\sigma_1+\mathrm{i}\omega_1$，($\sigma_1$，$\omega_1$ 为实数且 $\omega_1>0$)，代入特征方程式(7-95)，利用欧拉公式得到方程的实部和虚部为

$$\mathrm{Re}:\quad \sigma_1^2-\omega_1^2+\alpha\sigma_1+\beta-\Delta k\mathrm{e}^{-\sigma_1\tau}\cos\omega_1\tau=0$$

$$\mathrm{Im}:\quad 2\sigma_1\omega_1+\alpha\omega_1+\Delta k\mathrm{e}^{-\sigma_1\tau}\sin\omega_1\tau=0$$

特征方程式(7-95)有无穷多个特征值，使系统在平衡点(0，0)处稳定的条件是所有的特征值具有负实部。因此 $\mathrm{Re}(\lambda)=0$ 是系统在平衡点(0，0)处失稳的临界条件。满足 $\mathrm{Re}(\lambda)=0$ 时，有 $\lambda=0$ 或 $\lambda=\pm\mathrm{i}\omega_1$ 两种情况存在。

(1) $\lambda=0$ 意味着特征值通过零点，在平衡点(0，0)处系统将发生静态分岔。将 $\lambda=0$ 代入特征方程式(7-95)，可以得到

$$\Delta k=\beta \tag{7-96}$$

(2) $\lambda=\pm\mathrm{i}\omega_1$ 意味着非零特征值通过虚轴，在平衡点(0，0)处系统可能发生 Hopf 分

岔。此时，特征方程的实部和虚部可简化为

$$\begin{cases}\beta-\omega_1{}^2-\Delta k\cos\omega_1\tau=0\\ \alpha\omega_1+\Delta k\sin\omega_1\tau=0\end{cases} \tag{7-97}$$

式(7－97)消除时滞参数 τ，得到关于 ω_1 的方程

$$\omega_1^4+(\alpha^2-2\beta)\omega_1^2+(\beta^2-\Delta k^2)=0 \tag{7-98}$$

方程式(7－98)的根，有两种情况，分别为

(1) 当 $(\alpha^2-2\beta)^2-4(\beta^2-\Delta k^2)<0$ 时，方程(7－98)无实根；

(2) 当 $(\alpha^2-2\beta)^2-4(\beta^2-\Delta k^2)>0$，$\alpha^2-2\beta>0$ 且 $\beta^2-\Delta k^2<0$ 时，方程式(7－98)有一个正实根 $\omega_+>0$。

现在分析系统在平衡点(0，0)处的一些特性。由 $\lambda=\mathrm{i}\omega_{1+}$ 代入方程式(7－97)可得发生Hopf 分岔的临界时滞为

$$\tau_j=\frac{1}{\omega_{1+}}\arctan\frac{\alpha\omega_{1+}}{\omega_{1+}{}^2-\beta}+\frac{2j\pi}{\omega_{1+}}\quad j=0,1,2,\cdots$$

在 $\lambda=\pm\mathrm{i}\omega_1$ 的条件下，系统在平衡点处发生 Hopf 分岔，还必须满足 $\mathrm{Re}\left(\frac{\mathrm{d}\lambda}{\mathrm{d}\tau}\right)_{\lambda=\mathrm{i}\omega_+}\neq 0$，对特征方程式(7－95)关于 λ 求导，可得

$$\frac{\mathrm{d}\tau}{\mathrm{d}\lambda}=-\frac{2\lambda+\alpha}{\lambda^3+\alpha\lambda^2+\beta\lambda}-\frac{\tau}{\lambda} \tag{7-99}$$

由 $\lambda=\mathrm{i}\omega_1$ 得式(7－99)的实部为

$$\mathrm{Re}\left(\frac{\mathrm{d}\tau}{\mathrm{d}\lambda}\right)=\frac{\alpha^2\omega_1^2-2\beta\omega_1^2+2\omega_1^4}{\alpha^2\omega_1^4+(\beta\omega_1-\omega_1^3)^2} \tag{7-100}$$

因此，若 $\mathrm{Re}\left(\frac{\mathrm{d}\lambda}{\mathrm{d}\tau}\right)_{\lambda=\mathrm{i}\omega_+}\neq 0$ 且 $\tau=\tau_j$ 时，在平衡点(0，0)处系统发生 Hopf 分岔。

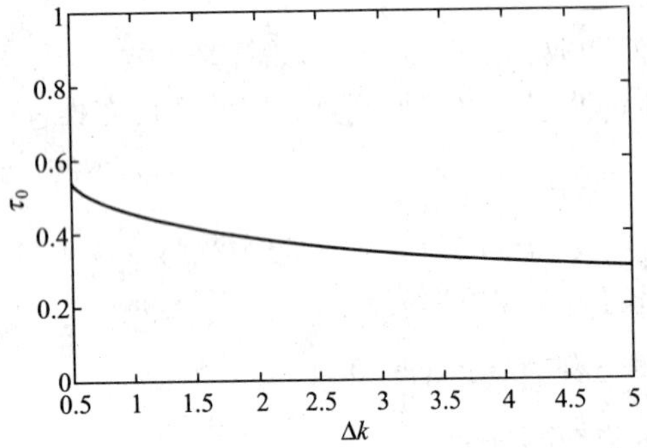

图 7.17　Δk 与 τ_0 的关系曲线

2. 实例分析

根据上述参数的赋值，可以得到系统发生 Hopf 分岔时最小临界时滞 τ_0 和刚度扰动系数 Δk 的关系曲线，如图 7.17 所示。

取 $\Delta k=1.53$，用 Matlab 对方程式(7－93)进行数值求解，得到不同时滞下系统的位移曲线和相图，分别如图 7.18、图 7.19 和图 7.20所示。

从数值仿真结果可看出，当 τ 取曲线上的点时系统处于倍周期运动状态，如图 7.18 所示；当 τ 取曲线下方的点时，由系统的运动曲线可以看出系统处于非周期运动状态，如图 7.19 所示；当 τ 取曲线上方的点时系统处于周期运动状态，如图 7.20 所示。当系统参数位于临界曲线以上时平衡点处系统是稳定的。从图 7.17 中可以看出，当 α 和 β 一定时，随着 Δk 的增大，最小临界时滞量 τ_0 减小。

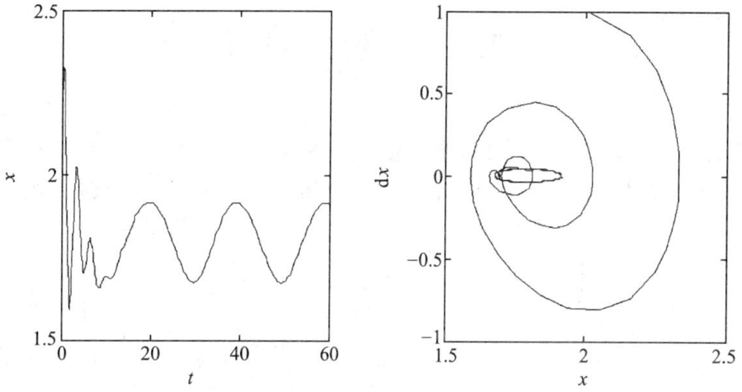

(a) 位移曲线　　(b) 相图

图 7.18　$\tau_0=0.4044$ 时的位移曲线和相图

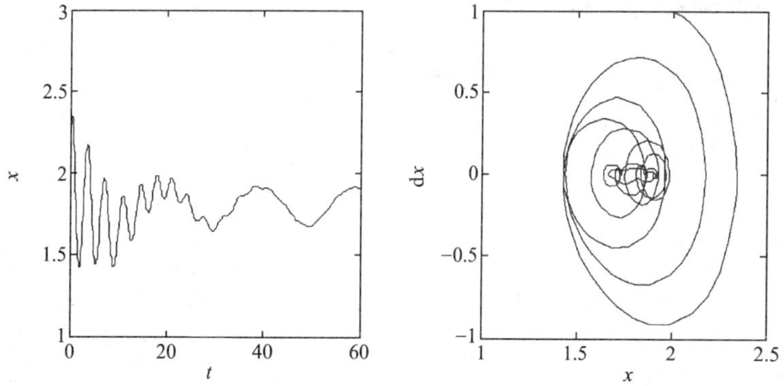

(a) 位移曲线　　(b) 相图

图 7.19　$\tau_0=0.100$ 时的位移曲线和相图

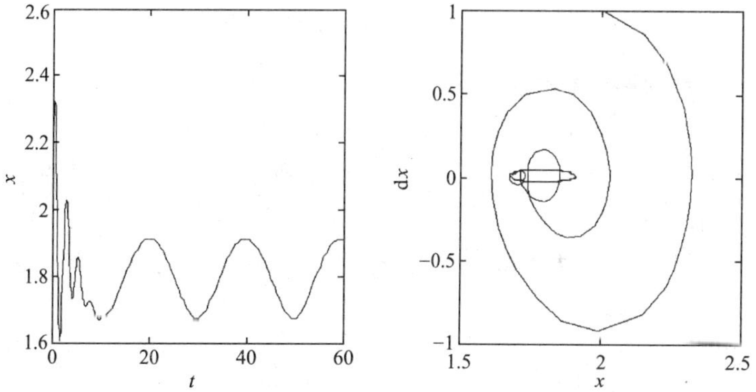

(a) 位移曲线　　(b) 相图

图 7.20　$\tau_0=0.80$ 时的位移曲线和相图

7.5 自激励振动

在汽车振动中，前轮绕转向轴的振动就是一种自激励振动。由于这种自激励振动对汽车的操纵稳定性影响很大，所以这里将对其进行研究和分析。本节讨论由摩擦引起的自激励振动。

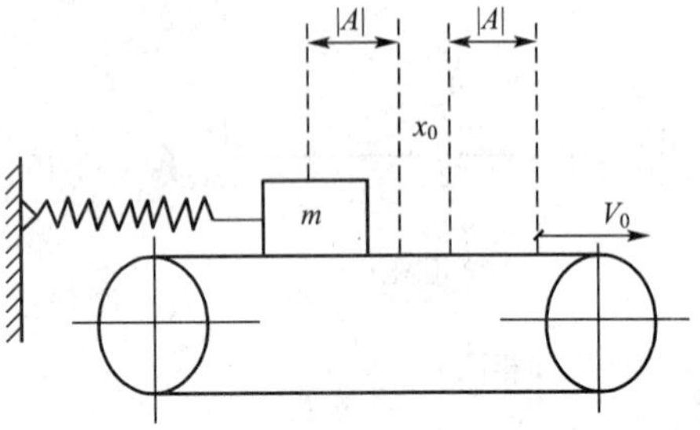

图 7.21 弹簧-质量自激励振动模型

在图 7.21 所示的弹簧-质量系统中，质量水平放置在可动平面上，当平面以速度 v_0 移动时，在一定条件下，质量 m 将做自激励振动。此时，质量 m 的运动微分方程为

$$m\ddot{x}+kx=\mu gm$$

或

$$\ddot{x}+\omega_0^2x=\mu g \tag{7-101}$$

式中，μ 为滑动摩擦系数；$\omega_0=\sqrt{\dfrac{k}{m}}$ 为系统固有频率。

设方程的解为

$$x=A\cos\omega_0t+x_0$$

代入方程，可求得

$$x_0=\frac{\mu g}{\omega_0^2} \tag{7-102}$$

前半周期的振动位移为

$$x(t)=A\cos\omega_0t+\frac{\mu g}{\omega_0^2} \tag{7-103}$$

振动速度为

$$\dot{x}(t)=-A\omega_0\sin\omega_0t \tag{7-104}$$

可求得半周时刻的速度和相位：$\dot{x}(t)=0$，$\omega_0t=\pi$。故

$$\chi_\pi=x_0-A$$

这表明物体 m 的振动位移是从 $[x_0+A]$ 变化到 $[x_0-A]$，二者的差就是双振幅 $2A$，其振动中心点 x_0 在 $x=0$ 的右边。

由式(7-104)可求得振动的最大速度 $\dot{x}_{\max}=-A\omega_0$。假定传动带向右运动速度 $V_0>\dot{x}_{\max}$，即

$$V_0>A\omega_0 \tag{7-105}$$

在下半周期，质量 m 的振动方程相同，运动规律为

$$x=B\cos\omega_0t+x_0 \tag{7-106}$$

下半周期的开始，即为上半周期的结束，因而有 $x(0)=x_0-A$，代入式(7-106)可得

$$x_0-A=B+x_0$$

即

$$B=-A$$

于是，下半周期 m 的振动规律为

$$x(t)=-A\cos\omega_0 t+\frac{\mu g}{\omega_0^2} \tag{7-107}$$

以上是在摩擦系数不变的情况下讨论的。

下面将进一步讨论摩擦系数 μ 随滑动速度增大而减小的实际情况。图7.22中曲线表示摩擦系数与滑动速度之间的关系，此曲线的特点是具有负斜率，这种情况在一般的工程问题中经常会遇到。在图中，速度为 v_0 时，摩擦系数为 μ_0。

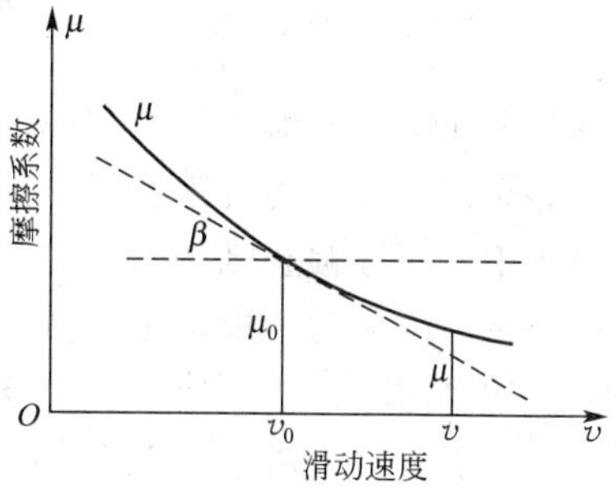

图7.22 摩擦系数和滑动速度关系

当速度稍许增加到 v 时，则由图中的三角关系，可求得相应的摩擦系数，即

$$\mu=\mu_0+(v-v_0)\tan\beta \tag{7-108}$$

如果物体的振动速度为 $\dot{x}$，平面的移动速度为 v_0（见图7.21），二者的速度差为

$$v=v_0-\dot{x} \tag{7-109}$$

把式(7-109)代入式(7-108)，可得摩擦系数 μ 随振动速度 $\dot{x}$ 变化的函数关系，即

$$\mu=\mu_0-\dot{x}\tan\beta \tag{7-110}$$

将式(7-110)代入式(7-101)，可得 m 的振动微分方程为

$$m\ddot{x}+kx=g(\mu_0-\dot{x}\tan\beta) \tag{7-111}$$

或

$$\ddot{x}+g\tan\beta\dot{x}+\omega_0^2 x=g\mu_0 \tag{7-112}$$

如前所述，因为振动中心在 $x_0=\mu_0\dfrac{g}{\omega_0^2}$ 处，因此，如以 x_0 为原点，则可把式(7-112)简化为

$$\ddot{x}+g\tan\beta\dot{x}+\omega_0^2 x=0 \tag{7-113}$$

设式(7-113)的解为 $x=Ae^{(\lambda+i\omega)t}$，代入可得振动系统的特征方程为

$$(\lambda+i\omega)^2+g\tan\beta(\lambda+i\omega)+\omega_0^2=0 \tag{7-114}$$

令此式的实部与虚部分别等于零，可得

$$\lambda=-\frac{g}{2}\tan\beta;\quad \omega=\sqrt{\omega_0^2-\frac{g^2\tan\beta}{4}}$$

由此可写出物体 m 的运动规律为

$$x=e^{\lambda t}(A\sin\omega t+B\cos\omega t)$$

若考虑初始条件 $t=0$ 时，$x=0$，则有 $B=0$，因此 m 的运动规律可表示为

$$x=Ae^{\lambda t}\sin\omega t$$

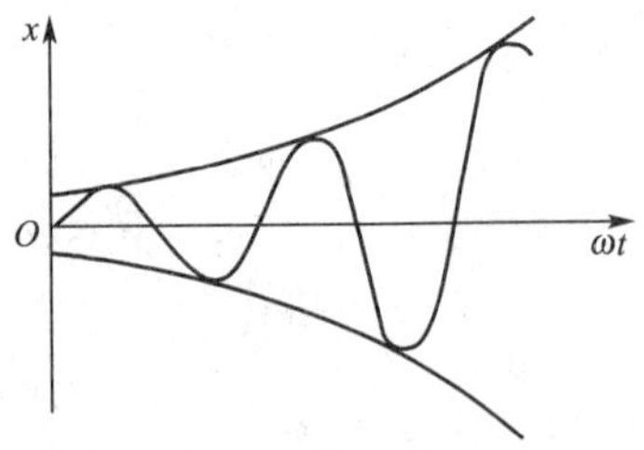

图 7.23　振幅曲线

由于摩擦系数的斜率为负，故式(7－108)中的 $\tan\beta$ 为负，于是 $\lambda \geqslant 0$，因此，振动的幅值 $Ae^{\lambda t}$ 将随时间的增加而增大，但振动周期不变，如图 7.23 所示。

从理论上讲，振幅将无限增大，但实际上，振幅增至一定值后，物体的振动速度 $\dot{x}$ 要超出平面的移动速度 V_0，上述讨论的假定式(7－103)不能满足，故要重新讨论。在此情况下，摩擦力将起相反作用，于是物体将维持在一定的振幅下作自激励振动。例如，汽车的摆振情况就与上述情况相似，当汽车的行驶速度在比较低的范围内时，阻尼的作用较大，所以，摆振的振幅不大。当行驶速度提高到某一速度时，阻尼发生变化，成为负阻尼，从而起到增幅作用，使振幅急剧增大。但当滑移速度大于行驶速度时，再次成为正阻尼，摆振振幅又变小。当汽车的前束调整不恰当时，就可能出现这种情况，这时在轮胎与路面之间会引起较大的摩擦阻力，而成为产生摆振的因素。

通过以上分析可知，摆振的问题与滑动速度 v_0 和振动速度的最大值 $\dot{x}_{max}$ 之差($v_0 - \dot{x}_{max}$)有极大关系。因此，在操纵机构中产生的似乎并不重要的某些变化，或者使用过程中在操纵机构的某些部分中因磨损所产生的间隙，都有可能使摆振加剧。在某些情况下，一旦产生了摆振，即使降低行驶速度，摆振也不会立即停止；有时，再进一步降低行驶速度，摆振的振幅反而会急剧变大。

综上所述，汽车转向轮的摆振有强迫振动和自激励振动这两种类型。它们之间有明显的区别，但又有密切的内在联系。

强迫振动型的前轮摆振，是由周期性的干扰源引起的，此时，摆振周期与干扰周期一致，在共振频率处出现共振峰。对于车轮摆振来说，周期性的干扰源主要来自车轮的失衡，端面摆差、径向摆差以及轮胎特性沿周向不均匀性等。一般说来，车轮每转一周为一个周期，因此，车轮每转一圈绕主销摆动一次。当车轮在共振车速行驶时，必然发生明显摆振；大于或小于共振车速时，摆振就不明显了。共振车速范围一般很窄(3～5km/h)。图 7.24 是 NJ221 汽车车轮摆振振幅随车速的变化曲线。

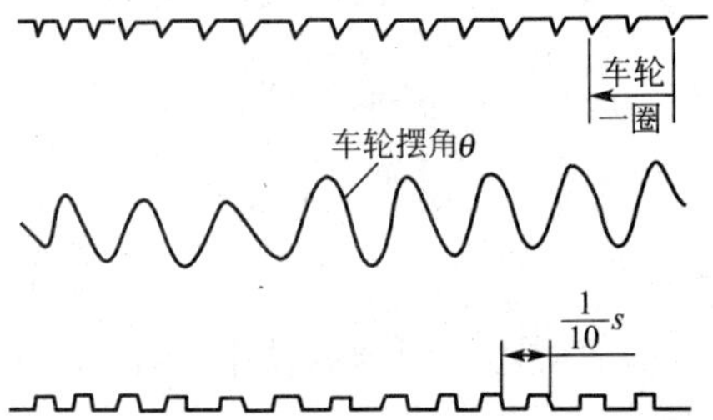

图 7.24　NJ221 汽车车轮摆振振幅随车速变化曲线

自激励振动型的前轮摆振与强迫振动型完全不同，它具有以下几个特点：

(1) 自激励振动的发生并不需要周期性的干扰源。当汽车在良好的路面上行驶时，只要车轮受到一个偶然的冲击，就会产生一个初始偏转，在冲击消失后，车轮摆动并不停止，而是变成稳定持续的摆振。要消除此摆振，除非采取制动或减速等措施，否则摆振不会停止。

(2) 发生摆振的车速范围较宽。如工程车可能发生自激励振动的车速范围是 30～55km/h(称为该车的不稳定车速范围)，但摆振并不像强迫振动那样在不稳定车速范围内会必然发生，而只有在行驶中受到足够大的初始冲击时，才发生摆振。

(3) 车轮绕主销作自激振动时，振动的频率与车轮转速(相当于激振频率)并不一致。在不稳定车速范围内，其振动频率变化不大，此频率接近于车轮转向系统绕主销振动的固有频率。

小 结

本章介绍了非线性振动特性及其分析方法，包括非线性振动的定义、非线性振动的相平面和平衡稳定性，介绍了非线性自由振动的近似解析法，即摄动法、参数变易法和谐波平衡法；介绍了非线性强迫振动的近似解析法，给出了跳跃现象和次谐波振动；对非线性 Duffing 系统及其自由振动的最新分析计算方法——精细积分方法进行介绍，对非线性 Duffing 时滞和刚度扰动系统的强迫振动特性及近似计算方法，分别进行分析，并进行了数值仿真验证；最后对自激励振动进行了介绍。通过该章的学习，可为实际非线性振动特性分析提供有效的分析方法。

【关键术语】

非线性系统　平衡点　稳定性　相平面　节点　鞍点　涡点　焦点　摄动法　参数变易法　谐波平衡法　跳跃现象　次谐波振动　非线性 Duffing 系统　精细积分法　时滞刚度扰动　Hopf 分岔　自激励振动

习 题

1. 如图 7.25 所示，试导出各系统的运动微分方程。假设弹簧刚度 k 为常数。

(1) 图 7.25(a)，软绳缠绕在一个固定圆柱体上的单摆，图示为平衡位置；

(2) 图 7.25(b)，带有一个附加弹簧的单摆，l_0 为弹簧的自由长度，图示为平衡位置；

(3) 图 7.25(c)，在水平粗糙面上有质量为 m 的均质圆柱作滚而不滑的运动，当弹簧位于铅直位置时，弹簧不受力，自由长度 l_0；

(4) 图 7.25(d)，某单摆的悬挂点 A 以 $y=Y\cos\omega t$ 作铅直运动。

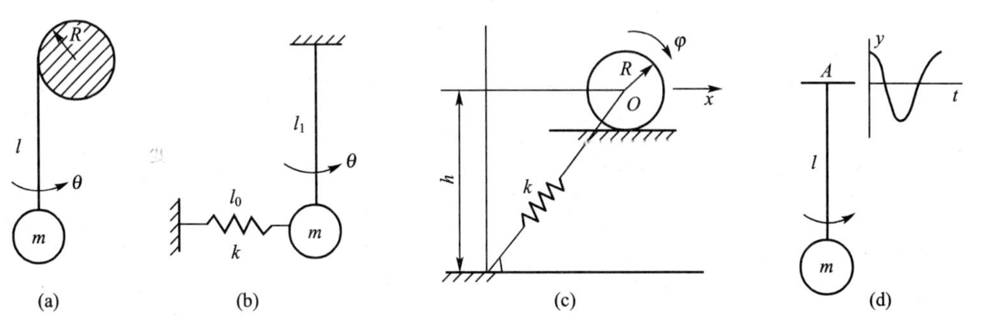

图 7.25　振动系统

2. 圆环绕其铅垂直径以角速度 ω 转动。质量为 m 的质点沿圆环作滑动，不计阻力，如图 7.26 所示，试写出质量 m 的运动微分方程，并确定其相对平衡位置。

3. 具有黏性阻尼的单摆，运动微分方程为 $\ddot{\theta}+2\xi\omega\dot{\theta}+\omega^2\sin\theta=0$，试将它变换成一阶微分方程组，并确定平衡位置。

4. 某弹簧—质量系统的运动微分方程为 $\ddot{x}+x-\frac{\pi}{2}\sin x=0$，试将它变换成一阶微分方程组，并确定平衡位置。

5. 求下列运动微分方程的平衡位置及判断稳定性。并绘出平衡位置附近相轨线示意图。

$$\ddot{x}-(0.1-3\dot{x}^2)\dot{x}+x+x^2=0$$

6. 在货车站台处安装一个冲击减振器，减振器有一弹簧，如图 7.27 所示。弹簧恢复力 $F=-k(x+ax^3)$，设货车重量为 W，当货车碰到减振器时速度为 v_0，求减振器的最大位移及发生碰撞时的最大恢复力和时间(忽略减振器质量，并设相碰后车和减振器保持接触)。

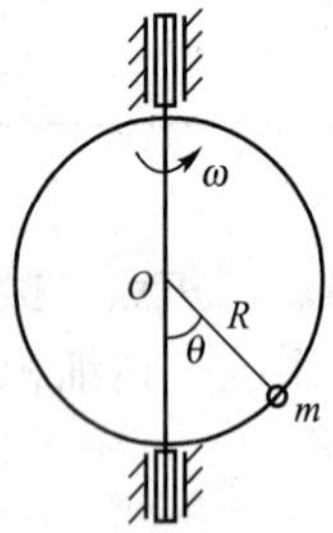

图 7.26　质点 m 沿转动圆环滑动

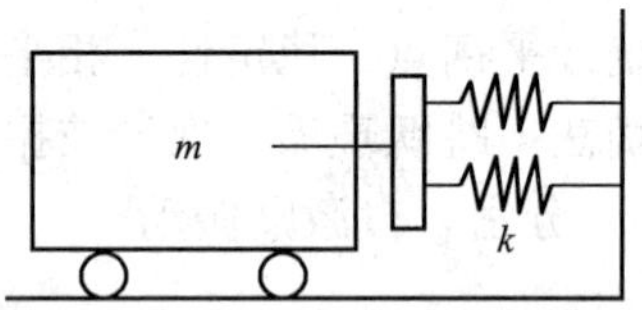

图 7.27　货车与减振弹簧系统

7. 设非线性系统的运动方程为 $\ddot{x}+x-\varepsilon x^2=0$，系统初始条件为 $x(0)=A_0$，$\dot{x}(0)=0$。试用摄动法求系统的二次近似解。

8. 应用摄动法求下列运动方程的周期解。

(1) $\ddot{x}+x+\varepsilon x^2=0$；

(2) $\ddot{x}+x+\varepsilon\dot{x}^2=0$；

(3) $\ddot{x}+\omega_0^2\left(x-\frac{1}{6}x^3\right)=0$。

第8章 随机振动

本章学习目标

★ 了解随机振动基本概念；

★ 熟悉随机振动的统计特性，其中包括，幅值域统计特性，相关域统计特性，频域统计特性，傅里叶变换，维纳-辛钦关系式，概率分布；

★ 掌握线性振动系统随机响应计算的计算方法，及线性系统传递特性；

★ 熟悉汽车在路面不平激励作用下的随机振动统计特性计算方法。

本章教学要点

知识要点	能力要求	相关知识
随机振动基本概念	了解随机振动基本概念	随机过程，平稳随机振动，各态历经随机振动
随机振动的统计特性	熟悉随机振动的统计特性	幅值域统计特性，均值、方差、标准差、均方值、有效值及它们之间的关系，相关域统计特性，自相关、互相关，频域统计特性，傅里叶变换，维纳-辛钦关系式，概率分布
线性振动系统随机响应计算	掌握线性振动系统随机响应计算的计算方法，及线性系统传递特性	脉冲响应函数，频率响应函数，响应均值，响应均方值，响应自谱，激励与响应互相关函数，激励与响应互谱，激励与响应互相干函数
汽车随机振动计算实例	熟悉汽车在路面不平激励作用下的随机振动统计特性计算方法	汽车单质量系统振动模型，路面不平度的激励谱，车速，车身和车轮振动的统计特性

本章学习方法

本章介绍随机振动基本概念及统计特性的计算方法。随机振动及统计特性与数学上的数理统计理论和方法密切相关，而汽车在路面不平激励作用下的振动就属于随机振动。因此，应利用高等数学的数理统计理论，来分析随机振动，并结合车辆在路面不平激励作用下的实际随机振动情况，对车辆随机振动的统计特性进行分析，更好地设计车辆的悬架系统，使得车辆悬架达到最佳阻尼匹配，使车辆达到最佳减振效果，具有良好的乘坐舒适性、驾驶安全性和操纵稳定性，满足车辆行业快速发展及车辆行驶速度不断提高的要求。

在实际工程问题中，大量的振动现象都是不确定的。对于汽车而言，最典型的非确定性振动是由于路面不平度引起的汽车振动。这些振动的共同特征是系统的激励和响应在事先都无法利用时间的确定性函数予以描述，因此，称这种不确定性的振动过程为随机振动。随机振动虽然具有不确定性，但是仍然可以利用统计分析的方法进行规律性的研究。

8.1 随机振动基本概念

8.1.1 平稳随机振动

随机过程为大量现象的数学描述，因此，需要在同样的条件下重复进行同样的试验。例如，在同样的道路以及同样的行驶工况下进行 n 次道路行驶试验，记录车身上特定点加速度的时间历程 $x_k(t)(k=1, 2, \cdots, n)$。每次的记录称为一个样本函数，样本函数的数目必须很大，理论上应该是无穷多个。随机过程为所有样本函数的集合，记作 $X(t)$。在任一采样时刻 t_i，随机过程的各个样本函数值都不相同，构成随机变量 $X(t_i)$。各个随机变量 $X(t_i)$都存在差别，是因为路面不平度等许多不确定因素的影响造成的。但是，对于随机过程的研究不是局限于样本函数本身，而是在于随机过程的总体统计特性。

例如，随机过程 $X(t)$在时刻 t_1 的随机变量 $X(t_1)$的集合平均为

$$\mu_x(t_1) = E(X(t_1)) = \lim \frac{1}{n}\sum_{k=1}^{n} x_k(t_1) \tag{8-1}$$

集合平均 $\mu_x(t_1)$一般与采样时刻 t_1 有关。

再如，随机过程 $X(t)$在时刻 t_1 和 $t_1+\tau$ 的两个随机变量 $X(t_1)$和 $X(t_1+\tau)$，对于各样本的 $x_k(t_1)$和 $x_k(t_1+\tau)$的乘积的集合平均为

$$R_x(t_1, t_1+\tau) = E[x(t_1)x(t_1+\tau)] = \lim \frac{1}{n}\sum_{k=1}^{n} x_k(t_1)x_k(t_1+\tau) \tag{8-2}$$

集合平均 $R_x(t_1, t_1+\tau)$称作随机过程 $X(t)$在时刻 t_1 和 $t_1+\tau$ 的自相关函数，它既与时刻 t_1 有关，也是 τ 的函数。

如果随机过程的均值和自相关函数都与采样时刻 t_1 无关，则称随机过程为(弱)平稳过程。对于平稳过程，均值为常数，即

$$\mu_x(t_1)=\mu_x \tag{8-3}$$

平稳过程的自相关函数仅是时间差 τ 的函数，即

$$R_x(t_1, t+\tau)=R_x(\tau) \tag{8-4}$$

8.1.2 各态历经随机振动

如果平稳随机过程的均值和自相关函数可利用任何一个足够长的样本函数的时间平均值来计算，即

$$\begin{cases} \mu_x = \lim\limits_{T\to\infty} \dfrac{1}{T}\displaystyle\int_{-T/2}^{T/2} x_k(t)\,\mathrm{d}t \\ R_x(\tau) = \lim\limits_{T\to\infty} \dfrac{1}{T}\displaystyle\int_{-T/2}^{T/2} x_k(t)x_k(t+\tau)\,\mathrm{d}t \end{cases} \tag{8-5}$$

则平稳随机过程称为(弱)各态历经随机过程。随机过程的各态历经性对于工程实际具有十分重要的意义，因为它为根据实际测量得到的少量样本函数估计整个随机过程的统计特性提供了理论依据。下面讨论的随机过程都是平稳各态历经随机过程。

8.2 随机振动的统计特性

8.2.1 幅值域(时域)特性

在工业结构研究中，结构可靠性和寿命地研究占据非常重要的地位。在汽车设计中，结构强度分析中需要载荷谱，也需要设计随机疲劳试验和进行结构寿命的预估，这都需要对测量得到的随机信号进行幅值域的分析。在这里，主要阐述均值、方差和均方值的计算方法。

1. *均值*

通常的随机信号总是存在最大值(峰值)和最小值(谷值)的。最大值和最小值给出了随机过程变化的上、下极限，但是并没有、也无法说明信号的中心位置和变化波动的程度。因为信号的极限值相同，但其平均值可能并不相同。因此，说明随机过程信号的平均位置的平均值，简称为均值或者静态分量，对于确切描述随机过程非常重要。

对于随机过程的连续信号和离散数据系列，它们均值的计算公式分别为：

随机过程的连续信号：

$$\mu_x = \lim_{T\to\infty}\frac{1}{T}\int_0^T x(t)\,\mathrm{d}t \tag{8-6}$$

随机过程的离散数据系列：

$$\mu_x = \lim_{N\to\infty}\frac{1}{N}\sum_{i=1}^{N} x_i \tag{8-7}$$

2. *方差和标准差*

随机信号仅给出信号的均值还不能说明信号在均值位置处的上、下波动的情况。例如，两个随机过程样本的均值相同，但信号在均值处的上、下波动的程度可能相差很大。为了描述随机信号在均值附近处的波动程度，引入方差来反映随机信号的动态部分。

对于随机过程的连续信号和离散数据系列，它们方差的计算公式分别为：

随机过程的连续信号：

$$\sigma_x^2 = \lim_{T\to\infty}\frac{1}{T}\int_0^T [x(t)-\mu_x]^2\,\mathrm{d}t \tag{8-8}$$

随机过程的离散数据系列：

$$\sigma_x^2 = \lim_{N\to\infty}\frac{1}{N}\sum_{i=1}^{N} (x_i-\mu_x)^2 \tag{8-9}$$

方差的开方值称为标准差，根据式(8-8)和式(8-9)，可知，对于随机过程的连续信号和离散数据系列，标准差的计算公式分别为：

随机过程的连续信号：

$$\sigma_x = \sqrt{\lim_{T\to\infty} \frac{1}{T}\int_0^T [x(t) - \mu_x]^2 \mathrm{d}t} \tag{8-10}$$

随机过程的离散数据系列：

$$\sigma_x = \sqrt{\lim_{N\to\infty} \frac{1}{N}\sum_{i=1}^{N} (x_i - \mu_x)^2} \tag{8-11}$$

3. 均方值和有效值

任何随机信号的强度可以利用均方值进行描述，反映了信号动态和静态的总的平均能量水平，当然这里的能量不一定是真正能量的量纲，而是实际测量信号的物理量纲的平方，即为广义的能量。对于随机过程的连续信号和离散数据系列，它们均方值的计算公式分别为：

随机过程的连续信号：

$$\psi_x^2 = \lim_{T\to\infty} \frac{1}{T}\int_0^T x^2(t)\mathrm{d}t \tag{8-12}$$

随机过程的离散数据系列：

$$\psi_x^2 = \lim_{N\to\infty} \frac{1}{N}\sum_{i=1}^{N} x_i^2 \tag{8-13}$$

在工程应用中，经常希望利用一个当量幅值来表示信号的大小，即称为有效值，它是均方值的平方根值，也称为方均根值。对于随机过程的连续信号和离散数据系列，它们有效值的计算公式分别为：

随机过程的连续信号：

$$\psi_x = \sqrt{\lim_{T\to\infty} \frac{1}{T}\int_0^T x^2(t)\mathrm{d}t} \tag{8-14}$$

随机过程的离散数据系列：

$$\psi_x = \sqrt{\lim_{N\to\infty} \frac{1}{N}\sum_{i=1}^{N} x_i^2} \tag{8-15}$$

4. 均值、方差和均方值之间的关系

均值、方差和均方值它们之间的关系是，均方值等于方差与均值的平方之和，即

$$\psi_x^2 = \mu_x^2 + \sigma_x^2 \tag{8-16}$$

下面对式(8-16)进行证明。对于连续的随机过程，根据式(8-8)，其方差 σ_x^2 可表示为

$$\begin{aligned}\sigma_x^2 &= \lim_{T\to\infty} \frac{1}{T}\int_0^T [x(t) - \mu_x]^2 \mathrm{d}t \\ &= \lim_{T\to\infty} \frac{1}{T}\int_0^T [x^2(t) - 2x(t)\mu_x + \mu_x^2]\mathrm{d}t \\ &= \lim_{T\to\infty} \frac{1}{T}\int_0^T x^2(t)\mathrm{d}t - 2\mu_x \lim_{T\to\infty} \frac{1}{T}\int_0^T x(t)\mathrm{d}t + \mu_x^2\end{aligned}$$

即

$$\sigma_x^2 = \psi_x^2 - 2\mu_x^2 + \mu_x^2 = \psi_x^2 - \mu_x^2$$

因此，由上式可得，均值、方差和均方值它们之间的关系为

$$\psi_x^2=\mu_x^2+\sigma_x^2$$

例8.1

如图 8.1 所示三角波，求其均值、方差和均方值。

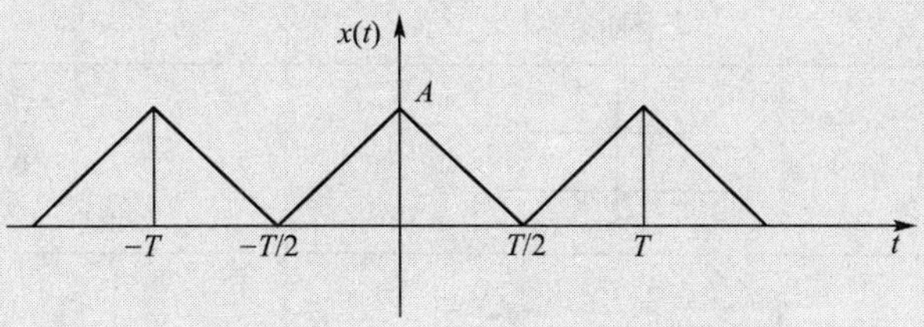

图 8.1　三角波

解：容易得到三角波的方程，可表示为

$$x(t)=\begin{cases}A+\dfrac{2A}{T}t & -T/2\leqslant t\leqslant 0\\ A-\dfrac{2A}{T}t & 0<t\leqslant T/2\end{cases}$$

根据均值、均方值的定义，以及均值、均方值与方差之间的关系，可得该三角波的均值、均方值和方差，分别为

均值：$\mu_x=\dfrac{1}{T}\displaystyle\int_{-T/2}^{T/2}x(t)\mathrm{d}t=\dfrac{1}{T}(AT/2)=\dfrac{A}{2}$

均方值：$\psi_x^2=\dfrac{1}{T}\displaystyle\int_{-T/2}^{T/2}x^2(t)\mathrm{d}t=\dfrac{1}{T}\int_{-T/2}^{0}\left[A+\dfrac{2A}{T}t\right]^2\mathrm{d}t+\dfrac{1}{T}\int_{0}^{T/2}\left[A-\dfrac{2A}{T}t\right]^2\mathrm{d}t=\dfrac{A^2}{3}$

方差：$\sigma_x^2=\psi_x^2-\mu_x^2=\dfrac{A^2}{3}-\left(\dfrac{A}{2}\right)^2=\dfrac{A^2}{12}$

8.2.2　相关域特性

这里主要讲述自相关函数。自相关函数表征随机过程在一个时刻和另外一个时刻采样值之间的相互依赖程度，即表征信号随机变化的程度。

表征随机过程 $X(t)$ 在时刻 t_1 和 $t_1+\tau$ 的相关性的自相关函数的表达式为

$$R_x(\tau)=\lim\frac{1}{T}\int_0^T x(t)x(t+\tau)\mathrm{d}t \tag{8-17}$$

下面考察自相关函数的性质：

(1) 自相关函数 $R_x(\tau)$ 是以时间差 τ 为变量的实值偶函数，即

$$R_x(\tau)=R_x(-\tau) \tag{8-18}$$

(2) 自相关函数 $R_x(\tau)$ 在 $\tau=0$ 时，取得最大值且等于均方值，即

$$R_x(0)=\lim\frac{1}{T}\int_0^T x(t)x(t+0)\mathrm{d}t=\lim\frac{1}{T}\int_0^T x^2(t)\mathrm{d}t=\psi_x^2 \tag{8-19}$$

(3) 自相关函数与均值、方差和均方值之间的关系为

$$\mu_x^2-\sigma_x^2\leqslant R_x(\tau)\leqslant\mu_x^2+\sigma_x^2=\psi_x^2 \tag{8-20}$$

(4) 当 $\tau\to\infty$时，$R_x(\tau)\to\mu_x^2$。

(5) 周期函数的自相关函数仍为同周期的周期函数。

表 8－1 所示为常见的自相关函数。

表 8－1　常见函数的自相关函数

类型	图形	公式
常数	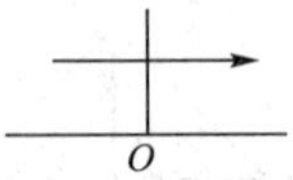	$R_x(\tau)=c^2$
正弦	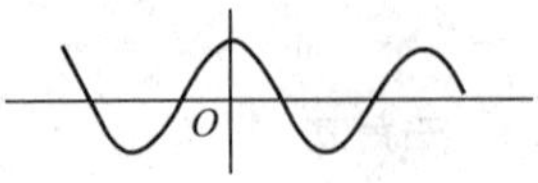	$R_x(\tau)=\frac{X^2}{2}\cos\omega_0\tau$
白噪声	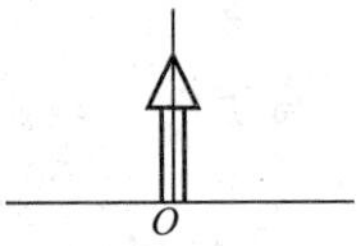	$R_x(\tau)=a\delta(\tau)$
低通滤波	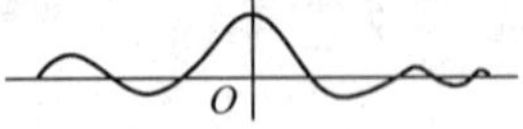	$R_x(\tau)=aB\,\frac{\sin\pi B\tau}{2\pi B\tau}$
带通滤波	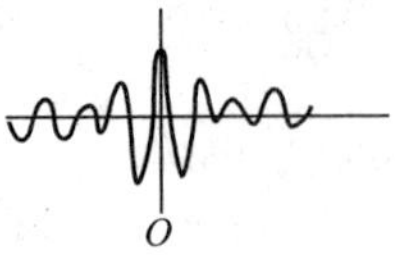	$R_x(\tau)=aB\,\frac{\sin\pi B\tau}{2\pi B\tau}\cos\omega_0\tau$

8.2.3　频率域特性

对于随机过程在频率域内的描述，主要是应用功率谱密度函数来表征随机振动过程在各频率成分上的统计特性。

平稳随机过程 $X(t)$的功率谱密度函数为自相关函数 $R_x(\tau)$的傅里叶变换，即

$$S_x(\omega)=\frac{1}{2\pi}\int_{-\infty}^{\infty}R_x(\tau)\mathrm{e}^{-\mathrm{i}\omega\tau}\mathrm{d}\tau \tag{8-21}$$

其逆变换为

$$R_x(\tau)=\int_{-\infty}^{\infty}S_x(\omega)\mathrm{e}^{\mathrm{i}\omega\tau}\mathrm{d}\omega \tag{8-22}$$

以上两式构成傅里叶变换对，称为维纳-辛钦关系式。

对于式(8－22)，如果 $\tau=0$，则

$$R_x(0)=\int_{-\infty}^{\infty}S_x(\omega)\mathrm{d}\tau=\psi_x^2 \tag{8-23}$$

可见，功率谱密度函数 $S_x(\omega)$表示随机过程的均方值(总能量)，在频率域内的分布情况。在随机振动中，利用功率谱密度函数 $S_x(\omega)$表示能量在各圆频率上的分布密度。根据其物理意义可知，$S_x(\omega)\geqslant0$。前面已经讲过，自相关函数为偶函数，由式(8－21)，可得

$$S_x(\omega) = \frac{1}{2\pi}\int_{-\infty}^{\infty} R_x(\tau)(\cos\omega\tau - \mathrm{i}\sin\omega\tau)\mathrm{d}\tau = \frac{1}{\pi}\int_{0}^{\infty} R_x(\tau)\cos\omega\tau\mathrm{d}\tau \tag{8-24}$$

由式(8－24)可知，功率谱密度函数 $S_x(\omega)$ 为 ω 的偶函数。

将在整个频率域内定义的功率谱 $S_x(\omega)$ 称为双边功率谱。但是在实际的工程应用中，只有正频率才是有意义的，为此，将只在正频率范围内所定义的功率谱称为单边功率谱，记作 $G_x(\omega)$。单边谱和双边谱的关系为

$$G_x(\omega)=2S_x(\omega) \quad 0\leqslant\omega<\infty \tag{8-25}$$

实际计算功率谱时，通常利用频率 f(Hz)代替圆频率 ω(rad/s)，则维纳-辛钦关系式变为

$$S_x(f) = \frac{1}{2\pi}\int_{-\infty}^{\infty} R_x(\tau)\mathrm{e}^{-\mathrm{i}2\pi f\tau}\mathrm{d}f \tag{8-26}$$

其逆变换为

$$R_x(\tau) = \int_{-\infty}^{\infty} S_x(f)\mathrm{e}^{\mathrm{i}2\pi f\tau}\mathrm{d}f \tag{8-27}$$

则式(8－25)变为

$$G_x(f)=2S_x(f) \quad 0\leqslant f<\infty \tag{8-28}$$

例8.2

已知某随机振动 $x(t)$ 的功率谱如图 8.2 所示，试计算随机过程的均值、方差和均方值，并画出自相关函数示意图。

解：均方值：

$$\psi_x^2 = R_x(0) = \int_{-\infty}^{\infty} S_x(f)\mathrm{d}f = \int_{0}^{\infty} G_x(f)\mathrm{d}f$$
$$=50\times 50+100\times 20+50\times 20+50\times 30/2 = 6250$$

均值：　$\mu_x^2=G_x(0)=50$，$\mu_x=\sqrt{\mu_x^2}=\sqrt{G_x(0)}=\sqrt{50}=7.071$

方差：　$\sigma_x^2=\psi_x^2-\mu_x^2=6250-50=6200$

自相关函数的示意图，如图 8.3 所示。

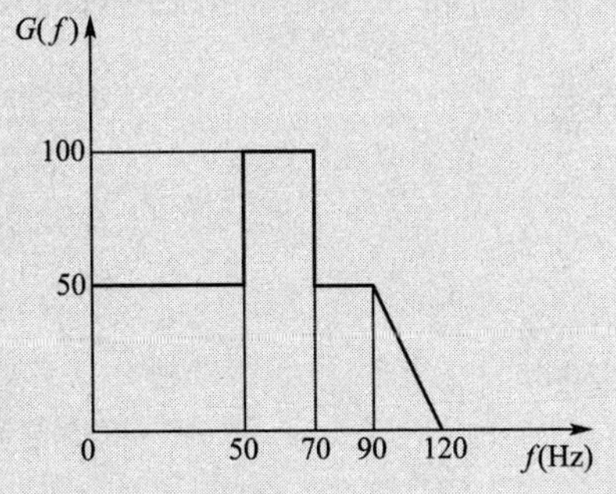

图 8.2　功率谱图

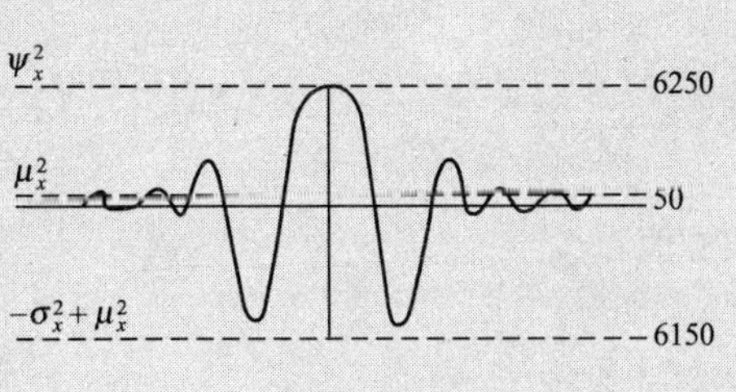

图 8.3　自相关函数示意图

8.2.4 随机振动的概率分布

1. 基本概念

图 8.4 所示的随机过程，小于特定值 x_1 的概率可以如此确定：在特定数值 x_1 作水平直线，将 $x(t)$中小于 x_1 的时间区间 Δt_i 相加，并除以总时间，即可得到 $x(t)$中小于 x_1 的概率，记为 $P(x_1)$，即

$$P(x_1)=\lim_{t\to\infty}\frac{\sum\Delta t_i}{t} \tag{8-29}$$

显然，$P(x_1\to-\infty)=0$；$P(x_1\to\infty)=1$。

由此可得到图 8.5 所示的累积概率分布函数，取值在 0～1 之间。

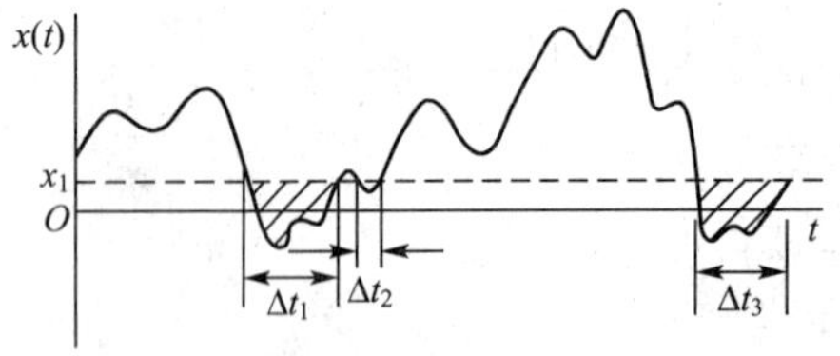

图 8.4 累积概率的计算方法

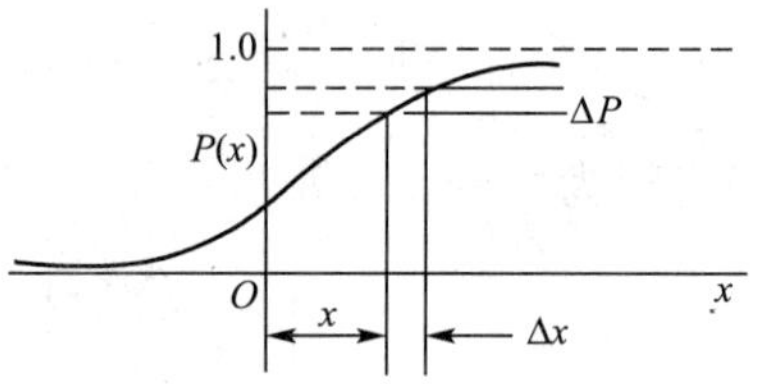

图 8.5 累积概率

如果求取值位于 x_1 和 $x_1+\Delta x$ 之间的概率，应为

$$P(x_1\leqslant x\leqslant x_1+\Delta x)=P(x_1+\Delta x)-P(x_1)$$

引入概率密度函数 $p(x)$，为

$$p(x)=\lim_{\Delta x\to 0}\frac{P(x+\Delta x)-P(x)}{\Delta x}=\frac{\mathrm{d}P(x)}{\mathrm{d}x} \tag{8-30}$$

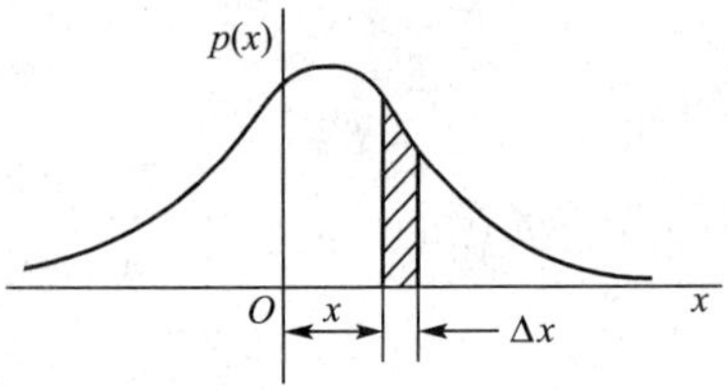

图 8.6 概率密度函数

如图 8.6 所示，显然，$p(x)$为 $P(x)$的导数，且 $P(x_1)$与 $p(x)$二者存在以下关系：

$$P(x_1)=\int_{-\infty}^{x_1}p(x)\mathrm{d}x \tag{8-31}$$

另外 $$P(\infty)=\int_{-\infty}^{\infty}p(x)\mathrm{d}x=1.0 \tag{8-32}$$

这说明，$p(x)$曲线下面的面积总和为 1。

随机过程时域统计特性与概率密度函数的关系为

均值：
$$\mu_x=\int_{-\infty}^{\infty}xp(x)\mathrm{d}x \tag{8-33}$$

方差：
$$\sigma_x^2=\int_{-\infty}^{\infty}(x-\mu_x)^2p(x)\mathrm{d}x \tag{8-34}$$

均方值：
$$\psi_x^2=\int_{-\infty}^{\infty}x^2p(x)\mathrm{d}x \tag{8-35}$$

2. 概率分布

正态分布和瑞利分布是两种最常见的概率分布，数学表达式分别为

正态分布：
$$p(x)=\frac{1}{\sigma\sqrt{2\pi}}e^{-x^2/2\sigma^2} \tag{8-36}$$

曲线为对称于均值的钟形曲线，而且标准差越小，曲线越狭窄。

瑞利分布：
$$p(x)=\frac{x}{\sigma^2}e^{-x^2/2\sigma^2},\quad x>0 \tag{8-37}$$

两种概率分布的函数曲线，分别如图 8.7 和图 8.8 所示。

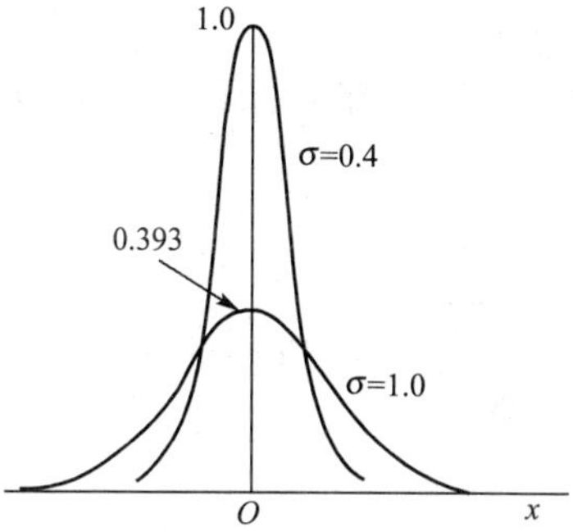

图 8.7 正态分布

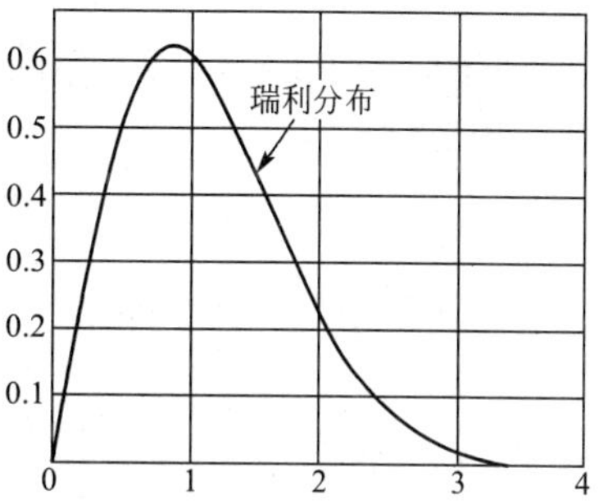

图 8.8 瑞利分布

3. 概率分布实例

如图 8.9 所示，分别给出了 3 种过程的概率函数。

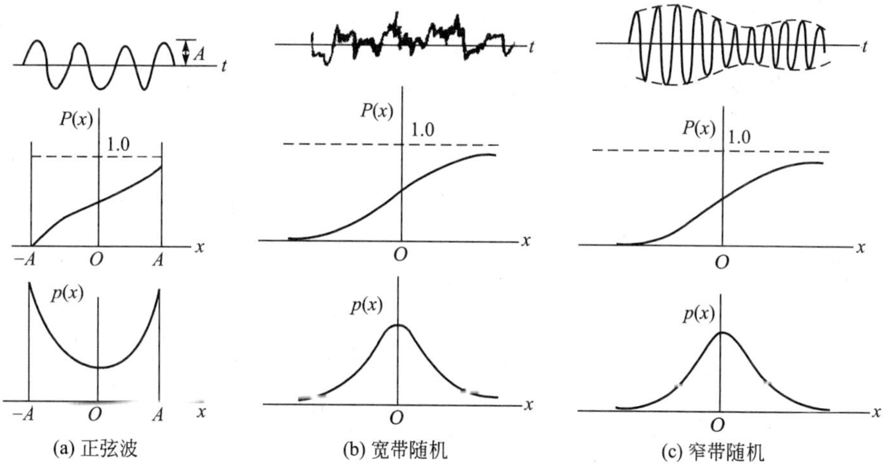

图 8.9 概率函数实例

8.3 线性振动系统随机响应计算

通常，可以利用脉冲响应函数或频率响应函数来描述系统的特性。为了求解线性系统在稳态随机激励下的响应特性，首先要建立线性系统的随机响应统计特性与输入的统计特性以及系统传递特性三者之间的关系。

8.3.1 线性系统随机激励响应统计特性

线性系统在任意激励下的解可以根据杜哈梅积分写出：

$$x(t)=\int_{0}^{t}F(\tau)h(t-\tau)\mathrm{d}\tau \tag{8-38}$$

将积分的上、下限扩展为$-\infty$和∞不影响积分结果，即

$$x(t)=\int_{-\infty}^{\infty}F(\tau)h(t-\tau)\mathrm{d}\tau=\int_{-\infty}^{\infty}F(t-\tau)h(\tau)\mathrm{d}\tau \tag{8-39}$$

因为激励 $F(t)$为平稳随机过程，因此，响应 $x(t)$也是平稳随机过程，其统计特性可以按照以下的方法进行计算。

1. 均值

$$\mu_x=E[x(t)]=E\left[\int_{-\infty}^{\infty}F(\tau)h(t-\tau)\mathrm{d}\tau\right]=\int_{-\infty}^{\infty}E[F(t-\tau)]h(\tau)\mathrm{d}\tau$$

$$=\mu_F\int_{-\infty}^{\infty}h(\tau)\mathrm{d}\tau=\mu_F H(j\omega)\Big|_{\omega=0}$$

即

$$\mu_x=\mu_F H(0) \tag{8-40}$$

由此可知，响应的均值等于激励均值的 $H(0)$倍。

2. 自相关函数

$$R_x(\tau)=E[x(t)x(t+\tau)]=E\left[\int_{-\infty}^{\infty}F(t-\tau_1)h(\tau_1)\mathrm{d}\tau_1\int_{-\infty}^{\infty}F(t+\tau-\tau_2)h(\tau_2)\mathrm{d}\tau_2\right]$$

$$=E\left[\int_{-\infty}^{\infty}\int_{-\infty}^{\infty}h(\tau_1)E[F(t-\tau_1)F(t+\tau-\tau_2)]h(\tau_2)\mathrm{d}\tau_1\mathrm{d}\tau_2\right]$$

即

$$R_x(\tau)=\int_{-\infty}^{\infty}h(\tau_1)\int_{-\infty}^{\infty}R_F(t+\tau_1-\tau_2)h(\tau_2)\mathrm{d}\tau_2\mathrm{d}\tau_1 \tag{8-41}$$

3. 激励与响应的互相关函数

$$R_{Fx}(\tau)=E[F(t)x(t+\tau)]=E\left[F(t)\int_{-\infty}^{\infty}F(t+\tau-\lambda)h(\lambda)\mathrm{d}\lambda\right]$$

$$=\left[\int_{-\infty}^{\infty}E[F(t)F(t+\tau-\lambda)]h(\lambda)\mathrm{d}\lambda\right]$$

即

$$R_{Fx}(\tau)=\left[\int_{-\infty}^{\infty}R_F(\tau-\lambda)h(\lambda)\mathrm{d}\lambda\right] \tag{8-42}$$

4. 响应自谱

$$S_x(\omega)=\int_{-\infty}^{\infty}R_x(\tau)\mathrm{e}^{-\mathrm{i}\omega\tau}\mathrm{d}\tau$$

$$=\int_{-\infty}^{\infty}\left[\int_{-\infty}^{\infty}\int_{-\infty}^{\infty}h(\tau_1)h(\tau_2)R_F(t+\tau_1-\tau_2)\mathrm{d}\tau_1\mathrm{d}\tau_2\right]\mathrm{e}^{-\mathrm{i}\omega\tau}\mathrm{d}\tau$$

$$=\int_{-\infty}^{\infty}h(\tau_1)\mathrm{e}^{\mathrm{i}\omega\tau_1}\mathrm{d}\tau_1\left[\int_{-\infty}^{\infty}R_F(t+\tau_1-\tau_2)\mathrm{e}^{-\mathrm{i}\omega(\tau+\tau_1-\tau_2)}\mathrm{d}\tau\right]\int_{-\infty}^{\infty}h(\tau_2)\mathrm{e}^{-\mathrm{i}\omega\tau_2}\mathrm{d}\tau_2$$

$$=H^*(\omega)S_F(\omega)H(\omega)$$

即

$$S_x(\omega)=|H(\omega)|^2S_F(\omega) \tag{8-43}$$

可知，根据激励谱和系统的频率响应函数，可以求出系统的响应谱。

5. 均方值

根据自相关与均方值之间关系，可知

$$\psi_x^2=R_x(0)=\int_{-\infty}^{\infty}S_x(\omega)\mathrm{d}\omega=\int_{-\infty}^{\infty}|H(\omega)|^2S_F(\omega)\mathrm{d}\omega \tag{8-44}$$

当激励为白噪声时，激励谱为常数，所以

$$\psi_x^2=\frac{S_0}{2\pi}\int_{-\infty}^{\infty}|H(\omega)|^2\mathrm{d}\omega \tag{8-45}$$

积分 $I_n=\int_{-\infty}^{\infty}|H_n(\omega)|^2\mathrm{d}\omega$，其中，$H_n(\omega)=\dfrac{\sum_{k=0}^{n-1}B_k(\mathrm{i}\omega)^k}{\sum_{k=0}^{n}A_k(\mathrm{i}\omega)^k}$，的求解见表 8-2。

表 8-2 均方值积分公式

n	I_n
1	$I_1=\dfrac{\pi B_0^2}{A_0A_1}$
2	$I_2=\dfrac{\pi(A_0B_1^2+A_2B_0^2)}{A_0A_1A_2}$
3	$I_3=\dfrac{\pi[A_0A_3(2B_0B_2+B_1^2)-A_0A_1B_2^2-A_2A_3B_0^2]}{A_0A_3(A_0A_3-A_1A_2)}$
4	$I_4=\dfrac{\pi\begin{bmatrix}A_0B_3^2(A_0A_3-A_1A_2)+A_0A_1A_4(2B_1B_3-B_2^2)\\-A_0A_3A_4(B_1^2-2B_0B_2)+A_4B_0^2(A_1A_4-A_2A_3)\end{bmatrix}}{A_0A_4(A_0A_3^2+A_1^2A_4-A_1A_2A_3)}$
5	$I_5=\dfrac{\pi M}{N}$ $M=A_0B_4^2(A_0A_3^2+A_1^2A_4-A_0A_1A_5-A_1A_2A_3)+A_0A_5(2B_2B_4-B_3^2)(A_1A_2-A_0A_3)$ $+A_0A_5(2B_0B_4-2B_1B_3+B_2^2)(A_0A_5-A_1A_4)+A_0A_5(2B_0B_2-B_1^2)(A_3A_4-A_2A_5)$ $+A_5B_0^2(A_1A_4^2+A_2^2A_5-A_0A_4A_5-A_4A_2A_3)$ $N=A_0A_5^2(A_0^2A_5^2-2A_0A_1A_4A_5-A_0A_5A_2A_3+A_1A_2^2A_5+A_1^2A_4^2+A_0A_3^2A_4-A_1A_2A_3A_4)$

6. 激励与响应的互谱

对激励与响应的互相关函数作傅里叶变换得到互谱，即

$$S_{Fx}=\int_{-\infty}^{\infty}R_{Fx}(\tau)\mathrm{e}^{-\mathrm{i}\omega\tau}\mathrm{d}\tau=\int_{-\infty}^{\infty}\int_{-\infty}^{\infty}R_{Fx}(\tau-\lambda)h(\lambda)\mathrm{d}\lambda\mathrm{e}^{-\mathrm{i}\omega\tau}\mathrm{d}\tau$$

$$=\int_{-\infty}^{\infty}R_{Fx}(\tau-\lambda)\mathrm{e}^{-\mathrm{i}\omega(\tau-\lambda)}\mathrm{d}(\tau-\lambda)\int_{-\infty}^{\infty}h(\lambda)\mathrm{e}^{-\mathrm{i}\omega\tau}\mathrm{d}\tau$$

即

$$S_{Fx}=H(\omega)S_F(\omega) \tag{8-46}$$

7. 谱相干函数

$$\gamma_{Fx}(\omega)=\frac{|S_{Fx}(\omega)|^2}{S_F(\omega)S_x(\omega)} \tag{8-47}$$

对于线性系统：

$$\gamma_{Fx}(\omega)=\frac{|S_{Fx}(\omega)|^2}{S_F(\omega)S_x(\omega)}=\frac{|H(\omega)S_F(\omega)|^2}{S_F(\omega)|H(\omega)|^2S_F(\omega)}=1 \tag{8-48}$$

即线性系统的谱相干函数为1。但是实际测量得到的谱相干函数一般小于1，可能是由于非线性因素或测试信号中的噪声引起的。

至此，已经完成了线性系统随机振动响应的统计特性的计算，将上述结果进行整理，见表8-3。

表8-3　线性系统随机振动响应

序号	名称	计算公式
1	响应均值	$\mu_x=\mu_F H(0)$
2	自相关函数	$R_x(\tau)=\int_{-\infty}^{\infty}h(\tau_1)\int_{-\infty}^{\infty}R_F(t+\tau_1-\tau_2)h(\tau_2)\mathrm{d}\tau_2\mathrm{d}\tau_1$
3	响应自谱	$S_x(\omega)=\|H(\omega)\|^2S_F(\omega)$
4	响应均方值	$\psi_x^2=\int_{-\infty}^{\infty}\|H(\omega)\|^2S_F(\omega)\mathrm{d}\omega$
5	激励与响应互相关函数	$R_{Fx}(\tau)=\int_{-\infty}^{\infty}R_F(\tau-\lambda)h(\lambda)\mathrm{d}\lambda$
6	激励与响应互谱	$R_{Fx}(\omega)=H(\omega)S_F(\omega)$
7	激励与响应互相干函数	$\gamma_{Fx}(\omega)=\frac{\|S_{Fx}(\omega)\|^2}{S_F(\omega)S_x(\omega)}$

上述的分析结果对于SISO(单输入单输出)、SIMO(单输入多输出)和MIMO(多输入多输出)系统的随机响应问题同样适用。但是需要注意，对于SIMO系统，计算第i个广义坐标$x_i(t)$的统计特性，需要将第i个广义坐标$x_i(t)$对应激励$F(t)$的脉冲响应函数$h(\lambda)$和频率响应函数$h_i(\omega)$代入到相应的公式中进行计算。

由于MIMO系统相对比较复杂，这里对此进行简单的阐述。假设n自由度线性系统受到m个平稳随机激励($m\leqslant n$)，则第i个坐标$x_i(t)$对于沿第j个坐标的激励$F_j(t)$的脉冲响应函数为$h_{ij}(\lambda)$，频率响应函数为$H_{ij}(\omega)$ ($i=1, 2, \cdots, n$；$j=1, 2, \cdots, m$)，它们构成脉冲响应函数矩阵和频率响应函数矩阵，即

$$\begin{cases}h(t)=[h_{ij}(t)]\\ H(\omega)=[H_{ij}(\omega)]\end{cases} \tag{8-49}$$

将$F_j(t)$($j=1, 2, \cdots, m$)和$x_i(t)$ ($i=1, 2, \cdots, n$)排成列阵，即

$$\begin{cases} F(t)=[F_j(t)] \\ x(t)=[x_i(t)] \end{cases} \tag{8-50}$$

忽略中间的推导过程，得到响应统计特性的计算公式为

（1）响应的自相关矩阵。公式为

$$R_{xx}=\int_{-\infty}^{\infty} h(\tau_1)\mathrm{e}^{\mathrm{i}\omega\tau_1}\mathrm{d}\tau_1\left[\int_{-\infty}^{\infty} R_F(t+\tau_1-\tau_2)\mathrm{e}^{-\mathrm{i}\omega(\tau+\tau_1-\tau_2)}\mathrm{d}\tau\right]\int_{-\infty}^{\infty} h(\tau_2)\mathrm{e}^{-\mathrm{i}\omega\tau_2}\mathrm{d}\tau_2 \tag{8-51}$$

（2）响应的自谱矩阵。公式为

$$S_x(\omega)=H^*(\omega)S_{FF}(\omega)H^{\mathrm{T}}(\omega) \tag{8-52}$$

（3）激励与响应的互相关矩阵。公式为

$$R_{Fx}(\tau)=\int_{-\infty}^{\infty} R_F(\tau-\lambda)h^{\mathrm{T}}(\lambda)\mathrm{d}\lambda \tag{8-53}$$

（4）激励与响应的互谱矩阵。公式为

$$S_{Fx}(\omega)=S_{FF}(\omega)H^{\mathrm{T}}(\omega) \tag{8-54}$$

8.3.2 线性系统传递特性

从线性系统随机振动响应的统计特性的分析来看，系统的频率响应函数十分重要。为此，在这里讲述系统传递特性，即频率响应函数的求解方法。

频率响应函数是指初始条件为零时系统的输出与输入的傅里叶变换的比值，其求解的基本过程为：

（1）列出系统的运动微分方程；

（2）假设全部初始条件为零，对微分方程进行拉普拉斯变换；

（3）求系统的输出量与输入量之比；

（4）将 $s=\mathrm{j}\omega$ 代入输出量与输入量的比值，得到频率响应函数。

当然，也可以利用谐函数方法进行求解，读者可参考有关文献。

例8.3

图8.10所示为汽车单质量振动系统模型，求车身位移 x 对路面不平度 q 的频率响应函数。

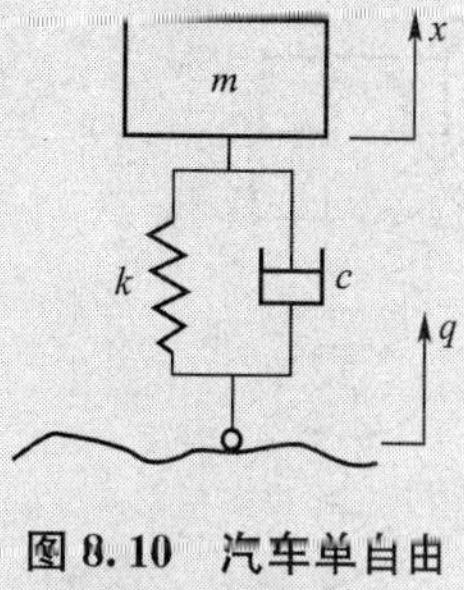

图8.10 汽车单自由度振动系统

解：（1）微分方程为

$$m\ddot{x}+c\dot{x}+kx=c\dot{q}+kq$$

（2）拉氏变换得

$$X(s)[ms^2+cs+k]=Q(s)[cs+k]$$

（3）输入输出比为

$$\frac{X(s)}{Q(s)}=\frac{cs+k}{ms^2+cs+k}$$

（4）频率响应函数为

$$H(\omega)=\frac{X(\omega)}{Q(\omega)}=\frac{c(\mathrm{j}\omega)+k}{m(\mathrm{j}\omega)^2+c(\mathrm{j}\omega)+k}=\frac{\mathrm{j}c\omega+k}{-m\omega^2+\mathrm{j}c\omega+k}$$

8.4 汽车随机振动计算实例

例8.4

对于例题8.3所示的汽车单质量系统振动模型，若路面不平度的激励谱为 $S(\omega)=\dfrac{S_0}{2\pi V}$，其中，$V$ 为车速，求车身振动响应的响应谱和均方值。

解：已经求得频率响应函数为

$$H(\omega)=\frac{X(\omega)}{Q(\omega)}=\frac{\mathrm{j}c\omega+k}{-m\omega^2+\mathrm{j}c\omega+k}$$

则

$$S_x(\omega)=|H(\omega)|^2S_q(\omega)=\left|\frac{\mathrm{j}c\omega+k}{-m\omega^2+\mathrm{j}c\omega+k}\right|^2\frac{S_0}{2\pi V}$$

所以，响应的均方值为

$$\psi_x^2=\int_{-\infty}^{\infty}|H(\omega)|^2S_q(\omega)\mathrm{d}\omega=\int_{-\infty}^{\infty}|H(\omega)|^2\frac{S_0}{2\pi V}\mathrm{d}\omega$$

$$=\frac{S_0}{2\pi V}\int_{-\infty}^{\infty}\left|\frac{\mathrm{j}c\omega+k}{-m\omega^2+\mathrm{j}c\omega+k}\right|^2\mathrm{d}\omega$$

根据表8-2中的计算公式 $I_2=\dfrac{\pi(A_0B_1^2+A_2B_0^2)}{A_0A_1A_2}$，得到响应的均方值为

$$\psi_x^2=\frac{S_0}{2\pi V}\frac{\pi(kc^2+mk^2)}{mkc}=\frac{\pi(c^2+mk)}{2Vmc}$$

例8.5

如图8.11所示的汽车双质量系统振动模型，若路面不平度的激励谱为 $S(\omega)=\dfrac{S_0}{2\pi V}$，其中，$V$ 为车速，分别求车身和车轮振动的统计特性。

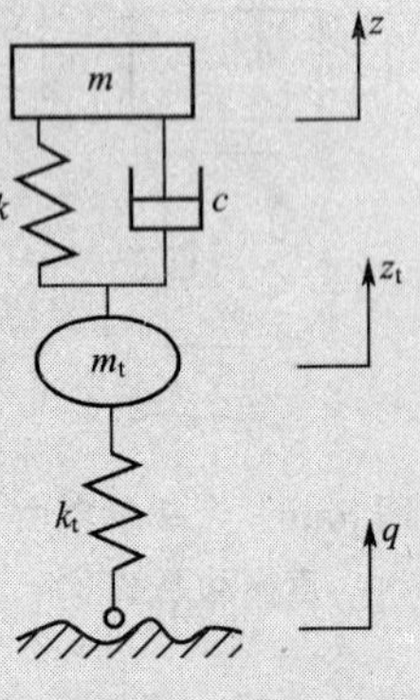

图8.11 二自由度汽车振动模型

解：系统的振动微分方程为

$$\begin{bmatrix}m & 0\\0 & m_{\mathrm{T}}\end{bmatrix}\begin{Bmatrix}\ddot{z}\\\ddot{z}_{\mathrm{T}}\end{Bmatrix}+\begin{bmatrix}c & -c\\-c & c\end{bmatrix}\begin{Bmatrix}\dot{z}\\\dot{z}_{\mathrm{T}}\end{Bmatrix}+\begin{bmatrix}k & -k\\-k & k+k_{\mathrm{T}}\end{bmatrix}\begin{Bmatrix}z\\z_{\mathrm{T}}\end{Bmatrix}=\begin{Bmatrix}0\\k_{\mathrm{T}}\end{Bmatrix}q$$

写成矩阵形式为

$$M\ddot{Z}+C\dot{Z}+KZ=K'Q$$

两边进行拉氏变换，得到

$$G(s)=\frac{Z(s)}{Q(s)}=(K-Ms^2+Cs)^{-1}K'=\frac{\mathrm{adj}(K-Ms^2+Cs)}{|K-Ms^2+Cs|}K'$$

$$=\frac{\begin{bmatrix}m_{\mathrm{T}}s^2+cs+k+k_{\mathrm{T}} & cs+k\\cs+k & ms^2+cs+k\end{bmatrix}\begin{Bmatrix}0\\k_{\mathrm{T}}\end{Bmatrix}}{\begin{vmatrix}ms^2+cs+k & -cs-k\\-cs-k & m_{\mathrm{T}}s^2+cs+k+k_{\mathrm{T}}\end{vmatrix}}=\frac{\begin{Bmatrix}k_{\mathrm{T}}(cs+k)\\k_{\mathrm{T}}(ms^2+cs+k)\end{Bmatrix}}{\Delta(s)}$$

将 $s=j\omega$ 代入上式，得到频率响应函数为

$$H(\omega)=\frac{\begin{Bmatrix} k_T(j\omega c+k) \\ k_T(-m\omega^2+jc\omega+k) \end{Bmatrix}}{\Delta(\omega)}$$

即

$$H_{zq}(\omega)=\frac{k_T(j\omega c+k)}{\Delta(\omega)}$$

$$H_{z_Tq}(\omega)=\frac{k_T(-m\omega^2+jc\omega+k)}{\Delta(\omega)}$$

式中，$\Delta(\omega)=(-m\omega^2+jc\omega+k)(-m_T\omega^2+jc\omega+k+k_T)-(jc\omega+k)^2$。

1）响应的均值

因为，$H_{zq}(0)=\dfrac{k_Tk}{k(k_T+k)-k^2}=1$，$H_{z_Tq}(0)=\dfrac{k_Tk}{k(k_T+k)-k^2}=1$

所以，响应的均值为 $\mu_z=\mu_{z_T}=\mu_q$。

2）响应的功率谱

$$S_z(\omega)=|H_{zq}(\omega)|^2S_q(\omega)=\left|\frac{k_T(jc\omega+k)}{\Delta(\omega)}\right|^2\frac{S_0}{2\pi V}$$

$$S_{z_T}(\omega)=|H_{z_Tq}(\omega)|^2S_q(\omega)=\left|\frac{k_T(-m\omega^2+jc\omega+k)}{\Delta(\omega)}\right|^2\frac{S_0}{2\pi V}$$

3）响应的均方值

$$\psi_z^2=\int_{-\infty}^{\infty}|H_{zq}(\omega)|^2S_q(\omega)d\omega=\frac{S_0}{2\pi V}\int_{-\infty}^{\infty}\left|\frac{k_T(jc\omega+k)}{\Delta(\omega)}\right|^2d\omega$$

$$\psi_{z_T}^2=\int_{-\infty}^{\infty}|H_{z_Tq}(\omega)|^2S_q(\omega)d\omega=\frac{S_0}{2\pi V}\int_{-\infty}^{\infty}\left|\frac{k_T(-m\omega^2+jc\omega+k)}{\Delta(\omega)}\right|^2d\omega$$

由此，根据表 8-2 中的计算公式，可求得均方值。

小　　结

本章介绍了随机振动的基本概念、统计特性和随机响应计算。其中包括：平稳随机振动、各态历经随机振动，随机振动的幅值域特性、相关域特性、频率域特性和概率分布，线性系统随机激励响应的统计特性和线性系统的传递特性，最后结合实例，对汽车随机振动计算进行分析。通过该章的学习，可为实际车辆的随机振动分析提供有效的分析方法。

【关键术语】

随机过程　平稳随机振动　各态历经随机振动　幅值域统计特性　相关域统计特性　频域统计特性　维纳-辛钦关系式　概率分布　响应谱　路面不平度激励谱　车辆随机振动的统计特性

习题

1. 求图 8.12 所示方波的均值和均方值。

2. 求正弦波 $x=A_0+A_1\sin pt$ 的均值和均方值。

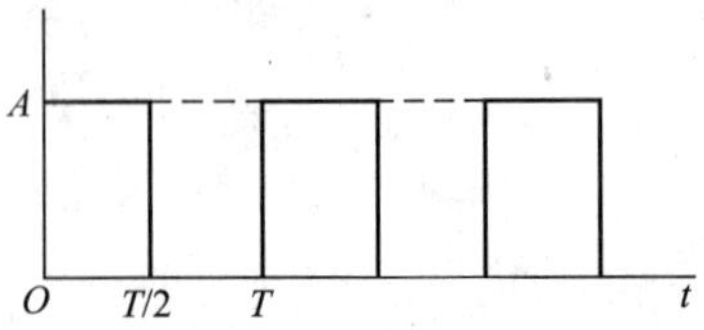

图 8.12 方波

3. 试阐述随机过程在时域、相关域和频率域统计特性之间的关系。

4. 求图 8.13 所示振动系统的频率响应函数 x/x_s。

5. 已知路面不平度激励的功率谱为 $S_q(\omega)=\dfrac{S_0}{2\pi V}$($V$ 为车速)，试对比图 8.14(a)和图 8.14(b)所示两种振动模型的响应功率谱的差别，并求出响应的均方值。

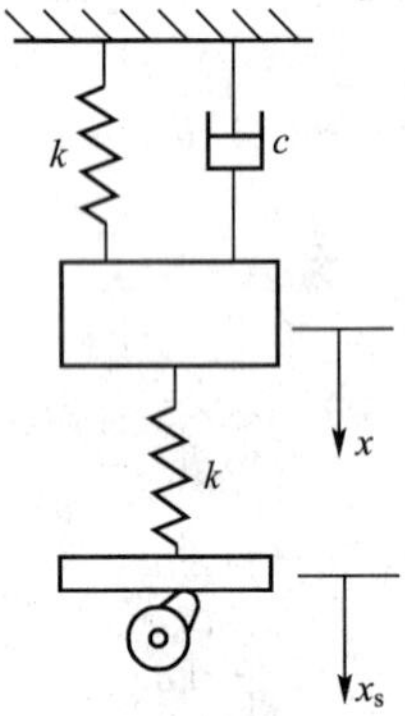

图 8.13 随机振动系统

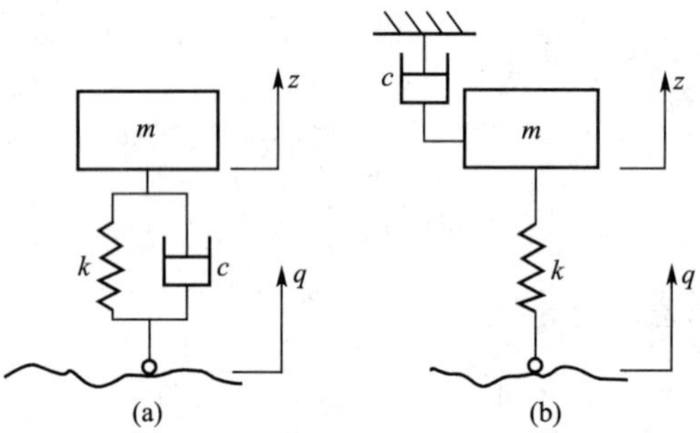

图 8.14 车轮随机振动模型

第9章 车辆行驶振动

本章学习目标

★ 了解路面不平度的基本概念，及测量方法，路面不平度功率谱密度及表示方法；

★ 熟悉掌握车辆行驶振动性能评价方法；

★ 掌握单轮车辆模型及振动微分方程，振动加速度、评价尺度及影响因素。

本章教学要点

知识要点	能力要求	相关知识
路面不平度及其功率谱	了解路面不平度的基本概念，及测量方法；路面不平度功率谱密度及表示方法	路面不平度，测量方法，路面不平度传统测量技术，GMR路面计，非接触式路面测量装置，角度基准路面纵剖面测量仪；路面不平度功率谱密度及表示方法
车辆振动性能的评价	熟悉掌握车辆行驶振动性能评价方法	车轮动载，行驶安全性，道路应力，车轮法向力冲击系数，弹簧挠度，悬架挠度，舒适性评价，振动强度、作用时间，评价函数
单轮车辆模型	掌握单轮车辆模型及振动微分方程，车辆振动加速度、评价尺度及影响因素	单轮车辆模型，振动微分方程，车辆振动频率范围，典型的共振频率范围，车辆振动加速度、评价尺度及影响因素，车身相对阻尼系数，座椅相对阻尼系数

本章学习方法

本章主要讲述车辆在行驶状态下的振动及车辆振动性能评价和影响因素。由于车辆行驶状态下的振动，不仅与路况、车速有关，而且还与车辆的结构参数，即车辆系统的相对阻尼比有关，因此，在学习本章应该在学习一般振动理论的基础上，结合车辆行驶的实际情况(路况、车速和车辆结构参数)，对车辆的振动进行分析，对车辆加速度、性能评价及影响因素进行分析，从而为车辆半主动悬架设计奠定坚实的理论基础。

9.1 路面不平度及其功率谱

路面不平使车辆在行驶中产生阻力和振动。行驶阻力消耗车辆的功率并影响车辆动力系统和传动系统的寿命。而冲击所产生的振动，则直接影响车辆平顺性、乘坐舒适性以及行驶系的可靠性和寿命。同时阻力和振动也对车速和操纵稳定性产生影响。

9.1.1 路面不平度的测量

预测车辆对路面输入的响应，需对路面进行恰当描述及表达。路面不平度按波长的分类如图 9.1 所示。

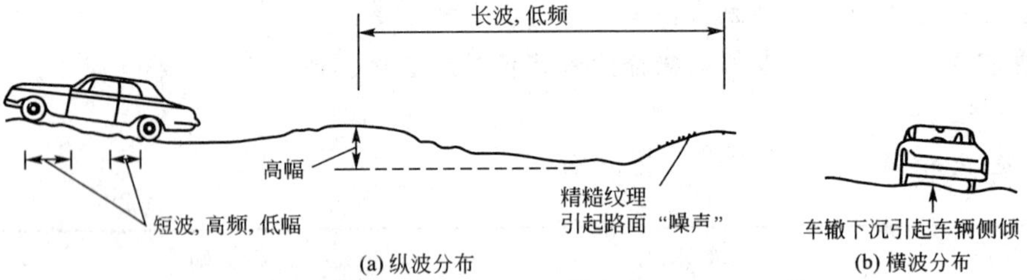

图 9.1 路面不平度的分类

沿车辆行驶方向，也就是路面纵剖面的路面不平度，根据波长可分为长波、短波和粗糙纹理 3 种类型。其中，长波引起车辆的低频振动，短波引起车辆的高频振动，粗糙纹理则引起轮胎的行驶噪声。在道路的横断面上，不平度则表现为车辙和横断面的不平，以及所引起的振动和侧倾。

按照国际道路不平度试验(International Road Roughness Experiment，IRRE)的定义，路面不平度是指道路表面对于理想平面的偏离，它具有影响车辆动力性、行驶质量和路面动力载荷三者的数值特征。路面不平度可采用以下几种方式进行测量：

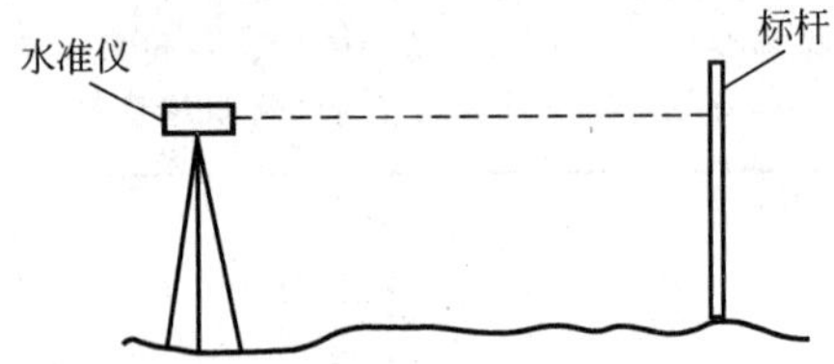

图 9.2 水准仪-标杆的测量方法

(1) 传统测量技术。一种使用水准仪和标杆的路面不平度的测量方法，如图 9.2 所示，该方法非常精确，但费时费工，且人工操作的错误率高，因此，近代很少采用。

(2) GMR 路面计。如图 9.3 为初期的 GMR 路面计(General Meier Road Profilometer)结构原理图。

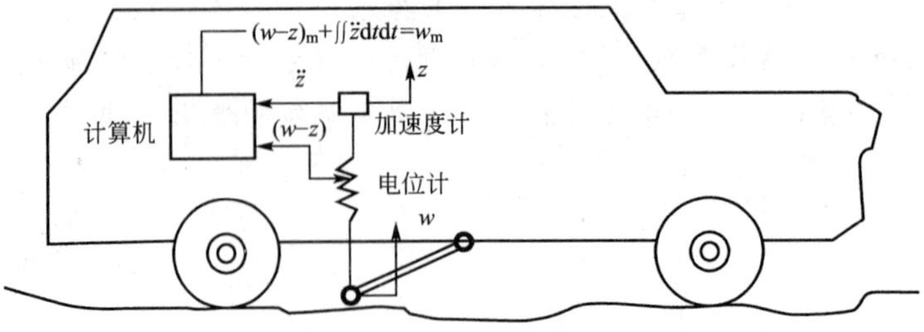

图 9.3 GMR 路面计的原理图

GMR 路面计自 20 世纪 60 年代开发成功以来，该方案风靡世界经久不衰，在诸多的路面不平度测量仪器中有重要地位。装在测量车上的加速度传感器位于跟随轮的正上方，它测量车辆垂直加速度 $\ddot{z}$，经过两次积分就求得车辆的垂直位移。跟随轮与车辆之间的相对位移$(w-z)_m$是由电位计测出的，下标“m”的含义是表示该值为测量值。这样，就可以用下式计算得到路面不平度

$$w_m = (w-z)_m + \iint \ddot{z}\mathrm{d}t\mathrm{d}t \tag{9-1}$$

式中，w_m为路面不平度的测量结果。

虽然后来的 GMR 路面计采用了激光的非接触式高度测量传感器及数字车载计算机等，但是，其工作原理基本与初期的路面计的工作原理是相同的。

(3) 非接触式路面测量装置。假如路面的细致纹理也需要考虑，则可以采用非接触式测量方法，如，声波、超声波和激光方法，其工作原理如图 9.4 所示。

(4) 角度基准路面纵剖面测量仪。角度基准的纵剖面仪，特别是陀螺基准的纵剖面仪，具有测量机动性能好、使用方便、幅频特性好等诸多优点，是一种重要的路面测量仪器。它利用了陀螺角度基准与移动位置无关的特性。下面以采用双角度求和方案的路面轮廓仪为例介绍其工作原理。

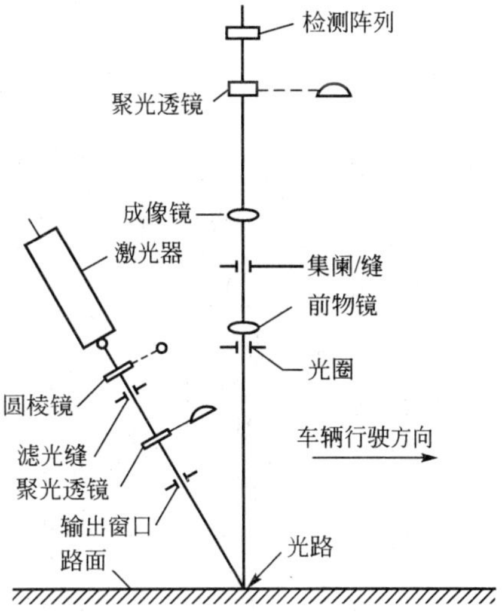

图 9.4 GMR 的激光测高传感器

路面轮廓仪是美国阿伯丁武器试验场的路面不平度测量仪，用以测量试验跑道的不平度。图 9.5 是该仪器的测量机构，由吉普车牵引。垂直陀螺作为测量基准安装在牵引臂上，而测量轮架则装在牵引臂的末端。垂直陀螺可以测量出牵引臂相对于水平基准的俯仰角 α，而角度传感器(图中未画出)可以测量轮架和牵引臂之间的夹角 β。这两个角度相加就得到测量轮架相当于水平基准的地形角。在测量轮的后轮上，安装了轮速传感器，用它测量车速 u。

如果轮架的轮距很小，测量的高度 y 和水平移动距离 x，如图 9.6 所示。

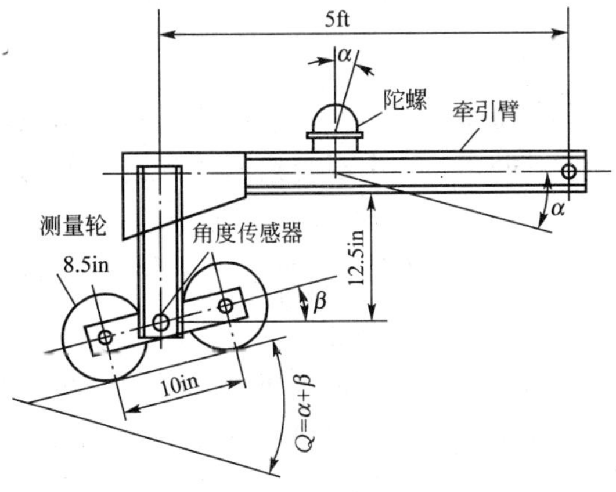

图 9.5 路面轮廓仪的测量机构

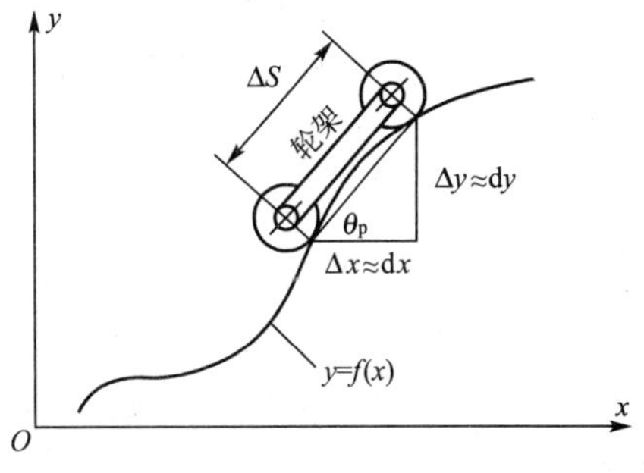

图 9.6 建立跑道轮廓函数的图形

由图 9.3 可知，测量的高度 y 和水平移动距离 x，可表示为

$$\begin{cases} y=\int_0^t u\sin\theta \mathrm{d}t \\ x=\int_0^t u\cos\theta \mathrm{d}t \end{cases} \tag{9-2}$$

例如，两小轮间距为 150mm，那么就可获得波数高达 3～4c/m(即周/米)的空间频率信息。如果测量车以 2m/s 的速度行驶，那么所测得的不平度信号频率范围可覆盖至 8Hz。

9.1.2 路面不平度及其功率谱密度

把路面纵剖面的不平度随机数据表示为频域的方式，是提取路面内在信息的一种重要方法。如果某段路面足够长，以致其不平度数据的统计特征具有典型性，就可以将其展开成傅里叶级数得到振幅谱，用它表示路面特征。这时可以将路面轮廓如图 9.7(a)所示看成由各种波长的正弦曲线叠加而成。

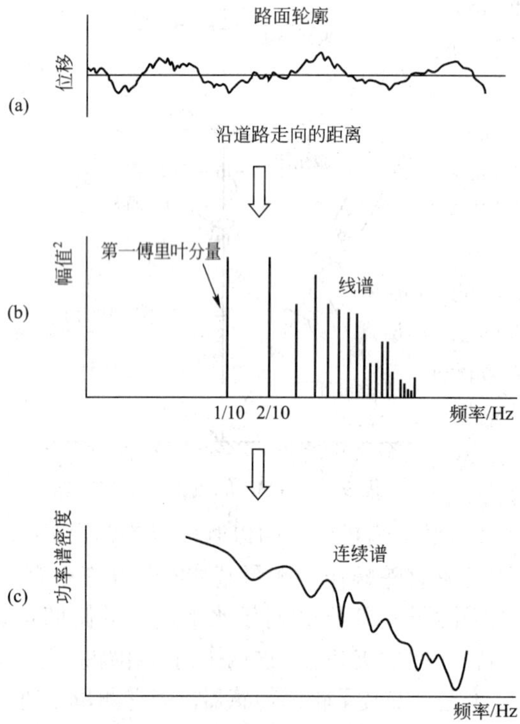

图 9.7 由实测路面数据到频域表示的分析过程

图 9.7(b)所示的振幅谱中，谱线的最低频率是 1/10Hz，其余频率是其整数倍。频谱表示方式的不足在于各离散频率的大小与记录时间的长度有关。如果利用谱密度代替振幅谱就可以克服这一不足，图 9.7(c)所示的功率谱密度即为路面不平度的频域描述，其频率范围还可以扩展到 9.7(b)所示振幅谱谱线的最低频率以下。

实际路面的低频长波通常有较大的振幅，而高频短波具有较小的振幅。

9.1.3 测量数据处理及路面不平度表示

大量测量结果证明，路面功率谱密度函数具有负指数特性，不同等级路面的指数也大体相同，所以标准(GB/T 7031—2005 和 ISO/DIS 8608)中规定路面功率谱密度的拟合表达式为

$$S_h(\Omega)=S_h(\Omega_0)(\Omega/\Omega_0)^{-w} \tag{9-3}$$

式中，$S_h(\Omega)$为路面功率谱密度，$m^2/(c/m)$；Ω 为空间圆频率(即周数)，c/m；Ω_0 为标准的空间圆频率，$\Omega_0=0.2\pi c/m$；$S_h(\Omega_0)$为标准空间频率 Ω_0 所对应的功率谱密度，代表道路不平的程度；w 为频率指数，表示谱密度的频率结构，实际上它就是双对数谱密度曲线的斜率。

图 9.8 为路面不平度实测的结果。

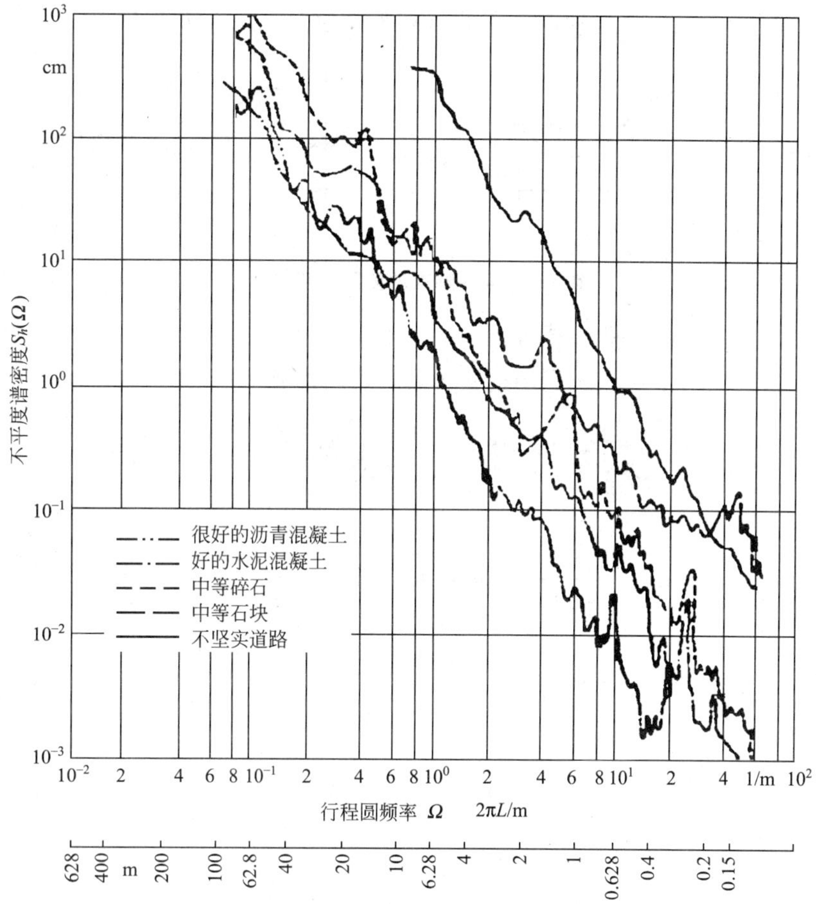

图 9.8 多种路面的功率谱密度

有些情况下，路面谱密度方程包含的频率指数在不同频段可能不同。如果有两个频率指数，则式(9-3)可改写成

$$S_h(\Omega)=\begin{cases}S_h(\Omega_0)(\Omega/\Omega_0)^{-w_1}\\ S_h(\Omega_0)(\Omega/\Omega_0)^{-w_2}\end{cases} \tag{9-4}$$

按照功率谱密度的定义，假如实测路面的长度为 X，则与行程固有圆频率 Ω 有关的路面谱密度为

$$S_h(\Omega)=\lim_{X\to\infty}\frac{1}{X}|F[h(x)]|^2 \tag{9-5}$$

在建立行驶振动力学模型时，采用与时间圆频率 ω 有关的谱密度 $S_h(\omega)$。下面讨论 $S_h(\omega)$ 与 $S_h(\Omega)$ 之间的关系。

按照时间圆频率 ω 定义的路面不平度谱密度为

$$S_h(\omega)=\lim_{T_0\to\infty}\frac{1}{T_0}|F[h(t)]|^2 \tag{9-6}$$

式中，T_0为在路面长度为 X 的路段的行驶时间。

假定车速恒为 u 在一个波形内汽车的行驶距离为 L，如图 9.9 所示。

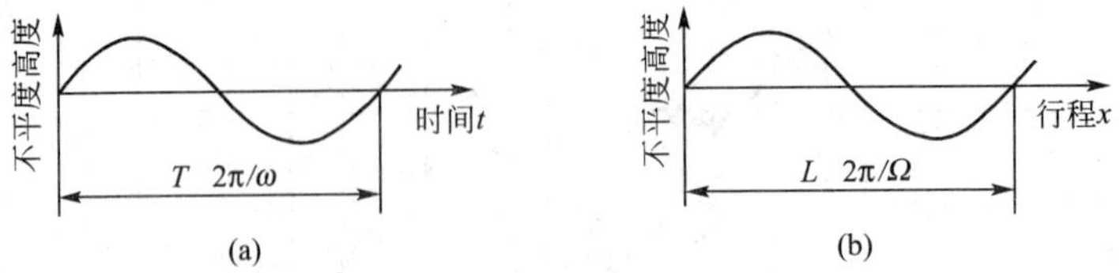

图 9.9 单一频率的路面不平度函数

行驶距离 L 与周期 T 的关系为 $L=uT$。因此，$2\pi/\Omega=u\cdot 2\pi/\omega$，这相当于 $\omega=u\Omega$。考虑到 $u=x/t$，又有 $\omega t=x\Omega$。利用这些关系，可以得到

$$F[h(t)]=\lim_{T_0\to\infty}\int_0^{T_0}h(t)\mathrm{e}^{-\mathrm{j}\omega t}\mathrm{d}t=\lim_{X\to\infty}\int_0^{X}h(x)\mathrm{e}^{-\mathrm{j}\Omega x}\frac{\mathrm{d}x}{u}=\frac{1}{u}F[h(x)] \tag{9-7}$$

故

$$\begin{aligned}S_h(\omega)&=\lim_{T_0\to\infty}\frac{1}{T_0}|F[h(t)]|^2=\lim_{X\to\infty}\frac{1}{X/u}\frac{1}{u^2}|F[h(x)]|^2\\&=\frac{1}{u}\lim_{X\to\infty}\frac{1}{X}|F[q(x)]|^2=\frac{1}{u}S_h(\Omega)\end{aligned}$$

即

$$S_h(\omega)=\frac{1}{u}S_h(\Omega) \tag{9-8}$$

9.2 车辆振动性能的评价

振动性能的评价指标，包括以下 3 个方面的内容：

(1) 作用在于乘员的振动强度 K，反映舒适性；

(2) 车轮动载，反映安全性；

(3) 悬架动挠度，间接反映舒适性。

一般通过选取适当的加权因数，来获得总的评价指标，即

$$Q=w_F\widetilde{F}_d^2+w_K K^2$$

式中，$\widetilde{F}_d$为车轮载荷变化(即动载)的有效值，代表行驶安全性的尺度；w_F和 w_K为相应指标的加权因数；K 为振动强度，反映舒适性。

对于赛车，w_F大而 w_K小；对于轿车，通过在行驶安全性和舒适性之间的协调选取 w_F和 w_K。加权因数确定后，就可以对悬架的弹簧和减振器进行优化设计和布置。

9.2.1 车轮动载、行驶安全性和道路应力

车轮载荷即车辆法向力 F_z，简称“轮荷”，可作为车辆振动的评价指标，它涉及行驶安全性和道路应力。F_z是由静态垂直载荷 F_{zs}和动态垂直载荷 F_d两部分组成，如图 9.10 所示。

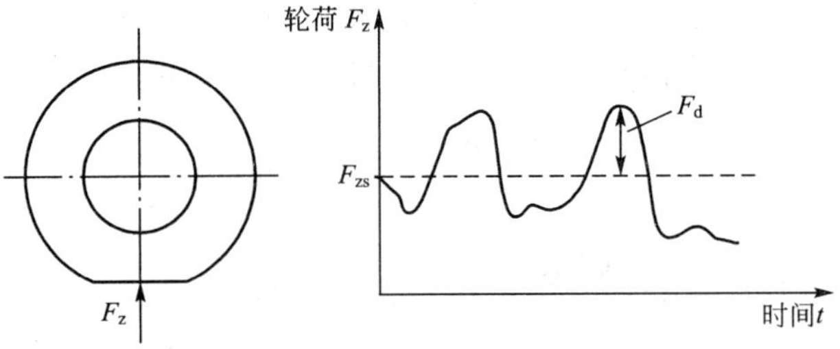

图 9.10 静态轮荷 F_{zs}与动态轮荷 F_d 的说明图

由图 9.10 可知，车轮载荷 F_z等于静态垂直载荷 F_{zs}与动态垂直载荷 F_d之和，即

$$F_z(t)=F_{zs}(t)+\tilde{F}_d(t) \tag{9-9}$$

车轮载荷 F_z的方差，可按式(9-10)进行计算

$$\sigma_F^2=\frac{1}{T}\int_0^T[F_z(t)-\overline{F}_z]^2\mathrm{d}t=\frac{1}{T}\int_0^T[F_{zs}(t)+\tilde{F}_d(t)-\overline{F}_z]^2\mathrm{d}t \tag{9-10}$$

因为，车轮载荷的平均值 F_z一般应等于静态垂直载荷 F_{zs}，即

$$\overline{F}_z=F_{zs}(t)$$

所以

$$\sigma_F^2=\frac{1}{T}\int_0^T\tilde{F}_d(t)\mathrm{d}t=\tilde{F}_d^2 \tag{9-11}$$

按照功率谱密度的定义，车轮动载的功率谱密度 $S_F(\omega)$为

$$S_F(\omega)=\lim_{T_0\to\infty}\frac{1}{T_0}|\hat{F}_z(\omega)|^2 \tag{9-12}$$

曾经用响应的谱密度计算其有效值，即 $\bar{q}^2=\frac{1}{2\pi}\int_0^\infty G_q(\omega)\mathrm{d}\omega$。若考虑到车轮动载的均值近似为 0，则有

$$\sigma_F^2=\tilde{F}_d^2=\frac{1}{2\pi}\int_0^\infty G_F(\omega)\mathrm{d}\omega \tag{9-13}$$

按不平度的谱密度计算车轮动载的方差，则为

$$\sigma_F^2=\frac{1}{2\pi}\int_0^\infty\left[\frac{\hat{F}_z}{\hat{h}}\right]G_h(\omega)\mathrm{d}\omega \tag{9-14}$$

式中，$\hat{F}_z/\hat{h}$ 频率响应函数，即 $H_{F_z}\sim h(\omega)$。

1. 行驶安全性

在极端情况下 $F_{zs}=-F_d$，此时 $F_z=0$，从而车轮不能传递水平方向的力。如果这种情况出现在所有车轮上，车辆就丧失了驾驶的可能性，即使是一个车轮或某一车轴的两个车轮的附着力恶化，也会对汽车的行驶性能带来不利影响。因此，为了获得较高的安全性能，车轮法向力变化幅度应较小，这一点也表征为车轮法向力具有较小的标准差 σ_F。

考虑到不同车辆的 F_{zs}差异较大，车轮法向力的变化系数 k_F应尽可能的小，它定义为

$$k_F = \frac{\sigma_F}{F_{zs}} \tag{9-15}$$

如果要求各种载荷情况下行驶安全性大致相同，须有

$$\sigma_F \propto F_{zs} \tag{9-16}$$

2. 道路应力

道路应力可以用下面的影响因数 θ 来表征

$$\theta = (\eta_{\mathrm{I}} \eta_{\mathrm{II}} F_z)^4 \tag{9-17}$$

式中，η_{I} 是考虑到车轮与路面不是点接触，车轮法向力是通过一块或两块面积(视单胎或双胎而定)作用于路面的系数；η_{II} 是考虑到轮迹的面积可能随轮胎的尺寸和气压等不同而有很大变化的系数。

将式(9-9)代入式(9-17)，可得

$$\theta = (\eta_{\mathrm{I}} \eta_{\mathrm{II}} F_{zs})^4 (1 + \tilde{F}_d / F_{zs})^4 \tag{9-18}$$

可认为道路应力的最大值为

$$\theta_{max} = (\eta_{\mathrm{I}} \eta_{\mathrm{II}} F_{zs})^4 (1 + 3\sigma_F / F_{zs})^4 \tag{9-19}$$

除最大应力外，还可以定义道路应力的平均值

$$\bar{\theta} = (\eta_{\mathrm{I}} \eta_{\mathrm{II}} F_{zs})^4 \ [1 + 6(\sigma_F / F_{zs})^2]^4 \tag{9-20}$$

3. 车轮法向力冲击系数

最大车轮法向力 F_{zmax} 的大小不仅对道路应力有重要影响，而且对车轮和轮毂轴承的应力和使用寿命也有重要影响。定义车轮法向力冲击系数 n_F 为

$$n_F = F_{zmax} / F_{zs} = 1 + F_{dmax} / F_{zs} \tag{9-21}$$

当 F_{dmax} 取为 $3\sigma_F$ 时，则上式(9-21)可表示为

$$n_F = 1 + 3\sigma_F / F_{zs} \tag{9-22}$$

车轮法向力冲击系数的值，比按式(9-22)所计算值大的概率仅为 0.15%。

9.2.2 弹簧挠度

1. 座椅弹簧挠度

座椅弹簧总的挠度 Δz 由静挠度 Δz_s 和动挠度 Δz_d 所组成，如图 9.11 所示，即

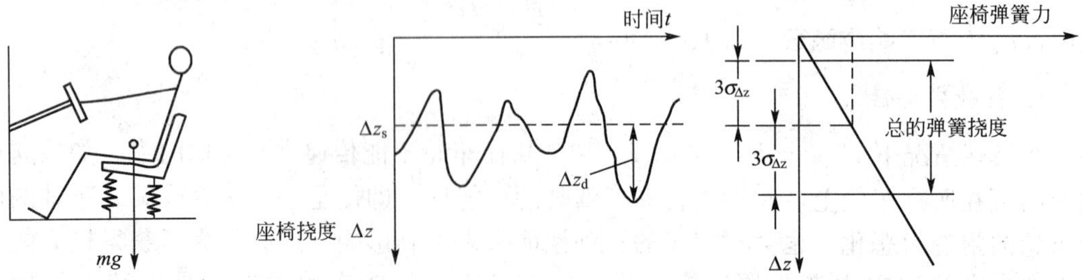

(a) 座椅承受人体载荷　(b) 座椅弹簧的静态和动态挠度 Δz_s, Δz_d　(c) 结构设计时预留的动态弹簧挠度 $6\sigma_{\Delta z}$

图 9.11　座椅弹簧的挠度

$$\Delta z(t)=\Delta z_s+\Delta z_d \tag{9-23}$$

当弹簧刚度为 k，座椅上的静载质量为 m 时

$$\Delta z_s=\frac{mg}{k} \tag{9-24}$$

考虑到无阻尼固有圆频率 $\omega_0=\sqrt{\frac{k}{m}}$，则式(9-24)化为

$$\Delta z_s=\frac{g}{\omega_0^2}=\frac{g/(4\pi^2)}{[\omega_0/(2\pi)]^2} \tag{9-25}$$

取 $g=980\text{cm/s}^2$，则当 $\omega_0/2\pi=1\text{Hz}$ 时，$\Delta z_s=25\text{cm}$；当 $\omega_0/2\pi=0.5\text{Hz}$ 时，$\Delta z_s=100\text{cm}$；当 $\omega_0/2\pi=3\text{Hz}$ 时，$\Delta z_s=2.8\text{cm}$。

$$\Delta z_{d\max}=6\sigma_{\Delta z} \tag{9-26}$$

$$\sigma_{\Delta z}^2=\int_0^{\infty}G_{\Delta z}\mathrm{d}\omega=\int_0^{\infty}\left(\frac{\Delta\hat{z}}{\hat{q}}\right)^2G_q\mathrm{d}\omega \tag{9-27}$$

Δz_d不能过大，否则手和脚会出现误操作。

2. 悬架挠度

悬架弹簧的挠度，如图9.12所示。

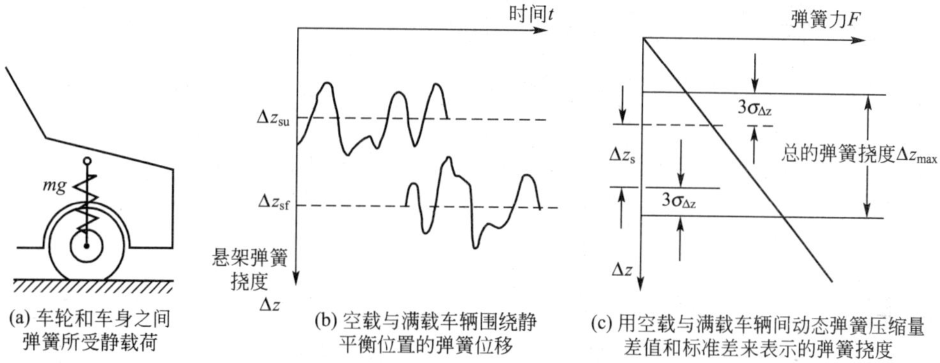

图9.12 悬架弹簧的挠度

因此，悬架弹簧的总挠度可表示为

$$\Delta z_{\max}=\Delta z_{sf}-\Delta z_{su}+3\sigma_{\Delta z_u}+3\sigma_{\Delta z_f} \tag{9-28}$$

$$\Delta\Delta z_s=\Delta z_{sf}-\Delta z_{su} \tag{9-29}$$

$$\Delta\Delta z_s=\frac{mg}{k}-\frac{m_0g}{k}=\frac{\Delta m}{m_0}\frac{g}{\omega_1^2} \tag{9-30}$$

$$\Delta\Delta z_s\approx\frac{\Delta m}{m_0}\frac{25}{(\omega_1/2\pi)^2}\ \text{cm} \tag{9-31}$$

式中，ω_1 为空载固有圆频率。

9.2.3 舒适性评价

舒适性是人的主观感受，对振动作用的评价不是只根据其强度，比如不是单独根据加速度振幅的大小，而是对于同样强度但不同频率、部位和方向的振动有不同的感受。

1. 用以评价的振动强度、评价函数

为寻求评价的途径，让被试人员坐在振动椅上。振动椅只能以单正弦波振动，但其频率和振幅可以改变用 KZ 表示“用以评价的振动强度”，它分成若干个等级。按主观感受“没有感觉”、“刚有感觉”、“有感觉”、“感觉强烈”、“感觉很强烈”进行划分，如图 9.13 所示，“KZ”的 K 表示舒适，“Z”表示方向。

为了便于计算，引评价函数

$$B_{\text{seat}}=\frac{K_{\text{seat}}}{\ddot{z}_{\text{seat}}} \tag{9-32}$$

B_{seat}的曲线，如图 9.14 所示。

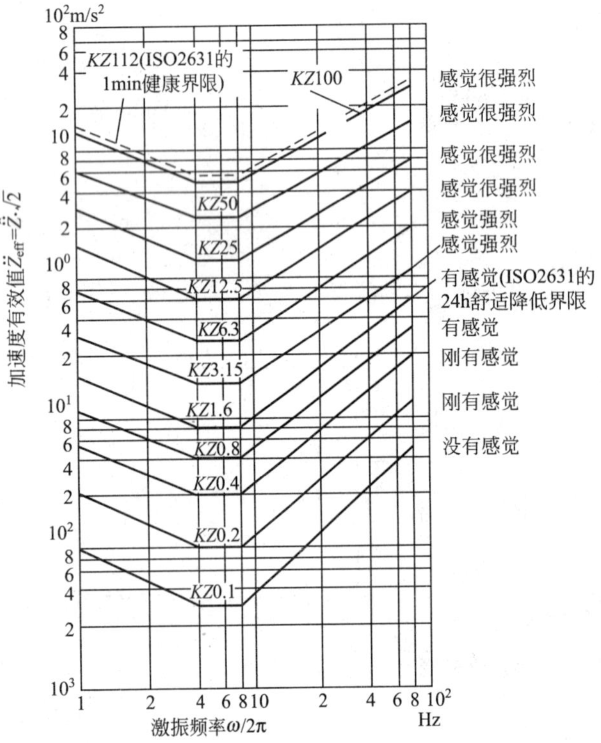

图 9.13　KZ 等值曲线与立姿、坐姿人体 Z 方向振动加速度和频率之间的关系

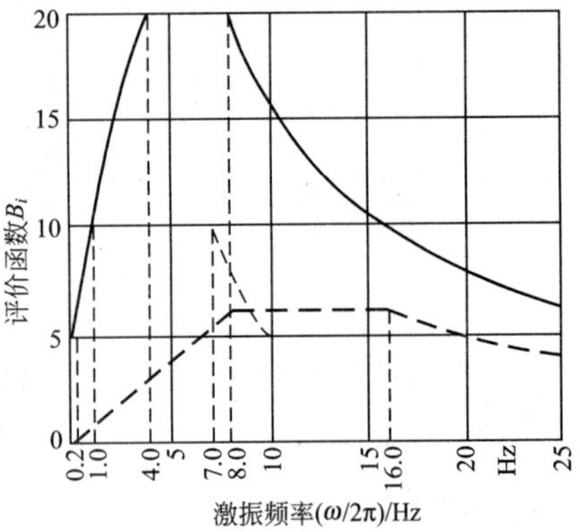

图 9.14　车内人体所受振动的评价函数

计算公式见表 9-1，表中还给出一些其他评价指标，例如 $f=1\text{Hz}$，$\ddot{z}_{\text{seat}}=1\text{m/s}^2$，$K_{\text{seat}}=4\sqrt{2\pi\times1}\approx10$，对应的主观感受为“感觉非常强烈”。

表 9-1　图 9.14 中评价函数的计算公式

圆频率 ω 范围	$0\sim0.4\pi$	$0.4\pi\sim8\pi$	$8\pi\sim16\pi$	$\omega>16\pi$
$B_{\text{seat}}=\frac{K_{\text{seat}}}{\tilde{\ddot{z}}_{\text{seat}}}=\frac{\hat{K}_{\text{seat}}}{\hat{\ddot{z}}_{\text{seat}}}$	4.48	$4\sqrt{\omega}$	20	$1000/\omega$

（续）

圆频率 ω 范围	$0\sim16\pi$	$16\pi\sim32\pi$	$\omega>32\pi$		
$B_{\mathrm{foot}}=\frac{K_{\mathrm{foot}}}{\tilde{\ddot{z}}_{\mathrm{foot}}}=\frac{\hat{K}_{\mathrm{foot}}}{\hat{\ddot{z}}_{\mathrm{foot}}}$ 和 $B_{\mathrm{hand}}=\frac{K_{\mathrm{hand}}}{\tilde{\ddot{z}}_{\mathrm{hand}}}=\frac{\hat{K}_{\mathrm{hand}}}{\hat{\ddot{z}}_{\mathrm{hand}}}$	0.125ω	6.3	$628/\omega$		
圆频率 ω 范围	$0\sim0.6\pi$	$0.6\pi\sim2\pi$	$2\pi\sim14\pi$	$14\pi\sim20\pi$	$\omega>20\pi$
$B_{\theta}=\frac{K_{\theta}}{\tilde{\ddot{\theta}}}=\frac{\hat{K}_{\theta}}{\hat{\ddot{\theta}}}$ 和 $B_{\phi}=\frac{K_{\phi}}{\tilde{\ddot{\phi}}}=\frac{\hat{K}_{\phi}}{\hat{\ddot{\phi}}}$	112	$\frac{400}{\omega^2}$	10	$\frac{19345}{\omega^2}$	5

人体最敏感的频率范围如下：

(1) 对座椅上的人体承受垂直振动为 4～12.5Hz；

(2) 侧倾运动为低 7Hz，特别是低于 1Hz；

(3) 对双手和双脚为 8～16Hz。

2. 振动强度 K 的计算

如果振动中存在几个频率成分，则

$$K=\sqrt{\sum_{i=1}^{n}K_i^2} \tag{9-33}$$

当振动存在于一个频率范围内时，可利用傅里叶变换和谱密度等概念来求振动强度 K。

$$\ddot{z}_{\mathrm{seat}}=\int_{-\infty}^{\infty}\hat{\ddot{z}}_{\mathrm{seat}}\mathrm{e}^{\mathrm{j}\omega t}\mathrm{d}\omega \tag{9-34}$$

$$K_{\mathrm{seat}}^2=\frac{1}{2\pi}\int_0^{\infty}G_{K\mathrm{seat}}\mathrm{d}\omega=\frac{1}{2\pi}\int_0^{\infty}\lim_{T\to\infty}\frac{1}{T}\hat{K}_{\mathrm{seat}}^2\mathrm{d}\omega$$

$$=\frac{1}{2\pi}\int_0^{\infty}\left(\frac{\hat{K}_{\mathrm{seat}}}{\hat{\ddot{z}}_{\mathrm{seat}}}\right)^2\lim_{T\to\infty}\frac{1}{T}\hat{\ddot{z}}_{\mathrm{seat}}^2\mathrm{d}\omega=\frac{1}{2\pi}\int_0^{\infty}\left(\frac{\hat{K}_{\mathrm{seat}}}{\hat{\ddot{z}}_{\mathrm{seat}}}\right)^2\left(\frac{\hat{\ddot{z}}_{\mathrm{seat}}}{\hat{h}}\right)\lim_{T\to\infty}\frac{1}{T}(\hat{h}(\omega))^2\mathrm{d}\omega$$

即

$$K_{\mathrm{seat}}^2=\frac{1}{2\pi}\int_0^{\infty}B_{\mathrm{seat}}^2\left(\frac{\hat{\ddot{E}}_{\mathrm{seat}}}{\hat{h}}\right)^2G_h(\omega)\mathrm{d}\omega \tag{9-35}$$

这里评价函数 B_{seat} 的定义与式(9-32)实质相同，但采用如下略有不同的形式

$$B_{\mathrm{seat}}=\frac{\hat{K}_{\mathrm{seat}}}{\hat{\ddot{z}}_{\mathrm{seat}}}$$

总的振动强度 K 为

$$K=\sqrt{K_{\mathrm{seat}}^2+K_{\mathrm{hand}}^2+K_{\mathrm{foot}}^2+K_{\theta}^2+K_{\phi}^2} \tag{9-36}$$

3. 作用时间

舒适程度可由舒适度降低界限、疲劳降低工作效率界限以及健康界限这 3 个界限来评

价。这3个界限都是由K值和作用时间T共同决定的，如图9.15所示。

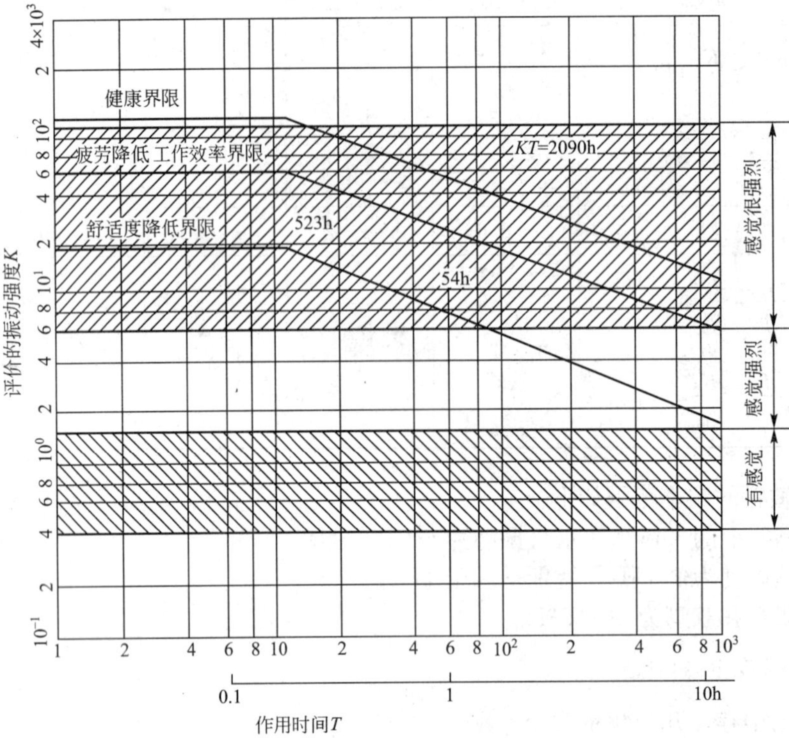

图9.15　按3个界限画出的振动强度与作用时间的关系

由图9.15可知，1～10min时间范围内，作用负荷是一样的。时间较长时，服从如下的分配规律

$$KT^2=\text{常数} \tag{9-37}$$

9.3　单轮车辆模型

路面车辆的振动环境实际上非常复杂，影响乘坐舒适性的振动频率范围也很广，通常以NVH，即噪声(Noise)、振动(Vibration)和啸叫(Harshness)来描述乘坐舒适性。车辆振动频率范围大致划分和典型的共振频率范围见表9-2和表9-3。

表9-2　车辆振动频率范围的大致划分

频率范围/Hz	0～15	15～150	>150
振动形式	刚体运动	结构、板件振动	噪声及啸声

表9-3　车辆典型的共振频率范围

频率范围/Hz	1～1.5	10～12	4～6	10～20	>20	30～50和80～100
振动形式	车身	车轮跳动	乘客	发动机、变速箱	结构共振	轮胎共振

在汽车行驶振动力学建模时，主要关心如何协调相互矛盾即表 9-2 所列的性能评价指标，以便达到某种意义上的悬架系统最佳优化设计的目的。这一研究目的实际上也就决定了所建数学模型的复杂程度。譬如，如果只关心车身和车轮等刚体的运动模态，那么所建模型中就必须包括决定这些刚体运动模态的悬架元件。同样，如果悬架元件不是决定车身结构振动及模态的主要因素，那么模型中就不必包括这些部件。

对悬架设计而言，有些参数可以由设计者来确定，而有些则不受设计者控制。通常可由设计者确定的设计参数有

（1）悬架刚度；

（2）悬架阻尼；

（3）簧上质量与簧下质量之比；

（4）防撞缓冲块的特性；

（5）轮胎垂直力学特性；

（6）衬套刚度。

簧下质量和轮胎特性等，有时是事先给定的，这样就不由设计者确定。悬架系统中，衬套刚度主要影响高频响应的传递特性，它对低频段的行驶性能影响较小。此外，在悬架行程达到上、下极限位置引起缓冲块冲击时，由此引起的振动属于非线性响应。本章的研究内容侧重于悬架刚度和阻尼参数的设计。

9.3.1 轮胎和座椅的简化模型

1. 轮胎简化模型

轮胎的功能是承载车重，并传递驱动力、制动力和转向所需的侧向力，同时还在一定程度上吸收来自路面的不平度激励。当轮胎气压一定时，垂直方向的力-变形量曲线，在轮胎初始受力阶段有一小段呈现脚趾状的曲线，如图 9.16 所示。随着垂直力增加，力与变形量按线性关系变化，图中形如“地毯”的一系列曲线，是静态试验的结果。

虽然轮胎垂直力-变形量曲线存在非线性，且轮胎存在阻尼，但在行驶振动力学建模时，通常将轮胎简化为一个垂直于地面的线性弹簧。对于非线性，一般通过在该曲线的静态车轮法向力点附近作线性化处理加以解决，如图 9.17 所示。轮胎阻尼相对于减振器而言很小，可以忽略不计。

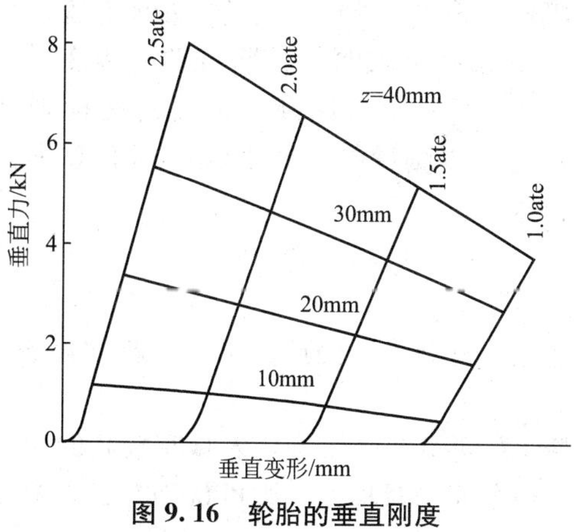

图 9.16 轮胎的垂直刚度

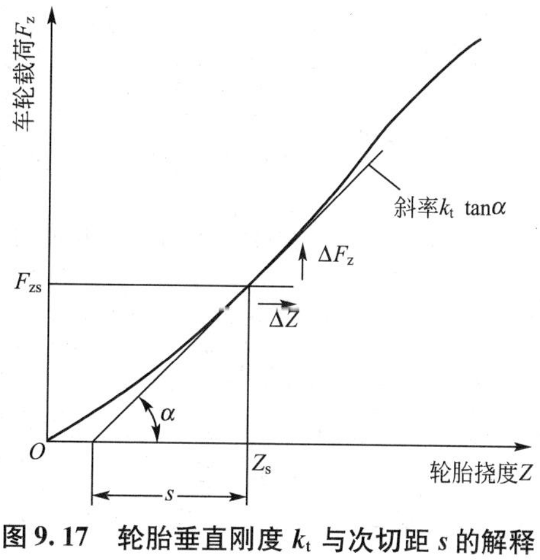

图 9.17 轮胎垂直刚度 k_t 与次切距 s 的解释

车轮法向力 F_z 总是在静态车轮法向力 F_{zs} 附近变化。在这一感兴趣的范围，k_t 值取为变形曲线在静态车轮法向力点的斜率，如图 9.17 所示。因此，在静态车轮法向力点的斜率为

$$k_t=\left.\frac{dF_z}{dz}\right|_{F_z=F_{zs}} \tag{9-38}$$

图 9.17 中的 k_t 值是对于静止轮胎而言的。随着车速增加，轮胎滚动时的 k_t 值有所增加。对子午线轮胎，车速为 100 km/h 时 k_t 值要比静止状态增加 6%。

如果轮胎变形量增加或减少，那么垂直力就按下式近似地变化

$$\Delta F_z \approx k_t \Delta z \tag{9-39}$$

用次切距 s 来取代垂直刚度 k_t 是比较简单的，因为按图 9.18，尽管轮胎的尺寸不同，但同一种类轮胎的次切距差不多是相等的。

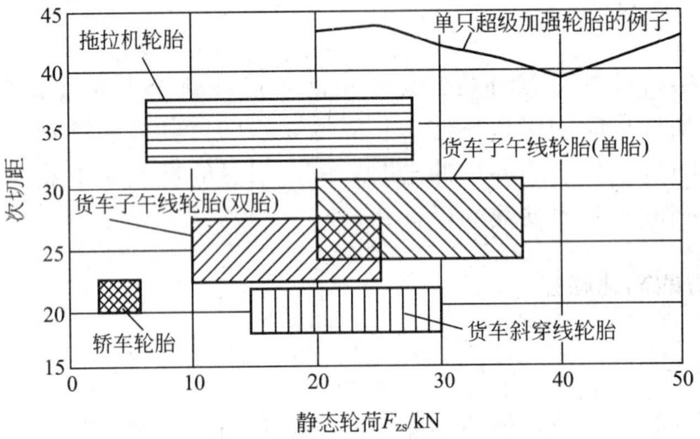

图 9.18　各种尺寸和种类轮胎的次切距与静载的关系

2. 座椅简化模型

座椅及其上的人体可以简化为一单质量系统，如图 9.19 所示。

m_p 是座椅和座椅上的人体质量；k_p 是座椅弹簧刚度；c_p 是(液力)阻尼系数。轿车座椅的固有频率范围为 $\omega_p/2\pi=2.5\sim3.5$Hz，相对阻尼系数 $\xi_p=0.1\sim0.25$。在0～4Hz范围内，座椅增强了车辆振动的传递；超过 4Hz 后，又减弱了车辆振动的传递，如图 9.20 所示。采用渐变刚度的座椅弹簧后，由人体质量差异所引起的固有频率变化将很小。

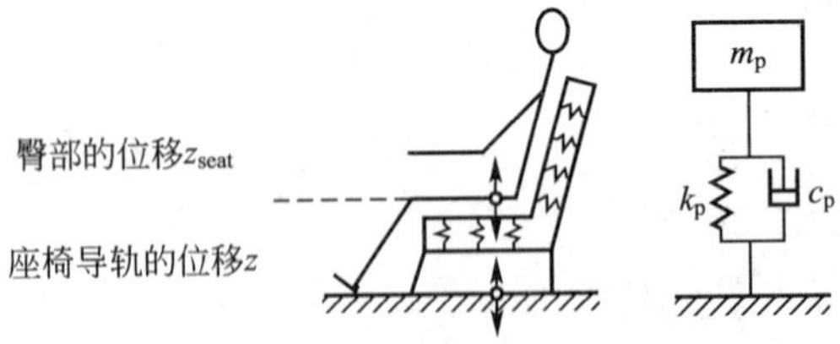

图 9.19　人体-座椅系统的简化模型

9.3.2　车辆单轮模型

对于车辆基本行驶特性分析来，7 自由度又是比较复杂的。因此，可进一步简化成 4 自由度模型或二自度模型，简化过程如下：

(1) 在路面的长波激励下，可以认为车辆的左、右两个车轮轨迹输入具有较高的相关性，即认为左、右轮输入是一致的，如果同时考虑到车辆的对称性，则可认为左、右两侧

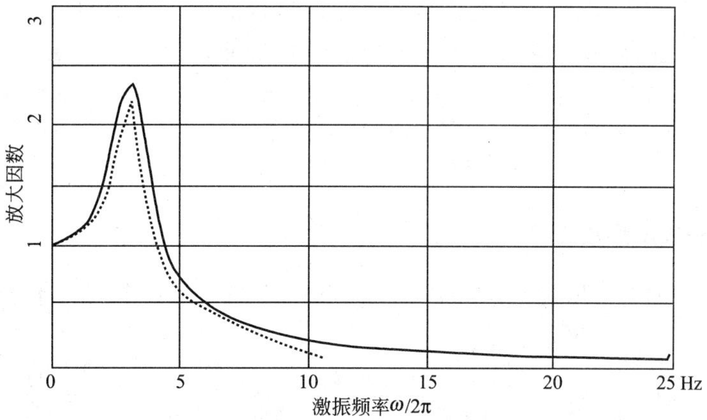

图 9.20 人体-座椅系统的幅频特性

以完全相同的方式运动；

(2) 在短波激励下，车辆所受的激励实际上大多只涉及车轮跳动，对车身运动影响甚微，车身左、右两侧相互作用就几乎为零。

因此，7 自由度车辆振动模型可简化为 4 自由度单轨模型或自行车模型，如图 9.21 所示。

(3) 4 自由度单轨模型可用一个等效系统来代替，如图 9.22 所示。

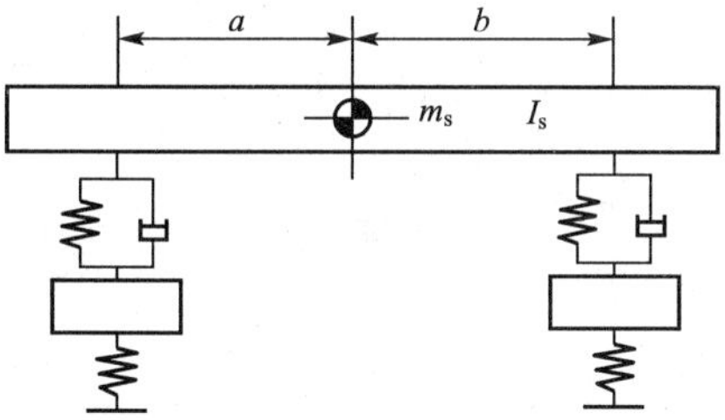

图 9.21 4 自由度单轨模型

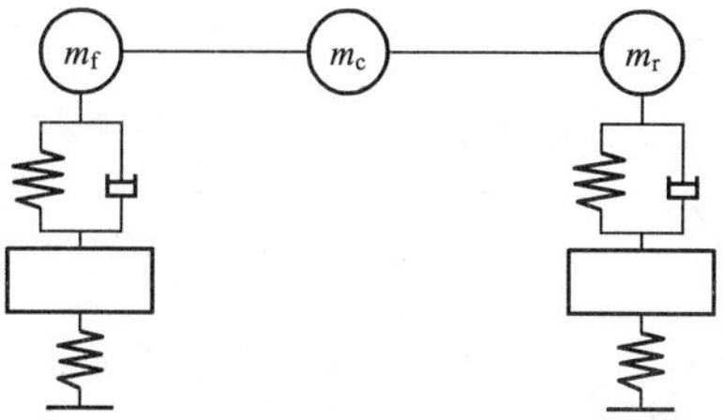

图 9.22 4 自由度等效系统模型

动力学等效系统必须满足 3 个条件，即总质量、质心位置和转动惯量不变，即

$$\begin{cases} m_f+m_c+m_r=m_s \\ m_f a=m_r b \\ m_f a^2+m_r b^2=I_s \end{cases} \tag{9-40}$$

由式(9－40)可知，$m_c=m_s-\frac{I_s}{ab}$，当 $I_s=abm_s$时，联系质量 $m_c=0$。通常轿车前、后桥的联系质量 m_c很小，可以忽略不计。

(4) 如果忽略前、后桥的联系质量 m_c，即 $m_c=0$，则 4 自由度的单轨车辆模型可进一步简化为两个更简单的子问题，每个子问题即为一个 2 自由度的单轮模型，如图 9.23 所示。

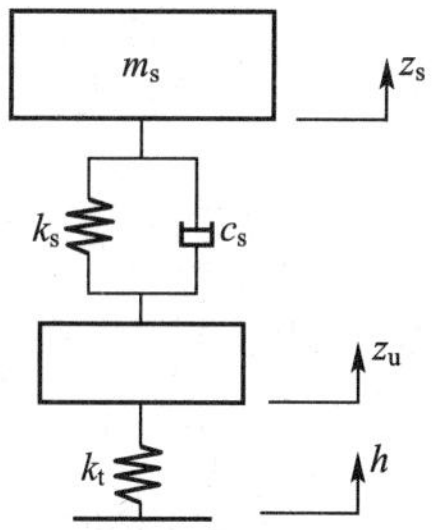

图 9.23 2 自由度单轮模型

此时可认为前后悬架的运动是相互独立的，而车身任何点的运动则可由比例关系方便地求出。

以轿车为例的研究结果表明，从分别采用 7、4 和 2 自由度车辆模型计算出的车辆响应结果对比来看，单轮模型也能较为准确地反映车辆的基本行驶性能。这就验证了上述模型简化过程及其假设是正确的。而对于其他类型车辆而言，如小货车或货车，联系质量 m_c 的大、小会很重要，它可能会导致车辆的前后质量在不同程度上相互耦合。尽管如此，也不能否定单轮模型在确定悬架最初设计方案时所起的作用。

9.3.3 单轮车辆模型运动方程

在单轮模型基础上，增加乘员座椅模型，即为考虑乘员座椅的单轮模型，如图 9.24 所示。

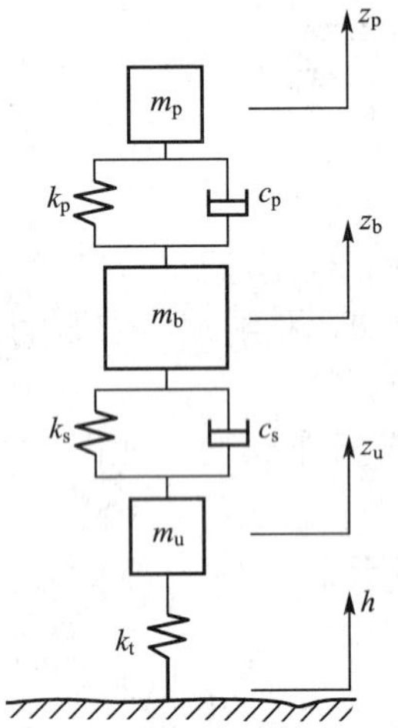

图 9.24 考虑乘员座椅的单轮模型

图 9.24 中，m_b 为一个单轮上对应的车身质量，即簧上质量；k_s 为车身悬架弹性系数；c_s 为车身悬架阻尼系数；m_p 为一个车轮上对应的座椅和人体质量；k_p 和 c_p 分别是座椅弹性系数和阻尼系数；m_u 为簧下质量，k_t 为轮胎刚度。

对于图 9.24 所示的三质量振动系统，其振动微分方程为

$$m_p\ddot{z}_p+c_p(\dot{z}_p-\dot{z}_b)+k_p(z_p-z_b)=0 \tag{9-41}$$

$$m_b\ddot{z}_b-c_p(\dot{z}_p-\dot{z}_b)-k_p(z_p-z_b)+c_s(\dot{z}_b-\dot{z}_u)+k_s(z_b-z_u)=0 \tag{9-42}$$

$$m_u\ddot{z}_u-c_s(\dot{z}_b-\dot{z}_u)-k_s(z_b-z_u)+k_tz_u=0 \tag{9-43}$$

定义如下参数：

(1) $\omega_p=\sqrt{\dfrac{k_p}{m_p}}$(座椅-人体无阻尼固有频率)；

(2) $\omega_b'=\sqrt{\dfrac{k_s}{m_b+m_p}}\approx\sqrt{\dfrac{k_s}{m_b}}=\omega_b$(车身无阻尼固有频率)；

(3) $\xi_p=\dfrac{c_p}{2\sqrt{k_pm_p}}=\dfrac{c_p}{2m_p\omega_p}$(座椅-人体阻尼比)；

(4) $\xi_b'=\dfrac{c_s}{2\sqrt{k_s(m_p+m_b)}}=\dfrac{c_s}{2(m_b+m_p)\omega_b'}\approx\dfrac{c_s}{2\sqrt{k_sm_b}}=\xi_b$(车身阻尼比)；

(5) m_b/m_p(质量比)；

(6) $(m_b+m_p)/m_u$(质量比)；

(7) $s=\dfrac{F_{zs}}{k_t}$(轮胎次切距，约等于轮胎静挠度)；

(8) $\omega_t'=\sqrt{\dfrac{k_t+k_s}{m_u}}\approx\sqrt{\dfrac{k_t}{m_u}}=\omega_t$(无耦合、无阻尼的车轮固有频率)；

(9) $\xi_t=\dfrac{c_s}{2\sqrt{(k_s+k_t)m_u}}\approx\dfrac{c_s}{2\sqrt{k_tm_u}}\approx\sqrt{\dfrac{k_s m_b}{k_t m_u}}\xi_b'$(簧下质量阻尼比)。

根据式(9-41)～式(9-43)，可以求出对行驶安全性有重要影响的车轮动载荷为

$$F_d=k_t(h-z_u)=m_u\ddot{z}_u+m_b\ddot{z}_b+m_p\ddot{z}_p \tag{9-44}$$

9.3.4 幅频特性和评价尺度

根据路面功率谱密度、车速以及各个振动参数的幅频特性，可以求出作为评价尺度的

标准差

(1) 行驶安全性尺度，即单位车轮动载

$$\left(\frac{\sigma_F}{F_{zs}}\right)^2=\frac{1}{F_{zs}^2}\frac{1}{2\pi}\int_0^{\infty}G_F\,\mathrm{d}\omega=\frac{1}{F_{zs}^2}\frac{1}{2\pi}\int_0^{\infty}\left|\frac{\hat{F}_z}{\hat{h}}\right|G_h(\omega)\,\mathrm{d}\omega \tag{9-45}$$

(2) 舒适性尺度，先列出座椅减振的人体、双手和双脚的振动强度，即

$$K_{seat}^2=\frac{1}{2\pi}\int_0^{\infty}G_{K_{seat}}\,\mathrm{d}\omega=\frac{1}{2\pi}\int_0^{\infty}B_{seat}^2\left|\frac{\hat{\ddot{z}}_p}{\hat{h}}\right|G_h(\omega)\,\mathrm{d}\omega \tag{9-46}$$

$$K_{hand}^2=K_{foot}^2=\frac{1}{2\pi}\int_0^{\infty}G_{K_{hand}}\,\mathrm{d}\omega=\frac{1}{2\pi}\int_0^{\infty}B_{hand}^2\left|\frac{\hat{\ddot{z}}_b}{\hat{h}}\right|G_h(\omega)\,\mathrm{d}\omega \tag{9-47}$$

(3) 空间需要的尺度(动挠度)

$$\sigma_{\Delta z_{pb}}^2=\frac{1}{2\pi}\int_0^{\infty}G_{\Delta z_{pb}}\,\mathrm{d}\omega=\frac{1}{2\pi}\int_0^{\infty}\left|\frac{\Delta\hat{z}_{pb}}{\hat{h}}\right|G_h(\omega)\,\mathrm{d}\omega\text{(座椅)} \tag{9-48}$$

$$\sigma_{\Delta z_{bu}}^2=\frac{1}{2\pi}\int_0^{\infty}G_{\Delta z_{bu}}\,\mathrm{d}\omega=\frac{1}{2\pi}\int_0^{\infty}\left|\frac{\Delta\hat{z}_{bu}}{\hat{h}}\right|G_h(\omega)\,\mathrm{d}\omega\text{(悬架)} \tag{9-49}$$

为求出各响应量对路面不平度的频率响应函数，对式(9-41)～(9-43)两边求拉氏变换，先求出位移 z_u，z_b和 z_p对路面不平度输入的传递函数，分别为

$$\begin{cases}\dfrac{\hat{z}_u}{\hat{h}}=\dfrac{N_1}{D}\\[2ex]\dfrac{\hat{z}_b}{\hat{h}}=\dfrac{N_2}{D}\\[2ex]\dfrac{\hat{z}_p}{\hat{h}}=\dfrac{N_3}{D}\end{cases}$$

式中，$D=s^6+\dfrac{m_u+m_b}{m_u}(2\xi_b\omega_b s+\omega_b^2)s^4+\dfrac{m_p+m_b}{m_b}(2\xi_p\omega_p s+\omega_p^2)s^4$

$+\dfrac{m_u+m_b+m_p}{m_u}(2\xi_b\omega_b s+\omega_b^2)(2\xi_p\omega_p s+\omega_p^2)s^2$

$+\omega_t^2(s^2+2\xi_b\omega_b s+\omega_b^2)(s^2+2\xi_p\omega_p s+\omega_p^2)+\dfrac{m_p}{m_b}(2\xi_p\omega_p s+\omega_p^2)\omega_t^2 s^2$；

$N_1=\omega_t^2\left[(s^2+2\xi_b\omega_b s+\omega_b^2)(s^2+2\xi_p\omega_p s+\omega_p^2)+\dfrac{m_p}{m_b}(2\xi_p\omega_p s+\omega_p^2)s^2\right]$；

$N_2=\omega_t^2(2\xi_b\omega_b s+\omega_b^2)(s^2+2\xi_p\omega_p s+\omega_p^2)$；

$N_3=\omega_t^2(2\xi_b\omega_b s+\omega_b^2)(2\xi_p\omega_p s+\omega_p^2)$。

再令 z_u，z_b和 z_p传递函数中的 $s=\mathrm{j}\omega$，即得到它们的频率响应函数。其他响应量的频率响应函数，也可按照类似方法，利用以下关系求得

$$\frac{\hat{F}}{\hat{h}}=-k_1\frac{D-N_1}{D}$$

$$\frac{\hat{\ddot{z}}_{\mathrm{p}}}{\hat{h}}=\frac{N_3 s^2}{D} \qquad \frac{\hat{z}_{\mathrm{pb}}}{\hat{h}}=\frac{N_3-N_2}{D}$$

$$\frac{\hat{\ddot{z}}_{\mathrm{b}}}{\hat{h}}=\frac{N_2 s^2}{D} \qquad \frac{\hat{z}_{\mathrm{bu}}}{\hat{h}}=\frac{N_2-N_1}{D}$$

下面通过实例说明有关振动参数数据的计算。汽车行驶的道路不平度谱密度 $G_{\mathrm{h}}(\Omega)$按 $G_{\mathrm{h}}(\Omega)=G_{\mathrm{h}}(\Omega_0)(\Omega/\Omega_0)^{-\omega}$确定，其中，$G_{\mathrm{h}}(\Omega_0)=64\mathrm{cm}^3$，$\omega=2$，车速 $u=20\mathrm{m/s}$。有关振动参数数据计算结果为

$F_{\mathrm{zs}}=2.82\mathrm{kN}$， $m_{\mathrm{u}}=32\mathrm{kg}$， $m_{\mathrm{b}}=229\mathrm{kg}$， $m_{\mathrm{p}}=28\mathrm{kg}$，

$k_{\mathrm{t}}=127.976\mathrm{kN/m}$， $k_{\mathrm{s}}=20.213\mathrm{kN/m}$， $k_{\mathrm{p}}=9.948\mathrm{kN/m}$，

$c_{\mathrm{s}}=1.137\mathrm{kN\cdot s/m}$， $c_{\mathrm{p}}=0.264\mathrm{kN\cdot s/m}$，

$\omega_{\mathrm{b}}'/2\pi=1.41\mathrm{Hz}$， $\omega_{\mathrm{p}}/2\pi=3.0\mathrm{Hz}$， $\omega_{\mathrm{t}}/2\pi=11.0\mathrm{Hz}$，

$\xi_{\mathrm{b}}'=0.25$， $\xi_{\mathrm{p}}=0.25$， $s=2.2\mathrm{cm}$，

$m_{\mathrm{p}}/m_{\mathrm{b}}=0.12$， $m_{\mathrm{u}}/(m_{\mathrm{b}}+m_{\mathrm{p}})=0.12$

1. 车轮动载与行驶安全性

图 9.25(b)所示曲线是车轮动载的幅频特性 $\hat{F}/\hat{h}$ 作为激振频率 $\omega/2\pi$ 的函数给出的。该曲线有两个峰值，位于$\omega=\omega_{\mathrm{b}}'$和$\omega=\omega_{\mathrm{t}}$处。而在三质量系统中，在$\omega=\omega_{\mathrm{p}}$处原来所预期的第三峰值并未出现，这说座椅-人体系统的振动对车轮动载实际上没有作用。

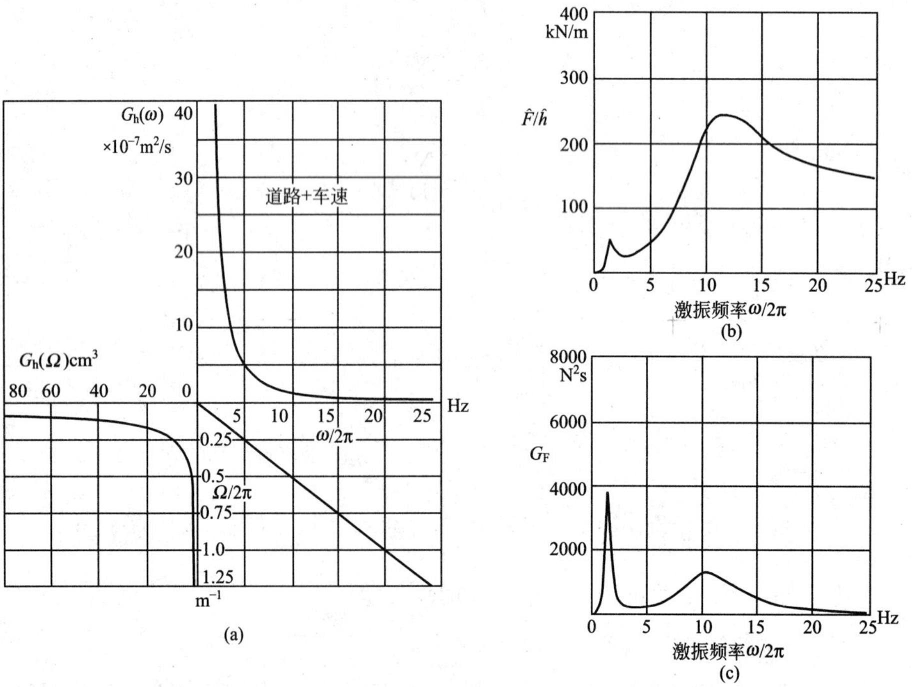

图 9.25　车轮动载与行驶安全性评价尺度曲线

车轮动载的谱密度 $G_F(\omega)=(\hat{F}_z/\hat{h})^2G_h(\omega)$，如图 9.25(c)所示，可通过图 9.25(a)中曲线与图 9.25(b)中曲线之平方两者相乘得到。左边的共振峰值位于车身固有频率 $\omega_b'/2\pi$ 处。由于相对于幅频特性来说，低频段的不平度谱密度很大，结果车轮法向力谱密度被突出了。右侧共振峰区在车轮固有频率 $\omega_t/2\pi$ 附近，由于此处不平度谱密度很小，因而峰值减小了。

车轮动载的方差 σ_F^2 就是图 9.25(c)曲线下的面积，在两个共振峰区的面积大致相等。本例中车轮动载的标准差 $\sigma_F=257$N，如果取标准差的 3 倍来评价，则车轮法向力落在区间(2049N，359lN)的概率为 99.7%。这说明车轮跳离路面的危险几乎是不存在的。对于仅以 72km/h 的车速行驶在良好道路的车辆而言，这一点也不足为奇。

2. 车身加速度及手和脚的用以评价的振动强度

图 9.26(a)表示了车身加速度的幅频特性 $\hat{\ddot{z}}_b/\hat{h}$。这里 $\omega=\omega_b'$ 和 $\omega=\omega_t$ 处又出现了两个峰值。在 4Hz 处曲线略有凸起，显示座椅-人体系统第三自由度的存在。4Hz 对应于 ω_p 附近，表明座椅-人体系统对车身加速度有所影响但不显著。

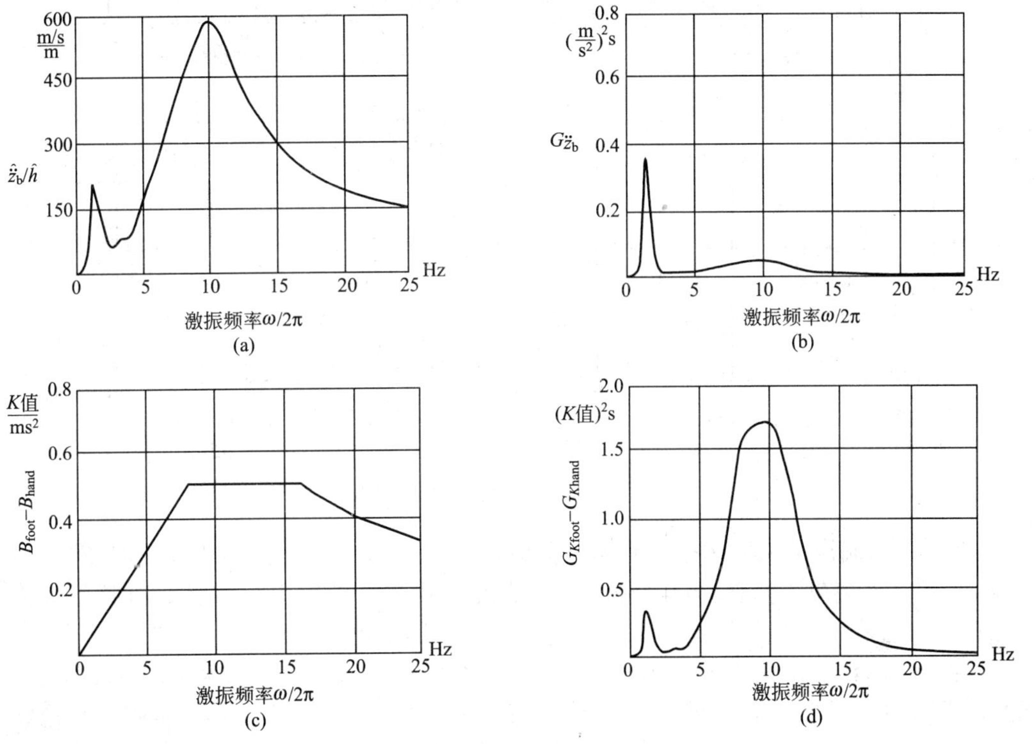

图 9.26 车身加速度及手和脚的评价曲线

从图 9.26(b)所示的车身加速度谱密度 $G_{\ddot{z}_b}$ 曲线可以看出，与车轮动载谱密度相同的是，只有在车身固有频率 ω_b 处才能看见明显的峰值，而另外两个固有频率处的峰值大为减小了。但这两个峰值区域对人体的振动是很重要的，因为手和脚在这两个频率区间是最敏感的。图 9.26(c)为手或脚评价函数的平方，图 9.26(d)为相应振动强度的谱密度。求出图 9.26(d)中曲线下的面积，即得用以评价的振动强度 $K_{foot}=K_{hand}=3.3$。

3. 座椅加速度及座椅的用以评价的振动强度

仍然从幅频特性开始讨论，即图 9.27(a)的 $\hat{\ddot{z}}_p/\hat{h}$ 曲线开始。从图 9.27 中可以看到 3 个质量的影响。曲线在车身和座椅的固有频率 ω_b' 和 ω_p 处有两个尖峰，车轮固有频率 ω_t 处有一个隆起。与车身加速度的幅频特性相比，ω_b' 处的座椅加速度放大因数较大，在 ω_p 处更大些，而只有在附近的区域内才真正地明显减小了。也就是说，由于座椅的作用，使得座椅加速度与车身加速度 $\ddot{z}_b$ 相比，在低频时有所增加，而在高频时降低了。由图 9.27(b)可知，实际上在 0～5Hz 左右的频带内，存在座椅加速度的谱密度 $G_{\ddot{z}_h}$。

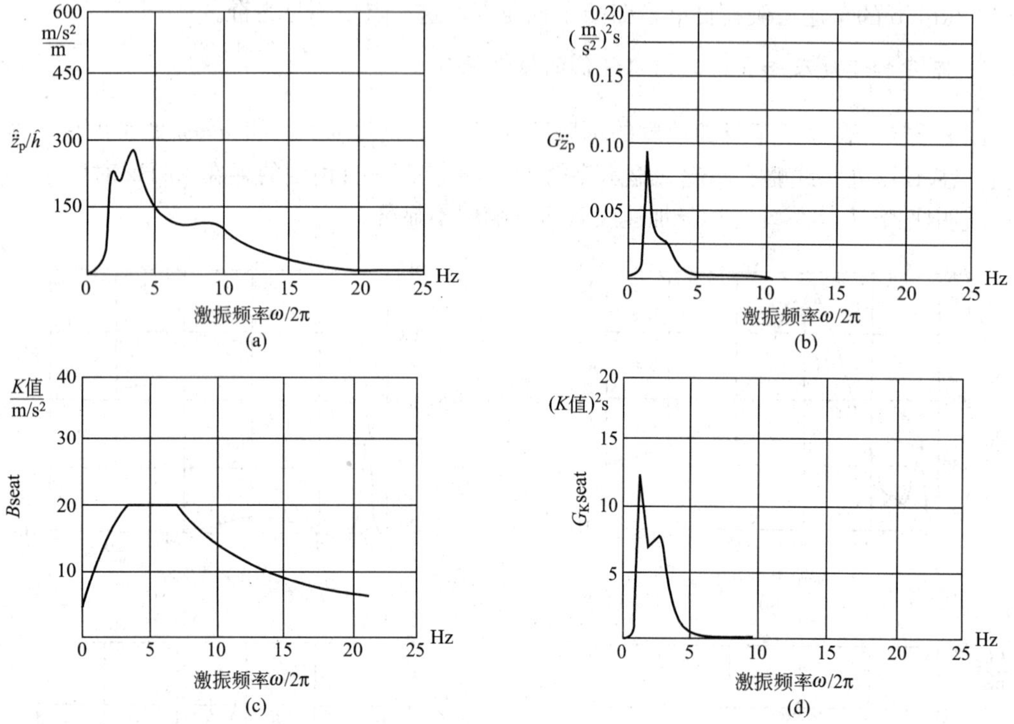

图 9.27　座椅加速度及评价曲线

图 9.27(c)画出了座椅减振的人体部分的评价函数 B_{seat}，并据此得到图 9.27(d)所示的振动强度的谱密度 G_{Kseat}。与车身振动强度的谱密度相比，在座椅-人体固有频率 ω_p 附近 G_{Kseat} 峰值增强较大，因为人体在 ω_p 附近要比在 ω_b' 附近要敏感得多。

求得 $K_{seat}=10.2$，这就意味着振动是“感觉很强烈”的。虽然车辆从振动技术看是不坏的，道路的不平度还是“好”的，行驶车速也只有 72km/h，而“感觉很强烈”应该理解为，人在车上几乎不能写字。这个 K 值也意味着，乘客半个小时左、右或行驶 36km 后，就达到了“舒适度降低界限”，驾驶员约 4 个小时或 300km 左右就达到“疲劳降低工作效率界限”。

4. 动挠度

图 9.28(a)与图 9.28(c)分别是座椅相对位移幅频特性 $\Delta\hat{z}_{pb}/\hat{h}$ 和车轮相对位移幅频特性 $\Delta\hat{z}_{bu}/\hat{h}$，图 9.28(b)与图 9.28(d)分别是座椅和车轮谱密度。就座椅挠度来说，在车身

和座椅固有频率 ω_b' 和 ω_p 附近的频率范围内受的影响较大，而车轮固有频率 ω_t 处幅频特性曲线只是少有隆起。与此相反，车身-车轮的相对位移很少受座椅-人体系统的影响，而主要是由车身和车轮固有频率 ω_b' 和 ω_t 附近的频带决定。

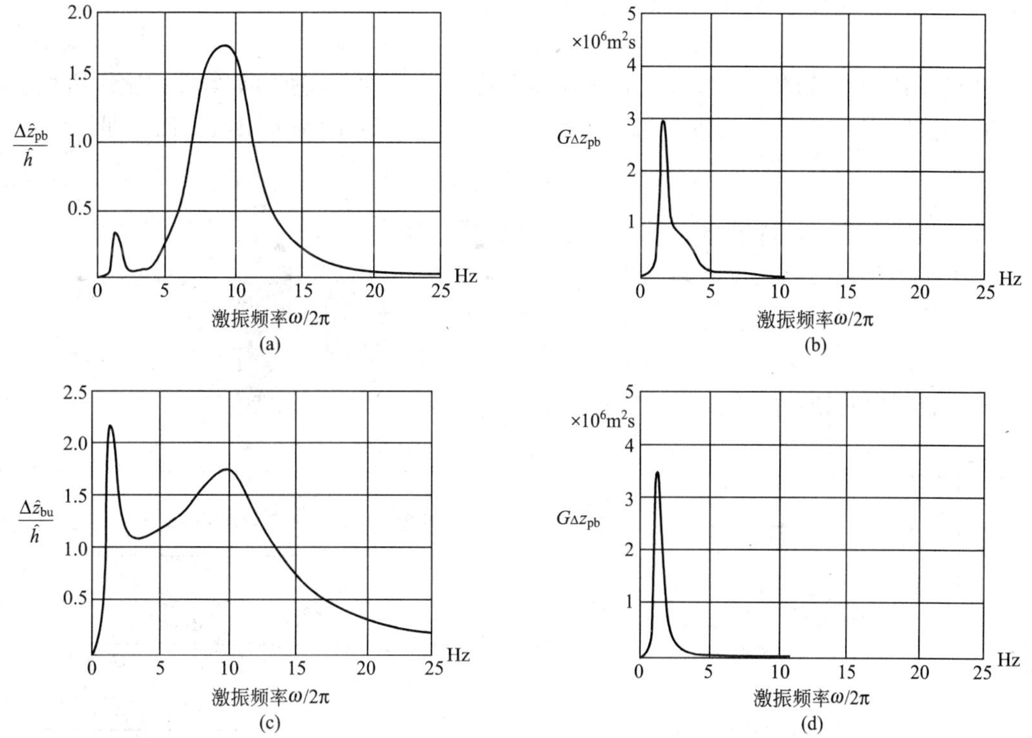

图 9.28 动挠度评价曲线

此外，座椅的动挠度明显地小于车轮的动挠度，它们的标准差分别为 $\Delta\sigma_{pb}=1.8$mm 和 $\Delta\sigma_{bu}=5.6$mm，从平均值两侧各 3 倍标准差为基础来考虑，即可得到动态总挠度 $\Delta z_{pb}\approx 1.0$cm，以及 $\Delta z_{bu}\approx 3.4$cm。

9.3.5 评价尺度的影响因素

1. 不平度和车速的影响

已经知道任意一响应量或评价参数 q 的方差可以用下式计算

$$\sigma_q^2=\frac{1}{2\pi}\int_0^{\infty}|H_q(j\omega)|^2G_h(\omega)\mathrm{d}\omega \tag{9-50}$$

式中，$|H_q(j\omega)|$—对于车轮动载或弹簧挠度，则代表幅频特性 $\hat{q}/\hat{h}$；对于振动强度，则代表评价函数与幅频特性的乘积。

将路面功率谱密度的拟合表达式和反映路面空间频率谱密度与时间频率密度关系式，代入式(9-50)，并考虑 $\omega=u\Omega$，可得

$$\sigma_q^2=G_h(\Omega_0)u^{w-1}\Omega_0^w\frac{1}{2\pi}\int_0^{\infty}|H_q(j\omega)|^2G_h(\omega)/\omega^w\mathrm{d}\omega \tag{9-51}$$

由此可知，所讨论的 3 个评价参数与下列因素有关：

(1) 在车辆参数与车速无关的前提下，评价参数的标准差与车速存在以下关系

$$\sigma_q \propto u^{(w-1)/2} \tag{9-52}$$

以图 9.29(a)的车轮动载为例，说明不同的频率指数 w 情况下，σ_F 随车速 u 提高而增加。可以看出，w 的影响是不大的，当 $w=2$ 时，有

$$\sigma_q \propto \sqrt{u} \tag{9-53}$$

也就是说，车轮动载、弹簧动挠度或振动强度差不多随车速的平方根成比例增加。

(2) 根据式(9-51)，标准差总是与不平度尺度 $G_h(\Omega_0)$ 的平方根成正比，即

$$\sigma_q = \sqrt{G_h(\Omega_0)} \tag{9-54}$$

图 9.29(b)表示各种道路不平度尺度 $G_h(\Omega_0)$ 的影响。

(3) 车辆参数的影响可根据下式估计，即

$$\sigma_q \propto \sqrt{\int_0^{\infty} |H_q(j\omega)|^2 G_h(\omega)/\omega^w \mathrm{d}\omega} \tag{9-55}$$

取 $w=2$ 时，以车轮动载为例，如图 9.29(c)所示。

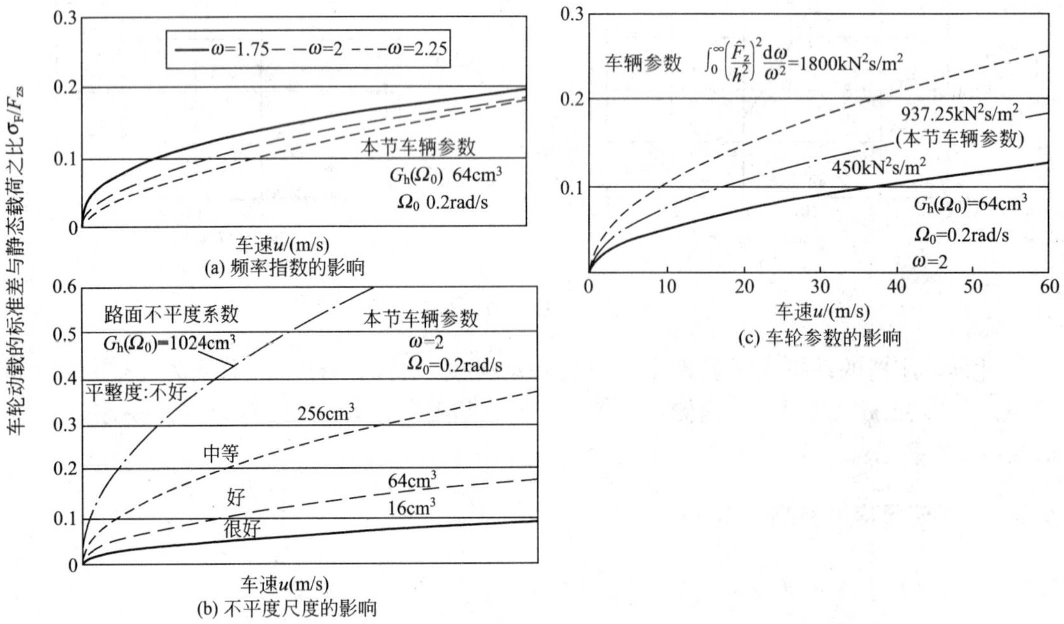

图 9.29　不同条件下车轮动载系数与车速的关系

2. 车身固有频率的影响

假设车辆其他参数不变，仅改变车身悬架弹簧刚度 k_s，此时悬架刚度和对应的车身固有圆频率 ω_b' 也随之变化。假设车身固有频率在 2.0～0.7Hz 之间变动。较高的频率 2.0Hz 是在空载的小型轿车和货车上遇到的；1.0Hz 则对应于大型和满载的轿车(图 9.30)；而低频 0.7Hz 则是指装有车身高度调节装置的车辆。

装用的弹簧较软时，k_s 值较小，因而 ω_b' 较低，幅频特性曲线的波峰左移。而重要的是 ω_b' 处的峰值将会降低，像车身加速度、座椅加速度都是如此，如图 9.31(a)～(b)所示。

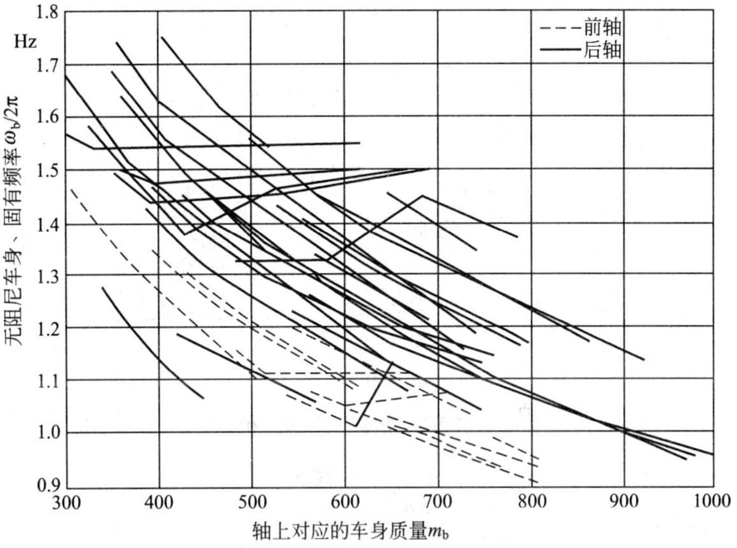

图 9.30 各种轿车的无阻尼车身固有频率

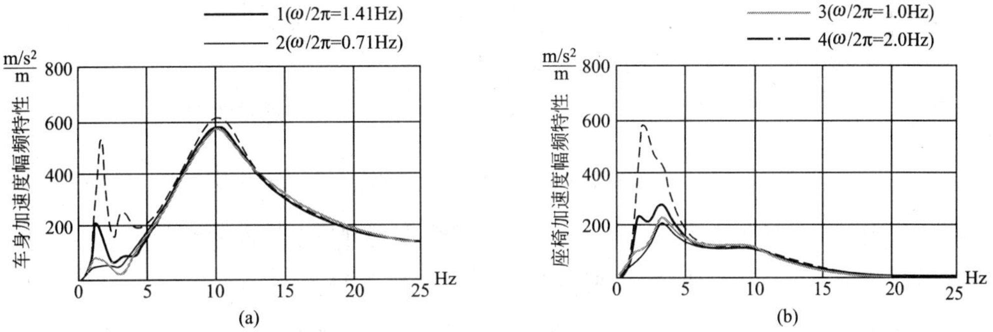

图 9.31 不同车速固有频率下的车身和座椅的幅频特性

图 9.32(a)和图 9.32(b)为对应的响应量的谱密度。正如前面所提到的，由于幅频函数的平方与路面谱密度相乘，幅频特性在低频段的峰值将在响应量谱密度曲线中变得更加突出。因此，悬架弹簧和车身固有频率的影响更加明显。

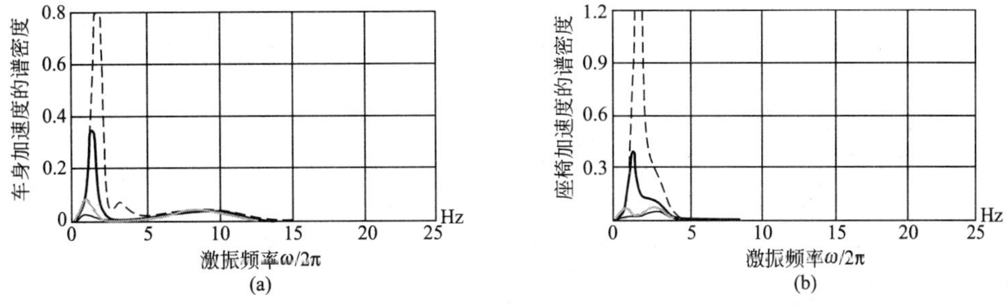

图 9.32 不同车速固有频率下的车身和座椅的加速度谱密度

由于手和脚对低频振动不敏感，从图 9.33(a)几乎看不到k_s和ω_b'这部分对舒适性的影响，相反，由于人体对座椅固有频率附近的振动很敏感，加上座椅加速度谱密度在车身固有频率附近有突出的峰值，因而从图 9.33(b)可以看到，ω_b'对座椅上舒适性的影响十分强烈。

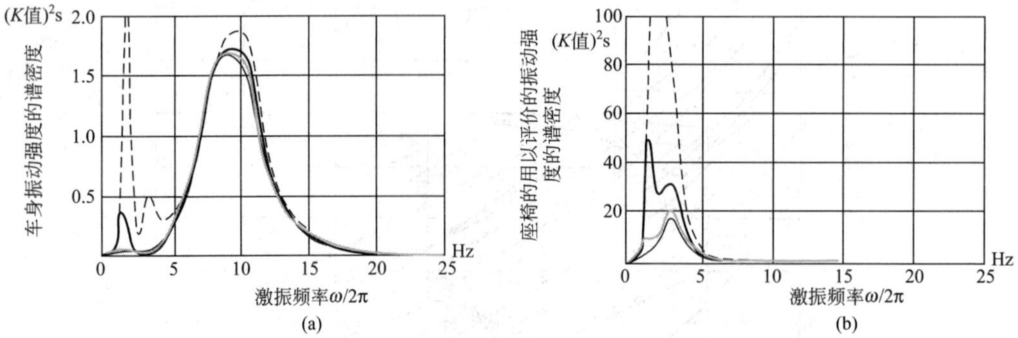

图 9.33　不同车速固有频率下的车身和座椅的振动强度

图 9.34(a)和图 9.34(b)分别是在不同车身固有频率下的车轮动载幅频特性和谱密度。

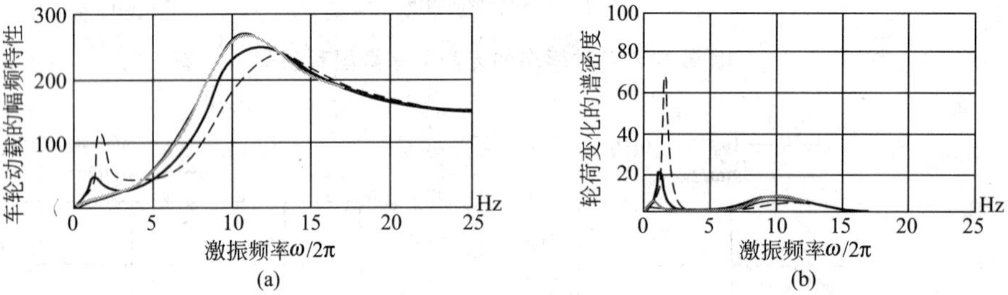

图 9.34　不同车身固有频率下的车轮动载幅频特性和谱密度

通过对图 9.34(a)和(b)中曲线的积分，就得到振动强度和车轮动载，它们是车身固有频率的函数，如图 9.35(a)和(b)所示。K_{seat}值随ω_b'增加而急剧增加，而K_{hand}值和K_{foot}值

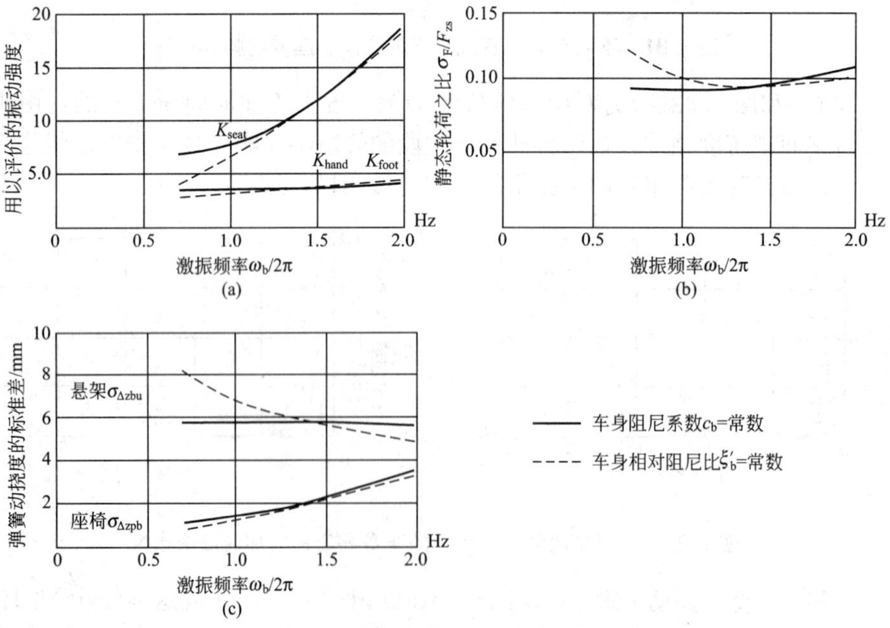

图 9.35　车身固有频率对用于评价尺度的影响

几乎与悬架弹簧刚度无关，对车轮动载系数的影响不大。图 9.35(c)为车身固有频率对动挠度的影响。悬架动挠度差不多与 ω_b'无关；而座椅弹簧动挠度随 ω_b'增加而明显增加，但其绝对值总是较小，所以不产生什么影响。

由上述可知：软的车身弹簧，即较低的车身固有频率主要改善了座椅减振的部分人体的舒适性，而对于其他评价尺度，像对手和脚的舒适性尺度、车轮动载、车身和座椅弹簧挠度影响很小。

3. 车身相对阻尼系数的影响

图 9.36 中的放大因数表示了车身相对阻尼系数(即阻尼比)对座椅、车身加速度和车轮动载的幅频特性的影响。

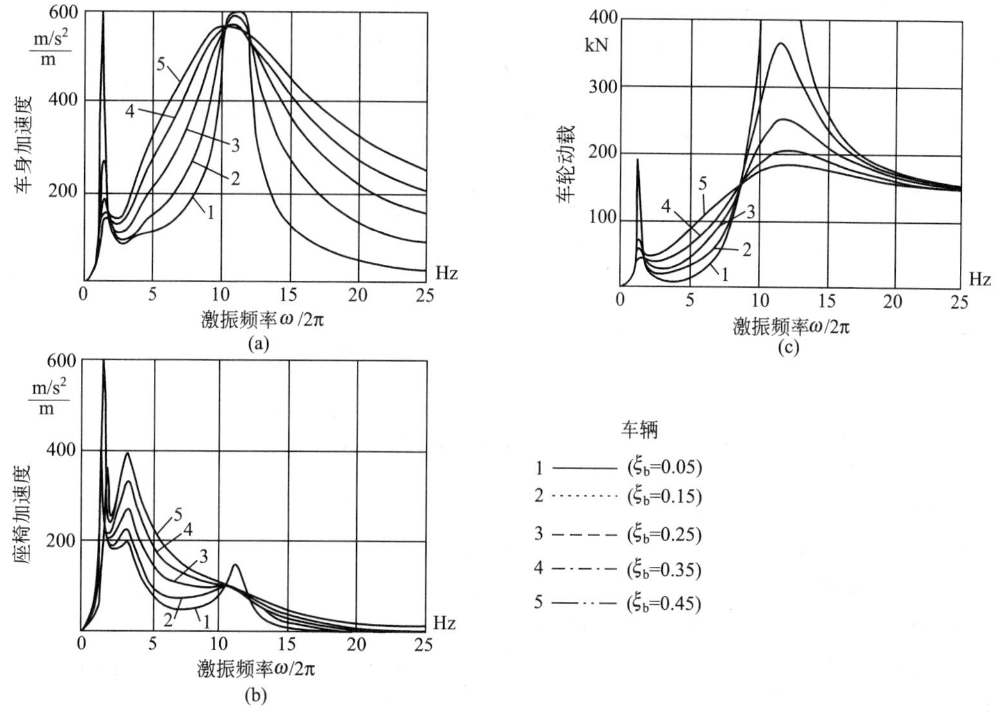

图 9.36 车身相对阻尼系数对幅频特性的影响

与 ω_b'对应的第一共振峰值随阻尼增加而减小。当相对阻尼系数 ξ_b'较高，$\xi_b'=0.45$ 几乎看不到峰值。与 ω_p对应的第二共振峰值，只在座椅加速度上可以看得很明显，而且与第一峰值的情况相反，随车身阻尼的增强而增大。与 ω_t对应的第三共振峰值，对车轮动载来说，随阻尼增加而减小，而对车身加速度则在最大值范围内，随阻尼增加而有所增大。同时，车身加速度的幅频特性曲线弧度要大些。座椅加速度的情况与车身加速度类似，只是在 $\omega\sim\omega_t$频率范围内，它的放大因数总比车身加速度的放大因数小。

从图 9.36(a)和(b)可以看出，对车身来说，减振器在高频区域已经是一个冲击强化装置，恶化了与车身接触的部分人体的振动舒适性。而对车轮动载来说，它是起削减冲击的作用的，提高了行驶安全性。

图 9.37 反映了标准差随相对阻尼系数变化的情况。

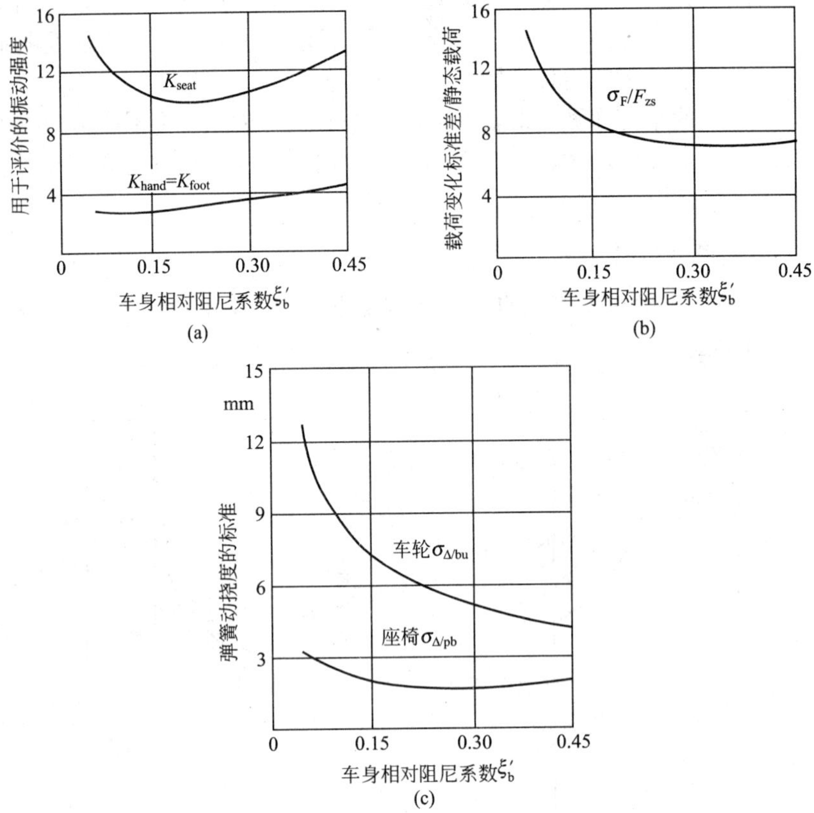

图 9.37　车身相对阻尼系数对评价尺度的影响

根据图 9.37(a)，K_{seat}的最小值约位于 $\xi_b'=0.2$ 处，此时位于座椅上的部分身体的舒适性最好。虽然对手和脚舒适度评价的振动强度 K_{hand}和 K_{foot}约在 $\xi_b'=0.1$ 处取得最小值，但实际的相对阻尼系数是不会这么低的。因此，总体看是随着阻尼增加，舒适性恶化。与此不同的是，车轮动载先是随阻尼增加而减小，行驶安全性提高。在 $\xi_b'=0.4$ 处，出现一个平坦的最低值，如图 9.37(b)所示。如图 9.37(c)所示，悬架动挠度 $\sigma_{\Delta z_{bu}}$ 随阻尼增加而急剧降低，而座椅动挠度 $\sigma_{\Delta z_{pu}}$ 在常见的阻尼范围内几乎不变化。

从舒适性角度来讲，希望阻尼小些(最佳值 $\xi_b'=0.2$)；而车轮动载和动挠度则要求大一些 (最佳值 $\xi_b'=0.4$)，这就要在相互矛盾的要求之间进行协调。如果把两方面的要求综合反映在一个图上，譬如以 K_{seat} 为纵坐标，以 σ_F/F_{zs} 为横坐标，如图 9.38 所示，那么就可以对行驶安全性、振动舒适性的问题，得到一个数量上直观的概念。

在图 9.38 中，反映了悬架刚度 k_s 不变化，而悬架阻尼 c_s 变化的一簇曲线，以及悬架刚度 k_s 变化而悬架阻尼 c_s 不变化的另一簇曲线。那么，存在一条共同的包络线，该曲线代表 K_{seat} 和 σ_F/F_{zs} 中一个固定时，另一个能够获得的最佳值。

4. 座椅固有频率和座椅相对阻尼系数的影响

座椅弹簧动挠度随着座椅固有频率的减小而增大，而座椅阻尼对动挠度几乎没有影响。较低的座椅固有频率可以改善舒适性，但在弹簧动挠度方面付出的代价比较高。评价尺度与座椅固有频率及相对阻尼系数之间的关系，如图 9.39 所示。

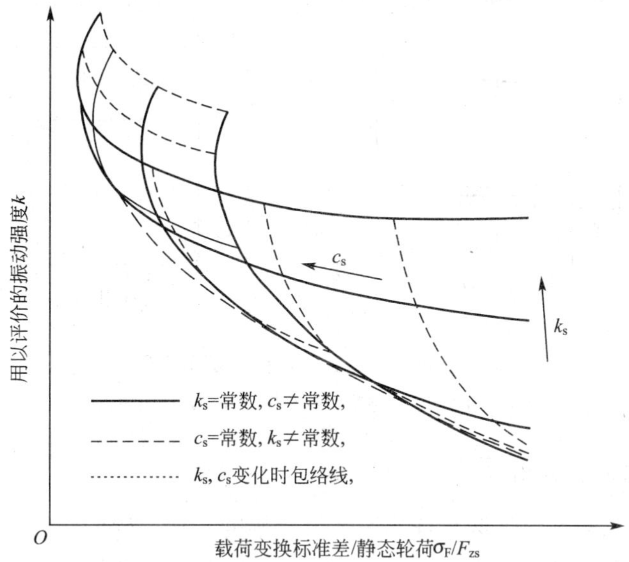

图 9.38 悬架刚度与阻尼对 k_{seat} 和 σ_F/F_{zs} 的影响

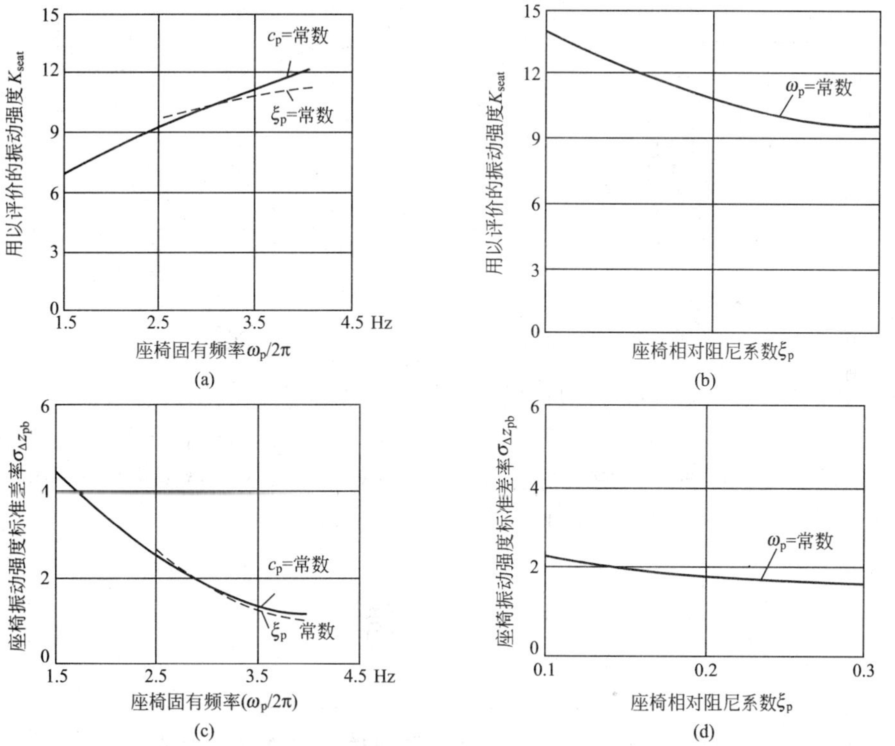

图 9.39 评价尺度与座椅固有频率及相对阻尼系数的关系

5. 簧下质量的影响

图 9.40 反映了评价尺度与簧下质量的相对值 $m_u/(m_b+m_p)$之间的关系。

从图 9.40 可以看出，反映舒适性的用以评价的振动强度与簧下质量几乎无关，车轮

动载变化系数随 m_u 增加，行驶安全性降低。所以，高速车辆(如赛车)的簧下质量较小。

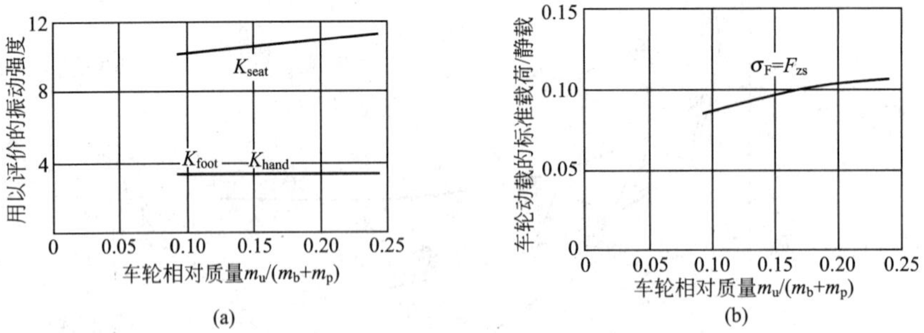

图 9.40 振动强度和车轮动载与簧下质量的关系

$(G_h(\Omega_0)=64\text{cm}^3,\quad \Omega_0=1\text{m}^{-1},\quad w=2,\quad u=20\text{m/s})$

6. 轮胎垂直刚度的影响

类似软的悬架弹簧可以降低车身共振峰值的幅度一样，软的轮胎也可以在车轮共振峰值范围内明显地降低放大因数的幅值。如图 9.41 所示，这时车轮动载、手和脚的用以评价的振功强度都降低了，所以推荐采用软的轮胎。

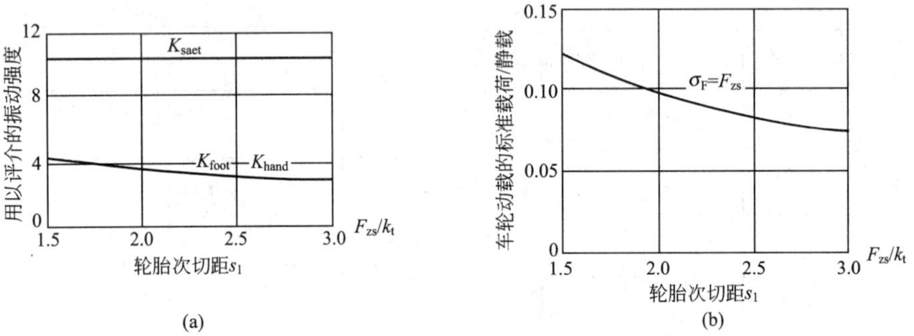

图 9.41 振动评价尺度与轮胎次切距关系

因为座椅的放大因数在高于 6Hz 的频率范围内被完全抑制了，所以 K_{seat} 几乎保持不变。从振动角度来看，软的轮胎提高了行驶安全性，又局部地改善了舒适性，这样在安全性与舒适性之间是一致的。采用软轮胎不是把现有轮胎的气压降低就可以做到的，而是要从结构上加大轮胎体积，也就是采用大的或宽的轮胎结构。

小　　结

本章介绍了车辆行驶在不同路面不平度上的振动特性及其评价，其中包括，路面不平度及其测量方法、路面不平度及其功率谱、测量数据处理及路面不平度，介绍了车辆安全性和舒适性等振动性能的评价，最后介绍了单轮车辆模型及评价尺度的影响因素。通过该章的学习，可为实际车辆行驶振动性能的分析、安全性和舒适性的车辆悬架控制，提供有效的理论分析方法。

【关键术语】

路面不平度　测量方法　路面不平度功率谱密度　车轮动载　行驶安全性　道路应力　车轮法向力冲击系数　弹簧挠度　悬架挠度　舒适性评价　振动强度　作用时间　评价函数　单轮车辆模型　车辆振动加速度　评价尺度　影响因素　车身相对阻尼系数　座椅相对阻尼系数

习题

1. 什么是NVH？
2. 路面不平度按波长划分包括哪几类？它们对车辆的NVH各有什么影响？
3. 汽车振动性能的评价指标是什么？
4. 车轮动载主要影响汽车的哪些性能？
5. 什么是轮胎次切距？
6. 随着车速的增加，轮胎滚动时的垂直刚度如何变化？
7. 什么是车辆四分之一模型？车辆习题可以简化为1/4模型的前提条件是什么？
8. 如图9.42所示，在路面不平度 h 激励下，求弹簧质量垂直加速度 $\ddot{z}_s$对 h 的频率响应函数 $H_{\ddot{Z}-h}(\omega)$。
9. 对于平顺性分析的线性车辆系统，如何根据路面不平度功率谱函数 $G_h(\Omega)$，响应量 q 的频率响应函数 $H_{q\sim h}(j\omega)$和车速 u 求该响应量的均方值。什么情况下可进一步求出响应量 q 的标准差σ_q？
10. 以单轮车辆模型为例，说明什么是“轮距滤波”效应？
11. 对于车辆振动非线性模型，为什么不适合在频域求解？
12. 作为一个振动系统，车辆悬架中包含了哪些可能的非线性因素？
13. 太硬或太软的被动悬架会产生什么问题？

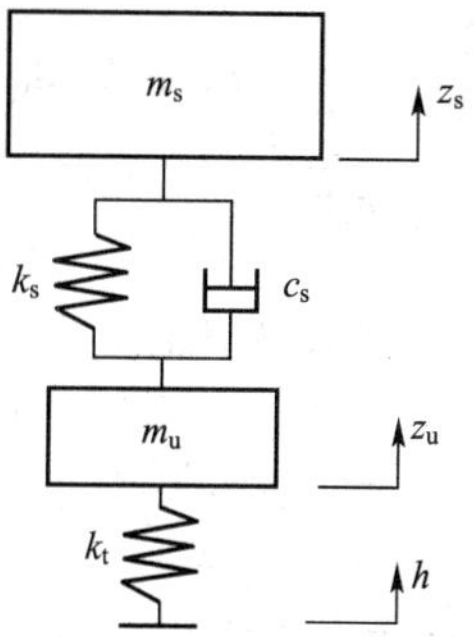

图9.42　路面不平度激励下的车辆1/4模型振动系统

第10章 车辆悬架最佳阻尼匹配

本章学习目标

★ 了解基于舒适性的车辆悬架最佳阻尼比，掌握其数学模型的建立和求解；
★ 了解基于安全性的车辆悬架最佳阻尼比，掌握其数学模型的建立和求解；
★ 掌握基于舒适性和安全性的车辆半主动悬架最佳阻尼比数学模型的建立和求解过程；
★ 了解车辆被动悬架可行性设计区的物理含义和在被动悬架设计中的应用；
★ 熟练掌握车辆悬架最佳匹配减振器的阻尼特性及速度特性数学模型的建立过程。

本章教学要点

知识要点	能力要求	相关知识
基于舒适性的车辆悬架最佳阻尼比	了解基于舒适性的车辆悬架最佳阻尼比的定义，掌握基于舒适性的车辆悬架最佳阻尼比数学模型的建立和求解	舒适性，振动加速度，车速振动加速度频响函数，车身垂直加速度均方值
基于安全性的车辆悬架最佳阻尼比	了解基于安全性的车辆悬架最佳阻尼比的定义，掌握基于安全性的车辆悬架最佳阻尼比数学模型的建立和求解	安全性，车轮动载，车轮动载频响函数，车辆动载均方值
基于舒适性和安全性的半主动悬架最佳阻尼比	掌握舒适性和安全性的半主动悬架最佳阻尼比目标函数的建立及其求解	舒适性和安全性的统一，半主动悬架最佳阻尼比的目标函数，路况预测，悬架动挠度，约束条件
悬架系统最佳匹配减振器的阻尼特性	了解被动悬架可行性设计区，掌握减振器最佳阻尼匹配阻尼特性数学模型的建立过程	可行性设计区，悬架系统阻尼比，减振器阻尼系数，减振器分段线性特性曲线，平安比，杠杆比，初次开阀速度点，最大开阀速度点，减振器双向比

本章学习方法

汽车振动分析的目的就是要降低车辆在行驶过程的振动，得到车辆悬架系统的最佳阻尼匹配减振器的阻尼特性，以便能对车辆悬架及减振器进行优化设计，使得车辆达到最佳减振效果。因此，学习本章要从车辆行驶过程中的振动模型入手，根据对车辆行驶平顺性、乘坐舒适性和操作稳定性的要求，建立车辆被动悬架系统和半主动悬架系统的最佳阻尼比数学模型，分析求解车辆悬架在不同路况和车速状态下的最佳阻尼比，然后根据车辆悬架最佳阻尼比，建立车辆减振器所需要的分段线性速度特性曲线，为汽车减振器设计奠定基础。

10.1 基于舒适性的悬架系统最佳阻尼比

10.1.1 单轮二自由度悬架系统响应的频响函数

当悬挂质量分配系数的数值接近 1 时，可以把汽车简化为二自由度汽车悬架系统，如图 10.1 所示。

图中 10.1，m_1为簧下质量；m_2为簧上质量；K 为弹簧刚度；C 为减振器阻尼系数；K_t为轮胎刚度；q 为路面不平度输入；z_1、z_2分别是车轮与车身垂直位移。

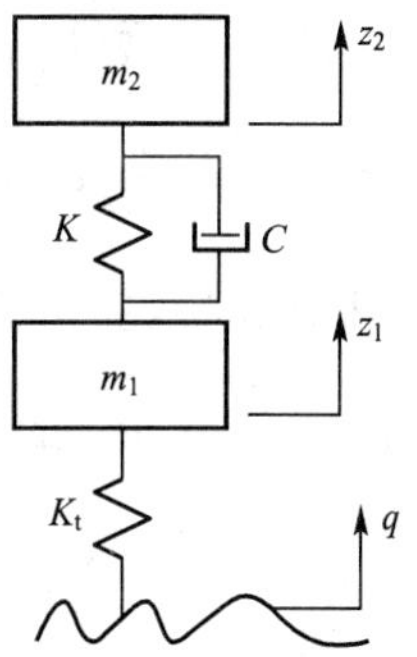

图 10.1 二自由度悬架系统

二自由度悬架系统的振动微分方程可以表示为

$$\begin{cases} m_2\ddot{z}_2+C(\dot{z}_2-\dot{z}_1)+K(z_2-z_1)=0 \\ m_1\ddot{z}_1+C(\dot{z}_1-\dot{z}_2)+K(z_1-z_2)+K_t(z_1-q)=0 \end{cases} \tag{10-1}$$

对式(10－1)进行拉普拉斯变换，可得

$$\begin{cases} m_2 z_2 s^2+C(z_2-z_1)s+K(z_2-z_1)=0 \\ m_1 z_1 s^2+C(z_1-z_2)s+K(z_1-z_2)+K_t(z_1-Q)=0 \end{cases} \tag{10-2}$$

为了使讨论的物理意义更加明确，引入以下辅助变量

$$r_k=\frac{K_t}{K},\quad r_m=\frac{m_2}{m_1},\quad \omega_0=\sqrt{\frac{K}{m_2}}$$

式中，r_k为刚度比；r_m为质量比；ω_0为车身固有频率。

令 $s=j\omega$，代入式(10.2)，求得 z_1和 z_2对路面不平度输入 q 的频响函数分别为

$$H(j\omega)_{z_1\sim q}=\frac{(r_k-\lambda^2 r_k)+2\xi\lambda r_k j}{(1-\lambda^2)\left(1+r_k-\dfrac{\lambda^2}{r_m}\right)-1+\left[r_k-\left(\dfrac{1+r_m}{r_m}\right)\lambda^2\right]2\xi\lambda j} \tag{10-3}$$

$$H(j\omega)_{z_2\sim q}=\frac{r_k+2r_k\xi\lambda j}{(1-\lambda^2)\left(1+r_k-\dfrac{\lambda^2}{r_m}\right)-1+\left[r_k-\left(\dfrac{1+r_m}{r_m}\right)\lambda^2\right]2\xi\lambda j} \tag{10-4}$$

根据振动响应与输入量之间频率响应函数之间的关系，可求得车轮和车身振动响应加速度 $\ddot{z}_1$和 $\ddot{z}_2$，对路面不平度输入速度 $\dot{q}$ 的频响函数分别为

$$H(j\omega)_{\ddot{z}_1\sim\dot{q}}=j\omega H(j\omega)_{z_1\sim q} \tag{10-5}$$

$$H(j\omega)_{\ddot{z}_2\sim\dot{q}}=j\omega H(j\omega)_{z_2\sim q} \tag{10-6}$$

10.1.2 车身垂直加速度均方值

当车辆在不同等级公路上行驶时，可把路面速度输入的谱视为白噪声，即

$$G_{\dot{q}}(f)=4\pi^2 G_q(n_0)n_0^2 v \tag{10-7}$$

式中，n_0为参考空间频率，$n_0=0.1\text{m}^{-1}$；v 为车速。

根据随机振动理论，响应均方值为

$$\sigma_x^2=\int_{-\infty}^{+\infty}|H(j\omega)_{x\sim\dot{q}}|^2\frac{G_{\dot{q}}(f)}{2}df \qquad (10-8)$$

式中，$|H(j\omega)_{x\sim\dot{q}}|$为响应量 x 对路面不平度输入速度 $\dot{q}$ 的频响函数，其中，响应量 x 可代表振动车身和车轮的位移、车身和车轮的加速度、悬架动挠度和车轮动载。

因此，根据频响函数式(10－4)及式(10－8)，可得到车身垂直加速度 $\ddot{z}_2$的均方值为

$$\sigma_{\ddot{z}_2}^2=\pi^2G_q(n_0)n_0^2v\frac{\omega_0^3(1+r_m+4r_mr_k\xi^2)}{2\xi r_m} \qquad (10-9)$$

10.1.3 基于舒适性的车辆悬架最佳阻尼比 ξ_{oc}

通过对车身垂直加速度均方值 $\sigma_{\ddot{z}_2}^2$ 求 ξ 的偏导数，可以得到基于舒适性的最佳阻尼比 ξ，因此，由式(10－9)可得，当$\frac{\partial\sigma_{\ddot{z}_2}}{\partial\xi}=0$ 时，$\xi=\frac{1}{2}\sqrt{\frac{1+r_m}{r_mr_k}}$。

因此，基于舒适性的车辆悬架最佳阻尼比为

$$\xi_{oc}=\frac{1}{2}\sqrt{\frac{1+r_m}{r_mr_k}} \qquad (10-10)$$

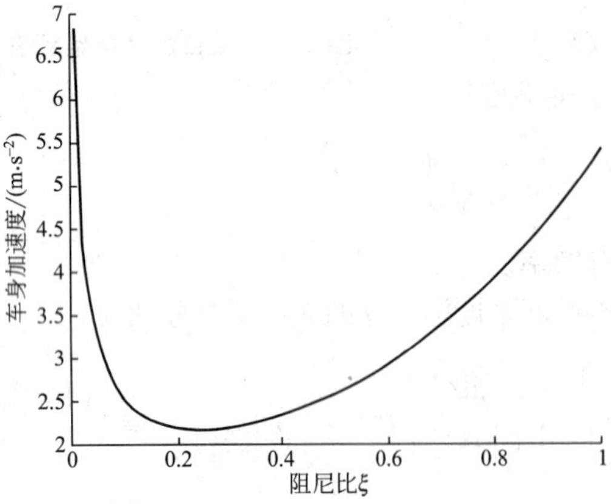

图 10.2 C 级路面车身加速度随阻尼比变化曲线

例如，对于某轮式车辆，质量比 $r_m=10$，刚度比 $r_k=9$，因此，将 $r_m=10$ 和 $r_k=9$ 代入式(10－10)可求得基于舒适性的车辆悬架最佳阻尼比为 $\xi_{oc}=0.175$。其中，图 10.2 即为 C 级路面，在车速 $v=60$km/h 情况下的车身加速度随阻尼比的变化曲线。

可知，当悬架阻尼比 $\xi=\xi_{oc}=0.175$ 时，车身加速度达到最小，即车辆达到最佳乘坐舒适性。当阻尼比 $\xi>\xi_{oc}$时，随着阻尼比的增加，车身加速度增加，即乘坐舒适性变差；当阻尼比 $\xi<\xi_{oc}$时，随着阻尼比的减小，车身加速度也迅速增加，乘坐舒适性也变差。

10.2 基于安全性的悬架系统最佳阻尼比

根据频响函数式(10－5)、式(10－7)和式(10－8)，可得到车轮动载均方值为

$$\sigma_{F_d}^2=K_t^2\pi^2G_q(n_0)n_0^2v\frac{r_mr_k(r_mr_k-2-2r_m)+(1+r_m)^3+4r_mr_k\xi^2(1+r_m)^2}{2r_m^3r_k^2\omega_0\xi} \qquad (10-11)$$

通过对车轮动载均方值 $\sigma_{F_d}^2$ 对阻尼比 ξ 求偏导数，可以得到基于安全性的最佳阻尼比，因此，由式(10－11)可得，当$\frac{\partial\sigma_{F_d}^2}{\partial\xi}=0$ 时

$$\xi=\frac{1}{2(1+r_m)}\sqrt{\frac{R}{r_mr_k}}$$

式中，$R=r_m r_k(r_m r_k-2-2r_m)+(1+r_m)^3$。

因此，基于安全性的车辆悬架最佳阻尼比为

$$\xi_{os}=\frac{1}{(1+r_m)}\sqrt{\frac{R}{4r_m r_k}} \tag{10-12}$$

例如，上述某轮式车辆，质量比 $r_m=10$，刚度比 $r_k=9$，因此，将 $r_m=10$ 和 $r_k=9$ 代入式(10-10)可求得基于安全性的车辆悬架最佳阻尼比为 $\xi_{os}=0.413$。

其中，图 10.3 即轮胎刚度为 1000000N/m，取 C 级路面，车速 v 为 60km/h 情况下，车轮动载随阻尼比的变化曲线。

可知，车轮动载在 $\xi_{os}=0.413$ 时达到最小值。当阻尼比 $\xi>\xi_{os}=0.413$ 时，随着阻尼比 ξ 的增加，车轮动载 F_d 逐渐增加；当 $\xi<\xi_{os}=0.413$ 时，随着阻尼比 ξ 的减小，车轮动载 F_d 迅速增加。

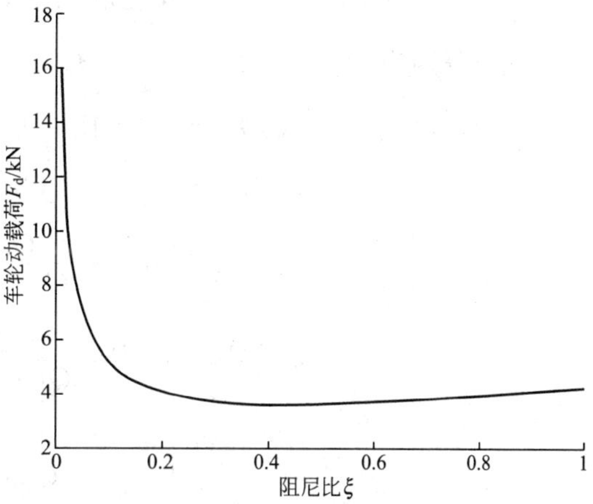

图 10.3　C 级路面车轮动载随阻尼比变化曲线

10.3　基于舒适性和安全性的半主动悬架最佳阻尼比

10.3.1　悬架动挠度

根据式(10-3)和式(10-4)可求得悬架动挠度对 δ_d，对路面输入激励 q 的频响函数为

$$H(j\omega)|_{\delta_d\sim q}=H(j\omega)|_{z_2\sim q}-H(j\omega)|_{z_1\sim q} \tag{10-13}$$

即

$$H(j\omega)|_{\delta_d\sim q}=\frac{r_k+2r_k\xi\lambda j}{(1-\lambda^2)\left(1+r_k-\frac{\lambda^2}{r_m}\right)-1+\left[r_k-\left(\frac{1+r_m}{r_m}\right)\lambda^2\right]2\xi\lambda j}-\frac{(r_k-\lambda^2 r_k)+2\xi\lambda r_k j}{(1-\lambda^2)\left(1+r_k-\frac{\lambda^2}{r_m}\right)-1+\left[r_k-\left(\frac{1+r_m}{r_m}\right)\lambda^2\right]2\xi\lambda j} \tag{10-14}$$

根据响应量频响函数之间关系，可得悬架动挠度对 δ_d 对路面输入激励速度 $\dot{q}$ 的频响函数为

$$H(j\omega)|_{\delta_d\sim\dot{q}}=\frac{1}{j\omega}H(j\omega)|_{\delta_d\sim q} \tag{10-15}$$

然后，利用式(10-15)、式(10-7)和式(10-8)，可得到悬架动挠度 δ_d 的均方值为

$$\sigma_{\delta_d}^2=\pi^2 G_q(n_0)n_0^2 v\frac{1+r_m}{2\xi\omega_0 r_m} \tag{10-16}$$

10.3.2　基于舒适性和安全性的半主动悬架最佳阻尼比计算

把振动微分方程组式(10-1)中的两个式子相加，可得

$$m_2\ddot{z}_2+m_1\ddot{z}_1+K_t(z_1-q)=0 \tag{10-17}$$

对式(10-17)进行拉氏变换，可得

$$m_2s^2Z_2+m_1s^2Z_1+K_t(Z_1-Q)=0 \tag{10-18}$$

由于车身振动加速度 $\ddot{z}_2$、车轮动载荷 F_d和悬架弹簧动挠度 δ_d，对路面激励速度 $\dot{q}$ 的传动函数分别为 $H_{\ddot{z}_2\sim\dot{q}}(j\omega)=j\omega\dfrac{Z_2}{Q}$；$H_{F_d\sim\dot{q}}(j\omega)=\dfrac{K_t(Z_1-Q)}{j\omega Q}$；$H_{\delta_d\sim\dot{q}}(j\omega)=\dfrac{Z_2-Z_1}{j\omega Q}$。

因此，对式(10-18)进行恒等变换，可得

$$m_2s^2Z_2+m_1s^2(Z_1-Q)+m_1s^2Q+K_t(Z_1-Q)=0$$

$$m_2s^2\frac{Z_2}{Q}+m_1s^2\frac{(Z_1-Q)}{Q}+m_1s^2+K_t\frac{(Z_1-Q)}{Q}=0$$

$$m_2\frac{Z_2s}{Q}+\frac{m_1s^2}{K_t}\frac{K_t(Z_1-Q)}{Qs}+m_1s+\frac{K_t(Z_1-Q)}{Qs}=0$$

$$m_2\frac{j\omega Z_2}{Q}+\frac{m_1(j\omega)^2}{K_t}\frac{K_t(Z_1-Q)}{Qj\omega}+m_1j\omega+\frac{K_t(Z_1-Q)}{Qj\omega}=0$$

$$m_2H_{\ddot{z}_2\sim\dot{q}}(j\omega)-\frac{m_1\omega^2}{K_t}H_{F_d\sim\dot{q}}(j\omega)+m_1j\omega+H_{F_d\sim\dot{q}}(j\omega)=0$$

即

$$m_2H_{\ddot{z}_2\sim\dot{q}}(j\omega)+(K_t-m_1\omega^2)\frac{1}{K_t}H_{F_d\sim\dot{q}}(j\omega)+j\omega m_1=0 \tag{10-19}$$

同理，对式(10-18)进行相应的恒等变换，可得

$$(K_t-m_2\omega^2-m_1\omega^2)H_{\ddot{z}_2\sim\dot{q}}(j\omega)+(K_t-m_1\omega^2)\omega^2H_{\delta_d\sim\dot{q}}(j\omega)-j\omega K_t=0 \tag{10-20}$$

$$-m_1\omega^2H_{\delta_d\sim\dot{q}}(j\omega)+(K_t-m_2\omega^2-m_1\omega^2)\frac{1}{K_t}H_{F_d\sim\dot{q}}(j\omega)+j\omega(m_2+m_1)=0 \tag{10-21}$$

式(10-19)、(10-20)、(10-21)表明，车身加速度、车轮动载荷和悬架动挠度的频响函数是相互影响和相互制约的，在某较宽的频带内改善三个传递函数中的任一个或两个，同时会造成对另外其他频响函数的恶化。因此，在建立悬架性能目标函数时，若以车身加速度、车轮动载荷和悬架动挠度中的两个建立综合目标函数，必须以悬架动挠度作为约束条件。

半主动悬架系统的功能是使减振器阻尼能根据不同路况进行调节，在舒适性和安全性之间进行协调，实现更好的折中。因此在求解悬挂系统最佳阻尼时，应根据车身加速度和车轮动载荷建立目标函数，而约束条件则限制悬架动挠度。在车辆的实际行驶过程中，道路谱和车速在较小的一段时间内是相对稳定的，即道路谱和车速分段稳定，故利用均方值建立阻尼比优化设计目标函数，考虑的是整个频域上的平均值。因此，建立如下无量纲的最佳阻尼比优化设计目标函数

$$J(\xi)=J(\alpha、\xi、r_k、r_m) \tag{10-22}$$

约束条件为

$$\begin{cases}\sigma_{\delta_d}\leqslant[\delta_d]/3\\ \xi_{oc}\leqslant\xi\leqslant\xi_{os}\end{cases} \tag{10-23}$$

式中，α 为加权系数；$[\delta_d]$ 为悬架动挠度限位行程。

对优化设计目标函数求 ξ 的偏导数，即令$\frac{\partial J}{\partial \xi}=0$，可得悬架系统最佳阻尼比为 ξ^*。

因此由约束条件可得悬架系统的最佳阻尼比为

$$\xi_o=\begin{cases}\frac{1}{2}\sqrt{\frac{1+r_m}{r_m r_k}}, & \xi^*\leqslant\xi_{oc}\\ \xi^*, & \xi_{oc}<\xi^*<\xi_{os}\\ \frac{1}{2}\sqrt{\frac{1+r_m}{r_m r_k}+\frac{r_m r_k-2-2r_m}{(1+r_m)^2}}, & \xi^*\geqslant\xi_{os}\end{cases} \tag{10-24}$$

例如，某车辆悬架质量比 $r_m=10$，刚度比 $r_k=9$，由式(10-28)，可求得半主动悬架阻尼比随车身垂直加速度的变化曲线，即悬架阻尼比最佳控制律曲线，如图 10.4 所示。车身加速度是路谱激励下的反应，因此可根据车身加速度调节最佳阻尼比，使舒适性和安全性达到最佳折中状态。

当车速为 20km/h，行驶在不同路况情况下的车辆悬架最佳阻尼比 ξ 随路况的变化曲线，如图 10.5 所示。

当行驶在 C 级路况情况下，车辆在不同车速情况下的车辆悬架最佳阻尼比 ξ 随车速的变化曲线，如图 10.6 所示。

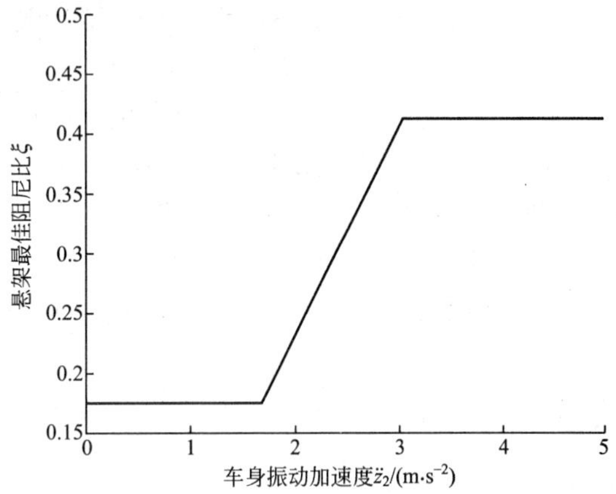

图 10.4　悬架最佳阻尼比随车身振动加速度的变换曲线

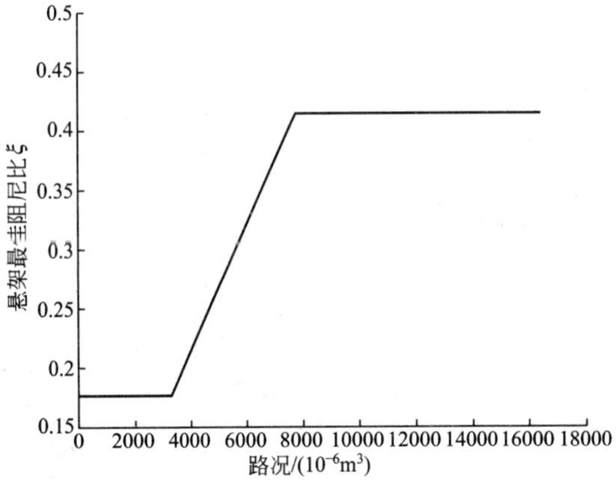

图 10.5　悬架最佳阻尼比随路况的变换曲线

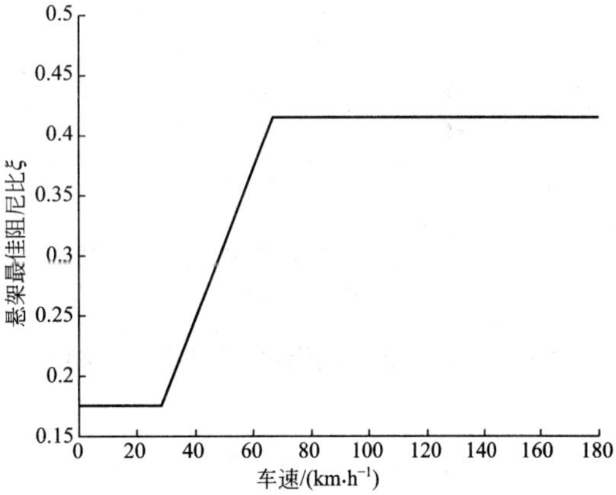

图 10.6　悬架最佳阻尼比随车速的变换曲线

由图 10.4～图 10.6 可知，汽车在良好路面上行驶时，车身垂直加速度较小，为了保证乘坐舒适性，悬架阻尼比调节为舒适性最佳阻尼比 $\xi_{oc}=0.175$；在较差路面上行驶时，垂直加速度较大，为了保证行驶安全性，悬架阻尼比调节为安全性最佳阻尼比 $\xi_{os}=0.413$；在中等路面上行驶时，在保证悬架动挠度的前提下，即在不超过悬架限位行程的前提下，调节阻尼比，得到较好的舒适性，同时又不失安全性，使安全性与舒适性达到最好的折中状态；在相同路面行驶时，在较小速度情况下，可选择舒适性最佳阻尼比 $\xi_{oc}=0.175$，当大于一定速度时，可选择安全性最佳阻尼比 $\xi_{os}=0.413$，当在一定车速范围内时，随着车速的增加，阻尼比逐渐增大。因此，车辆根据变化的激励不断地调整悬架阻尼比，就能保证悬架在各种路面条件下均获得最佳的减振性能。

10.3.3 路况及车速预测

利用所测得的车身振动加速度，可实现对路况和车速预测。其中，当已知车身垂直振动加速度 $\ddot{z}_2^2$和车辆行驶速度 v 时，车辆行驶路况为

$$G_q(n_0)=\frac{\xi r_m \ddot{z}_2^2}{4\pi^5 f_0^3 n_0^2 v(1+r_m+4r_m r_k \xi^2)} \tag{10-25}$$

当已知车身垂直振动加速度 $\ddot{z}_2^2$和车辆行驶路况 $G_q(n_0)$时，由式(10－26)可知车速为

$$v=\frac{\xi r_m \ddot{z}_2^2}{4\pi^5 f_0^3 n_0^2 G_q(n_0)(1+r_m+4r_m r_k \xi^2)} \tag{10-26}$$

例如，某车辆悬架质量比 $r_m=10$，刚度比 $r_k=9$，车身固有频率 $f_0=1.05\text{Hz}$，车辆悬架系统阻尼比 $\xi=0.25$，车辆行驶速度 $v=40\text{km/h}$，则路况随车身振动加速度 $\ddot{z}_2^2$的变化曲线，如图 10.7 所示。

当车辆行驶在D级路面上，则车速 v 随车身振动加速度 $\ddot{z}_2^2$的变化曲线，如图 10.8 所示。

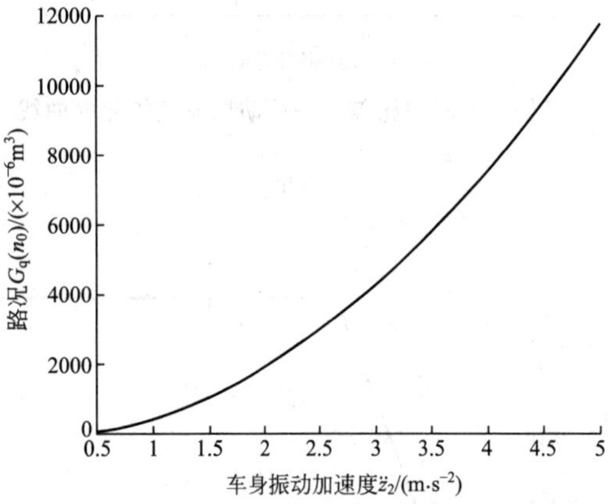

图 10.7 路况随车身振动加速度的变化曲线

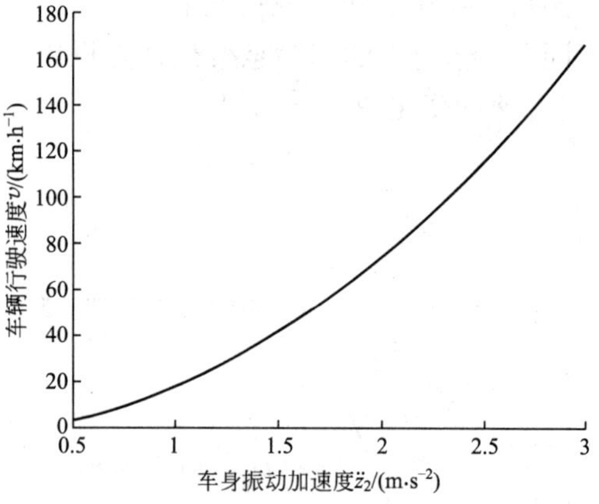

图 10.8 D级路面车速随车身振动加速度的变化曲线

10.4 被动悬架最佳阻尼匹配减振器特性

10.4.1 被动悬架系统最佳阻尼可行性设计区

由上述所讲的基于舒适性和安全性的车辆最佳阻尼比可知，被动悬架的最佳阻尼比

应该在 [0.175, 0.413] 范围之内，即最小阻尼比 $\xi_{min}=\xi_{oc}=0.175$，而最大阻尼比$\xi_{max}=\xi_{os}=0.413$。

当车辆的质量比 r_m 一定时，在不同刚度比 r_k(5.0，7.5，10，15，20)情况下，车身垂直加速度均方值和悬架动挠度均方响应的相互关系，如图 10.9 所示。

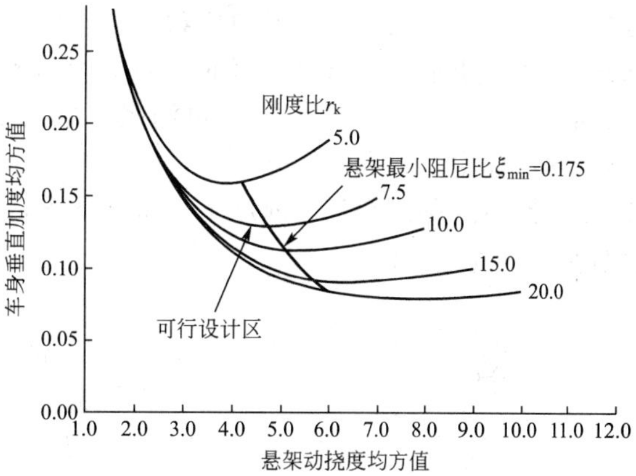

图 10.9　被动悬架可行设计区

从图 10.9 中可以看出，每一个悬架刚度比对应一条曲线，其阻尼比都是自左到右由较重到较轻的趋势，对于每一悬架刚度都存在使悬架垂直加速度均方响应最小的最优阻尼比。随着刚度比的减小(弹簧变硬)曲线变陡，接近最优阻尼的选择范围会变小，如选择不当会引起悬架质量垂直加速度和动挠度同时剧烈增大；如果把客车车轮阻尼比 $\xi=0.175$ 作为抑制轮胎弹跳的下限值，把每条曲线上 $\xi=0.175$ 的点连接起来，便封闭了这族曲线的发散端，形成了由变形三角区定义的可行设计区；迄今具有被动悬架的大部分车辆，它们的悬架匹配性能大都在可行设计区内有确定的位置，并在平顺性和安全性设计上得到适当评价。因此阻尼比的设计要在可行设计区内选择，软簧和轻阻尼的豪华轿车处于该区的右下域，而硬簧和重阻尼的赛车则处于该区的左上域。

10.4.2　悬架系统最佳匹配减振器的阻尼特性

1. 悬架系统最佳阻尼系数

设单轮总质量为 m_t，单轮簧下质量为 m_d，则单轮簧上质量 m_u 为 $m_u=m_t-m_d$。按 1/4 单自由度振动模型，由振动理论可知，悬架系统最佳阻尼比 ξ_o与车辆参数之间关系为

$$\xi_o=\frac{C_s}{2\sqrt{Km_u}} \tag{10-27}$$

式中，K 为悬架刚度。

因此，悬架系统最佳阻尼系数为

$$C_s=2\xi_o\sqrt{Km_u}=2\xi_o m_u\sqrt{\frac{K}{m_u}}=4\pi\xi f_0 m_u \tag{10-28}$$

式中，ξ 为悬架最佳阻尼比；f_0 为悬架固有频率，$f_0=\frac{\omega_0}{2\pi}=\frac{1}{2\pi}\sqrt{\frac{K}{m_u}}$。

2. 减振器最佳阻尼分段线性特性

减振器阻尼特性一般是非线性的，大都是利用分段线性阻尼特性来表示。为了保证减振器寿命，减振器设有初次开阀速度点 V_{k1}，即当车辆行驶在平坦路面时，减振器不开阀，只是利用减振器的常通节流孔所产生的节流阻尼力进行工作。而为了保证减振器在相对速度比较大时不撞击车身，减振器设有最大开阀速度点 V_{k2}，即当车辆行驶在较坏路面时，

减振器节流阀达到最大，阻尼力比较大，以免减振器撞击车身。当减振器速度 V 大于初次开阀速度而小于最大开阀速度点时，即 $V_{k1}<V<V_{k2}$ 时，减振器节流阀的开度随速度增加而增加，因此，减振器阻尼力 F_d 可满足车辆对非线性阻尼特性的要求。减振器在复原和压缩行程过程中，考虑在压缩行程中悬架弹簧作用的影响，因此，减振器复原和压缩行程的阻尼特性不对称，在相同速度下，定义压缩行程和复原行程的阻尼力之比为减振器双向阻尼比 β，一般 $\beta=1/3$ 左右。

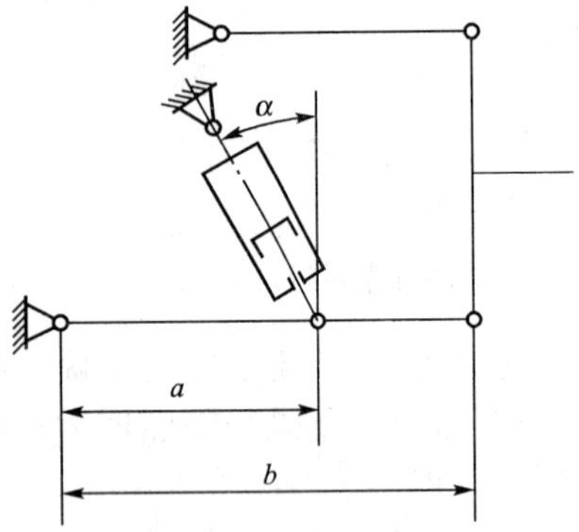

图 10.10　减振器安装位置和角度

当车辆悬架系统最佳阻尼比 ξ_0 确定之后，可根据车辆类型、安装位置和角度，确定车辆悬架最佳阻尼匹配减振器的分段线性阻尼特性，其中包括减振器复原行程的分段线性阻尼特性(即复原行程的初次开阀阻尼系数、初次开阀后的阻尼系数)和减振器压缩行程的分段线性阻尼特性(即压缩行程的开阀阻尼系数、初次开阀后的阻尼系数)。

1）复原行程分段线性阻尼特性

(1) 初次开阀最佳阻尼系数 C_{d1}。

减振器安装位置不在车轮位置上方，且有一定的安装角度 α，如图 10.10 所示。

由于减振器安装位置和角度对悬架系统阻尼有影响，因此，根据悬架系统杠杆比 $i=a/b$ 和减振器安装角度 α，可求得减振器在首次开阀时的阻尼系数为

$$C_{d1}=\frac{C_s}{i^2\cos^2\alpha}=\frac{4\pi\xi f_0 m_u}{i^2\cos^2\alpha} \tag{10-29}$$

由式(10－31)可知，悬架系统杠杆比 $i=a/b$ 和安装角度 α 都影响减振器阻尼系数，其中，减振器阻尼系数随杠杆比 i 和安装角度 α 的变化曲线，分别如图 10.11 和 10.12 所示。

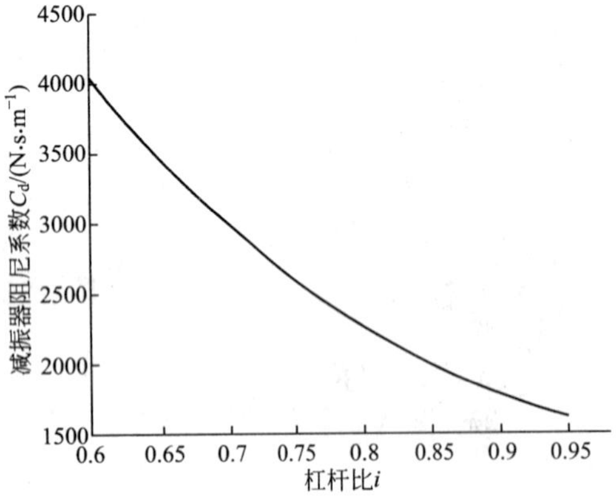

图 10.11　减振器阻尼系数随杠杆比 i 的变化曲线

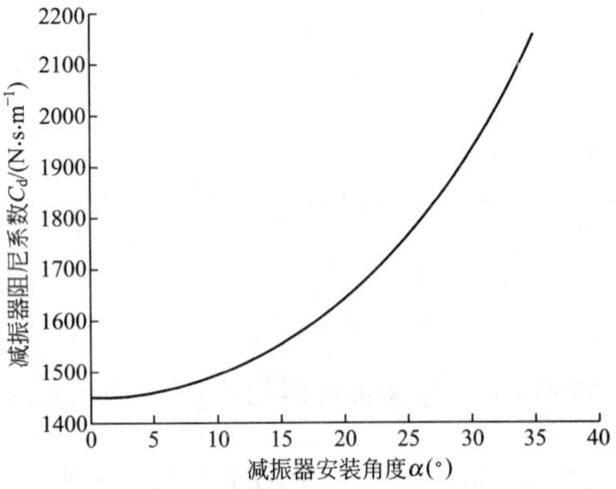

图 10.12　减振器阻尼系数随安装角度 α 的变化曲线

因此，减振器在初次开阀速度点的阻尼力为

$$F_{d1}=C_{d1}V_{k1} \tag{10-30}$$

(2) 二次开阀最佳阻尼系数。

减振器阻尼是非线性的，一般将减振器速度特性分段线性化，并将减振器首次开阀前的速度特性直线斜率 k_1 与二次开阀前的速度特性直线斜率 k_2 的比值，定义为减振器平安比 η，其中，减振器首次开阀前的速度特性曲线斜率 k_1，即为减振器开阀前的阻尼系数 C_{d1}。因此，减振器平安比 η 可表示为

$$\eta=\frac{k_1}{k_2}=\frac{C_{d1}}{k_2} \tag{10-31}$$

因此，可得减振器二次开阀前速度特性曲线的斜率 k_2 为

$$k_2=\frac{C_{d1}}{\eta} \tag{10-32}$$

根据阻尼力与阻尼系数和速度之间关系，可得到减振器最大开阀阻尼系数 C_{d2} 为

$$C_{d2}=\frac{F_{d2}}{V_{k2}}=\frac{F_{d1}+k_2(V_{k2}-V_{k1})}{V_{k2}} \tag{10-33}$$

式中，V_{k1} 和 V_{k2} 分别为减振器首次开阀速度和最大开阀速度点；F_{d1} 和 F_{d2} 分别为减振器在首次和最大开阀速度点所对应的阻尼力。

将式(10－30)和式(10－32)代入式(10－33)，则减振器最大开阀阻尼系数 C_{d2} 可表示为

$$C_{d2}=\frac{C_{d1}}{\eta}+C_{d1}\left(1-\frac{1}{\eta}\right)\frac{V_{k1}}{V_{k2}} \tag{10-34}$$

因此，减振器在最大开阀速度点所对应的阻尼力 F_{d2} 为

$$F_{d2}=C_{d2}V_{k2} \tag{10-35}$$

2) 压缩行程分段线性阻尼特性

根据减振器在复原行程的分段线性阻尼特性，以及减振器复原和压缩的双向阻尼比 β，可确定减振器在压缩行程的分段线性阻尼特性，其中初次开阀的阻尼系数 C_{d1y} 为

$$C_{d1y}=\beta C_{d1} \tag{10-36}$$

因此，减振器压缩行程在初次开阀速度点的阻尼力 F_{d1y} 为

$$F_{d1y}=\beta F_{d1}=\beta C_{d1}V_{k1} \tag{10-37}$$

最大开阀的阻尼系数 C_{d2y} 为

$$C_{d2y}=\beta C_{d2}=\beta\frac{C_{d1}}{\eta}+\beta C_{d1}\left(1-\frac{1}{\eta}\right)\frac{V_{k1}}{V_{k2}} \tag{10-38}$$

因此，减振器压缩行程在最大开阀速度点的阻尼力 F_{d2y} 为

$$F_{d2y}=\beta F_{d2}=\beta C_{d2}V_{k2} \tag{10-39}$$

3) 整个行程的速度特性

根据减振器复原行程和压缩行程的初次开阀速度点和最大开阀速度点的阻尼特性，便可以得到减振器整个行程下的分段线性速度特性，即利用复原行程的初次开阀速度点(V_{k1}，F_{d1})和最大开阀速度点(V_{k2}，F_{d2})，以及压缩行程的初次开阀速度点(V_{k1y}，F_{d1y})和最大开阀速度点(V_{k2y}，F_{d2y})，便可得到减振器分段线性速度特性曲线，如图 10.13 所示。

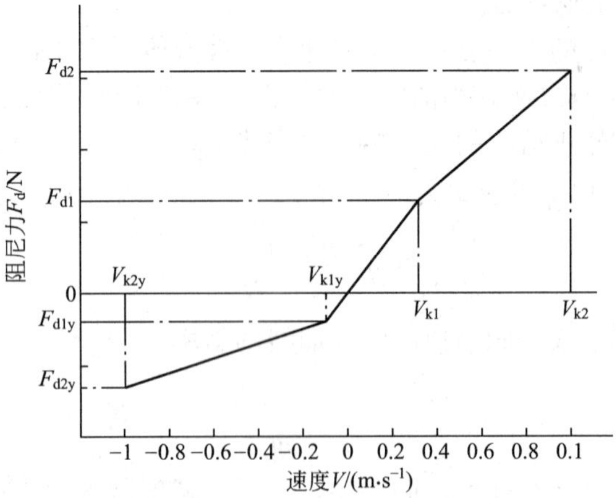

图 10.13 减振器分段线性速度特性曲线

小　　结

本章讲述了基于舒适性的车辆悬架最佳阻尼比的数学模型建立及求解过程，讲述了基于安全性的车辆悬架最佳阻尼比的数学模型建立和求解过程，在此基础上讲述了基于舒适性和安全性统一的车辆半主动悬架最佳阻尼比优化设计数学模型的建立和求解过程；讲述了车辆被动悬架可行性设计区的物理含义和在被动悬架设计中的应用，并给出了根据优化设计得到的最佳阻尼比，以及确定减振器的阻尼特性及速度特性数学模型的过程和方法。

【关键术语】

悬架系统阻尼比　舒适性　安全性　舒适性与安全性的统一　车身振动加速度　车轮动载　车身动挠度　振动响应频响函数　均方根值　最佳阻尼比的目标函数　动挠度约束条件　阻尼比可行性设计区　减振器阻尼系数　分段线性速度特性曲线　平安比　初次开阀速度点　最大开阀速度点　减振器双向比

习　题

1. 试推导汽车车身振动加速度、车轮动载、车身动挠度对路面速度激励的频响函数。

2. 基于舒适性的车辆悬架最佳阻尼比 ξ_{oc} 是多少？如果悬架阻尼比大于或小于 ξ_{oc}，则车身垂直加速度将如何变化？

3. 基于安全性的车辆悬架最佳阻尼比 ξ_{os} 是多少？如果悬架阻尼比大于或小于 ξ_{os}，则车轮动载将如何变化？

4. 基于舒适性和安全性统一的半主动悬架最佳阻尼比目标函数是如何建立的？

5. 如果车辆参数和车速已知，试建立基于车身振动加速度的路况预测数学模型。

6. 被动悬架阻尼比可行性设计区的物理意义是什么？轿车悬架阻尼比和越野车悬架阻尼比分别在可行性设计区的什么方位？

7. 车辆悬架平安比是如何定义的？轿车平安比和越野车平安比是否相同？

8. 悬架杠杆比是如何定义的？悬架杠杆比和减振器安装角度对减振器所要求的阻尼系数有什么影响？

9. 减振器为何设置初次开阀速度点和最大开阀速度点？

10. 减振器阻尼力 β 双向比是如何定义的？

11. 如果某越野车的单轮簧上质量 $m_u=500\text{kg}$，平安比 $\eta=1.5$，悬架系统所要求的阻尼比 $\xi=0.3$，悬架杠杆比 $i=0.9$，减振器双向比 $\beta=1/2.5$，安装角度 $\alpha=10°$，减振器复原行程的初次开阀速度点为 0.3m/s，最大开阀速度点为 1.0m/s，压缩行程的初次开阀速度点为 0.2m/s，最大开阀速度点为 1.0m/s，试确定该越野车减振器所要求的分段线性速度特性曲线。

第11章 MATLAB及在汽车振动分析中的应用

本章学习目标

★ 了解MATLAB软件及其特点；
★ 熟悉MATLAB语言程序设计的特点、方法和技巧；
★ 掌握MATLAB在汽车振动分析中的应用实例。

本章教学要点

知识要点	能力要求	相关知识
MATLAB软件及其特点	了解MATLAB软件及特点	MATLAB软件，工作空间，命令窗口，程序编辑和调试，MATLAB帮助系统
MATLAB语言程序设计	熟悉MATLAB语言程序设计的特点、方法和技巧，能够熟练编写MATLAB计算程序	矩阵的定义及MATLAB输入方法，MATLAB矩阵生产函数，MATLAB的函数及控制语句，M文件的编写，MATLAB图形命令，Simulink的应用
MATLAB在汽车振动分析中的应用实例	掌握MATLAB在汽车振动分析中的应用实例，能够对单自由度、车身和车轮2自由度和多自由度车辆振动模型，利用MATLAB软件对振动特性进行分析	单自由度简谐激振问题的MATLAB分析，车身车轮2自由度振动响应的Simulink建模及特性分析；车辆在C级路面行驶情况下的悬架振动功率谱MATLAB分析

本章学习方法

MATLAB软件是具有强大工程计算功能的软件，在振动分析、建模仿真等方面具有重要的应用，利用MATLAB软件可以对车辆振动特性进行编程计算和建模仿真。因此，学习本章应该在学习好振动理论的基础和了解MATLAB软件特点基础上，结合实际振动模型利用MATLAB软件进行编程和建模分析，加强实际计算机编程和建模操纵，从而熟练掌握MATLAB软件及其在振动分析中的应用，为实际振动问题的分析奠定坚实的基础。

11.1 MATLAB 软件及其特点

MATLAB 全称 MATrix LABoratotry。它是由早期专门用于矩阵运算的计算机语言发展而来。顾名思义，它最基本、也是最重要的功能就是“进行实数矩阵或复数矩阵的运算”。因向量可作为矩阵的一列或一行，标量(一个数)有时则作为只含一个元素的矩阵，故向量和标量都可以作为特殊矩阵处理。

MATLAB 既是一种语言，又是一个编程环境，用户可以在 MATLAB 的工作空间中直接输入命令，也可以应用 MATLAB 语言编写应用程序，MATLAB 软件对此命令或程序中的各条语句进行编译、运行，最后返回运算计算结果。作为一个编程环境，MATLAB 提供了很多方便用户管理变量、输入输出数据以及生成和管理 *.m 文件的工具，而且其操作和命令有它的特点和规定。

11.1.1 MATLAB 的工作空间

在 MATLAB 中，工作空间(Workplace)是一个重要概念，是指运行 MATLAB 的程序或命令所生成的所有变量和 MATLAB 提供的常量构成的空间。工作空间是一个比较抽象的概念，每启动运行一次 MATLAB 就会自动建立一个工作空间。工作空间在 MATLAB 运行期间一直存在，关闭 MATLAB 后工作空间自动消失。刚打开的 MATLAB 的工作空间中只有 MATLAB 提供的几个常量，如 π(3.1415926…)、虚数单位 i($\sqrt{-1}$)等。运行 MATLAB 的程序时，程序中的变量被加入工作空间。除非用特殊的命令删除某变量，否则该变量在关闭 MATLAB 之前一直存在。由此可见，在一个程序中的运算结果以变量的形式保存在工作空间中，又可被别的程序继续利用。可以随时查看工作空间的变量。选择【Window】菜单里的“Workplace”命令，或按“Ctrl+3”快捷键，如图 11.1 所示，便可以打开变量浏览器，变量浏览器如图 11.2 所示，其中显示为工作空间里的变量。

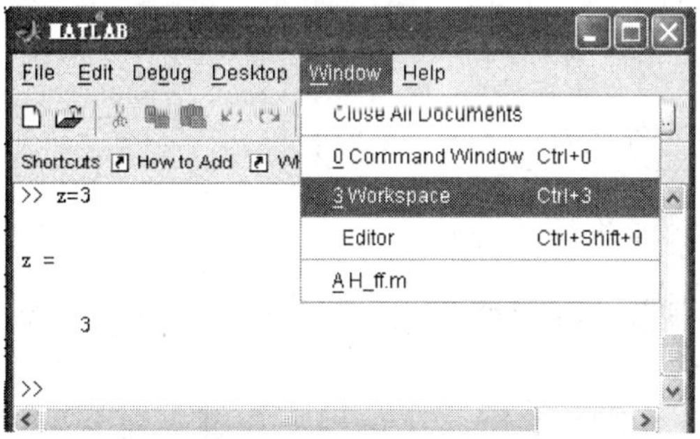

图 11.1 Window 下拉菜单

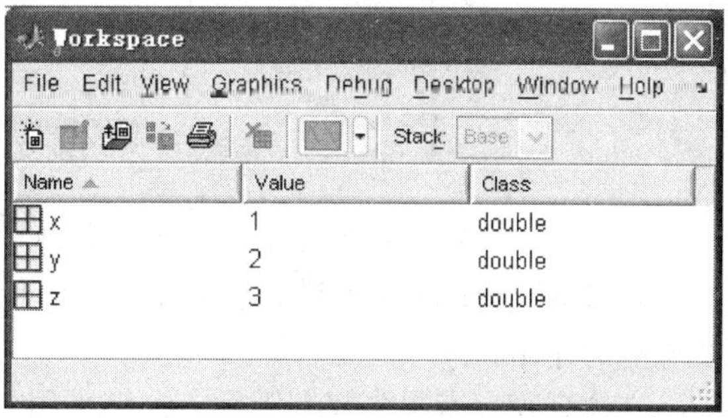

图 11.2 工作空间及变量

在命令窗口键入 who 和 whos 命令可以看到目前工作空间里的所有变量，结果如下所示。who 命令只给出变量名；whos 命令还给出变量的大小、数据类型等具体内容。clear 命令可删除工作空间的变量。

```
>> who
Your variables are:
x  y  z
>> whos
Name       Size                  Bytes  Class
  x          1x1                     8  double array
  y          1x1                     8  double array
  z          1x1                     8  double array
Grand total is 3 elements using 24 bytes
```

11.1.2 MATLAB 的命令窗口

MATLAB 的命令窗口是 MATLAB 的重要组成部分，如图 11.3 所示。

它可分为菜单栏、工具栏和命令输入区，其中，菜单采用的是下拉式。在命令窗口可以选择菜单选项、工具栏选项，也可直接在命令区输入命令。计算结果也可显示在命令窗口。输出数据的显示可以有不同的格式，通过选择【File】菜单中的“Preferences”命令，打开“Preferences”窗口并选择“Command Window”选项，然后在“Numeric Format”下拉列表框中选择输出格式，如图 11.4 所示。

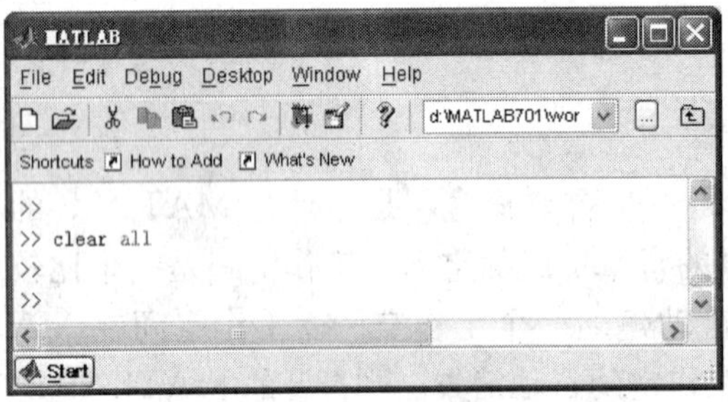

图 11.3 MATLAB 的命令窗口

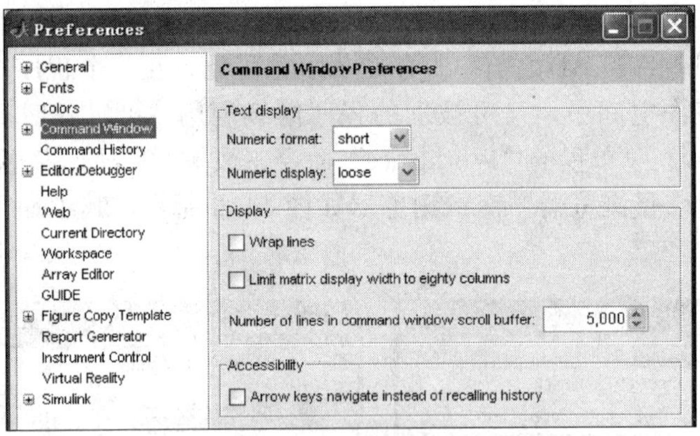

图 11.4 数据格式设置窗口

缺省格式为短格式，只显示 4 位小数的十进制数。输出格式只影响数据的显示，不影响数据的存储和计算精度。

在命令窗口有很多控制键和方向键可用于命令行的编辑。比如用户在键入命令 x=(1+sqrt(3))/2，漏了字符“r”，由于 MATLAB 里不存在 sqt 函数，将会给出错误信息：

```
??? Undefined command/function'spt'.
```

这时，用户不用重新键入整个命令行，而只需按↑键，就会再显示刚才键入的命令行，用户在相应的位置键入“r”字母，再按回车键即可正常运行。若用↓键可回调下一行，用“Home”键可移到行首，“End”键移到行尾，“Esc”键删除一行。熟练使用这些方向键和控制键可以大大提高工作效率。

用户还可以在命令窗口方便地进行数据的存储和调用。可以选择【File】菜单中的“Save Workspace as”命令将数据存成数据文件。同样，选择【File】菜单中的“Load Workspace”命令，可方便地调出数据文件。除了用菜单命令，还可以在命令区直接输入 save 和 load 命令。如

```
save  sy  x
```

将变量 x 存入 sy. mat 文件中；

```
load sy x
```

将存入的变量 x 从 sy. mat 文件中重新调出到当前工作空间。load 也可读 ASCII 文件。

11.1.3 MATLAB 的程序编辑/调试器

在【File】菜单中选择“NEW”命令，可打开一个 MATLAB 程序编写窗口，如图 11.5 所示。用户可以编写 MATLAB 程序，即 m 格式文件，并可以在这个窗口进行编辑和调试。

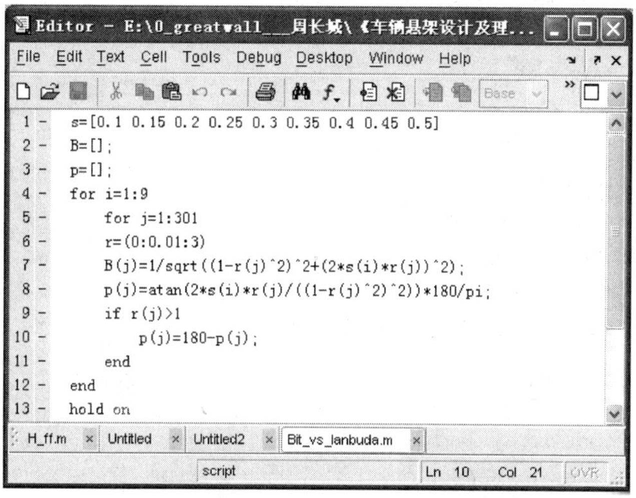

图 11.5　程序编辑/调试器

MATLAB 程序书写形式自由，语法限制不严，使用方便灵活；不必事先定义变量的类型，把变量使用成什么类型，就自动定义成什么类型。和其他计算机语言一样，MATLAB 语言对变量名和函数名也有以下的规定：

(1) 变量名和函数名以字母开头，至多 19 个字符；

(2) 字母大小写有别，变量 A 和 a 是两个完全不同的变量；

(3) 所有的函数名均由小写字母构成。

在这个窗口可以编写、编辑和调试程序，还可以通过选择“File”菜单中的“Open”命令，打开已存的文件进行处理。打开的文件后缀名为 *.m 程序运行后的结果可以显示在命令窗口。

11.1.4 MATLAB的帮助系统

MATLAB的帮助系统功能强大。Help命令是查询函数语法的最基本方法，查询到的信息直接显示在命令窗口。用户可以使用命令窗口的Help菜单进行查询，或在命令窗口输入Help命令。如果要对某一命令或函数进行查询，直接在Help后跟上该命令或函数名即可。如输入Help sin，将显示：

```
>> Help sin
SIN    Sine.
  SIN(X)is the sine of the elements of X.
See also asin,sind.
Overloaded functions or methods(ones with the same name in other directories)
  Help sym/sin.m
Reference page in Help browser
  doc sin
```

用户可以通过Help命令查到所有的算术运算符、关系运算符和逻辑运算符。如下：

```
Operators and special characters.
Arithmetic operators.(算数运算符)
  plus        -Plus                              +
  uplus       -Unary plus                        +
  minus       -Minus                             -
  uminus      -Unary minus                       -
  mtimes      -Matrix multiply                   *
  times       -Array multiply                    .*
  mpower      -Matrix power                      ^
  power       -Array power                       .^
  mldivide    -Backslash or left matrix divide   \
  mrdivide    -Slash or right matrix divide      /
  ldivide     -Left array divide                 .\
  rdivide     -Right array divide                ./
  kron        -Kronecker tensor product          kron

Relational operators.(关系运算符)
  eq          -Equal                             ==
  ne          -Not equal                         ~=
  lt          -Less than                         <
  gt          -Greater than                      >
  le          -Less than or equal                <=
  ge          -Greater than or equal             > =

 Logical operators.(逻辑运算符)
              Short-circuit logical AND          &&
              Short-circuit logical OR           ||
```

```
and         - Element-wise logical AND          &
or          - Element-wise logical OR           |
not         - Logical NOT                       ~
xor         - Logical EXCLUSIVE OR
any         - True if any element of vector is nonzero
all       - True if all elements of vector are nonzero
```

MATLAB还提供了关键词查询命令lookfor，如查和complex(复数)有关的命令和函数，则在命令窗口输入lookfor complex，得到如下结果：

```
lookfor complex
>> lookfor complex
ctranspose.m:%'  Complex conjugate transpose.
  COMPLEX Construct complex result from real and imaginary parts.
CONJ  Complex conjugate.
CPLXPAIR Sort numbers into complex conjugate pairs.
IMAG  Complex imaginary part.
REAL  Complex real part.
CDF2RDF Complex diagonal form to real block diagonal form.
RSF2CSF Real block diagonal form to complex diagonal form.
cplxdemo.m:%%  Functions of Complex Variables
CPLXGRID Polar coordinate complex grid.
CPLXMAP Plot a function of a complex variable.
    ⋮
```

学会使用帮助系统，将会为以后的学习和使用MATLAB带来很大的方便。

11.2 MATLAB语言程序设计

MATLAB有很强的数值矩阵处理能力，它的基本元素是矩阵。列向量被当作只有一列的矩阵；行向量被当作只有一行的矩阵；标量被认为是一行一列的矩阵。

11.2.1 矩阵的定义

1. MATLAB矩阵输入方式

MATLAB中矩阵用中括号括起来，直接输入矩阵元素，同行的数据用空格或逗号隔开，不同行用分号隔开。如生成矩阵a：

```
a=[1 2 3; 4 5 6; 7 8 9]
a=
    1    2    3
    4    5    6
    7    8    9
```

生成行向量b：

```
b=[1 2 3]
b=
    1    2    3
```

生成列向量 c：

```
c=[1;2;3]
c=
    1
    2
    3
```

生成标量，可以看成一行一列的矩阵。例如：

```
d=6
d=
    6
```

在 MATLAB 中，“：”是一个重要的字符，如输入 C=1：4，即产生一个 1～4 增量为 1 的向量，结果如下：

```
C=1:4
C=
    1    2    3    4
```

把增量放在起始与结尾量的中间，用“：”隔开，就可以产生该增量的行向量，例如：

```
d=7:-2:2
d=
    7    5    3
```

MATLAB 的矩阵元素可采用表达式，例如：

```
e=[-1.3  sqrt(2)  (1+2+3)*4/5]
e=
    -1.3000  1.4142  4.8000
```

MATLAB 允许运算或函数中使用复数，默认 $i=\sqrt{-1}$，但用户也可自行定义虚数单位。

```
f=[-1+5i  2+6i;3+7i  4+8i]
f=
  -1.0000+5.0000i  2.0000+6.0000i
   3.0000+7.0000i  4.0000+8.0000i
```

2. MATLAB 矩阵生产函数

MATLAB 还提供了几十个函数用来生成多种多样的矩阵，可以查询 Help 找出这些函数。比如在命令窗口直接输入 a=eye(3)命令，也就是调用函数 eye，就可以生成一个 3 行 3 列的单位矩阵。结果如下：

```
a=eye(3)
a=
    1     0     0
    0     1     0
    0     0     1
```

而调用 rand(3, 4)这个函数，就可以生成一个 3 行 4 列的小于 1 的随机正数矩阵：

```
b=rand(3,4)
b=
    0.9501    0.4860    0.4565    0.4447
    0.2311    0.8913    0.0185    0.6154
    0.6068    0.7621    0.8214    0.7919
```

调用函数 magic(3)，生成 3 阶魔方矩阵，矩阵中不管是行相加、列相加或是对角线上的元素相加，都相同：

```
c=magic(3)
c=
  8     1     6
  3     5     7
  4     9     2
```

3. MATLAB 中下标的用法

MATLAB 中下标具有很重要的功能，可以在对矩阵的行、列子矩阵处理时使用，也可以用来产生向量。使用下标和向量，会使运算更为清晰和方便。例如，已知

```
a=
    1     2     3
    4     5     6
    7     8     9
```

a(1, 3)=3，a(3, 1)=7，若用 a(3, 3)=a(1, 3)+a(3, 1)命令，将该矩阵中第 3 行和第 3 列的元素改为第 1 行第 3 列与第 3 行第 1 列的两个矩阵元素之和，则矩阵变为

```
a=
    1     2     3
    4     5     6
    7     8     10
```

使用“:”代替下标，可以表示所有的行或列。例如，a(1: 2,:)表示 a 矩阵 1~2 行所有的列，即矩阵的 1~2 行所有元素，构成的子矩阵赋值给 b，则可得

```
b=a(1:2,:)
b-
    1     2     3
    4     5     6
```

这种方法也可以称为从矩阵中抽取子矩阵。

若要删除矩阵的行或列，可通过把矩阵的行或列赋值为空矩阵来实现，如要删除 a 矩阵的第二列，保留矩阵中的 1 列和 3 列，则

```
a(:, 2)=[]
a=
    1    3
    4    6
    7    9
```

也可以利用小矩阵或向量构成大矩阵，如

```
r=[11 12 13]
r=
    11    12    13
b=[a;r]
b=
    1    2    3
    4    5    6
    7    8    9
   11   12   13
b=[a r']
b=
      1    2    3    11
      4    5    6    12
      7    8    9    13
c=[a(1,:);r]
c=
      1    2    3
     11   12   13
d=[a(:,1)r']
d=
      1    11
      4    12
      7    13
```

其中，r' 称为矩阵的转置，它是一种矩阵运算，把行向量变为列向量。

4. MATLAB基本语句

变量＝表示式［;］，这是基本的赋值语句。命令行若以“;”结尾，则在运行时命令窗口不显示该命令行及结果；若命令行结尾无“;”，则在运行时命令窗口显示该命令行及结果。

在一个命令行太长，想分行续写时，可使用 3 个点号表示续行，例如：

```
s=1-1/2+1/3-1/4+1/5-1/6+1/7…
     -1/8+1/9-1/10+1/11-1/12
```

11.2.2 矩阵运算

1. 矩阵转置

用符号“'”表示和实现，例如：

```
b=a'
b=
   1    4    7
   2    5    8
   3    6    9
[-1  0  2]'
ans=
     -1
     0
     2
```

2. 矩阵加和减

矩阵的加、减运算用“+”和“-”运算符，前提是矩阵必须具有相同阶数，才可以进行加、减运算。例如：

```
a=
       1    2
       3    4
b=[5  6;7  8]
b=
       5    6
       7    8
c=[a]+[b]
c=
     6    8
     10   12
```

当矩阵与标量相加、减时，则矩阵中所有的元素与这个数相加、减，例如：

```
d=a+2
d=
3    4
5    6
```

3. 矩阵的乘法

矩阵的乘法用“*”表示，只有当前一矩阵的列数和后一矩阵的行数相同时，才可以进行两矩阵的乘法运算，例如：

```
a=
  1    2    3
```

```
  4    5    6
  7    8    9
  10    11    12
b=
  1    2    3  4
  5    6    7  8
  9    10  11  12
x=a*b
x=
    38    44    50    56
    83    98   113   128
   128   152   176   200
   173   206   239   272
y=b*a
y=
      70    80    90
     158   184   210
     246   288   330
```

两个相同向量的内积也可以用这种乘法实现，例如：

```
x=[-1  0  2]'
x=
    -1
    0
    2
y=[-2  - 1  1]'
y=
    -2
    -1
    1
x'*y
ans=
      4
y'*x
ans=
      4
```

矩阵与标量相乘，则矩阵中的每个元素都与此数相乘，例如：

```
a=
      1    2
      3    4
b=2*a
b=
      2    4
```

```
    6    8
```

若向量相乘，则用“. *”表示向量相应的元素相乘。如前面的两向量 x 和 y 相乘：

```
x.*y
   ans=
       2
       0
       2
```

4. 矩阵的除法

在 MATLAB 中矩阵的除法分左除和右除，分别用“\”和“/”表示。如果 A 矩阵是非奇异方阵，则 A\B 和 B/A 运算可以实现。A\B 等效于 A 的逆矩阵 A^{-1}，左乘 B 矩阵，即 inv(A) * B，而 B/A 等效于 A 矩阵的逆 A^{-1} 右乘 B 矩阵，即 BA^{-1}。通常，x=A\B 是 A * x=B 的解，即 $x=A^{-1}B$，而 x=B/A 是 x * A=B 的解，即 $x=BA^{-1}$。一般情况下，A\B 不等于 A/B。例如：

```
A=pascal(3)
A=
     1     1     1
     1     2     3
     1     3     6
B=magic(3)
B=
    8     1     6
    3     5     7
    4     9     2
A\B
ans=
   19    -3    -1
  -17     4    13
    6     0    -6
inv(A)*B
ans=
       19    -3    -1
      -17     4    13
        6     0    -6
B/A
ans=
       27   -31    12
        1     2     0
      -13    29   -12
B*inv(A)
ans=
       27  -31    12
```

```
    1     2     0
  -13    29   -12
A/B
ans=
   0.0667     0.0667     0.0667
  -0.0333     0.4667    -0.0333
  -0.1528     1.0556    -0.2361.
B\A
ans=
    0.0667   0.0500   0.0972
    0.0667   0.3000   0.6389
    0.0667   0.0500  -0.0694
```

向量的左、右除用“.\”和“./”表示，而向量相应的元素进行相除。

5. 矩阵的乘方

如果A是方阵，p是一个标量，而且是大于1的整数，则A^p表示A的p次幂，即矩阵A自乘p次。运算符“.^”表示对矩阵每个元素作幂运算。例如：

```
A=[1 2 3;4 5 6;7 8 9]
A=
  1    2    3
  4    5    6
  7    8    9
A^3
ans=
      468      576      684
     1062     1305     1548
     1656     2034     2412
A.^3
ans=
  1       8      27
  64     125     216
  343    512     729
```

6. 矩阵的超越函数

在MATLAB中，exp，sqrt等命令也可作用在矩阵上，但这种运算只是定义在矩阵的单个元素上，即分别对矩阵的每一个元素进行计算。如果在函数后面加上m，就称为矩阵的超越函数，与前面的算法不同。例如，对于前面的矩阵A：

```
sqrt(A)
ans=
      1.0000     1.4142     1.7321
      2.0000     2.2361     2.4495
      2.6458     2.8284     3.0000
```

```
sqrtm(A)
ans=
      0.4498+0.7623i   0.5526+0.2068i   0.6555-0.3487i
      1.0185+0.0842i   1.2515+0.0228i   1.4844-0.0385i
      1.5873-0.5940i   1.9503-0.1611i   2.3134+0.2717i
```

11.2.3 MATLAB 的函数

函数是体现 MATLAB 功能强大的一个方面。MATLAB 的数学函数库极其庞大，既包括最基本的 sum(求和)，sin，cos 函数，也包括如求矩阵特征值和特征向量、矩阵求逆、傅里叶变换等复杂算法，MATLAB 把它们统统编制成函数文件，即扩展名为 .m 的文件。用户使用时，可直接调用这些函数。用户还可根据自己的需要编写函数文件，使用方法与 MATLAB 本身的库函数一样，扩充了 MATLAB 的库函数。下面介绍一些常用的函数。

1. 基本数学函数

Trigonometric(三角函数)

sin	正弦
asin	反正弦
cos	余弦
acos	反余弦
tan	正切
atan	反正切

Exponential(指数)

exp	指数
log	自然对数
log10	以 10 为底的对数
sqrt	开方

Complex(复数)

abs	绝对值
complex	构造复数
imag	复数虚部
real	复数实部

Rounding and remainder(圆整和取舍)

fix	取整
round	圆整到最接近的整数
mod	取余数
ceil	朝正无穷方向取整

2. 基本矩阵函数

zeros	零矩阵
ones	1 矩阵

eye	单位矩阵
rand	随机数矩阵
size	矩阵大小
magic	魔方矩阵
rank	矩阵取秩
det	矩阵行列式
compan	伴随矩阵
trace	矩阵的迹
inv	阵求逆
eig	特征值和特征向量
poly	矩阵的特征多项式
roots	求多项式的根
lu	LU 分解
qr	正交三角分解
fft	一维傅里叶变换
ifft	一维傅里叶逆变换
sum	求和
max	求数组最大值
mean	求数组平均值
filter	数字滤波
ode45	解微分方程
trapz	梯形数值积分
quad	数值积分
conv	卷积

这些函数只是 MATLAB 库函数中的一小部分，可通过 Help 查询到所有的函数。

11.2.4 MATLAB 的控制语句

MATLAB 与其他计算机语言一样有控制语句，这使 MATLAB 语言编程显得十分灵活。

1. for 循环

for 循环完成一条语句或一组语句在一定情况下的反复使用，其重复的次数是预先设定的。例如：

```
for i=1:n
    x(i)=0;
end
```

语句内的命令行结尾的分号，是为了防止中间运行结果显示在命令窗口。for 循环一定要以 end 结束。

2. while 循环

while 循环语句是控制一个或一组语句在一个逻辑条件下重复，重复次数预先不确定，例如：

```
n=1;
while  n<100
n=n+1;
end
```

3. if条件句

通过if条件判断，分别执行命令语句，其语句结构如下：

```
if  表达式
     命令语句;
end
if  表达式1
    语句体;
elseif  表达式2
          语句体;
elseif  表达式3
        语句体;
else
        语句体;
end
```

11.2.5 M文件的编写

用MATLAB编写的可在MATLAB中运行的程序称为M文件，都以.m为扩展名。M文件包含两类：命令文件和函数文件。二者区别在于：命令文件没有输入参数，也不返回输出参数，而函数文件可以输入参数，也可返回输出参数；命令文件对工作空间中的变量进行操作，而函数文件中的变量为局部变量，只有其输入、输出变量保留在工作空间。

在任何文本编辑器都可编写M文件。在MATLAB的命令窗口中可以运行M文件。无论是函数文件还是命令文件，都可以被别的程序调用。

1. 命令文件

由于命令文件没有输入参数和输出参数，只是一些命令的组合，所以命令文件比函数文件简单。命令文件可对工作空间中的变量进行操作，也可生成新的变量。即使命令文件运行结束，命令文件产生的变量仍将保留在工作空间中，直到关闭MATLAB或用相关的命令删除。下面是一个命令文件的例子，以求所有小于2000且为2的整数次幂的正整数。

(1) 用任何文本编辑器编写命令文件的内容。例如：

%求小于2000且为2的整数次幂的正整数

```
f(1)=2;
k=1:
while f(k)<2000
      f(k+1)=f(k)*2;
      k=k+1:
```

```
end
f,k
```

(2) 保存该文件为 t.m。

(3) 在 MATLAB 命令窗口中键入文件名 t，运行结束后可在屏幕上看到以下内容：

```
f=
    2  4  8  16  32  64  128  256  512  1024
k=
    10
```

说明：

- 符号“%”引导的行是注释行。
- 不需要用“end”作为 M 文件的结尾。
- 若用户把 t.m 文件放在自己的工作目录下，那么，在运行 t.m 之前，应该先使该目录处于 MATLAB 的搜索路径上。可以用 MATLAB 的路径浏览器把该目录保存在 MATLAB 的搜索路径上。
- t.m 运行后的变量可用 who 或 whos 命令查看。

2. 函数文件

和命令文件相比，函数文件较复杂。下面就上述的例子编写一个函数文件。

(1) 用任何文本编辑器编写函数文件的内容。例如：

```
function f=tt(n)
% 求小于 2000 且为 2 的整数次幂的正整数
% n 可以取任意正整数
f(1)=2;
k=1;
        while f(k)<ceil(n/2)
f(k+1)=f(k)*2;
k=k+1:
end
f
```

(2) 保存该文件为 tt.m。

(3) 在 MATLAB 命令窗口中键入命令：

```
a=2000
tt(a)
f=
    2  4  8  16  32  64  128  256  512  1024
```

说明：

- 文件 tt.m 中第一行的 function 为函数文件的关键字，表明该文件为函数文件，并定义函数名为 tt，输入参数 n，输出参数 f。MATLAB 的所有函数文件都遵从这种定义格式。当函数的输出不只一个时，用中括号 [] 把输出参数括起来，参数之间用逗号分开。

如果输入参数不只一个，也用逗号隔开。function [x, y, z]=sphere(theta, phi, rho)是一个多输出参数、多输入参数的例子。当函数无输出参数，输出参数项空缺或用空 [] 表示，如 function printresults(x)或 function []=printresults(x)。

● 当调用函数时，输入参数和输出参数可以和定义行的变量名不同，即形式参数和实际参数可以不同名。

● 变量 k 对函数文件 tt 来讲是局部变量。当该函数调用结束，该变量不再存在。

● MATLAB 对函数名的限制如同变量名：以字母开头；由字母、下画线和数字组成；只识别函数名的前 31 个字符。函数文件名由函数名再加扩展名“.m”组成。当函数文件名和函数名不同时，MATLAB 将忽略函数名而确认文件名。所以，编写函数文件时，文件名可以和函数名不同，但调用时，应该使用文件名。不过，最好把文件名和函数名统一，以免出错。

11.2.6 MATLAB 图形命令

MATLAB 提供了很多高级图形命令，这些命令可以绘制很多图形，如曲线图、极点图、直方图、等高线图等，可以非常方便地给出数据的二维、三维的图形，还可以对图形的显示进行控制。

MATLAB 自动将图形画在图形窗口上，图形窗口和命令窗口是独立的。

下面主要介绍二维图形的绘制，三维图形的绘制也与其类似。MATLAB 提供了很多绘制、标注二维图形的函数。表 11-1 介绍了绘制线图的函数。

表 11-1 绘制线图函数

函数	轴的刻画方式
plot	纵、横轴均采用线性坐标
loglog	纵、横轴均采用对数坐标
semilogx	纵轴均采用线性坐标，横轴均采用对数坐标
semilogy	横轴均采用线性坐标，纵轴均采用对数坐标
plotyy	在图的左、右两侧分别建立纵坐标

下面用一个程序例子来说明二维图形的基本绘图命令和绘图控制。

```
t=0:pi/100:2*pi;                 % 准备数据
y1=cos(t);                       % 准备数据
y2=cos(t-0.25);                  % 准备数据
y3=sin(t-0.5);                   % 准备数据
subplot(2,2,1)                   % 选择绘图窗口中的区域
plot(y1)                         % 调用基本绘图命令,没有规定横坐标,横坐标自动生成
subplot(2,2,2);                  % 选择绘图窗口中的区域
plot(t,y1)                       % 调用基本绘图命令,横坐标为向量 t
axis([0 2*pi-2 2])               % 选定轴的显示范围、刻度线
subplot(2,2,3)                   % 选择绘图窗口中的区域
plot(t,y1,t,y2,t,y3)             % 调用基本绘图命令,在同一图中绘制多条曲线
grid on                          % 网格线
```

```
xlabel('time')                         % 标注横轴
ylabel('y'7)                           % 标注纵轴
title('正弦和余弦曲线')                 % 标注标题
text(3*pi/2,cos(3*pi/2),'cos(t)=0')    % 标注文本
subplot(2,2,4)                         % 选择绘图窗口中的区域
plot(t,y1,'- ',t,y2,'--',t,y3,':')     % 调用函数 plot 时指定线型
legend('y1','y2','y3')                 % 标注图标
```

这个程序生成的图形结果显示在图形窗口上，图形窗口和命令窗口是独立的，如图 11.6 所示。

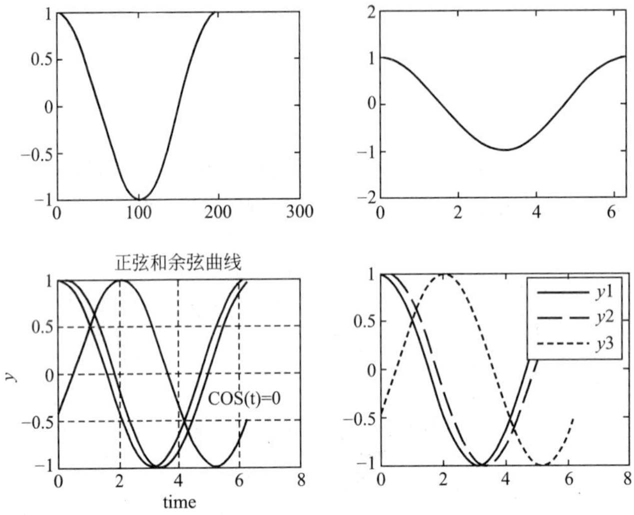

图 11.6　图形显示结果

上面的例子包括了二维图形的基本绘图命令和绘图控制命令。在 plot 函数中还可以指定线条的颜色、数据点标记等。gtext 和 text 一样用于在图形中特定的位置标字符串，不同之处在于，前者用鼠标指定字符串的位置，后者用命令来指定。上面程序中未用到 hold on 命令，若在程序中用了该命令，将不删除前图形窗口中的线条，只是把新的数据加入该图形。三维图形绘制类似，只是要调用函数 plot 3 等三维图形的绘制命令。表 11 - 2 是线型和颜色控制符。

表 11 - 2　线型和颜色控制符

代表符号	颜色	代表符号	线型
c	青	-	实线
m	洋红	--	虚线
y	黄	:	点连线
r	红	-.	点画线
g	绿	none	无线
b	蓝	—	—
w	白	—	—
k	黑	—	—

11.2.7 Simulink 的应用

Simulink 模块是一个用来对动态系统进行建模、仿真和分析的软件包，它为用户提供了用方框图进行建模的图形接口，采用这种结构画模型，就像用笔和纸来画一样容易。它与系统的仿真软件包用微分方程和差分方程建模相比，具有更直观、方便、灵活的优点。Simulink 包含有 Sinks(输出方式)、Source(输入源)、Linear(线性环节)、Nonlinear(非线性环节)、Connections(连接与接口)和 Extra(其他环节)子模型库，而且每个子模型库中包含有相应的功能模块，用户也可以创建自己的模块。

下面创建一个简单的模型。在 MATLAB 的命令窗口键入 simulink 命令启动 Simulink 模块。要创建一个新的模型，可在【File】菜单中选择“New”命令，Simulink 就创建一个新的窗口。在 Simulink 的窗口选中 Simulink 图标，右击，在弹出的快捷菜单中选择“open the ‘Simulink’ library”命令，就可以打开“Simulink Library Browser”窗口，如图 11.7 所示。

选定 Libray 中的某个模块包，如选定 Sources，右击，在弹出的快捷菜单中选择“open”命令，就可以将模块包中的所有模块显示在一个新窗口中，如图 11.8 所示。

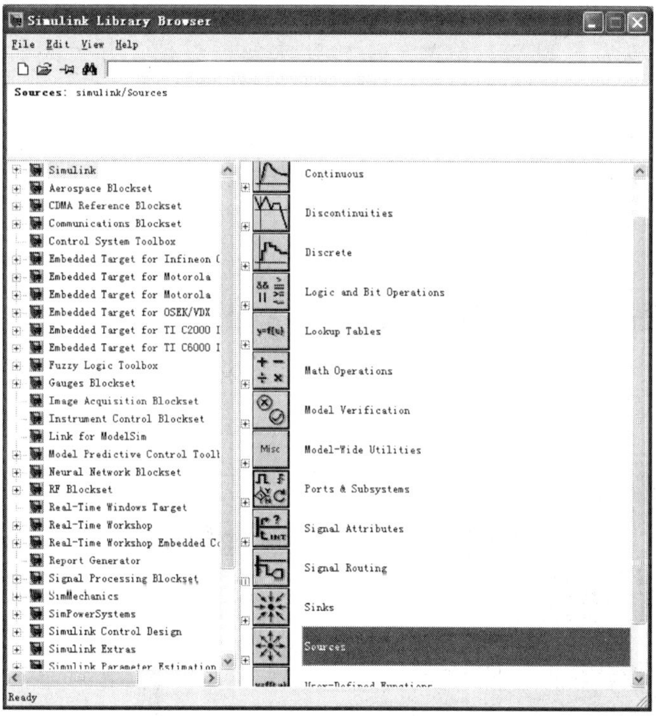

图 11.7 Simulink library Browser 窗口

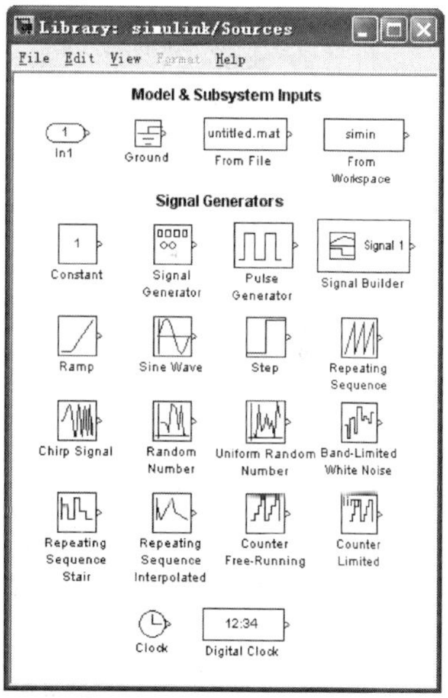

图 11.8 Sources 模块包

用户可以把库中或其他模型中的模块复制到自己的模型中。对于本节要介绍的简单模型，需要复制的模块是 Source library 中的 Signal Generator 模块。需要 Source library 中的 Signal Generator 模块，可用鼠标单击这个模块，然后，拖动鼠标把它移到自己的模型窗口。当用户释放鼠标按键以后，Simulink 就在用户的模型窗口中显示 Signal Generator 模块的图标，如图 11.9 所示。用户还可以用鼠标在模块上双击来查看模块中的参数和显示该模块的对话框。因此，在 Signal Generator 模块上双击后，就会看到 Signal Generator 设置对话框，如图 11.9 所示的。

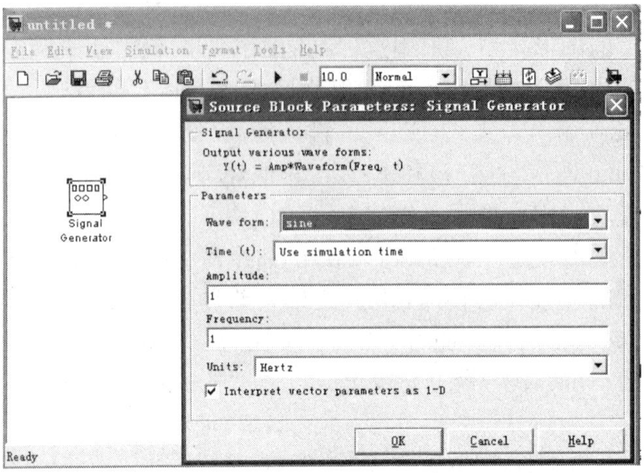

图 11.9　Signal Generator 图标及设置对话框

在 Signal Generator 设置对话框中，用户可以选择由该模块产生的波形，并可定义其信号的幅值和频率；例如，把幅值改为 5 以后，单击 OK 按钮来接受该值，并关闭对话框。

再从 Sinks library 把 Scope 模块拷贝到自己的模型中，并把它放到 Signal Generator 的右边。在 Scope 模块上双击来打开该模块，这时会发现 Scope 模块就像一个示波器，如图 11.10 所示。将 Properties 打开，就可以进行示波器坐标轴范围、坐标轴的数目、数据的记录方式等控制。

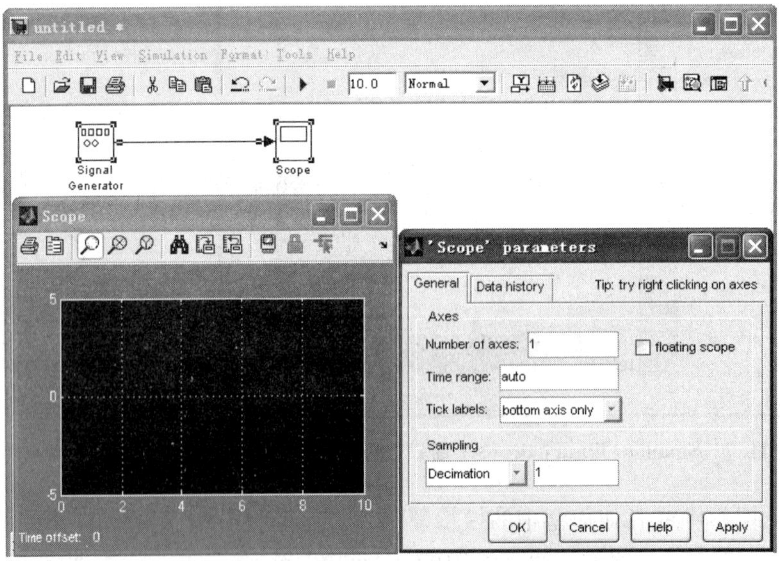

图 11.10　Scope 模块及属性设置和两模块连线

下一步的工作是把两个模块连接起来。首先，把鼠标指针定位到 Signal Generator 模块的输出端口并按下鼠标，然后，拖动鼠标指针到 Scope 模块的输入端口并释放鼠标按钮。Simulink 就在两个模块之间画一条连线。如果连线不是一条直线，用户可以通过采用往上或往下移动模块的办法来使二者之间的连线变成直线，其中，连线上的箭头代表信号的流向，如图 11.10 所示。

当用户建完模型后，就可开始进行仿真。要选择仿真所采用的积分方法和参数，可以通过【Simulation】菜单中的 Parameters 选项来实现。Simulink 就显示 Control Panel 对话框，如图 11.11 所示。

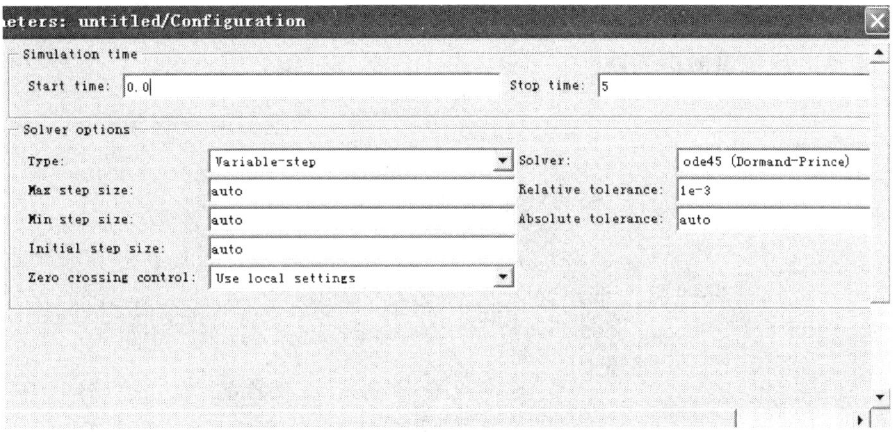

图 11.11 Control Panel 对话框

把参数 Stop time 改为 5，并接受其他的默认参数(默认的积分方法为 Runge - Kutta 5)，然后，单击 OK 按钮来关闭对话框。再通过选择【Simulation】菜单中的“Start”命令来启动仿真。如果 Scope 模块的窗口没有打开，用鼠标在该模块上双击后把它打开。那么，Signal Generator 模块输出的正弦信号就可以在 Scope 模块的窗口中以图形方式显示，如图 11.12 所示。

下面再来模拟一个微分方程 $\dot{x}=-2x+u$。在这个模型中，需要对 $\dot{x}$ 进行积分，并产生输出，因此，需要一个 Integrator 模块。另外，还需要 Gain 模块、Sum 模块。为了产生一个输入信号 u，可以采用 Signal Generator 模块来产生锯齿波。除此之外，还需要一个 Scope 模块来观看模型的输出。把这些模块按前面所述的方法，从各自的模型包中复制到模型窗口中，并用连线连接起来，再把 Gain 模块增益设为 2，结果如图 11.13 所示。

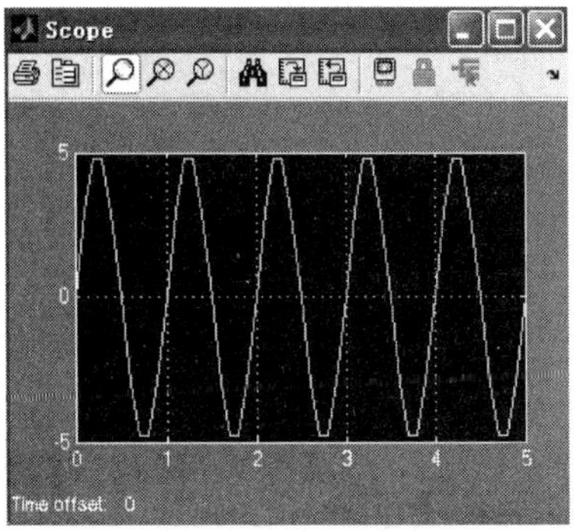

图 11.12 Scope 模块窗口

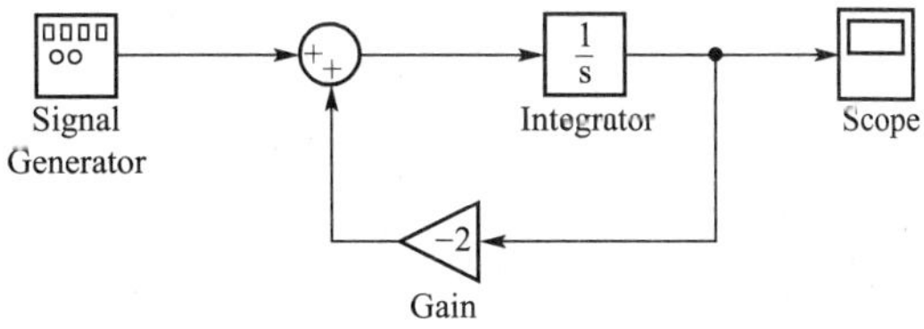

图 11.13 Simulink 模拟一个微分方程

在这个模型中，最重要的概念是包括 Sum 模块、Integrator 模块和 Gain 模块的那个闭环回路。在这个回路中，x 是 Integrator 模块的输出，同时，$\dot{x}$ 是 Integrator 模块的输入，且依赖于 x。因此，x 和 $\dot{x}$ 之间的关系必须构成一个闭环回路，才能算出 x 的值。

11.3 MATLAB 在汽车振动分析中的应用实例

11.3.1 单自由度简谐激振问题

例 11.1

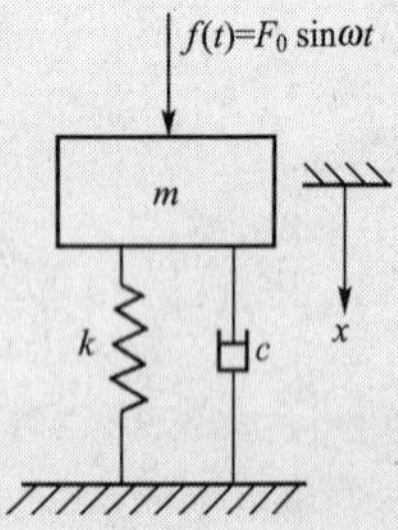

图 11.14 单自由度振系简谐激振

图 11.14 所示为汽车单自由度振动系统，受到简谐激振力 $f(t)=F_0\sin\omega t$ 的作用，其振动微分方程为 $m\ddot{x}+c\dot{x}+kx=F_0\sin\omega t$。求强迫振动的放大因子和相位角。

解：

运行幅频特性和相频特性 MATALB 程序，便可以得到振动系统的在不同阻尼比情况下的幅频特性曲线和相频特性曲线，分别如图 11.15 和图 11.16 所示。

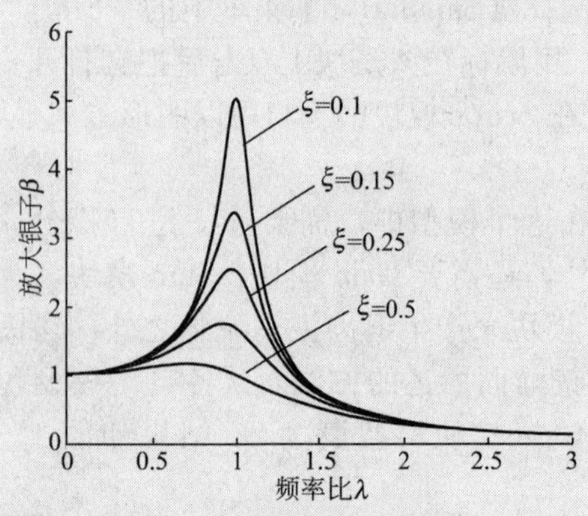

图 11.15 幅频特性曲线

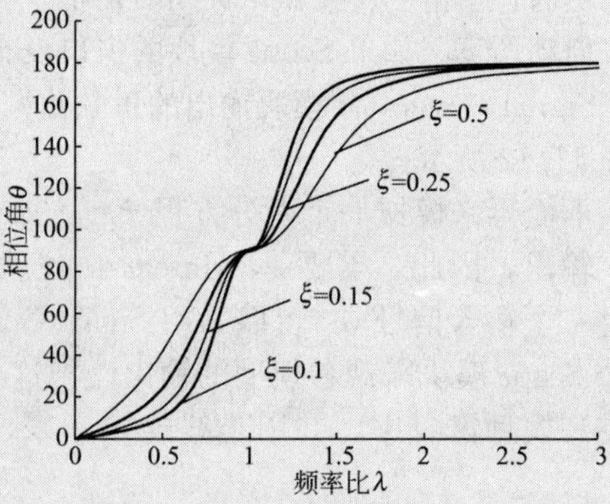

图 11.16 相频特性曲线

利用 MATLAB 所编写的程序，如下：

```
clear all
s=[0.1 0.15 0.25 0.5]  %阻尼比
B=[];
p=[];
for i=1:4
    for j=1:301
    r=(0:0.01:3)
```

```
    B(j)= 1/sqrt((1-r(j)^2)^2+(2*s(i)*r(j))^2);
    p(j)= atan(2*s(i)*r(j)/((1-r(j)^2)^2))*180/pi;
    if r(j)>1
       p(j)=180-p(j);
      end
end
hold on
%plot(r,B)
plot(r,p)
end
```

11.3.2 车身车轮二自由度振动问题

例11.2

图11.17所示为车辆二自由度系统振动模型，求其在路面不平激励q作用下的振动响应。

解：汽车车身和车辆二自由度系统振动模型的运动微分方程为

$$\begin{cases} m_2\ddot{x}_2+c(\dot{x}_2-\dot{x}_1)+k_2(x_2-x_1)=0 \\ m_1\ddot{x}_1+c(\dot{x}_1-\dot{x}_2)+k_2(x_1-x_2)+k_1(x_1-q)=0 \end{cases}$$

式中，m_2为悬架质量(簧上质量)；m_1为非悬架质量(簧下质量)；k_2为悬架刚度；k_1为轮胎刚度；c为减振器阻尼系数；q为路面不平激励。

对任意激励q的响应，用Simulink求解非常方便，其中，激励q可从Source library中选取。若激励为随机激励，根据运动微分方程其求解的Simulink模块图如图11.18所示。

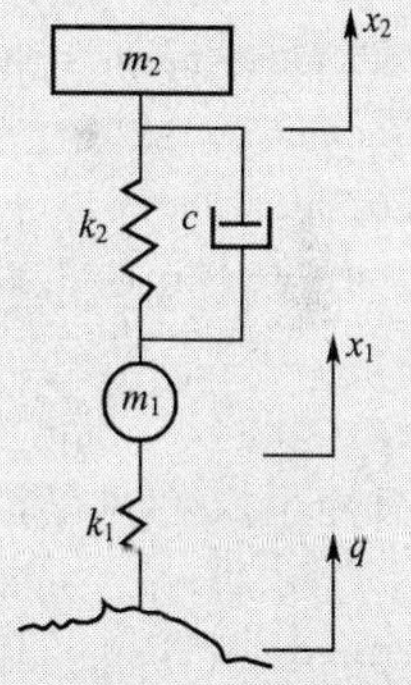

图11.17 车身车轮二自由度振动模型

模型中激励为“Random Number”随机数，将输入q和得到的响应x_1和x_2输出到工作空间“to workspace”，这样，输入输出值就可以在工作空间被其他程序或命令调用。

模型建立好后在进行仿真计算前，首先，要输入模型中参数m_1，m_2，k_1，k_2和c，在MATLAB的命令窗口，用load命令将存放这些参数的parameter.mat文件加载到工作空间，供Simulink的模型使用，可以在MATLAB的命令窗口直接键入参数名，查看参数值。例如：

```
m1=36.6
m2=467
k1=184000
k2=18700
c=1200
```

然后，在Simulink窗口打开模型文件，在Simulation菜单中选择“Start”命令，开始进行仿真计算。

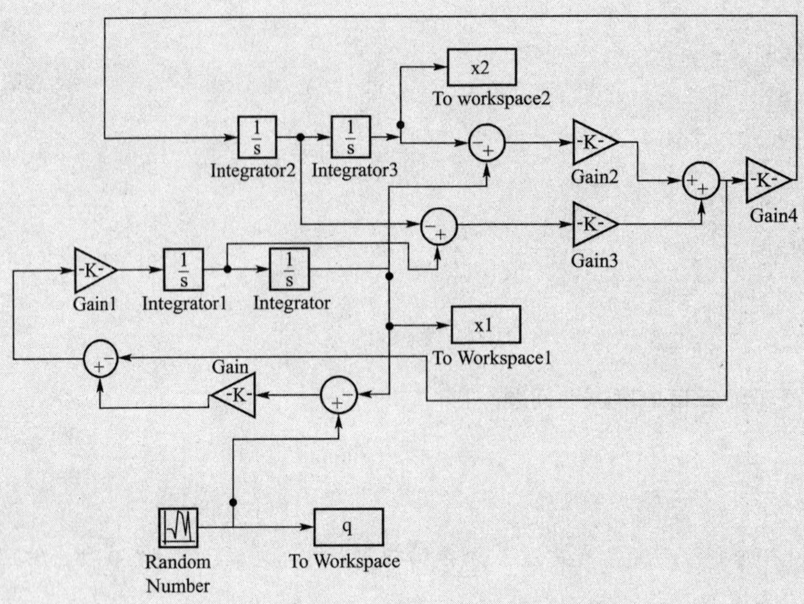

图 11.18　二自由度运动微分方程模拟框图

计算结束后，回到 MATLAB edit/debugger 窗口，打开一个用来生成频率响应函数曲线的程序，程序内容如下：

```
nfft=512;
Fs=100;
window=hanning(512);
noverlap=256;
dflag='none';
[H1,ft]=tfe(q,x1,nfft,Fs,window,noverlap,dflag);       %调用函数 tfe 求 x1 的频率
                                                       响应函数
figure(1);                                             %选定绘图窗 V1
loglog(ft,abs(H1),'k');                                %绘制双对数坐标的频率响应
                                                       函数,选线条颜色为黑色
grid on
xlabel('频率 f')
ylabel('幅频特性|x_1/q|')
hold on
[H2,ft]=tfe(q,x2,nfft,Fs,window,noverlap,dflag);       %调用函数 tfe 求 x2 的频率响
                                                       应函数
figure(2);
loglog(ft,abs(H2),'k');
grid on
xlabel('频率 f')
```

```
ylabel('幅频特性|x_2/q|')
hold on
plot(ft,abs(H1))
plot(ft,abs(H2))
```

运行上述程序生成的簧下和簧上质量的频率响应函数曲线，分别如图 11.19 和 11.20 所示。

可以在命令窗口直接调用存在工作空间的输出值 x_1 和 x_2，利用 MATLAB 程序绘制车身和车轮质量的时域响应曲线，如图 11.21 所示。

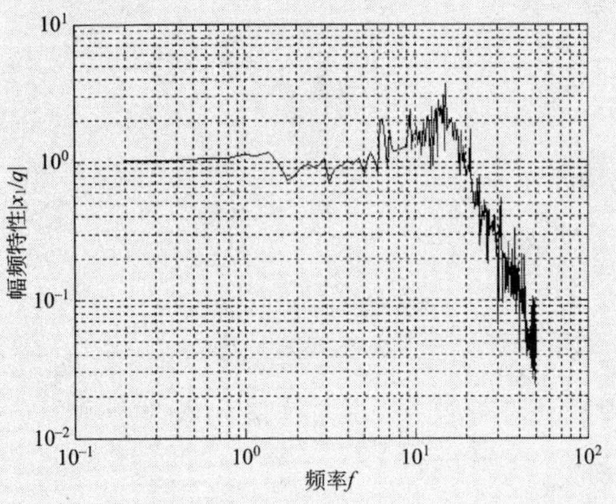

图 11.19　簧下质量的频率响应函数结果曲线

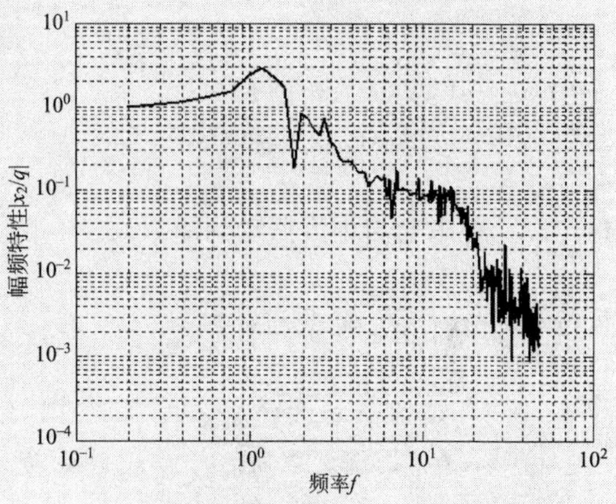

图 11.20　簧上质量的频率响应函数结果曲线

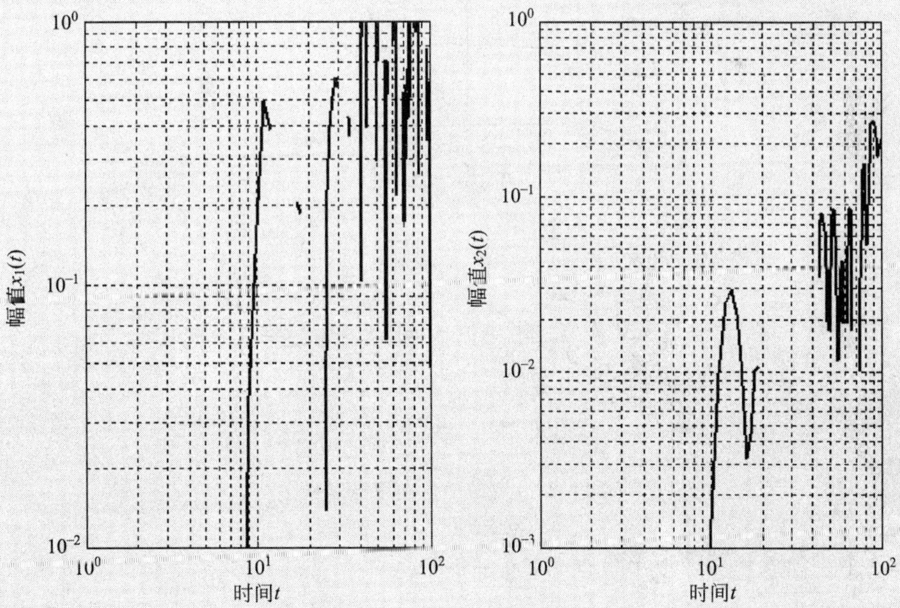

图 11.21　时域响应结果曲线

MATLAB 程序如下：

```
subplot(1,2,1)
loglog(x1,'k')
axis([1 100 0.01 1])                %选定轴范围
grid on
xlabel('t','fontsize',12)           %选定轴标注字体大小
ylabel('x1(t)','fontsize',12)
subplot(1,2,2)
loglog(x2,'k')
axis([1 100 0.001 1])
grid on
xlabel('t','fontsize',12)
ylabel('x2(t)','fontsize',12)
```

11.3.3 整车七自由度振动问题

例 11.3

图 11.22 所示为四轮轿车汽车简化 7 自由度数目模型。7 个自由度分别为车身上跳 z、俯仰 φ 和侧倾 θ，以及 4 个车轮的跳动 z_{t1}，z_{t2}，z_{t2} 和 z_{t4}。

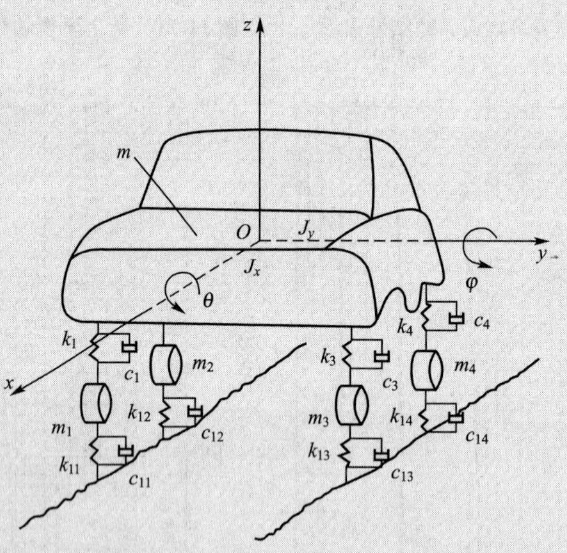

图 11.22 汽车 7 自由度振动模型

在 4 个车轮受到路面不平输入 q_1，q_2，q_3 和 q_4 的作用下，矩阵形式的振动微分方程为

$$\boldsymbol{M}\ddot{\boldsymbol{U}}+\boldsymbol{C}\dot{\boldsymbol{U}}+\boldsymbol{K}\boldsymbol{U}=\boldsymbol{K}_t\boldsymbol{Q}$$

式中，$U=(z \quad \phi \quad \theta \quad z_{t1} \quad z_{t2} \quad z_{t3} \quad z_{t4})^{\mathrm{T}}$；$Q=(q_1 \quad q_2 \quad q_3 \quad q_4)^{\mathrm{T}}$；

$$
\boldsymbol{M}=\begin{bmatrix} m & 0 & 0 & 0 & 0 & 0 & 0 \\ 0 & J_y & 0 & 0 & 0 & 0 & 0 \\ 0 & 0 & J_x & 0 & 0 & 0 & 0 \\ 0 & 0 & 0 & m_{t1} & 0 & 0 & 0 \\ 0 & 0 & 0 & 0 & m_{t2} & 0 & 0 \\ 0 & 0 & 0 & 0 & 0 & m_{t3} & 0 \\ 0 & 0 & 0 & 0 & 0 & 0 & m_{t4} \end{bmatrix}^{\mathrm{T}};
$$

$$
\boldsymbol{C}=\begin{bmatrix} c_1+c_2+c_3+c_4 & -l_1c_1+l_2c_2-l_1c_3+l_2c_4 & -l_3c_1-l_3c_2+l_4c_3+l_4c_4 & -c_1 & -c_2 & -c_3 & -c_4 \\ -l_1c_1+l_2c_2-l_1c_3+l_2c_4 & l_1^2c_1+l_2^2c_2+l_1^2c_3+l_2^2c_4 & l_1l_3c_1-l_2l_3c_2-l_1l_4c_3+l_2l_4c_4 & l_1c_1 & -l_2c_2 & l_1c_3 & -l_2c_4 \\ -l_3c_1-l_3c_2+l_4c_3+l_4c_4 & l_1l_3c_1-l_2l_3c_2+l_1l_4c_3+l_2l_4c_4 & l_3^2c_1+l_3^2c_2+l_4^2c_3+l_4^2c_4 & l_3c_1 & l_3c_2 & -l_4c_3 & -l_4c_4 \\ -c_1 & l_1c_1 & l_3c_1 & c_1+c_{t1} & 0 & 0 & 0 \\ -c_2 & -l_2c_2 & l_3c_2 & 0 & c_2+c_{t2} & 0 & 0 \\ -c_3 & l_1c_3 & -l_4c_3 & 0 & 0 & c_3+c_{t3} & 0 \\ -c_4 & -l_2c_4 & -l_4c_4 & 0 & 0 & 0 & c_4+c_{t4} \end{bmatrix};
$$

$$
\boldsymbol{K}=\begin{bmatrix} k_1+k_2+k_3+k_4 & -l_1k_1+l_2k_2-l_1k_3+l_2k_4 & -l_3k_1-l_3k_2+l_4k_3+l_4k_4 & -k_1 & -k_2 & -k_3 & -k_4 \\ -l_1k_1+l_2k_2-l_1k_3+l_2k_4 & l_1^2k_1+l_2^2k_2+l_1^2k_3+l_2^2k_4 & l_1l_3k_1-l_2l_3k_2+l_1l_4k_3+l_2l_4k_4 & l_1k_1 & -l_2k_2 & l_1k_3 & -l_2k_4 \\ -l_3k_1-l_3k_2+l_4k_3+l_4k_4 & l_1l_3k_1-l_2l_3k_2+l_1l_4k_3+l_2l_4k_4 & l_3^2k_1+l_3^2k_2+l_4^2k_3+l_4^2k_4 & l_3k_1 & l_3k_2 & -l_4k_3 & -l_4k_4 \\ -k_1 & l_1k_1 & l_3k_1 & k_1+k_{t1} & 0 & 0 & 0 \\ -k_2 & -l_2k_2 & l_3k_2 & 0 & k_2+k_{t2} & 0 & 0 \\ -k_3 & l_1k_3 & -l_4k_3 & 0 & 0 & k_3+k_{t3} & 0 \\ -k_4 & -l_2k_4 & -l_4k_4 & 0 & 0 & 0 & k_4+k_{t4} \end{bmatrix};
$$

$$
\boldsymbol{C}_t=\begin{bmatrix} 0 & 0 & 0 & 0 \\ 0 & 0 & 0 & 0 \\ 0 & 0 & 0 & 0 \\ c_{t1} & 0 & 0 & 0 \\ 0 & c_{t2} & 0 & 0 \\ 0 & 0 & c_{t3} & 0 \\ 0 & 0 & 0 & c_{t4} \end{bmatrix};\quad \boldsymbol{K}_t=\begin{bmatrix} 0 & 0 & 0 & 0 \\ 0 & 0 & 0 & 0 \\ 0 & 0 & 0 & 0 \\ k_{t1} & 0 & 0 & 0 \\ 0 & k_{t2} & 0 & 0 \\ 0 & 0 & k_{t3} & 0 \\ 0 & 0 & 0 & k_{t4} \end{bmatrix}
$$

试求解在 4 个车轮输入下系统的频率响应函数，即 4 个悬架的频率响应函数。

解：运行 MATLAB，解得 4 个悬架的频率响应函数，绘制幅频特性，如图 11.23 所示。

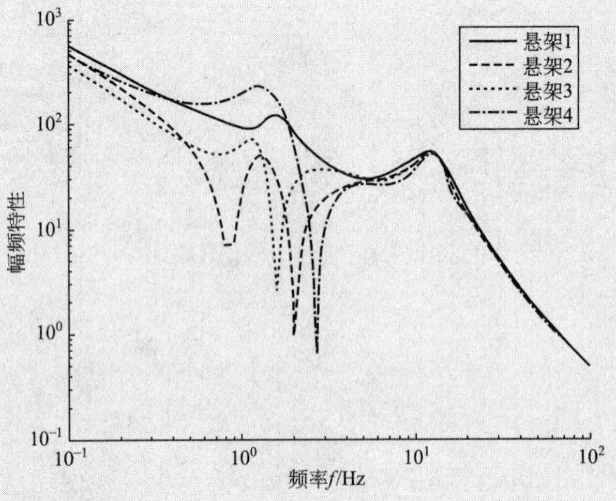

图 11.23　汽车 7 自由度模型幅频特性曲线

MATLAB 求解的程序如下：

(1) 主程序。内容如下：

```
m=1235;
Jx=472;
Jy=1731;
v=80*1000/60/60;
csp=4e-7;
for n=1:1000
    f=0.1*n:
    [Sf1(n),Sf2(n),Sf3(n),Sf4(n)]=sfred7(m,Jx,Jy,f,v,csp);      % 调用用户设计的函数
fred7
end
f=0.1:0.1:100;
loglog(f,Sf1,'k-',f,Sf2,'k--',f,Sf3,'k:',f,Sf4,'k-.')
xlabel('f')
ylabel('幅频特性')
legend('悬架 1','悬架 2','悬架 3,7,'悬架 4')
```

(2) 函数 sfred7。内容如下：

```
function[y1,y2,y3,y4]=Sfred7(m,Jx,Jy,f,v,csp)
mt1=49;mt2=49;mt3=49;mt4=49;
M=[m 0 0 0 0 0 0;0 Jx 0 0 0 0 0;0 0 Jy 0 0 0 0;0 0 0 mt1 0 0 0;……
    0 0 0 0 mt2 0 0;0 0 0 0 0 mt3 0;0 0 0 0 0 0 mt4];
K1=22741;k2=22741;k3=26144;k4=26144;
Kt=302342;kt2=302342;kt3=492982;kt4=492982;
c1=1228;c2=1228;c3=1210;c4=1210;
```

```
ct1=430;ct2=430;ct3=430;ct4=430;
l=2.655:lb=1.415:
l1=0.7075;l2=0.7075;l3=1.1135;l4=1.5415;
C=[c1+c2+c3+c4 -l1*c1+l2*c2-l1*c3+l2*c4 -l3*c1-l3*c2+l4*c3+l4*c4 -c1-
c2-c3 c4;…
  -l1*c1+l2*c2-l1*c3+l2*c4 l1^2*c1+l2^2*c2+l1^2*c3+l2^2*c4 l1*l3*c1-
l2*l3*c2-l1*l4*c3+l2*l4*c4  l1*cl  l2*c2  l1*c3 l2*c4;……
 -l3*c1-l3*c2+l4*c3+l4*c4  l1*l3*c1-l2*l3*c2-l1*l4*c3+l2*l4*c4
 l3^2*c1+l3^2*c2+l4^2*c3+l4^2*c4  l3*c1  l3*c2  -l4*c3  -l4*c4;……
   -c1   l1*c1   l3*c1  c1+ct1 0 0 0;…
   -c2  -l2*c2   l3*c2  0  c2+ct2 0 0;…
   -c3   l1*c3  -l4*c3  0  0  c3+ct3;…
   -c4  -l2*c4  -l4*c4  0  0  0  c4+ct4;
K=[k1+k2+k3+k4  l1*k1+l2*k2-l1*k3+l2*k4  -l3*k1-l3*k2+l4*k3+l4*k4  -k1
 -k2  -k3  -k4;…
   -l1*k1+l2*k2-l1*k3+l2*k4  l1^2*k1+l2^2*k2+l1^2*k3 +l2^2*k4
   l1*l3*k1-l2*l3*k2-l1*l4*k3+l2*l4*k4  l1*k1  -l2*k2  l1*k3  -l2*k4;...
   -l3*k1-l3*k2+l4*k3+l4k4  l1*l3*k1-l2*l3*k2-l1*l4*k3+l2*l4*k4
  l3^2*k1+l3^2*k2+l4^2*k3+l4^2*k4  l3*k1  l3*k2  -l4*k3  -l4*k4;...
   -k1  l1*k1  l3*k1  k1+kt1 0  0  0;...
    -k2  -l2*k2   l3*k2  0     k2+kt2  0    0;...
    -k3   l1*k3  -l4*k3  0  0  k3+kt3  0;...
    -k4  -l2*k4  -l4*k4   0    0 0      k4+kt4;
Ct=[0 0 0 0;0 0 0 0;0 0 0 0;ct1 0 0 0;0 ct2 0 0;0 0 ct3 0;0 0 0 ct4];
Kt=[0 0 0 0;0 0 0 0;0 0 0 0;kt1 0 0 0;0 kt2 0 0;0 0 kt3 0;0 0 0 kt4];
Kq=Kt+2*pi*f*j*Ct;
H=inv(K-(2*pi*f)^2*M+(2*pi*f)*j*C)*Kq;
Sq=csp*v/f/f;
Tao=1/v;
tt=2*pi*f*tao*j;
Sq=sq*[1 exp(-tt) 0.18  0.18*exp(-tt);exp(tt)m  1  0.18*exp(tt)  0.18;0.18
 0.18*exp(-tt)  1  exp(-tt);0.18* exp(tt)  0.18  exp(tt)  1];
Sz=conj(H)*Sq*H.';
Sz=sqrt(Sz);
Sd1=Sz(1,1)-l1*Sz(2,2)-l3*Sz(3,3)-Sz(4,4);
Sd2=Sz(1,1)+l2*Sz(2,2)-l3*Sz(3,3)-Sz(4,4);
Sd3=Sz(1,1)-l1*Sz(2,2)+l4*Sz(3,3)-Sz(4,4);
Sd4=Sz(1,1)+l2*Sz(2,2)+l4*Sz(3,3)-Sz(4,4);
Sf1=sqrt((k1*Sd1)^2+(c1*2*pi*f*Sd1)^2);
Sf2=sqrt((k2*Sd2)^2+(c2*2*pi*f*Sd2)^2);
Sf3=sqrt((k3*Sd3)^2+(c3*2*pi*f*Sd3)^2);
Sf4=sqrt((k4*Sd4)^2+(c4*2*Pi*f*Sd4)^2);
y1=(Sf1);
```

```
y2=(Sf2);
y3=(Sf3);
y4=(Sf4);
```

11.3.4 车辆在C级路面行驶下的悬架功率谱问题

例11.4

求某车辆在C级路面不平度系数行驶情况下的前、后悬架振动功率谱。

解：根据车辆7自由度振动模型，利用C级路面不平度系数MATLAB程序，可计算某车辆前、后悬架的振动功率谱。运行MATLAB程序，可得到车辆前、后悬架的振动功率谱，如图11.24所示。

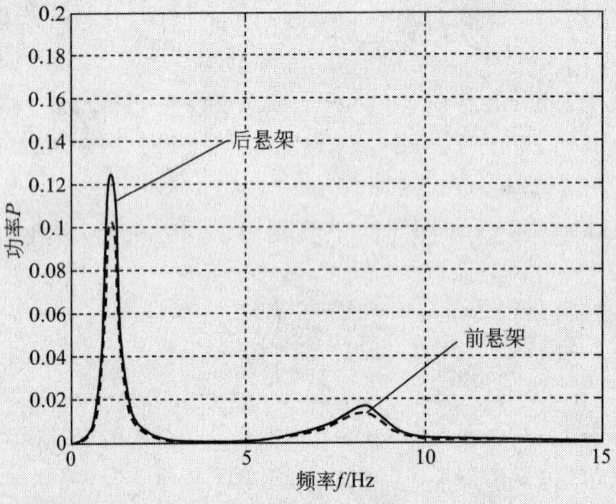

图11.24 某车辆前后悬架振动功率谱

车辆参数和MATLAB程序如下：

%7自由度整车简化模型仿真参数列表：

```
clear all
%参数数值             符号        单位       符号意义
%尺寸参数如下：
b1=1.450/2;           %2*b1      m          前轮距
b2=1.430/2;           %2*b2      m          后轮距
L=2.370;              %L         m          轴距
L1=0.920;             %L1        m          汽车质心距前轴距离
L2=1.450;             %L2        m          汽车质心距后轴距离
Hg=0.680;             %Hg        m          汽车质心高度
Ls1=0.700;            %Ls1       m          前悬架弹簧中心距
Ls2=0.700;            %Ls2       m          后悬架弹簧中心距
Ld1=0.700;            %Ld1       m          前悬架减振器中心距
Ld2=0.700;            %Ld2       m          后悬架减振器中心距
```

```
%质量参数如下:
mb=1150;              %mb          kg         车身质量
Ir=472.25;            %Ir          kg*m2      车身侧倾转动惯量
Ip=1500.75;           %Ip          kg*m2      车身俯仰转动惯量
mu1=40.5;             %mu1         kg         左前非簧载质量
mu2=40.5;             %mu2         kg         右前非簧载质量
mu=mu1;
mur=115;              %mur         kg         后非簧载质量
Iur=49;               %Iur         kg*m2      后非簧载质量侧倾转动惯量
G1=(mu1+mb/4)*9.8;    % G1          N         左前静载质量
G2=(mu2+mb/4)*9.8;    %G2           N         右前静载质量
G3=(mur/2+mb/4)*9.8;  %G3          N          左后静载质量
G4=(mur/2+mb/4)*9.8;  %G4          N          右后静载质量
%刚度及阻尼参数如下:
kf1=18500;            %kf1         N/m        左侧前悬架刚度
kf2=18500;            %kf2         N/m        右侧前悬架刚度
kf3=16500;            %kf3         N/m        左侧后悬架刚度
kf4=16500;            %kf4         N/m        右侧后悬架刚度
kt1=152000;           %kt1         N/m        左前侧轮胎刚度
kt2=152000;           %kt2         N/m        右前侧轮胎刚度
kt3=152000;           %kt3         N/m        左后侧轮胎刚度
kt4=152000;           %kt4         N/m        右后侧轮胎刚度
kfs=kf1;              %kfs         N/m        前悬架刚度相同
krs=kf3;              %krs         N/m        后悬架刚度相同
ktf=kt1;              %ktf         N/m        前轮胎刚度相同
krt=kt3;              %krt         N/m        后轮胎刚度相同
cfd=920;              %cfd         Ns/m       前悬架减振器阻尼系数相同
cd1=cfd;              %cd1         Ns/m       前左悬架减振器阻尼系数
cd2=cfd;              %cd2         Ns/m       前右悬架减振器阻尼系数
crd=610;              %crd         Ns/m       后悬架减振器阻尼系数相同
cd3=crd;              %cd3         Ns/m       后左悬架减振器阻尼系数
cd4=crd;              %cd4         Ns/m       后右悬架减振器阻尼系数
%车辆行驶及路面状况参数如下:
G0=256e-6;            %G0          m2/m-1     C级路面不平度系数
n0=0.1;               %                       参考空间频率
u=20;                 %u           m/s        车辆行驶速度
N=3000;
%%%%% 质量矩阵%%%%%%
M=[mb 0 0 0 0 0 0 0; 0 Ir 0 0 0 0 0 0; 0 0 Ip 0 0 0 0 0; 0 0 0 mu
  0 0 0;…
0 0 0 0 mu 0 0; 0 0 0 0 0 mur 0; 0 0 0 0 0 0 Iur];
```

```
%%%%%%%%刚度矩阵%%%%%%%%
K=[2*(kfs+krs)0-2*(L1*kfs-L2*krs)-kfs-kfs-2*krs 0;…
  0 2*(Ls1^2*kfs+Ls2^2*krs)0-Ls1*kfs Ls1*kfs 0-2*Ls2^2*krs;…
-2*(L1*kfs-L2*krs)0 2*(L1^2*kfs+L2^2*krs)L1*kfs  L1*kfs-2*L2*krs 0;…
  -kfs  -Ls1*kfs L1*kfs kfs+ktf 0 0 0;…
  -kfs Ls1*kfs  L1*kfs 0 kfs+ktf  0 0;…
  -2*krs  0  -2*L2*krs  0  0  2*(krs+krt)0;…
   0  -2*Ls2^2*krs 0  0  0  0 2*Ls2^2*(krs+krt)];
%阻尼矩阵
C=[2*(cfd+crd)  0  -2*(L1*cfd-L2*crd)  -cfd  -cfd  -2*crd  0;…
   0  2*(Ld1^2*cfd+Ld2^2*crd)  0  -Ld1*cfd  Ld1*cfd  0  -2*Ld2^2*crd;…
 -2*(L1*cfd-L2*crd)  0  2*(L1^2*cfd+L2^2*crd)  L1*cfd  L1*cfd  -2*L2*crd  0;…
    -cfd  -Ld1*cfd  L1*cfd  cfd  0  0  0;…
    -cfd   Ld1*cfd  L1*cfd  0  cfd  0  0;…
    -2*crd  0    -2*L2*crd  0  0  2*crd 0;…
    0-2*Ld2^2*crd     0  0  0  0  2*Ld2^2*crd];
%外力矩阵系数(地面输入矩阵)
Kq=[0  0  0  0;  0  0  0  0;  0  0  0  0;  ktf  0  0  0;...
    0  ktf  0  0;  0  0  krt  krt;  0  0  Ls2*krt Ls2*krt];
for n=1:N
   f=0.01*n;
%%%%%%%%% 传递函数%%%%%%%
H=inv(K-(2*pi*f)^2*M+(2*pi*f)*j*C)*Kq;
%时间延时 L=轴距 u=速度
de=L/u;
wt=2*pi*f*de*j;
%两轮迹的相干度
coh=0.18;
G0w=G0*n0*n0/(2*pi);
sq=G0w*u/f/f;
%路面输入谱矩阵
Sq=sq*[1 coh exp(-wt)coh*exp(-wt);coh 1 coh*exp(-wt)exp(-wt);…
   exp(wt)coh*exp(wt)1 coh;coh*exp(wt)exp(wt)coh 1];
%相应矩阵
Sx=conj(H)*Sq*H.';
%车身质心加速度功率谱
sxq(n)=abs(Sx(1,1))*(2*pi*f)^4;
%车身垂直位移对路面输入频率响应
Hx1q=[ H(1,1)H(1,2)H(1,3)H(1,4)]*[1 coh exp(-wt)  coh*exp(-wt)].';
Sx1=(2*pi*f)^4*(abs(Hx1q))^2*sq;  %%%%车身垂直加速度功率谱%%%%%%%%%%
```

```
sx(n)=Sx1*(1+coh^2)*2;
end
f=0.01:0.01:0.01*N;
plot(f,sxq,f,sx,'r')
axis([0 15 0 0.2])
grid on
sqrt(sum(sxq)/(2*pi))
sqrt(sum(sx)/(2*pi))
```

小　结

本章介绍了 MATLAB 软件的特点，主要包括 MATLAB 软件的工作空间、命令窗口、程序编辑/调试器，介绍了 MATLAB 的矩阵运算、函数、控制语句、M 文件、图形命令和 Simulink 应用；最后介绍了 MATLAB 软件在汽车振动问题中的应用实例，其中包括，单自由度简谐激励振动问题、车身车轮 2 自由度振动问题、整车 7 自由度振动问题和车辆在 C 级路面行驶下的悬架功率谱。通过该章的学习，可进一步熟悉 MATLAB 及其在汽车振动问题中的应用，为更好的利用 MATLAB 软件解决和分析实际车辆各种简化模型下的振动问题，提供了有效的分析、计算软件。

【关键术语】

MATLAB 软件　工作空间　命令窗口　程序编辑和调试　矩阵输入　MATLAB 的函数　控制语句　M 文件的编写　MATLAB 图形命令　Simulink 模块　MATLAB 振动分析实例

习　题

1. MATLAB 最基本和最重要的功能是什么？
2. 矩阵除法 A/B 和 A \ B 有什么不同？
3. Simulink 包含那几个模块库？
4. MATLAB 工作空间的含义？
5. 图 11.25 所示 3 自由度无阻尼振动系统自由振动。

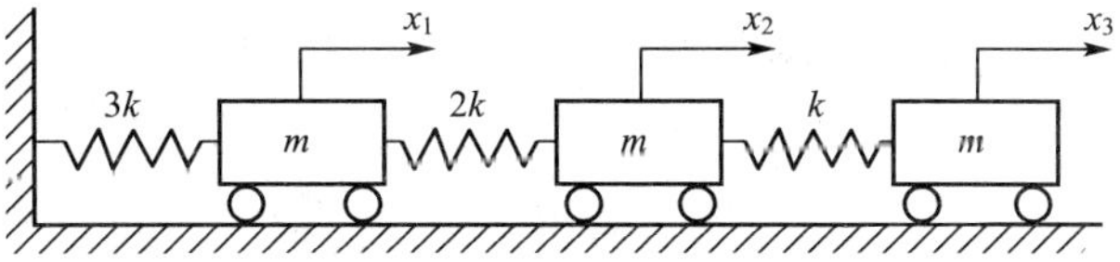

图 11.25　3 自由度无阻尼振动系统

其振动微分方程用矩阵形式表示为 $\ddot{X}+KX=0$。

其中，质量矩阵 $M=\begin{pmatrix}2&0&0\\0&1.5&0\\0&0&1\end{pmatrix}$，刚度矩阵 $K=\begin{pmatrix}5&-2&0\\-2&3&-1\\0&-1&1\end{pmatrix}$。求系统的固有频率和自由振动各阶主振型。

6. 图 11.26 所示为轿车动力总成-副车架 12 自由度系统的分析模型。模型中共有 8 个橡胶垫，分别标志为 1～8。橡胶垫在空间三维方向上都有弹性，但由于动力总成的各支点位置相距较近，故略去橡胶垫的扭转弹性，把橡胶垫简化为沿空间 3 个轴有弹性的弹簧。用 P 和 O 表示动力总成和副车架，x_o，y_o，z_o，x_p，y_p，z_p 为动力总成和副车架的惯性主轴。发动机和副车架简化为空间刚体模型，各有平动和转动 6 个自由度，总共 12 个自由度。试求橡胶衬垫简化成的弹簧对车身作用力的功率谱。

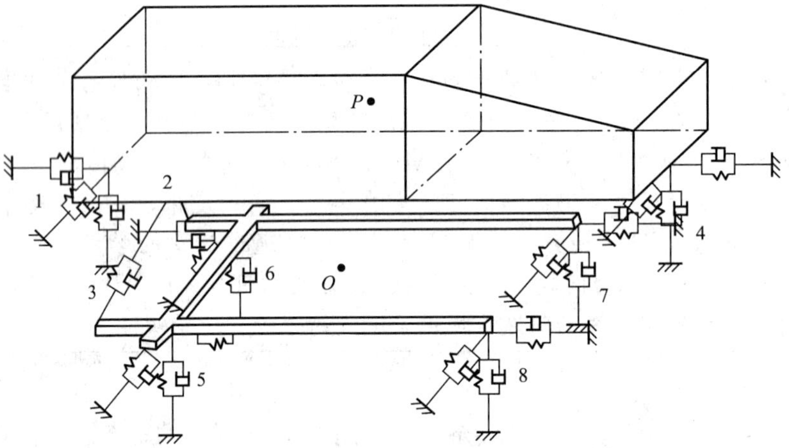

图 11.26　动力总成-副车架系统的力学模型

第12章 汽车振动测试

本章学习目标

★ 了解振动测试技术基础；
★ 熟悉汽车振动测试仪器和设备；
★ 掌握汽车振动参量测量及试验方法；
★ 了解整车室内振动特性模拟试验及现代试验设备；
★ 熟悉整车行驶平顺性试验及测试结果分析方法。

本章教学要点

知识要点	能力要求	相关知识
振动测试技术基础	了解振动测试的基本方法和技术	测量方法和技术，传感器的作用和分类，振动测量系统的组成，振动测试系统的性能指标，测试系统的校准，测量信号处理
汽车振动测试仪器和设备	熟悉汽车振动测试常用的仪器和设备	振动传感器，信号放大器、滤波器，激振信号发生器，激振器，信号处理仪
汽车振动参量测量及试验方法	掌握汽车振动参量测量及各种试验方法，其中包括，汽车动力学系统振动特性的测量，模态分析试验与参数识别，悬架系统固有频率和阻尼比的测定，汽车定置、行驶、启动、制动的振动试验方法	振动参量测量及试验方法，汽车动力学系统特点，模态分析，参数识别，悬架系统固有频率，悬架系统阻尼比，汽车定置、行驶、启动、制动的振动特性
整车室内振动特性模拟试验	了解整车室内振动特性模拟试验及现代试验设备的工作原理、特点、试验过程和注意事项	轮胎耦合的四立柱道路模拟试验台，多轴车辆加载系统的道路模拟试验台，现代汽车驾驶模拟器
整车行驶平顺性试验实例及测试结果分析	熟悉整车行驶平顺性试验及测试结果分析方法	振动测定的布置，平顺性脉冲输入行驶试验，平顺性随机输入行驶试验，试验数据处理，加速度加权方均根值 σ_w、等效均值 Leg 和疲劳降低功效界限 TFD

本章学习方法

本章主要介绍振动测量的基本方法和技术，振动测量系统的主要仪器和设备，振动参量的测量及方法，整车室内振动特性模拟试验及试验设备，整车行驶平顺性试验实例及测试结果分析。因此，学习本章应该注意理论与测试试验相结合的方法，从理论本质上分析和学习各种振动参量测量方法，同时，通过试验验证加深对所学振动理论部分的理解。因此，通过本章学习，不仅可进一步加深对振动理论部分的学习内容的理解，同时，还可以掌握振动测量系统的组成，了解现代测试系统的特点，熟悉车辆行驶平顺性试验的步骤、试验方法和数据处理，为实际振动特性试验和测量奠定重要基础。

12.1 振动测试技术基础

12.1.1 测量方法和技术

测量是以确定量值为目的的一组操作，为了研究客观事物的规律，需要对被测对象的各种参数进行测量。具体测量操作过程，就是用测量工具(测量仪器)，将被测量参数与同一物理量的标准量进行比较，从而确定该参数数值的过程。

1. 测量方法

根据测量操作的程序，测量方法一般可以分为：直接测量、间接测量和组合测量。

1）直接测量

通过测量工具将被测量参数与同一物理量的标准量直接比较，或者用事先经过标准量校正的测量仪器进行测量，从而直接得到被测量参数的数值。直接测量最简单。

2）间接测量

被测量参数通过某个已知的函数关系和一些独立的参数相联系，对这些独立的参数进行直接测量，取得测量结果并代入函数式计算，以间接获得被测量参数的数值。间接测量有利于提高检测能力和精度。

3）组合测量

将一定数量的被测量参数以不同的方式组合(或者用改变试验条件的方法取得这种不同的组合)，通过直接测量或间接测量取得测量结果，求解相应的方程组，以获得被测量参数的数值。

2. 非电量电测技术

实际被测量的参量以种类繁杂的非电量居多，对它们的检测远比对电量的检测要复杂和困难。所以，目前基本上是采用各种手段将待测的非电量转换为与之对应的电量，用测量电量的方法检测这些反映被测非电量的电量参数，从而间接获得非电量的测量结果。随着电子计算机技术的发展，非电量电测技术是测量工作自动化和现代化的必需技术。

实现非电量电测技术的关键是各种传感器的产生，传感器是一种将被测量(包括物理量、化学量、生物量等)转换为电量的装置。在此基础上结合电信号(随时间变化的参量称为信号)传送、调理和指示装置构成测量系统。现代测量系统中，电信号经由模/数转换以后得到数字量(数字信号)，计算机能够直接参与数字信号的传送、存储、调理、分析以及显示。

12.1.2 传感器的作用和分类

1. 传感器的作用

车辆试验中，绝大多数是用传感器获取被测量信号。传感器有以下两个主要作用：感知被测量的变化，即敏感作用；将非电量转换为便于传输、调理、处理和显示的电量，即转换作用。

2. 传感器的分类

传感器种类和规格十分繁杂，常按工作原理或按被测物理量两种方式分类。

按被测物理量的不同，汽车行业所用的传感器主要有：温度传感器、压力传感器、转矩传感器、速度/转速传感器、倾角传感器、气体传感器和加速度传感器等。

按工作原理分为发电式传感器和电参量式传感器两大类。发电式传感器将非电量转化为电动势，如测速发电机、磁感式传感器、光电式传感器等。重要特点为传感器就是一个电源(能产生电动势)，因此不需外加电源。电参量式传感器将被测量转换为电参量(如电阻、电容、电感等)的变化，如各类电阻(热敏电阻、压敏电阻、光敏电阻等)式传感器、电容式传感器、电感式传感器。

12.1.3 振动测试系统及性能指标

1. 振动测量系统

振动测试系统是由传感器、测量放大器、滤波器等仪器，显示、记录设备和测试分析软件等所组成的。常用的典型振动测量系统框图，如图 12.1 所示。

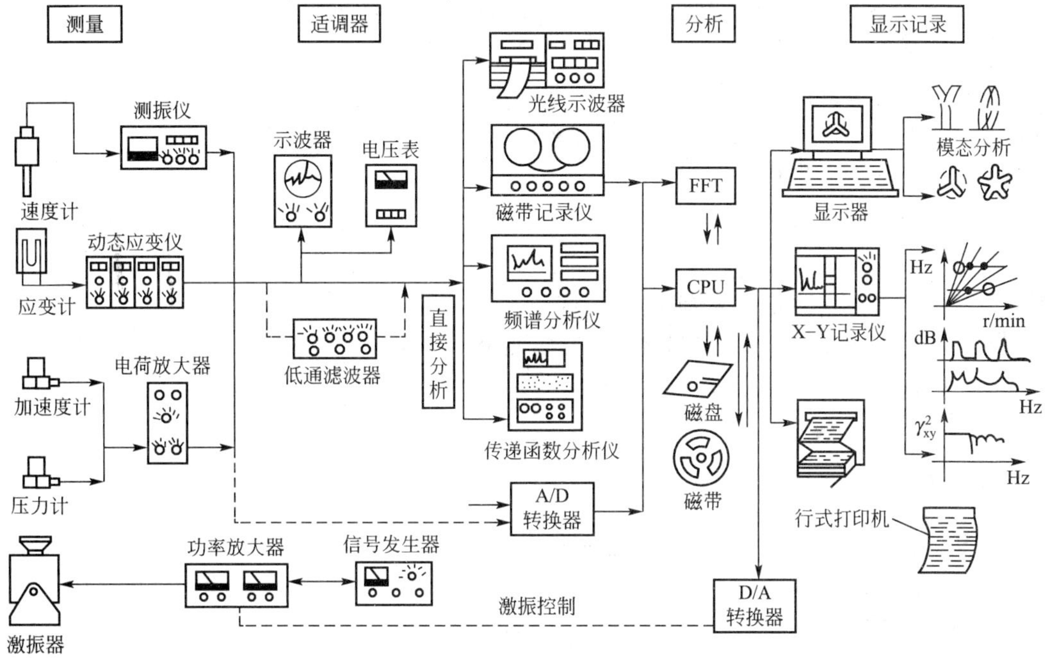

图 12.1 常用的典型振动测量系统框图

2. 振动系统性能指标

振动测试系统性能指标是指输入机械振动量与测量系统输出电压信号之间的关系指标。测振系统是一种动态测试仪器，其性能指标对保证测量的精确度至关重要，主要性能如下：

(1) 灵敏度——其是测量系统的输出电信号(电压、电荷、电感等)与被测振动物理量(位移、速度、加速度)的比值。

(2) 动态范围——指当测振系统维持输入量与输出量成线性关系时，其输入量幅值的容许变化范围，通常以分贝数表示。

(3) 频率范围或幅频特性——指灵敏度在规定百分数以内变化时的频率范围。

(4) 相位差或相频特性——相位差是指测振系统的输出信号与输入信号在相同频率处对应的谐波分量之间的相位角之差。相位差在测量复杂振动和动力特性参数以及分析时，显得特别重要。相频特性是指相位差随频率变化的关系。

(5) 附加质量与附加刚度——在振动测试过程中，多数情况下要求传感器与被测物体连接，传感器随物体一起运动。这就相当于给振动物体附加了一个质量，有时还附加了一定的刚度。其结果将或多或少地改变原物体的振动特性。因此，在选择测量方法和传感器时，应充分注意这一因素。

(6) 环境条件——主要指温度、湿度、电磁场、噪声、射线等非振动环境对仪器性能的影响。

综上所述，在振动测试中，对测振系统的基本要求，除了具有高的灵敏度、宽的频率范围和好的线性度之外，还要求测振仪具有好的相位特性，即通过测振仪测得的振动信号失真小。对于单一的简谐振动，对测振仪的相移没有要求，但对于两个以上的简谐振动的合成振动就要考虑相移问题。周期振动是各阶谐波振动的叠加，若高阶谐波的幅值较小，可以忽略，这就要求在重要的谐波频率范围内，测量系统无相移且具有相同的灵敏度。

对于冲击过程和随机振动，由于它们具有从零频到无穷大的连续谱线，要求测振系统的动态范围尽量宽、低频尽量低、高频尽量高，并且无相移或具有比例相移。目前多采用压电和速度传感器和电荷放大器来测量冲击和随机振动。在实际测试中，测量冲击过程的测振仪的频率上下限与冲击过程持续时间 τ 有关。对于矩形波的冲击过程，若要求峰值误差为5%，则要求测振仪的上限频率 $f_h \geqslant 10/\tau$，下限频率 $f_1 \geqslant 0.008/\tau$；对于半正弦波的冲击过程，下限频率可以放宽到 $f_1 \geqslant 0.013/\tau$。

对于随机振动过程，就要求测振仪最大可测振级大、分辨率高。对于高斯分布，标准差为 σ，幅值分布在 $\pm 3\sigma$ 之间的概率为99.7%，可把 3σ 当作最大幅值来考虑测振系统的最大可测振级。

12.1.4 测量信号处理

测量信号的处理包括信号调理、数模转换(D/A)和模数转换(A/D)，是现代测试系统(图12.1)不可或缺的重要环节，被测物理量经传感器后的输出信号通常是很微弱的或者是非电压信号，如电阻、电容、电感或电荷、电流等电参量，这些微弱的或是非电压信号难以直接被显示或通过A/D转换器送入仪表或计算机进行数据采集，而且有些信号本身还带有一些人们不期望有的信息或噪声。因此，传感器输出的信号尚需经过调理、放大、滤波等一系列的加工处理，将微弱电压信号放大，将非电压信号转换为电压信号，抑制干扰噪声、提高信噪比，以利于后续环节的处理。信号调理主要涉及电桥、调制与解调、滤波和放大等常用环节，其过程如图12.2所示。

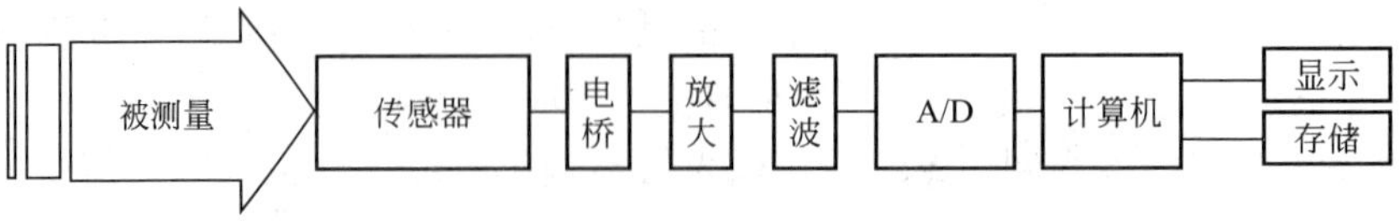

图12.2 信号调理过程

1. 电桥

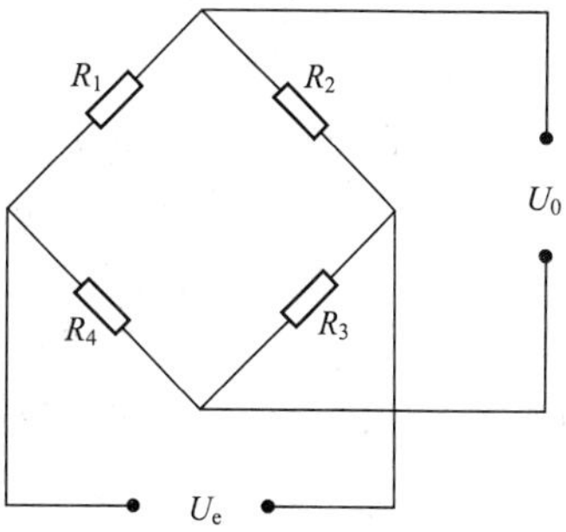

图 12.3 电桥

电桥如图 12.3 所示，它是将电阻、电容、电感等参量的变化转换为电压或电流输出的一种测量电路，由于桥式测量电路简单可靠，而且具有很高的精度和灵敏度，因此在测量装置中被广泛采用。

电桥按所采用的激励电源的类型可分为直流电桥与交流电桥；按工作原理可分为偏置法与归零法两种，其中偏置法更常用。在测试中常用的电桥连接形式有单臂、半桥和全桥连接。

2. 调制与解调

调制是利用某种低频信号来控制或改变高频信号的某个参数(幅值、频率或相位)的过程，分别有调幅、调频和调相三种方式，高频信号称为载波信号，低频信号称为调制信号，调制后的高频信号称为已调制信号。

解调是从调制信号中恢复原低频调制信号的过程，调制与解调是一对相反的信号变换，常常结合在一起使用。

经传感器变换后的信号有时是低频微弱信号，如果直接采用直流放大会存在零漂和级间耦合问题，造成信号失真。而交流放大器有好的抗零漂性能，所以使用调制与解调技术。另外，调制与解调技术还应用于信号的远距离传输。

频率调制较之幅度调制的主要优点是改善了信噪比。因为调频信号所携带的信息包含在频率的变化之中，而非振幅之中，干扰波的干扰作用则主要表现在振幅之中。这些由干扰引起的幅度变化，一般可通过限幅器有效地消除掉。

但调频波通常要求很宽的频带，甚至为调幅所要求带宽的 20 倍；调频系统较之调幅系统复杂，因为调频调制实际上是一种非线性调制，对调频波的分析是近似的。

3. 滤波

通常被测信号由多个频率分量组合而成，检测信号除包含有效信息外，还含有噪声和不希望得到的成分，导致真实信号的畸变和失真。所以要采用适当的电路选择性地过滤掉所不希望的信号成分与噪声，滤波和滤波器就是实现上述功能的手段和装置。

滤波是指让被测信号的有效成分通过而将其中不需要的成分抑制或衰减掉的过程，根据选频率方式可分为低通、高通、带通、陷波和带阻滤波四种类型。

从滤波器的构成形式可分为有源和无源滤波器两类，有源滤波器常用运算放大器结构，无源滤波器由一定的 RLC 组合配置电路组成。

4. 信号放大

通常情况下必须用放大电路将传感器输出的微弱信号放大便于后续处理，为保证测量精度，放大电路应具有足够的放大倍数；高输入阻抗，低输出阻抗；高共模抑制能力；低温漂、低噪声、低失调电压和电流。线性运算放大器具备上述特点，因此传感器输出信号的放大电路都由运算放大器组成。

近年来，世界上许多著名的半导体和集成电路制造公司都推出了集成仪器放大器，典型仪器放大器的共模抑制比可以达到 130dB 以上，输入阻抗可以达到 109Ω 以上，电路增益可以达到 1000。用户只需根据实际情况加以选用，并配以不复杂的外围器件，就能迅速、方便地制作出自己的应用电路。

在多回路检测系统中，由于各回路传感器信号的变化范围不尽相同，必须通过不同增益的放大器，才能使它们的输出信号变化范围一致(例如 0～5V)。如果放大器的增益可以由计算机控制，则可以在计算机软件中改变放大器增益，从而使各回路共用同一放大器，极大地简化系统硬件设计。这种能够通过计算机编程来改变增益地放大器称为可编程增益放大器。

5. 信号数字化

计算机对数字信号进行计算，除了能够实现模拟电路对信号进行的绝大部分调理操作外，计算机处理还具有稳定、灵活、快速、高效、应用范围广、设备体积小、重量轻等优点。

数字信号处理首先需要把连续变化的模拟信号转化为数字信号，这一过程称为采样，相当于在连续时间信号上“摘取”许多离散时刻上的信号瞬时值。工程实际中都是在时间轴上进行等时间间隔的“摘取”。

采样所得到的离散信号的瞬时电压幅值用二进制数码来表示，离散信号就变成了数字信号，这一过程为量化。

工程上采样和量化都由 A/D 转换器件来完成，要考虑转换位数、转换速度、输入模拟信号规格、与 CPU 的连接方式、抗干扰能力几方面的问题。A/D 转换器的转换位数和转换速度与所采用的转换电路关系密切，常见的有逐次逼近型、双积分型、V/f、$\Delta-\Sigma$ 等。

A/D 转换采样时，相邻离散瞬时值之间的时间间隔是采样周期 T_s，$1/T_s$是采样频率 f_s。如果 A/D 转换使用的采样频率过大，虽然能较好的复现模拟信号的波形，但对定长的模拟信号会产生过多的数字序列，使计算工作量急剧增大，或使能处理的模拟信号长度大大缩小。反之如果采样频率过小，数字序列反映不出模拟信号中的高频成分，出现所谓混叠现象。为不产生混叠现象，必须使模拟信号成为有限带宽的信号，其最高频率为 f_h，采样频率 f_s要大于 $2f_h$，这就是采样定理。

考虑到实际滤波器不可能有理想的截止特性，故通常选 $f_s=(3\sim4)f_h$。

6. 信号的显示与记录

测试人员需要实时监测信号波形；需要及时调整测量仪器；需要重现信号以及对信号进行后续处理。

传统显示与记录装置有万用表、CRT 示波器、X－Y 记录仪、模拟磁带机等，现代大量使用数字设备，如数字万用表、数字存储示波器，虚拟仪器(LabVIEW 等)将数字信号记录在磁盘、光盘和闪存中，能够无限次无损回放，实现处理与记录一体化。

7. 抗干扰技术

噪声是测试系统中，除有用信号外的一切信号，干扰是有一定强度、能够影响测试系统正常工作的噪声，对电测系统电磁干扰是最主要的。电磁噪声形成干扰需具备噪声源、对噪声敏感的接收电路和噪声源到接收电路之间的耦合通道三要素。其中，

(1) 抑制电磁干扰的基本方法有：

① 消除或抑制噪声源；

② 破坏干扰的耦合通道；

③ 减弱接收电路对干扰的敏感性；

④ 采用软件抑制干扰。

(2) 抑制电磁干扰的基本措施有：

① 屏蔽(静电屏蔽、电磁屏蔽、低频磁屏蔽)；

② 接地(实地、虚地)，低频一点接地，高频多点接地，强电地与信号地分离，模拟地与数字地分离；

③ 浮置；

④ 对称电路(平衡电路)；

⑤ 隔离(电磁隔离、光电隔离、隔离放大器)；

⑥ 滤波(模拟滤波、数字滤波)；

⑦ 脉冲电路噪声抑制(积分电路、脉冲隔离门、消波器)；

⑧ 传输线引入干扰抑制(采用双绞线、屏蔽线)。

12.1.5 振动测量系统校准

为保证机械振动量值的统一和传递，在进行振动测量之前，必须对传感器、测试系统进行校准。通过校准，可将测得的电参量变换为所求的振动量。

传感器或测试系统的校准内容主要有：灵敏度、频率响应、线性度。

传感器或测试系统的校准方法主要有：比较校准法、绝对校准法。

此外，在校准时要考虑以下几点：确定传感器的使用频率范围，传感器的工作幅度范围，能承受的最大加速度和位移值，可供使用的温度、湿度等环境条件。

12.2 汽车振动测试仪器和设备

12.2.1 振动传感器

1. 常用振动传感器

常用振动传感器的结构图片，如图 12.4 所示。

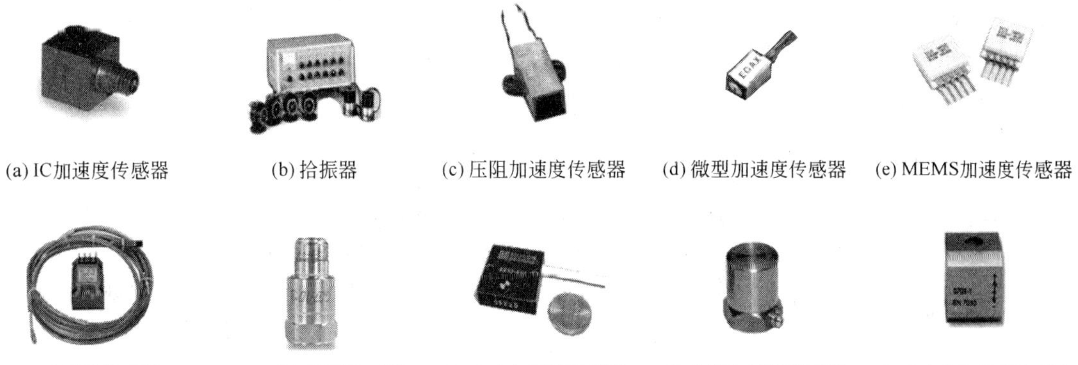

(a) IC加速度传感器　(b) 拾振器　(c) 压阻加速度传感器　(d) 微型加速度传感器　(e) MEMS加速度传感器

(f) 电涡流传感器　(g) 工业加速度传感器　(h) 电容加速度传感器　(i) 电荷加速度传感器　(j) IC应变加速度传感器

图 12.4 常用振动传感器的结构图片

在汽车振动测试中常用的振动传感器有压电式振动传感器、电动式振动传感器、电磁式振动传感器、电容式振动传感器、电阻式振动传感器和应变片振动传感器。它们的适用范围、优缺点和配套仪器情况，分别见表 12－1。

表 12－1　常用的振动测量传感器

分类	说明	配套仪器	适用范围	优缺点
压电式	振动时，使传感器中的压电元件受到惯性重块的作用而产生电荷输出量与振动加速度成正比	前置放大器(电荷放大器、电压放大器)和测量放大器	该传感器与前置电压放大器配套，频率范围为 2Hz～10kHz；与电荷放大器配套，频率范围为 0.3Hz～20kHz；测量范围 10^{-4}～10^4g；适于冲击测量。相对式测力传感器用于测量 0～10Hz 范围的激振力	灵敏度高，频率范围宽，汽车振动测量中应用广。结构尺寸和质量小，受温度、噪声等影响大，需要高阻抗前置放大器配用
电动式	振动时，传感器中的可动线圈在磁场中振动，切割磁感线而感应出电动势。电压输出量与振动速度成正比	包含有积分和微分线路，放大和检测指示部分的测振仪	惯性式速度传感器用于测量 10～500Hz 范围内的线速度或角速度。经积分可测 10^{-3}～1mm 的振幅。经微分可测 10g 以下的加速度。相对式速度传感器用于测量 2～500Hz 范围内的相对速度(或角速度)、位移或加速度	灵敏度高，精度高，结构尺寸和质量大，受温度、湿度影响小，受磁场影响大。永久磁钢衰减会引起灵敏度变化，低阻抗输出，干扰噪声小，没有静态灵敏度
电磁式	振动时，传感器的线圈在磁场里的磁通量发生变化而感应出电动势。输出量与振动速度成正比	含积分和微分线路，放大和检测指示部分的测振仪	相对式非接触型传感器用于测量 20Hz～1kHz 范围内的线速度或角速度，经积分或微分后，可测得位移或加速度	非接触型，测量时对振动没有影响，灵敏度较低、精度较差，要求被测物体是导磁体或导电体(否则应粘上导磁体)
电容式	相对式由振动体与传感器为电容两极，振动时两极间隙或有效相对面积产生变化使电容变化。惯性式由惯性块和传感器基座为电容两极。输出量与位移成正比	加极化电压的阻抗变换器和测量放大器；谐振式或电桥式高频载波调幅测振仪	相对式非接触型传感器用于测量 20Hz～10kHz(极化电压)或 0～10kHz(调制)范围的线位移或角位移；特别适用于转动零件的振动测量。惯性式位移传感器用于测量 10～500Hz 范围以内的角位移或线位移(10^{-3}～1mm)；经微分后可测速度或加速度	灵敏度高，结构简单，尺寸小，对被测物体影响小，受温度、湿度以及电容间介质的影响大。配套仪器要求高。非接触型的测量精度差
电阻式应变片	电阻丝式：振动时，传感器中的电阻丝长度变化而使电阻变化。压阻式：利用半导体等材料受力变形时电阻率改变的特性	动态电阻应变仪或者直流放大器	惯性式位移或加速度传感器用于测量 0～20Hz 范围内的加速度或 10Hz～2kHz 范围内的线位移(角位移)；电阻丝式适用于低加速度的冲击测量。相对式测力传感器用于测量 0～1kHz 范围内的激振力	低频响应好，寿命短和稳定性差。易受温度、湿度、磁场等的影响。贴片式结构简单，制作方便

备注：g 为重力加速度，9.8m/s^2。

2. 压电晶体式传感器及灵敏度

在汽车振动测量中，压电晶体式传感器是最常用的传感器之一。在使用该传感器之前，应注意压电晶体式传感器的灵敏度问题。压电加速度传感器的灵敏度有两种表示法：一种是电荷灵敏度 S_q，另一种是电压灵敏度 S_c。电荷灵敏度是指传感器产生的电荷 q 与传感器的加速度 a 之比，电荷灵敏度的单位是 $C \cdot s^2/m$ 或 C/g，C 代表电荷量的单位库仑。

压电晶体本身构成一个电容 C_a，当它的两端产生电荷时，它的两端具有电压。电压灵敏度是指产生的电压与传感器加速度 a 之比，电压灵敏度的单位是 $V \cdot s^2/m$ 或 V/g，V 代表电压的单位伏特。

$$S_q = \frac{q}{a} \tag{12-1}$$

$$S_c = U_a/a = S_q/C_a \tag{12-2}$$

压电加速度传感器在出厂时，厂家给出其电荷灵敏度和电压灵敏度，还给出幅频特性曲线。传感器工作频率上限受到传感器固有频率的限制，下限受到传感器后续测量系统(如电荷放大器或电压放大器)的限制。压电加速度传感器的另一指标是横向灵敏度，优良的压电加速度传感器，在工作频率范围内，横向灵敏度应小于 5%。

3. 压电加速度传感器的使用

对于一个具体的测振问题，首先要选择合适的传感器，即考虑工作频率范围、灵敏度。对低振级的振动，应选择灵敏度较高的传感器，但高灵敏度传感器固有频率较低，工作频率上限也低；对冲击或大的加速度的振动，要求加速度传感器的最大可测振级高于所测加速度峰值；对质量和刚度较小的物体的振动，应选择小型轻质传感器。

压电加速度传感器的使用环境对其性能有很大影响，较高的温度会导致电压灵敏度的降低；当环境温度超过一定温度时，会导致压电元件的破坏，应注意厂家有对传感器使用环境的规定。压电加速度传感器的安装问题也很重要，目前的几种安装方法中螺钉固紧是最好的安装方法，其安装共振频率高，能传递大的加速度。在要求加速度计与被测物体电绝缘时，可以在加速度计与被测物体之间放置一层薄云母片，然后用绝缘螺钉固紧或用永久磁铁吸盘固定。当测试要求频繁地改变测点位置时，使用此法最为方便，但使用此法不能测量过大的加速度。此外，还可用环氧树脂、502 胶水以及其他粘接剂粘接，这些方法只适于低加速度的量。

在使用压电加速度传感器时，有时还会遇到零漂问题。如测量汽车某些部件振动或在室外进行振动测量，零漂有时很突出。除了选择优质传感器外，在传感器外壳上采用隔热措施也是减少零漂的方法。

4. 现代内装 IC 压电加速度传感器

1）内装 IC 压电加速度传感器

内装 IC 压电加速度传感器是内装微型 IC 放大器的压电加速度传感器，它将传统的压电加速度传感器与电荷放大器集于一体，能直接与记录、显示和采集仪器连接，简化了测试系统，提高了测试精度和可靠性。广泛用于核爆炸、航空航天、铁路、桥梁、建筑、车船、机械、水利、电力、石油、地质、环保、地震等领域。其突出特点如下：

（1）低阻抗输出，抗干扰，噪声小，可以进行长电缆传输；

（2）性能价格比高，安装方便，尤其适用于多点测量；

（3）稳定可靠、抗潮湿、抗粉尘、抗有害气体。

2）内部组成

内装 IC 压电加速度传感器由压电加速度传感器和微型 IC 放大器组成，采用世界上先进的隔离剪切和三角剪切结构，微型 IC 放大器其基本组成为 MOS 场效应管，并由输入端的高阻值电阻与传感器电容构成一个一阶高通滤波器，由此确定传感器测量中的低频截止频率。内装 IC 传感器信号输出具有两线连接特征，即信号输出线与供微型 IC 放大器工作用的恒流源输入线为同一根线，另一根线为地线，信号输出线可以用屏蔽效果好的低噪声同轴电缆，而在环境不是很恶劣的情况下，也可用普通的同轴电缆。内装 IC 压电加速度传感器与外接信号调理器的原理图，如图 12.5 所示。

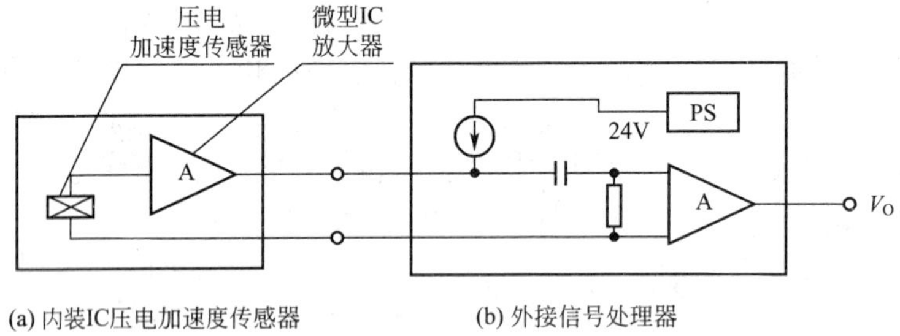

图 12.5　内装 IC 压电加速度传感器与外接信号调理器原理图

3）技术性能指标

常见的几种型号的内装 IC 压电加速度传感器的主要技术指标，见表 12－2。

表 12－2　内装 IC 压电加速度传感器的主要技术指标

型号	灵敏度/(mV·g^{-1})	量程/(9.8m/s^2)	频率范围/[Hz(±10%)]	谐振频率/kHz	分辨率/(9.8m/s^2)	抗冲击/(9.8m/s^2)	重量/g	用途
0101	100	50	0.5～8000	30	0.0002	2000	8	模态试验
0102A	250	2000	1～20	50	0.004	5000	11	冲击测量
0102T	5	500	0.5～13000	50	0.004	5000	13	大振动、冲击测量
0103T	50	100	0.35～10000	32	0.0004	2000	17	通用测振
0105T	250	20	0.35～6000	18	0.0001	1000	25	低频、小 g 测振
0106T	1000	5	0.04～1500	6	0.00002	200	120	超低频、小 g 测振
0107T	100	50	0.5～6000	22	0.0002	1000	46	TNC 接头、长期监测
0108T	500	10	0.35～4000	15	0.00004	500	48	低频、小 g 测振
0109	100	50	0.5～6000	22	0.0002	1000	28	二向测振
0110	100	50	0.5～5000	20	0.0002	500	98	三向测振
0112	100	50	0.7～7000	23	0.0002	1000	100	长期监测

（续）

型号	灵敏度/(mV·g^{-1})	量程/(9.8m/s^2)	频率范围/[Hz(±10%)]	谐振频率/kHz	分辨率/(9.8m/s^2)	抗冲击/(9.8m/s^2)	重量/g	用途
0116	10000	0.5	0.05～300	1.2	0.000002	100	160	高分辨率，超小 g 测振
0118T	500	10	1～2000	7.5	0.00004	500	14	轻型，高灵敏度
0119T	500	10	0.7～9000	29	0.00004	1000	12	轻型，高灵敏度，宽频带
0121	10000	0.5	0.1～150	2	0.000002	50	120	双轴，高灵敏度
0130	40000	0.12	0.5～1000	3	0.0000005	100	310	超高灵敏度，超高分辨率
0131M	1000	5	0.1～1000	5	0.00002	500	265	密封型，二向，高灵敏度
0156T	1500	3	0.1～2000	7.5	0.00002	300	126	超低频、小 g 测振
0157T	1	5000	1～16000	50	0.02	30000	14	冲击测量
0158T	30	166	1～18000	56	0.0007	20000	12	大振动、冲击测量
0159	10	500	1～12000	40	0.002	5000	17	冲击测量
0160	200	25	1～4000	20	0.0001	500	100	通用三向测振
0161	1000	5	0.1～1000	5	0.00002	300	260	三向测振

以上各种型号的内装 IC 压电加速度传感器有如下共同性能指标：

(1) 线性：≤1%；

(2) 横向灵敏度：≤5%，典型值：≤3%；

(3) 输出偏压：8～12V DC；

(4) 恒定电流：2～20mA，典型值：4mA；

(5) 输出阻抗：<150Ω；

(6) 激励电压：18～30V DC，典型值：24V DC；

(7) 温度范围：−40～120℃；

(8) 放电时间常数：≥0.2s；

(9) 安装力矩：约 20(kgf·cm M5 螺纹，1kgf=9.80665N)。

4) 传感器的选择

内装 IC 压电加速度传感器有许多型号，每一种型号都有自己特别适用的某些用途。为了获得高保真度的测试数据，必须根据测试的使用要求，选择最合适的压电加速度传感器。通常，选择压电加速度传感器最主要的权衡因素是质量，频率响应和灵敏度。

(1) 质量。传感器作为被测物体的附加质量，必然会影响其运动状态。如果加速度传感器的质量接近于被测物体的动态质量，则被测物体的振动就会受到影响而明显减弱。对于有些被测构件虽然作为一个整体质量很大，但是在传感器安装的局部，例如一些薄壁结构，传感器的质量已经可以与结构局部质量相比拟，也将会使结构的局部运动状态受到影响。因此要求传感器的质量 m_a 远小于被测物体传感器安装点的动态质量 m 。

由于传感器质量的影响，会使被测构件的振动加速度 a 降低，其降低的加速度 Δa 可用下式估算：

$$\Delta a=a\left[1-\frac{m}{m+m_a}\right] \tag{12-3}$$

(2) 频率响应特性。具体内容如下：

低频响应特性：传感器用户手册给出的下限频率为－10%频响。内装 IC 压电加速度传感器的低频响应特性主要由内装 IC 电路芯片和传感器的基座应变、热释电效应等环境特性决定。应变加速度传感器具有响应静态信号的特性。

高频响应特性：传感器用户手册给出的上限频率为＋10%频响，大约为安装谐振频率的 1/3。如果要求上限频率误差为＋5%，大约为安装谐振频率的 1/5。如果采用适当的校正系数，在更高的频率范围也能得到可靠的测试数据。

(3) 灵敏度。灵敏度越高，系统的信噪比越大，而抗干扰能力和分辨率也越强。但是就特定结构的传感器来讲，灵敏度越高，传感器的重量越大，量程和谐振频率也越低。因此灵敏度的选择受到重量、频率响应和量程的制约。一般来讲，在满足频响、重量和量程要求下，应尽量选择高灵敏度的传感器，这样可降低信号调理器的增益(采用×1 即可)，提高系统的信噪比。

5) 传感器安装使用

(1) 安装。内装 IC 压电加速度传感器有两种输出结构形式，分别是侧端输出和顶端输出，如图 12.6 所示。

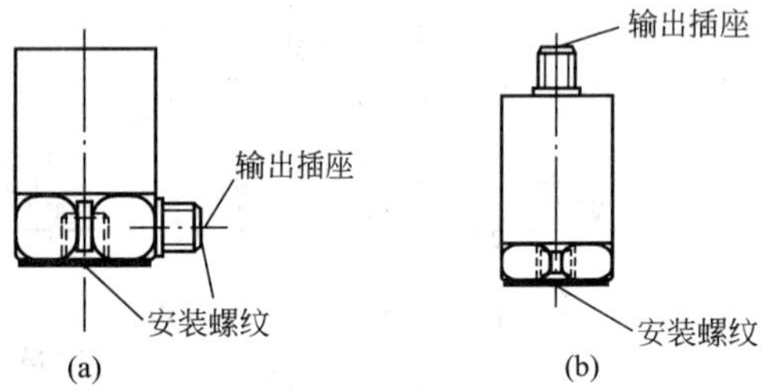

图 12.6 内装 IC 压电加速度传感器的结构形式

传感器与被测试件接触的表面要清洁，平滑，不平度应小于 0.01mm，安装螺孔轴线与测试方向一致。如安装表面较粗糙时，可在接触面上涂些清洁的硅脂，以改善耦合。测量冲击时，由于冲击脉冲具有很大的瞬态能量，故传感器与结构的连接必须十分可靠，最好用钢螺钉。如现场环境需单点接地，以避免地电回路噪声对测量的影响，请采取使加速度传感器与构件绝缘的安装措施，或选用能满足试验要求的其本身结构对地绝缘的加速度传感器。

① 螺钉安装：每只压电加速度传感器出厂时配有一只安装螺钉，用它将加速度传感器和被测试物体固定即可。M5 安装螺钉推荐安装力矩 20kgf・cm。

② 磁力安装座连接：磁力安装座分对地绝缘和对地不绝缘两种。在低频率、小加速度测试试验中，如被测物为钢铁结构，且不宜钻安装螺孔的试验件(如机床、发动机等)，磁力安装座提供了一种方便的传感器安装方法。但在加速度超过 200g，温度超过 150℃时不宜采用。

③ 可用多种胶粘剂粘接：胶接面要平整光洁，并需按胶接工艺清洗胶接面。对大加速度的测量，请计算胶接强度。

(2) 将传感器的输出同轴电缆连接到信号调理器的输入端。

(3) 信号调理器的输出端可直接与各类记录、显示仪表相连，也可直接送入数据采集系统。

(4) 打开信号调理器电源，预热 15min。

(5) 对被测物体施加激励，进行测量或数据采集。

(6) 为保证测量精度和信号质量应监视信号调理器输出端信号，电压信号峰值不应超过 5V。

12.2.2 放大器和滤波器

1. 前置放大器

前置放大器是将传感器的高阻抗输出变成放大器低阻抗输出，把传感器输出的微弱信号进行放大，使输入信号电平归一化，它分为前置电压放大器和前置电荷放大器两种。

(1) 前置电压放大器：结构简单、元件少、价格低、可靠。但其输出电压受连接电缆电容的影响将前置放大器直接装在传感器中，则避免了长电缆对传感器灵敏度的影响；

(2) 前置电荷放大器：电荷放大器的使用频率可达准静态，适用于超低频振动、冲击或远距离测量等测试系统，其输出电压对连接电缆电容不敏感，但内部噪声较大、价格较高。

2. 测量放大器

测量放大器是将微弱的直流或交变信号(在给定频段内)进行电压或功率放大，其具有频带宽、频率失真和相位失真小，有良好的屏蔽和较大的信噪比，放大倍数大，噪声低，漂移小，非线性误差小，频率特性好等优点。

3. 滤波器

滤波器能通过某些频率信号而阻止或衰减其他频率信号。在通频带内特性阻抗保持常数，具有线性的相移特性，带通滤波器可调节通频带及其宽度，特性稳定不受外界干扰等优点。滤波器分为低通滤波器、高通滤波器、带通滤波器和带阻滤波器 4 种，其中：

(1) 低通滤波器，能通过 $0\sim f_c$Hz(截止频率)频带内的信号，而衰减或抑制截止频率 f_c 以上频率的信号，截止频率点在衰减 3dB 处。

(2) 高通滤波器，能通过截止频率 f_c 到无穷大频带内的信号，而衰减或抑制截止频率 f_c 以下频率的信号，截止频率点在衰减 3dB 处。

(3) 带通滤波器，能通过以中心频率 f_c 为中心，带宽为 B 的一个频带内的信号，而衰减或抑制其他频率的信号，截止频率点在衰减 3dB 处。

(4) 带阻滤波器，能通过 $f_1\sim f_2$ 频带以外的所有频率的信号，而衰减或抑制该频带内的信号，截止频率点在衰减 3dB 处。

12.2.3 激振信号发生器

激振系统中常用的信号发生器有周期信号发生器、随机信号发生器、瞬态信号发生器和专用激励信号发生器(振动台控制系统)。其中：

(1) 周期信号发生器包括正弦信号发生器、函数信号发生器、差频振荡周期信号发生器；

（2）随机信号发生器包括白噪声信号发生器、粉红噪声信号发生器、窄带随机信号发生器、伪随机信号发生器；

（3）瞬态信号发生器包括脉冲信号发生器、快速正弦扫描信号发生器；

（4）专用激励信号发生器(振动台控制系统)包括专用窄带随机和正弦激励信号发生器、专用窄带随机信号发生器、可编程信号发生器。

12.2.4 激振设备及方法

汽车结构振动测试用的振源有两种，一种是实际振源，如汽车运行中产生的振动，以及环境激励等引起的振动；另一种是人工振源，主要是激振设备(激振器或振动台)所激励的振动。对动力实测或振动的故障监测，多数是利用实际振源来激振，而进行汽车系统振动特征参数和动力强度测试时或对测振传感器和测振仪器进行校准时，常使用人工激振。

激振器与振动台是汽车振动试验中最主要的激振设备。它们可以模拟产生振动载荷、冲击荷载等各种动力荷载，同时各种标准振动台又是振动测量传感器及仪器的标定设备。

激振器和振动台的类型较多，主要有机械式、电动式和电动液压式等。激振时，除了采用正式产品的激振设备外，还可采用一些简便的激振方法。

1. 机械式振动台(激振器)

机械式振动台，主要用于机械结构低中频域的动力规范试验，适用于汽车电气、仪表及零部件振动试验。其主要形式有旋转不平衡重块式(离心式)和直接作用式(偏心轮式、曲柄连杆式)两类。振动试验中常用的机械式振动台有机械类离心式振动台、机械类直接作用式振动台、机械类共振式振动台和机械类单次冲击台，其中：

1）机械类离心式振动台

机械类离心式振动台利用偏心质量旋转的离心力，作为弹簧支承的台面系统的激振力，而使台面产生周期性正弦波振动。激振频率一般为5～100Hz，激振力可达数10^5N以上，振动台面负载为50～10^4N。结构简单，在运转过程中也有能调节频率、位移、加速度的特点，但振动波形失真大，机械杂波大。

2）机械类直接作用式振动台

机械类直接作用式振动台一般是利用凸轮或曲柄连杆等机构直接驱动台面，使它产生周期性正弦波振动。激振频率一般为1～50Hz，结构简单，可得到较大的振幅，振幅基本上不随频率变化，但机械杂波大。

3）机械类共振式振动台

机械类共振式振动台是利用共振原理，具有改变支承台面弹簧刚度的机构，使共振台在各种频率时都能产生共振。激振频率一般为20～300Hz，台面负载可达10^3N(100Hz以下时)，功率消耗小，结构复杂但尺寸小，机械杂波大。

4）机械类单次冲击台

机械类单次冲击台是利用落体、摆锤或凸轮驱动台面，使台面产生近似半正弦波的冲击。冲击时间为0.5～50ms，加速度峰值为100g以上。其结构简单，但冲击波形不易控制，只适用于一般的环境试验。

2. 电动式、电动液压式振动台

电动式、电动液压式激振系统，一般由信号发生器、功率放大器和振动台或激振器组成。工程中常用的电动式、电动液压式振动台有电动式多点或单点振动台、电动液压式振动台和定振级自动率扫描的电动振动台，其中：

1）电动式多点或单点振动台

电动式多点或单点振动台是将交流电信号输入到磁场中的线圈里，线圈产生电动力，驱动线圈及台面产生周期性正弦波振动或随机波振动。多点电动式激振器可多点同时激振，可控制各激振器的激振力大小和相位分布。激振频率一般为0～1kHz，激振力为0～10^4N，并能产生100g以上的加速度，台面负载为5000N以上。系统线性度好，振动波形好，调节方便，易于自控并能实现多台激振，但设备结构复杂，振动位移有限，一般适于各类汽车零部件的振动特性测试。

2）电动液压式振动台

电动液压式振动台是在电动液压式振动台中使用计算机控制的伺服系统，使工作在油缸中的柱塞产生周期性正弦波振动和随机波激振将电动振动台的振动量，通过传感器测振系统。其激振频率为0～1kHz（根据激振力确定），激振力为10^5N以上，台面负载可达10^4N，亦可获得较大的位移。易于自控和多台激振，设备复杂，一般适用于汽车整车以及大型部件等的各类振动试验。

3）定振级自动率扫描的电动振动台

定振级自动率扫描的电动振动台是将电动振动台的振动量，通过传感器振动系统反馈到振动台的控制系统，以保持在扫描过程中的振级恒定。激振频率一般为0～10kHz，激振力可达10^4N以上，使用方便，适用于例行环境试验要求，设备复杂。

3. 其他特殊激振方法

在汽车振动试验中，还经常采用一些特殊的激振方法，主要包括压电晶体片激振法、高声强激振法、工况激振法和脉冲激振法。其中：

1）压电晶体片激振法

压电晶体片激振法是利用交变电压加在压电晶体的两极，晶片厚度变化而产生周期性正弦力，反作用在试件上成为激振力。其激振频率一般为20Hz～10kHz，激振力较小，适用于小型板、梁试件，也是振动与噪声主动控制中常采用的方法。

2）高声强激振法

高声强激振法是利用激振声源产生的高声压，通过空气作用于试件上，使试件产生周期性振动。其激振频率在音频范围，激振作用力分布在整个试件上，设备不与试件接触，适用于轻型薄壁试件，如车身钣金件等。

3）工况激振法

工况激振法是利用整车道路行驶、发动机运转等实际工况激振。方法简单，符合实际工况，适用于振动量的评价等试验。

4）脉冲激振法

脉冲激振法是利用敲击锤、铅锤等敲击试件，悬挂重物由上落下敲击试件，或突然卸载使试件产生自由振动。方法简单，需要设备少，激振力不易定量，常用于固有频率和阻尼比的测定。

12.2.5 信号处理及仪器

1. 信号处理

为了揭示被试汽车及其零部件的运动规律和特征，需要从不同角度对试验信号进行加工，其内容有：

(1) 幅值域——概率分布函数、均值、方差、均方值或方均根值等；

(2) 时间域——自相关函数、互相关函数等；

(3) 频率域——频谱、自动率谱、互功率谱、传递函数、相干函数等。

实际处理时，根据分析问题的需要，可以仅选择上述若干项内容进行处理。有时还需要对上述处理结果进行再处理(二次处理)，以获取更深入的信息，如车速特性、回归方程、模态参数识别、倒频谱分析等。总之，处理内容和项目，完全应视研究目的和试验对象的特点而定。

当今最常用的处理方法是采用数字技术进行处理，即利用数字计算机编制特定功能程序对离散数字序列运算，处理结果以数组形式输出。实施前，需首先利用模/数(A/D)转换器(俗称数采板)，把连续电模拟信号离散为数字序列后，输入计算机进行运算。为了便于使用，常把 A/D 转换器及其他前处理功能器件(例如抗混滤波器)与通用的微处理器集成一体，并配有微型示波器、模拟输出接口、数字输出接口等构成专用数分析系统。它可与绘图仪、打印机及其他通用计算机连接，输出图形、数组或二次处理，使用十分方便，受到工程界普遍欢迎。

2. 信号处理仪器

目前对信号分析处理的仪器有信号处理仪(或系统)、实时频谱分析仪和频谱仪，其中：

1) 信号处理仪(或系统)

信号处理仪又称振动信号处理仪或振动数据处理机，它是以电子计算机为中心的、以快速傅里叶变换(FFT)为主要内容的数字信号处理设备。它具有运算功能多、表示参数丰富，运算速度快、实时能力强，分辨能力强、精度高及操作与显示、复制与存储、扩展与再处理的功能强等优点。振动信号处理仪可分为振动信号处理机(单机型式)和振动信号处理系统(有较大内存和丰富的外围设备)两大类。

(1) 振动信号处理机具有单一或若干通道的信号输入端，它们有参数丰富、性能质量比高、附设少、实时能力强；有触发及转速跟踪，软硬件结合以硬件为主的特点。它们适用于现场(便携式)或固定地点的信号处理。这类处理机存储量有限、再处理功能差。

(2) 振动信号处理系统具有存储量大、外设齐全，再处理功能强(例如结构振动分析、材料振动疲劳分析、机械故障诊断、噪声的特殊分析等)；具有软硬件结合以软件为主、处理与控制兼用等特点。但是它们的价格比较高，质量较重，适用于固定地点或处理中心。

信号处理仪或系统具有正逆傅里叶函数变换和功率谱，自、互相关函数，自、互功率谱密度函数，各种传递函数，相干函数，概率密度与累计分布函数，几种窗函数，几种多次平均方式，功率谱阵计算以及某些特定统计函数运算、基本数 学运算等功能。它们能表示的坐标参数极其丰富，可以是时域、时延域，也可是频域、幅值域；坐标尺度可以是线性、百分比、对数、阶次，也可以是频率、转速、倍频程、分贝(dB)或各种工程单位。

现代信号处理各种平面或立体特殊显示方法，包括有，临界转速图(Campbell 图)、奈奎斯特图(Nyquist 图)、功率谱阵图、冲击响应谱图、各种振动模态显示图以及各种机械阻抗导纳图等功能。振动信号处理机(系统)，一般都具有十几种或几十种，乃至几百种运算功能，如果系统的运算程序可任意自编，在某种意义上说，运算功能可以是无限的。

2) 实时频谱分析仪

实时频谱分析仪是一种把振动和噪声分析技术与数字技术结合在一起的仪器，有的还应用快速傅里叶(FFT)分析计算技术。较早的实时频谱分析仪，有滤波器多节并联式和时间压缩型频谱分析仪，它们实际上也是用一系列带通滤波器分析。不过它们将信号分配到各个滤波器时，不是用机械转换的方法，而是用电子高速扫描技术，因此它能在很短时间内，将信号迅速扫描过各个滤波器，并能跟踪变化的信号，在荧光屏上连续更新不同时刻的频谱；还可以将结果输出到记录仪器或电子计算机作进一步处理。这种实时频谱分析仪较难进行两个信号相互关系的比较，使应用受到了限制。电子计算机已应用于实时频谱分析仪，即通过快速傅里叶变换(FFT)对输入信号作分析处理，因而使其分析功能和分析速度都有显著提高。实时频谱分析仪可对连续信号、冲击信号、瞬态信号等能在几十毫秒内很快地分析出来，并以模拟量和数字量输出。

3) 频谱仪

频谱仪又称幅值频谱分析仪，它的基本工作原理是利用：①电谐振原理；②带通滤波器(倍频程滤波器或跟踪滤波器)；③数字相关滤波器。其中，数字相关式频谱仪具有较高的分析精度，跟踪滤波器式频谱仪带有自动记录幅值频谱的 X－Y 记录仪，其分析方式有手动扫频和自动扫频。有的频谱仪还可进行功率谱的分析。对于频谱仪来说，其重要的特性有：

(1) 频率分辨率 Δf。它是频谱仪所能准确地区分开的两个相邻频谱成分的最小频差；

(2) 分析时间 T。它等于从信号加到分析仪输入端开始，到仪表给出可靠示值为止的一段时间；

(3) 离散频谱成分的幅值测量的相对误差和频率测量的相对误差。

12.3 汽车振动参量测量及试验方法

12.3.1 机械振动基本参量的测量

机械振动可用位移、速度、加速度和激振力等一些基本参量来描述。按照这些参量运动的不同形式，可以简单地将它们归纳为周期振动、瞬态振动和随机振动 3 种类型。

1. 周期振动参量的测量

在周期振动的振幅、频率及相位差是很重要的参数。

1) 振幅测量

振动幅值常用峰值、有效值(RMS 值)和平均绝对值等来描述。其中，有效值与振动能量有直接关系。测量方法有 3 种，分别是用振动测量仪测量、用电压表测量和光学法测量，其中：

（1）振动测量仪测量。振动测量仪测量就是将测量信号输入仪器直接读出（或利用系统的电压灵敏度计算出）物体的振幅。大部分振动测量仪内设有积分、微分电路。

（2）用电压表测量。用电压表测量就是将测量信号输入仪器，根据仪器所指示的电压值及测量系统的电压灵敏度，可计算出物体振动的幅值。测量值可以是位移、速度、加速度。

（3）光学法测量。光学法测量方法主要采用两种，即激光作光源的干涉仪来测量振幅和激光全息摄影技术测量物体的振幅，其中：

① 激光作光源的干涉仪来测量振幅，其振幅量级可以小至微米以下，精度高，结果可靠，因此常用于振动测量系统和传感器绝对标定；

② 激光全息摄影技术测量物体的振幅，具有非接触、精度高、能观察微小振幅和较快获得振动物体整个表面的振幅分布等优点，但这种方法难以测量大型或曲面物体的振幅。

2）周期振动频率的测量

周期振动频率的测量方法有 3 种，分别是用频谱分析仪测、用频率计测量和频闪法测量频率，其中：

（1）频谱分析仪测。频谱分析仪测振动频率就是通过频谱分析仪对周期振动信号的频率成分（谐波）分析，测出信号所包含的各次谐波频率和幅值。这种方法是复杂周期信号频率测量的主要方法。根据仪器选择的不同，信号的分析频率可从 0～20kHz，采用 ZOOM 技术，频率分辨能力可达 10^{-3} Hz，甚至更小。

（2）频率计测量。频率计测量振动频率就是将测量信号输入频率计，可直接读出信号的频率值（和幅值）。这种方法使用方便，波形也不限于正弦波，但它要求被测信号基波频率比较稳定。频率计数器有指针式和数字式两种。

（3）频闪法测量频率。频闪法测量振动频率就是利用频闪灯照射物体，由小到大地调节闪光频率，当第一次看到振动物体好像静止或缓慢移动时，则闪光频率就等于或近似等于物体的振动频率（或回转体的回转频率）。闪光测频适用于较大的、明显可见振动位移的振动物体的频率测定。常用于测量回转体的回转频率。

3）周期振动相位差的测量

稳定的正弦周期振动的相位，可以用双线示波器、闪光灯、相位计等仪器，将振动信号与基准信号比较来测定，也可以比较振动信号和基准信号的时间历程来测定。对于稳定的复杂周期信号，常常计算两信号的互谱相频特性获得相位差。

4）周期振动的频谱分析

对于单一频率的稳定正弦振动，可用简单的振幅和频率测量方法来确定。但对复杂周期振动，通常是在 频谱分析仪或振动信号处理机上进行的。亦可采用倍频程滤波器、窄带滤波器或数字滤波器进行实时频谱分析。也有采用其离散采样数据，在通用计算机上，利用快速傅里叶分析等程序进行频谱分析。

2. 瞬态振动与冲击振动参量的测量

1）瞬态振动参量的测量

表征瞬态振动和冲击过程的基本量：加速度、速度、位移以及冲击过程中的冲击力。测试量主要是瞬态振动或冲击过程的时间历程、冲击峰值、瞬态振动或冲击的频谱。

冲击过程与瞬态振动情况稍有不同，冲击过程具有持续时间短和冲击力瞬时能量很大的特点，对其测量系统要求较高。

2）冲击振动参量的测量

由于冲击过程包含有极其宽的频率成分，必须要求测量系统中的传感器和一系列测量仪器应具有足够宽的测量频带，以及要求测量系统有良好的幅频特性和相频特性的线性度。冲击测量系统不失真测量冲击波形的条件与测量系统的精度、冲击波形、冲击持续时间及传感器的固有频率、阻尼的大小等内容有关。在汽车瞬态冲击振动测量中，更要注重系统的低频响应特性。

利用压电加速度传感器及前置放大器进行冲击测量时，其测量上限频率，一般是由加速度传感器的固有频率 f_{n} 确定，应满足 $f_{\mathrm{n}}t>5\sim10$，冲击时间 t 常取 $10^{-3}\sim1\mathrm{s}$；而测量下限频率，则由前置放大器的下限频率确定。

3. 随机振动参量的测量

对于随机振动，主要测量的参量分别为有效值或均方值、功率谱、相关函数、频响函数、相干函数、概率密度函数等。在随机振动参量的测量工作中应注意以下问题。

1）测量与记录仪器的工作频率

仪器的工作频率，应视测量对象的振动情况而定。不同汽车零部件所遇到的随机振动，其频率范围不相同：发动机、变速器等在5kHz以内；整车等要求的频率范围为0～200Hz。在噪声分析中对振动分析频率范围要求更宽，在选择测量和记录仪器的工作频率时，要考虑其幅频特性、相频特性。根据经验，测量和记录仪器的下限频率，应比随机振动的主要频率低5～10倍，而它们的上限频率应比主要频率高5～10倍。

2）测量和记录仪器的动态范围

根据实测经验，对于高斯随机振动，一般以其有效值 3σ 来选择仪器动态范围(大于有效值 3σ 的信号仅占0.27%)。在分析结构疲劳强度时，应有效地利用记录仪器的动态范围，要求记录信号具有合适的电平，保证测量精度。

3）测量中的其他要求

当采用磁带记录仪记录随机振动信号时，应根据所测信号主要频率的预计值，合适地选择磁带记录仪的记录速度。若对记录信号采用“平均化”处理，则应保证记录信号具有足够的样本长度。为了有效地提高信号的记录信噪比，应在记录仪器之前设置适当的滤波器，以滤除信号中的高频或低频噪声。为保证记录信号的成功、防止记录波形失真，测量系统中应设置监视记录信号波形的显示装置，对记录前后的信号进行波形监视。

实际上最常采用的方法是利用FFT(快速傅里叶变换)分析仪，对时域的动态范围、频域的频率范围作初步测试后，根据测量对象与目的，确定测量要求。

4. 激振力的测量

激振力用压电式或电阻式测力传感器测量；也可以通过测量物体的加速度，然后加以换算，对已标定的激振器也可通过测量使用激振器的电参数或机械参数，间接测定其激振力的大小。

12.3.2 汽车动力学系统振动特性的测量

汽车动力学系统振动特性试验的主要目的，在于确定结构的动力响应特性，辨识结构参数。进行测试的步骤通常是用激振设备激励结构测量其响应，将测得数据进行处理和分析，得出所需的结构动力特性和结构参数(固有特性参数)。振动特性可以在现场测试，也可以在试验室进行。对于简单的振动系统，要求确定系统的固有频率、振幅等。对于复杂的力学系统，必须确定其全部的动力学特性，包括固有频率、阻尼比、振型等。

1. 固有频率的测定

频域测试方法有直接测量法、频谱分析法和传递函数拟合法以及小波分析法；时域测定固有频率的常用方法有自由衰减曲线法、时间序列分析法。

1）直接测量法

稳态正弦扫描试验。用激励设备对结构进行恒力幅的频率扫描激励，测出结构频率响应最大时(共振峰)所对应的频率，即共振频率(有阻尼)。但频率扫描的速度不能快，要待结构建立起稳态振动之后才能进行测量。

2）频谱分析法

频谱分析测定结构的固有频率是汽车振动试验中的常用方法，即通过对结构的随机激励、瞬态激励等各种激励测得结构的振动信号，经 FFT 变换，由频谱图中的峰值分量来确定结构的固有频率。利用频率“细化”技术，可以实现对频率的精确测量。

3）传递函数拟合法

它是现代控制工程中的系统参数识别的方法。这种方法是利用结构试验的输入、输出数据，获得传递函数并识别系统的固有频率、阻尼比和振型等固有特性参数，建立系统动力学模型。这种方法得到的固有频率比较准确，并且还可以识别出频率值十分接近的密集模态，排除虚假峰值频率等。

4）小波分析法

它是现代数字信号处理方法之一，这种方法可利用结构瞬态响应信号对系统进行参数辨识，建立系统力学模型。

5）自由衰减曲线法

它是用敲击等瞬态激励方法，使试件产生能够测量的自由衰减信号，利用记录下的自由衰减振动的时间历程，算出该试件的固有频率。这种方法所需设备简单、试验方便、迅速，但识别精度较差，而且仅能识别出结构明显的极少数低阶的固有频率。

6）时间序列分析法

它是利用响应样本来测量，较高分辨率地识别系统的各阶固有频率，避免了频域识别法中根据 FFT 变换而引起的截断误差。

2. 阻尼比的测定

常用测定阻尼比的方法可以简单地分为频域法和时域法两类。频域法常用的有总幅值法、分量法和矢量法等图解计算法，以及利用频率响应函数曲线拟合计算。对振动较弱的系统可利用结构响应的机械振动曲线计算阻尼比 ξ，它是半功率带宽除以 2 倍共振频率。

时域法常用的方法有时间历程曲线的图解测定法和时域数字拟合识别计算法两种。其中，利用结构自由衰减振动的响应时间历程曲线的图解测定法，测试简单、直观，精确度差；利用结构系统随机响应数据的时域数字拟合识别计算法(原理同固有频率的识别相似)，它识别迅速、精度高，而且可以实现对结构各阶模态阻尼比的完全识别，也可利用结构自由衰减振动的响应时间历程记录曲线，来测定阻尼比 ξ。

3. 振型的测定

当结构尺寸不大时，可采用激光全息摄影法，也可以采用位移直接测量法。这些方法由于受到测量手段、振动模态耦合以及结构振动的“非纯”振型等因素的影响，所测定的振型往往是较为近似的。目前在汽车主零部件结构振型测定中，最为快速、方便和适用范围广的方法是试验模态分析法，利用试验模态分析法可识别振型参数。

12.3.3 激光全息振动测量

全息振动分析法是一种非接触测量、分析法，利用全息干涉的技术把表示振动物体全部表面振幅分布在干涉条纹照下来，再把干涉条纹照片的形状作为定量的图形，对它进行高精度分析。该方法与利用加速度传感器作接触式的逐点测量方法相比，具有很多优点：

(1) 它适用于具有粗糙表面的三维体机器或其零件；

(2) 由于是非接触测量，所以不影响所要研究的振动物体；

(3) 能得到全部振动表面的振幅等高线；

(4) 能精密测定微小的振幅。

由于有这些优点，全息振动分析在发动机、涡轮增压器或风扇叶片、汽车零部件、轮胎以及各种机械的动特性的分析上得到了广泛的应用。

激光全息振动测量的基本配置情况，如图 12.7 所示。

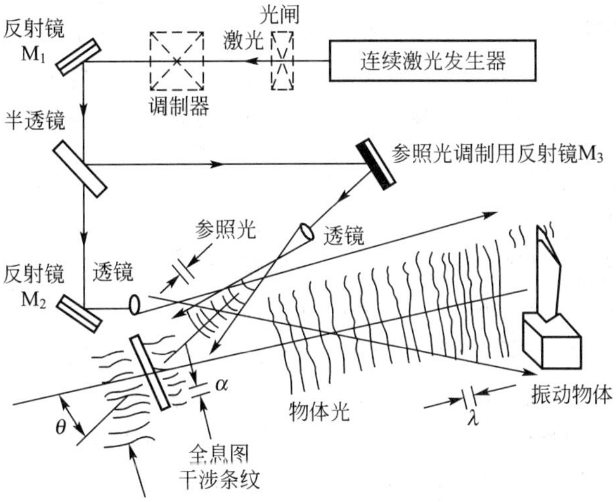

图 12.7 激光全息振动测量的基本配置

图 12.7 中，λ 为激光光波的波长；θ 为参考光与物光间的夹角；α 为全息图记录的干涉条纹间隔，$\alpha=\dfrac{\lambda\sin(\theta/2)}{2}$。

1. 全息干涉的概念

由于光的频率近似为 10^{15} Hz，实际的照相胶片只能记录光的强度即时间平均光通量。根据电磁理论，光强度 I 可表示为

$$I=eVE^2 \tag{12-4}$$

式中，e 为光在介质中传播时该介质的介电常数；V 为光的传播速度；E 为电场强度。

由式(12-4)可知，光强度 I 和电场强度 E 的平方的时间平均值成正比。激光全息的原理是激光发生器射出的光束被分光镜分为两束，一束为对物体的照射光，称为物光；另一束为参考光。为简单起见，设两列波在同一方向线性偏振，并在两波之间有恒定相位差。物体反射光参考光在平板上发生干涉现象，形成干涉条纹，把这种现象定义成全息像。观察时，用一束同参考光的波长和传播方向完全相同的光束照射在平板上即可在物体的原来位置上再现物体的立体全息像。

用全息光干涉法分析振动时，可根据干涉条纹的强度和疏密程度评价振幅、相位和判断布线位置，测量振幅精度可达 0.1～30μm。振幅的变化，其表现为干涉条纹的明显变化，光强变化规律按零阶贝塞尔函数变化，并对应于贝塞尔函数的零点区域显现黑色的干涉带。干涉带最亮部位表示为零振幅，即节线位置。明、暗条纹每交替一次，位移振幅按 1/4 激光波长变化，这种条纹图样能测量两个波之间相位差的空间分布。

2. 时间平均法

时间平均法是对作正弦振动的物体作长时间(与振动，周期相比)的连续照明，记录全息图，其干涉条纹的明亮度随振幅的零阶贝塞尔函数的平方成比例变化。在条纹密集处的法向改变刚度，期望改变该处的噪声辐射情况。

时间平均法的优点：可测量节线、振幅的分布；全息图记录方法简单，不需特别的装置，用普通全息摄影装置即可。

时间平均法的缺点：不能测量振动相位；表示振幅分布的干涉条纹的反差随振幅的增加而急剧降低；可测量的振幅范围狭窄，约为 0.2λ～3λ，不能作振动波形的实时观察。

时间平均法由于测量节线和振幅分布简单，在发动机等旋转部件振动特性的研究中得到广泛应用。

3. 双脉冲测量法

采用连续波的测量方式可进行简谐振动的振幅测量，但对随机振动或各种瞬态过程的测量却不能令人满意。双脉冲测量方法是用脉冲激光对振动物体连续曝光二次，利用两次脉冲的时间差与之产生的位置差记录在同一张全息照片上，重现时就得相互交叠的像，且显示出一些独特的干涉条纹。从干涉条纹的分析可以研究物体瞬态变化的过程，但不能得到振幅的绝对量，双脉冲法经常用在如车门关闭和制动盘制动等瞬态振动的测量中。双脉冲的间隔不同，引起的干涉条纹也不同，因此要与振动同步调整二脉冲的滞后相位，正式试验前应将二脉冲相位差调整好进行曝光。目前的记录材料以感光玻璃和感光胶卷为主。激光测振的设备已具备小型化、实用化。

12.3.4 模态分析试验与参数识别

1. 模态测试

1) 频响函数测试系统

模态测试是同时测量结构的输入与输出信号而得到结构的频响函数，即通过激励和响应，推知结构的特性。对结构上某点激励，测得所有点响应，即单点激励的方法；或对结构某些点(一般是 2～4 个点)同时激励，测得各点的响应，即通常所说的多点激励方法。

图 12.8 为典型的模态分析试验基本测试系统框图，它包含激励系统、传感放大系统、分析仪及计算机。

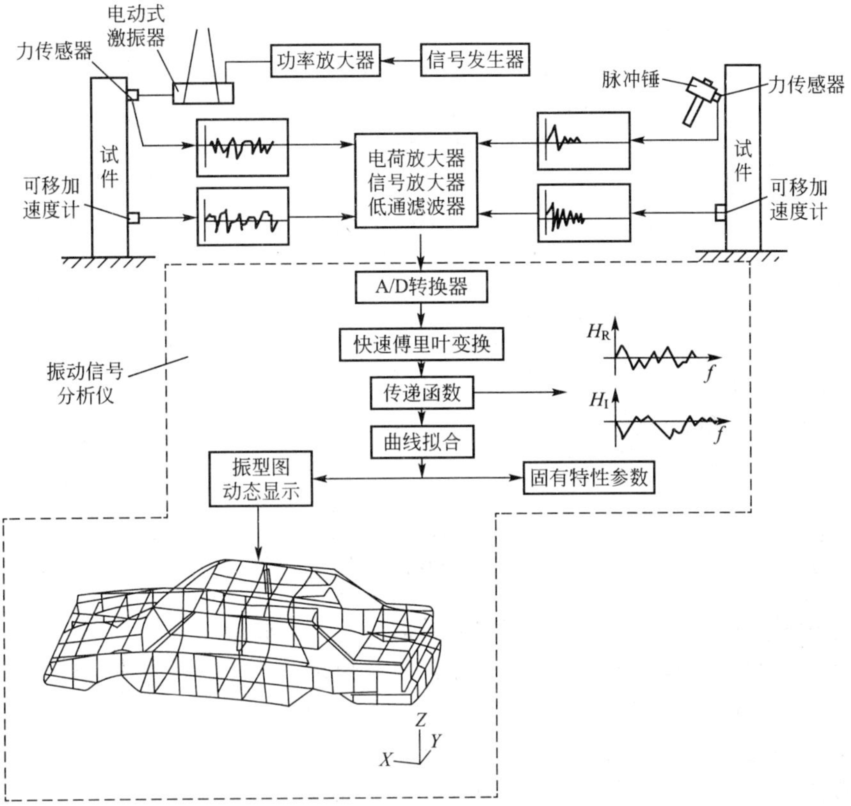

图 12.8　模态分析试验基本测试系统

激励系统主要包括信号源、功率放大器和激振器，常用的激励信号有正弦、随机、瞬态和周期等。当激励结构时，激励信号经功率放大器放大，推动激振器，功率放大器必须和激振器相匹配。常用的激励方法有激振器激励及锤击两种，此外还有阶跃释放和环境激励(如路面及风动激励)等方法。传感放大系统包括传感器、适调放大器及有关连接部分，最常用的传感器为压电式传感器。在载荷识别时，也常用应变片测定应变，预估载荷。最常用的是数字信号分析仪，大多数信号分析仪均带有某种类型的信号源。进一步进行模态分析与结构动力修改往往是在与分析仪联用的计算机上实现的。

2）测试结构的联结与安装

被测试结构的支承应引起足够的重视。同一结构在不同的边界条件下，将有不同的模态参数。目前常用的支承方式有下列两种：

地面支承：把被测试结构上所选择的点与地面联结，认为联结点的速度导纳为零，在模态分析时，删去适当的坐标，即可完成理论分析，这里零速度导纳是一种近似假设。像叶片类结构，它的工作状态接近于根部固定的支承方式，可以把这一类试验构件与已知导纳的简单构件联结在一起，对修改后的部件进行试验，然后用分析方法消除附加部件的影响。注意，地面支承不能由于连接体的引入，而引起局部刚度的增强。可以重复拆装试验构件对试验数据的重复性进行校核。

自由支承：用弹性绳吊起试件，近似得到自由支承边界条件。对于大部分汽车零部件，只要刚体模态频率远低于弹性体模态频率，往往采用这种支承方式。注意，在小阻尼试件测量时，悬架系统会产生附加阻尼。

3）激励信号与激励方法

目前广泛采用宽频激励技术，如脉冲激励、阶跃激励、快速正弦扫描、多种随机信号激励、正弦慢扫描脉冲激励：常用的脉冲激励为锤击法。脉冲锤由锤头、力传感器、附加质量和锤柄组成。为了得到不同的脉冲宽度，锤头可用不同的材料制成(如钢、铝、塑料、橡胶等)，并在一定的频率范围内可获得平直的力谱，如图 12.9 所示。

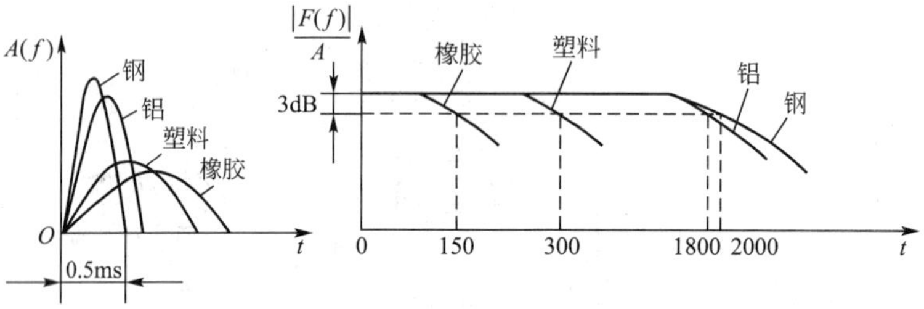

图 12.9　不同锤头材料的力谱

试验时用脉冲锤锤击试件，力信号经电荷放大器放大后送到信号分析仪。锤击时应注意避免因构件反弹而引起的两次撞击。锤击法具有快速、方便的特点，对被测试件无附加质量和刚度约束。但由于激励能量分散在整个试验的频带内，则单位频带内激励能量小，信噪比低，一般适于较小的试件。

阶跃激励：阶跃激励又称阶跃松弛激励，在激励点预先加力使试件发生变形，然后突然释放，这相当于对结构施加了一个负的阶跃激励力。由于阶跃激励力的低频成分大，故常用来激励固有频率很低的结构以激励低阶模态。

快速正弦扫描：快速正弦扫描要求信号发生器在数秒内扫过整个测试所需的频段，获得具有平直谱的激励，从而达到宽频带激励。这种激励方式能获得平直谱，在整个测试频段内激励能量相同，信噪比高。

随机信号种类繁多，主要有纯随机、伪随机、周期随机等。纯随机：纯随机信号是白噪声，具有平直的功率谱。经多次平均后可消除噪声干扰及非线性畸变。但信号不具有周期性，易产生泄漏，致使测试精度降低。伪随机：伪随机信号具有周期性，周期 T 与分析仪的采样时间相配合，能避免产生泄漏误差，但不能用多次平均来消除噪声干扰及非线性畸变。周期随机：周期随机信号是多段伪随机信号组成，既具有周期性，又具有随机性。所以它既可消除泄漏误差，又可通过多次平均来消除噪声干扰等。

4）激振器与结构联结

激励时，激振器往往通过一根柔性杆与结构相联结。柔性杆是一根细长的杆，在激励方向上相对地刚硬，而在其他方向表现为柔软。这样只能在激励方向传递力，而不附加其他的约束，柔性杆一般直径为 1～2mm，长度为 20～50mm。

5）频响函数的标定

目前频响函数的测量，大多数情况下均采用加速度导纳测量，这样就需要分别对加速度和力传感器进行标定，用户一般采用相对标定，相对标定是用一个基准加速度计作为基准，对加速度传感器及对固定于质量块上的力传感器进行标定。

2. 参数识别

模态参数识别的主要任务是从测试所得的数据中，确定出振动系统的模态参数。一般从传递函数与频率的关系曲线中识别出振动系统的模态固有频率、模态阻尼比、模态质量、模态刚度及振型等参数。参数识别分为频域法和时域法两大类。

1）频域法

如果系统的各阶模态分布比较稀疏，即认为各阶模态间相互的影响不大，则可近似地认为在某一阶模态频率处存在一个纯模态。将该阶模态按单自由系统的性质去识别诸参数。当系统各阶模态分布较紧时，必须采用整体拟合或在某频段内对若干阶模态进行一次性拟合，求出系统的诸模态参数。频域法参数识别可基于模态稀疏时的单自由度的识别，也可以对模态结合较紧时用整体或某频段内的若干个模态作一次性拟合，进行参数识别。其主要方法有分量分析法、导纳圆法、迭代法(Klosterman 识别法)、Flannelly－Berman法、村井秀儿(K－DAP)法、多项式拟合法等。

2）时域法

振动模态参数识别的时域方法，是将测试所得的响应时间历程信号直接进行识别。特别是对大型复杂构件如汽车等，通常受路面激励作用，工作载荷很难测量，但是响应信号则很容易测得，时域法可直接利用响应的时域信号进行参数识别。时域法最主要的问题是噪声干扰，且由它而引起的虚假模态的识别、剔除和模型的定阶等也较困难，因而参数识别的时域方法还有待深入研究。其主要方法有 Ibrahim 时域方法、时间序列分析法、最小二乘复指数法等。

3. 动态子结构方法

动态子结构方法首先将一个复杂结构分为若干个子结构(或部件)，然后对每个子结构进行动力分析(计算或试验)得到子结构的动力特性，然后，再根据子结构之间的联结条件，将已经获得的子结构的动力特性进行综合，从而得到原整体结构的动力特性。

动态子结构方法对结构的动力修改也十分方便，修改往往是局部的。运用动态子结构方法，只需对修改过的子结构重新进行计算分析或动力试验，然后将所有的子结构的动力特性进行综合，最终获得修改后的整体结构的动力特性。

动态子结构方法可分为两类：一类是利用子结构的模态特性和模态坐标建立起来的联结方法，称为模态综合法；另一类是利用子结构的传递特性建立起来的联结方法，称为机械导纳方法。

12.3.5 悬架系统固有频率和阻尼比的测定

悬架系统的固有频率和阻尼比是分析悬架系统振动特性和对被试汽车平顺性进行研究和评价基本数据。

1. 试验目的

测定悬架系统固有频率和阻尼比。

2. 试验方法

汽车悬架系统固有频率和阻尼比测定方法在国标标准中已有明确规定。传感器安装在前、后桥及其上方的车身(或车架)上的相应位置处。测试方法有滚下法、抛下法和拉下法3种，通常采用滚下法。即将汽车的两个前轮(或两个后轮)压在半梯形的凸块上，凸块高度60～120mm，在停车挂空挡发动机熄火后，再将汽车车轮从凸块上推下来，滚下时应尽量保证左、右两车轮同时落地，记录汽车的整个振动的过程，试验重复3次。

3. 数据处理

1) 时间历程法

由记录得到的利用车身和车轴所测出的加速度自由衰减曲线，如图12.10所示。

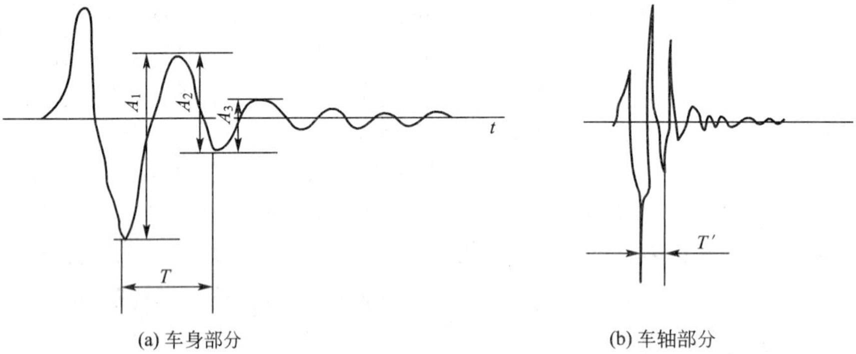

图12.10 车身和车轴所测出的加速度自由衰减曲线

利用车身和车轴测出的加速度自由衰减曲线的两个峰值之间的时间间隔 T 和 T'，就可以分别得到车身部分固有频率 f_b(Hz)和车轮部分固有频率 f_t(Hz)，即

$$f_b=\frac{1}{T} \tag{12-5}$$

$$f_t=\frac{1}{T'} \tag{12-6}$$

利用车身测出的自由衰减曲线的两个峰值的大小，可计算得到车身振动的衰减率，即

$$\varphi=A_1/A_2 \tag{12-7}$$

式中，A_1 为自由衰减振动曲线上第2个峰的峰值；A_2 为自由衰减振动曲线上第3个峰的峰值。

按下式可计算得到汽车悬架系统的阻尼比 ξ

$$\xi=\frac{1}{\sqrt{1+\pi^2/\ln\psi}} \tag{12-8}$$

2) 频率分析法

将车身和车轴测出的加速度时间历程信号经傅氏变换(信号分析仪)后，所获得的自功率谱图上的峰值即为车身部分固有频率和车轮部分固有频率。以车轴的加速度信号为输入，以车身的加速度信号为输出，可求得频率响应函数，再利用其幅频特性曲线的峰值 A_p，可近似地求出汽车悬架系统的阻尼比，即

$$\xi = \frac{1}{2\sqrt{A_p^2 - 1}} \tag{12-9}$$

12.3.6 汽车定置的振动试验方法

试验时汽车原地不动，所以路面的激励，轮胎、传动轴等的不平衡不可能形成振源。

(1) 试验目的：测出汽车部位对发动机激励所产生的响应和振动传递特性。

(2) 测试部位和方法：一般是根据实际需要而定，但若按振动的评价方法来分，测试部位大体可以分两大类：一类是进行主观感觉评价的部位，诸如保险杆、发动机附件及发动机罩等；另一类是进行定量评价的部位，诸如驾驶室前围、后围、底板，驾驶员坐垫、座椅，转向盘，后视镜本体和支架，加速踏板、离合器踏板、制动器踏板，变速杆、驻车制动杆等。

起动发动机，使其预热至水温达到70℃以上，然后进行试验。试验一般采用两种方法：一种是反复起动和停转(每次相当于快速扫描)发动机，使其产生激励；另一种方法是从怠速缓慢升高到测点所需的激励频率的相应转速或至发动机的额定转速，并同时作相应的测试。

(3) 评价方法：一般可用测得的振动加速度谱图进行相对比较，或与已有的数据进行比较，有时也用时间历程曲线进行分析评价。

12.3.7 汽车行驶的振动试验方法

(1) 试验目的：了解汽车以不同车速行驶时，所关心部位的振动响应情况。

(2) 测试部位和方法：一般而言，测试部位和汽车定置的振动试验的测试部位相同，而测试方法最明显的不同之处是行驶振动试验应该在专用的汽车试验场内进行，但也可以在二级以上的良好沥青路面上进行，并作相当的测试。

对转向盘、变速杆、驻车制动杆等的测量与评价建议按ISO/DIS 5349《测量和评价人体承受传到手上的振动的准则》进行。

(3) 评价：

① 将各试验工况下各测试部位振动加速度方均根值与以往的试验比较。

② 绘制振动加速度方均根值的车速特性。

将各部位反映出的振动加速度方均根值随车速变化的关系一方面作自身分析，另一方面与以往的试验比较。

③ 绘制振动加速度方均根值的发动机转速特性。

12.3.8 汽车起步、制动时的振动试验方法

(1) 试验目的：评价汽车起步、制动时一些部位的振动特性。

(2) 测试部位和方法：测试部位与汽车行驶振动试验部位原则上相同，但应增加制动点头、整车摆头、离合器颤动等主观评价试验，其制动减速度分别达到 0.98m/s^2、1.96m/s^2、2.94m/s^2、3.92m/s^2 时来评价、比较。

在试验方法上，以起步挡反复起步、制动；从最高车速制动到停车；发动机从怠速增加到额定转速等工况，并同时记录各部位、各工作的振动信号。

(3) 评价：

① 各测试部位振动加速度的方均根值。

② 各测试部位振动加速度的方均根值与发动机转速的关系。

以上所述是整车振动试验的大致方法，试验时希望能根据具体情况而定，并增加一些感兴趣的测试。

12.4 整车室内振动特性模拟试验

12.4.1 整车室内振动道路模拟试验台及功能

1. 整车室内振动道路模拟试验台

道路模拟试验是20世纪60年代开始发展起来的一种室内试验技术，随着现代控制技术、随机理论和计算机技术的发展，在试验室内对整车进行道路模拟试验的方法和设备日趋完善。道路模拟试验台可以高效评估悬架系统，噪声、振动和舒适性(NVH)和汽车耐久性，能够满足正弦、随机、正弦随机叠加、随机叠加、锯齿、冲击、瞬态、波形再现等各种波形振动试验。

根据道路模拟试验台对试验车辆的输入结构形式可以分为轮胎耦合和轴耦合两大类。图12.11为MTS公司的轮胎耦合的四立柱道路模拟试验台。

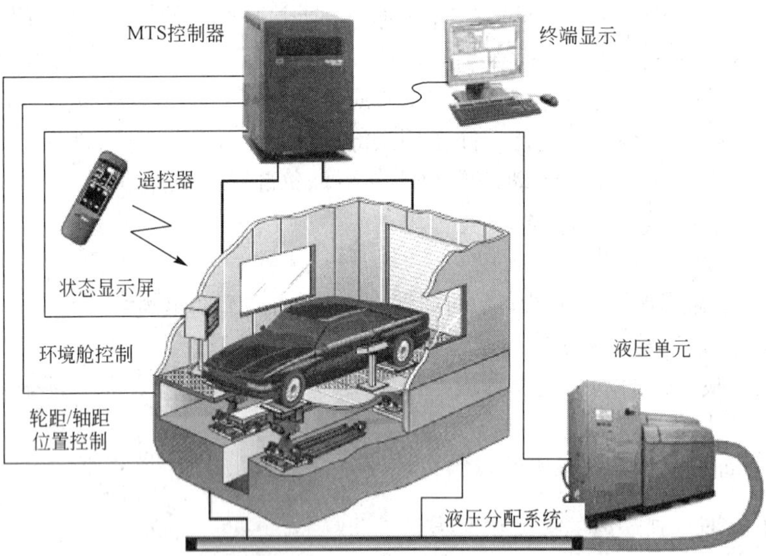

图 12.11 轮胎耦合的四立柱道路模拟试验台

图12.12所示为MTS公司轴耦合的多轴车辆加载系统的道路模拟试验台，在每个轴上提供6自由度的力和力矩控制(垂直、侧向、纵向、制动/驱动力矩、车轮外倾力矩、转向力矩、转向位移、转向盘位移)，能够准确再现车辆子系统和部件的多轴应力状态，来模拟复杂的非线性工况。

图 12.12　轴耦合的道路模拟试验台

随着技术发展和试验要求越来越高，相继出现了多种具有特殊功能的道路模拟试验台，如具有平面钢带的垂直激振模拟试验台、可施加转向负荷的道路模拟试验台、可进行可靠性测试的带环境舱的道路模拟系统、以及能够研究悬架特性的道路模拟试验台等。图 12.13 为道路模拟试验台的工作原理图。

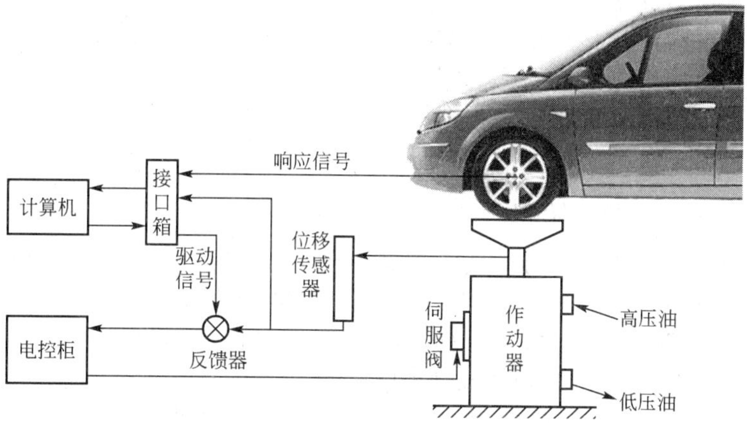

图 12.13　道路模拟试验台的工作原理图

2. 道路模拟试验台的构成

道路模拟试验台由四通道的电液伺服试验台系统和一套道路模拟控制软件系统组成。道路模拟控制系统输出信号控制试验台作动器，在试验室内再现被试汽车在道路上行驶时的振动工况。按照功能可以分为五大部分：

(1) 信号产生系统。主要包括计算机、记录仪、函数发生器等，计算机按照预定程序不断发出指令信号，同时对试件振动情况进行检测，对随机数据进行分析处理，在建立驱动信号时采用迭代逼近方式。

(2) 电控系统。将计算机发出的指令信号处理成驱动信号，并通过闭环方式严格控制执行机构，使其准确地完成各种指令动作。

(3) 伺服控制系统。将不断变化的电信号对应地转换成动力液压油的流量和压力变化，主要部件是伺服阀。

(4) 动力供给系统。负责提供足够的、稳定的液压驱动力。主要包括液压泵站、储能器、分油器、液压管道等。

3. 道路模拟试验台的功能

道路模拟试验台可以比较准确地再现预定路面、预定行驶条件下汽车的运动情况，再现振动环境，用来进行多种试验。就其功能来说主要分为两个方面：

(1) 汽车振动性能研究。主要研究汽车本身的振动特性，如汽车平顺性、悬架特性研究评价、NVH 性能研究、模态试验等。此类功能的道路模拟试验台要求激震幅值不大于 20mm，频率范围为 0～200Hz。

(2) 汽车结构耐久性试验。就是给汽车施加苛刻的路面负荷，来达到耐久性试验目的。采用室内道路模拟试验的方法对汽车的行驶平顺性及各零部件系统的寿命及可靠性进行试验，在台架上再现汽车在实际行驶中所遇到的各种复杂工况，研究其在随机振动环境中的振动状态和疲劳损坏原因。试验中可有效地控制工作台面的位移、速度和加速度，精确地控制和检测车辆各部分的状况。此类模拟试验台激振振幅一般可达到 250mm，激振频率为 0～50Hz。这种试验台在新车开发过程中用于样车或车身测试。

根据疲劳理论，疲劳损伤主要由循环载荷引起。如果汽车的输入载荷相同，那么所引起的疲劳损伤理论上也应该一样。根据这一原理，如果已知汽车在使用环境中所受的载荷输入，则可以在试验台架上再现这一载荷，这一载荷再现通常可能在较短的时间内完成，从而达到试验加速的目的。此类试验采用轮胎耦合的方式，试验时将汽车的 4 个轮胎用轮盘固定器固定于 4 个作动器上，作动器接收命令信号产生相应的激励，通过轮胎施加到整个汽车上。

4. 道路模拟试验台的选择

道路模拟试验台的选择要考虑试验对象参数、需要的路谱参数以及试验台本身的参数。其中汽车参数主要有簧上质量、簧下质量、悬架特性、轴距、轮距等。需要的路谱参数有位移(用于提供作动器的行程要求)、速度、加速度。试验台的主要参数有：激振器(也就是作动器的最大推力、可以根据试件质量推算)、位移、速度、加速度和加速度频响曲线、频率范围和行程要求、激振通道数和激振方向、数字控制方式和计算机分析及数据处理方法、试验台的控制精度要求等。

目前，生产道路模拟试验机主要厂家有 MTS、IST、TEAM、MOOG、BIA、SERVOTEST 和鹭宫等，其中 MTS 在国内用户较多。

12.4.2 试验激励信号

试验激励信号的获取一般有两种方式。一种方式是用试验软件按照国际或国家标准生成路谱信号作为试验激励，这种方式产生的路谱信号并不能完全代表特定车辆实际路面的工况。

另一种方式是通过对同车型车辆在标准试车场试验时进行采集的路谱作为激励，这种方式获取的激励信号能比较真实地代表同种车辆的运行工况。试验激励采用在标准试车场实际道路行驶时所采集的同一车型的道路谱。具体试验时以汽车在实际路面行驶时的期望响应点的响应信号为目标，通过迭代再现汽车在实际路面上行驶时的响应。原始加速度信号采集点一般为四轮轴正上方垂直方向上的 4 个点。

12.4.3 道路模拟试验的工作过程

道路模拟技术的基本工作原理是：通过计算机、信号测量装置、液压伺服系统组成的道路模拟系统再现汽车实际行驶工况下的力和运动。其主要工作过程如图 12.14 所示。

(1) 数据采集：被试汽车在选择的路段按照试验要求行驶，在被测汽车的轴头或其他对路面负荷敏感的关键部位安置传感器，通过传感器、前置放大器、信号记录装置同时记录各个期望响应点的输出变量(加速度、应变等)的时间历程。

(2) 数据编辑：通过路试直接测量得到的信号不能用来直接控制作动器，将道路上记录的信号输入计算机，按照试验要求对原始信号进行编辑，从而获得汽车在模拟试验台上再现路面振动的期望响应信号。

(3) 求系统传递函数：把试验汽车置于道路模拟仪上，按照(1)中介绍的方法求系统的传递函数，该系统包括：汽车、传感器、前置放大器、试验台架、电控系统、计算机等。由于输出等于输入乘以频率响应函数，一般通过输入白噪声测出频率响应函数。

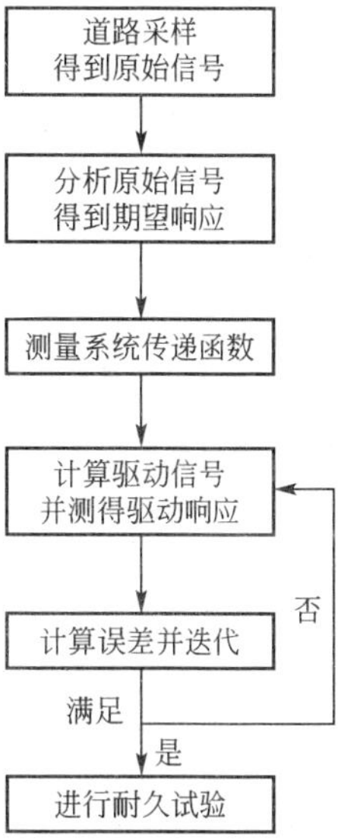

图 12.14 道路模拟基本过程框图

(4) 导出初始驱动信号：由期望响应信号和系统的传递函数就可以求出输入，计算出初始驱动信号。通过多次迭代得到符合精度的输入信号，作为作动器的理论初始激振信号。

(5) 迭代过程：用初始信号激振，同时测得期望响应点的响应信号；将测得信号同期望响应信号进行比较，得到驱动响应的误差函数，该函数与传递函数计算可以得到驱动的误差函数，把此函数乘以小于 1 的加权系数叠加到初始驱动信号上，得到第一次迭代的驱动信号，用它来进行激振，同样可以得到第二次驱动的误差函数，把这次的误差函数再乘以小于 1 的加权系数叠加第一次迭代的驱动信号上，得到第二次驱动信号。如此反复，直到测得的响应信号与期望响应信号相比，误差在规定的范围内时停止迭代，最后一次迭代的驱动信号即为正式的驱动信号。一般 5～10 次即可以完成迭代过程。具体迭代次数取决于试件线性、试验要求和试验人员的经验，加权系数的选择取决于驱动响应对期望响应的逼近情况，选取时有一定的经验性，正常收敛的迭代过程一般取值范围为 0.3～0.6。

(6) 程序循环试验：最终驱动信号可以进行记录，计算机不断发出驱动信号去激励汽车振动。

12.4.4 关于道路模拟试验的几个问题

1. 模拟试验台与汽车的耦合方式

轮胎耦合：在作动器的活塞杆上部有托盘或平面钢带，汽车车轮置于其上，主要模拟道路的垂直冲击振动，适用于研究汽车悬架系统特性，以及评价汽车的行驶系和承载系的可靠性等。

轴耦合：将车轮去掉，用夹具夹住汽车的轴头，再与作动器相联结，该耦合方式可以对轴头施加三个方向的载荷。可以模拟驱动力、制动力、侧向力对汽车的影响，适用于对轻型货车和轿车的试验。除了一般的整车考核外，能更好地考核汽车钣金件的可靠性。设计夹具时应该考虑惯性力和运动干涉等，对夹具的质量和几何尺寸有一定要求，不同车型所用夹具不同。

2. 激励再现方式

时域再现(波形再现)：在试验室内严格地再现汽车在采样路面上的时间历程。其特点是能对非平稳随机过程作准确描述，对被试车辆激振点与响应点之间的线性程度要求较低。由于时域再现比较直观，所以其应用比较广泛。

频域再现(功率谱模拟)：在模拟试验台上保持汽车的振动功率谱与期望响应的功率谱相同，对具体的时间历程无关紧要。它要求汽车在道路上采样应为平稳随机过程，功率点与响应点间的线性程度较好。频域再现方式只用于轮胎耦合方式。

3. 期望响应点的位置和控制量

期望响应点是影响驱动信号迭代逼近的速度和模拟精度的重要因素，因此要满足以下原则：期望响应点尽可能接近激振点，能够准确地反映被试车辆所受的振动输入情况；期望响应点的信号大，干扰小；期望响应点接近试验最感兴趣的部位。

对控制量的选择如下：垂直力来源于路面不平的作用，频率在0.5～40Hz范围内，宜采用加速度进行模拟控制；纵向力来源于汽车制动、驱动作用，低频成分丰富，宜采用应力模拟的控制方式；侧向力来源于汽车转弯和路面横向作用，宜采用应力模拟控制方式。

12.4.5 现代汽车驾驶模拟器介绍

汽车驾驶模拟器是利用计算机，从人-车-交通环境的闭环系统的整体性能出发，对汽车主动安全性等进行仿真和开发的大型试验设备。汽车驾驶模拟器一般为6自由度运动平台，其由6支油缸，上、下各6只万向铰链和上、下2个平台组成，下平台固定在基础上，借助6只油缸的伸缩运动，完成上平台在空间6个自由度(X，Y，Z，α，β，γ)的运动，从而可以模拟出各种空间运动姿态。

图12.15为美国高速公路管理局(NHTSA)的驾驶模拟仪，该模拟仪具有安置整车样车的六足平台、X和Y方向移动底座、汽车运动作动器、旋转台，整个系统可以达到12个自由度。

图12.15 美国高速公路管理局(NHTSA)的驾驶模拟仪

1. 驾驶模拟器的构成及特点

1）驾驶模拟器的构成

驾驶模拟器由以下几个主要部分组成：

(1) 视野模拟装置：模拟车外道路、背景、障碍物、行人、前行车、对行车等的装置。利用监视器或投影仪的方式，按照1次/(50～80)ms的运算画面的速度进行，使操作人员无滞后感觉。

(2) 音响模拟装置：模拟发动机、轮胎和风噪声的装置。利用电子回路产生合声或利用录音磁带放送实际噪声的方式，来获得声音的感觉。

(3) 操纵感觉模拟装置：模拟方向盘作用力大小以及仪表工作情况的装置。利用电机将计算机计算得出的转向盘作用力反馈给试验人员，同时配有速度表、加速踏板、制动踏板等，使试验人员有实际操作的感觉。

(4) 运动感觉模拟装置：通过操纵试验人员所乘坐的座椅及视野模拟装置，使试验人员感受到不同的加速度。

(5) 计算机：采集试验人员的驾驶动作(转向角、加速踏板角度、转向器位置等)，计算车辆的运动情况，同时对上述几个模拟装置进行控制，对视野、噪声、转向盘反作用力、惯性力、振动等进行实时模拟。

2）驾驶模拟器的特点

真实的人车操作界面：模拟驾驶员与汽车间的界面，包括视觉、听觉、运动感觉、触觉都进行模拟，真实地形成人-车闭环系统。

重复可控的试验工况：利用模拟器进行的试验过程，可以人为控制，试验条件可以重复，从而提高了主观评价的统计数据的置信度。这是在汽车试验场难以实现的，对于主观评价车辆性能尤为重要。

任意嵌入实物试验：利用模拟器，可以嵌入实物进行硬件在环仿真试验，以实现数字模型和试验模型的混合仿真。模拟器配有高性能的信息处理和控制系统，可以实时地将难以建模的或者需要进行实物验证的系统或部件，通过台架试验与计算机仿真相结合，从而扩大模拟器的应用范围。

高速的运算能力：模拟器配有高性能的计算机，实时模拟所仿真的车辆动力学模型，直接用于汽车产品开发。

无风险的极限工况试验：在模拟器上进行的任何试验都是无风险或极低风险试验。

2. 驾驶模拟器的功能

驾驶模拟器可以用在汽车的主动安全设计、控制系统开发、道路安全性能验证以及交通法规合理性验证几个方面。

车辆主动安全性能设计的工具：对于高速、临界工况下，汽车主动安全性能的主要评价与设计方法很难以实车试验获取。利用模拟器，可以任意设定试验条件，无风险地对人-车闭环进行全工况仿真；而且可重复性好，试验结果置信度高、可比性强；同时可以预测与评价所开发汽车的性能，提高设计效率、缩短开发周期。

车用控制系统开发工具：ABS(制动防抱死系统)、4WS(四轮转向系统)、AT(自动变速)、AS(主动悬架)等车用控制系统的开发技术难度比较大，需要通过大量试验全面检验所开发系统的控制逻辑，特别是临界工况的控制逻辑。采用模拟器试验无危险且容易控制工况，因此能够方便、高效地用于研究所开发系统的控制规律和机理，同时对新开发系统进行检验和评价。

道路安全性能验证的工具：道路场景可以设定，利用模拟器来分析道路曲线路段和驶入驶出过渡路段的事故率，以及分隔和指示设施的位置对事故率的影响，以此用来预测高速公路事故多发区段。

交通法规合理性检验的工具：利用驾驶模拟器检验交通法规的合理性，为制定交通法规提供理论依据。同时可以再现交通事故，对事故现场进行辅助分析。

12.5 整车行驶平顺性试验实例及测试结果分析

以某轻型越野车为例，对汽车行驶平顺性进行了试验，并对试验结果进行了分析。试验样车经过2500km磨合行驶，进行了必要的调整保养，技术状态符合GB/T 12534—1990《汽车道路试验方法通则》的要求，试验期间按照使用说明书进行保养。载荷种类：假人、沙袋。载荷形式：假人固定在座椅上，其余载荷用沙袋按轴荷要求均匀分布。装载质量：500kg。轮胎规格：LT265/75R16 无内胎子午线越野轮胎。轮胎气压：前轮 210±10kPa、后轮 250±10kPa。

12.5.1 悬架系统固有频率和阻尼比测定

在试验场整车参数测量室，对某汽车悬架系统固有频率和阻尼比进行了测定，测试结果见表 12-3。

表 12-3 悬架系统固有频率和阻尼比测定结果

前悬架车身		前悬架车轴		后悬架车身		后悬架车轴	
固有频率/Hz	阻尼比	固有频率/Hz	阻尼比	固有频率/Hz	阻尼比	固有频率/Hz	阻尼比
1.56	0.27	13.22	0.22	1.76	0.24	12.79	0.20

12.5.2 平顺性试验的各测点布置

某轻型越野车的行驶平顺性试验的各振动测点布置情况，见表 12-4。

表 12-4 平顺性试验中的各振动测点布置情况

测点序号	测点位置
测点 1	驾驶员座椅上(垂直方向)
测点 2	后排左侧座椅上(垂直方向)
测点 3	驾驶员座椅下地板上
测点 4	后部地板中心
测点 5	后部地板上距边板、侧板各 30cm 处

12.5.3 平顺性脉冲输入行驶试验

平顺性脉冲输入试验在某汽车试验场综合性能试验路进行，试验结果见表 12-5，试验曲线如图 12.16 所示。

表 12-5 平顺性脉冲输入试验结果

项目		振动加速度最大值/(m/s²)				
		测点 1	测点 2	测点 3	测点 4	测点 5
车速/(km/h)	10	10.68	9.86	5.89	12.31	13.03
	20	10.37	11.58	10.25	18.14	18.73
	30	13.98	14.65	13.58	21.95	21.26
	40	10.47	14.96	13.84	24.67	23.67
	50	9.95	15.43	15.66	31.39	27.63
	60	8.94	11.53	15.12	35.77	31.38
	70	9.43	9.01	13.87	25.52	27.57
	80	10.45	11.76	15.57	27.54	28.38
	90	10.93	14.71	17.13	32.25	34.90
	100	11.74	10.69	17.74	31.91	34.08

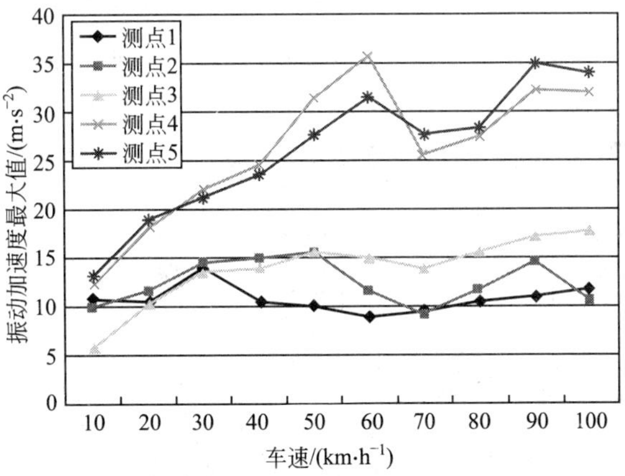

图 12.16 脉冲输入振动加速度最大值-车速曲线

12.5.4 平顺性随机输入行驶试验

1. 沥青路行驶试验

路面沥青铺装，路面平直，纵坡不大于 1%，路面等级为 GB 7031 规定的 B 级，各测点加速度方均根值(RMS)见表 12-6，加速度方均根值-车速曲线，如图 12.17 所示。

表 12-6 沥青路加速度方均根值(RMS)

项目		试验结果/(m/s^2)				
		测点 1	测点 2	测点 3	测点 4	测点 5
车速/(km/h)	30	0.37	0.47	0.40	0.58	0.73
	40	0.47	0.61	0.51	0.77	1.04
	50	0.55	0.73	0.61	0.86	1.06
	60	0.66	0.95	0.77	1.17	1.24
	70	0.73	1.02	0.93	1.21	1.33
	80	0.87	1.22	1.12	1.43	1.54
	90	0.97	1.33	1.40	1.62	1.67
	100	0.92	1.17	1.40	1.68	1.65

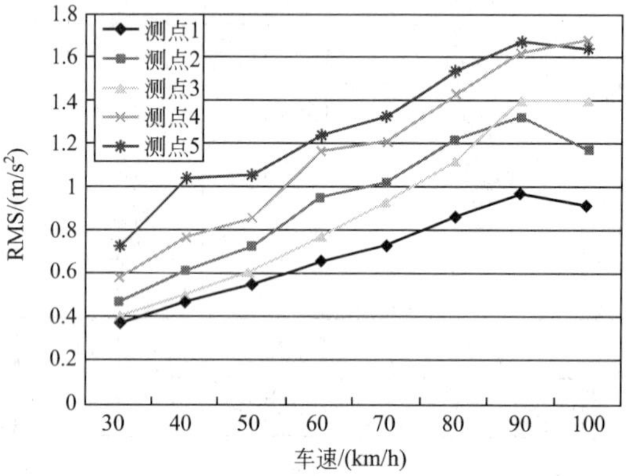

图 12.17 加速度方均根值-车速曲线

测点 1 和测点 2 的加权方均根值、等效均值及疲劳降低功效界限分别见表 12-7，各指标随车速变化曲线如图 12.18～图 12.20 所示。

表 12-7 沥青路加速度加权方均根值 σ_w、等效均值 Leg 和疲劳降低功效界限 TFD

速度/(km/h)	测点 1			测点 2		
	加权方均根值 σ_w/(m/s^2)	等效均值 Leg/dB	降低功效界限 TFD/h	加权方均根值 σ_w(m/s^2)	等效均值 Leg/dB	降低功效界限 TFD/h
30	0.26	108.1	24.00	0.36	111.1	20.89
40	0.36	111.1	15.81	0.47	113.4	15.78
50	0.42	112.4	13.42	0.55	114.8	16.09
60	0.47	113.4	17.40	0.70	116.9	7.94
70	0.50	113.9	13.96	0.73	117.3	7.25
80	0.60	115.5	10.96	0.89	119.0	6.32
90	0.66	116.4	8.27	0.94	119.5	5.07
100	0.62	115.9	12.11	0.85	118.6	6.76

备注：σ_w 标准限值≤0.81m/s^2；Leg 标准限值≤118dB；TFD 标准限值≥8.0h。

沥青路在 60km/h 速度情况下，测点 1、2 疲劳降低功效界限图，如图 12.21 和图 12.22 所示。

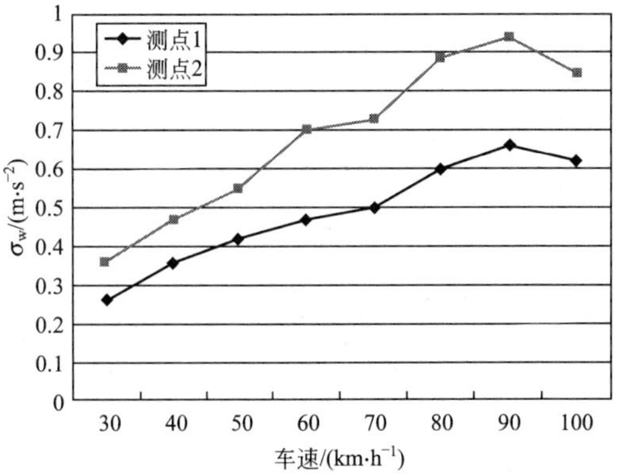

图 12.18　沥青路加速度加权方均根值-车速曲线

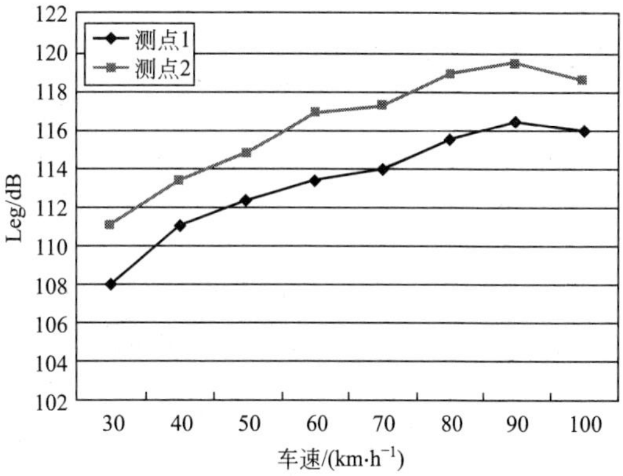

图 12.19　沥青路等效均值-车速曲线

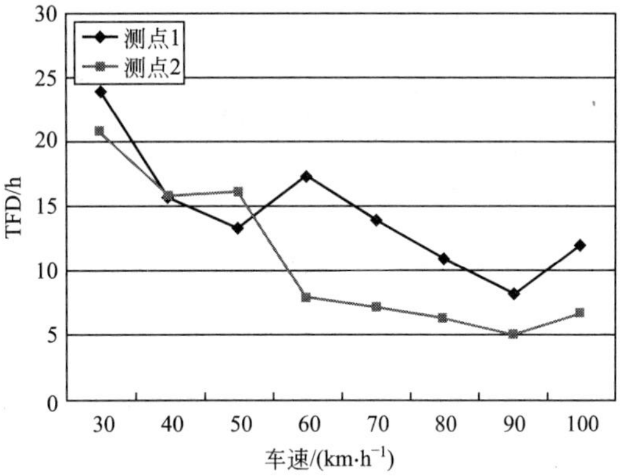

图 12.20　沥青路疲劳降低功效界限-车速曲线

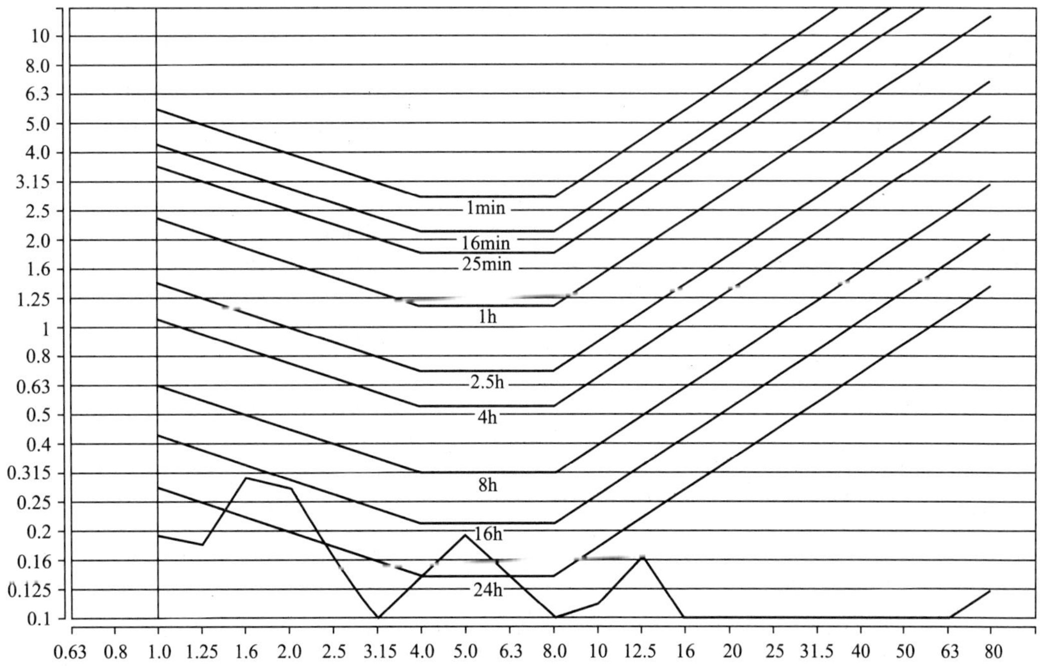

图 12.21　测点 1 沥青路 60km/h 疲劳降低功效界限图

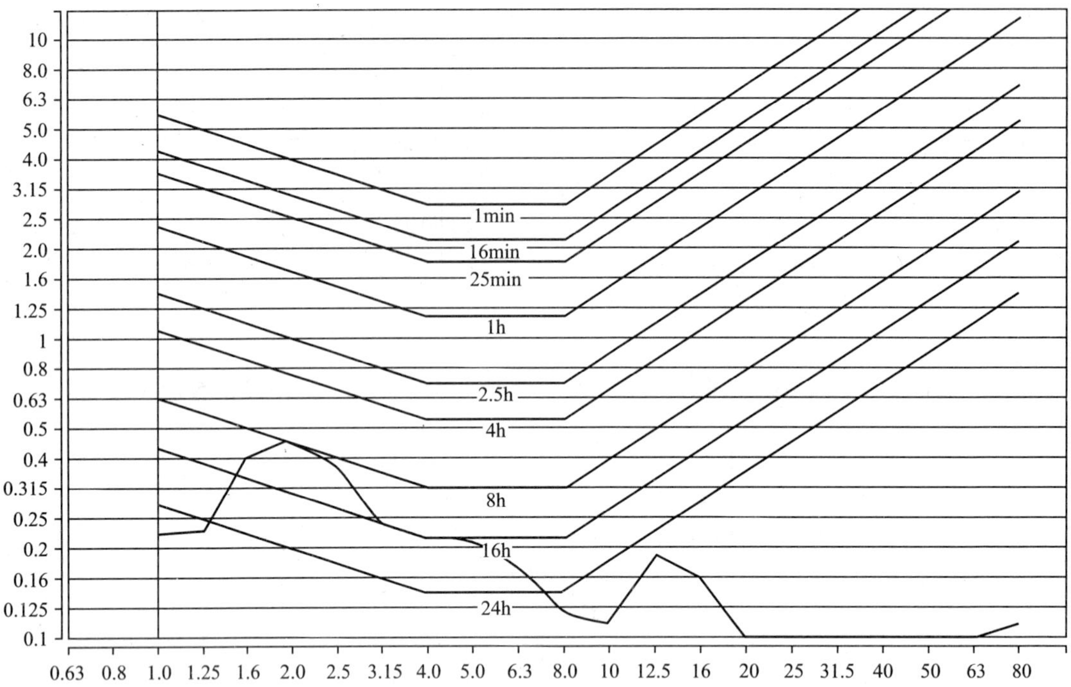

图 12.22　测点 2 沥青路 60km/h 疲劳降低功效界限图

2. *砂石路行驶试验*

平顺性随机输入砂石路行驶试验在乡间公路上进行，路面砂石铺装，全长 5.5km，路面等级为 GB 7031 规定的 C—D 级，各测点加速度方均根值(RMS)见表 12-8，加速度方均根值-车速曲线如图 12.23 所示。测点 1、测点 2 的加权方均根值、等效均值及疲劳降低功效界限，见表 12-9。测得测点 1 和测点 2 的各指标随车速的变化曲线如图 12.24～图 12.26 所示。

表 12-8　砂石路加速度方均根值(RMS)

项目		试验结果/($m \cdot s^{-2}$)				
		测点 1	测点 2	测点 3	测点 4	测点 5
车速/($km \cdot h^{-1}$)	30	1.04	1.51	1.18	1.92	2.27
	40	1.30	1.95	1.38	2.37	2.84
	50	1.72	2.21	1.87	2.70	3.16
	60	1.86	2.45	2.00	2.89	3.43
	70	2.16	2.66	2.20	3.11	3.73
	80	2.60	3.18	2.64	3.61	4.17

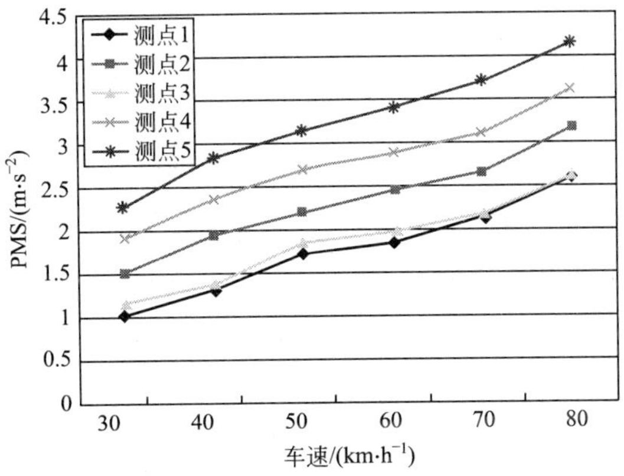

图 12.23 砂石路各测点 RMS-车速曲线

表 12-9 砂石路加速度加权方均根值 σ_w、等效均值 Leg 和疲劳降低功效界限 TFD

速度 /(km・h⁻¹)	测点 1			测点 2		
	加权方均根值 σ_w/(m・s⁻²)	等效均值 Leg/dB	降低功效界限 TFD/h	加权均方根值 σ_w/(m・s⁻²)	等效均值 Leg/dB	降低功效界限 TFD/h
30	0.79	118.0	7.87	1.09	120.7	5.39
40	0.97	119.8	4.87	1.38	122.8	3.26
50	1.27	122.1	3.38	1.60	124.1	2.87
60	1.28	122.1	3.29	1.73	124.8	2.29
70	1.45	123.2	2.51	1.91	125.6	1.99
80	1.72	124.7	1.66	2.24	127.0	1.12

备注：σ_w 标准限值≤0.81m/s²；Leg 标准限值≤118dB；TFD 标准限值≥8.0h。

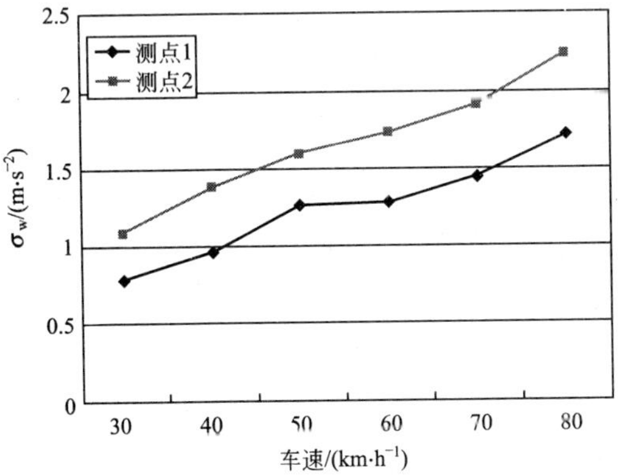

图 12.24 砂石路加速度加权方均根值-车速曲线

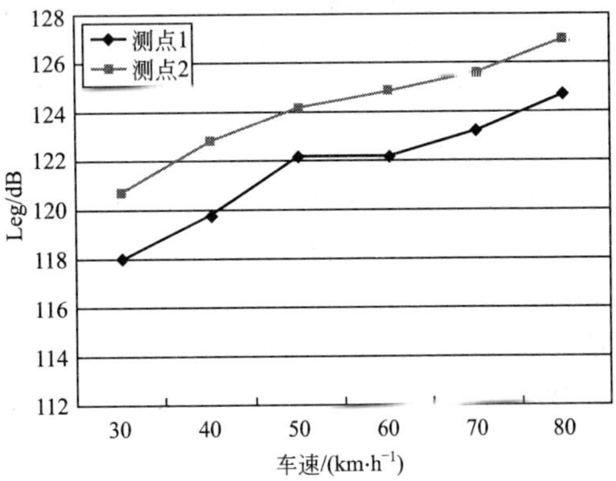

图 12.25 砂石路等效均值-车速曲线

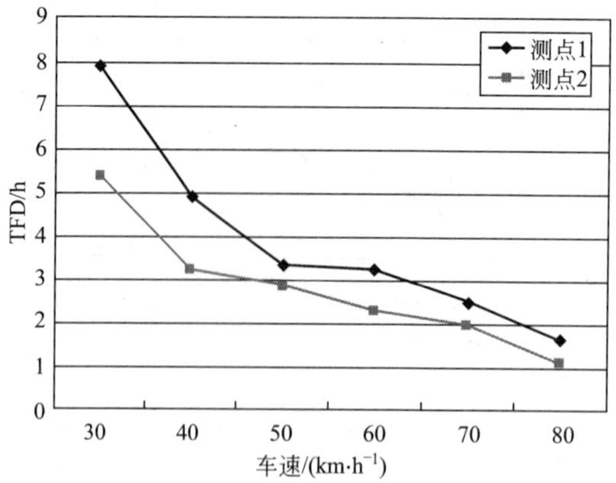

图 12.26 砂石路疲劳降低功效界限-车速曲线

小 结

本章介绍了汽车振动试验的振动测量基础知识、测试仪器和设备、汽车室内振动特性模拟试验、汽车整车行驶振动特性试验。其中，振动测量基础知识包括，测量方法和技术、传感器的作用和分类、振动测试系统及性能指标、测量信号处理和振动测量系统校准；汽车振动测试仪器和设备包括，振动传感器、放大器、滤波器、激振信号发生器、激振设备及方法、信号处理及仪器；振动测量及其试验法包括，机械振动基本参量的测量、汽车动力学系统振动特性的测量、激光全息振动测量、模态分析试验与参数识别、悬架系统固有频率和阻尼比的测定、汽车定置的振动试验、汽车行驶的振动试验和汽车起步与制动时的振动试验；整车室内振动特性模拟试验包括，整车室内振动道路模拟试验台及功能的介绍，试验激励信号、道路模拟试验的工作过程、关于道路模拟试验的几个问题和现代车辆驾驶模拟器介绍；整车行驶平顺性试验实例及测试结果分析包括，被试验车辆悬架系统固有频率和阻尼比测定、振动测点的布置、平顺性脉冲输入行驶试验及结果、平顺性随机输入行驶试验及结果。

【关键术语】

测量方法和技术　振动传感器　振动测量系统　性能指标　测试系统的校准　测量信号处理　信号放大器　滤波器　信号发生器　激振器　信号处理仪　振动参量测量　模态分析　参数识别　悬架系统固有频率　悬架系统阻尼比　汽车振动特性　定置　行驶　起动　制动　模拟试验台　汽车驾驶模拟器　平顺性试验　脉冲输入　随机输入　试验数据处理　振动加速度　加权方均根值　等效均值　疲劳降低功效界限

习 题

1. 根据测量操作的程序，测量方法一般可以分为哪几种？

2. 根据被测物理量的不同，汽车行业所用的传感器主要有哪些？根据工作原理传感器可分为哪两大类？

3. 振动测试系统是由哪几部分组成的？

4. 振动测试系统的性能指标包括哪些？

5. 测量信号的处理都包括哪些？为何要对测量信号进行处理？

6. 抑制电磁干扰的基本方法和措施都有哪些？

7. 振动测量为何必须对传感器、测试系统进行校准？传感器或测试系统的校准内容包括什么？校准方法主要有哪些？

8. 在汽车振动测试中常用的振动传感器有哪些？压电加速度传感器在使用过程中都应注意哪些事项？压电加速度传感器安装有哪几种方式，各用在什么场合？

9. 现代内装 IC 压电加速度传感器的工作原理和特点？

10. 激振系统中常用的信号发生器有哪几种？

11. 汽车结构振动测试用的振源有哪两种？激振器有哪几种？对动力实测或振动的故障监测，多数是利用哪种激振源？而对汽车系统振动特征参数和动力强度测试时，常使用哪种激振源？

12. 在汽车振动试验中，还经常采用一些特殊的激振方法，主要包括哪些？

13. 汽车振动信号处理的基本内容是什么？当今最常用的处理方法是什么？

14. 周期振动的振幅、频率及相位差是很重要的参数，分别有哪些方式进行测量？

15. 对于瞬态振动与冲击振动，需要测量的基本参量有哪些？

16. 汽车动力学系统振动特性包括什么？如何测量汽车动力学系统振动特性参数？

17. 典型的模态分析试验基本测试系统包括哪几部分？

18. 如何测量和分析悬架系统固有频率和阻尼比？

19. 汽车定置振动试验的目的和方法是什么？

20. 汽车行驶振动试验的试验目的和测试方法是什么？

21. 汽车起步、制动振动试验的试验目的和测试方法？

22. 多轴车辆加载系统的道路模拟试验台有哪几部分组成？其工作原理和功能是什么？

23. 现代汽车驾驶模拟器的特点是什么？

24. 制定汽车平顺性测试的试验方案。其中，包括测量仪器的选择和试验数据处理内容。

参 考 文 献

[1] Leonard Meirovitch. Elements of Vibration Analysis [M]. New York：McGraw - Hill Book Company，1975.

[2] Timoshenko S Young D H，Weaver J R. Vibration Problems in Engineering [M]. John Wiley&Sons，Inc.，1974.

[3] Tse，Francis Sing. Mechanical Vibration Theory and it's Application [M]. Allyn and Bacon，Inc.，1978.

[4] J Moser. Stable and Random Motions in Dynamical Systems [M]. Princeton University Press，1973.

[5] [美] W T 汤姆逊. 振动理论及其应用 [M]. 北京：煤炭工业出版社，1980.

[6] [日] 川井忠彦. 振动矩阵分析方法 [M]. 刘锡荟，译. 北京：中国建筑工业出版社，1982.

[7] 余成波. 内燃机振动控制及应用 [M]. 北京：国防工业出版社，1997.

[8] 小林明. 汽车振动学 [M]. 北京：机械工业出版社，1981.

[9] 阎以诵，苏笺寿. 工程机械振动分析 [M]. 上海：同济大学出版社，1991.

[10] 何渝生. 汽车振动学 [M]. 北京：人民交通出版社，1990.

[11] 张建民. 机械振动 [M]. 武汉：中国地质大学出版社，1995.

[12] 屈维德. 机械振动手册 [M]. 北京：机械工业出版社，1992.

[13] 余志生. 汽车理论 [M]. 北京：机械工业出版社，1990.

[14] 庄表中，王新行. 随机振动概论 [M]. 北京：地震出版社，1982.

[15] 姚德源. 统计能量分析原理及其应用 [M]. 北京：北京理工大学出版社，1995.

[16] 郑兆昌. 机械振动(上) [M]. 北京：机械工业出版社，1980.

[17] 郑兆昌. 机械振动(中) [M]. 北京：机械工业出版社，1986.

[18] 刘延柱. 振动力学 [M]. 北京：高等教育出版社，1998.

[19] 张世基. 振动学基础 [M]. 北京：北京航空航天大学出版社，1990.

[20] 唐一科. 振动分析及其应用 [M]. 重庆：重庆大学出版社，1993.

[21] 樊振江. 机械振动及其计算机辅助测试技术 [M]. 北京：机械工业出版社，1996.

[22] 李晓雷，俞德孚，孙逢春. 机械振动基础 [M]. 北京：北京理工大学出版社，1996.

[23] 张宜华. 精通 MATLAB 5.0 [M]. 北京：清华大学出版社，1998.

[24] 施阳，严卫生，李俊. MATLAB语言精要及动态仿真工具 SIMULINK [M]. 西安：西北工业大学出版社，1997.

[25] 周中坚，卢耀祖. 机械与汽车结构的有限元分析 [M]. 上海：同济大学出版社，1997.

[26] 陆伟民. 结构动力学及其应用 [M]. 上海：同济大学出版社，1996.

[27] 刘延柱，陈立群. 非线性振动 [M]. 北京：高等教育出版社，2003.

[28] 井町勇. 机械振动学 [M]. 北京：科学出版社，1979.

[29] 钟万勰. 暂态历程的精细计算 [J]. 计算结构力学及其应用，1995，12 (1)：1～6.

[30] 任传波，贺光宗，李忠芳. 结构动力学精细积分的一种高精度通用计算格式 [J]. 机械科学与技术，2005，12.

[31] Belytschko T，Y Y，Gu L. Element - free Galerkin methods [J]. Int. J Number Mech Engng，37，1994.

[32] D Ruelle，F Takens. On the nature of Turbulence [J]. Comm. Math. Phys. 20，1971.

[33] R May. Simple mathematical models with very complicated dynamics [J]. Nature，261，1976.

[34] Chen G，Fang J Q，Hong Y. Controlling Hopf bifurcations on the Continuous Case [C]. ACTA，Physica，China. 1999，8.

北京大学出版社汽车类教材书目

序号	书　　名	标准书号	著作者	定价	出版日期
1	汽车电子控制技术	978-7-5038-4432-9	凌永成，于京诺	32	2007.7
2	汽车构造	978-7-5038-4445-4	肖生发，赵树朋	44	2007.8
3	汽车发动机原理	978-7-301-12168-9	韩同群	32	2007.8
4	汽车设计	978-7-301-12369-0	刘涛	45	2008.1
5	汽车运用基础	978-7-301-13118-3	凌永成，李雪飞	26	2008.1
6	现代汽车系统控制技术	978-7-301-12363-8	崔胜民	36	2008.1
7	汽车电气设备实验与实习	978-7-301-12356-0	谢在玉	29	2008.2
8	汽车试验测试技术	978-7-301-12362-1	王丰元	26	2008.2
9	汽车运用工程基础	978-7-301-12367-6	姜立标，张黎骅	32	2008.6
10	汽车制造工艺	978-7-301-12368-3	赵桂范，杨　娜	30	2008.6
11	汽车工程概论	978-7-301-12364-5	张京明，江浩斌	36	2008.6
12	汽车运行材料	978-7-301-13583-9	凌永成，李美华	30	2008.7
13	汽车试验学	978-7-301-12358-4	赵立军，白　欣	28	2008.8
14	内燃机构造	978-7-301-12366-9	林　波，李兴虎	26	2008.8
15	汽车故障诊断与检测技术	978-7-301-13634-8	刘占峰，林丽华	34	2008.8
16	汽车维修技术与设备	978-7-301-13914-1	凌永成，赵海波	30	2008.8
17	热工基础	978-7-301-12399-7	于秋红	34	2009.2
18	汽车检测与诊断技术	978-7-301-12361-4	罗念宁，张京明	30	2009.1
19	汽车评估	978-7-301-14452-7	鲁植雄	25	2009.8
20	汽车车身设计基础	978-7-301-15619-3	王宏雁，陈君毅	28	2009.9
21	汽车车身轻量化结构与轻质材料	978-7-301-15620-9	王宏雁，陈君毅	25	2009.9
22	车辆自动变速器构造原理与设计方法	978-7-301-15609-4	田晋跃	30	2009.9
23	新能源汽车技术	978-7-301-15743-5	崔胜民	32	2009.9
24	工程流体力学	978-7-301-12365-2	杨建国，张兆营等	35	2010.1
25	高等工程热力学	978-7-301-16077-0	曹建明，李跟宝	30	2010.1
26	汽车电气设备（第2版）	978-7-301-16916-2	凌永成，李淑英	38	2010.3
27	现代汽车发动机原理	978-7-301-17203-2	赵丹平，吴双群	35	2010.6
28	现代汽车新技术概论	978-7-301-17340-4	田晋跃	35	2010.6
29	现代汽车排放控制技术	978-7-301-17231-5	周庆辉	32	2010.6
30	汽车服务工程	978-7-301-16743-4	鲁植雄	36	20[illegible]
31	汽车数字开发技术	978-7-301-17598-9	姜立标	[illegible]	[illegible]
32	汽车人机工程学	978-7-301-17562-0	任金东	[illegible]	[illegible]0.11
33	专用汽车结构与设计	978-7-301-17744-0	乔维高	[illegible]	[illegible]010.11
34	汽车空调	978-7-301-18066-2	刘占峰，[illegible]	[illegible]	[illegible]2011.03
35	汽车CAD技术及Pro/E应用	978-7-301-18113-3	石沛[illegible]	[illegible]	[illegible]
36	汽车振动分析与测试	978-7-301-18524-7	[illegible]	[illegible]	[illegible]

◆ 电子书(PDF 版)、电子课件和相关教学资源[illegible]om/ 欢迎各位老师免费下载。

◆ 欢迎免费索取样书，请填写[illegible]表，下载地址：http://www.pup6.com/down/教师信[illegible]

◆ 欢迎订书投稿，联系方式：010-62[illegible]5@163.com.